U0795626

Mathematics

基于新教材的高考数学研究

Research

赵萍 桂鹏 著

SPM 南方传媒
全国优秀出版社 全国百佳图书出版单位 广东教育出版社
·广 州·

图书在版编目（CIP）数据

基于新教材的高考数学研究/赵萍，桂鹏著. —广州：广东教育出版社，2023.3（2023.12 重印）

ISBN 978-7-5548-5355-9

Ⅰ. ①基… Ⅱ. ①赵… ②桂… Ⅲ. ①中学数学课—高考—研究 Ⅳ. ①G633.602

中国版本图书馆 CIP 数据核字（2022）第 249238 号

基于新教材的高考数学研究

JIYU XINJIAOCAI DE GAOKAO SHUXUE YANJIU

出 版 人：朱文清

策划编辑：靳淑敏

责任编辑：华　丽　唐娓娓　陈晓君

责任技编：许伟斌

装帧设计：陈宇丹

出版发行：广东教育出版社

（广州市环市东路 472 号 12－15 楼　邮政编码：510075）

销售热线：020－87615809

网　　址：http://www.gjs.cn

E-mail：gjs-quality@nfcb.com.cn

经　　销：广东新华发行集团股份有限公司

印　　刷：佛山市浩文彩色印刷有限公司

（佛山市南海区狮山科技工业园 A 区）

规　　格：787×1092 毫米　1/16

印　　张：29.25

字　　数：585 千

版　　次：2023 年 3 月第 1 版　2023 年 12 月第 2 次印刷

书　　号：ISBN 978-7-5548-5355-9

定　　价：86.00 元

前　言

教育是培养人才、发展科学技术的重要途径。科技在进步，时代在发展，在巨大的变革洪流下我国对培养什么样的人才、如何培养人才也提出了新的方向与要求。习近平总书记在党的二十大报告中提出，现阶段教育要落实立德树人的根本任务，加快建设高质量教育体系，强调发展素质教育，着力造就拔尖创新人才。《普通高中数学课程标准(2017 年版)》明确提出，数学教育承载着落实立德树人根本任务、发展素质教育的功能。

因此，在“双新”（新课程、新教材）背景下的新高考研究中，本书编者致力于素质教育的发展，试图改变当前“数学只靠刷题”的困境，提出数学教育应落实三个转向：让学生从学会转向会学、试题由知识技能导向转向能力素养导向、教学由去情境化转向情境化，以期落实素质教育，促进知识向素养转化，提高学生的数学思维能力，促进学生的数学思维进阶。

《基于新教材的高考数学研究》一书正是在此背景下应运而生。本书以高中数学六大主干知识为主线编排了六个章节，每章设有四个模块：课程标准及教材对比研究、知识逻辑图、典型例题、说两道名题，对全国高考试题及各省市模拟试题进行解读，旨在培养教师和学生研究问题的能力，为学生的终身学习奠定基础，助力数学课堂提质增效。

本书内容具有以下特点：

1. 时代性

本书紧贴时代脉搏，在新课程、新教材背景下对新高考展开研究，凝聚当前学界学者研究精华，可适应教育发展新需要，迎接时代新挑战。

2. 系统性

本书以高中数学六大主干知识为线索，每一章节有总体知识逻辑框图，各知识板块有典型例题的分类及各题型逻辑图。结构清晰，层次分明，涵盖高中绝大部分知识点，适应学生数学学习的需要。

3. 独特性

本书对新旧高中数学课程标准、新旧人教A版数学教材，以及人教版与北师大版、湘教版教材进行了比较研究，并且从教学策略、解题策略、错误归因、命题方向、备考建议等五大方面进行了文献综述，帮助读者快速了解新旧版本的区别以及当前数学教育的研究趋势。此外，在典型例题中，将高考新题型单独归类，突出新高考特色，并采用说名题的方式选取典型题目详细剖析，拓宽视野，聚焦深度学习，注重全面思考，着眼思维生成。

4. 实效性

本书主要为师范院校数学专业本科生、数学教育类研究生、一线数学教师和高中学生打造，意在建立一个强大资源库，使读者能够快速捕获数学新高考的相关信息，大大缩短自行研究的时间，具有较强的参考意义和实用价值。

本书能够顺利出版得到诸多一线名师、学科带头人，以及华南师范大学数科院的教师、研究生们的大力支持！

在这里，对华南师范大学首届专家工作室赵萍教授工作室的基础教育访问学者谢榕平、吴平生、蒋美衡、方勇、朱清波老师，华中师范大学第一附属中学张丹、王雪冰老师等表示衷心的感谢。他们不仅参与了书稿的审阅工作，还结合自己的教学实践经验对书稿内容提出了许多有建设性的意见。

此外还要对华南师范大学2020级、2021级教育硕士，尤其是吴逸阳、许佳镕、陈帆、张若虹、方炜淇、刘俊豪，以及2022级教育硕士黄雅萱、张剑兰等同学表示感谢，他们参与了大量书稿修订和校对工作。正是各位的大力支持，才使得本书内容更严谨、丰富、完备。

编著者虽笔耕不辍，但限于水平与能力，加上时间有限，书中难免存在不当之处，敬请各位专家、读者批评指正，不吝赐教。同时也由衷地希望这本书能给在数学高考探索道路上的教师和同学提供一定的帮助，使课堂更为高效，以助力学生从知识向素养的真正转化。

赵萍　桂鹏
2023年1月
于广州天河

目　录

第一章　数　列

一、新旧课程标准与新旧教材对比研究 …………………… 1
二、知识逻辑图 ………………………………………………… 22
三、典型例题 …………………………………………………… 23
四、说两道名题 ………………………………………………… 66

第二章　三角函数

一、新旧课程标准与新旧教材对比研究 ……………… 76
二、知识逻辑图 ………………………………………………… 99
三、典型例题 …………………………………………………… 100
四、说两道名题 ………………………………………………… 138

第三章　立体几何

一、新旧课程标准与新旧教材对比研究 ………………… 152
二、知识逻辑图 ………………………………………………… 166
三、典型例题 …………………………………………………… 166
四、说两道名题 ………………………………………………… 208

第四章　解析几何

一、解析几何课程标准与新旧教材对比研究 …… 222
二、知识逻辑图 …… 239
三、典型例题 …… 240
四、说两道名题 …… 291

第五章　概率与统计

一、新旧课程标准与新旧教材对比研究 …… 307
二、知识逻辑图 …… 324
三、典型例题 …… 325
四、说两道名题 …… 365

第六章　函数与导数

一、新旧课程标准与新旧教材对比研究 …… 374
二、知识逻辑图 …… 392
三、典型例题 …… 393
四、说两道名题 …… 449

第一章 数 列

一、新旧课程标准与新旧教材对比研究

（一）新旧课程标准对比研究

表 1-1 新旧课程标准关于数列内容的对比

内容	2020 年课程标准	2003 年课程标准
数列概念和简单表示法	通过日常生活和**数学中**的实例，了解数列的概念和表示方法（列表、图表、通项公式），了解数列是一种特殊函数	通过日常生活中的实例，了解数列的概念和几种简单的表示方法（列表、图表、通项公式），了解数列是一种特殊函数
等差数列	① **通过生活中的实例，理解**等差数列的概念和**通项公式的意义**. ② 探索并掌握等差数列的前 n 项和公式，**理解等差数列的通项公式与前 n 项和公式的关系**. ③ 能在具体的问题情境中，发现数列的等差关系，并解决相应的问题. ④ 体会等差数列与一元一次函数的关系	① 通过实例，理解等差数列的概念. ② **探索并掌握**等差数列的**通项公式**与前 n 项和公式. ③ 能在具体的问题情境中，发现数列的等差关系，并能用有关知识解决相应的问题. ④ 体会等差数列与一次函数的关系
等比数列	① 通过生活中的实例，**理解**等比数列的概念和**通项公式的意义**. ② 探索并掌握等比数列的前 n 项和公式，**理解等比数列的通项公式与前 n 项和公式的关系**. ③ 能在具体的问题情境中，发现数列的等比关系，并解决相应的问题. ④ 体会等比数列与指数函数的关系	① 通过生活中的实例，理解等比数列的概念. ② **探索并掌握**等比数列的**通项公式**与前 n 项和公式. ③ 能在具体的问题情境中，发现数列的等比关系，并能用有关知识解决相应的问题. ④ 体会等比数列与一次函数、指数函数的关系
数学归纳法	**了解数学归纳法的原理，能用数学归纳法证明数列中的一些简单命题**	—

在数列概念和简单表示法小节中，增加了“通过数学中的实例”，说明课程标准要求将优秀传统文化融入数列教学中.

在等差数列小节中，增加“通过生活中的实例”，再次强调数学来源于生活，生活中

处处有数学；在等差数列和等比数列中的通项公式与前n项和内容上，增加“理解通项公式的意义”，增加“理解等比数列的通项公式与前 n 项和公式的关系”，更进一步注重知识之间的联系. 同时降低了对“等差数列和等比数列的通项公式”的要求，由“探索并掌握”变为“理解”，目的是让不同的学生在数学上得到不同的发展，为以后的学习和发展打下基础.

此外，新课程标准增加了对数学归纳法的要求，更重视对学生逻辑推理能力的培养.

（二）新旧教材对比研究

1. 2019 人教 A 版与 2004 人教 A 版教材对比研究

（1）章节编排对比.

表 1–2　2019 人教 A 版与 2004 人教 A 版教材章节编排对比

项目	数列	
教材版本	2019 人教 A 版	2004 人教 A 版
	选择性必修第二册	必修 5
章节编排	第四章　数列 4.1 数列的概念 4.2 等差数列 4.3 等比数列 4.4* **数学归纳法**	第二章　数列 2.1 数列的概念**与简单表示法** 2.2 等差数列 **2.3 等差数列的前 n 项和** 2.4 等比数列 **2.5 等比数列的前 n 项和**

（2）情境引入方式对比.

表 1–3　2019 人教 A 版与 2004 人教 A 版教材情境引入方式对比

项目		2019 人教 A 版	2004 人教 A 版
数列的概念	概念	**应用现实生活中的具体实例**：岁数与身高、日期与月亮可见部分的数，引出按顺序排列的一列数是数列的概念	**利用毕达哥拉斯学派研究的数学问题**：三角形数、正方形数，引出按顺序排列的一列数是数列的概念
	表示法	类比函数的对应法则得到数列的第 n 项与序号 n 之间的关系	类比函数的对应法则得到数列的第 n 项与序号 n 之间的关系

（续表）

项目		2019 人教 A 版	2004 人教 A 版
等差数列	定义	类比学习函数时理解函数概念之后再了解函数变化规律，数列作为特殊函数也应该探寻其规律，**列举了生活中几个应用例子，通过运算发现规律，从而得出等差数列的定义**	类比初中研究实数的运算与性质，**给出几个现实生活中的特殊数列研究项与项之间的关系，从而得出等差数列的定义**
	等差数列前 n 项和	通过高斯算前 100 项和的故事，探索总结出等差数列前 n 项和的计算公式	通过高斯算前 100 项和的故事，探索总结出等差数列前 n 项和的计算公式
等比数列	定义	**用细胞分裂、一尺之棰日取其半、电脑病毒扩散等例子**探究这些数列的共同特征从而得出等比数列的定义	**用古巴比伦泥板记录的数列、一尺之棰日取其半、细菌分裂等例子**探究这些数列的共同特征从而得出等比数列的定义
	等比数列前 n 项和	通过棋盘放麦粒的故事计算等比数列的 64 项和，从而推出等比数列前 n 项和的计算公式	通过棋盘放麦粒的故事计算等比数列的 64 项和，从而推出等比数列前 n 项和的计算公式
数学归纳法		结合数列的学习过程所涉及的归纳之法，**通过多米诺骨牌得出数学归纳法的前提条件，继而得出与 n 有关的命题的证明步骤**	—

（3）例习题比较.

表 1-4　2019 人教 A 版相比 2004 人教 A 版教材例习题变化

项目	例题	练习题	习题
作用	数学思维的示范引领	巩固知识、示范教学	深化理解、拓展知识、学业评价
变化	保留原例题 6 道； 新增 24 道； 删减 12 道； 2019 人教 A 版教材有的例题给出多种解法，另外在新增的数学归纳法板块对应有 4 道例题	保留原练习题 11 道； 新增 41 道； 删减 11 道； 2019 人教 A 版教材练习题更加注重题目的进阶、分层、综合，另外在新增数学归纳法板块对应有 6 道练习题	保留原习题 22 道； 新增 45 道； 删减 40 道； 1 处合并； 2004 人教 A 版教材的 A、B 组变为复习巩固、综合运用、拓广探索三部分，另外在新增数学归纳法板块对应有 10 道习题

从数量上看，2019 人教 A 版教材共保留原例习题 39 道，删除部分重复、烦琐、过难、超标的例习题 63 道，新增例习题 110 道，例习题的编排更加科学、准确.

表 1-5　2019 人教 A 版教材与 2004 人教 A 版教材各类习题数量对比

（单位：道）

项目	选择题	填空题	简答题	计算题	证明题	探究题	作图题	总计
2019 人教 A 版	3	6	48	44	26	9	5	141
2004 人教 A 版	6	5	37	44	6	5	3	106

2019 人教 A 版教材在建构过程中，延续 2004 人教 A 版教材计算题和简答题居多的特点，通过反复的计算练习，加深学生对公式的理解和记忆；此外，证明题的比例有所上升且选择题的比例下降，由于简答题和证明题是各类考试常见的题型，增加其比例有助于弥补以往学考不协调的弊端；探究题与作图题是培养学生应用意识与实践能力的主要载体，但是考试几乎不会涉及作图题.

教师在选取例习题时，要重点关注简答题、计算题、证明题等三类常考题型，同时也要适当增加探究题的比例，以加强对学生创新思维能力的培养，引导学生学会灵活解决问题.

2. **2019 人教 A 版与 2019 北师大版教材对比研究**

（1）章节编排对比.

表 1-6　2019 人教 A 版与 2019 北师大版教材章节编排对比

项目	数列	
教材版本	2019 人教 A 版	2019 北师大版
	选择性必修第二册	选择性必修第二册
章节编排	第四章　数列 4.1 数列的概念 4.2 等差数列 4.3 等比数列 4.4* 数学归纳法	第一章　数列 1. 数列的概念及其函数特性 1.1 数列的概念 1.2 数列的函数特性 2. 等差数列 2.1 等差数列的概念及其通项公式 2.2 等差数列的前 n 项和 3. 等比数列 3.1 等比数列的概念及其通项公式 3.2 等比数列的前 n 项和 4. 数列在日常经济生活中的应用 5. 数学归纳法

关于章节设置，两版教材在主线内容上的编排基本一致，北师大版增加了一节“数列

在日常经济生活中的应用”，而人教 A 版对此没有单独开设一节，而是将有关内容穿插在例题或习题中. 北师大版教材章节划分更为细致、全面，小节数量设置远多于人教 A 版. 此章节设置方式层次分明、主线清晰，更有利于学生直观认识本章重点内容，明晰知识结构，了解本章相关知识.

从章的编排顺序上看，两版教材的数列一章均放在选择性必修第二册的开篇章，前几册学习的函数等知识点作为铺垫，下接导数及其应用，总的来说，章的编排顺序基本一致.

从节的编排顺序上看，两版教材均强调数列内容的逻辑连贯性，均以“数列的概念→等差数列→等比数列→数学归纳法”的顺序展开，具体小节编排存在差异，北师大版单独设立“数列在日常经济生活中的应用”一节，该节的小标题更具有指导性和概括性.

（2）情境引入方式对比.

表 1-7　2019 人教 A 版与 2019 北师大版教材情境引入方式对比

项目		2019 人教 A 版	2019 北师大版
数列的概念	概念	应用现实生活中的具体实例：**岁数与身高、日期与月亮可见部分的数**，引出按顺序排列的一列数是数列	通过**钢管图堆数量、国内生产总值、正弦函数横坐标的数排列**，引出按顺序排列的一列数是数列
	表示法	类比函数的对应法则得到数列的第 n 项与序号 n 之间的关系	类比函数的对应法则得到数列的第 n 项与序号 n 之间的关系
等差数列	定义	类比学习函数时，理解函数概念之后再了解函数变化规律，数列作为特殊函数也应该探寻其规律. 列举了生活中几个应用例子，通过运算发现规律，从而得出等差数列的定义	通过几个实例分析数列的特征，抽象概括出等差数列概念
	等差数列前 n 项和	通过高斯算前 100 项和的故事，探索总结出等差数列前 n 项和的计算公式	通过高斯算前 100 项和的故事，探索总结出等差数列前 n 项和的计算公式
等比数列	定义	用细胞分裂、一尺之棰日取其半、电脑病毒扩散等例子探究这些数列的共同特征从而得出等比数列的定义	通过几个生活实例分析数列的特征，抽象概括出等比数列概念
	等比数列前 n 项和	通过**棋盘放麦粒的故事**计算等比数列的 64 项和，从而推出等比数列前 n 项和的计算公式	用一个“**贷款游戏**”**计算前 30 项的和**，从而推出等比数列前 n 项和的计算公式

（续表）

项目	2019 人教 A 版	2019 北师大版
数列在日常经济生活中的应用	—	**选取生活中的典型模型进行应用计算**
数学归纳法	结合数列的学习过程所涉及的归纳之法，**通过多米诺骨牌得出数学归纳法的前提条件**，继而得出与 n 有关的命题的证明步骤	**结合等差、等比数列通项公式和求和公式，提出疑问并引出数学归纳法**

（3）例习题比较.

① 例习题构成.

两版教材设置的习题类型相似度较高，在每一小节后都配有练习题，用于巩固本节课所学知识. 完成每一节及整章的学习后均设置有一套复习题. 人教版将复习题分为复习巩固、综合运用、拓广探索三部分，所对应的要求分别是模仿、迁移应用、探究和推理证明，题目难度依次升高. 这种形式与北师大版教材将习题分为 A、B、C 三组理念是一致的. 两版教材将习题分组，引导学生循序渐进地理解知识，既能指导教师更加科学地管理作业，还能兼顾不同学生的学习需求. 其余章节均呈现相似的例习题构成特点，后文对此不再赘述.

表 1-8　2019 人教 A 版与 2019 北师大版教材例习题比较

项目	2019 人教 A 版		2019 北师大版
习题类型	练习题	复习巩固 综合运用 拓广探索	A 组 B 组 C 组
	复习题	复习巩固 综合运用 拓广探索	A 组 B 组 C 组

②例习题具体设置.

2019 人教 A 版教材中客观性题目仅占到 7.4%，2019 北师大版教材中客观题含量较高，占 30.2%，远高于人教版. 两种教材在本章的传统题型，如证明题、计算题及推断题等，所占比例达 70% 以上. 由于数列在日常生活中具有十分广泛的应用，故应用题所占比例较大，人教 A 版为 21%，北师大版为 29%. 北师大版探究性题目所占比例远小于人教 A 版，分别为 1%、6%. 两版教材在习题中都涉及了生活和其他学科，但相比较而言，北师大版更为突出.

3. 2019 人教 A 版与 2019 湘教版教材对比研究

（1）章节编排对比.

表 1-9　2019 人教 A 版与湘教版教材章节编排比较

项目	数列	
教材版本	2019 人教 A 版	2019 湘教版
	选择性必修第二册	选择性必修第一册
章节编排	第四章　数列 4.1 数列的概念 4.2 等差数列 4.3 等比数列 4.4* 数学归纳法	第一章　数列 1.1 数列的概念 1.2 等差数列 1.3 等比数列 1.4 数学归纳法

关于教材的章节设置，两版教材在主线内容上的编排基本一致，此章节设置方式层次分明、主线清晰，更有利于学生直观认识本章重点内容，明晰知识结构，了解本章相关知识.

从章的编排顺序上看，人教 A 版教材的数列一章放在选择性必修第二册的开篇章，前几册学习的函数等知识点作为铺垫，下接导数及其应用；湘教版教材的数列一章放在选择性必修第一册的开篇章，前两册学习的函数等知识点作为铺垫，下接平面解析几何初步、圆锥曲线与方程、计数原理.

从节的编排顺序上看，两版教材均强调数列内容的逻辑连贯性，均以“数列的概念→等差数列→等比数列→数学归纳法”的顺序展开.

（2）情境引入方式比较.

表 1-10　2019 人教 A 版与湘教版教材情境引入方式对比

项目		2019 人教 A 版	2019 湘教版
数列的概念	概念	应用现实生活中的具体实例：**岁数与身高、日期与月亮可见部分的数**，引出按顺序排列的一列数是数列	通过一些例子：**超市货架摆放罐头数量、一年的用电量、正整数被 3 除的余数等数的排列**，引出按顺序排列的一列数是数列
	表示法	类比函数的对应法则得到数列的第 n 项与序号 n 之间的关系	类比函数的对应法则得到数列的第 n 项与序号 n 之间的关系

（续表）

项目		2019 人教 A 版	2019 湘教版
等差数列	定义	类比学习函数时，理解函数概念之后再了解函数变化规律，数列作为特殊函数也应该探寻其规律.举了生活中几个应用例子，通过运算发现规律，从而得出等差数列的定义	通过几个生活实例分析数排列的特征，抽象概括出等差数列概念.**另外增加了等差数列与一次函数的关系**
	等差数列前 n 项和	通过高斯算前 100 项和的故事，探索总结出等差数列前 n 项和的计算公式	通过高斯算前 100 项和的故事，探索总结出等差数列前 n 项和的计算公式
等比数列	定义	用细胞分裂、一尺之棰日取其半、电脑病毒扩散等例子探究这些数列的共同特征，从而得出等比数列的定义	通过几个生活实例分析数排列的特征，抽象概括出等比数列概念.**另外增加了等比数列与指数函数的关系**
	等比数列前 n 项和	通过棋盘放麦粒的故事计算等比数列的 64 项和，从而推出等比数列前 n 项和的计算公式	通过棋盘放麦粒的故事计算等比数列的 64 项和，从而推出等比数列前 n 项和的计算公式
数学归纳法		**结合数列的学习过程所涉及的归纳之法，通过多米诺骨牌得出数学归纳法的前提条件，**继而得出与 n 有关的命题的证明步骤	结合数列的学习过程所涉及的归纳之法，**给出某个数列推出其通项公式从而引出数学归纳法，再通过多米诺骨牌得出数学归纳法的前提条件，继而得出与 n 有关的命题的证明步骤**

（3）例习题比较.

① 例习题构成.

从习题类型上来看，两版教材都做了分层设计，2019 湘教版“学而时习之”对应基础题；“温故而知新”对应中等题，有一定的综合性；“上下而求索”对应开放类、探究类题目. 另外，2019 湘教版在习题中并没有设计较高难度的开放类、探究类题目，这类题目仅出现在了复习题中. 其余章节均呈现相似的例习题构成特点，后文对此不再赘述.

表 1-11　2019 人教 A 版与 2019 湘教版教材例习题比较

项目	2019 人教 A 版		2019 湘教版
习题类型	习题	复习巩固 综合运用 拓广探索	学而时习之 温故而知新
	复习题	复习巩固 综合运用 拓广探索	学而时习之 温故而知新 上下而求索

②例习题具体设置.

数列模块中，2019 人教 A 版教材设置的例题共 21 道，占例习题总量的 16%，湘教版例题共 41 道，占例习题总量的 26%，可以看出人教版教材对学生课后探究能力的要求较高. 两版教材的例题的认知要求主要集中在迁移性理解水平，约占 55%，其次是概念性理解水平，约占 34%，2019 人教 A 版在最高层次“综合性探究水平”占比 9. 53%，而 2019 湘教版没有涉及该层次，这说明两版教材都强调理解和运用知识，而 2019 人教 A 版教材在认知要求上整体偏高.

（三）文献综述

1. 关于数列教学策略的研究现状

表 1-12　关于数列教学策略的主要观点

年份	作者	主要观点
2019	石辉玲	基于数列的**知识与考点**，提出数列教学讲究课堂的生动性，要让学生参与到课堂中来. 教师要做到： ①设置有效教学情境，培养学生学习数学的积极性. ②巧妙创设问题，引导学生深入思考. ③因材施教，取长补短. ④吃透教材，夯实基础. ⑤创建良好的师生关系，消除学生学习数列知识的心理障碍

（续表）

年份	作者	主要观点
2019	潘丽	从学生的**数学能力**出发，提出高中数列知识较为综合，融合了计算、推理和验算等多项内容，探究了教师在教学中如何加强对学生的思维能力以及归纳能力的培养. ①逻辑推理能力的培养：教师在实际教学中，要引导、鼓励学生大胆想象，加强推理过程的教学. ②抽象概括能力的培养：从普通的数列公式中找出规律和差异，并建立事物之间的联系. ③选择判断能力的培养：对已知的和具有迷惑性的信息文字有筛选能力，培养学生获取有用信息的能力. ④创新思维能力的培养：引导学生进行大胆假设、验证假设、修正假设；不仅要对正在探索的问题进行创新性的解答，还要做到举一反三
2019	孙天虹、储春琴	基于**探究式教学**，论证了数列教学的意义，就数列教学中如何有效、科学地运用探究式教学开展有效教学的问题，从不同策略和不同角度进行了简要的阐述： ①提出对数列的概念进行探究时，需要明确教学内容的重难点，要求从函数的定义中进行相应归纳，并区分数列与函数之间的异同. ②对数列公式进行探索时，要学会类推和合理推断，探索数与其序号之间的关系. ③对数列问题的探究要对相关概念进行理解，并能够熟练应用公式，在解决问题时要能够从多个角度进行探索，注重发散思维和变式教学，并采用一题多解的方式
2019、2020	刘俊俊、张茂玉	基于学生的**年龄阶段**特征和数列学习中的**困难与障碍**，提出了以下教学策略： ①注重数学概念的引入. ②易混、易错辨析教学. ③激发学生想象力，提高其发散思维能力. ④将多媒体技术融入课堂. ⑤采用小组学习模式. ⑥采取分层教学手段，有针对性地培养学生自主学习的能力
2020	吴茹、曹峰	基于**数学史**的角度，认为数学教育离不开数学史，数学历史文化应融入数学教学活动中. 教师要利用数学史知识来培养学生的数学精神，促进学生对数学的理解和对数学价值的认识，学者以“等差数列的前 n 项和”第一课时为例，将数学史的材料融入例题中，提供一个别出心裁的教学设计. 希望以此发展学生的数学抽象、数学建模和逻辑推理等数学核心素养

（续表）

年份	作者	主要观点
2021	张蜀青	认为教师在数列教学中存在**情境的创设**与问题的解决并不呼应、与公式推导之间逻辑关系脱节的问题. 通过等比数列求和公式的教学说明数学课堂中如何在尊重教材的基础上重组内容和渗透数学思想. 教师在教学中设置的问题要层层递进，逐步引导学生发现规律、得出公式，最终形成关于等比数列求和的一个完整认知链，并在此基础上进行等比数列与康托尔集的构造的适当拓展，做到基础教育与大学教育之间的无缝衔接
2018、2019、2021	郑传蕊、柴有茂、孙慧芳	基于**核心素养**提出高中数学数列教学策略，以此提升数学思维、提高能力、发展数学核心素养. ①把握数列本质，突出函数主线. ②创设教学情境，促进深度探究. ③设计问题导学，引导深度思考

资料来源：

① 石辉玲. 高中数学数列教学策略研究［J］. 教育观察，2019，8（33）：116－117.

② 潘丽. 小议高中数列教学中如何培养学生的思维能力［J］. 数学学习与研究，2019（12）：122.

③ 孙天虹. 试论高中等差数列教学中探究性教学的应用［J］. 高考，2019（35）：67.

④ 储春琴. 浅谈自主探究式教学策略在高中数学数列教学中的应用［J］. 理科考试研究，2013，20（21）：18.

⑤ 刘俊俊. 高中数学数列问题教学策略探究［J］. 数学学习与研究，2020（11）：27－28.

⑥ 张茂玉. 高中数学数列问题教学策略研究［J］. 中学课程辅导（教师通讯），2019（19）：105.

⑦ 吴茹，曹峰. 数学史在教学实践中的价值分析与思考：以“等差数列的前 n 项和”（第 1 课时）的教学为例［J］. 中国数学教育，2020（Z2）：54－57.

⑧ 张蜀青. 数列教学中的数学思想之光［J］. 数学通报，2021，60（2）：45－48.

⑨ 郑传蕊. 基于核心素养的高中数学数列教学策略［J］. 数学大世界（上旬），2021（5）：18.

⑩ 柴有茂. 核心素养引领下的“等比数列”教学设计［J］. 当代教育与文化，2018，10（3）：85－88.

⑪ 孙慧芳. 基于逻辑推理素养的高中数学课堂教学策略研究［J］. 现代商贸工业，2019，40（36）：175－176.

通过文献检索可以发现，在针对数列的教学策略研究中，主要分为以下几类：基于核心素养提出的高中数学数列教学策略，基于高考试题分析提出的教学策略，基于数列题型专题提出的教学策略，基于数列学习困难与障碍、错误归因下提出的教学策略以及基于数列中具体知识提出的教学策略——例如从等比数列、核心概念、自主探究式教学、数学史、数学建模素养、函数思想等角度出发，提出一些具体的、有针对性的教学策略.

虽然分类有所不同，但大多学者都认为教师在进行数列教学时，不仅要重视课本知识内容的传授，还要对提升学生数学思维能力进行指导，引导学生利用已学的函数知识来认识数列，培养数学核心素养与数学思维能力. 并且，将数学史和数学教学结合已经成为国际数学改革的一种趋势. 教师可以多研读数学史，在对数学史的深入思考中理解数学，提升专业素养.

2. **关于数列解题策略的研究现状**

在中国知网上检索“数列＋解题”等关键词，所查阅到的相关文献中，关于数列的解题策略大多从宏观、微观两个角度出发.

表 1–13 关于数列解题策略的主要观点

年份	作者	主要观点
宏观思想方法指导		
2011	刘谢旭	以高考题为实例，提出了高考数列题的常用策略： ①化归与转化策略，如将数列问题转化为函数问题. ②整体思维策略，如等差数列 $\{a_n\}$ 中，$a_m+a_n=a_p+a_q$（其中 $m+n=p+q$），进行整体思考. ③特殊探究策略，通过对某些特殊情形的观察、探索，猜测结论，然后用数学归纳法或其他方法证明. ④递推探究策略，先建立一个递推关系式，根据递推关系的性质进行探求. ⑤分类讨论策略，根据数列的有关公式，如 $a_n=S_n-S_{n-1}$（$n\geq2$，$n\in\mathbf{N}$），$a_1=S_1$，或根据问题的特点进行分类讨论
2016	叶景辉	重点研究了高考试题中关于求数列的通项公式、求和问题、证明数列是等差或等比数列、证明数列不等式、比较大小等问题，以及不同题型的相应解题策略，并分析问题的解题策略图
2017	崔锦	从宏观上将解题策略分为两大类： ①对于**熟知**的问题，例如等差数列与等比数列的相关定义、性质、通项公式、前 n 项和公式，a_n 与 S_n 的关系，常见的数列求和方法（倒序相减法、错位相减法、裂项相消法、分组求和法），常见的递推数列求通项公式方法（累加法、累乘法、待定系数法等），运用学过的知识和方法解决. ②对于**陌生**的数列问题，主要有两个思路：一是运用化归转化的方法，二是运用数学归纳法
2019	刘校星	从**波利亚解题四个步骤**入手，提出四条解题策略，以帮助学生提高解题效率. ①性质推理，定义审题. ②发散思维，转化问题（数形转化、建模、函数思想、逆向思维）. ③掌握技巧，化难为简（“知三求二”“推而广之”“裂项求和”）. ④结果验证，过程反思（赋值检验、查漏补缺、举一反三）

（续表）

年份	作者	主要观点
宏观思想方法指导		
2021	曾发翠	结合例题，提出数列解题的五个策略： 数列的方程化解题策略； 数列的函数化解题策略； 数列的不等式化解题策略； 数列的数列化解题策略； 数列的数学建模化解题策略
2021	郑新疆	从问题类型、条件特点出发，结合例题，提出常用的解题策略： 基本量运算的“方程”策略； 公式运用的“简式”策略； 递推关系操作的“退位”策略； 递推关系操作的“累加、累乘”策略； 性质运用的“整体”策略； 非特殊数列的“化归”策略
微观思想方法指导		
2004	王秀奎、蒋佰友	将**数列求和**的解题策略总结为：公式法、倒序相加法、错位相减法、裂项相消法、分组法、并项法、递推法、组合化归法
2006	孙广军	总结了**数列不等式**的解题策略： 合理联想，用好常规； 合理变换，巧妙放缩； 合理放缩，巧用迭代； 合理构建，正确化归； 适时换元，促成转化； 作差突破，巧妙组合
2007	郝红宾	给出证明**数列单调性**的三种方法：比较法、均值不等式法、数学归纳法
2008	庞志雷	列举了**求递推公式**的六种方法策略：迭加法、迭乘法、待定系数法、换元法、不动点法、对数变换法

资料来源：

① 刘谢旭．数列的若干解题策略［J］．中学生数理化（高中版·学研版），2011（1）：12.
② 叶景辉．高考数列题的解题策略研究与试题评析［D］．广州：广州大学，2016.
③ 崔锦．高中数列教学及解题研究［D］．昆明：云南师范大学，2017.
④ 刘校星．基于波利亚解题理论的高考数列问题解题策略研究［D］．宁波：宁波大学，2019.
⑤ 曾发翠．高考数列题型及解题策略［J］．课程教材教学研究（中教研究），2021（Z1）：60－63.
⑥ 郑新疆．高考中数列问题的常用解题策略［J］．福建中学数学，2021（12）：38－41.
⑦ 王秀奎，蒋佰友．数列求和的解题策略［J］．数理化学习（高中版），2004（20）：2－4.
⑧ 孙广军．例谈数列不等式的解题策略［J］．中学教研，2006（3）：15－17.
⑨ 郝红宾．高考中证明数列单调性的解题策略［J］．高考（数语英），2007（11）：10－11.
⑩ 庞志雷．求递推数列通项公式的解题策略［J］．青海教育，2008（11）：43.

从表 1-13 中可以看出，涉及微观解题技巧及题型的论文年份虽然比较久远，但是基本涵盖了对应题型的所有解法，对现在的数列解题教学仍然有很大的帮助，这也说明了万变不离其宗的道理. 但从宏观上看，教师仍然侧重于灌输式的教学方式，偏向于从实际题目中分析解法，总结解题技巧，或对高考试题进行考查、分析，从考试的角度去总结、设计教学，还是停留在以“点”论“点”的水平. 对教师而言，解一道题应向学生讲解清楚其中所蕴含的知识，如何将题目条件为我所用，题中涉及何种解题技巧，渗透何种解题思想，帮助学生形成重视解题思维过程的习惯，同时，在解题训练中应对题型分类，加强题组教学，尽量避免使用题海战术. 对学生而言，要提高数学运算能力，只有计算准确，才能将解题思想落到实处. 学生还需要加强数列与其他知识之间迁移能力的培养，将数列与函数、不等式等知识联系起来，形成强大的知识网络.

3. 关于数列错误归因的研究现状

戴再平①、罗增儒②将数学解题错误分为以下四大类：知识性错误、逻辑性错误、策略性错误以及心理性错误. 结合所查阅的相关文献，将数列知识板块的错误归因与上述错误归因模型相结合，对其进行整理和分类. 关于错误归因分类及相关解释后续不再赘述.

（1）知识性错误.

这里主要指解题者由于数学知识上的缺陷与不足所造成的各种错误. 如不能正确理解题意，包括误解题意、概念（性质）混淆、**忽视公式和定理成立的条件**（**如公式法则的误用，以及定理的错用**），等等.

表 1-14　数列板块常见知识性错误、错解剖析及关联知识点

数列		
内容	常见具体错误	错解剖析/关联知识点等
数列	忽视数列定义域的限制	忽视项数 n 的起始值，由于数列是一种特殊的函数，且它的定义域是自然数集或者自然数集的子集
	忽视公式成立的条件	如 $a_n=S_n-S_{n-1}$，$n\geqslant 2$，忽视 n 的取值范围
等差数列	忽视公差为 0 的情况	例如求 $S_n=\frac{1}{\sqrt{a_1}+\sqrt{a_2}}+\frac{1}{\sqrt{a_2}+\sqrt{a_3}}+\cdots+\frac{1}{\sqrt{a_n}+\sqrt{a_{n+1}}}$，分母有理化时要考虑公差为 0 的情况
	等差数列的前 n 项和的公式特征认识不到位而引起的错误	当等差数列是常数列，即公差 $d=0$ 时，其前 n 项和 $S_n=na$，是关于 n 的没有常数项的一次式；在公差不为零的等差数列中，$S_n=\frac{d}{2}n^2+\left(a_1-\frac{d}{2}\right)n$，是关于 n 的一元二次函数

① 戴再平. 数学习题理论［M］. 上海：上海教育出版社，1991.

② 罗增儒. 数学解题学引论［M］. 陕西：陕西师范大学出版社，2001：496-514.

（续表）

数列		
内容	常见具体错误	错解剖析/关联知识点等
等比数列	忽视隐含条件	等比数列公比 $q\neq0$，$q\neq1$ 是得到求和公式 $S_n=\frac{a_1(1-q^n)}{1-q}$ 的必要条件
	忽视等比中项的负值	等比中项为正值
综合运用		
函数与数列	直接对数列的项求导	正整数集 **N** 或者它的真子集上的函数. 自变量 n 是不连续的，不能直接求导
倒序相加法	忽略常数系数	$\frac{1}{4n(n+1)}$不会裂项
裂项相消法	使用不熟练	形如 $f(x)=\frac{a^x}{a^x+\sqrt{a}}$ 的函数具有一个特征 $f(x)+f(1-x)=0$，可利用这一特征解决数列求和的问题

资料来源：

① 张国治，黄宏梁. 数列学习中常见错误剖析 [J]. 数学通讯，2021 (7)：24－27.

② 郑良. 数列问题常见错误解析 [J]. 理科考试研究，2020，27 (23)：33－36.

③ 张艳宗，卢明. 数列中蕴含的“数列思想”的挖掘与运用 [J]. 中学教研（数学)，2013 (2)：30－32.

④ 童标. 等差数列中常见错误分析 [J]. 新课程学习（基础教育)，2010 (9)：56－57.

⑤ 石向阳. 数列常见错误例析 [J]. 数学通讯，2017 (15)：20－22＋36.

⑥ 聂文喜. 等比数列常见错误例析 [J]. 中学生理科月刊，2005 (2)：43－44.

⑦ 程元元. 数列问题常见错误剖析 [J]. 新高考（高三数学)，2017 (12)：6－7.

⑧ 林勇娟. 高一学生数列解题错误的调查和分析 [D]. 漳州：闽南师范大学，2016.

知识性错误，主要包括忽视数列的定义域、公比和公差的特殊情况，对等差数列的求和公式的特征认识不到位，忽视等比数列隐含的条件. 在综合运用中，则是数列与函数的综合运用以及数列常用方法的使用出错.

（2）逻辑性错误.

这里主要指学生在数学解题中由于违反逻辑思维的形式，违反基本逻辑规则所产生的推理与论证错误. 常见的逻辑性错误主要表现为：虚假论据、偷换概念、不能推出、循环论证、分类不当、不等价变换. 同时，逻辑性错误也常常表现为命题混淆、充要条件的错乱、反正法反设不真，等等.

表 1–15 数列板块常见逻辑性错误、错解剖析及关联知识点

内容	常见具体错误	错解剖析/关联知识点等
分类讨论思想	由于忽视公比的讨论而引起的错误	$q=1$ 或 $q\neq 1$ 的分类
	忽略对 $n=1$ 时的讨论	如使用公式 $a_n=\begin{cases}S_1, & n=1,\\ S_n-S_{n-1}, & n\geqslant 2\end{cases}$
	分不清 a_n 的正负	求数列$\{\|a_n\|\}$的前 n 项和时，没考虑分界点
特殊与一般	由数列的前几项推出通项公式，没有证明	由 $a_1=1$，$a_2=3$，$a_3=5$，直接推出 $a_n=2n-1$
分析法和综合法混用	刚开始证明的时候运用综合法，后来又把结论写出来	分析法应该有分析法的格式

资料来源：
① 石向阳. 数列常见错误例析［J］. 数学通讯，2017（15）：20－22＋36.
② 林勇娟. 高一学生数列解题错误的调查和分析［D］. 漳州：闽南师范大学，2016.
③ 石明环. 高中生数列解题错误的归因分析及对策研究［D］. 兰州：西北师范大学，2019.
④ 陈惠. 数列中常见错误解法的剖析［J］. 数理化学习（高三版），2014（10）：9－10.
⑤ 王小燕. 高一学生数列解题错误研究和对策探索［D］. 杭州：杭州师范大学，2018.

常见的逻辑性错误包括分类不全、用特殊代替一般、分析法和综合法混用、缺乏严密的逻辑思维.

（3）策略性错误和心理性错误.

策略性错误的表现主要有：不能正确识别模式；缺乏整体观念；不善于从反向思考；不能恰当地转化问题.

心理性错误指解题者虽然具备了解决问题的必要数学知识与基本技能，但由于某些心理原因而产生的各种解题错误. 有学者在研究中把学生解答数学习题时表现出的心理性错误分为两个方面：第一，由于心理能力不足而导致错误；第二，由于缺乏正确的心理状态而导致错误.

表 1–16 数列板块常见策略性、心理性错误，错解剖析及关联知识点

内容	常见具体错误	错解剖析/关联知识点等
策略性错误	缺乏整体代换思想	例如 $a_{n+1}+1=3(a_n+1)$，没有想到$\{a_n+1\}$为等比数列
心理性错误	思维定式	看到题中条件 $a_{p+q}=a_p+a_q$，误将数列$\{a_n\}$判断为等差数列
	学习动机不足、缺乏学习的兴趣、自我效能感过低	比如对于过于复杂的算式，容易产生畏惧心理，认为自己肯定会算错，对自己缺乏信心，导致计算失误，有的同学甚至直接放弃求解

资料来源：

① 石明环. 高中生数列解题错误的归因分析及对策研究［D］. 兰州：西北师范大学，2019.
② 林勇娟. 高一学生数列解题错误的调查和分析［D］. 漳州：闽南师范大学，2016.
③ 王佳丽. 高中数学数列部分学生存在的困难与解决方案的探究［D］. 济南：山东师范大学，2021.

策略性错误表现出缺乏某种解题思想，比如整体代换思想，学生的认知停留在书本上简单的等差、等比数列的常见形式. 心理性错误则表现为思维定式、学习动机不足、缺乏学习的兴趣、自我效能感过低等.

（4）应对策略.

表 1–17　数列板块各类常见错误的应对策略

项目	应对策略	策略示例
知识性错误	重视概念、公式、性质的教学	如在等差数列定义的生成教学中，我们可以采用杜宾斯基的 APOS 理论
	加强记忆，巩固知识	采用理解记忆、对比记忆、联想记忆的方法
	加强审题能力的训练	学会“审什么”和“怎么审”
逻辑性错误	加强逻辑思维能力的培养	创设情境，激发思维；巧设问题，激活思维；变式练习，提高思维
	培养良好的解题习惯	要坚持科学的数学解题程序，即经历审核、分析、求解、评价这四个环节；养成及时复习和巩固的习惯；提升纠错的能力
策略性错误	注重数学思想方法的教学	函数思想：数列是特殊的函数；方程思想：可以“知三求二”；分类讨论思想；类比思想
	重视解题策略的教学	课堂教学以学生为中心，教学中应注重知识间的横向、纵向联系，帮助学生构建知识网络
心理性错误	消除学生的心理障碍	教学中对学生进行适当的心理辅导
	激发学生的内部需求	让数列紧密联系实际生活，渗透数学史，激发学生的学习兴趣
	加强自我监控能力	教师可以帮助学生制订目标和计划，适当地指出重难点，学生根据自己的情况和数列知识结构制订学习目标
	加强师生间的情感交流	教师要尊重、关爱且公平对待每一个学生
	营造良好的学习氛围	建立一个和谐、民主的班集体，制定适合本班学生情况的班级制度

以上应对策略从各方面进行阐述，考虑的因素较为全面. 这对教师教授数列和学生学习数列都有比较大的参考价值.

综上所述，学生在数列学习中出现的错误原因是多方面的，有认知因素也有非认知因素，所以教师不仅要关注学生对知识的学习，还要关注学生心理的发展，要引导学生正确地识别错误，进行正确的错误归因，不能片面地、单纯地将数列学习成绩差归为某一个原因. 目前的研究还反映了一个问题，大部分文献仅仅针对调查研究的结论给出了对应的策略，基本停留在调查研究上，并没有对策略进行实践，也未检验对策的有效性，由于数列的内容相对复杂，很多学生无从下手，如果能将策略应用于实践，用数据去说明实际效果，教师们教学时就会更加信任策略的可行性，也更愿意去执行. 因此策略实践可以是学者们研究的一个方向.

4. **关于数列板块命题方向的研究现状**

高考试题的命制以课程标准为重要参考依据，而试题的变化也必然影响教学. 理解新课标，聚焦新高考，研读高考试题，探究试题的教学导向，进而优化教学理念与改进教学方法是当下一线高中数学教育要重点关注的问题.

在中国知网检索“数列命题”“数列趋势”等关键词，发现以下代表性观点.

表 1-18 关于数列板块命题方向的代表性观点

年份	作者	主要观点
2021	唐明超	基于高考评价体系，对 2021 年新高考全国数学试卷中的 3 道数列试题进行整体分析，认为：试题的呈现方式以必备知识为载体，聚焦关键能力测评，检测数学核心素养发展水平和层次，进而体现试题的整体核心价值. 由此引发以下教学启示： ①深化三个理解：准确理解数列的递推关系与数列的概念，理解 a_n 与 S_n 的关系及其函数属性，掌握数列的基本性质及其生成过程. ②引起四个重视：重视回归教材、夯实双基；重视知识的综合应用；重视数学思想的渗透；重视情景化教学. ③寻求三个转变：从解题到解决问题的转变，从课堂上学到生活中学的转变，从模式化应试到力求创新的转变
2021	王月颖、李明建	结合**核心素养**进行命题探析，关注近年高考命题是如何处理数学学科素养与知识、能力的关系的. 通过对近五年高考数学全国Ⅰ、Ⅱ、Ⅲ卷中的数列试题的整理和分析，对数列试题所考查的知识点、思想方法和数学能力等主要内容进行了归纳. 得出如下结论： ①高考数学全国卷都着重考查数列的通项公式、数列递推以及数列求和等基础知识，侧重考查方程思想与转化思想，运算求解能力和推理论证能力，以及相应的数学运算和逻辑推理素养. ②在数列题型的分布上存在一定的差异. 由此可知，教师在数列教学中，要重视学生对数列基础内容的掌握，加强学生运算求解和推理论证能力的提升，以培养学生的数学运算和逻辑推理这两大素养为主

（续表）

年份	作者	主要观点
2022	高慧明	从数列的知识内容出发，对试题进行**分类**，关注其考试频次与地位，从而进行考向预测．其认为： ①对等差数列与等比数列基本量的考查是重点内容，属于低档题，主要是以选择题、填空题的形式出现． ②对等差数列与等比数列的性质、通项公式及递推公式应用的考查是热点，具有“新、巧、活”的特点，利用数列的性质以及利用构造或转化的方法对问题进行求解是考试热点． ③数列的求和问题，多以考查等差、等比数列的前 n 项和、错位相减法和裂项相消法为主，且考查频率较高，是高考命题的热点．选择题、填空题、解答题中都有出现． ④数列与函数、不等式的综合问题也是高考考查的重点，主要考查利用函数的观点解决数列问题以及运用不等式的方法研究数列的性质，多为中档题
2022	孔繁晶	通过对 2021 年 10 套**高考**数学试卷中的 18 道数列试题的考点、分值、文理类差异、难易程度、创新情况等进行比较与分析，提出备考建议，得出考点分布合理、分数比重相当、文理差异存在、难度层次分明和问题力求创新的特点．总结的命题思路如下： ①立足基础，重视基础知识、基本技能和基本方法； ②适度综合，关注数学本质、理性思维和关键能力； ③灵活应用，突出理论联系实际，学以致用； ④稳中求新，体现素养导向

资料来源：

① 唐明超．基于高考评价体系的 2021 年新高考全国卷数列试题命题分析［J］．理科考试研究，2021，28（21）：4－7．

② 王月颖．基于核心素养的高考数列试题研究［D］．石家庄：河北师范大学，2021．

③ 李明建．核心素养视角下高考数列命题探析［J］．高中数理化，2019（24）：1．

④ 高慧明．高考数列命题规律及考向预测［J］．广东教育（高中版），2022（3）：13－17．

⑤ 孔繁晶．立足基础、稳中求新、关注核心素养：2021 年高考“数列”专题命题分析与备考建议［J］．中学数学月刊，2022（2）：30－33．

通过搜索文献可以发现，目前国内关于高考数列试题命题方向的文章较多，大致可分为以下几类：

（1）针对某一年的高考数列试题题型进行分析、总结，对其命题趋势与方向进行预测，进而给出数列板块的复习与备考建议．

（2）针对近几年的高考试卷研究数列试题和命题特点，从试卷结构、考点分布、基础知识、基本技能以及渗透的数学思想方法等方面进行分析，最后结合自身教学经验，提出一些复习与备考建议．

（3）从核心素养的角度出发，关注近年来高考命题是如何处理数学学科素养与知识、能力的关系的.

高中数学课程标准指出，数列作为一种特殊函数，是反映离散过程的基本模型. 它不仅是数学课程的重要研究对象，在其他领域和日常生活中也有着广泛的应用，其研究过程还蕴含了丰富的数学思想方法，对培养学生逻辑推理、数学运算和数学建模等能力都有着不可忽视的作用.

高考命题改革稳步推进，数学科高考加强学科核心素养考查，强化数学思想方法的渗透. 教育部考试中心命题专家表示，试题稳中求新，加强思维品质考查，增强思维的灵活性；加强关键能力考查，增强试题的选拔性. 由此可看出，命题趋势更加关注数学的本质，强调理性思维的价值，注重数学的基础性，突出关键能力考查，引导学生对数学概念、方法有更深刻的认知，在基础性、综合性、应用性、创新性等方面都进行了全面、深入的考查. 高考数学试卷命题发挥着选拔人才作用的同时，也将对高中数学教学改革起到积极的引导和促进作用.

5. **关于数列板块备考建议的研究现状**

在中国知网检索“数列备考”“数列备考建议”等关键词，查阅得到的相关文献中，对于数列的备考的研究基本是以试题的分析为起点，并给出了如下备考建议.

表 1–19　关于数列板块备考建议的主要观点

年份	作者	主要观点
2017	方勇	备考教学以高考考试大纲为基准，夯实基础； 做好近年来高考试题的归类整理，分类、分组训练到位； 加强数学阅读理解能力的训练，提升数学抽象和数学建模素养； 精细化创设问题情境，提高学生的创新意识
2018	汪宏亮	明确考试目标； 把握复习重点； 重视文理“有别”； 立足能力培养； 培养规范答题
2019	韩智明、刘岩	研究高考考纲，把握高考命题方向； 熟悉数列定义，训练学生辨析理解能力； 掌握数列性质，提升学生综合能力； 理解数列背景，促成学生转化应用能力； 挖掘数列本质，达成学生创新思维能力
2019	林艳冬	注重双基，降低难度； 突出数列是特殊函数的特点； 重视思想方法与能力的运用； 关注易错点

（续表）

年份	作者	主要观点
2022	曹胜刚	注重数列基础知识、基本方法的落实和基本思路方法的提炼； 加强备考中“一题多解”“一题多变”“多题一解”等方面的训练； 注重高观点知识的适度普及和应用
2022	巨小鹏	依据新课程标准要求对数列进行专题复习； 回归教材，注重数列中六类基本问题的生成及其原理，特别是求通项公式和求和，并加强运算能力培养； 加强思想和方法的理解，特别是讲题要讲方法、讲思想； 加强用函数观点思考数列问题； 加强基本知识和方法的总结
2022	孔繁晶	研究试题，把握方向； 夯实基础，透析本质； 着眼应用，提升素养

资料来源：

① 方勇．高考全国卷数列试题特征及备考研究［J］．中学数学研究（华南师范大学版），2017（17）：17－22．

② 汪宏亮．2018 年高考全国Ⅰ卷数列试题分析：暨 2019 年复习备考建议［J］．中学数学研究（华南师范大学版），2018（17）：18－21．

③ 韩智明，刘岩．2019 年高考全国Ⅰ卷数列试题分析及备考建议［J］．中学数学研究（华南师范大学版），2019（17）：29－32．

④ 林艳冬．数列板块第二轮复习备考建议［J］．中学数学研究（华南师范大学版），2019（7）：30－34．

⑤ 曹胜刚．从“数列求和”谈数列备考策略［J］．中学数学，2022（3）：29－30．

⑥ 巨小鹏．基于强化基础和素养导向的高考数学备考策略：2017—2021 年全国卷中数列解答题试题综述［J］．数理化解题研究，2022（13）：21－25

⑦ 孔繁晶．立足基础、稳中求新、关注核心素养：2021 年高考“数列”专题命题分析与备考建议［J］．中学数学月刊，2022（2）：30－33．

从文献中可以看到，数列的备考建议主要针对教师教学，现将建议总结如下．

研究试题，把握方向．在复习备考中，教师要深入研究试题，对试题进行分类整理，捕捉命题内容、难度、题型等线索，并且透过现象看本质，总结规律求推广．

从课标出发，回归课本，抓住重点．教师要研读课程标准，帮助学生夯实基础知识，强化对数列定义、基础知识和基本方法的练习与巩固，使学生熟练掌握等差数列、等比数列的通项公式，掌握用累加法、累乘法、构造法求数列的通项，以及用倒序相加法、错位相减法、裂项相消法等求数列前 n 项和的解题方法．

注重思想方法的运用，提升学生素养．教师除帮助学生巩固基础知识外，还要在数列教学和复习中让学生领悟函数与方程思想、转化与化归思想、分类讨论的思想，提升运算求解能力、推理论证能力、抽象概括能力、创新探究能力等. 在强化思想方法的训练的同时，注意培养学生的创新思维，提升学生数学核心素养.

联系生活实际，着眼应用. 从高考的数列题中可以看出，命题日趋情境化，并且与学生的生活息息相关. 教师要引导学生用数学眼光观察世界，用数学思维思考世界，用数学语言表达世界，让学生感受到数学与生活的联系，增强数学学习的兴趣.

二、知识逻辑图

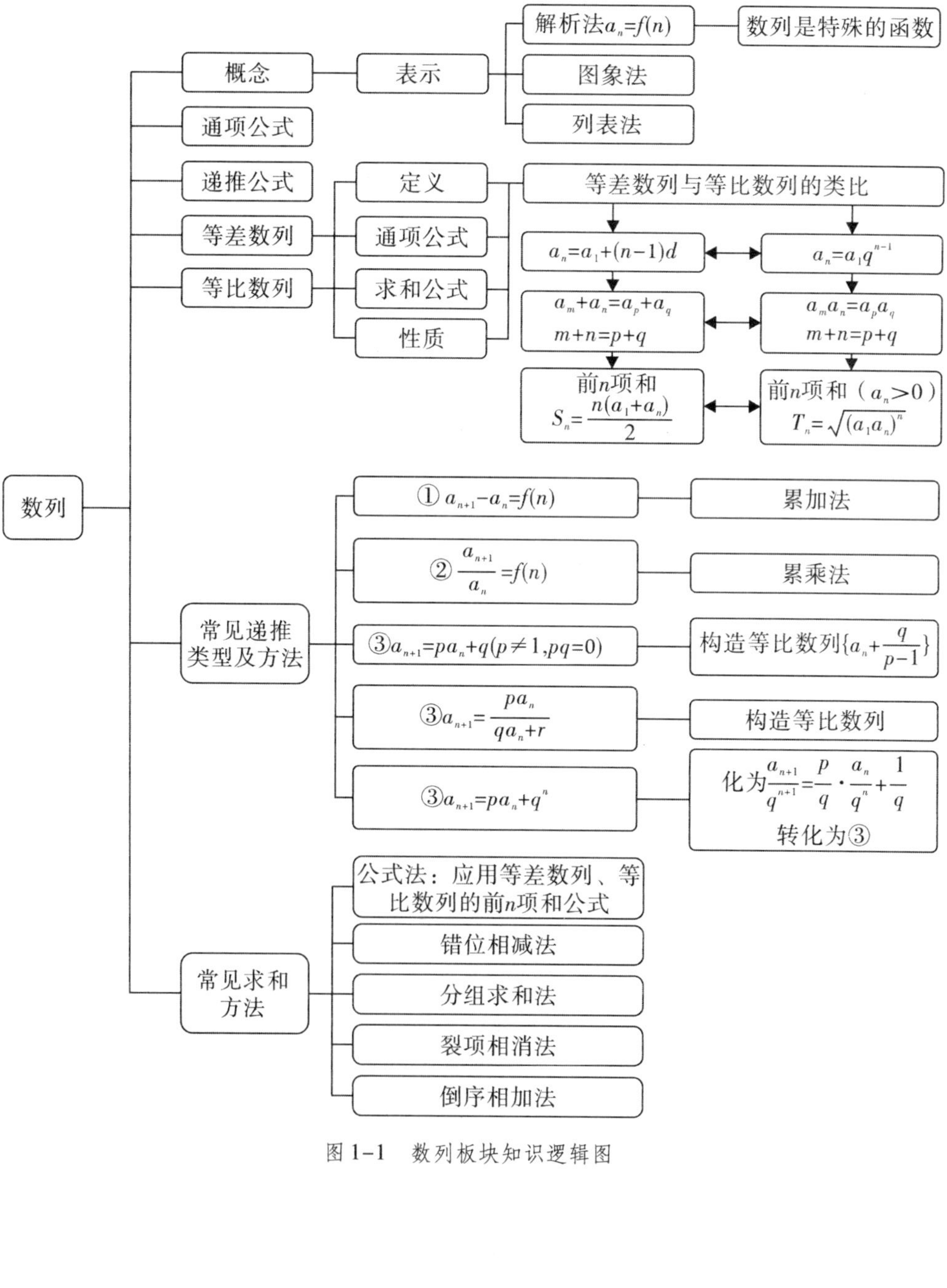

图 1-1　数列板块知识逻辑图

三、典型例题

（一）常考题型

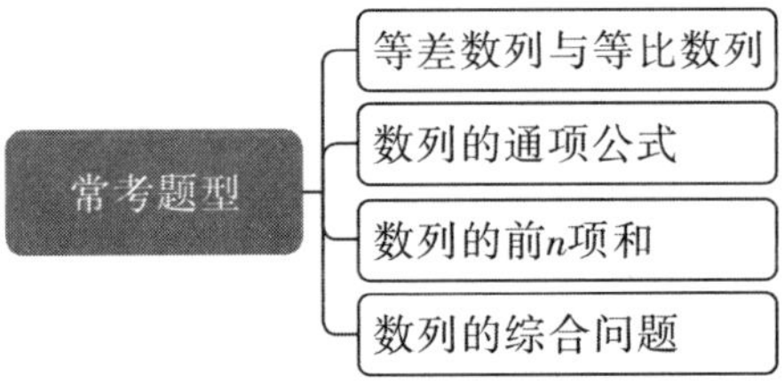

图 1-2 数列板块常考题型

第一类 等差数列与等比数列

1. 等差数列

等差数列的定义与性质以及与函数的关系是高考常考的知识点，要求学生具备一定的创新能力和抽象概括能力.

（1）等差数列的性质.

①在等差数列 $\{a_n\}$ 中，若 m，n，p，$q\in\mathbf{N}^*$ 且 $m+n=p+q$，则 $a_m+a_n=a_p+a_q$，特殊地，$2m=p+q$ 时，则 $2a_m=a_p+a_q$.

②设数列 $\{a_n\}$ 是等差数列，则 $\{\lambda a_n+b\}$（λ，$b\in\mathbf{R}$）也是等差数列.

③设数列 $\{a_n\}$，$\{b_n\}$ 是等差数列，则 $\{\lambda_1a_n\pm\lambda_2b_n\}$（$\lambda_1$，$\lambda_2\in\mathbf{R}$）也是等差数列.

④对于项数为 $2n$ 的等差数列，$S_{2n}=n(a_n+a_{n+1})$；对于项数为 $2n-1$ 的等差数列，$S_{2n-1}=(2n-1)a_n$.

⑤等间距地抽取 a_p，a_{p+t}，a_{p+2t}，…为等差数列.

⑥等长度截取 S_m，$S_{2m}-S_m$，$S_{3m}-S_{2m}$，…为等差数列.

⑦算术平均值 $\frac{S_1}{1}$，$\frac{S_2}{2}$，$\frac{S_3}{3}$，…为等差数列.

⑧若 $\{a_n\}$ 与 $\{b_n\}$ 为等差数列，且前 n 项和分别为 S_n 与 T_n，则 $\frac{a_m}{b_m}=\frac{S_{2m-1}}{T_{2m-1}}$.

（2）等差数列的最值.

数列是特殊的函数关系，因此常利用函数的思想解决数列中最值问题. 求等差数列最值有如下方法.

①利用等差数列的单调性或性质.

若等差数列的首项 $a_1>0$，公差 $d>0$，则等差数列是递减数列，前 n 项和有最大值，且满足$\begin{cases}a_n\geqslant 0,\\ a_{n+1}\leqslant 0.\end{cases}$

若等差数列的首项 $a_1<0$，公差 $d>0$，则等差数列是递增数列，前 n 项和有最小值，且满足$\begin{cases}a_n\leqslant 0,\\ a_{n+1}\geqslant 0.\end{cases}$

②利用等差数列的前 n 项和：$S_n=An^2+Bn$（A，B 为常数，$n\in\mathbf{N}^*$）为二次函数，通过配方或借助图象，二次函数的性质，转化为二次函数求最值的方法求解，有时利用数列的单调性（$d>0$，递增；$d<0$，递减）.

③利用数列中最大项和最小项的求法：

求最大项的方法：设 a_n 为最大项，则有$\begin{cases}a_n\geqslant a_{n-1},\\ a_n\geqslant a_{n+1}.\end{cases}$

求最小项的方法：设 a_n 为最小项，则有$\begin{cases}a_n\leqslant a_{n-1},\\ a_n\leqslant a_{n+1}.\end{cases}$

注意：在解含绝对值的数列最值问题时，注意转化思想的运用.

（3）判断与证明等差数列.

①定义法：对于数列 $\{a_n\}$，若 $a_{n+1}-a_n=d$（$n\in\mathbf{N}^*$）（d 为非零常数），则数列 $\{a_n\}$ 是等差数列（判断与证明）.

②等差中项法：对于数列 $\{a_n\}$，若 $2a_{n+1}=a_n+a_{n+2}$（$n\in\mathbf{N}^*$），则数列 $\{a_n\}$ 是等差数列（判断与证明）.

③通项公式法：$a_n=pn+q$（p，q 为常数，$n\in\mathbf{N}^*$）$\Leftrightarrow$ $\{a_n\}$ 是等差数列（判断）.

④前 n 项和公式法：$S_n=An^2+Bn$（A，B 为常数，$n\in\mathbf{N}^*$）$\Leftrightarrow$ $\{a_n\}$ 是等差数列（判断）.

2. 等比数列

等比数列的概念与性质，利用方程思想求基本量以及数列通项和前 n 项和是高考中的常考知识点.

（1）等比数列的性质.

①在等比数列 $\{a_n\}$ 中，若 m，n，p，$q\in\mathbf{N}^*$，且 $m+n=p+q$，则 $a_pa_q=a_ma_n$，特殊地，$2m=p+q$ 时，则 $a_m^2=a_pa_q$.

②设数列 $\{a_n\}$ 是等比数列，则 $\{\lambda a_n\}$（λ 为非零常数），$\left\{\dfrac{1}{a_n}\right\}$，$\{|a_n|\}$，$\{a_n{}^m\}$ 也是等比数列.

③设数列 $\{a_n\}$，$\{b_n\}$ 是等比数列，则 $\{a_nb_n\}$ 也是等比数列.

④等间距地抽取 a_p，a_{p+t}，a_{p+2t}，…为等比数列.

⑤等长度截取 S_m，$S_{2m}-S_m$，$S_{3m}-S_{2m}$，…为等比数列.

⑥等比数列 $\{a_n\}$ 的单调性：

当 $q>1$，$a_1>0$ 或 $0<q<1$，$a_1<0$ 时，数列 $\{a_n\}$ 是递增数列；

当 $q>1$，$a_1<0$ 或 $0<q<1$，$a_1>0$ 时，数列 $\{a_n\}$ 是递减数列；

当 $q=1$ 时，数列 $\{a_n\}$ 是常数列.

（2）等比数列的判断与证明.

①定义法：对于数列 $\{a_n\}$，若 $\frac{a_{n+1}}{a_n}=q$（$n\in\mathbf{N}^*$）（q 为非零常数），则数列 $\{a_n\}$ 是等比数列（判断与证明）.

②等比中项法：对于数列 $\{a_n\}$，若 $a_n^2=a_{n-1}a_{n+1}$（$n\geqslant2$，$n\in\mathbf{N}^*$），则数列 $\{a_n\}$ 是等比数列（判断与证明）.

③通项公式法：形如 $a_n=cq^n$（$cq\neq0$，$n\in\mathbf{N}^*$）的形式，则 $\{a_n\}$ 是等比数列（判断）.

④前 n 项和公式法：形如 $S_n=kq^n-k$（$kq\neq0$ 且 $q\neq1$，$n\in\mathbf{N}^*$）的形式，则 $\{a_n\}$ 是等比数列（判断）.

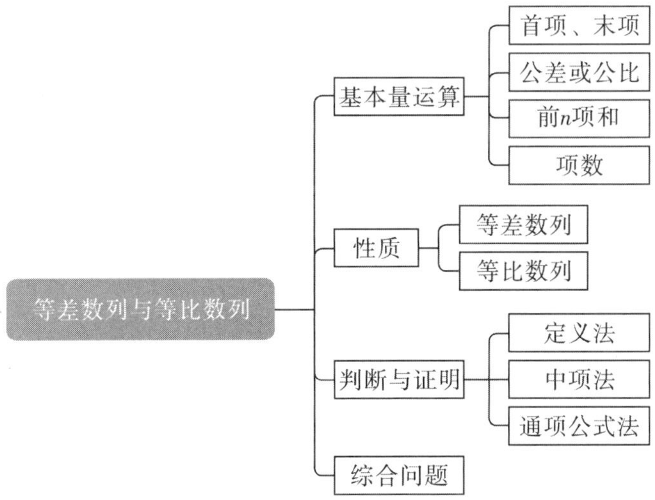

图 1–3　等差数列与等比数列的常考题型

题型 1：等差数列与等比数列的基本量运算

【解题思路】（知三求二）

① 把已知条件转化为 a_1 和 d（q）等基本量.

② 通过建立方程（组）获得解 a_1 和 d（q）.

③ 求题设的其他量或利用等差数列与等比数列的基本性质求解.

【例1】《九章算术》中的“竹九节”问题：现有一根9节的竹子，自上而下各节的容积成等差数列，上面4节的容积共3升，下面3节的容积共4升，则第5节的容积为________升.

解析

设该数列$\{a_n\}$的首项为a_1，公差为d，依题意$\begin{cases}a_1+a_2+a_3+a_4=3,\\a_7+a_8+a_9=4,\end{cases}$

即$\begin{cases}4a_1+6d=3,\\3a_1+21d=4,\end{cases}$解得$\begin{cases}a_1+7d=\dfrac{4}{3},\\d=\dfrac{7}{66}.\end{cases}$

则$a_5=a_1+4d=a_1+7d-3d=\dfrac{4}{3}-\dfrac{21}{66}=\dfrac{67}{66}.$

故答案为$\dfrac{67}{66}.$

【例2】“十二平均律”是通用的音律体系. 明代朱载堉最早用数学方法计算出半音比例，为此理论的发展做出了重要的贡献. 十二平均律将一个纯八度音程分成十二份，依次得到十三个单音，从第二个单音起，每个单音的频率与前一个单音的频率的比都是$\sqrt[12]{2}$. 若第一个单音的频率为f，则第八个单音的频率为（　　）.

A. $\sqrt[3]{2}f$　　B. $\sqrt[3]{2^2}f$　　C. $\sqrt[12]{2^5}f$　　D. $\sqrt[12]{2^7}f$

解析

由题意知，$\dfrac{a_n}{a_{n-1}}=\sqrt[12]{2}$（$n\geqslant2$），故$\{a_n\}$是首项为$f$，公比为$\sqrt[12]{2}$的等比数列，

所以$a_8=a_1\cdot q^7=f(\sqrt[12]{2})^7=\sqrt[12]{2^7}f.$

故答案为D.

【例3】（2022新高考Ⅱ卷）中国的古建筑不仅是挡风遮雨的住处，更是美学和哲学的体现. 如图是某古建筑物的剖面图，DD_1，CC_1，BB_1，AA_1是举，OD_1，DC_1，CB_1，BA_1是相等的步，相邻桁的举步之比分别为$\dfrac{DD_1}{OD_1}=0.5$，$\dfrac{CC_1}{DC_1}=k_1$，$\dfrac{BB_1}{CB_1}=k_2$，$\dfrac{AA_1}{BA_1}=k_3$，若k_1，k_2，k_3是公差为0.1的等差数列，且直线OA的斜率为0.725，则$k_3=$（　　）.

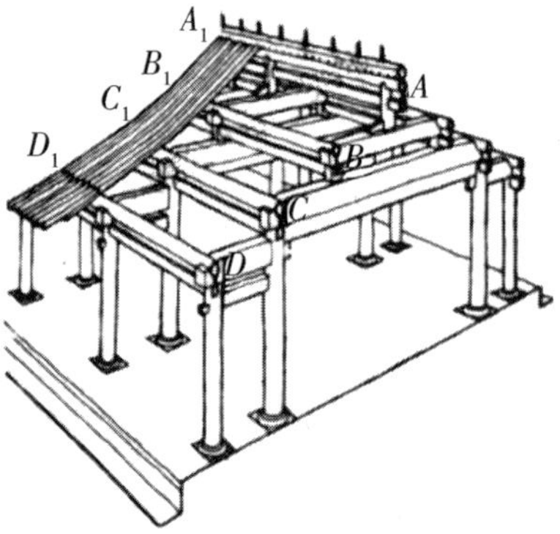

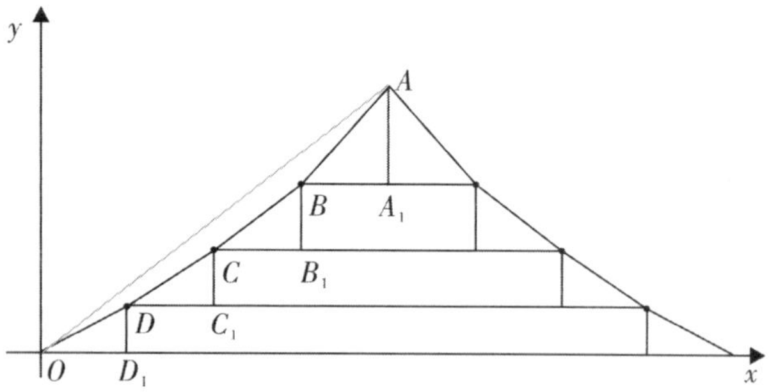

A. 0.75　　B. 0.8　　C. 0.85　　D. 0.9

解析

设 $OD_1=DC_1=CB_1=BA_1=1$，则 $CC_1=k_1$，$BB_1=k_2$，$AA_1=k_3$，

由题意得 $k_3=k_1+0.2$，$k_3=k_2+0.1$，

且 $\dfrac{DD_1+CC_1+BB_1+AA_1}{OD_1+DC_1+CB_1+BA_1}=0.725$，解得 $k_3=0.9$.

故选 D.

题型 2：等差数列与等比数列的性质

【例 4】 等差数列 $\{a_n\}$ 和 $\{b_n\}$ 的前 n 项和分别为 S_n 和 T_n，且 $\dfrac{S_n}{T_n}=\dfrac{2n}{3n+1}$，则 $\dfrac{a_9}{b_9}=$________.

解析

因为等差数列 $\{a_n\}$ 和 $\{b_n\}$ 的前 n 项和分别为 S_n 与 T_n，且都有 $\dfrac{S_n}{T_n}=\dfrac{2n}{3n+1}$，

所以 $\dfrac{a_9}{b_9}=\dfrac{2a_9}{2b_9}=\dfrac{a_1+a_{17}}{b_1+b_{17}}=\dfrac{\frac{17}{2}(a_1+a_{17})}{\frac{17}{2}(b_1+b_{17})}=\dfrac{S_{17}}{T_{17}}=\dfrac{2\times17}{3\times17+1}=\dfrac{17}{26}$.

【例 5】（多选题）等比数列 $\{a_n\}$ 的公比为 q，且满足 $a_1>1$，$a_{1010}a_{1011}>1$，$(a_{1010}-1)(a_{1011}-1)<0$. 记 $T_n=a_1a_2a_3\cdots a_n$，则下列结论正确的是（　　）.

A. $0<q<1$

B. $a_{1010}a_{1012}-1>0$

C. $T_n\leqslant T_{1011}$

D. 使 $T_n<1$ 成立的最小自然数 n 等于 2021

解析

对于 A 选项：因为 $a_{1010}a_{1011}>1$，若 $q<0$，则 $a_{1010}a_{1011}=a_{1010}^2q<0$，故矛盾；若 $q\geqslant1$，则 $a_{1011}\geqslant a_{1010}\geqslant a_1>1$，从而 $(a_{1010}-1)(a_{1011}-1)>0$，故矛盾. 综上，$0<q<1$，A 正确.

对于 B 选项：由 A 选项可知，$0<q<1$，则 $a_{1010}>0$，$a_{1011}>0$，且 $a_{1011}=a_{1010}q<a_{1010}$，因为 $(a_{1010}-1)(a_{1011}-1)<0$，则有 $a_{1010}>1>a_{1011}>0$，故 $a_{1010}a_{1012}=a_{1011}^2<1$，B 错误.

对于 C 选项：因为当 $n\leqslant1010$ 时，$a_n>1$，$n\geqslant1011$ 时，$a_n<1$，则 T_n 的最大值为 T_{1010}，C 错误.

对于 D 选项：$T_{2019}=a_{1010}^{2019}>1$，$T_{2020}=(a_{1010}a_{1011})^{1010}>1$，$T_{2021}=(a_{1011})^{2021}<1$，D 正确.

故选 A、D.

题型3：等差数列与等比数列的判断与证明

【例6】已知数列$\{a_n\}$满足$a_1=1$，$a_n=\dfrac{a_{n-1}}{4a_{n-1}+1}$（$n\in\mathbf{N}^*$，$n\geqslant2$），数列$\{b_n\}$满足关系式$b_n=\dfrac{1}{a_n}$（$n\in\mathbf{N}^*$）.

（1）求证：数列$\{b_n\}$为等差数列；

（2）求数列$\{a_n\}$的通项公式.

解析

（1）因为$b_n=\dfrac{1}{a_n}$，且$a_n=\dfrac{a_{n-1}}{4a_{n-1}+1}$，

所以$b_{n+1}=\dfrac{1}{a_{n+1}}=\dfrac{1}{\dfrac{a_n}{4a_n+1}}=\dfrac{4a_n+1}{a_n}$，

则$b_{n+1}-b_n=\dfrac{4a_n+1}{a_n}-\dfrac{1}{a_n}=4$.

又$b_1=\dfrac{1}{a_1}=1$，所以数列$\{b_n\}$是以1为首项，4为公差的等差数列.

（2）由（1）知，数列$\{b_n\}$的通项公式为$b_n=1+(n-1)\times4=4n-3$，又$b_n=\dfrac{1}{a_n}$，

所以$a_n=\dfrac{1}{b_n}=\dfrac{1}{4n-3}$. 所以数列$\{a_n\}$的通项公式为$a_n=\dfrac{1}{4n-3}$（$n\in\mathbf{N}^*$）.

【例7】（2022北京高考）已知数列$\{a_n\}$的各项均为正数，其前n项和S_n满足$a_n\cdot S_n=9$（$n=1,2,\cdots$）. 给出下列四个结论：

①$\{a_n\}$的第2项小于3；　　②$\{a_n\}$为等比数列；

③$\{a_n\}$为递减数列；　　④$\{a_n\}$中存在小于$\dfrac{1}{100}$的项.

其中所有正确结论的序号是__________.

解析

由题意可知，对任意的$n\in\mathbf{N}^*$，有$a_n>0$，

当$n=1$时，$a_1^2=9$，可得$a_1=3$，

当$n\geqslant2$时，由$S_n=\dfrac{9}{a_n}$可得$S_{n-1}=\dfrac{9}{a_{n-1}}$，两式作差可得$a_n=\dfrac{9}{a_n}-\dfrac{9}{a_{n-1}}$，

所以，$\dfrac{9}{a_{n-1}}=\dfrac{9}{a_n}-a_n$，则$\dfrac{9}{a_2}-a_2=3$，整理可得$a_2^2+3a_2-9=0$，

因为$a_2>0$，解得$a_2=\dfrac{3\sqrt{5}-3}{2}<3$，①对；

假设数列 $\{a_n\}$ 为等比数列，设其公比为 q，则 $a_2^2=a_1a_3$，即$\left(\frac{9}{S_2}\right)^2=\frac{81}{S_1S_3}$，

所以，$S_2^2=S_1S_3$，可得 $a_1^2(1+q)^2=a_1^2(1+q+q^2)$，解得 $q=0$，不合乎题意，

故数列 $\{a_n\}$ 不是等比数列，②错；

当 $n\geqslant2$ 时，$a_n=\frac{9}{a_n}-\frac{9}{a_{n-1}}=\frac{9(a_{n-1}-a_n)}{a_na_{n-1}}>0$，可得 $a_n<a_{n-1}$，所以，数列 $\{a_n\}$ 为递减数列，③对；

假设对任意的 $n\in\mathbf{N}^*$，有 $a_n\geqslant\frac{1}{100}$，则 $S_{100000}\geqslant100000\times\frac{1}{100}=1000$，

所以，$a_{100000}=\frac{9}{S_{100000}}\leqslant\frac{9}{1000}<\frac{1}{100}$，与假设矛盾，假设不成立，④对.

故答案为①③④.

题型4：等差数列与等比数列的综合问题

【例8】 各项均为正数的等比数列 $\{a_n\}$ 的前 n 项和为 S_n，若 $a_2a_6=4$，$a_3=1$，则 $\frac{(S_n+\frac{9}{4})^2}{2a_n}$ 的最小值为（　　）.

A. 4　　　　B. 6　　　　C. 8　　　　D. 12

解析

因为 $a_2a_6=4$，且等比数列 $\{a_n\}$ 各项均为正数，所以$a_4{}^2=4$，$a_4=2$，

公比 $q=\frac{a_4}{a_3}=2$，首项 $a_1=\frac{1}{4}$，

所以 $S_n=\frac{a_1(1-q^n)}{1-q}=\frac{2^n-1}{4}$，通项 $a_n=a_1q^{n-1}=\frac{2^{n-1}}{4}$，

$$\frac{\left(S_n+\frac{9}{4}\right)^2}{2a_n}=\frac{2^{n-1}}{2}+\frac{8}{2^{n-1}}+4\geqslant2\sqrt{\frac{2^{n-1}}{2}\cdot\frac{8}{2^{n-1}}}+4=8,$$

当且仅当$\frac{2^{n-1}}{2}=\frac{8}{2^{n-1}}$，即 $n=3$ 时，$\frac{\left(S_n+\frac{9}{4}\right)^2}{2a_n}$的最小值为 8.

故选 C.

【例9】 在数列 $\{a_n\}$ 中，$a_1+a_2=53$，$(n-1)a_{n+1}-na_n+28=0$，若 $b_n=a_n\cdot a_{n+1}\cdot a_{n+2}$ $(n\in\mathbf{N}^*)$，则 $\{b_n\}$ 的前 n 项和取得最大值时 n 的值为________.

解析

解法1：因为$(n-1)a_{n+1}-na_n+28=0$，①

所以 $na_{n+2}-(n+1)a_{n+1}+28=0$，②

①－②，得 $2na_{n+1}=na_n+na_{n+2}$，即 $2a_{n+1}=a_n+a_{n+2}$，所以数列 $\{a_n\}$ 为等差数列.

在①中，取 $n=1$，得 $-a_1+28=0$，即 $a_1=28$，又 $a_1+a_2=53$，则 $a_2=25$，

所以 $a_n=31-3n$，因此 $a_1>a_2>\cdots>a_{10}>0$，$0>a_{11}>a_{12}>a_{13}>\cdots$，

所以 $b_1>b_2>\cdots>b_8>0$，$b_9=a_9\cdot a_{10}\cdot a_{11}=-8<0$，$b_{10}=a_{10}\cdot a_{11}\cdot a_{12}=10>0$，$0>b_{11}>b_{12}>b_{13}>\cdots$，

设 $\{b_n\}$ 的前 n 项和为 T_n，所以 $T_1<T_2<T_3\cdots<T_8>T_9$，$T_9<T_{10}>T_{11}>T_{12}>\cdots$，

又 $T_{10}=T_8+b_9+b_{10}>T_8$，所以 $n=10$ 时，T_n 取得最大值.

解法 2：由 $(n-1)a_{n+1}-na_n+28=0$，得 $\dfrac{a_{n+1}}{n}-\dfrac{a_n}{n-1}=-\dfrac{28}{n(n-1)}$，

令 $\dfrac{a_{n+1}}{n}=c_n$，则 $c_n-c_{n-1}=-28\left(\dfrac{1}{n-1}-\dfrac{1}{n}\right)=28\left(\dfrac{1}{n}-\dfrac{1}{n-1}\right)$，

由累加法得 $c_n-c_1=28\left(\dfrac{1}{n}-1\right)$，即 $c_n=c_1+28\left(\dfrac{1}{n}-1\right)=a_2+28\left(\dfrac{1}{n}-1\right)$，

代入得 $a_{n+1}=nc_n=na_2+28(1-n)=28+n(a_2-28)$，

取 $n=1$，得 $-a_1+28=0$，解得 $a_1=28$，又 $a_1+a_2=53$，则 $a_2=25$，故 $a_{n+1}=28-3n$，$a_n=31-3n$，于是 $b_n=a_n\cdot a_{n+1}\cdot a_{n+2}=(31-3n)(28-3n)(25-3n)$，

由 $b_n\geqslant 0$，得 $(31-3n)(28-3n)(25-3n)\geqslant 0$，解得 $n\leqslant 8$ 或 $n=10$，

又因为 $b_9=-8$，$b_{10}=10$，所以 $n=10$ 时，T_n 取得最大值.

【例 10】（2022 新高考Ⅱ卷）已知 $\{a_n\}$ 为等差数列，$\{b_n\}$ 是公比为 2 的等比数列，且 $a_2-b_2=a_3-b_3=b_4-a_4$.

① 证明：$a_1=b_1$；

② 求集合 $\{k\,|\,b_k=a_m+a_1,\ 1\leqslant m\leqslant 500\}$ 中元素个数.

解析

（1）设等差数列 $\{a_n\}$ 的公差为 d，由 $a_2-b_2=a_3-b_3$，知 $a_1+d-2b_1=a_1+2d-4b_1$，故 $d=2b_1$；由 $a_2-b_2=b_4-a_4$，知 $a_1+d-2b_1=8b_1-(a_1+3d)$，故 $a_1+d-2b_1=4d-(a_1+3d)$，$a_1+d-2b_1=d-a_1$，整理得 $a_1=b_1$，得证.

（2）由（1）知 $d=2b_1=2a_1$，由 $b_k=a_m+a_1$ 知：

$b_1\cdot 2^{k-1}=a_1+(m-1)\cdot d+a_1$，即 $b_1\cdot 2^{k-1}=b_1+(m-1)\cdot 2b_1+b_1$，即 $2^{k-1}=2m$，

因为 $1\leqslant m\leqslant 500$，故 $2\leqslant 2^{k-1}\leqslant 1000$，解得 $2\leqslant k\leqslant 10$.

故集合 $\{k\ |\ b_k=a_m+a_1,\ 1\leqslant m\leqslant 500\}$ 中元素的个数为 9 个.

第二类 数列的通项公式

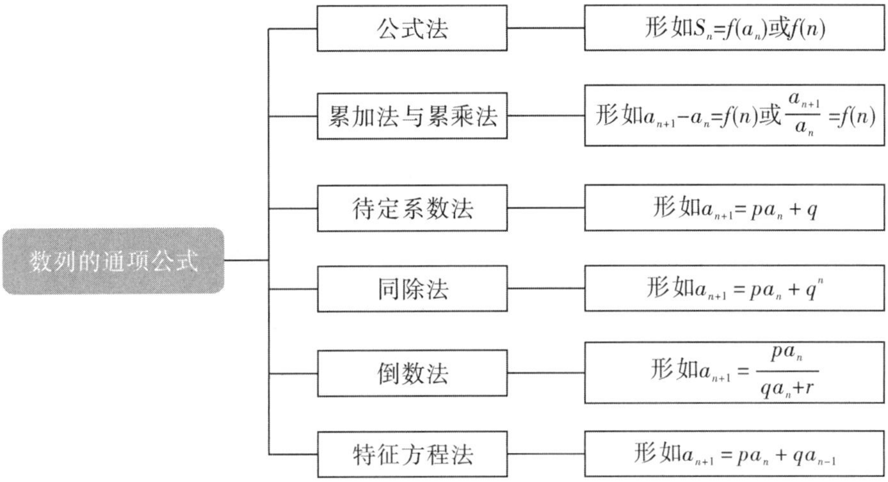

图 1-4 数列通项公式的解题思路和方法

题型 1：公式法

【解题思路】

已知 $S_n=f(a_n)$ 或 $S_n=f(n)$ 的关系，求通项公式，可用 $a_n=\begin{cases}S_1 & (n=1),\\ S_n-S_{n-1} & (n\geqslant 2),\end{cases}$ 根据 $a_1=S_1$ 求出 a_1，并代入数列 $\{a_n\}$ 的通项公式中进行验证，若成立，则合并；若不成立，则写出分段形式（高考的重要考点）.

【例 1】 在数列 $\{a_n\}$ 中，$a_1=\frac{1}{2}$，$a_{n+1}=a_n+\frac{1}{2}$，则数列 $\{a_n\}$ 的通项公式为________.

解析

已知 $a_{n+1}=a_n+\frac{1}{2}$，即 $a_{n+1}-a_n=\frac{1}{2}$，所以数列 $\{a_n\}$ 是以$\frac{1}{2}$为首项，以$\frac{1}{2}$为公差的等差数列，所以 $a_n=a_1+(n-1)d=\frac{1}{2}+\frac{1}{2}(n-1)=\frac{n}{2}$ $(n\in\mathbf{N}^*)$.

【例 2】（多选题）已知数列 $\{a_n\}$ 的前 n 项和为 S_n，下列说法正确的是（　　）.

A. 若 $S_n=n^2+1$，则 $\{a_n\}$ 是等差数列

B. 若 $S_n=3^n-1$，则 $\{a_n\}$ 是等比数列

C. 若 $\{a_n\}$ 是等差数列，则 $S_9=9a_5$

D. 若 $\{a_n\}$ 是等比数列，且 $a_1>0$，$q>0$，则 $S_1\cdot S_3>S_2^2$

解析

若 $S_n=n^2+1$，当 $n\geqslant 2$ 时，$a_n=2n-1$，$a_1=S_1=1^2+1=2$ 不满足 $a_n=2n-1$，故 A 错误；

若 $S_n=3^n-1$，当 $n\geqslant 2$ 时，$a_n=2\cdot 3^{n-1}$，$a_1=S_1=3^1-1=2$ 满足 $a_n=2\cdot 3^{n-1}$，所以 $\{a_n\}$ 是等比数列，故 B 正确；

若 $\{a_n\}$ 是等差数列，则 $S_9=\dfrac{9(a_1+a_9)}{2}=9a_5$，故 C 正确；

若 $\{a_n\}$ 是等比数列，当 $q=1$ 时，$S_1\cdot S_3-S_2^2=3a_1^{\ 2}-4a_1^{\ 2}=-a_1^{\ 2}<0$，故 D 错误.

故选 B、C.

题型 2：累加法与累乘法

【解题思路】

（1）已知数列中相邻两项存在 $a_n-a_{n-1}=f(n)$ $(n\geqslant 2)$ 或 $a_{n+1}=a_n+f(n)$ 的关系，可用累加法.

（2）已知数列中相邻两项存在 $\dfrac{a_{n+1}}{a_n}=f(n)$ 或 $a_{n+1}=a_n\cdot f(n)$ 的关系，可用累乘法.

【例 3】 已知数列 $\{a_n\}$ 满足 $a_2=6$，$\dfrac{a_n}{a_{n+1}-a_n}=n(n\in\mathbf{N}^*)$，求数列 $\{a_n\}$ 的通项公式.

解析

因为 $a_2=6$，$\dfrac{a_n}{a_{n+1}-a_n}=n(n\in\mathbf{N}^*)$，

所以 $a_1=3$ 且 $na_{n+1}=(n+1)a_n$，即 $\dfrac{a_{n+1}}{a_n}=\dfrac{n+1}{n}$.

由累乘法得 $a_n=\dfrac{a_n}{a_{n-1}}\cdot\dfrac{a_{n-1}}{a_{n-2}}\cdot\cdots\cdot\dfrac{a_2}{a_1}\cdot a_1=\dfrac{n}{n-1}\times\dfrac{n-1}{n-2}\times\cdots\times\dfrac{2}{1}\times a_1=na_1=3n$，

因为 $a_{n+1}-a_n=3(n+1)-3n=3$，则数列 $\{a_n\}$ 是首项为 3，公差为 3 的等差数列，通项公式为 $a_n=3n$.

【例 4】 已知数列 $\{a_n\}$ 满足 $a_1=a_2=\dfrac{3}{2}$，$a_{n+2}=a_n+2\times 3^n(n\in\mathbf{N}^*)$，且 $b_n=a_n+a_{n+1}$，则数列 $\{b_n\}$ 的通项公式为________. 若 $b_nc_n=\dfrac{4(n+1)}{3(4n^2-1)}$ $(n\in\mathbf{N}^*)$，则数列 $\{c_n\}$ 的前 n 项和为________.

解析

由 $a_1=a_2=\dfrac{3}{2}$，$a_{n+2}=a_n+2\times 3^n(n\in\mathbf{N}^*)$，可得 $b_1=a_1+a_2=3$，$a_{n+2}-a_n=2\times 3^n$，又 $b_{n+1}-b_n=a_{n+1}+a_{n+2}-(a_n+a_{n+1})=a_{n+2}-a_n=2\times 3^n$，则 $b_n=b_1+(b_2-b_1)+(b_3-b_2)+\cdots+(b_n-b_{n-1})=3+2\times 3+2\times 3^2+\cdots+2\times 3^{n-1}=3+\dfrac{2(3-3^n)}{1-3}=3^n$，上式对

$n=1$ 也成立，所以 $b_n=3^n$（$n\in\mathbf{N}^*$）；

由 $b_nc_n=\dfrac{4(n+1)}{3(4n^2-1)}(n\in\mathbf{N}^*)$，

可得 $c_n=\dfrac{4n+4}{3^{n+1}(2n-1)(2n+1)}=\dfrac{1}{3^n(2n-1)}-\dfrac{1}{3^{n+1}(2n+1)}$，

则数列 $\{c_n\}$ 的前 n 项和为 $\dfrac{1}{3\times1}-\dfrac{1}{3^2\times3}+\dfrac{1}{3^2\times3}-\dfrac{1}{3^3\times5}+\cdots+\dfrac{1}{3^n(2n-1)}-\dfrac{1}{3^{n+1}(2n+1)}=\dfrac{1}{3}-\dfrac{1}{3^{n+1}(2n+1)}$.

故答案为 $b_n=3^n$（$n\in\mathbf{N}^*$）；$\dfrac{1}{3}-\dfrac{1}{3^{n+1}(2n+1)}$.

题型3：待定系数法［形如 $a_{n+1}=pa_n+q$ 的数列，其中 p，q 为常数，且 $pq(p-1)\neq0$］

【解题思路】

（1）等差数列情形.

对于等差数列 $\{a_n\}$，设其首项为 a_1，公差为 d，则其前 n 项和 $S_n=na_1+\dfrac{d}{2}n(n-1)=\dfrac{d}{2}n^2+\left(a_1-\dfrac{d}{2}\right)n$，可设 $S_n=An^2+Bn$，其中 $A=\dfrac{d}{2}$，$B=a_1-\dfrac{d}{2}$.

故通项公式 $a_n=2An+B-A$，首项 $a_1=A+B$，公差 $d=2A$. 显然当 $d\neq0$ 时，$S_n=An^2+Bn$ 是关于 n 的二次函数；当 $d=0$ 时，$S_n=Bn$，等差数列 $\{a_n\}$ 为常数数列且 $a_1=B$.

（2）等比数列情形.

对于等比数列 $\{a_n\}$，设其首项为 a_1，公比为 q，则当 $q\neq1$ 时，有 $S_n=\dfrac{a_1(1-q^n)}{1-q}=\dfrac{a_1}{q-1}q^n-\dfrac{a_1}{q-1}$，可设 $S_n=Aq^n-A=A(q^n-1)(q\neq1)$，其中待定系数为 $A=\dfrac{a_1}{q-1}$，通项公式为 $a_n=A(q-1)q^{n-1}$.

【例5】 已知数列 $\{a_n\}$ 中，$a_1=1$，$a_{n+1}=2a_n+3$，求 a_n.

解析

递推公式 $a_{n+1}=2a_n+3$ 可以转化为 $a_{n+1}-t=2(a_n-t)$，

即 $a_{n+1}=2a_n-t$，则 $t=-3$，

故递推公式为 $a_{n+1}+3=2(a_n+3)$，

令 $b_n=a_n+3$，则 $b_1=a_1+3=4$，且 $\dfrac{b_{n+1}}{b_n}=2$，

所以 $\{b_n\}$ 是首项为4，公比为2的等比数列，

所以 $b_n=4\times2^{n-1}=2^{n+1}$，故 $a_n=2^{n+1}-3$.

题型4：同除法

【解题思路】

形如 $a_{n+1}=qa_n+p\cdot q^{n+1}$（$n\in\mathbf{N}^*$）的数列，可通过两边同除 q^{n+1}，将它转化为$\dfrac{a_{n+1}}{q^{n+1}}=\dfrac{a_n}{q^n}+p$，从而构造等差数列$\left\{\dfrac{a_n}{q^n}\right\}$，先求出$\left\{\dfrac{a_n}{q^n}\right\}$的通项公式，便可求得 $\{a_n\}$ 的通项公式.

【例6】 对于数列 $\{a_n\}$，定义数列 $\{a_{n+1}-2a_n\}$ 为数列 $\{a_n\}$ 的“2倍差数列”，若 $a_1=2$，$\{a_n\}$ 的“2倍差数列”的通项公式为 2^{n+1}，求数列 $\{a_n\}$ 的前 n 项和 S_n.

解析

由题意可得，$a_{n+1}-2a_n=2^{n+1}$，两边同时除以 2^{n+1}，得$\dfrac{a_{n+1}}{2^{n+1}}-\dfrac{a_n}{2^n}=1$，所以数列$\left\{\dfrac{a_n}{2^n}\right\}$是以$\dfrac{a_1}{2^1}=1$为首项，以1为公差的等差数列，由等差数列通项公式可得$\dfrac{a_n}{2^n}=n$，则 $a_n=n2^n$，

$S_n=1\times2+2\times2^2+3\times2^3+\cdots+n\times2^n$①，

$2S_n=1\times2^2+2\times2^3+3\times2^4+\cdots+n\times2^{n+1}$②，

由②－①得，$S_n=-(2+2^2+2^3+2^4+\cdots+2^n)+n\times2^{n+1}=(n-1)2^{n+1}+2$.

题型5：倒数法［形如 $a_{n+1}=\dfrac{pa_n}{qa_n+r}$的数列（其中 p，q，r 为常数）］

【解题思路】

形如 $a_{n+1}=\dfrac{pa_n}{qa_n+r}$（其中 p，q，r 为常数）的数列，通过两边取“倒”，变形为$\dfrac{1}{a_{n+1}}=\dfrac{r}{p}\cdot\dfrac{1}{a_n}+\dfrac{q}{p}$，可通过换元令 $b_n=\dfrac{1}{a_n}$，化简为 $b_{n+1}=\dfrac{r}{p}\cdot b_n+\dfrac{q}{p}$，通过对递推公式两边取倒数求得数列的通项公式.

【例7】 已知数列 $\{a_n\}$ 满足 $a_n=\dfrac{a_{n-1}}{3a_{n-1}+1}$，$a_1=1$，求数列 $\{a_n\}$ 的通项公式.

解析

对 $a_n=\dfrac{a_{n-1}}{3a_{n-1}+1}$两边取倒数，得$\dfrac{1}{a_n}=\dfrac{3a_{n-1}+1}{a_{n-1}}=3+\dfrac{1}{a_{n-1}}$，

所以$\left\{\dfrac{1}{a_n}\right\}$是首项为1，公差为3的等差数列，

因为$\dfrac{1}{a_n}=1+3(n-1)$，所以 $a_n=\dfrac{1}{3n-2}$，($n\in\mathbf{N}^*$).

【例8】已知数列 $\{a_n\}$ 满足 $a_1=\frac{1}{3}$，$a_{n+1}=\frac{a_n}{2-a_n}$，数列 $\{b_n\}$ 满足 $b_n=\frac{1}{a_n}-1$．若数列$\left\{\frac{1}{b_n}\right\}$的前 n 项和为 S_n，则 $S_n=$________，使得 $|S_n-1|<\frac{1}{1000}$成立的 n 的最小值为________.

解析

已知 $a_{n+1}=\frac{a_n}{2-a_n}$，可得$\frac{1}{a_{n+1}}=\frac{2}{a_n}-1$，

于是$\frac{1}{a_{n+1}}-1=\frac{2}{a_n}-2=2\left(\frac{1}{a_n}-1\right)$，

因为数列 $\{b_n\}$ 是首项为2，公比为2的等比数列，

所以 $b_n=2\times 2^{n-1}=2^n$，$\frac{1}{b_n}=\frac{1}{2^n}$，

所以 $S_n=\frac{\frac{1}{2}\left[1-\left(\frac{1}{2}\right)^n\right]}{1-\frac{1}{2}}=1-\frac{1}{2^n}$.

由 $|S_n-1|<\frac{1}{1000}$得$\left|1-\frac{1}{2^n}-1\right|<\frac{1}{1000}$，整理得 $2^n>1000$，

因为 $2^9=512<1000<1024=2^{10}$，所以 $n\geqslant 10$，

故使得 $|S_n-1|<\frac{1}{1000}$成立的 n 的最小值为10.

题型6：特征方程法［形如 $a_{n+1}=pa_n+qa_{n-1}$的数列（其中 p，q 为常数，且 $pq\neq 0$，$n\geqslant 2$）］

【解题思路】

①假设将递推公式改写成 $a_{n+1}+sa_n=t(a_n+sa_{n-1})$.

②利用待定系数法求出 s，t 的值.

③求数列 $\{a_{n+1}+sa_n\}$ 的通项公式.

④根据数列 $\{a_{n+1}+sa_n\}$ 的通项公式，求出数列 $\{a_n\}$ 的通项公式.

【例9】数列 $\{a_n\}$ 中，$a_1=1$，$a_2=2$，$3a_{n+2}=2a_{n+1}+a_n$，求数列 $\{a_n\}$ 的通项公式.

解析

由 $3a_{n+2}=2a_{n+1}+a_n$ 得 $a_{n+2}=\frac{2}{3}a_{n+1}+\frac{1}{3}a_n$，

设 $a_{n+2}-ka_{n+1}=h(a_{n+1}-ka_n)$，

比较系数得 $k+h=\frac{2}{3}$，$-kh=\frac{1}{3}$，解得 $k=-\frac{1}{3}$，$h=1$ 或 $k=1$，$h=-\frac{1}{3}$.

取 $k=1$，$h=-\frac{1}{3}$，则有 $a_{n+2}-a_{n+1}=-\frac{1}{3}(a_{n+1}-a_n)$，

所以 $\{a_{n+1}-a_n\}$ 是以 $-\frac{1}{3}$ 为公比，以 $a_2-a_1=1$ 为首项的等比数列，即 $a_{n+1}-a_n=\left(-\frac{1}{3}\right)^{n-1}$.

由累加法可得

$$\begin{aligned}a_n&=(a_n-a_{n-1})+(a_{n-1}-a_{n-2})+\cdots+(a_2-a_1)+a_1\\&=\left(-\frac{1}{3}\right)^{n-2}+\left(-\frac{1}{3}\right)^{n-3}+\cdots+\left(-\frac{1}{3}\right)+1+1\\&=\frac{1-\left(-\frac{1}{3}\right)^{n-1}}{1+\frac{1}{3}}+1\\&=\frac{3}{4}\left[1-\left(-\frac{1}{3}\right)^{n-1}\right]+1\\&=\frac{7}{4}-\frac{3}{4}\left(-\frac{1}{3}\right)^{n-1}.\end{aligned}$$

题型 7：新定义类

【解题思路】

数列新定义类题型是各级各类考试的热点之一，解题的关键在于深入理解新定义，充分挖掘隐含条件，灵活运用所学数列知识. 在解题过程中，要灵活运用题干已知条件，把握本质，实现数列各项关系的灵活推导与转化.

【例 10】 对于正项数列 $\{a_n\}$，定义 $H_n=\frac{n}{a_1+2a_2+3a_3+\cdots+na_n}$ 为 $\{a_n\}$ 的“光阴”值，现知某数列的“光阴”值为 $H_n=\frac{2}{n+2}$，则该数列 $\{a_n\}$ 的通项公式为________.

解析

由 $H_n=\frac{n}{a_1+2a_2+3a_3+\cdots+na_n}$ 可得：

$a_1+2a_2+3a_3+\cdots+na_n=\frac{n}{H_n}=\frac{n(n+2)}{2}$ ①，

当 $n\geqslant 2$ 时，$a_1+2a_2+3a_3+\cdots+(n-1)a_{n-1}=\frac{n-1}{H_{n-1}}=\frac{(n-1)(n+1)}{2}$ ②，

① − ② 得 $na_n=\frac{n(n+2)}{2}-\frac{(n-1)(n+1)}{2}=\frac{2n+1}{2}$，化简得 $a_n=\frac{2n+1}{2n}$.

当 $n=1$ 时，$a_1=\frac{3}{2}$，满足上式，所以 $a_n=\frac{2n+1}{2n}$，$(n\in\mathbf{N}^*)$.

【例 11】（多选题）已知 S_n 是数列 $\{a_n\}$ 的前 n 项和，$a_1=2$，$a_n=1-\frac{1}{a_{n-1}}(n\geqslant 2)$，则下列选项错误的是（　　）.

A. $a_{2021}=2$　　　　B. $S_{2021}=1012$

C. $a_{3n}\cdot a_{3n+1}\cdot a_{3n+2}=1$　　　　D. $\{a_n\}$ 是以 3 为周期的周期数列

解析

因为 $a_1=2$，$a_n=1-\frac{1}{a_{n-1}}(n\geqslant 2)$，则 $a_2=1-\frac{1}{a_1}=\frac{1}{2}$，$a_3=1-\frac{1}{a_2}=-1$，$a_4=1-\frac{1}{a_3}=2=a_1$，以此类推可知，对任意的 $n\in\mathbf{N}^*$，$a_{n+3}=a_n$，D 选项正确；

$a_{2021}=a_{3\times 673+2}=a_2=\frac{1}{2}$，A 选项错误；

$S_{2021}=673(a_1+a_2+a_3)+a_1+a_2=673\times\frac{3}{2}+2+\frac{1}{2}=1012$，B 选项正确；

$a_{3n}\cdot a_{3n+1}\cdot a_{3n+2}=a_3a_2a_1=-1$，C 选项错误.

第三类　数列的前 n 项和

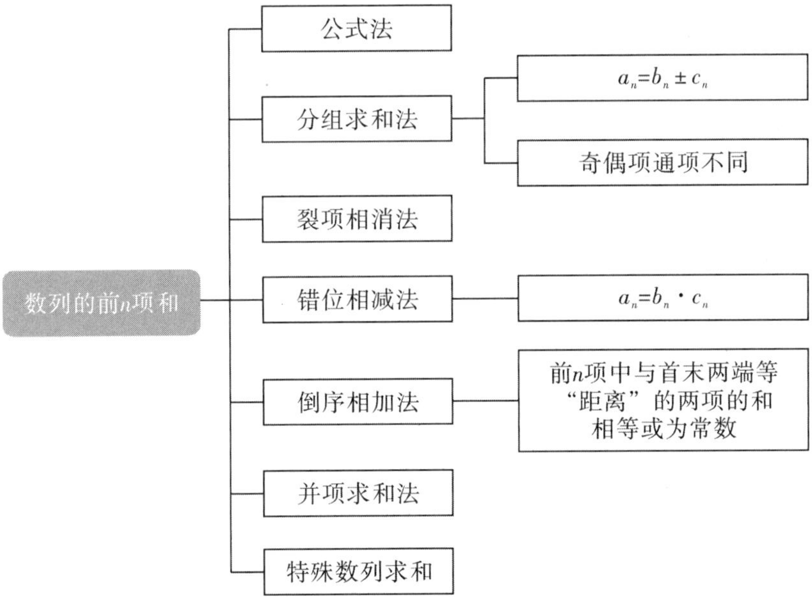

图 1-5　求数列前 n 项和的解题方法和思路

题型 1：公式法

【解题思路】

已知数列是等差、等比数列或者是可以转化为等差、等比数列的数列.

【例 1】 数列 $\{a_n\}$ 中，已知对任意正整数 n，有 $a_1+a_2+a_3+\cdots+a_n=2^n-1$，

则$a_1^{\ 2}+a_2^{\ 2}+\cdots+a_n^{\ 2}=$（　　）.

A. $(2^n-1)^2$　　B. $\frac{1}{3}(4^n-1)$　　C. $\frac{1}{3}(2^n-1)$　　D. 4^n-1

解析

当 $n=1$ 时，$a_1=2^1-1=1$，当 $n\geqslant 2$ 时，$a_n=S_n-S_{n-1}=2^n-1-(2^{n-1}-1)=2^{n-1}$，

所以 $a_n=2^{n-1}$，$a_n^{\ 2}=4^{n-1}$，

则 $a_1^{\ 2}+a_2^{\ 2}+a_3^{\ 2}+\cdots+a_n^{\ 2}=1+4+4^2+\cdots+4^{n-1}=\frac{1-4^n}{1-4}=\frac{1}{3}(4^n-1)$.

故选 B.

题型 2：分组求和法

【解题思路】

（1）若 $a_n=b_n\pm c_n$，且 $\{b_n\}$，$\{c_n\}$ 为等差数列或等比数列.

（2）通项公式为 $a_n=\begin{cases}b_n & (n\text{ 为奇数}),\\ c_n & (n\text{ 为偶数})\end{cases}$ 的数列，其中数列 $\{b_n\}$，$\{c_n\}$ 是等比数列或等差数列.

【例 2】 已知在等比数列 $\{a_n\}$ 中，$a_1=1$，且 a_2 是 a_1 和 a_3-1 的等差中项.

（1）求数列 $\{a_n\}$ 的通项公式；

（2）若数列 $\{b_n\}$ 满足 $b_n=2n-1+a_n$，求 $\{b_n\}$ 的前 n 项和 S_n.

解析

（1）设等比数列 $\{a_n\}$ 的公比为 q，因为 a_2 是 a_1 和 a_3-1 的等差中项，$a_1=1$，

所以 $2a_2=a_1+(a_3-1)=a_3$，又因为 $q=\frac{a_3}{a_2}=2$，所以 $a_n=a_1q^{n-1}=2^{n-1}$.

（2）因为 $b_n=2n-1+a_n$，所以 $S_n=(1+1)+(3+2)+(5+2^2)+\cdots+(2n-1+2^{n-1})=[1+3+5+\cdots+(2n-1)]+[1+2+2^2+\cdots+2^{n-1}]=\frac{n[1+(2n-1)]}{2}+\frac{1\times(1-2^n)}{1-2}=n^2+2^n-1$.

【例 3】 春夏季节是流感多发期，某地医院近 30 天每天入院治疗流感的人数依次构成数列 $\{a_n\}$，已知 $a_1=1$，$a_2=2$，且满足 $a_{n+2}-a_n=1+(-1)^n(n\in\mathbf{N}^*)$，则该医院近 30 天入院治疗流感的人数是________人.

解析

由于 $a_{n+2}-a_n=1+(-1)^n(n\in\mathbf{N}^*)$，

所以当 n 为奇数时，$a_{n+2}=a_n$；n 为偶数时，$a_{n+2}-a_n=2$.

所以 $a_1=a_3=\cdots=a_{29}=1$，a_2，a_4，$\cdots$，a_{30}构成公差为 2 的等差数列.

又因为 $a_1=1$，$a_2=2$，

所以 $a_1+a_2+a_3+\cdots+a_{29}+a_{30}=15+15\times2+\dfrac{15\times14}{2}\times2=255.$

故答案为255.

题型3：裂项相消法

【解题思路】

把数列的通项拆成两项之差，即数列的每一项都可按此法拆成两项之差，在求和时将一些正负项相互抵消.

需要掌握一些常见的裂项方法：

①$\dfrac{1}{n(n+k)}=\dfrac{1}{k}\left(\dfrac{1}{n}-\dfrac{1}{n+k}\right)$，特别当 $k=1$ 时，有$\dfrac{1}{n(n+1)}=\dfrac{1}{n}-\dfrac{1}{n+1}$.

②$\dfrac{1}{\sqrt{n+k}+\sqrt{n}}=\dfrac{1}{k}(\sqrt{n+k}-\sqrt{n})$，特别当 $k=1$ 时，有$\dfrac{1}{\sqrt{n+1}+\sqrt{n}}=\sqrt{n+1}-\sqrt{n}.$

③$a_n=\dfrac{4n^2}{(2n-1)(2n+1)}=1+\dfrac{1}{2}\left(\dfrac{1}{2n-1}-\dfrac{1}{2n+1}\right)$.

④$a_n=\dfrac{1}{n(n+1)(n+2)}=\dfrac{1}{2}\left[\dfrac{1}{n(n+1)}-\dfrac{1}{(n+1)(n+2)}\right]$.

⑤$\dfrac{1}{pq}=\dfrac{1}{q-p}\left(\dfrac{1}{p}-\dfrac{1}{q}\right)$ $(p<q)$.

【例4】 已知各项均为正数的数列 $\{a_n\}$ 的前 n 项和为 S_n，对任意的 $n\in\mathbf{N}^*$，有$2S_n=a_n{}^2+a_n$.

（1）求数列 $\{a_n\}$ 的通项公式；

（2）令 $b_n=\dfrac{1}{a_n\sqrt{a_{n+1}}+a_{n+1}\sqrt{a_n}}$，设 $\{b_n\}$ 的前 n 项和为 T_n，求证：$T_n<1$.

解析

（1）当 $n=1$ 时，$2a_1=a_1{}^2+a_1$，得 $a_1=1$ 或0（舍去）.

当 $n\geqslant2$ 时，$2S_n=a_n{}^2+a_n$，$2S_{n-1}=a_{n-1}^2+a_{n-1}$，

两式相减得 $(a_n+a_{n-1})(a_n-a_{n-1}-1)=0$，又因为 $a_n+a_{n-1}>0$，所以 $a_n-a_{n-1}=1(n\geqslant2)$，

所以数列 $\{a_n\}$ 是以1为首项，以1为公差的等差数列，$a_n=n$ $(n\in\mathbf{N}^*)$.

（2）$b_n=\dfrac{1}{a_n\sqrt{a_{n+1}}+a_{n+1}\sqrt{a_n}}=\dfrac{1}{n\sqrt{n+1}+(n+1)\sqrt{n}}=\dfrac{1}{\sqrt{n(n+1)}(\sqrt{n+1}+\sqrt{n})}$

$$=\frac{\sqrt{n+1}-\sqrt{n}}{\sqrt{n(n+1)}(\sqrt{n+1}+\sqrt{n})(\sqrt{n+1}-\sqrt{n})}=\frac{\sqrt{n+1}-\sqrt{n}}{\sqrt{n(n+1)}}=\frac{1}{\sqrt{n}}-\frac{1}{\sqrt{n+1}}.$$

$$T_n=b_1+b_2+b_3+\cdots+b_n=\left(1-\frac{1}{\sqrt{2}}\right)+\left(\frac{1}{\sqrt{2}}-\frac{1}{\sqrt{3}}\right)+\left(\frac{1}{\sqrt{3}}-\frac{1}{\sqrt{4}}\right)+\cdots+\left(\frac{1}{\sqrt{n}}-\frac{1}{\sqrt{n+1}}\right)$$

$$=1-\frac{1}{\sqrt{n+1}}<1.$$

【例5】已知 $(2-\sqrt{x})^n$ $(n\geqslant 2,\ n\in\mathbf{N})$ 的展开式中 x 的系数为 $f(n)$，则 $\frac{2}{f(2)}+\frac{2^2}{f(3)}+\frac{2^3}{f(4)}+\cdots+\frac{2^{2019}}{f(2020)}$ 等于（　　）.

A. $\frac{2019}{110}$　　B. $\frac{2019}{505}$　　C. $\frac{1009}{1010}$　　D. $\frac{1009}{505}$

解析

依题意得 $f(n)=C_n^2\cdot 2^{n-2}=\frac{n(n-1)}{2}\cdot 2^{n-2}=n(n-1)\cdot 2^{n-3}$，

故 $\frac{2}{f(2)}+\frac{2^2}{f(3)}+\frac{2^3}{f(4)}+\cdots+\frac{2^{2019}}{f(2020)}=2+\frac{2^2}{3\times 2}+\frac{2^3}{4\times 3\times 2}+\cdots+\frac{2^{2019}}{2020\times 2019\times 2^{2016}}$

$$=2+2^2\left(\frac{1}{2}-\frac{1}{3}+\frac{1}{3}-\frac{1}{4}+\cdots+\frac{1}{2019}-\frac{1}{2020}\right)=2+4\left(\frac{1}{2}-\frac{1}{2020}\right)=\frac{2019}{505}.$$

故答案为B.

【例 6】已知数列 $\{a_n\}$ 的前 n 项和为 S_n，满足 $2a_n=2+S_n$，若 $b_n=\frac{9a_n}{(1+a_n)(1+a_{n+1})}$，则 $\{b_n\}$ 的通项公式为________；若 $\{b_n\}$ 的前 n 项和 T_n 满足 $T_n<a$ 恒成立，则 a 的取值范围为________.

解析

因为 $2a_n=2+S_n$，所以 $2a_{n+1}=2+S_{n+1}$，两式相减得 $a_{n+1}=2a_n$ $(n\in\mathbf{N}^*)$，

又 $2a_1=2+a_1$，所以 $a_n=2^n$，$b_n=\frac{9a_n}{(1+a_n)(1+a_{n+1})}=\frac{9\times 2^n}{(1+2^n)(1+2^{n+1})}=18\left(\frac{1}{1+2^n}-\frac{1}{1+2^{n+1}}\right)$.

$T_n=18\left(\frac{1}{1+2}-\frac{1}{1+2^2}+\frac{1}{1+2^2}-\frac{1}{1+2^3}+\cdots+\frac{1}{1+2^n}-\frac{1}{1+2^{n+1}}\right)=18\left(\frac{1}{3}-\frac{1}{1+2^{n+1}}\right)<18\times\frac{1}{3}=6$，要使 $T_n<a$ 恒成立，则 $a\geqslant 6$.

【例7】（2022 新高考Ⅰ卷）记 S_n 为 $\{a_n\}$ 的前 n 项和，已知 $a_1=1$，$\left\{\frac{S_n}{a_n}\right\}$是公差为 $\frac{1}{3}$ 的等差数列.

（1）求 $\{a_n\}$ 的通项公式；

（2）证明：$\frac{1}{a_1}+\frac{1}{a_2}+\cdots+\frac{1}{a_n}<2.$

解析

（1）因为 S_n 为数列 $\{a_n\}$ 的前 n 项和，$a_1=1$，所以$\frac{S_1}{a_1}=1$，又因$\frac{S_n}{a_n}=1+\frac{1}{3}(n-1)=\frac{n+2}{3}$，

所以 $S_n=\frac{n+2}{3}a_n$①，

当 $n\geqslant 2$ 时，$S_{n-1}=\frac{n+1}{3}a_{n-1}$②，

①－②可得，$a_n=\frac{n+2}{3}a_n-\frac{n+1}{3}a_{n-1}$，整理得$\frac{a_n}{a_{n-1}}=\frac{n}{n-1}$（$n\geqslant 2$），

故 $a_n=\frac{a_n}{a_{n-1}}\cdot\frac{a_{n-1}}{a_{n-2}}\cdot\cdots\cdot\frac{a_3}{a_2}\cdot\frac{a_2}{a_1}\cdot a_1=\frac{n}{n-1}\cdot\frac{n-1}{n-2}\cdot\cdots\cdot\frac{4}{2}\cdot\frac{3}{1}\cdot 1=\frac{n(n+1)}{2}$（$n\geqslant 2$），

经检验 $n=1$ 时，$a_1=1$ 满足上式，故 $a_n=\frac{n(n+1)}{2}$.

（2）因为$\frac{1}{a_n}=\frac{2}{n(n+1)}=2\left(\frac{1}{n}-\frac{1}{n+1}\right)$，

所以$\frac{1}{a_1}+\frac{1}{a_2}+\cdots+\frac{1}{a_n}=2\left(1-\frac{1}{2}+\frac{1}{2}-\frac{1}{3}+\cdots+\frac{1}{n}-\frac{1}{n+1}\right)=2-\frac{2}{n+1}<2.$

题型4：错位相减法

【解题思路】

如果一个数列的通项是由一个等差数列和一个等比数列的对应通项之积构成的，即 $a_n=b_n\cdot c_n$，其中 $\{b_n\}$ 是公差为 d 的等差数列，$\{c_n\}$ 是公比为 q 的等比数列，则可用错位相减法求和.

【例8】 下列数表为“森德拉姆筛”［森德拉姆，东印度（今孟加拉国）学者］，其特点是每行每列都成等差数列.

2	3	4	5	6	7	…
3	5	7	9	11	13	…
4	7	10	13	16	19	…
5	9	13	17	21	25	…
6	11	16	21	26	31	…
7	13	19	25	31	37	…
…	…	…	…	…	…	…

在上表中，记第 n 行第 2^n 列的数为 b_n（$n\in\mathbf{N}^*$），则数列 $\{b_n\}$ 的前 n 项和为________.

解析

由题意可知，设第 n 行的数列为 $\{a_{nj}\}$（n，$j\in\mathbf{N}^*$），第 n 行第 2^n 列的数 $b_n=a_{n2^n}$（$n\in\mathbf{N}^*$），则 $a_{1j}=2+(j-1)=j+1$，所以 $b_1=a_{1\times2}=3$，

$a_{2j}=3+2(j-1)=2j+1$，所以 $b_2=a_{2\times2^2}=2\times2^2+1=9$，

同理可得：$b_3=3\times2^3+1=25$，

$b_4=4\times2^4+1=65$，

…

$b_n=n\times2^n+1$，

则数列 $\{b_n\}$ 的前 n 项和 $T_n=2+2\times2^2+3\times2^3+\cdots+n\times2^n+n$①，

所以 $2T_n=2\times2+2\times2^3+\cdots+(n-1)\times2^n+n\times2^{n+1}+2n$②，

由②－①可得：$T_n=-(2+2^2+\cdots+2^n)+n\times2^{n+1}+n=-\dfrac{2(1-2^n)}{1-2}+n\times2^{n+1}+n$，

$T_n=(n-1)2^{n+1}+n+2$.

故答案为 $(n-1)2^{n+1}+n+2$.

题型5：倒序相加法

【解题思路】

如果一个数列 $\{a_n\}$，其中与首末项“等距”的两项之和等于首末两项之和，可采用把正序写和与倒序写和的两个求和公式相加，就能得到一个常数列的和. 这一求和方法称为“倒序相加法”[可用于求等差数列的求和公式：$S_n=\dfrac{n(a_1+a_n)}{2}$].

【例9】 对于三次函数 $f(x)=ax^3+bx^2+cx+d$（$a\neq0$），给出定义：设 $f'(x)$ 是函数 $y=f(x)$ 的导数，$f''(x)$ 是 $f'(x)$ 的导数，若方程 $f''(x)=0$ 有实数解 x_0，则称点（x_0，$f(x_0)$）为函数 $y=f(x)$ 的“拐点”. 经研究发现：任何一个三次函数都有“拐点”；任何一个三次函数都有对称中心，且“拐点”就是对称中心. 设函数 $g(x)=\dfrac{1}{3}x^3-\dfrac{1}{2}x^2+3x-\dfrac{5}{12}$，则 $g\left(\dfrac{1}{2019}\right)+g\left(\dfrac{2}{2019}\right)+\cdots+g\left(\dfrac{2018}{2019}\right)=$（　　）.

A. 2016　　B. 2017　　C. 2018　　D. 2019

解析

函数 $g(x)=\dfrac{1}{3}x^3-\dfrac{1}{2}x^2+3x-\dfrac{5}{12}$，$g'(x)=x^2-x+3$，$g''(x)=2x-1$，

由 $g''(x_0)=0$ 得 $2x_0-1=0$，解得 $x_0=\frac{1}{2}$，而 $g\left(\frac{1}{2}\right)=1$，

故函数 $g(x)$ 关于点 $\left(\frac{1}{2},\ 1\right)$ 对称，所以 $g(x)+g(1-x)=2$.

故设 $g\left(\frac{1}{2019}\right)+g\left(\frac{2}{2019}\right)+\cdots+g\left(\frac{2018}{2019}\right)=m$，

则 $g\left(\frac{2018}{2019}\right)+g\left(\frac{2017}{2019}\right)+\cdots+g\left(\frac{1}{2019}\right)=m$，

两式相加得 $2\times2018=2m$，则 $m=2018$.

故选 C.

题型 6：并项求和法

【解题思路】

若一个数列的前 n 项和中，项可两两结合求解，则称之为并项求和. 形如 $a_n=(-1)^n f(n)$ 的数列类型，可采用两项合并求解.

【例 10】 已知数列 $\{a_n\}$ 中，$a_1=m$，且 $a_{n+1}=3a_n+2n-1$，$b_n=a_n+n$ $(n\in\mathbf{N}^*)$.

（1）判断数列 $\{b_n\}$ 是否为等比数列，并说明理由；

（2）当 $m=2$ 时，求数列 $\{(-1)^n a_n\}$ 的前 2020 项和 S_{2020}.

解析

（1）因为 $a_{n+1}=3a_n+2n-1$，

所以 $b_{n+1}=a_{n+1}+n+1=3a_n+2n-1+n+1=3(a_n+n)=3b_n$，

当 $m=-1$ 时，$b_1=0$，故数列 $\{b_n\}$ 不是等比数列；

当 $m\neq-1$ 时，数列 $\{b_n\}$ 是等比数列，其首项为 $b_1=m+1\neq0$，公比为 3.

（2）由（1）可知，当 $m=2$ 时有 $b_n=a_n+n=3\times3^{n-1}=3^n$，即 $a_n=3^n-n$，

所以 $(-1)^n a_n=(-3)^n-(-1)^n n$，

$=(-3)^1-(-1)\times1+(-3)^2-(-1)^2\times2+(-3)^3-(-1)^3\times3+\cdots+(-3)^{2020}-(-1)^{2020}$

所以 $S_{2020}=\frac{(-3)\times[1-(-3)^{2020}]}{1-(-3)}-[(-1+2)+(-3+4)+\cdots+(-2019+2020)]$

$=\frac{-3+3^{2021}}{4}-1010=\frac{3^{2021}-4043}{4}$.

题型 7：特殊数列求和

【解题思路】

（1）拆项求和法.

使用拆项求和法首先要求出所求数列的通项公式，再将通项公式拆分为几个等差数列或等比数列的和或差的形式，然后使用公式法分别求和.

（2）概率思想.

用概率思想求和首先要构造一个概率模型，使相关事件的概率表达式中含有所求和的形式，再结合概率的性质求其和.

（3）导数法.

导数法是利用求导公式 $(x^n)'=nx^{n-1}$ 及其逆运算 $nx^{n-1}=(x^n)'$ 对某类数列求和的方法.

【例 11】已知等比数列 $\{a_n\}$ 的公比 $q>1$，前 n 项和为 S_n，且 $a_1+a_2=10$，$S_3=42$，数列 $\{b_n\}$ 满足 $b_n=\log_2 a_n$.

（1）求数列 $\{a_n\}$，$\{b_n\}$ 的通项公式；

（2）记 c_k 为区间 $(0,\sqrt{b_k}]$ 内整数的个数（$k\in\mathbf{N}^*$），求数列 $\{c_k\}$ 的前 50 项和 T_{50}.

解析

（1）由已知得 $\begin{cases}a_1(1+q)=10,\\a_1(1+q+q^2)=42,\end{cases}$ 消去 a_1，得 $5q^2-16q-16=0$.

因为 $q>1$，解得 $q=4$，$a_1=2$，因此，$a_n=a_1q^{n-1}=2\times4^{n-1}=2^{2n-1}$.

所以，$b_n=\log_2 a_n=\log_2 2^{2n-1}=2n-1$.

（2）由题意：当 $k\in\mathbf{N}^*$ 时，$\sqrt{b_k}=\sqrt{2k-1}$，

当 $1\leqslant k\leqslant2$ 时，$c_k=1$；当 $3\leqslant k\leqslant4$ 时，$c_k=2$；

当 $5\leqslant k\leqslant8$ 时，$c_k=3$；当 $9\leqslant k\leqslant12$ 时，$c_k=4$；

当 $13\leqslant k\leqslant18$ 时，$c_k=5$；当 $19\leqslant k\leqslant24$ 时，$c_k=6$；

当 $25\leqslant k\leqslant32$ 时，$c_k=7$；当 $33\leqslant k\leqslant40$ 时，$c_k=8$；

当 $41\leqslant k\leqslant50$ 时，$c_k=9$.

因此，$T_{50}=1\times2+2\times2+4\times3+4\times4+6\times5+6\times6+8\times7+8\times8+10\times9=310$.

【例 12】已知 S_n 是数列 $\{a_n\}$ 的前 n 项和，$a_1=1$，$S_n+S_{n-1}=n^2+2$（$n\geqslant2$），则 $S_{21}=$ ________.

解析

因为 $S_n+S_{n-1}=n^2+2(n\geqslant2,\ n\in\mathbf{N}^*)$，所以 $S_{n-1}+S_{n-2}=(n-1)^2+2(n\geqslant3,\ n\in\mathbf{N}^*)$，

两式相减得 $S_n-S_{n-2}=a_n+a_{n-1}=2n-1$（$n\geqslant3$），

所以 $a_2+a_3=5$，$a_4+a_5=9$，…，$a_{20}+a_{21}=41$，

所以 $S_{21}=a_1+(a_2+a_3)+(a_4+a_5)+\cdots+(a_{20}+a_{21})=1+5+9+\cdots+41=\dfrac{11\times(1+41)}{2}=231$.

故答案为 231.

第四类　数列的综合问题

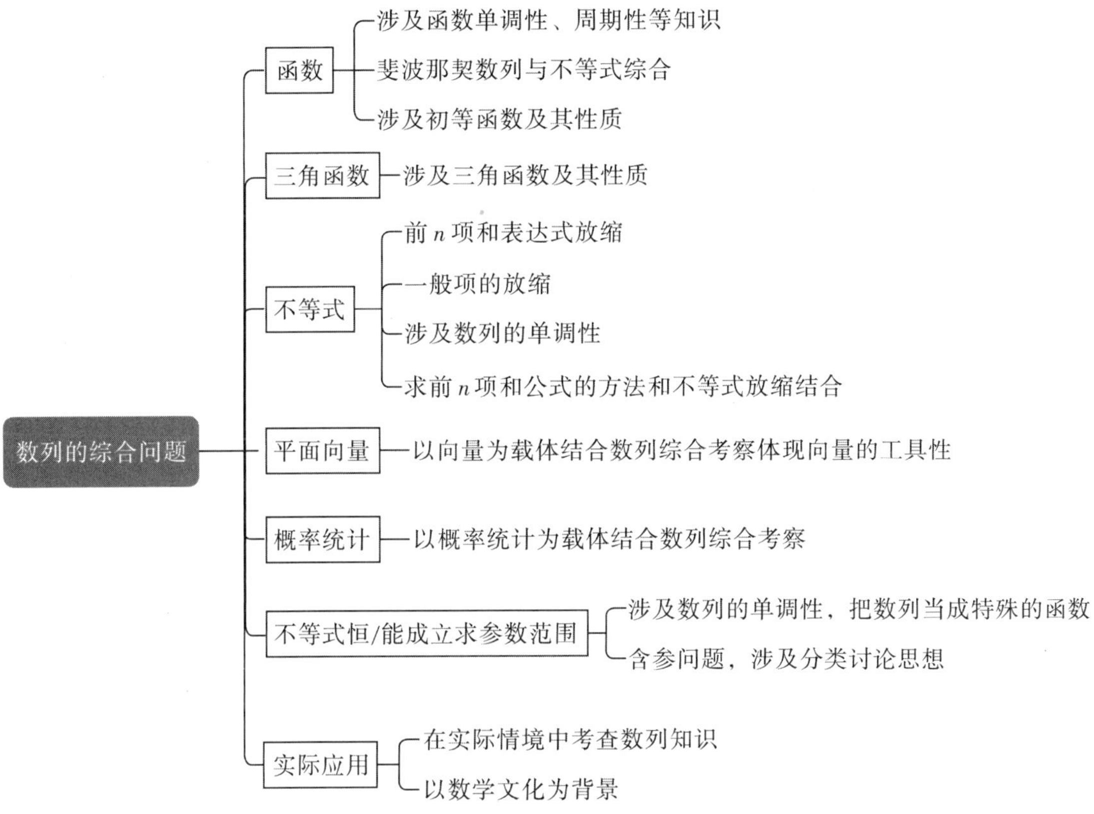

图 1-6　数列的综合问题常考题型

题型 1：数列与函数的综合

【解题思路】

（1）等比数列与函数综合题的解题策略.

从等比数列的通项公式与函数关系出发，运用函数的观点来看等比数列的通项公式，把项数 n 看成未知数 x，则该函数是一个不为 0 的常数与指数函数的积. 数列的图象就是函数图象上孤立的点. 值得注意的是，非常数列的等比数列的前 n 项和是指数型函数.

（2）等差数列与函数综合题的解题策略.

等差数列可以看作自变量为正整数时相应的一次函数的函数值，等差数列的前 n 项和是关于项数 n 的二次函数. 解题时可通过函数的单调性研究数列的单调性问题，利用二次函数的最值问题来研究等差数列前 n 项和的最值，进而分析数列的项的符号问题.

【例 1】 已知函数 $y=f(x)$ 的定义域为 $\mathbf{R}$，当 $x<0$ 时，$f(x)>1$，且对任意的 x，$y\in\mathbf{R}$，等式 $f(x)f(y)=f(x+y)$ 成立，若数列 $\{a_n\}$ 满足 $f(a_{n+1})f\left(\dfrac{1}{1+a_n}\right)=1\ (n\in\mathbf{N}^*)$，且 $a_1=f(0)$，则下列结论成立的是（　　）.

A. $f(a_{2016})>f(a_{2018})$　　B. $f(a_{2017})>f(a_{2020})$

C. $f(a_{2018})>f(a_{2019})$　　D. $f(a_{2016})>f(a_{2019})$

解析

由$f(x)f(y)=f(x+y)$可知，令$x=0$，$y=-1$，则$f(0)f(-1)=f(-1)$.

因为$x<0$时，$f(x)>1$，所以$f(-1)>1$，$f(0)=1$，$a_1=1$.

当$x>0$时，令$y=-x$，则$f(x)f(-x)=f(0)=1$，即$f(x)=\dfrac{1}{f(-x)}$，

又$f(-x)>1$，所以当$x>0$时，$0<f(x)<1$.

令$x_2>x_1$，则$x_2-x_1>0$，

所以$f(x_1)f(x_2-x_1)=f(x_2)$，即$\dfrac{f(x_2)}{f(x_1)}=f(x_2-x_1)\in(0,1)$，

所以$f(x)$在$\mathbf{R}$上单调递减.

又$f(a_{n+1})f\left(\dfrac{1}{1+a_n}\right)=f\left(a_{n+1}+\dfrac{1}{1+a_n}\right)=1=f(0)$，

所以$a_{n+1}=-\dfrac{1}{1+a_n}$.

令$n=1$，$a_2=-\dfrac{1}{2}$；令$n=2$，$a_3=-2$；令$n=3$，$a_4=1$.

所以数列$\{a_n\}$是以3为周期的周期数列，

$a_{2016}=a_3=-2$，$a_{2017}=a_1=1$，$a_{2018}=a_2=-\dfrac{1}{2}$，$a_{2019}=a_3=-2$，$a_{2020}=a_1=1$.

因为$f(x)$在R上单调递减，所以$f(-2)>f\left(-\dfrac{1}{2}\right)>f(1)$，

所以$f(a_{2016})>f(a_{2018})$，$f(a_{2017})=f(a_{2020})$，$f(a_{2018})<f(a_{2019})$，$f(a_{2016})=f(a_{2019})$.

故选A.

【例2】（2020广东深圳二模，有改编）（多选题）意大利数学家斐波那契（1175—1250）以兔子繁殖数量为例，引入数列：1，1，2，3，5，8，…，该数列从第三项起，每一项都等于前两项之和，即$a_{n+2}=a_{n+1}+a_n$（$n\in\mathbf{N}^*$）. 故此数列称为斐波那契数列，又称为“兔子数列”，其通项公式为$a_n=\dfrac{1}{\sqrt{5}}\left[\left(\dfrac{1+\sqrt{5}}{2}\right)^n-\left(\dfrac{1-\sqrt{5}}{2}\right)^n\right]$. 设$n$是不等式$\log_{\sqrt{2}}[(1+\sqrt{5})^x-(1-\sqrt{5})^x]>2x+11$的正整数解，则$n$的可能取值为（　　）.

A. 10　　B. 9　　C. 8　　D. 7

解析

由已知可得$(1+\sqrt{5})^n-(1-\sqrt{5})^n=\sqrt{5}\cdot 2^n\cdot a_n$，

故所求不等式即 $\log_{\sqrt{2}}[(1+\sqrt{5})^x-(1-\sqrt{5})^x]>2x+11$（其中 x 是正整数）可化为 $\log_{\sqrt{2}}(\sqrt{5}\cdot 2^n\cdot a_n)>2n+11$，

进一步化简得到 $\log_2 5+2n+\log_2(a_n)^2>2n+11$，得到 $\log_2[5\cdot(a_n)^2]>11$，

所以 $5\cdot(a_n)^2>2^{11}$，$(a_n)^2>\dfrac{2048}{5}=409.6$，

又根据题意，$a_7=13$，$a_8=21$，故 $(a_7)^2=169$，$(a_8)^2=441$，则 $a_7^2<409.6<a_8^2$.

所以 n 可取 8，9，10.

故选 A，B，C.

【例 3】（2022 全国高考理科甲卷）记 S_n 为数列 $\{a_n\}$ 的前 n 项和，已知 $\dfrac{2S_n}{n}+n=2a_n+1$.

（1）证明：$\{a_n\}$ 是等差数列；

（2）若 a_4，a_7，a_9 成等比数列，求 S_n 的最小值.

解析

（1）因为 $\dfrac{2S_n}{n}+n=2a_n+1$，即 $2S_n+n^2=2na_n+n$①，

当 $n\geqslant 2$ 时，$2S_{n-1}+(n-1)^2=2(n-1)a_{n-1}+(n-1)$②，

①－②得，$2S_n+n^2-2S_{n-1}-(n-1)^2=2na_n+n-2(n-1)a_{n-1}-(n-1)$，

即 $2a_n+2n-1=2na_n-2(n-1)a_{n-1}+1$，

即 $2(n-1)a_n-2(n-1)a_{n-1}=2(n-1)$，所以 $a_n-a_{n-1}=1$（$n\geqslant 2$ 且 $n\in\mathbf{N}^*$），

所以 $\{a_n\}$ 是以 1 为公差的等差数列.

（2）由（1）可得 $a_4=a_1+3$，$a_7=a_1+6$，$a_9=a_1+8$，

又 a_4，a_7，a_9 成等比数列，所以 ${a_7}^2=a_4\cdot a_9$，

即 $(a_1+6)^2=(a_1+3)\cdot(a_1+8)$，解得 $a_1=-12$，

所以 $a_n=n-13$，$S_n=-12n+\dfrac{n(n-1)}{2}=\dfrac{1}{2}n^2-\dfrac{25}{2}n=\dfrac{1}{2}\left(n-\dfrac{25}{2}\right)^2-\dfrac{625}{8}$，

所以，当 $n=12$ 或 $n=13$ 时 S_n 取最小值，为 $\dfrac{1}{2}\times 12^2-\dfrac{25}{2}\times 12=78$.

题型 2：数列与三角函数的综合

【解题思路】

以三角函数为出发点的数列题，既考查三角函数本身的周期性，又考查了数列本身的求和性质，这种题目本身难度不大. 题目中包含了三角函数，而三角函数本身是具有周期性的，加之三角函数图象具有对称性，所以此类问题的大体解题思路就是找规律，或者试图找相同项数之和之间的关系.

一般地，解答三角函数与数列融合的试题的思路是根据三角函数的周期性确定数列的特点，进而利用数列的相关知识求解.

解题方法：

①先求出三角函数的周期.

②数列不一定是周期数列，但数列各项的值呈现周期性规律.

【例4】 已知数列 $\{a_n\}$ 是等比数列，数列 $\{b_n\}$ 是等差数列，若 $a_1 \cdot a_6 \cdot a_{11}=3\sqrt{3}$，$b_1+b_6+b_{11}=7\pi$，则 $\tan\dfrac{b_3+b_9}{1-a_4a_8}$的值是（　　）.

A. 1　　B. $\dfrac{\sqrt{2}}{2}$　　C. $-\dfrac{\sqrt{2}}{2}$　　D. $-\sqrt{3}$

解析

$\{a_n\}$ 是等比数列，$\{b_n\}$ 是等差数列，且 $a_1 \cdot a_6 \cdot a_{11}=-3\sqrt{3}$，$b_1+b_6+b_{11}=7\pi$，

所以 $a_6^{\ 3}=(3\sqrt{3})^3$，$3b_6=7\pi$，所以 $a_6=-\sqrt{3}$，$b_6=\dfrac{7\pi}{3}$，

所以 $\tan\dfrac{b_3+b_9}{1-a_4a_8}=\tan\dfrac{2b_6}{1-a_6^{\ 2}}=\tan\dfrac{2\times\dfrac{7\pi}{3}}{1-(-\sqrt{3})^2}=\tan\left(-\dfrac{7\pi}{3}\right)=\tan\left(-2\pi-\dfrac{\pi}{3}\right)=-\tan\dfrac{\pi}{3}$

$=-\sqrt{3}$.

故选 D.

题型3：数列与不等式的综合

【解题思路】

（1）判断数列问题中的一些不等关系，可以利用数列的单调性比较大小，或者借助数列对应函数的单调性比较大小，还可以通过作差或作商比较大小；

（2）以数列为载体，考查不等式的恒成立问题，此类问题可转化为函数的最值问题；

（3）考查与数列有关的不等式的证明问题，此类问题常通过构造函数证明，或者直接利用放缩法证明.

【例5】 设等差数列 $\{a_n\}$ 的前 n 项和为 S_n，$a_3=4$，$a_4=S_3$，数列 $\{b_n\}$ 满足：对任意的 $n\in\mathbf{N}^*$，S_n+b_n，$S_{n+1}+b_n$，$S_{n+2}+b_n$ 成等比数列.

（1）求数列 $\{a_n\}$，$\{b_n\}$ 的通项公式；

（2）记 $C_n=\sqrt{\dfrac{a_n}{2b_n}}$（$n\in\mathbf{N}^*$），证明：$C_1+C_2+\cdots+C_n<2\sqrt{n}$（$n\in\mathbf{N}^*$）.

解析

（1）由题意可得：$\begin{cases}a_1+2d=4,\\ a_1+3d=3a_1+\dfrac{3\times 2}{2}d,\end{cases}$解得：$\begin{cases}a_1=0,\\ d=2,\end{cases}$

则数列 $\{a_n\}$ 的通项公式为 $a_n=2n-2$，$(n\in\mathbf{N}^*)$.

其前 n 项和 $S_n=\dfrac{(0+2n-2)\times n}{2}=n(n-1)$，$(n\in\mathbf{N}^*)$.

则 $n(n-1)+b_n$，$n(n+1)+b_n$，$(n+1)(n+2)+b_n$ 成等比数列，即：

$[n(n+1)+b_n]^2=[n(n-1)+b_n]\times[(n+1)(n+2)+b_n]$，据此有：

$n^2(n+1)^2+2n(n+1)b_n+b_n^2=n(n-1)(n+1)(n+2)+(n+1)(n+2)b_n+n(n-1)b_n+b_n^2$，

故 $b_n=\dfrac{n^2(n+1)^2-n(n-1)(n+1)(n+2)}{(n+1)(n+2)+n(n-1)-2n(n+1)}=n(n+1)$，$(n\in\mathbf{N}^*)$.

（2）结合（1）中的通项公式可得：

$$C_n=\sqrt{\frac{a_n}{2b_n}}=\sqrt{\frac{n-1}{n(n+1)}}<\sqrt{\frac{1}{n}}=\frac{2}{\sqrt{n}+\sqrt{n}}<\frac{2}{\sqrt{n}+\sqrt{n-1}}=2(\sqrt{n}-\sqrt{n-1}),$$

则 $C_1+C_2+\cdots+C_n<2(\sqrt{1}-0)+2(\sqrt{2}-\sqrt{1})+\cdots+2(\sqrt{n}-\sqrt{n-1})=2\sqrt{n}$.

【例 6】（2022 全国高考理科乙卷）嫦娥二号卫星在完成探月任务后，继续进行深空探测，成为我国第一颗环绕太阳飞行的人造行星．为研究嫦娥二号绕日周期与地球绕日周期的比值，用到数列 $\{b_n\}$：$b_1=1+\dfrac{1}{\alpha_1}$，$b_2=1+\dfrac{1}{\alpha_1+\dfrac{1}{\alpha_2}}$，$b_3=1+\dfrac{1}{\alpha_1+\dfrac{1}{\alpha_2+\dfrac{1}{\alpha_3}}}$，…，以此类推，其中 $\alpha_k\in\mathbf{N}^*$ $(k=1, 2, \cdots)$，则（　　）.

A. $b_1<b_5$　　B. $b_3<b_8$　　C. $b_6<b_2$　　D. $b_4<b_7$

解析

因为 $\alpha_k\in\mathbf{N}^*(k=1, 2, \cdots)$，

所以 $\alpha_1<\alpha_1+\dfrac{1}{\alpha_2}$，$\dfrac{1}{\alpha_1}>\dfrac{1}{\alpha_1+\dfrac{1}{\alpha_2}}$，得到 $b_1>b_2$，

同理 $\alpha_1+\dfrac{1}{\alpha_2}>\alpha_1+\dfrac{1}{\alpha_2+\dfrac{1}{\alpha_3}}$，可得 $b_2<b_3$，$b_1>b_3$，

又因为 $\dfrac{1}{\alpha_2}>\dfrac{1}{\alpha_2+\dfrac{1}{\alpha_3+\dfrac{1}{\alpha_4}}}$，$\alpha_1+\dfrac{1}{\alpha_2+\dfrac{1}{\alpha_3}}<\alpha_1+\dfrac{1}{\alpha_2+\dfrac{1}{\alpha_3+\dfrac{1}{\alpha_4}}}$，

故 $b_2<b_4$，$b_3>b_4$.

以此类推，可得 $b_1>b_3>b_5>b_7>\cdots$，$b_7>b_8$，故 A 错误；

$b_3>b_7>b_8$，故 B 错误；

由$\frac{1}{\alpha_2} > \cfrac{1}{\alpha_2+\cfrac{1}{\alpha_3+\cdots+\cfrac{1}{\alpha_6}}}$，得 $b_2<b_6$，故 C 错误；

由 $\alpha_1+\cfrac{1}{\alpha_2+\cfrac{1}{\alpha_3+\cfrac{1}{\alpha_4}}} > \alpha_1+\cfrac{1}{\alpha_2+\cdots+\cfrac{1}{\alpha_6+\cfrac{1}{\alpha_7}}}$，得 $b_4<b_7$，故 D 正确.

故选 D.

【例7】（2022 北京高考）设 $\{a_n\}$ 是公差不为 0 的无穷等差数列，则“$\{a_n\}$ 为递增数列”是“存在正整数 N_0，当 $n>N_0$ 时，$a_n>0$”的（　　）.

A. 充分而不必要条件　　　　B. 必要而不充分条件

C. 充分必要条件　　　　D. 既不充分也不必要条件

解析

设等差数列 $\{a_n\}$ 的公差为 d，则 $d\neq0$，记$[x]$为不超过 x 的最大整数.

若 $\{a_n\}$ 为单调递增数列，则 $d>0$，

若 $a_1\geqslant0$，则当 $n\geqslant2$ 时，$a_n>a_1\geqslant0$；若 $a_1<0$，则 $a_n=a_1+(n-1)d$.

由 $a_n=a_1+(n-1)d>0$ 可得 $n>1-\frac{a_1}{d}$，取 $N_0=\left[1-\frac{a_1}{d}\right]+1$，则当 $n>N_0$ 时，$a_n>0$，

所以，由“$\{a_n\}$ 为递增数列”$\Rightarrow$“存在正整数 N_0，当 $n>N_0$ 时，$a_n>0$”.

若存在正整数 N_0，当 $n>N_0$ 时，$a_n>0$，取 $k\in\mathbf{N}^*$ 且 $k>N_0$，$a_k>0$，

假设 $d<0$，令 $a_n=a_k+(n-k)d<0$，可得 $n>k-\frac{a_k}{d}$，且 $k-\frac{a_k}{d}>k$，

当 $n>\left[k-\frac{a_k}{d}\right]+1$ 时，$a_n<0$，与题设矛盾，假设不成立，

则 $d>0$，即数列 $\{a_n\}$ 是递增数列.

所以，“$\{a_n\}$ 为递增数列”$\Leftarrow$“存在正整数 N_0，当 $n>N_0$ 时，$a_n>0$”.

所以，“$\{a_n\}$ 为递增数列”是“存在正整数 N_0，当 $n>N_0$ 时，$a_n>0$”的充分必要条件.

故选 C.

【例8】（2022 浙江高考）已知数列 $\{a_n\}$ 满足 $a_1=1$，$a_{n+1}=a_n-\frac{1}{3}a_n^2(n\in\mathbf{N}^*)$，则（　　）.

A. $2<100a_{100}<\frac{5}{2}$　　　　B. $\frac{5}{2}<100a_{100}<3$

C. $3<100a_{100}<\frac{7}{2}$　　D. $\frac{7}{2}<100a_{100}<4$

解析

因为 $a_1=1$，易得 $a_2=\frac{2}{3}\in(0,1)$，依次类推可得 $a_n\in(0,1)$，

由题意可知，$a_{n+1}=a_n\left(1-\frac{1}{3}a_n\right)$，即$\frac{1}{a_{n+1}}=\frac{3}{a_n(3-a_n)}=\frac{1}{a_n}+\frac{1}{3-a_n}$，

所以$\frac{1}{a_{n+1}}-\frac{1}{a_n}=\frac{1}{3-a_n}>\frac{1}{3}$，

即$\frac{1}{a_2}-\frac{1}{a_1}>\frac{1}{3}$，$\frac{1}{a_3}-\frac{1}{a_2}>\frac{1}{3}$，$\frac{1}{a_4}-\frac{1}{a_3}>\frac{1}{3}$，…，$\frac{1}{a_n}-\frac{1}{a_{n-1}}>\frac{1}{3}$ $(n\geqslant 2)$，

累加可得$\frac{1}{a_n}-1>\frac{1}{3}(n-1)$，即$\frac{1}{a_n}>\frac{1}{3}(n+2)$ $(n\geqslant 2)$，

所以 $a_n<\frac{3}{n+2}$ $(n\geqslant 2)$，即 $a_{100}<\frac{1}{34}$，$100a_{100}<\frac{100}{34}<3$.

又 $\frac{1}{a_{n+1}}-\frac{1}{a_n}=\frac{1}{3-a_n}<\frac{1}{3-\frac{3}{n+2}}=\frac{1}{3}\left(1+\frac{1}{n+1}\right)$ $(n\geqslant 2)$，

所以$\frac{1}{a_2}-\frac{1}{a_1}=\frac{1}{3}\left(1+\frac{1}{2}\right)$，$\frac{1}{a_3}-\frac{1}{a_2}<\frac{1}{3}\left(1+\frac{1}{3}\right)$，$\frac{1}{a_4}-\frac{1}{a_3}<\frac{1}{3}\left(1+\frac{1}{4}\right)$，…，$\frac{1}{a_n}-\frac{1}{a_{n-1}}<\frac{1}{3}\left(1+\frac{1}{n}\right)$ $(n\geqslant 3)$，

累加可得$\frac{1}{a_n}-1<\frac{1}{3}(n-1)+\frac{1}{3}\left(\frac{1}{2}+\frac{1}{3}+\cdots+\frac{1}{n}\right)$ $(n\geqslant 3)$，

所以$\frac{1}{a_{100}}-1<33+\frac{1}{3}\left(\frac{1}{2}+\frac{1}{3}+\cdots+\frac{1}{100}\right)<33+\frac{1}{3}\left(\frac{1}{2}\times 4+\frac{1}{6}\times 94\right)<39$，

即$\frac{1}{a_{100}}<40$，所以 $a_{100}>\frac{1}{40}$，$100a_{100}>\frac{5}{2}$；

综上：$\frac{5}{2}<100a_{100}<3$.

故选 B.

题型 4：数列与平面向量的综合

【解题思路】

这种题型综合考查向量和数列的知识，重点考查平面向量的基本定理［如果两个向量 $\boldsymbol{a}$，$\boldsymbol{b}$ 不在一条线上，那么向量 $\boldsymbol{p}$ 与向量 $\boldsymbol{a}$，$\boldsymbol{b}$ 共面的充要条件是：存在仅有实数对 (x,y)，使 $p=xa+by$］，向量分解的知识和线性运算，以及求数列的通项公式等，在求通项公式时要注意项数，以免求错公式，求出数列通项公式后，代入检验是必要的.

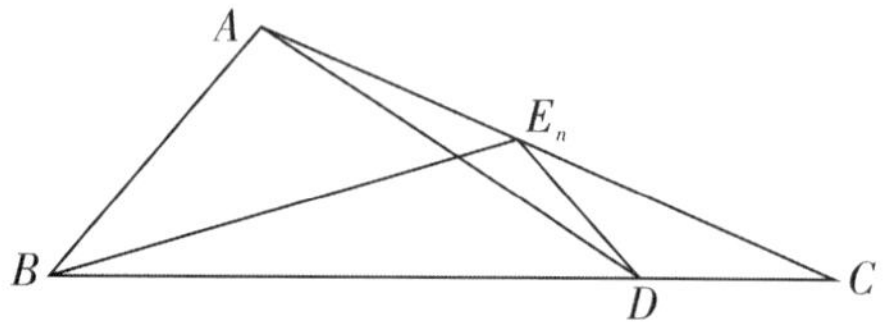

【例9】 如图所示，点 D 为 $\triangle ABC$ 的边 BC 上一点，$\overrightarrow{BD}=2\overrightarrow{DC}$，$E_n(n\in\mathbf{N})$ 为边 AC 上一列点，且满足：$\overrightarrow{E_nA}=(4a_n-1)\overrightarrow{E_nD}+\dfrac{1}{4a_{n+1}-5}\overrightarrow{E_nB}$，其中数列 $\{a_n\}$ 满足 $4a_n-1\neq0$，且 $a_1=2$，则 $\dfrac{1}{a_1-1}+\dfrac{1}{a_2-1}+\dfrac{1}{a_3-1}+\cdots+\dfrac{1}{a_n-1}=$______.

解析

因为点 D 为 $\triangle ABC$ 的边 BC 上一点，且 $\overrightarrow{BD}=2\overrightarrow{DC}$，所以 $\overrightarrow{E_nD}-\overrightarrow{E_nB}=2(\overrightarrow{E_nC}-\overrightarrow{E_nD})$，

所以 $\overrightarrow{E_nC}=\dfrac{3}{2}\overrightarrow{E_nD}-\dfrac{1}{2}\overrightarrow{E_nB}$，又因为 E_n 为边 AC 上一列点，

所以 $\overrightarrow{E_nA}=\lambda\overrightarrow{E_nC}=\dfrac{3\lambda}{2}\overrightarrow{E_nD}-\dfrac{\lambda}{2}\overrightarrow{E_nB}$，又 $\overrightarrow{E_nA}=(4a_n-1)\overrightarrow{E_nD}+\dfrac{1}{4a_{n+1}-5}\overrightarrow{E_nB}$，

即 $4a_n-1=-3\times\dfrac{1}{4a_{n+1}-5}$，所以 $4a_{n+1}-5=\dfrac{-3}{4a_n-1}$，$4a_{n+1}-4=1-\dfrac{3}{4a_n-1}=\dfrac{4a_n-4}{4a_n-1}$，

所以 $a_{n+1}-1=\dfrac{a_n-1}{4a_n-1}$，$\dfrac{1}{a_{n+1}-1}=\dfrac{4a_n-1}{a_n-1}=4+\dfrac{3}{a_n-1}$，$\dfrac{1}{a_{n+1}-1}+2=3\left(\dfrac{1}{a_n-1}+2\right)$，

又因为 $a_1=2$，所以 $\dfrac{1}{a_1-1}=1$.

故 $\dfrac{1}{a_n-1}+2=3^n$，$\dfrac{1}{a_n-1}=3^n-2$，$S_n=\dfrac{3\times(1-3^n)}{1-3}-2n=\dfrac{3^{n+1}-3-4n}{2}$.

故答案为 $\dfrac{3^{n+1}-3-4n}{2}$.

题型5：数列与概率统计的综合

【解题思路】

（1）核心：建立递推关系.

（2）方法：简化复杂事件.

（3）关键：理清事件关系.

（4）前提：分析事件含义.

【例10】 某商场拟在年末组织一次促销活动. 为吸引消费者，特别推出“玩游戏，送礼券”的活动. 游戏规则如下：游戏参与者每轮都抛掷一枚质地均匀的骰子（形状为正方体，六个面的点数分别为1，2，3，4，5，6），若骰子向上的点数不超过2点，获得1分，否则获得2分. 参与者抛掷若干轮后，若累计得分为19分，则游戏结束时可得到200元礼券；若累计得分为20分，则游戏结束时可得到纪念品一份. 每位参与者最多进行20轮游戏.

（1）当游戏参与者抛掷完3轮时，总分为 X，求 X 的期望得分值.

（2）设累计得分为 i，其概率为 p_i（初始得分为 0 分，$p_0=1$）.

①证明数列 $\{p_i-p_{i-1}\}$（$i=1, 2, \cdots, 19$）是等比数列.

②求活动参与者得到纪念品的概率.

解析

（1）由题意可知，每轮游戏参与者获得 1 分的概率为$\frac{1}{3}$，获得 2 分的概率为$\frac{2}{3}$，设参与完成 3 轮游戏后，得 1 分的次数为 Y，所以 $Y\sim B\left(3, \frac{1}{3}\right)$，$P(Y=k)=C_3^k\left(\frac{1}{3}\right)^k\left(\frac{2}{3}\right)^{3-k}$（$k=0, 1, 2, 3$），而 $X=Y+2(3-Y)=6-Y$，即随机变量 X 的可能取值为 3，4，5，6，

$P(X=3)=\left(\frac{1}{3}\right)^3=\frac{1}{27}$，$P(X=4)=C_3^2\left(\frac{1}{3}\right)^2\left(\frac{2}{3}\right)=\frac{2}{9}$，$P(X=5)=C_3^1\left(\frac{1}{3}\right)\left(\frac{2}{3}\right)^2=\frac{4}{9}$，

$P(X=6)=\left(\frac{2}{3}\right)^3=\frac{8}{27}$.

所以 X 的分布列为：

X	3	4	5	6
P	$\frac{1}{27}$	$\frac{2}{9}$	$\frac{4}{9}$	$\frac{8}{27}$

$E(X)=3\times\frac{1}{27}+4\times\frac{2}{9}+5\times\frac{4}{9}+6\times\frac{8}{27}=5$.

（2）①$i=1$，即累计得分为 1 分，是第 1 次抛掷骰子，向上的点数没有超过 2 点，则 $P_1=\frac{1}{3}$，$P_1-P_0=-\frac{2}{3}$，累计得分为 i 的情况有两种：

（Ⅰ）$i=(i-2)+2$，即累计得 $i-2$ 分，再次抛掷骰子的点数超过 2 点，其概率为 $\frac{2}{3}P_{i-2}$；

（Ⅱ）累计得分为 $i-1$ 分，再次抛掷骰子的点数没超过 2 点，得 1 分，其概率为 $\frac{1}{3}P_{i-1}$.

故 $P_i=\frac{2}{3}P_{i-2}+\frac{1}{3}P_{i-1}(i=2, 3, \cdots, 19)$，$P_i-P_{i-1}=-\frac{2}{3}(P_{i-1}-P_{i-2})$（$i=2, \cdots, 19$），

所以数列 $\{p_i-p_{i-1}\}$（$i=1, 2, \cdots, 19$）是首项为 $-\frac{2}{3}$，公比为 $-\frac{2}{3}$的等比数列.

②因为数列 $\{p_i-p_{i-1}\}$（$i=1, 2, \cdots, 19$）是首项为 $-\frac{2}{3}$，公比为 $-\frac{2}{3}$的等比数列，

所以 $p_i-p_{i-1}=\left(-\frac{2}{3}\right)^i$，$p_1-p_0=-\frac{2}{3}$，$p_2-p_1=\left(-\frac{2}{3}\right)^2$，$p_{i-1}-p_{i-2}=\left(-\frac{2}{3}\right)^{i-1}$，

各式相加，得 $p_i-p_0=-\frac{2}{5}\times\left[1-\left(-\frac{2}{3}\right)^{i}\right]$,

所以 $p_i=\frac{3}{5}+\frac{2}{5}\times\left(-\frac{2}{3}\right)^{i}=\frac{3}{5}\times\left[1-\left(-\frac{2}{3}\right)^{i+1}\right]$ $(i=1,2,\cdots,19)$,

所以活动参与者得到纪念品的概率为：

$$P_{20}=\frac{2}{3}P_{18}=\frac{2}{5}\times\left[1-\left(-\frac{2}{3}\right)^{19}\right]=\frac{2}{5}\times\left[1+\left(\frac{2}{3}\right)^{19}\right].$$

题型 6：数列中的不等式恒成立、能成立求参数范围的问题

【解题思路】

（1）最值（有界性）法.

对于一边能求和（或经放缩后能求和）的数列不等式恒成立问题，一般先求和再求出数列和的最值（或上界、下界），进而求出参数范围.

（2）分离参数法.

对于参数与主变量未分开的不等式恒成立问题，优先考虑分离参数再将其转化为最值问题处理.

（3）单调性法.

对于与数列单调性有关的不等式恒成立问题，可以利用数列单调性定义转化为不等式恒成立问题的一般形式，再求参数范围.

（4）逐段筛选讨论法.

对于不容易分离参数或虽能分离参数但不易求最值的不等式恒成立问题，一般采用逐段筛选讨论法，即先对明显成立的部分进行证明，再对不成立的部分举反例，说明不等式恒成立，从而筛选出所求参数的范围.

（5）归纳猜想法.

对于较为复杂的不等式恒成立问题，可以由特殊到一般归纳出参数范围，再用数学归纳法证明.

【例 11】 已知 $a_n=3^n$ $(n\in\mathbf{N}^*)$，记数列 $\{a_n\}$ 的前 n 项和为 T_n，若对任意的 $n\in\mathbf{N}^*$，$\left(T_n+\frac{3}{2}\right)k\geqslant 3n-6$ 恒成立，则实数 k 的取值范围是________.

解析

$T_n=\frac{3(1-3^n)}{1-3}=-\frac{3}{2}+\frac{3^{n+1}}{2}$，所以 $T_n+\frac{3}{2}=\frac{3^{n+1}}{2}$,

则原不等式可以转化为 $k\geqslant\frac{(3n-6)\times 2}{3^{n+1}}=\frac{2n-4}{3^n}$，使该不等式恒成立,

令 $f(n)=\frac{2n-4}{3^n}$，则 $f(n+1)-f(n)=\frac{2n-2}{3^{n+1}}-\frac{2n-4}{3^n}=\frac{10-4n}{3^{n+1}}$,

当 $n\leqslant 2$ 时，$f(n+1)>f(n)$；当 $n\geqslant 3$ 时，$f(n+1)<f(n)$.

所以 $f(n)$ 先增后减.

当 $n=2$ 时，$f(n)=0$；当 $n=3$ 时，$f(n)=\frac{2}{27}$.

所以当 $n=3$ 时，$f(n)$ 取得最大值 $\frac{2}{27}$，所以 $k\geqslant\frac{2}{27}$.

【例 12】 数列 $\{a_n\}$ 是首项 $a_1\neq 0$，公差为 d 的等差数列，其前 n 项和为 S_n，存在非零实数 t，对任意 $n\in\mathbf{N}^*$，有 $S_n=a_n+(n-1)t\cdot a_n$ 恒成立，则 t 的值为________.

解析

当 $n=1$ 时，$S_1=a_1$，$S_n=a_n+(n-1)t\cdot a_n$ 恒成立.

当 $n\geqslant 2$ 时，可分为：

当数列的公差 $d=0$ 时，$S_n=a_n+(n-1)t\cdot a_n$，即 $na_1=a_1+(n-1)t\cdot a_1$，

据此可得 $(n-1)a_1=(n-1)t\cdot a_1$，则 $t=1$；

当数列的公差 $d\neq 0$ 时，由题意有：$S_n=a_n+(n-1)t\cdot a_n$，$S_{n-1}=a_{n-1}+(n-2)t\cdot a_{n-1}$，

两式作差可得：$a_n=a_n-a_{n-1}+(n-1)t\cdot a_n-(n-2)t\cdot a_{n-1}$，

整理可得：$(n-1)t(a_n-a_{n-1})=(1-t)a_{n-1}$，即 $a_{n-1}=(n-1)\frac{t}{1-t}d$①，

则 $a_n=n\cdot\frac{t}{1-t}d$②，

②－①可得：$a_n-a_{n-1}=\frac{t}{1-t}d=d$，该等式恒成立.

由于 $d\neq 0$，故 $\frac{t}{1-t}=1$，据此可得：$t=\frac{1}{2}$.

综上可得：t 的值为 1 或 $\frac{1}{2}$.

【例 13】（2022 浙江高考）已知等差数列 $\{a_n\}$ 的首项 $a_1=-1$，公差 $d>1$. 记 $\{a_n\}$ 的前 n 项和为 S_n（$n\in\mathbf{N}^*$）.

（1）若 $S_4-2a_2a_3+6=0$，求 S_n；

（2）若对于任意的 $n\in\mathbf{N}^*$，存在实数 c_n，使 a_n+c_n，$a_{n+1}+4c_n$，$a_{n+2}+15c_n$ 成等比数列，求 d 的取值范围.

解析

（1）因为 $S_4-2a_2a_3+6=0$，$a_1=-1$，

所以 $-4+6d-2(-1+d)(-1+2d)+6=0$，$d^2-3d=0$，

又 $d>1$，所以 $d=3$，

所以 $a_n=3n-4$，$S_n=\frac{(a_1+a_n)n}{2}=\frac{3n^2-5n}{2}$.

（2）因为 a_n+c_n，$a_{n+1}+4c_n$，$a_{n+2}+15c_n$ 成等比数列，

所以 $(a_{n+1}+4c_n)^2=(a_n+c_n)(a_{n+2}+15c_n)$，

$(nd-1+4c_n)^2=(-1+nd-d+c_n)(-1+nd+d+15c_n)$，

$c_n^2+(14d-8nd+8)c_n+d^2=0$，

由题可知方程 $c_n^2+(14d-8nd+8)c_n+d^2=0$ 的判别式大于等于 0，

所以 $\Delta=(14d-8nd+8)^2-4d^2\geqslant0$，

所以 $(16d-8nd+8)(12d-8nd+8)\geqslant0$ 对于任意的 $n\in\mathbf{N}^*$ 恒成立，

所以 $[(n-2)d-1][(2n-3)d-2]\geqslant0$ 对于任意的 $n\in\mathbf{N}^*$ 恒成立，

当 $n=1$ 时，$[(n-2)d-1][(2n-3)d-2]=(d+1)(d+2)\geqslant0$；

当 $n=2$ 时，由 $(2d-2d-1)(4d-3d-2)\geqslant0$，可得 $d\leqslant2$；

当 $n\geqslant3$ 时，$[(n-2)d-1][(2n-3)d-2]>(n-3)(2n-5)\geqslant0$.

又 $d>1$，所以 $1<d\leqslant2$.

【例 14】 对任意的 m，$n\in\mathbf{N}^*$，数列 $\{a_n\}$ 都能使 $\frac{a_m-a_n}{m-n}>t$（t 为常数）成立，则称数列 $\{a_n\}$ 具有性质 $R(t)$. 若数列 $\{a_n\}$ 的通项公式为 $a_n=n^2+an$，且具有性质 $R(10)$，则实数 a 的取值范围是________.

解析

由 $\frac{a_m-a_n}{m-n}>t$ 得 $\frac{(m^2+am)-(n^2+an)}{m-n}>t$，即 $m+n+a>t$，

数列 $\{a_n\}$ 具有性质 $R(10)$，即 $m+n+a>10$ 恒成立，故 $a>10-(m+n)$，

显然 $m+n$ 的最小值为 3，即 $10-(m+n)$ 的最大值为 7，所以 $a>7$.

故答案为 $(7,+\infty)$.

题型 7：数列的实际应用

【解题思路】

实际应用问题是高考的常考内容，其本质为将实际问题抽象化，即垂直数学化的过程，一般解题思路如下：

①将实际问题抽象为求数列通项公式或前 n 项和问题；

②综合应用指数函数和对数函数等知识进行求解.

【例 15】 天坛公园是明、清两代皇帝“祭天”“祈谷”的场所. 天坛公园中的圜丘坛共有三层（如下页左图所示），上层台的中心是一块圆形的大理石板，从中心向外围以扇面形石（如下页右图所示）构成圆环. 上层台从第一环至第九环共有九环，中层台从第十

环至第十八环共有九环，下层台从第十九环至第二十七环共有九环．第一环的扇面形石有9块，从第二环起，每环的扇面形石块数比前一环多9块，则第二十七环的扇面形石块数是________；上、中、下三层台所有的扇面形石块数是________．

解析

第一环的扇面形石有9块，从第二环起，每环的扇面形石块数比前一环多9块，则依题意得：每环的扇面形石块数构成一个以9为首项，以9为公差的等差数列，

所以 $a_n=9+(n-1)\times 9=9n$，

所以 $a_{27}=9+27=243$，

前27项和 $S_{27}=\dfrac{27(a_1+a_{27})}{2}=\dfrac{27(9+243)}{2}=3402$.

【例16】 物理学家李政道说：科学和艺术是不可分割的．音乐中使用的乐音在高度上不是任意确定的，它们是按照严格的数学方法确定的．我国明代数学家、音乐理论家朱载堉创立了十二平均律，他是世界上第一位利用数学使音律公式化的人．十二平均律的生律法精确规定八度的比例，把八度分成13个半音，使相邻两个半音之间的频率比是常数，如下表所示．表中 a_1，a_2，…，a_{13} 表示这些半音的频率，它们满足 $\log_2\left(\dfrac{a_{i+1}}{a_i}\right)^{12}=1$ $(i=1,2,\cdots,12)$．若某一半音与半音D的频率之比为 $\sqrt{2}$，则该半音为（　　）．

频率	a_1	a_2	a_3	a_4	a_5	a_6	a_7	a_8	a_9	a_{10}	a_{11}	a_{12}	a_{13}
半音	C	$C^{\#}$	D	$D^{\#}$	E	F	$F^{\#}$	G	$G^{\#}$	A	$A^{\#}$	B	C（八度）

A．$F^{\#}$　　B．G　　C．$G^{\#}$　　D．A

解析

依题意可知 $a_n>0(n=1,2,\cdots,13)$，

由于 a_1，a_2，…，a_{13} 满足 $\log_2\left(\dfrac{a_{i+1}}{a_i}\right)^{12}=1(i=1,2,\cdots,12)$，

则 $\left(\dfrac{a_{i+1}}{a_i}\right)^{12}=2(i=1,2,\cdots,12)$，

所以数列 $\{a_n\}$ $(n=1, 2, \cdots, 13)$为等比数列，其公比 $q=2^{\frac{1}{12}}$，

半音 D 对应的频率为 a_3，题目所求半音对应的频率与半音 D 对应的频率的比值为 $\sqrt{2}=2^{\frac{1}{2}}$，所以 $a_3\cdot(2^{\frac{1}{12}})^6=a_9$，即对应的半音为 $G^{\#}$.

故选 C.

（二）新题型

1. 多选题

【例 1】 设等比数列 $\{a_n\}$ 的公比为 q，前 n 项和为 S_n，前 n 项积为 T_n，满足条件 $a_1>1$，$a_{2019}a_{2020}>1$，$\dfrac{a_{2019}-1}{a_{2020}-1}<0$，下列结论正确的是（　　）.

A. $S_{2019}<S_{2020}$

B. $a_{2019}a_{2021}-1<0$

C. T_{2020}是数列 $\{T_n\}$ 中的最大值

D. 数列 $\{T_n\}$ 无最大值

解析

当 $q<0$ 时，$a_{2019}a_{2020}={a_{2019}}^2q<0$，$a_{2019}a_{2020}>1$ 不成立；

当 $q\geqslant1$ 时，$a_{2019}\geqslant1$，$a_{2020}>1$，$\dfrac{a_{2019}-1}{a_{2020}-1}<0$ 不成立；

故 $0<q<1$，且 $a_{2019}>1$，$0<a_{2020}<1$，$S_{2020}>S_{2019}$，故 A 正确.

$a_{2019}a_{2021}-1={a_{2020}}^2-1<0$，故 B 正确.

T_{2019}是数列 $\{T_n\}$ 中的最大值，故 C，D 错误.

故选 A，B.

【例 2】（2022 广东一模）已知数列 $\{a_n\}$ 满足 $a_1=1$，$a_n+a_{n+1}=2^n(n\in\mathbf{N}^*)$，则下列结论中正确的是（　　）.

A. $a_4=5$

B. $\{a_n\}$ 为等比数列

C. $a_1+a_2+\cdots+a_{2021}=2^{2022}-3$

D. $a_1+a_2+\cdots+a_{2022}=\dfrac{2^{2023}-2}{3}$

解析

$a_1=1$，则 $a_1+a_2=2$，$a_2=1$，又 $a_2+a_3=4$，$a_3=3$，

同理 $a_3+a_4=2^3$，$a_4=5$，故 A 正确；

而$\dfrac{a_2}{a_1}=1$，$\dfrac{a_3}{a_2}=3$，故 $\{a_n\}$ 不是等比数列，B 错误；

$$a_1+a_2+\cdots+a_{2021}=a_1+(a_2+a_3)+(a_4+a_5)+\cdots+(a_{2020}+a_{2021})$$

$$=1+2^2+2^4+\cdots+2^{2020}=1+\frac{4(1-4^{1010})}{1-4}=\frac{4^{1011}-1}{3}=\frac{2^{2022}-1}{3}$$，故 C 错误；

$a_1+a_2+\cdots+a_{2022}=(a_1+a_2)+(a_3+a_4)+\cdots+(a_{2021}+a_{2022})=2^1+2^3+\cdots+2^{2021}=$ $\frac{2(1-4^{1011})}{1-4}=\frac{2\times4^{1011}-2}{3}=\frac{2^{2023}-2}{3}$，故 D 正确.

故选 A，D.

【例 3】（2022 广东六校第六次联考）数列 $\{a_n\}$ 满足 $a_1=1$，$a_{n+1}=f(a_n)$ $(n\in\mathbf{N}^*)$，定义函数 $y=f(x)$是数列 $\{a_n\}$ 的特征函数，则下列说法正确的是（　　）.

A. 当$f(x)<x$ 时，数列 $\{a_n\}$ 单调递增

B. 当$f(x)=2x+1$ 时，$a_n=2^n-1$

C. 当$f(x)=\frac{x+1}{x}$时，$\frac{3}{2}\leqslant a_n\leqslant 2(n\geqslant 2)$

D. 当方程 $f(x)-x=0$ 有唯一解时，存在 $\varepsilon>0$，对任意 $n\in\mathbf{N}^*$，都有 $|a_{n+1}-a_n|<\varepsilon12$.

解析

对于 A：当$f(x)<x$ 时，$a_{n+1}=f(a_n)<a_n$，故数列 $\{a_n\}$ 单调递减，故 A 错误.

对于 B：当$f(x)=2x+1$ 时，$a_{n+1}=f(a_n)=2a_n+1$，则 $a_{n+1}+1=2(a_n+1)$，故数列$\{a_n+1\}$是以 2 为公比，以 $a_1+1=2$ 为首项的等比数列，所以 $a_n=2^n-1$，故 B 正确.

对于 C：当$f(x)=\frac{x+1}{x}$时，则 $a_{n+1}=f(a_n)=\frac{a_n+1}{a_n}=1+\frac{1}{a_n}$，因为 $a_1=1$，则 $a_2=2\in$ $\left[\frac{3}{2},2\right]$，故 $a_3=1+\frac{1}{2}=\frac{3}{2}\in\left[\frac{3}{2},2\right]$，根据数列迭代递推，不完全归纳可猜想$\frac{3}{2}\leqslant a_n\leqslant 2$ $(n\geqslant 2)$成立，用数学归纳法证明如下：

①当 $n=2$ 时，$\frac{3}{2}\leqslant a_n\leqslant 2$.

②假设当 $n=k(k\in\mathbf{N}^*,k\geqslant 2)$时，$\frac{3}{2}\leqslant a_k\leqslant 2$，则当 $n=k+1$ 时，$a_{k+1}=1+\frac{1}{a_k}$，

因为$\frac{1}{2}\leqslant\frac{1}{a_k}\leqslant\frac{2}{3}$，所以 $a_{k+1}\in\left[\frac{3}{2},\frac{5}{3}\right]\subseteq\left[\frac{3}{2},2\right]$，

综上$\frac{3}{2}\leqslant a_n\leqslant 2(n\geqslant 2)$，故 C 正确.

对于 D：取$f(x)=\mathrm{e}^x-1$，易知 $y=x$ 为 $y=f(x)$在 $x=0$ 处的切线，此时方程 $f(x)=x$ 有唯一解，所以 $a_{n+1}=f(a_n)=\mathrm{e}^{a_n}-1$，$|a_{n+1}-a_n|=|\mathrm{e}^{a_n}-1-a_n|$，根据指数函数和一次函数增长速度的快慢可知，当 $n\to+\infty$ 时，$|a_{n+1}-a_n|\to+\infty$，故 D 错误.

故选 B，C.

【例 4】 数列 $\{a_n\}$ 满足 $a_1=2$，$a_{n+1}=a_n^2-a_n+1$ $(n\in\mathbf{N}^*)$，则（　　）.

A. 存在 $k\in\mathbf{N}^*$，使 $2^{k-2}<a_k<2^{k-1}$　　B. 存在 m，$k\in\mathbf{N}^*$，使 $a_m=ka_k$

C. 存在 m，$k\in\mathbf{N}^*$，使 $a_m=ma_k$　　　　D. $\frac{1}{a_1}+\frac{1}{a_2}+\cdots+\frac{1}{a_n}<1$

解析

由 $a_1=2$，$a_{n+1}-a_n=(a_n-1)^2>0$ 知，$\{a_n\}$ 是递增数列，

又 $a_{n+1}-1=(a_n-1)a_n$，知 $\frac{1}{a_{n+1}-1}=\frac{1}{a_n-1}-\frac{1}{a_n}$，得 $\frac{1}{a_n}=\frac{1}{a_n-1}-\frac{1}{a_{n+1}-1}$，

故 $\frac{1}{a_1}+\frac{1}{a_2}+\cdots+\frac{1}{a_n}=\frac{1}{a_1-1}-\frac{1}{a_{n+1}-1}=1-\frac{1}{a_{n+1}-1}<1$，D 正确；

取 $m=k=1$，得 $a_m=ka_k$，$a_m=ma_k$，故 B，C 正确；

由 $a_{n+1}-1=(a_n-1)a_n$ 知，$a_n-1=(a_{n-1}-1)a_{n-1}$，$a_2-1=a_1$，

得 $a_{n+1}=(a_n-1)a_n+1=(a_{n-1}-1)a_{n-1}a_n+1=\cdots=a_1a_2\cdots a_{n-1}a_n+1$，

又有 $a_{n+1}>a_n\geqslant 2$，得 $a_n\geqslant 2^{n-1}+1>2^{n-1}$，故 A 错误.

故选 B，C，D.

【例 5】（2022 河北衡水二模）已知等差数列 $\{a_n\}$ 前 n 项和为 $S_n=\frac{a_1^2n^2+n}{2}$，公差为 d，则（　　）.

A. $a_1=1$　　　　B. $d=1$

C. $S_{2n}=2a_n^2+2a_n$　　　　D. $2S_n-a_n=1+3+5+\cdots+(2n-1)$

解析

取 $n=1$，则 $a_1=\frac{a_1^2+1}{2}$，解得 $a_1=1$，故 A 正确；由 A 可知，$S_n=\frac{n^2+n}{2}$，则 $d=S_2-2a_1=3-2=1$，故 B 正确；因为 $S_{2n}=\frac{(2n)^2+2n}{2}=2n^2+n=2a_n^2+a_n$，故 C 错误；因为 $2S_n-a_n=n^2$，且 $1+3+\cdots+(2n-1)=\frac{n(1+2n-1)}{2}=n^2$，故 D 正确.

故选 A，B，D.

2. **双空题**

【例 1】（2022 华大新高考联盟高考押题卷）已知数列 $\{a_n\}$ 为 1，1，2，1，2，4，1，2，4，8，1，2，4，8，16，…，其中第一项是 2^0，接下来的两项是 2^0，2^1，再接下来的三项是 2^0，2^1，2^2. 以此规律类推，若其前 n 项和 $S_n=2^k(k\in\mathbf{N}^*)$，则称 k 为数列 $\{a_n\}$ 的一个理想数. 将数列 $\{a_n\}$ 的理想数从小到大依次排成一列，则第二个理想数是____；当数列 $\{a_n\}$ 的项数 $n\leqslant 2022$ 时，其所有理想数的和为____.

解析

由题意知，第一个理想数为 1，第二个理想数为 2，数列可分为 N 个组，当 $N\geqslant 3$ 时，

有第 1 组 1 个数：1，其和为 2^1-1；第 2 组 2 个数：2^0，2^1，其和为 2^2-1；第 3 组 3 个数：2^0，2^1，2^2，其和为 2^3-1；……；第 N 组 N 个数：2^0，2^1，2^2，…，2^{N-1}，其和为 2^N-1．于是，前 N 组共有 $\dfrac{N(N+1)}{2}$ 个数，其和为 $2^{N+1}-2-N$．当 $N\geqslant 3$ 时，$2^{N+1}-2-N$ 不可能是 2 的整数幂，设第 $N+1$ 组还有 t 个数 $(0<t<N+1)$，这 t 个数的和为 2^t-1，所以项数 $n=\dfrac{N(N+1)}{2}+t$，其前 n 项和 $S_n=2^{N+1}+2^t-N-3$，当 $N\geqslant 3$ 时，若 $2^t=N+3$，则 $N+1$ 是 $\{a_n\}$ 的一个理想数.

由项数 $n\leqslant 2022$，即 $\dfrac{N(N+1)}{2}<2022<\dfrac{(N+1)(N+2)}{2}$ 得 $N\leqslant 63$，故 $2^t=N+3\leqslant 66$，$t\leqslant 6$.

当 $t=3$ 时，$N=5$，理想数为 6；当 $t=4$ 时，$N=13$，理想数为 14；

当 $t=5$ 时，$N=29$，理想数为 30；当 $t=6$ 时，$N=61$，理想数为 62.

所以当项数 $n\leqslant 2022$ 时，$\{a_n\}$ 所有理想数的和为 $1+2+6+14+30+62=115$.

故答案为 2；115.

【例 2】（2022 湖北襄阳五中二模）已知数列 $\{a_n\}$，$\{b_n\}$，其通项公式分别为 $a_n=\dfrac{n^2}{2n-1}$，$b_n=\dfrac{n^2}{2n+1}$，其前 n 项和分别为 S_n，T_n.

（1）记 $\left\{a_n-b_n-\dfrac{1}{2}\right\}$ 的前 n 项和为 R_n，则 $R_n=$________.

（2）记最接近 S_n-T_n 的整数为 c_n，则 $c_1+c_2+\cdots+c_{100}=$________.

解析

（1）依题意可知，
$$a_n-b_n=\frac{n^2}{2n-1}-\frac{n^2}{2n+1}=\frac{2n^2}{4n^2-1}=\frac{1}{2}\left(1+\frac{1}{4n^2-1}\right)$$
$$=\frac{1}{2}+\frac{1}{4}\left(\frac{1}{2n-1}-\frac{1}{2n+1}\right),$$

则 $a_n-b_n-\dfrac{1}{2}=\dfrac{1}{4}\left(\dfrac{1}{2n-1}-\dfrac{1}{2n+1}\right)$，

$$R_n=\frac{1}{4}\left[\left(1-\frac{1}{3}\right)+\left(\frac{1}{3}-\frac{1}{5}\right)+\cdots+\left(\frac{1}{2n-1}-\frac{1}{2n+1}\right)\right]=\frac{n}{2(2n+1)}.$$

（2）由（1）可知，
$$S_n-T_n=(a_1+a_2+\cdots+a_n)-(b_1+b_2+\cdots+b_n)$$
$$=(a_1-b_1)+(a_2-b_2)+\cdots+(a_n-b_n)$$
$$=\frac{n}{2}+\frac{1}{4}\left[\left(1-\frac{1}{3}\right)+\left(\frac{1}{3}-\frac{1}{5}\right)+\cdots+\left(\frac{1}{2n-1}-\frac{1}{2n+1}\right)\right]$$
$$=\frac{n}{2}+\frac{n}{2(2n+1)}=\frac{n(n+1)}{2n+1},$$

故有$\frac{1}{S_n-T_n}=\frac{1}{n}+\frac{1}{n+1}$，从而有$\frac{2}{n+1}<\frac{1}{S_n-T_n}<\frac{2}{n}$，因此，$\frac{n}{2}<S_n-T_n<\frac{n+1}{2}$，

若$n=2k-1(k\in\mathbf{N}^*)$，则$c_n=k=\frac{n+1}{2}$，

若$n=2k(k\in\mathbf{N}^*)$，则$c_n=k=\frac{n}{2}$.

综上：$c_n=\begin{cases}\frac{n}{2}\ (n=2k),\\ \frac{n+1}{2}\ (n=2k-1),\end{cases}(k\in\mathbf{N}^*)$，

所以$c_1+c_2+\cdots+c_{100}=2(1+2+\cdots+50)=2550$.

故答案为$\frac{n}{2(2n+1)}$；2550.

【例3】在处理多元不等式的最值时，我们常用构造切线的方法来求解. 例如：曲线$y=x^2$在$x=1$处的切线方程为$y=2x-1$，且$x^2\geqslant 2x-1$，若已知$m+n+t=3$，$m^2+n^2+t^2\geqslant 2m-1+2n-1+2t-1=3$，取等条件为$m=n=t=1$，所以$m^2+n^2+t^2$的最小值为3. 已知函数$f(x)=x^3-6x^2+12x$，若数列$\{a_n\}$满足$a_n\leqslant 2$，且$a_1+a_2+\cdots+a_{10}=10$，则数列$\{f(a_n)\}$的前10项和的最大值为________；若数列$\{b_n\}$满足$b_n\geqslant 0$，且$b_1+b_2+\cdots+b_{100}=180$，则数列$\{f(b_n)\}$的前100项和的最小值为________.

解析

$f'(x)=3x^2-12x+12$，则$f(1)=7$，$f'(1)=3$，所以曲线$y=f(x)$在$x=1$处的切线方程为$y=3x+4$，且易知$f(x)\leqslant 3x+4(x\leqslant 2)$，所以$f(a_n)\leqslant 3a_n+4$，所以$f(a_1)+f(a_2)+\cdots+f(a_{10})\leqslant 3(a_1+a_2+\cdots+a_{10})+40=70$，当且仅当$a_1=a_2=\cdots=a_{10}=1$时，等号成立；曲线$y=f(x)$在$x=x_0$处的切线方程为$y=(3x_0^2-12x_0+12)(x-x_0)+x_0^3-6x_0^2+12x_0$，因为$b_n\geqslant 0$，则令此切线过原点，解得$x_0=3$或$x_0=0$，所以曲线$y=f(x)$在$x=3$处的切线方程为$y=3x$，且$f(x)\geqslant 3x(x\geqslant 0)$，所以$f(b_1)+f(b_2)+\cdots+f(b_{100})\geqslant 3(b_1+b_2+\cdots+b_{100})=540$，当且仅当$b_n=0$或$b_n=3$时，等号成立，取$b_1=b_2=\cdots=b_{60}=3$，$b_{61}=b_{62}=\cdots=b_{100}=0$，即$\{b_n\}$的前100项中有60项为2，40项为0时，等号成立.

故答案为70；540.

【例4】已知$[x]$表示不超过x的最大整数，例如：$[2.3]=2$，$[-1.5]=-2$. 在数列$\{a_n\}$中，$a_n=[\lg n]\ (n\in\mathbf{N}^*)$，记$S_n$为数列$\{a_n\}$的前$n$项和，则$a_{999}=$________；$S_{1000}=$________.

解析

因为$a_n=[\lg n]$，所以$a_1=[\lg 1]=0$，$a_2=[\lg 2]=0$，…，$a_9=[\lg 9]=0$，

$a_{10}=[\lg 10]=1$，$a_{11}=[\lg 11]=1$，…，$a_{99}=[\lg 99]=1$，$a_{100}=[\lg 100]=2$，$a_{101}=[\lg 101]=2$，…，$a_{999}=[\lg 999]=2$，$a_{1000}=[\lg 1000]=3$，所以 $S_{1000}=9\times 0+90\times 1+900\times 2+3=1893$.

故答案为2；1893.

【例5】 13世纪意大利数学家列昂纳多·斐波那契从兔子繁殖的规律中发现了"斐波那契数列"，斐波那契数列 $\{a_n\}$ 满足以下条件：$a_1=1$，$a_2=1$，$a_n=a_{n-1}+a_{n-2}$（$n\geqslant 3$，$n\in\mathbf{N}^*$），其前 n 项和为 S_n.

（1）$a_{n+2}-S_n=$____________（$n\geqslant 1$，$n\in\mathbf{N}^*$）；

（2）设 $a_{2020}=x$，$a_{2021}=y$（x，y 为常数），则 $a_1+a_2+a_3+\cdots+a_{2020}=$________.

解析

（1）因为斐波那契数列 $\{a_n\}$ 满足 $a_1=1$，$a_2=1$，$a_n=a_{n-1}+a_{n-2}$，

所以 $a_3=a_1+a_2$；$a_4=a_2+a_3=a_1+a_2+1$；$a_5=a_3+a_4=a_1+a_2+a_3+1$；……；

$a_{n+2}=a_{n+1}+a_n=a_1+a_2+a_3+\cdots+a_n+1=S_n+1$.

故 $a_{n+2}-S_n=1(n\geqslant 1,\ n\in\mathbf{N}^*)$.

（2）由（1）可知，$S_{2018}=a_{2020}-1=x-1$，$S_{2019}=a_{2021}-1=y-1$，

故 $a_1+a_3+a_5+\cdots+a_{2019}=a_1+a_1+a_2+a_3+a_4+\cdots+a_{2017}+a_{2018}=a_1+S_{2018}=1+x-1=x$，

$a_2+a_4+a_6+\cdots+a_{2020}=a_2+a_2+a_3+a_4+a_5+\cdots+a_{2018}+a_{2019}=y-1$，

故答案为1；$x+y-1$.

3. 结构不良题

【例1】（2021全国高考理科甲卷）已知数列 $\{a_n\}$ 的各项均为正数，记 S_n 为 $\{a_n\}$ 的前 n 项和，从下面①②③中选取两个作为条件，证明另外一个成立.

①数列 $\{a_n\}$ 是等差数列；②数列$\{\sqrt{S_n}\}$是等差数列；③$a_2=3a_1$.

解析

选①②作为条件证明③：

设 $\sqrt{S_n}=an+b$（$a>0$），则 $S_n=(an+b)^2$，

当 $n=1$ 时，$a_1=S_1=(a+b)^2$；

当 $n\geqslant 2$ 时，$a_n=S_n-S_{n-1}=(an+b)^2-(an-a+b)^2=a(2an-a+2b)$.

因为 $\{a_n\}$ 也是等差数列，所以$(a+b)^2=a(2a-a+2b)$，解得 $b=0$，

所以 $a_n=a^2(2n-1)$，$a_2=3a_1$.

选①③作为条件证明②：

因为 $a_2=3a_1$，$\{a_n\}$ 是等差数列，

所以公差 $d=a_2-a_1=2a_1$，

所以 $S_n=na_1+\frac{n(n-1)}{2}d=n^2a_1$，即 $\sqrt{S_n}=\sqrt{a_1}\,n$，

故 $\sqrt{S_{n+1}}-\sqrt{S_n}=\sqrt{a_1}(n+1)-\sqrt{a_1}\,n=\sqrt{a_1}$，

所以 $\{\sqrt{S_n}\}$ 是等差数列.

选②③作条件证明①：

设 $\sqrt{S_n}=an+b$ $(a>0)$，则 $S_n=(an+b)^2$，

当 $n=1$ 时，$a_1=S_1=(a+b)^2$；

当 $n\geqslant 2$ 时，$a_n=S_n-S_{n-1}=(an+b)^2-(an-a+b)^2=a(2an-a+2b)$.

因为 $a_2=3a_1$，所以 $a(3a+2b)=3(a+b)^2$，解得 $b=0$ 或 $b=-\frac{4a}{3}$，

当 $b=0$ 时，$a_1=a^2$，$a_n=a^2(2n-1)$，

故当 $n\geqslant 2$ 时，$a_n-a_{n-1}=2a^2$ 满足等差数列的定义，此时 $\{a_n\}$ 为等差数列；

当 $b=-\frac{4a}{3}$ 时，$\sqrt{S_n}=an+b=an-\frac{4}{3}a$，$\sqrt{S_1}=-\frac{a}{3}<0$ 不合题意，舍去.

综上可知 $\{a_n\}$ 为等差数列.

【例2】（2021 辽宁锦州联考）在（1）$S_n=n^2+n$，（2）$a_3+a_5=16$，$S_3+S_5=42$，（3）$\frac{a_{n+1}}{a_n}=\frac{n+1}{n}$，$S_7=56$ 这三个条件中，任选一个补充在下面的问题中，并加以解答. 设等差数列 $\{a_n\}$ 的前 n 项和为 S_n，数列 $\{b_n\}$ 为等比数列，$b_1=a_1$，$b_2=\frac{a_1a_2}{2}$. 求数列 $\{\frac{1}{S_n}+b_n\}$ 的前 n 项和 T_n.

解析

选(1)：当 $n=1$ 时，$a_1=S_1=2$；当 $n\geqslant 2$ 时，$a_n=S_n-S_{n-1}=2n$，$n=1$ 时也满足 $a_n=2n$，所以 $a_n=2n$. 设 $\{b_n\}$ 的公比为 q，

又因为 $a_1=2$，$a_2=4$，由 $b_1=a_1$，$b_2=\frac{a_1a_2}{2}$，得 $b_1=2$，$q=2$，所以 $b_n=2^n$.

数列 $\{b_n\}$ 的前 n 项和为 $\frac{2-2^{n+1}}{1-2}=2^{n+1}-2$，又可知 $\frac{1}{S_n}=\frac{1}{n^2+n}=\frac{1}{n(n+1)}=\frac{1}{n}-\frac{1}{n+1}$，

数列 $\left\{\frac{1}{S_n}\right\}$ 的前 n 项和为 $1-\frac{1}{2}+\frac{1}{2}-\frac{1}{3}+\cdots+\frac{1}{n}-\frac{1}{n+1}=1-\frac{1}{n+1}$，

故 $T_n=2^{n+1}-2+1-\frac{1}{n+1}=2^{n+1}-\frac{1}{n+1}-1$.

选（2）：设 $\{a_n\}$ 的公差为 d，由 $a_3+a_5=16$，$S_3+S_5=42$，得 $\begin{cases}2a_1+6d=16,\\8a_1+13d=42,\end{cases}$

解得$\begin{cases}a_1=2,\\d=2,\end{cases}$所以 $a_n=2n$，$S_n=n^2+n$.

设 $\{b_n\}$ 的公比为 q，又因为 $a_1=2$，$a_2=4$，由 $b_1=a_1$，$b_2=\frac{a_1a_2}{2}$，得 $b_1=2$，

$q=2$，所以 $b_n=2^n$，数列 $\{b_n\}$ 的前 n 项和为$\frac{2-2^{n+1}}{1-2}=2^{n+1}-2$，

又可知$\frac{1}{S_n}=\frac{1}{n^2+n}=\frac{1}{n(n+1)}=\frac{1}{n}-\frac{1}{n+1}$，

数列$\left\{\frac{1}{S_n}\right\}$的前 n 项和为 $1-\frac{1}{2}+\frac{1}{2}-\frac{1}{3}+\cdots+\frac{1}{n}-\frac{1}{n+1}=1-\frac{1}{n+1}$，

故 $T_n=2^{n+1}-2+1-\frac{1}{n+1}=2^{n+1}-\frac{1}{n+1}-1$.

选（3）：由$\frac{a_{n+1}}{a_n}=\frac{n+1}{n}$，得$\frac{a_{n+1}}{n+1}=\frac{a_n}{n}$，所以$\frac{a_n}{n}=\frac{a_1}{1}$，即 $a_n=a_1n$，

又有 $S_7=7a_4=28a_1=56$，所以 $a_1=2$，$a_n=2n$，$S_n=n^2+n$.

设 $\{b_n\}$ 的公比为 q，又因为 $a_1=2$，$a_2=4$，由 $b_1=a_1$，$b_2=\frac{a_1a_2}{2}$，得 $b_1=2$，$q=2$，

所以 $b_n=2^n$，数列 $\{b_n\}$ 的前 n 项和为$\frac{2-2^{n+1}}{1-2}=2^{n+1}-2$，

又可知$\frac{1}{S_n}=\frac{1}{n^2+n}=\frac{1}{n(n+1)}=\frac{1}{n}-\frac{1}{n+1}$，

数列$\left\{\frac{1}{S_n}\right\}$的前 n 项和为 $1-\frac{1}{2}+\frac{1}{2}-\frac{1}{3}+\cdots+\frac{1}{n}-\frac{1}{n+1}=1-\frac{1}{n+1}$，

故 $T_n=2^{n+1}-2+1-\frac{1}{n+1}=2^{n+1}-\frac{1}{n+1}-1$.

【例3】 设 $n\in\mathbf{N}^*$，现给出以下三个条件：

①2，a_n，S_n 成等差数列；

②$a_1=2$，$S_{n+1}=2S_n+2$；

③$a_1=2$，$a_n>0$，$(a_{n+1}-4)a_n+2a_{n+1}=2a_n^2$.

从以上三个条件中任选一个，补充在本题相应的横线上，再作答.

已知数列 $\{a_n\}$ 的前 n 项和为 S_n，且________.

（1）求数列 $\{a_n\}$ 的通项公式；

（2）若 $b_n=\frac{\log_2 a_n}{a_n}$，求数列 $\{b_n\}$ 的前 n 项和 T_n.

解析

（1）若选择①：由 2，a_n，S_n 成等差数列，得 $S_n+2=2a_n$，

当 $n=1$ 时，由 $a_1+2=2a_1$，得 $a_1=2$；

当 $n\geqslant 2$ 时，由 $S_n+2=2a_n$，得 $S_{n-1}+2=2a_{n-1}$，

两式相减得 $a_n=2a_n-2a_{n-1}$，所以 $a_n=2a_{n-1}$，

所以数列 $\{a_n\}$ 是首项为 2，公比为 2 的等比数列，通项公式为 $a_n=2^n$.

若选择②，由 $S_{n+1}=2S_n+2$，得 $S_n=2S_{n-1}+2(n\geqslant 2)$，两式相减得 $a_{n+1}=2a_n$，

又因为 $a_1=2$，$a_2=4$，则 $a_2=2a_1$，所以数列 $\{a_n\}$ 是首项为 2，公比为 2 的等比数列，通项公式为 $a_n=2^n$.

若选择③：由 $(a_{n+1}-4)a_n+2a_{n+1}=2a_n^2$，得 $a_{n+1}(a_n+2)=2a_n(a_n+2)$，

因为 $a_n>0$，所以 $a_n+2\neq 0$，故有 $\dfrac{a_{n+1}}{a_n}=2$.

所以 $\{a_n\}$ 是首项为 2，公比为 2 的等比数列，通项公式为 $a_n=2^n$.

（2）由（1）知 $a_n=2^n$，所以 $b_n=\dfrac{\log_2 a_n}{a_n}=\dfrac{n}{2^n}$.

所以 $T_n=\dfrac{1}{2}+\dfrac{2}{2^2}+\dfrac{3}{2^3}+\dfrac{4}{2^4}+\cdots+\dfrac{n}{2^n}$①，

则 $\dfrac{1}{2}T_n=\dfrac{1}{2^2}+\dfrac{2}{2^3}+\dfrac{3}{2^4}+\dfrac{4}{2^5}+\cdots+\dfrac{n-1}{2^n}+\dfrac{n}{2^{n+1}}$②，

①－②得 $\dfrac{1}{2}T_n=\dfrac{1}{2}+\dfrac{1}{2^2}+\dfrac{1}{2^3}+\cdots+\dfrac{1}{2^n}-\dfrac{n}{2^{n+1}}=\dfrac{\frac{1}{2}\left(1-\frac{1}{2^n}\right)}{1-\frac{1}{2}}-\dfrac{n}{2^{n+1}}=1-\dfrac{1}{2^n}-\dfrac{n}{2^{n+1}}$，

所以 $T_n=2-\dfrac{2+n}{2^n}$.

四、说两道名题

（一）2022 年高考数学全国Ⅰ卷第 17 题

记 S_n 为数列 $\{a_n\}$ 的前 n 项和，已知 $a_1=1$，$\left\{\dfrac{S_n}{a_n}\right\}$是公差为$\dfrac{1}{3}$的等差数列.

（1）求 $\{a_n\}$ 的通项公式；

（2）证明：$\dfrac{1}{a_1}+\dfrac{1}{a_2}+\cdots+\dfrac{1}{a_n}<2$.

1. 说题源题意

（1）题源.

2022 年高考数学全国Ⅰ卷第 17 题.

（2）题意.

①题目的背景或来源. 题目第二问源于课本中杨辉三角的一个性质.

②题目定义$\left\{\dfrac{S_n}{a_n}\right\}$为等差数列，目的是考查学生对等差数列这一数学概念的理解能力，由于构造$\left\{\dfrac{S_n}{a_n}\right\}$为等差数列，形式相对复杂，带入了干扰信息，增加了信息分辨的难度. 通过$f(S_n, a_n)=0$考查学生函数与方程的思想，以及采用累乘法解决问题的能力.

2. **说知识网络**

题目主要考查等差数列的定义、通项公式、通项与前n项和的关系、通过数列递推公式求通项等重要知识点.

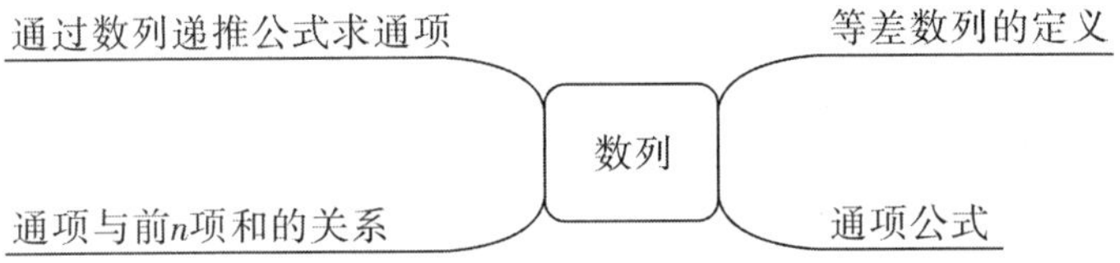

图 1-7 此道名题所涉知识点

3. **说解题过程**

针对第（1）问解法如下.

【解法 1】

解：由题设得$\dfrac{S_n}{a_n}=\dfrac{S_1}{a_1}+\dfrac{1}{3}(n-1)$，所以$\dfrac{S_n}{a_n}=\dfrac{n+2}{3}$，或$S_n=\dfrac{n+2}{3}a_n$，

因此$a_{n+1}=S_{n+1}-S_n=\dfrac{n+3}{3}a_{n+1}-\dfrac{n+2}{3}a_n$，故$\dfrac{a_{n+1}}{a_n}=\dfrac{n+2}{n}$，

$$即\ a_n=\frac{a_n}{a_{n-1}}\cdot\frac{a_{n-1}}{a_{n-2}}\cdot\frac{a_{n-2}}{a_{n-3}}\cdot\cdots\cdot\frac{a_3}{a_2}\cdot\frac{a_2}{a_1}\cdot a_1$$

$$=\frac{n+1}{n-1}\cdot\frac{n}{n-2}\cdot\frac{n-1}{n-3}\cdot\cdots\cdot\frac{4}{2}\cdot\frac{3}{1}\cdot 1=\frac{n(n+1)}{2}.$$

【解法 2】

解：由题设得$a_1=1$，$\dfrac{S_2}{a_2}=\dfrac{S_1}{a_1}+\dfrac{1}{3}=1+\dfrac{1}{3}$，所以$a_2=3=\dfrac{2(2+1)}{2}$，同理$a_3=6=\dfrac{3(3+1)}{2}$，

猜想：$a_n=\dfrac{n(n+1)}{2}$（$n\geqslant1$）（$*$），

下面用数学归纳法证明（$*$）式成立：

①当$n=1$时，$a_1=1=\dfrac{1\times(1+1)}{2}$，成立.

②假设当 $n=k$ 时，有 $a_k=\frac{k(k+1)}{2}$，

当 $n=k+1$ 时，由题设得$\frac{S_k}{a_k}=\frac{S_1}{a_1}+\frac{1}{3}(k-1)=\frac{k+2}{3}$，故 $S_k=\frac{k+2}{3}a_k$，

所以 $a_{k+1}=S_{k+1}-S_k=\frac{k+3}{3}a_{k+1}-\frac{k+2}{3}a_k$，

故 $a_{k+1}=\frac{k+2}{k}a_k=\frac{k+2}{k}\cdot\frac{k(k+1)}{2}=\frac{(k+1)(k+2)}{2}$，

故当 $n=k+1$ 时也成立，所以（$*$）式成立.

【解法 3】

解：由题设得$\frac{S_n}{a_n}=\frac{S_1}{a_1}+\frac{1}{3}(n-1)$，所以$\frac{S_n}{a_n}=\frac{n+2}{3}$，或 $S_n=\frac{n+2}{3}a_n$，

因此 $a_{n+1}=S_{n+1}-S_n=\frac{n+3}{3}a_{n+1}-\frac{n+2}{3}a_n$，

故$\frac{a_{n+1}}{n+2}=\frac{a_n}{n}$，即$\frac{a_{n+1}}{(n+1)(n+2)}=\frac{a_n}{n(n+1)}$，

所以$\left\{\frac{a_n}{n(n+1)}\right\}$为常数列，首项为$\frac{a_1}{1\times 2}=\frac{1}{2}$，故 $\frac{a_n}{n(n+1)}=\frac{1}{2}$，得 $a_n=\frac{n(n+1)}{2}$.

【解法 4】

解：由题设得$\frac{S_n}{a_n}=\frac{S_1}{a_1}+\frac{1}{3}(n-1)$，所以$\frac{S_n}{a_n}=\frac{n+2}{3}$，或 $S_n=\frac{n+2}{3}a_n$，

因为 $a_n=S_n-S_{n-1}$，所以 $S_n=\frac{n+2}{3}(S_n-S_{n-1})$，得$\frac{S_n}{S_{n-1}}=\frac{n+2}{n-1}$，

$$\begin{aligned}故\ S_n&=\frac{S_n}{S_{n-1}}\cdot\frac{S_{n-1}}{S_{n-2}}\cdot\frac{S_{n-2}}{S_{n-3}}\cdot\cdots\cdot\frac{S_3}{S_2}\cdot\frac{S_2}{S_1}\cdot S_1\\&=\frac{n+2}{n-1}\cdot\frac{n+1}{n-2}\cdot\cdots\cdot\frac{5}{2}\cdot\frac{4}{1}\cdot 1=\frac{n(n+1)(n+2)}{6},\end{aligned}$$

故 $a_n=\frac{3}{n+2}S_n=\frac{n(n+1)}{2}$.

【解法 5】

解：由题设得 $a_1=1$，当 $n\geqslant 2$ 时，$1+\frac{S_{n-1}}{a_n}=\frac{S_n}{a_n}=1+\frac{1}{3}(n-1)$，所以 $a_n=3\frac{S_{n-1}}{n-1}$，

$a_n=3\frac{S_{n-2}+3\frac{S_{n-2}}{n-2}}{n-1}$，所以 $a_n=3\cdot\frac{n+1}{(n-1)(n-2)}\cdot S_{n-2}$，

所以 $a_n=3\cdot\frac{n+1}{(n-1)(n-2)}\cdot\left(S_{n-3}+3\frac{S_{n-3}}{n-3}\right)=3\cdot\frac{(n+1)n}{(n-1)(n-2)(n-3)}\cdot S_{n-3}$

…

$$=3\cdot\frac{(n+1)n\cdots4}{(n-1)(n-2)(n-3)\cdots1}\cdot S_1=3\cdot\frac{(n+1)!}{(n-1)!3!}=\frac{n(n+1)}{2}.$$

第（2）问解法如下.

【解法】

解：由（1）得，$\frac{1}{a_n}=\frac{2}{n\ (n+1)}=2\left(\frac{1}{n}-\frac{1}{n+1}\right)$，

所以$\frac{1}{a_1}+\frac{1}{a_2}+\cdots+\frac{1}{a_n}=2\left[\left(1-\frac{1}{2}\right)+\left(\frac{1}{2}-\frac{1}{3}\right)+\cdots+\left(\frac{1}{n}-\frac{1}{n+1}\right)\right]$

$=2\left(1-\frac{1}{n+1}\right)<2.$

4. **说易错易误**

（1）等差数列定义理解错误.

①$a_n=a_1+\frac{1}{3}(n-1)=\frac{1}{3}n+\frac{2}{3}$，$\frac{S_n}{a_n}=\frac{a_1+\frac{n(n-1)}{2}d}{a_1+(n-1)d}$，$a_1=1$，$a_2=3$，所以 $d=2$.

原因：审题错误或惯性思维，以为 $\{a_n\}$ 是等差数列.

②由题设得$\frac{S_n}{a_n}=\frac{S_1}{a_1}+\frac{1}{3}$（$n-1$），所以$\frac{S_n}{a_n}=\frac{n-2}{3}$.

原因：运算出错.

③由题设得$\left\{\frac{S_n}{a_n}\right\}=\frac{S_1}{a_1}+\frac{1}{3}$（$n-1$），所以$\left\{\frac{S_n}{a_n}\right\}=\frac{n+2}{3}$.

原因：数列的书写规范表达不准确.

（2）数列通项与前 n 项和的关系.

①无法表达或表达错误：$a_{n+1}=S_{n+1}-a_n$，$a_n=S_n-a_1$.

原因：不懂通项公式与前 n 项和公式的关系，凭记忆乱写.

②$\frac{a_{n+1}}{a_n}=\frac{n+2}{n+1}$，$\frac{a_n}{a_{n-1}}=\frac{n+1}{n}$，$\frac{a_n}{a_{n-1}}=\frac{n}{n-1}$等.

原因：正确运用关系，但因运算能力不足或计算方法不对导致出错.

（3）递推公式累乘法.

①由 $a_n=\frac{a_n}{a_{n-1}}\cdot\frac{a_{n-1}}{a_{n-2}}\cdot\frac{a_{n-2}}{a_{n-3}}\cdot\cdots\cdot\frac{a_3}{a_2}\cdot\frac{a_2}{a_1}\cdot a_1$，

得出 $a_n=\frac{n+1}{n-1}\cdot\frac{n}{n-2}\cdot\frac{n-1}{n-3}\cdot\cdots\cdot\frac{3}{2}\cdot\frac{2}{1}\cdot1=n$（$n+1$）.

原因：搞不清楚数列是特殊的函数，自变量与对应的项搞错.

（4）归纳猜想.

①对于 $a_2=3$，$a_3=6$，学生可能出现计算错误，或者计算正确，但不会运用归纳法以及归纳错误等情况.

②由 $\frac{a_{n+1}}{a_n}=\frac{n+2}{n+1}$ 得 $a_n-a_{n-1}=n$，$a_{n-1}-a_{n-2}=n-1$，…，$a_2-a_1=2$，累加得到结果.

原因：不懂累乘法，进行特殊计算猜想的结果.

（5）裂项相消法.

①$\frac{1}{a_n}=\frac{1}{2}\cdot\frac{1}{n(n+1)}=\frac{1}{2}\left(\frac{1}{n}-\frac{1}{n+1}\right)$.

原因：分数变形错误.

（6）证明.

①当 $n\to+\infty$ 时，$2\left(1-\frac{1}{n+1}\right)<2$.

原因：逻辑推理错误，两者没有关联.

5. **说思想方法**

（1）数学素养.

本题在数列背景下，考查学生数学运算、逻辑推理等核心素养.

（2）思想方法.

考查了转化与化归、函数与方程的思想，涉及分类讨论法、假设法、换元法等解题方法.

6. **说教学价值**

（1）知识价值.

本题考查的知识点较多，具体包括：①等差数列的概念及运算；②利用 S_n 与 a_n 的关系式推导出 $\{a_n\}$ 的递推关系式；③利用累乘法求 $\{a_n\}$ 的通项公式.

（2）题型价值.

本题属于结构良好问题，是数列板块中的经典题型，其难度和计算量适中，较好地考查了学生的逻辑推理能力和运用数学知识解决问题的能力，能有效区分中等能力水平的学生.

（3）教学价值.

本题主要考查学生的逻辑推理能力和运算求解能力. ①加强概念理解，深度探索问题. 教师平时应强化学生对数学基本概念、公式、定理本质的理解，使学生对数学知识的理解不浮于表面，让学生对知识的理解更加系统. ②注重一题多解，多维解析题目. 教师应鼓励学生在解决问题的过程中，尽量做到一题多解，尝试从不同角度用不同方法解决同一个问题. ③积极反思巩固，提升思维高度. 教师在平时教学中可适时引导学生进行解题反思，能更好地帮助学生巩固所学知识的记忆．教师在教学过程中，应注意结合教学内容，逐步培养学生比较，分析，综合，抽象，概括，对问题进行判断、推理等逻辑思维能力，同时注意帮助学生提高思维的敏捷性与灵活性．

（二）2021 年高考数学浙江卷第 20 题

已知数列 $\{a_n\}$ 的前 n 项和为 S_n，$a_1=-\dfrac{9}{4}$，且 $4S_{n+1}=3S_n-9$（$n\in\mathbf{N}^*$）．

（1）求数列 $\{a_n\}$ 的通项公式；

（2）设数列 $\{b_n\}$ 满足 $3b_n+(n-4)a_n=0$（$n\in\mathbf{N}^*$），记 $\{b_n\}$ 的前 n 项和为 T_n，若 $T_n\leqslant\lambda b_n$ 对任意的 $n\in\mathbf{N}^*$ 恒成立，求实数 λ 的取值范围．

1．说题源题意

（1）题源．

2021 年高考数学浙江卷第 20 题．

（2）题意．

①以数列的通项、递推公式、前 n 项和为载体，综合考查数列的构造、求和、等价转化以及含参不等式．

②题目条件简短，与问题的联系不够直接，需要学生利用基础概念和通性、通法转化问题．

③虽然考查的数列知识比较常规，但是需要学生具有较强的解题技巧和计算能力．

2．说知识网络

题目主要考查学生利用数列的递推关系求数列的通项公式、利用错位相减法求数列前 n 项和，且通过参数分离的方法解决不等式恒成立的问题．

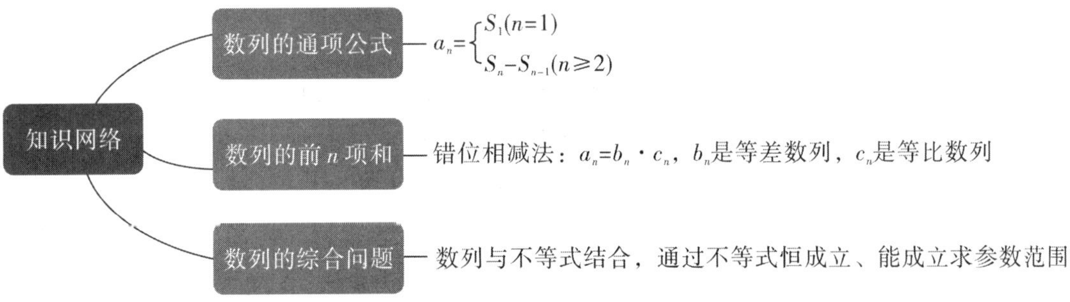

图 1-8　此数列题所涉及的知识网络

3．说解题过程

针对第（1）问的解法：

【解法 1】常规法：利用 a_n 与 S_n 的关系．

解：当 $n\geqslant 2$ 时，因为 $4S_{n+1}=3S_n-9$ ①，所以 $4S_n=3S_{n-1}-9$ ②，

由① - ②得 $4a_{n+1}=3a_n$，即 $a_{n+1}=\dfrac{3}{4}a_n$，

所以 $\{a_n\}$ 是 $q=\dfrac{3}{4}$，$a_2=-\dfrac{27}{16}$的等比数列，

所以当 $n\geqslant 2$ 时，$a_n=-\dfrac{9}{4}\times\left(\dfrac{3}{4}\right)^{n-1}=-3\times\left(\dfrac{3}{4}\right)^n$，

因为 $a_1=-\dfrac{9}{4}=-3\times\dfrac{3}{4}$也满足 a_n 的表达式，

所以 $\{a_n\}$ 的通项公式为 $a_n=-3\times\left(\dfrac{3}{4}\right)^n$.

【解法 2】待定系数法.

解：设 $4(S_{n+1}+\lambda)=3(S_n+\lambda)$ ①，整理得到 $4S_{n+1}=3S_n-\lambda$，

由 $4S_{n+1}=3S_n-9$ 可得 $\lambda=9$，

将 $\lambda=9$ 代入①得 $4(S_{n+1}+9)=3(S_n+9)$，

化为$\dfrac{S_{n+1}+9}{S_n+9}=\dfrac{3}{4}$，令 $c_n=S_n+9$，

则 c_n 是 $c_1=\dfrac{27}{4}$，$q=\dfrac{3}{4}$的等比数列，所以 $S_n=-9+9\left(\dfrac{3}{4}\right)^n$，

当 $n\geqslant 2$ 时，$a_n=S_n-S_{n-1}=-3\times\left(\dfrac{3}{4}\right)^n$，

因为 $a_1=-\dfrac{9}{4}=-3\times\left(\dfrac{3}{4}\right)$也满足 a_n 的表达式，

所以 $\{a_n\}$ 的通项公式为 $a_n=-3\times\left(\dfrac{3}{4}\right)^n$.

针对第（2）问的解法：

先用错位相减法求和.

解：由 $3b_n+(n-4)a_n=0$，得 $b_n=-\dfrac{n-4}{3}a_n=(n-4)\left(\dfrac{3}{4}\right)^n$，

$T_n=-3\times\dfrac{3}{4}-2\times\left(\dfrac{3}{4}\right)^2-1\times\left(\dfrac{3}{4}\right)^3+0\times\left(\dfrac{3}{4}\right)^4+\cdots+(n-4)\left(\dfrac{3}{4}\right)^n$ ①，

$\dfrac{3}{4}T_n=-3\times\left(\dfrac{3}{4}\right)^2-2\times\left(\dfrac{3}{4}\right)^3+1\times\left(\dfrac{3}{4}\right)^4+\cdots+(n-5)\left(\dfrac{3}{4}\right)^n+(n-4)\left(\dfrac{3}{4}\right)^{n+1}$ ②，

由① - ②得，$\dfrac{1}{4}T_n=-3\times\dfrac{3}{4}+\left(\dfrac{3}{4}\right)^2+\left(\dfrac{3}{4}\right)^3+\left(\dfrac{3}{4}\right)^4+\cdots+\left(\dfrac{3}{4}\right)^n-(n-4)\left(\dfrac{3}{4}\right)^{n+1}$，

整理得，$\dfrac{1}{4}T_n=-3\times\dfrac{3}{4}+\dfrac{\left(\dfrac{3}{4}\right)^2-\left(\dfrac{3}{4}\right)^{n+1}}{1-\dfrac{3}{4}}-(n-4)\left(\dfrac{3}{4}\right)^{n+1}$，$T_n=-4n\left(\dfrac{3}{4}\right)^{n+1}$，

因为 $T_n \leqslant \lambda b_n$ 恒成立，所以 $-4n\left(\frac{3}{4}\right)^{n+1} \leqslant \lambda(n-4)\left(\frac{3}{4}\right)^{n}$ 恒成立，

整理得：$\lambda(n-4)+3n \geqslant 0$，即 $\lambda(n-4) \geqslant -3n$.

【解法1】 分离参数法.

解：当 $n=4$ 时，不等式恒成立；

当 $n<4$ 时，$\lambda \leqslant -\frac{3n}{n-4}=-3-\frac{12}{n-4}$ 恒成立，即 $\lambda \leqslant \left(-3-\frac{12}{n-4}\right)_{\min}$，得 $\lambda \leqslant 1$；

当 $n>4$ 时，$\lambda \geqslant -\frac{3n}{n-4}=-3-\frac{12}{n-4}$ 恒成立，即 $\lambda \leqslant \left(-3-\frac{12}{n-4}\right)_{\max}$，得 $\lambda \geqslant -3$.

综上所述：$-3 \leqslant \lambda \leqslant 1$.

【解法2】 数形结合法.

解：可将不等式理解为直线 $y=\lambda(x-4)$ 上的正整数离散点要在直线 $y=-3x$ 上的正整数离散点的上方.

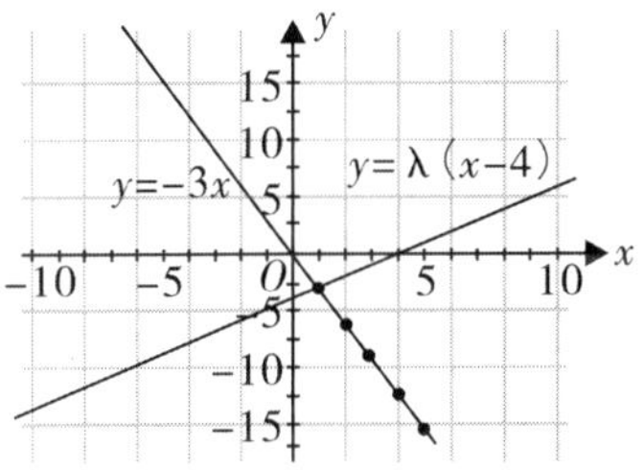

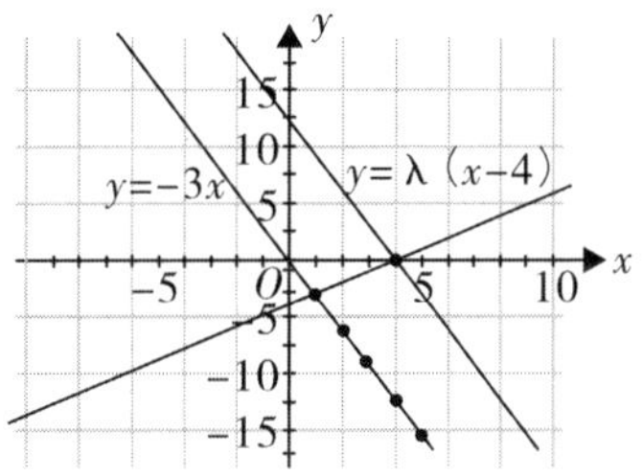

由上图可知：

$\lambda>0$，$-3\times1 \leqslant \lambda(1-4)$，故 $0<\lambda \leqslant 1$；

$\lambda=0$，$-3n \leqslant 0$；

$\lambda<0$，$\lambda \geqslant -3$，故 $-3 \leqslant \lambda<0$.

综上所述：$-3 \leqslant \lambda \leqslant 1$.

4. **说易错易误**

（1）已知 S_n 求 a_n，容易忽略 $n=1$ 的情况.

根据 $a_1=S_1$ 求出 a_1，并代入 $\{a_n\}$ 的通项公式中进行验证，若成立则合并，若不成立则写成分段形式.

（2）错位相减求和计算易出错.

急于把 b_n 的每一项计算出来，忽略它是等差数列乘等比数列的形式. 公比 q 为分数，增加了计算复杂度. 错位相减后，中间部分的等比数列求和公式为 $\left(\frac{3}{4}\right)^2+\left(\frac{3}{4}\right)^3+\left(\frac{3}{4}\right)^4+\cdots+\left(\frac{3}{4}\right)^n$，不清楚项数是 n 还是 $n-1$.

（3）恒成立分离参数时忽略了变量符号的讨论.

当 $\lambda(n-4)+3n\geqslant 0$ 恒成立时，要对“$n-4=0$”“$n-4>0$”“$n-4<0$”这三种情况进行讨论，还要注意当 $n-4<0$ 时，分离参数不等式要变号.

（4）没有理解不等式恒成立的本质.

比如，对任意的 n 使得 $\lambda\leqslant f(n)$ 恒成立等价于 $\lambda\leqslant f(n)_{\min}$；存在 n 使得 $\lambda\leqslant f(n)$ 能成立等价于 $\lambda\leqslant f(n)_{\max}$.

5. 说变式变形

（1）变条件.

①变“$a_1=-\dfrac{9}{4}$”为“已知 a_1 为 $f(x)=\dfrac{1}{3}x^3-\dfrac{9}{8}x^2+3$ 的极小值点的横坐标”.

②变“$4S_{n+1}=3S_n-9$”为“$3S_{n+1}+a_{n+1}=2S_n-9$”.

③变“$4S_{n+1}=3S_n-9$”为“$\log_{\frac{3}{4}}\left(\dfrac{S_n}{9}+1\right)=\log_{\frac{3}{4}}\left(\dfrac{S_{n-1}}{9}+1\right)+1$”.

（2）变结论.

①变“求 $\{a_n\}$ 的通项公式”为“求 $\{S_n\}$ 的通项公式”.

②变“$T_n\leqslant\lambda b_n$ 对任意 $n\in\mathbf{N}^*$ 恒成立，求实数 λ 的取值范围”为“已知 $-3\leqslant\lambda\leqslant 1$，证明 $T_n\leqslant\lambda b_n$ 对任意 $n\in\mathbf{N}^*$ 恒成立”.

（3）同类习题.

正项数列 $\{a_n\}$ 的前 n 项和为 S_n，$a_1=5$，且对于任意的 $n\in\mathbf{N}^*$ 且 $n\geqslant 2$ 满足 $\sqrt{S_n-1}+\sqrt{S_{n-1}-1}=a_n$.

①求证：数列 $\{\sqrt{S_n-1}\}$ 是等差数列，并求数列 $\{a_n\}$ 的通项公式；

②若数列 $\{b_n\}$ 满足 $b_n=(3^n-1)a_n$，求数列 $\{b_n\}$ 的前 n 项和 T_n.

（4）链接高考.

（2021 全国乙卷文科）设 $\{a_n\}$ 是首项为 1 的等比数列，数列 $\{b_n\}$ 满足 $b_n=\dfrac{na_n}{3}$，已知 a_1，$3a_2$，$9a_3$ 构成等差数列.

①求 $\{a_n\}$ 和 $\{b_n\}$ 的通项公式；

②记 S_n 和 T_n 分别为 $\{a_n\}$ 和 $\{b_n\}$ 的前 n 项和，证明：$T_n<\dfrac{S_n}{2}$.

（2007 山东高考理科卷）设数列 $\{a_n\}$ 满足 $a_1+3a_2+3^2a_3+\cdots+3^{n-1}a_n=\dfrac{n}{3}$（$a\in\mathbf{N}^*$）.

①求数列 $\{a_n\}$ 的通项公式；

②设 $b_n=\dfrac{na_n}{3}$，求数列 $\{b_n\}$ 的前 n 项和 S_n.

6. **说思想方法**

（1）逻辑推理素养.

（2）数学运算素养.

（3）化归与转化思想［第（1）问由 S_n 转化为 a_n］.

（4）分类讨论思想［第二问对“$n-4$”的符号进行讨论］.

（5）函数思想.

在不等式恒成立中，$A\leqslant f(n)$ 对任意的 n 恒成立等价于 $A\leqslant[f(n)]_{\min}$，同理 $A\geqslant f(n)$ 对任意的 n 恒成立等价于 $A\geqslant[f(n)]_{\max}$.

7. **说教学价值**

（1）“错位相减法求和”已经成为高考数列题中的“网红题型”，涉及“错位相减法求和”的数列问题本来就是重基础、考运算、植根教材、检测能力的理想载体，体现高考数列题倡导通法、回归本源的命题方向.

（2）数列知识与不等式、函数、三角函数、概率统计等主体知识的交叉、渗透与整合形成外延拓展型试题，在近几年高考数学试卷中，此类试题备受青睐，为高考命题改革带来“勃勃生机”.

（3）教学建议.

① 立足基础，关注概念公式的教学，注重知识生成，在数列知识模块的教学或备考活动中强化基础运算能力；

② 强化训练，掌握数列性质特征，提升学生辨识能力；

③ 注重知识迁移，培养学生转化、创新思维能力；

④ 与生活实际相联系，学生需要在生活背景中提取数列的信息，才能进行数列运算.

第二章 三角函数

一、新旧课程标准与新旧教材对比研究

（一）新旧课程标准对比研究

表 2–1 新旧课程标准关于三角函数内容表述的对比

内容	2020 年课程标准	2003 年课程标准
角与弧度	了解任意角的概念和弧度制，能进行弧度与角度的互化，**体会引入弧度制的必要性**	了解任意角的概念和弧度制，能进行弧度与角度的互化
三角函数的概念和性质	①借助单位圆理解三角函数（正弦、余弦、正切）的定义，能画出这些三角函数的图象，了解三角函数的**周期性**、**单调性**、**奇偶性**、**最大（小）值**. 借助**单位圆的对称性**，利用定义推导出诱导公式（$\alpha\pm\frac{\pi}{2}$、$\alpha\pm\pi$ 的正弦、余弦、正切）. ②借助图象理解正弦函数、余弦函数在 $[0, 2\pi]$上，正切函数在$\left(-\frac{\pi}{2}, \frac{\pi}{2}\right)$上的性质. ③结合具体实例，了解 $y=A\sin(\omega x+\varphi)$的实际意义；能借助图象理解参数 ω，φ，A 的意义，了解参数的变化对函数图象的影响	①借助单位圆理解任意角三角函数（正弦、余弦、正切）的定义. ②借助单位圆中的**三角函数线**推导出诱导公式（$\frac{\pi}{2}\pm\alpha$、$\pi\pm\alpha$ 的正弦、余弦、正切），能画出 $y=\sin x$，$y=\cos x$，$y=\tan x$ 的图象，了解三角函数的**周期性**. ③借助图象理解正弦函数、余弦函数在 $[0, 2\pi]$，正切函数在$\left(-\frac{\pi}{2}, \frac{\pi}{2}\right)$上的性质（如单调性、最大和最小值、图象与 x 轴交点等）. ④结合具体实例，了解 $y=A\sin(\omega x+\varphi)$的实际意义；能**借助计算器或计算机**画出 $y=A\sin(\omega x+\varphi)$的图象，观察参数 A，ω，φ 对函数图象变化的影响
三角恒等变换	①经历推导两角差余弦公式的过程，知道两角差余弦公式的意义. ②能从两角差的余弦公式推导出两角和与差的正弦、余弦、正切公式，二倍角的正弦、余弦、正切公式，了解它们的内在联系. ③能运用上述公式进行简单的恒等变换（包括推导出积化和差、和差化积、半角公式，这三组公式不要求记忆）	①经历用**向量的数量积**推导出两角差的余弦公式的过程，进一步**体会向量方法的作用**. ②能从两角差的余弦公式导出两角和与差的正弦、余弦、正切公式，二倍角的正弦、余弦、正切公式，了解它们的内在联系. ③能运用上述公式进行简单的恒等变换（包括引导出积化和差、和差化积、半角公式，但不要求记忆）

（续表）

内容	2020 年课程标准	2003 年课程标准
三角函数的应用	会用三角函数解决简单的实际问题，体会可以利用三角函数构建刻画事物周期变化的数学模型	会用三角函数解决一些简单实际问题，体会三角函数是描绘周期变化现象的重要函数模型

根据知识点划分课程内容，旧课标课程内容总数为 36 个，新课标课程内容总数为 33 个，删去了对半角公式、积化和差公式、和差化积公式的要求，新课标课程内容数量明显减少.

在角与弧度制小节中，概念理解部分要求相同，但新课标增加了“体会引入弧度制的必要性”，更加注重知识的来源，让学生通过体会弧度制的引入从而关注弧度定义的形成与发展.

在三角函数概念和诱导公式小节中，新课标中删掉了三角函数线这一知识点，增加了通过单位圆的对称性来引导学生理解诱导公式的由来和推导过程的内容. 由此可见，新课标更加强调知识的本源，并且强调数学核心素养中利用数学直观理解更深层次的数学抽象问题的能力，并且新课标将诱导公式中的符号$\frac{\pi}{2}\pm\alpha$、$\pi\pm\alpha$分别改为$\alpha\pm\frac{\pi}{2}$、$\alpha\pm\pi$，体现角度的旋转，更能凸显诱导公式的本质.

在三角函数的图象和性质小节中，旧课标只是提及正弦函数、余弦函数和正切函数在定义区间上的性质，而新课标却对三角函数的性质，例如周期性等作了明确的要求，说明新课标对三角函数性质这一部分的要求更高. 对于$y=A\sin(\omega x+\varphi)$中的$A$，$\omega$，$\varphi$对函数的影响顺序调整为$\omega$，$\varphi$，$A$，首先研究函数周期，再去研究初始位置和振幅，突出周期性，也符合新课标的课程安排.

在三角恒等变换小节中，新课标三角函数的内容被安排在必修课程主题一“函数”部分. 因为公式的推导是难点，所以新课标对两角差的余弦公式的推导没有作具体要求.

（二）新旧教材对比研究

1. 2019 人教 A 版与 2004 人教 A 版教材对比研究

（1）章节编排对比.

表 2-2　2019 人教 A 版与 2004 人教 A 版教材章节编排对比

项目	三角函数	
教材版本	2019 人教 A 版	2004 人教 A 版
	必修第一册	必修 4
章节编排	第五章 三角函数 5.1 任意角和弧度制 5.2 三角函数的概念 5.3 诱导公式 5.4 三角函数的图象与性质 **5.5 三角恒等变换** 5.6 函数 $y=A\sin(\omega x+\varphi)$的图象 5.7 三角函数的应用	第一章 三角函数 1.1 任意角和弧度制 1.2 任意角的三角函数 1.3 三角函数的诱导公式 1.4 三角函数的图象与性质 1.5 函数 $y=A\sin(\omega x+\varphi)$的图象 1.6 三角函数模型的简单应用 **第三章 三角恒等变换** 3.1 两角和与差的正弦、余弦和正切公式 3.2 简单的三角恒等变换
项目	解三角形	
教材版本	2019 人教 A 版	2004 人教 A 版
	必修第二册	必修 5
章节编排	第六章 平面向量及其应用 6.1 平面向量的概念 6.2 平面向量的运算 6.3 平面向量基本定理及坐标表示 6.4 平面向量的应用 6.4.1 平面几何中的向量方法 6.4.2 向量在物理中的应用举例 6.4.3 **余弦定理、正弦定理**	第一章 解三角形 1.1 **正弦定理和余弦定理** 1.2 应用举例

（2）情境引入方式对比.

表 2-3　2019 人教 A 版与 2004 人教 A 版教材情境引入方式对比

项目		2019 人教 A 版	2004 人教 A 版
三角函数相关概念	弧度制	新版教材**加入了角度制是 60 进制**，从而引出如何用十进制的实数来表示角度大小关系的内容	类比长度、质量的不同单位制，利用初中学过的弧长公式，探究圆心角、所对弧长及半径之间的关系
	三角函数	直接从**建立周期现象的数学模型**出发，用**单位圆**上的点的坐标定义三角函数，然后再建立和锐角三角函数的关系	通过建立直角坐标系，用角的终边与单位圆的交点的坐标或坐标的比值来表示**锐角三角函数的概念**，再**类比**得到任意角三角函数的定义，并将它纳入一般函数的范畴

（续表）

项目		2019 人教 A 版	2004 人教 A 版
三角函数的图象与性质	函数模型 $y=A\sin(\omega x+\varphi)$ 的建立	通过探究**筒车的匀速圆周运动**现象，让学生经历一个**数学建模**过程，得到函数模型 $y=A\sin(\omega x+\varphi)$	用形如 $y=A\sin(\omega x+\varphi)$ 的函数，如**简谐运动**、**交流电**等，引导学生认识其中蕴含的变量关系，直接引出所要探究的函数
	三个参数对函数 $y=A\sin(\omega x+\varphi)$ 的影响	借助**单位圆**以及各参数在单位圆中的意义，解释各参数对函数 $y=A\sin(\omega x+\varphi)$ 的影响	用一条平行于坐标轴的线段连接添加参数前后的图象，通过**线段的移动**探究参数对函数 $y=A\sin(\omega x+\varphi)$ 影响
三角恒等变换	两角差余弦公式证明	**圆的旋转对称性**和两点间距离公式	单位圆上的**三角函数线**和向量
	其余公式	由两角差余弦公式递推而来，逐步得到其余公式	
解三角形	定理的引入	侧重从**探究三角形的边角关系**引入	侧重从**全等三角形判定定理的定量依据**引入
	定理的证明	向量法、等高法	向量法
		引导学生寻找证明定理的其他方法	

（3）例习题比较.

表 2-4 2019 人教 A 版相比 2004 人教 A 版教材例习题变化

项目	例题	练习题	习题
作用	数学思维的示范引领	巩固知识、反馈教学	深化理解、拓展知识、学业评价
变化	保留原有例题 33 道； 新增 7 道； 删减 7 道； 依据实际背景，因应前后衔接，对部分保留题目的数据及内容做了适当的调整	保留原有练习题 63 道； 新增 19 道； 删减 13 道； 2 处合并； 根据这部分内容的学业要求，部分题目的小题数量有所增减	保留原有习题 94 道； 新增 23 道； 删减 48 道； 18 处合并； 旧人教 A 版教材的 A、B 组变为复习巩固、综合运用、拓广探索三部分

从数量上看，新人教 A 版教材共保留原有例习题 190 道，删除部分重复、烦琐、过难、超标的题目 68 道，新增例习题 49 道，使例习题内容的编排更加科学、准确.

表 2-5　2019 人教 A 版与 2004 人教 A 版教材各类习题数量对比

单位：道

项目	选择题	填空题	简答题	计算题	证明题	探究题	作图题	总计
2019 人教 A 版	8	7	13	165	24	12	10	239
2004 人教 A 版	4	8	17	183	27	13	12	264

从题型上看，两版教材题型基本相同，都以传统题型为主. 由于三角函数部分涉及的公式较多，且变化灵活，对学生的运算素养要求较高. 总结得出，2019 年版教材仍以计算题为基础，通过运算方面的训练，提升学生对知识点的掌握程度；与此同时，教材提升了选择题与简答题之间的比例，确保学与评的一致性；其余题型均保持原有题量不变。

建议教师在选取例习题时，可以适当增加题目类型的开放度与占比，以提升学生的数学建模和直观想象等素养，引导学生灵活解决问题，同时加强对学生计算能力的培养.

2. **2019 人教 A 版与 2019 北师大版教材对比研究**

（1）章节编排对比.

表 2-6　2019 人教 A 版与 2019 北师大版教材章节编排对比

项目	三角函数	
教材版本	2019 人教 A 版	2019 北师大版
	必修第一册	必修第二册
章节编排	第五章 三角函数 5.1 任意角和弧度制 **5.2 三角函数的概念** 5.3 诱导公式 5.4 三角函数的图象与性质 **5.5 三角恒等变换** 5.6 函数 $y=A\sin(\omega x+\varphi)$的图象 5.7 三角函数的应用	第一章 三角函数 1.1 周期变化 1.2 任意角 1.3 弧度制 **1.4 正弦函数和余弦函数的概念及其性质** **1.5 正弦函数和余弦函数的图象与性质再认识** 1.6 函数 $y=A\sin(\omega x+\varphi)$的性质与图象 **1.7 正切函数** 1.8 三角函数的简单应用 **第四章 三角恒等变换** 4.1 同角三角函数的基本关系 4.2 两角和与差的三角函数公式 4.3 二倍角的三角函数公式

（续表）

项目	解三角形	
教材版本	2019 人教 A 版	2019 北师大版
	必修第二册	必修第二册
章节编排	第六章 平面向量及其应用 6.1 平面向量的概念 6.2 平面向量的运算 6.3 平面向量基本定理及坐标表示 6.4 平面向量的应用 6.4.1 平面几何中的向量方法 6.4.2 向量在物理中的应用举例 6.4.3 **余弦定理、正弦定理**	第二章 平面向量及其应用 2.1 从位移、速度、力到向量 2.2 从位移的合成到向量的加减法 2.3 从速度的倍数到向量的数乘 2.4 平面向量基本定理及坐标表示 2.5 从力的做功到向量的数量积 2.6 平面向量的应用 2.6.1 **余弦定理与正弦定理** 2.6.2 平面向量在几何、物理中的应用举例

关于内容的章节设置，两版教材存在显著差异．人教 A 版教材三角函数内容为一章，划分为 7 节 11 小节；北师大版教材三角函数内容为两章，划分为 11 节 25 小节．从整体来看，两版教材三角函数章节内容选取基本一致，北师大版教材章节划分更为细致、全面，设置的小节数量远高于人教 A 版教材．这种章节设置方式层次分明、主线清晰，更利于学生直观认识本章重点内容，明晰知识结构，了解本章相关知识．

从章的编排顺序上看，人教 A 版教材呈连续分布，“三角函数”内容位于“函数”相关章节之后，且将“三角恒等变换”归到“三角函数”中，注重函数知识的整体性；北师大版教材呈离散分布，“三角函数”“三角恒等变换”内容均单独设章，“平面向量及其应用”章节穿插其中，旨在利用向量解决三角函数相关问题．

从节的编排顺序上看，两版教材均强调三角函数内容的逻辑连贯性．除三角恒等变换外，均按“角与弧度→概念→图象与性质→应用”的顺序展开，具体小节编排顺序存在差异．北师大版教材独立设“正切函数”节，强调类比正弦函数、余弦函数的研究方法，学习任意角的正切函数．人教 A 版教材则将正切函数与正弦函数、余弦函数归为整体，按照“三角函数概念→关系→图象与性质”的顺序呈现．①

① 回思琪．新三版高中数学教科书“三角函数”比较研究［D］．乌鲁木齐：新疆师范大学，2021．

（2）情境引入方式对比.

表 2–7　2019 人教 A 版与 2019 北师大版教材情境引入方式对比

项目		2019 人教 A 版	2019 北师大版
三角函数相关概念	弧度制	类比长度、质量的不同单位制，并利用初中所学的弧长 l 与半径 r 的联系，引出弧度制的概念	阐述弧度制引入的重要意义，基于此提出相关问题，并在单位圆中利用圆心角所对应弧的长度刻画角的大小，抽象概括出弧度制的概念
	三角函数	通过**章前导读**简单列举周期规律，然后介绍角的概念并将其推广到任意角	**单独**设置一节解释周期现象，以筒车为例，并探究**两个周期函数的图象和性质**，最终得到周期函数的概念
三角函数的图象与性质	函数模型 $y=A\sin(\omega x+\varphi)$ 的建立	通过**探究筒车的匀速圆周运动**现象，让学生经历一个**数学建模**过程，得到函数模型 $y=A\sin(\omega x+\varphi)$	利用在**物理和工程技术**的问题中蕴含的形如 $y=A\sin(\omega x+\varphi)$ 的函数，如**简谐振动中位移与时间的函数**等引出函数 $y=A\sin(\omega x+\varphi)$
	三个参数对函数 $y=A\sin(\omega x+\varphi)$ 的影响	从三角函数图象形成的本质出发，借助**单位圆**以及各参数在单位圆中的意义，严谨地解释各参数对函数 $y=A\sin(\omega x+\varphi)$ 的影响	通过介绍“**周期、振幅、相位**”等概念，分别在“**抽象概括**”部分对这三个参数对函数的影响做了讨论
三角恒等变换	两角差余弦公式证明	建立坐标轴及绘制单位圆，先作角，再确定交点，结合扇形及圆的旋转对称性，联系两点间距离公式，可以得到两角差余弦公式	建立坐标轴及两个角，确定交点，得到坐标. 在分情况讨论下，借助向量数量积，联系向量坐标表示、诱导公式，得到两角差余弦公式
	其余公式	根据正切函数公式等给出其他相关的公式	根据正切函数公式等给出其他相关的公式
解三角形	定理的引入	从探究三角形全等时的边角关系引入	
	定理的证明	余弦定理采用向量法； 正弦定理采用向量的数量积	余弦定理采用向量法； 正弦定理采用等高法
		鼓励学生寻找证明定理的其他方法	

（3）例习题比较.

教材中三角函数相关内容的习题中，2019 人教 A 版设置的拓广探索题目共 40 道，占习题总量的 18%，2019 北师大版的 C 组习题共 8 题，占习题总量的 3%。2019 人教 A 版教材概原型例题占比 55%，2019 北师大版占比 69%，两版教材均以概原型例题为主，方法型和应用型其次，说明教材均以基础知识为主。2019 人教 A 版有关物理、地理学科背景类例题占比 6%，比 2019 北师大版高 4%；2019 北师大版纯数学类例题占比 85%，比 2019 人教 A 版高 3%。

3. 2019 人教 A 版与 2019 湘教版教材对比研究

（1）章节编排对比.

表 2-8　2019 人教 A 版与 2019 湘教版教材章节编排对比

项目	三角函数	
教材版本	2019 人教 A 版	2019 湘教版
	必修第一册	必修第一册、必修第二册
章节编排	第五章 三角函数 5.1 任意角和弧度制 **5.2 三角函数的概念** **5.3 诱导公式** 5.4 三角函数的图象与性质 **5.5 三角恒等变换** 5.6 函数 $y=A\sin(\omega x+\varphi)$ 的图象 　**5.6.1 匀速圆周运动的数学模型** 　**5.6.2 函数 $y=A\sin(\omega x+\varphi)$ 的图象** 5.7 三角函数的应用	必修一第五章 三角函数 5.1 任意角与弧度制 5.2 任意角的三角函数 　**5.2.1 任意角的三角函数的定义** 　5.2.2 同角三角函数的基本关系 　**5.2.3 诱导公式** 5.3 三角函数的图象与性质 **5.4 函数 $y=A\sin(\omega x+\varphi)$ 的图象与性质** 数学实验　用计算机作函数 $y=A\sin(\omega x+\varphi)$ 的图象 5.5 三角函数模型的简单应用 数学文化　三角学的历史 **必修二第二章 三角恒等变换** 2.1 两角和与差的三角函数 2.2 二倍角的三角函数 2.3 简单的三角恒等变换
项目	三角函数	
教材版本	2019 人教 A 版	2019 湘教版
	必修第一册	必修第二册
章节编排	第六章 平面向量及其应用 6.1 平面向量的概念 6.2 平面向量的运算 6.3 平面向量基本定理及坐标表示 6.4 平面向量的应用 　6.4.1 平面几何中的向量方法 　6.4.2 向量在物理中的应用举例 　6.4.3 **余弦定理、正弦定理**	第一章 平面向量及其应用 1.1 向量 1.2 向量的加法 1.3 向量的数乘 1.4 向量的分解与坐标表示 1.5 向量的数量积 **1.6 解三角形** 　**1.6.1 余弦定理** 　**1.6.2 正弦定理** 　**1.6.3 解三角形应用举例** 1.7 平面向量的应用举例

从章节编排来看，2019 人教 A 版教材中三角函数的内容仅由一章构成，安排在必修第一册的第五章. 而 2019 湘教版教材中三角函数的内容划分为两章，分别安排在必修一的第五章与必修二的第二章. 两套教材在编排顺序上呈现出一定的差异，2019 人教 A 版教材将三角恒等变换内容放到了三角函数的图象与性质和函数 $y=A\sin(\omega x+\varphi)$ 的图象两节内容之间，并缩减了该知识点的篇幅，并且在知识概念的呈现上也有一定的差别. 同时，由于 2019 湘教版教材的三角恒等变换章节知识点安排在了向量知识之后，因此一部分公式采用了向量证明，体现了向量的工具性价值.

基于两版高中数学教材中的章节设置，我们可以发现，两版教材关于三角函数所呈现的内容大体一致，仅有部分内容存在细微差异：

关于诱导公式这一章节，2019 人教 A 版教材将其作为单独的一节，即第五章第三节内容，2019 湘教版教材则将其作为第二节任意角的三角函数中的第三小节内容，因而 2019 人教 A 版教材在这一知识点的呈现上更为详尽.

对于正余弦函数的图象与性质这一知识点，2019 人教 A 版教材将其划分为两小节，而 2019 湘教版教材则将其划分为一个小节，但具体编排顺序都是从正弦函数曲线到余弦函数曲线再到两个函数的性质探索，所以对于实际教学来说区别并不明显.

对于函数 $y=A\sin(\omega x+\varphi)$ 图象与性质的探索，2019 人教 A 版教材先单独设置了一小节的内容引导学生建立匀速圆周运动的数学模型，而 2019 湘教版教材则是直接给出函数模型进行探索和学习. 从这一内容来看，2019 湘教版教材是开门见山，而 2019 人教 A 版教材则更加注重新知识引入的自然性，也有助于学生建模能力的培养.

对于和角、差角公式这一部分的内容，2019 湘教版教材将其进行了详细的划分和安排，由两角和与差的余弦公式过渡到正弦公式再到正切公式，设置了三个比较详细的小节，进而在下一节内容安排了二倍角的三角函数知识. 而 2019 人教 A 版教材在引入了两角差的余弦公式之后，就将其余公式一并给出，几乎没有过渡性内容，知识安排较为紧凑. 紧接着，二倍角的三角函数也在这一节内容的最后直接给出，难度较大. 这对教师的教学设计与安排有一定程度的要求.

（2）情境引入方式对比.

表 2-9　2019 人教 A 版与 2019 湘教版教材情境引入方式对比

项目		2019 人教 A 版	2019 湘教版
三角函数相关概念	弧度制	新版教材在旧版教材的基础上**加入了角度制是 60 进制**，从而引出如何用十进制的实数来表示角度大小关系	复习角度制的含义，然后在圆中不断改变角 α 的大小，发现弧长与半径之比 $\frac{l}{r}$ 与半径无关，仅与角 α 的大小有关，进而引入弧度制
	三角函数	直接从**建立周期现象的数学模型**出发，用单位圆上的点的坐标定义三角函数，然后再建立和锐角三角函数的关系	采用**角的终边上一点坐标比值定义三角函数**，顺势给出三角函数线的定义，进而定义正弦函数、余弦函数、正切函数
三角函数的图象与性质	函数模型 $y=A\sin(\omega x+\varphi)$ 的建立	通过探究**筒车的匀速圆周运动**现象，让学生经历一个**数学建模**过程，得到函数模型 $y=A\sin(\omega x+\varphi)$	利用在**物理和工程技术**的问题中蕴含的形如 $y=A\sin(\omega x+\varphi)$ 的函数，如小球**简谐振动中位移与时间的函数**等引出函数 $y=A\sin(\omega x+\varphi)$
	三个参数对函数 $y=A\sin(\omega x+\varphi)$ 的影响	借助**单位圆**以及各参数在单位圆中的意义，严谨地解释各参数对函数 $y=A\sin(\omega x+\varphi)$ 的影响	把同一参数不同数值的图象放在一起比较，通过**类比**探究参数对函数 $y=A\sin(\omega x+\varphi)$ 的影响
三角恒等变换	两角差余弦公式证明	**圆的旋转对称性**和两点间距离公式	三角恒等变换安排在向量的知识点之后，采用了**向量的数量积**解决“怎样由角 α、β 的三角函数值求角 $\alpha-\beta$ 的正弦值和余弦值”问题，进而引出两角和与差的余弦公式
	其余公式	由两角差余弦公式递推而来，逐步得到其余公式	
解三角形	定理的引入	侧重从**探究三角形的边角关系**引入	
	定理的证明	余弦定理采用向量法； 正弦定理采用向量的数量积引导学生寻找证明定理的其他方法	余弦定理采用向量法； 正弦定理采用等高法

（3）例习题比较.

在三角函数部分，2019 人教 A 版与 2019 湘教版的无背景例题占总习题的比例均达到了 92% 以上，但湘教版教材在背景因素上显得更为全面，有 3.12% 的个人生活背景及 4.69% 的科学情境背景，而人教版只是安排了少量个人生活背景的题目，约为 6%。两版教材的无推理水平的题目占比均大于 51%，人教版比湘教版所占比例略高．比较简单推理水平的例题所占的比例，湘教版相较人教版 36.73% 呈现出更高的百分比，为 39.06%，而人教版复杂推理的习题比例比湘教版高出近 1%。另外，人教版各小节例题之间的难度跨度较大，缺乏一定量的过渡性例题；而湘教版则显得相对平缓和循序渐进，使问题解决在学生的接受能力范围之内，满足学生学习新知的最近发展区.

（三）文献综述

1. 关于三角函数教学策略的研究现状

（1）新授课单元教学策略.

表 2-10　关于新授课单元教学策略的主要观点

年份	作者	主要观点
2020	李昌官	以“三角函数的诱导公式”单元为载体，探讨如何使用高中数学研究型单元教学下的“ADE”模型和“五环十步”研究型教学模式，并提出以下单元教学设计思路： 强化研究解决三角函数问题的一般思路与方法的教学； 强化整体思想，将问题作为整体一起提出，性质作为整体一起探究，结论作为整体一起运用和深化； 强化变换思想，用变换的视角与方法探究诱导公式，并揭示各组诱导公式之间的联系； 学生自主探究，鉴于本单元内容难度不大，诱导公式的主要结论可以由学生自己发现、提出并证明
2021	何小亚等	以 2019 人教 A 版教材第五章三角函数为例，介绍了数学单元教学设计的标准： 从基本内容、核心概念、核心原理、数学主线、地位作用分析课程教材； 结合课程标准的要求，按照三维目标的操作性理论明确、分析教学目标
2021	王世朋等	从新旧教材的章节内容编排及习题对比出发，结合学生认知基础、教学常见困惑，提出基于认知逻辑链的单元教学策略： 以一条逻辑线索统领三角函数教学； 以一个单位圆引出三角函数的学习内容； 以一种整体换元方法贯穿典型例题教学； 以一类函数建模驱动素养教学

（续表）

年份	作者	主要观点
2021	彭清峰	以三角函数单元教学为例，提出高中数学主题单元教学的几个落脚点： 熟知知识生成背景和过程，弄清概念源头； 把握知识内在的整体逻辑框架，系统设计教学； 挖掘知识蕴含的思想方法，教会学生思维； 领悟数学知识的育人价值，达成素养提升

资料来源：

① 李昌官. 高中数学研究型单元教学实践探索：以“三角函数的诱导公式”教学为例［J］. 中国数学教育，2020（Z2）：16－21.

② 何小亚，张敏，李湖南，等. 数学单元教学设计的标准与案例［J］. 数学通报，2021，60（5）：46－48＋53.

③ 王世朋，汪煦，许晓天. 基于认知逻辑链的三角函数单元教学策略分析［J］. 中国数学教育，2021（22）：25－28＋54.

④ 彭清峰. 高中数学主题单元教学的几个落脚点：以“三角函数”单元教学为例［J］. 中小学数学（高中版），2021（9）：40－42.

通过检索文献可以发现，文献大致分为对章节设计的宏观指导，以及以某小节为例的具体设计. 总的来说，从新授课的角度出发，将单元教学设计应用于三角函数教学时需要注意以下几点：一是注重把握知识背后的逻辑线索，厘清概念形成的过程；二是突出内容的整体性，把握知识的内在联系；三是挖掘知识背后蕴含的思想方法，注意在教学中贯彻整体换元的思想；四是引导学生自主探究诱导公式，发挥知识的育人价值.

（2）三角函数复习课的教学策略.

① 教学中存在的问题.

表 2-11　三角函数复习课教学中存在的问题

年份	作者	主要观点
2018	玉的	对变式教学认识片面，变式教学手段单一，变式教学经验不足
2019	石志群	高三数学复习中存在五大误区： 知识点罗列，逻辑起点缺失； 大量刷题，教材之本遗忘； 过分强调题型教学，思维过程缩减； 偏重技巧，基本思想削弱； 一步到位，能力层级模糊
2021	宋碧涵	高三学生复习高中数学三角函数知识的现状： 概念性知识理解得不够透彻； 三角函数相关问题的知识迁移能力较弱； 高三学生的畏难情绪严重

资料来源：
① 玉的. 高三解三角形复习课变式教学研究（理科）[D]. 昆明：云南师范大学，2018.
② 石志群. 高三数学复习的若干误区 [J]. 中学数学月刊，2019 (2)：1－4.
③ 宋碧涵. "模型化"思想背景下的高三数学"三角函数"的复习 [J]. 试题与研究，2021 (19)：31－32.

高三复习过程中，对于学生而言，由于依赖题型教学、批量刷题等应试手段，学生在解题中更偏重技巧，忽视了概念性知识的理解. 遇到灵活的题型，由于知识迁移能力较弱，学生容易在操作阶段出现认知障碍；对于教师而言，由于对变式教学认识不足，教师存在选择例习题质量不高、变式教学手段单一等问题.

② 复习课教学策略.

表 2-12　关于三角函数复习课教学策略的主要观点

年份	作者	主要观点
2011	柳发志、郭俊	数学二轮复习的主要目标是引导学生系统化掌握数学知识和方法，学生解题能力的形成与题目的质量相关，并给出三点选择例习题的建议： 专题复习应低起点，抓落实； 专题复习必须多比较，重方法； 专题复习必须成系统，高视角
2017	王萍萍	复习课的首要任务是把学生已经学习过的知识连成线、铺成面、织成网，从而使学生实现知识的融会贯通，要求教师站在思想方法的高度上进行解题教学
2017	夏春南	通过对高三三角函数的复习进行前测与后测，对实验数据进行研究和分析，提出五条复习策略： 重视概念、公式的生成过程，夯实基础知识； 重视三角函数大题的训练，强化重点题型； 课堂教学以学生的问题为专题，解决难点问题； 重视三角函数综合题的训练，提升思想方法； 注重对错题的整理与反思
2018	玉的	通过调查教师对变式教学方法的理解和使用情况，以及学生在一轮复习前对解三角函数习题方法的掌握状况，探索了高三三角函数复习课的教学设计. 通过对实施结果分析发现，变式教学多层次开展，并从不同方位引导学生理解知识，对学生有较大的帮助
2021	宋碧涵	高三复习利用数学建模可以帮助学生快速分析和解决实际问题，克服知识点内容分散等问题，并可利用模块化思想设计复习课： 利用数形结合思想建立三角函数的模型； 加强运用模型化思维开展三角函数问题的变式练习； 应用模型化思想进行三角函数问题分类建模

资料来源：

① 柳发志，郭俊. 三角函数最值问题及其应用：例谈高三数学第二轮复习的有效选题 [J]. 中学数学，2011 (23)：46－47.

② 王萍萍. 察题观式 事半功倍：以高三复习课“解三角形”为例谈解题效益 [J]. 中学教研（数学），2017 (8)：10－13.

③ 夏春南. 高三三角函数复习策略实验研究 [J]. 数学通报，2017，56 (3)：27－31＋36.

④ 玉的. 高三解三角形复习课变式教学研究（理科）[D]. 昆明：云南师范大学，2018.

⑤ 宋碧涵.“模型化”思想背景下的高三数学“三角函数”的复习 [J]. 试题与研究，2021 (19)：31－32.

分析文献可以发现，高三复习中，对于学生而言，教学过程中需重视概念、公式等基础性知识的巩固，通过专题形式让学生系统化掌握知识方法，从数形结合角度入手，注重培养学生数学思维；对于教师而言，教师应站在思想方法的高度上进行系统的解题教学，多角度、多维度进行专题复习教学，引导学生实现知识的融会贯通.

以上几位学者均基于学情，分别从变式教学、教学思维等角度提出了相应的教学策略和教学建议，由此可以看出，研究者们都注重在高三阶段对知识结构进行整合，但这些策略和建议如何在教学中落实还不是很明确，缺乏基于理论指导下的针对不同课型的策略应用研究，这也给未来的研究留下了一定的空间.

2. **关于三角函数解题策略的研究现状**

在中国知网上检索“三角函数解题”等关键词，查阅得到的相关文献中，对于三角函数板块的解题策略大多从宏观、微观两个角度出发.

表 2-13　关于三角函数解题策略的主要观点

年份	作者	主要观点
宏观思想方法指导		
2020	方长林	结合例题，提出教师应在解题中引导学生抓住最基本的几大思想，进而求解三角函数相关问题. 数形结合思想：如利用单位圆给出三角函数的定义，并推导出同角三角函数的基本关系；利用三角函数线画出正（余）弦函数及正切函数的图象. 转化与化归思想：如证明三角函数恒等式及条件求值等. 函数与方程思想：如将含参三角函数的方程问题转化为三角函数的最值或值域问题，以此来求得参数的最值或取值范围. 换元与消元思想：如利用三角函数的平方关系消元. 整体代换思想：如研究函数 $y = A\sin(\omega x + \varphi)$ 的性质时，把角 $\omega x + \varphi$ 看成整体来处理

（续表）

年份	作者	主要观点
		宏观思想方法指导
2020	颜艳	结合例题，提出教师要引导学生掌握三角函数的本质及其内部规律，提升学生的三角函数解题能力，可以从以下几方面着手： 引导学生梳理基本关系，准确把握三角函数公式的特征及其变形； 帮助学生将抽象的题目表征形象化，理解题意，优化解题路径； 引导学生结合三角函数的周期性，实现局部和整体之间的转化，充分考虑和利用三角函数的周期性
2020	陈小富	围绕高中数学三角函数解题方法与技巧进行分析和探讨，并提出以下几点建议： 解题期间注重对基础知识的应用，如基础的三角函数恒等式及完全平方公式的混合运用，选取恰当时机化切为弦. 解题期间注重对隐含条件的分析，如留意带图的题目中蕴含的隐性条件. 解题期间要对图象进行细致观察，高度重视角的范围. 确定定理的应用特点及应用范围，如余弦定理适用于已知三角形两个边长及其夹角的前提
2021	谢佳瑶	结合例题，归纳三角函数的几种解题技巧： 分类讨论，举一反三； 巧引参数，触类旁通； 化弦为切，水到渠成
2020	何希国	结合三角函数的教学特点，提出几点三角函数的解题技巧： 掌握基础知识，为高效解题奠定良好的基础； 加强审题意识与方法； 分类讨论，培养举一反三的能力
		微观思想方法指导
2015	杨梅	对类似 $y=a\sin x\cos^2 x$ 等整式型及类似 $y=\dfrac{a\sin x+b}{c\cos x+d}$ 等分式型三角函数最值问题作方法及思想方面的总结归纳
2015	仓业娥	针对切割化弦法、化弦为切法、角转化法三种常见的三角函数解题技巧进行分析和探究
2017	吴思佳等	探讨了三角函数中数形结合、以式代值、和积互化、角的拆变四种常见的变换思想和解题策略，还有添补法、代数法、变换函数名等解题策略
2019	李海玲	关于三角函数求值问题，总结出巧妙使用角转化、借助数形结合、借助升幂降幂等常用的解题方式和思路
2021	江伟、江智如	对以三角函数为载体的函数模型，如 $f(x)=ax+A\sin(\omega x+\varphi)$ 型或 $f(x)=\dfrac{x}{\sin x}$ 型或 $f(x)=x\cdot\sin x$ 型，在高考中的典型运用作了举例和方法总结

资料来源：
① 方长林. 关注：三角函数解题中的数学思想方法［J］. 中学数学，2020（3）：53－54.
② 颜艳. 深度教学，提升三角函数解题能力［J］. 数学大世界（上旬），2020（9）：75.
③ 陈小富. 基于高中数学三角函数解题方法与技巧分析［J］. 数理化解题研究，2020（16）：52－53.
④ 谢佳瑶. 高中数学三角函数的解题技巧探析［J］. 高中数理化，2020（S1）：6.
⑤ 何希国. 高中三角函数的解题技巧初探［J］. 新课程，2020（7）：206.
⑥ 杨梅. 三角函数最值问题的解题策略［J］. 科技资讯，2015，13（33）：134－136.
⑦ 仓业娥. 高中数学三角函数解题教学要点初析［J］. 数理化解题研究，2015（19）：23.
⑧ 吴思佳，姚静娴，诸秋艳. 论三角函数中的解题策略［J］. 教育教学论坛，2017（36）：189－190.
⑨ 李海玲. 探讨三角函数求值题的解题技巧［J］. 数学学习与研究，2019（1）：122.
⑩ 江伟，江智如. 素养导向指引下例谈以三角函数为载体导数综合问题的解题策略［J］. 福建中学数学，2021（8）：32－35.

结合已有文献，对于三角函数板块的解题策略，从宏观角度出发，教师应做到以下几点：

一是加强学生对基础知识的掌握，引导学生梳理基本公式之间的关系及变形. 要求学生熟练准确地把握基础公式，进而引导学生结合题目信息巧用公式，熟悉公式的逆用及其变形. 教师要加强训练，促使学生熟能生巧，实现公式的娴熟与灵活运用.

二是加强学生的审题意识及方法，引导学生触类旁通，优化解题路径. 解题过程中要找出已知条件和未知结论之间的联系，且注意新旧习题之间的对比，找到两者间的异同点；还可以从不同的角度，运用不同的公式和概念对题目进行深入解读.

三是加强学生对三角函数背后性质的认识，实现局部与整体的转化，关注三角函数的定义域及周期性等性质.

从微观角度出发，多位学者针对具体的三角函数模型和典型题例作了细致研究，并总结出了数形结合、以式代值等多种常见的解题策略.

就解题策略研究而言，我国学者对数学思想方法以及三角函数某些特性在解题中的用途尤为关注，并归纳总结出了相应的解题策略，但不难发现，对三角函数解题策略的研究相对缺乏教育理论的支撑，这也给后续研究留下了一定的空间.

3. 关于三角函数错误归因的研究现状

（1）知识性错误.

表 2-14　关于三角函数及综合运用的知识性错误的主要观点

三角函数		
内容	常见具体错误	错解剖析/关联知识点等
三角函数概念	遗漏函数的定义域	函数若出现在分母处，或函数为偶次根式时，则要注意考虑函数的定义域
	诱导公式、三角函数的基本关系式等知识记忆不准确；对公式不理解	—
三角函数性质	忽视三角函数对角的限制	已知 α，$\beta\in(0,\pi)$，若 $\tan(\alpha-\beta)=\frac{1}{2}$，$\tan\beta=-\frac{1}{7}$，则 $2\alpha-\beta=(\quad)$. **错解：忽略通过正切值限定 α，β 的关系**
	忽视三角函数自身的有界性	正弦函数和余弦函数的值域均为 $[-1,1]$
	忽视角与函数值的“多对一”关系	三角函数具有周期性及对称性，同一个 y 值对应的 x 值有无穷多个
	求三角函数的单调区间，不注意终边相同的角，不标注 $k\in\mathbf{Z}$ 等情况	—
三角函数图象问题	图象关系识别不清	对基本初等函数的图象关系把握不准确
	图象变换或求解析式时忽略整体变量；三角函数平移概念问题	—
复合函数的运用	对复合函数的性质认知模糊	简单套用模型，如 $y=A\sin(\omega x+\varphi)$ 中忽略了 ω 应大于 0
综合运用		
内容	常见具体错误	错解剖析/关联知识点等
向量运算	对向量夹角的含义理解不清	向量的夹角是指同一起点的两条有向线段之间的夹角
	混淆了“向量夹角”与“三角形内角”的区别	已知，$\vec{a}=(m-2,m+3)$，$\vec{b}=(2m+1,m-2)$，且 $\vec{a}$，$\vec{b}$ 的夹角为钝角，则实数 m 的取值范围为(　　). **错解：将“向量夹角判定的充要条件”与“三角形内角大小判定的充要条件”相混淆**

资料来源：

① 宁菊英. 三角函数问题求解中的误区剖析［J］. 高中数理化，2021（17）：19－20.

② 王超. 高三三角函数二轮复习解题错误与教学策略研究［D］. 上海：华东师范大学，2020.

③ 赵萍，林欢. 三角函数模块第二轮复习备考建议［J］. 中学数学研究（华南师范大学版），2019（3）：8－13.

④ 邹招华. 三角函数解题中的“四类误区”[J]. 中学生数理化(高一使用)，2021(12)：24－25＋2.
⑤ 刘雨明. 高中数学中三角函数解题错误的成因分析及解决方法[J]. 文理导航(中旬)，2017(11)：8.
⑥ 李昭平. 直击“三角与向量”易错点[J]. 广东教育(高中版)，2022(2)：29－32.

三角函数板块的知识性错误，主要包括对三角函数的定义、三角函数的性质及三角函数的图象变换理解不清.

(2) 逻辑性错误.

表 2-15　关于三角函数逻辑性错误的具体形式、剖析及关联知识点

错误	常见具体错误	错解剖析/关联知识点等
分类意识	应用诱导公式$\frac{k}{2\pi}+\alpha(k\in\mathbf{Z})$时忽略分类意识	**奇变偶不变，符号看象限**. 若整体角无法确定象限时，一定要对整数 k 分奇偶数进行讨论
计算出错	容易在代数式化简、方程求解、等式变形中出现错误	—
忽视问题中的隐含条件	忽视题设对角的制约关系	忽视题目本身条件中三角形最大角或最小角的范围；在变形过程中使角的范围变大等
	忽视了“大边对大角、小边对小角”的制约	—
	忽视了 $A+B+C=\pi$ 的隐含条件	—
	忽视对参数正负的讨论	已知函数 $f(x)=2a\sin\left(2x+\frac{\pi}{6}\right)+a+b$ 的定义域是 $\left[0,\frac{\pi}{2}\right]$，值域是 $[-5,1]$，求 a，b 的值. **错解：忘记对参数 a 进行讨论**
	用换元法解题时，易忽略换元前后的等价性	—

资料来源：

① 黄林平. 三角函数常见典型考题赏析[J]. 中学生数理化(高一数学)，2019(4)：40－44.
② 赵萍，林欢. 三角函数模块第二轮复习备考建议[J]. 中学数学研究(华南师范大学版)，2019(3)：8－13.
③ 王素京. 剖析三角知识中的学习误区[J]. 中学生数理化(高考数学)，2019(1)：16－17.
④ 邹招华. 三角函数解题中的“四类误区”[J]. 中学生数理化(高一使用)，2021(12)：24－25＋2.

根据以上文献可知，学生在解题过程中没有分类意识、出现计算错误等均属于逻辑性错误. 学生可能难以挖掘到题目里面的隐含信息，从而出现在解题过程中丢分的情况.

（3）策略性错误和心理性错误.

表 2-16 关于三角函数心理性错误常见形式、剖析及关联知识点

错误	常见具体错误	错解剖析/关联知识点等
策略性错误	给值求角中选用三角函数不当	若 $\sin\alpha=\frac{\sqrt{5}}{5}$，$\sin\beta=\frac{\sqrt{10}}{10}$，且 α，β 均为锐角，求 $\alpha+\beta$ 的值. **辨析：应用余弦函数不会产生增解**
	不擅长利用数形结合的方法寻找题目的突破点	—
	没有利用函数思想解决三角函数问题	—
心理性错误	高层次学生心理上不够重视或过分紧张；缺乏基础知识而导致信心缺失	—

资料来源：

① 黄林平. 三角函数常见典型考题赏析［J］. 中学生数理化（高一数学），2019（4）：40－44.

② 胡琨. 高中数学教学中三角函数的易错点分析［J］. 数学学习与研究，2018（18）：15.

③ 乔文. 三角函数解题错误成因的研究［D］. 南京：南京师范大学，2015.

以上分别为相关文献中总结出来的策略性错误和心理性错误，策略性错误大部分集中在三角函数选用不当、没有深刻运用数学思想等方面. 心理性错误则表现在学生容易高度紧张，缺乏数学学习的信心等方面.

与此同时，乔文①在《三角函数解题错误成因的研究》中，通过问卷法、测试卷法等方法总结出了不同层次的学生出现错误的分布情况：高层次的学生易出现疏忽性错误，致错原因可能是心理上不够重视或者过分紧张；中等层次的学生出现较多的是策略性错误，由于不能准确地获取解答题目的思路而导致丢分；低层次的学生出现更多的则是知识性错误.

（4）应对策略.

表 2-17 三角函数板块解题错误应对策略及办法

应对策略	具体实施办法
呈现错误	在测试卷中呈现学生自身的错误以及教师纠正的错误，这些错误真实、全面，且具有代表性和教育价值
分析错误	对测试卷中出现的错误进行讲解，学生订正错误解法，分析哪里出错及出错原因
回顾总结	师生共同总结或学生自我总结，分析易错点和解题过程中的注意点
巩固练习	对于出错较多的题目，选取变式题目作为纠错题，进行巩固练习
评估矫正	保留原始做法，用不同颜色的笔进行区分，纠错课后对学生的课堂练习答题情况进行分析，评估矫正效果； 发放课后问卷，调查学生对纠错课的评价，完善矫正方案
反思过程	教师根据课堂联系和学生课后问卷反思矫正过程，修改矫正方案，使矫正方案更为完善

① 乔文. 三角函数解题错误成因的研究［D］. 南京：南京师范大学，2015.

对于应对策略而言，大部分的应对措施需要学生和教师共同配合才能有效实施，且需要从多个方面对学生的错误进行分析和纠正，及时总结并进行变式练习，预防在未来的解题过程中出现更多的错误.

关于三角函数的错误归因，仍有以下研究不足：

在分类方面，由于罗增儒、戴再平对数学解题错误分类的观点提出较早，当下应当结合当前我国高中生的数学学习情况，对三角函数板块以及其他的数学学习板块的错误重新分类归因. 如：增设审题性错误、审题性错误与习惯性错误，使错误归因更加完善.

大部分文献在错误归因的呈现上基本采用先给出例题后给出错解，再进行剖析的方式. 这种呈现方式对于高中生而言较为简洁明了，易于收集，但是对于一线教师而言则较为分散. 除此之外，大部分文献忽略研究策略性错误和心理性错误等，并未给出相应的备考建议、解决方案等，故教师难以总结出该类题型的本质.

在权威性方面，因为核心期刊上难以找到关于知识点板块的错误归因的整理，所找到的文献大部分为硕士毕业论文或针对学生的期刊，且缺乏一定的科学性和基础性.

4. 关于三角函数命题方向的研究现状

在中国知网检索“三角 + 命题”“三角 + 趋势”等关键词，梳理相关学者对近几年高考题的分析后，提出未来的高考趋势如下：

表 2-18　关于三角函数高考命题方向的主要观点

年份	作者	主要观点
2019	柯其华、尹承利	柯其华等在分析新高考命题方向时，对 2019 年高考题及课本例题进行研究后，思考了新高考的命题趋势，总结得出以下规律： **坚定六个“不会变”：** ①总分值和三大题型不会变； ②中学数学主干知识的考查不会变； ③能力要求方面不会变； ④加强对数学核心素养的考查不会变； ⑤对中华民族优秀传统文化的考查不会变； ⑥强调数学应用不会变. **考查内容、形式、题型会发生变化：** 因新教材增加了复数的三角函数表示、全概率公式这些内容，故预测新高考对这些知识点命题的可能性较大. 同时强调试题情境创新，在高考数学命题中会有更多材料背景题、数据分析题出现，因此要注重引导加强学生的阅读理解能力

（续表）

年份	作者	主要观点
2019	朱启州	朱启州研究了2017—2019年的高考题目，分析了高考数学三角函数模块的命题趋势： ①让三角函数作为普通函数参与新函数构造，拓宽了命题思路； ②命题侧重考查学生对三角函数概念的理解与性质的综合运用能力； ③综合利用三角函数的图象与性质以及函数求导等数学工具； ④解三角形、三角函数与平面向量小范围综合成为考查常态； ⑤三角函数的概念、图象、性质和三角恒等变换仍然是备考的超重点
2021	李昭平、李叶生	李昭平等结合近几年中、高考试卷和模考试卷中的三角函数题进行考向透视，总结了未来两年压轴题可能的常考题型： ①考查三角复合型函数的零点； ②考查三角恒成立不等式中的参数范围； ③逆向考查三角复合型函数的最值； ④逆向考查三角复合型函数的单调性； ⑤考查三角复合型函数的导函数的极值点； ⑥考查三角复合型函数的导函数的零点； ⑦考查三角复合型函数即时定义型问题； ⑧考查三角复合型函数不等式的证明

资料来源：

① 柯其华，尹承利．关于“新高考”复习备考的几点思考［J］．中学数学杂志，2019（11）：41－44.

② 朱启州．以高考视角谈三角函数模块命题趋势［J］．教学考试，2019（47）：32－34.

③ 李昭平，李叶生．高考三角导数题考向透视［J］．中学数学研究（华南师范大学版），2021（5）：23－26.

在新高考背景下，关于三角函数的命题方向主要有如下趋势：一是三角函数的概念、图象、性质等主干知识仍然是命题重点；二是试题情境创新，更加注重学生的阅读理解能力和创新能力；三是三角函数的考查倾向与导数相结合，在难度上可能会有所提高.

5．关于三角函数备考建议的研究现状

在中国知网检索“三角＋备考”等关键词，查阅得到的相关文献，大多为学者们研读近几年高考试题及课程标准以及评价体系后，对教师教学提供的备考建议，主要观点如下：

表2－19　关于三角函数的主要备考建议

年份	作者	主要观点
2018	陈昂等	准确掌握三角函数的基本概念； 准确运用三角函数公式； 注重学科综合，关注数学应用

（续表）

年份	作者	主要观点
2019	赵萍	熟记公式，恰当使用； 注重运算能力的培养； 夯实基础，注重规范答题； 重视数学思想方法的复习和运用； 关注易错点
2019	柯其华、尹承利	复习时应把握“问题本质”； 不盲目追求题量； 回归课本； 要突出“问题变式”； 训练不拘泥于固定模式，打破习惯性的模式和思维定式
2020	杜朝阳	重视典型解法，透视通性通法； 强化典型题型，化解重点难点； 回顾典型问题，兼顾推广变形； 关注典型搭配，注重知识关联
2021	黄金明	关注三角函数本质的考查； 关注平面向量的工具性作用； 关注平面几何知识的渗透； 关注结构不良型试题的考查
2021	陈应全	立足教材，夯实基础； 明确方向，提升效率； 强化意识，发展素养； 联系实际，学以致用. 如在三角函数中，选取测量东京奥运会的最大温差、广州“小蛮腰”的高度等与实际生活相关的情境
2021	杨承根等	用好教材，研究教材中的例题与习题； 树立“模型”意识，统筹数学思想方法，以不变应万变； 夯实基础，总结方法； 夯实基础，注重规范大题
2021	刘莉	夯实基础，形成知识体系； 把握本质，聚焦能力提升； 重视应用，贯穿数学文化； 渗透思想，发展核心素养

资料来源：

① 陈昂，任子朝，赵轩. 高考中三角函数内容考查研究［J］. 数学通报，2018，57（10）：44－47.

② 柯其华，尹承利. 关于“新高考”复习备考的几点思考［J］. 中学数学杂志，2019（11）：41－44.

③ 杜朝阳. 以三角函数与解三角形为例谈基于典型问题的高三复习策略［J］. 数学通讯，2020（24）：43－46.

④ 陈应全. 基于核心素养的高考试题评析与备考建议：以 2021 年 6 套全国卷三角函数试题为例［J］. 中学数学杂志，2021（11）：50－53.

⑤ 杨承根，骆妃景，潘敬贞，等. 基于核心素养的高考三角函数试题分析及教学启示［J］. 中学数学研究（华南师范大学版），2021（2）：13－16.

⑥ 刘莉. 2021 年高考“三角函数”专题命题分析［J］. 中国数学教育，2021（Z4）：34－38＋50.

综上，关于三角函数教学的备考建议，大部分研究学者是基于《2017 年普通高中数学课程标准》以及近几年的高考试题，对三角函数板块的题型、分值和规律提出相关观点：

①立足教材，夯实基础，把握好问题的本质. 有不少学者指出，高考改革已经取消了考试大纲. 因此就需要教师和学生在复习过程中立足于教材、新课程标准以及我国高考评价体系来备战新高考. 教师在教学中要重视教材中的例题与习题.

②研读高考真题，探寻命题规律. 教师在进行三角函数解题教学时，总结高考真题的命题规律，找到其中的“不变”，重视数学思想方法，提升复习效率.

③联系实际，注重应用. 由于新高考命题方向的变化，教师在日常的教学中，要有意识地选取具有浓厚的时代气息和鲜明的中国特色的问题情境的题目，与经济社会发展、科学技术进步等相融合，培养学生的核心素养.

关于解题教学，大多学者都强调：

①要注重基本概念，包括三角函数的公式及其准确运用，夯实基础，关注三角函数自身的本质特征.

②要重视典型解法、典型例题，通过回顾总结典型问题的通性通法和变式变形，对三角函数的知识进行巩固和拓展.

③要注重学科的综合，关注数学应用，在学习的过程中能够将三角函数知识板块与其他高中数学知识板块融会贯通，注重创新和学科综合.

二、知识逻辑图

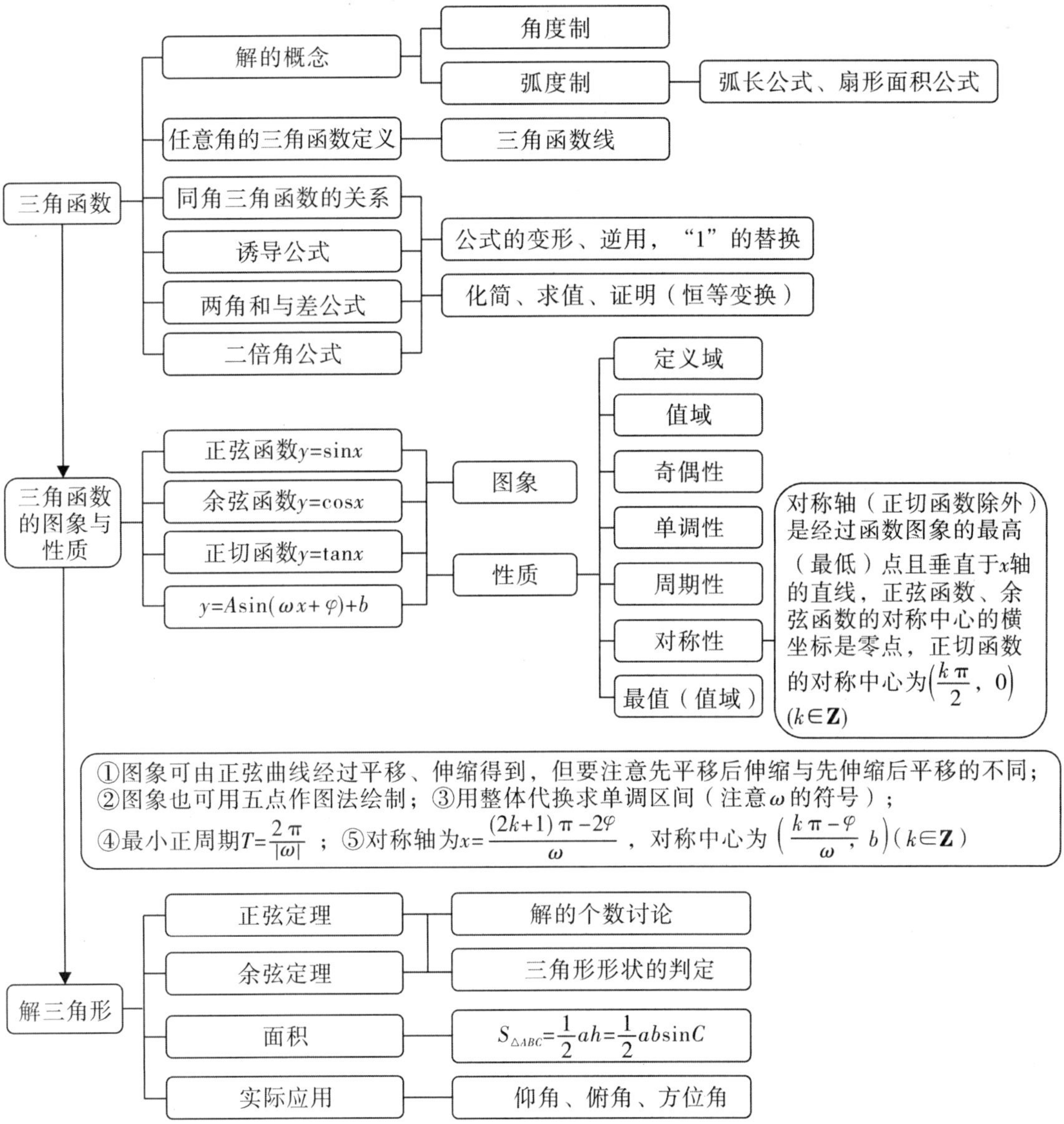

图 2-1 三角函数板块知识逻辑图

三、典型例题

（一）常考题型

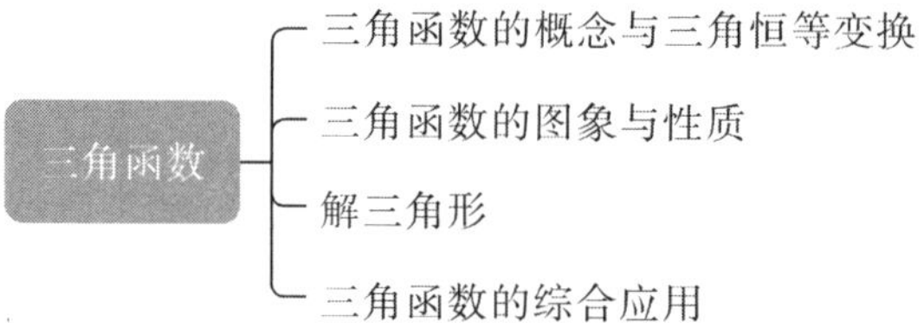

图 2-2　三角函数板块的四种常考题型

第一类　三角函数的概念与三角恒等变换

本类问题涉及的基本知识点如下：

在运用同角三角函数关系及诱导公式时，要注意象限角对三角函数符号的影响，尤其是利用平方关系求三角函数值，在进行开方时要根据角的象限或范围判断符号.

三角函数的化简与求值解题的规律是：**观察差异、寻找联系、分析综合、实现转化**.

本类问题常用的解题方法如下：

①弦切互化：主要利用公式进行弦切间的互化；

②化同角同名：异名化同名、异角化同角，建立已知角与未知角之间的联系.

③和积转换法：如利用 $(\sin\theta\pm\cos\theta)^2=1\pm2\sin\theta\cos\theta$，或者和差化积、积化和差公式进行变形、转化.

④巧用 1 的变换：$1=\sin^2\theta+\cos^2\theta=\cos^2\theta(1+\tan^2\theta)=\tan\frac{\pi}{4}$.

⑤三角恒等变换：化简与求值题主要通过三角恒等变换给角求值、给值求值、给值求角，要注意角的范围的限制.

解此类题时，要注意对求值与化简后的结果尽可能有理化、整式化.

【例 1】 角 α 的终边上一点 P 的坐标为 $(a,\ 2a)$ $(a\neq0)$，则 $2\sin\alpha-\cos\alpha=$（　　）.

A. $\frac{\sqrt5}{5}$　　B. $-\frac{\sqrt5}{5}$　　C. $\frac{\sqrt5}{5}$ 或 $-\frac{\sqrt5}{5}$　　D. $\frac{3\sqrt5}{5}$ 或 $-\frac{3\sqrt5}{5}$

解析

角 α 的终边上一点 P 的坐标为 $(a,\ 2a)(a\neq0)$，则 $\cos\alpha=\frac{a}{\sqrt{a^2+(2a)^2}}=\frac{a}{\sqrt5|a|}=$

$$\begin{cases}\frac{\sqrt5}{5}, & a>0,\\ -\frac{\sqrt5}{5}, & a<0,\end{cases}\quad \sin\alpha=\frac{2a}{\sqrt{a^2+(2a)^2}}=\frac{2a}{\sqrt5|a|}=\begin{cases}\frac{2\sqrt5}{5}, & a>0,\\ -\frac{2\sqrt5}{5}, & a<0,\end{cases}$$

所以 $2\sin\alpha-\cos\alpha=\begin{cases}\dfrac{3\sqrt{5}}{5}, & a>0,\\ -\dfrac{3\sqrt{5}}{5}, & a<0.\end{cases}$

故选 D.

【例 2】 在平面直角坐标系中，角 α 的终边在直线 $3x+4y=0$ 上，则 $\sin\alpha-3\cos\alpha+\tan\alpha$ 的值为________.

解析

因为角 α 的终边在直线 $3x+4y=0$ 上，所以 α 可能在第二象限或者第四象限.

①若 α 在第二象限，则终边上一点可表示为 $P(-4a,3a)(a>0)$，

由三角函数定义可知，$\sin\alpha=\dfrac{3a}{\sqrt{(-4a)^2+(3a)^2}}=\dfrac{3a}{5a}=\dfrac{3}{5}$，

$\cos\alpha=\dfrac{-4a}{\sqrt{(-4a)^2+(3a)^2}}=-\dfrac{4a}{5a}=-\dfrac{4}{5}$，$\tan\alpha=\dfrac{\sin\alpha}{\cos\alpha}=-\dfrac{3}{4}$，

则 $\sin\alpha-3\cos\alpha+\tan\alpha=\dfrac{3}{5}-3\times\left(-\dfrac{4}{5}\right)+\left(-\dfrac{3}{4}\right)=\dfrac{9}{4}$.

②若 α 在第四象限，则终边上一点可表示为 $P(4a,-3a)(a>0)$，

由三角函数定义可知，$\sin\alpha=\dfrac{-3a}{\sqrt{(4a)^2+(-3a)^2}}=-\dfrac{3a}{5a}=-\dfrac{3}{5}$，

$\cos\alpha=\dfrac{4a}{\sqrt{(4a)^2+(-3a)^2}}=\dfrac{4a}{5a}=\dfrac{4}{5}$，$\tan\alpha=\dfrac{\sin\alpha}{\cos\alpha}=-\dfrac{3}{4}$，

则 $\sin\alpha-3\cos\alpha+\tan\alpha=-\dfrac{3}{5}-3\times\dfrac{4}{5}+\left(-\dfrac{3}{4}\right)=-\dfrac{15}{4}$.

综上所述，$\sin\alpha-3\cos\alpha+\tan\alpha$ 的值为 $\dfrac{9}{4}$ 或 $-\dfrac{15}{4}$.

【例 3】 （2022 新高考Ⅱ卷）若 $\sin(\alpha+\beta)+\cos(\alpha+\beta)=2\sqrt{2}\cos\left(\alpha+\dfrac{\pi}{4}\right)\sin\beta$，则（　　）.

A. $\tan(\alpha+\beta)=-1$　　B. $\tan(\alpha+\beta)=1$

C. $\tan(\alpha-\beta)=-1$　　D. $\tan(\alpha-\beta)=1$

解析

解法一：设 $\beta=0$，则 $\sin\alpha+\cos\alpha=0$，取 $\alpha=\dfrac{3}{4}\pi$，排除 B，D；

再取 $\alpha=0$，则 $\sin\beta+\cos\beta=2\sin\beta$，取 $\beta=\dfrac{\pi}{4}$，排除 A，选 C.

解法二：由题可知 $\sin(\alpha+\beta)+\cos(\alpha+\beta)=\sqrt{2}\sin\left(\alpha+\beta+\frac{\pi}{4}\right)=\sqrt{2}\sin\left[\left(\alpha+\frac{\pi}{4}\right)+\beta\right]=$

$\sqrt{2}\sin\left(\alpha+\frac{\pi}{4}\right)\cos\beta+\sqrt{2}\cos\left(\alpha+\frac{\pi}{4}\right)\sin\beta$，故 $\sqrt{2}\sin\left(\alpha+\frac{\pi}{4}\right)\cos\beta=\sqrt{2}\cos\left(\alpha+\frac{\pi}{4}\right)\sin\beta$，

故 $\sin\left(\alpha+\frac{\pi}{4}\right)\cos\beta-\cos\left(\alpha+\frac{\pi}{4}\right)\sin\beta=0$，即 $\sin\left(\alpha+\frac{\pi}{4}-\beta\right)=0$，

故 $\sin\left(\alpha-\beta+\frac{\pi}{4}\right)=\frac{\sqrt{2}}{2}\sin(\alpha-\beta)+\frac{\sqrt{2}}{2}\cos(\alpha-\beta)=0$，

故 $\sin(\alpha-\beta)=-\cos(\alpha-\beta)$，故 $\tan(\alpha-\beta)=-1$.

故选 C.

【例 4】（2021 新高考Ⅰ卷）若 $\tan\theta=-2$，则 $\frac{\sin\theta(1+\sin2\theta)}{\sin\theta+\cos\theta}=$（　　）.

A. $-\frac{6}{5}$　　B. $-\frac{2}{5}$　　C. $\frac{2}{5}$　　D. $\frac{6}{5}$

解析

由题意可得：
$$\frac{\sin\theta(1+\sin2\theta)}{\sin\theta+\cos\theta}=\frac{\sin\theta(\sin^2\theta+\cos^2\theta+2\sin\theta\cos\theta)}{\sin\theta+\cos\theta}$$
$$=\frac{\sin\theta(\sin\theta+\cos\theta)^2}{\sin\theta+\cos\theta}=\sin\theta(\sin\theta+\cos\theta)$$
$$=\frac{\sin^2\theta+\sin\theta\cos\theta}{\sin^2\theta+\cos^2\theta}=\frac{\tan^2\theta+\tan\theta}{1+\tan^2\theta}$$
$$=\frac{4-2}{1+4}=\frac{2}{5}.$$

故选 C.

【例 5】 函数 $f(x)=\sin^2x+\sqrt{3}\cos x-\frac{3}{4}\left(x\in\left[0,\frac{\pi}{2}\right]\right)$ 的最大值是________.

解析

化简三角函数的解析式，则

$f(x)=1-\cos^2x+\sqrt{3}\cos x-\frac{3}{4}=-\cos^2x+\sqrt{3}\cos x+\frac{1}{4}=-\left(\cos x-\frac{\sqrt{3}}{2}\right)^2+1$，

由 $x\in\left[0,\frac{\pi}{2}\right]$ 可得 $\cos x\in[0,1]$，

当 $\cos x=\frac{\sqrt{3}}{2}$ 时，函数 $f(x)$ 取得最大值为 1.

【例 6】（2022 广东汕头二模）若 $\lambda\sin160°+\tan20°=\sqrt{3}$，则实数 λ 的值为（　　）.

A. 4　　B. $4\sqrt{3}$　　C. $2\sqrt{3}$　　D. $\frac{4\sqrt{3}}{3}$

解析

由已知可得

$$\lambda=\frac{\sqrt{3}-\tan 20^\circ}{\sin(180^\circ-20^\circ)}=\frac{\sqrt{3}\cos 20^\circ-\sin 20^\circ}{\sin 20^\circ\cos 20^\circ}=\frac{2(\sin 60^\circ\cos 20^\circ-\cos 60^\circ\sin 20^\circ)}{\frac{1}{2}\sin 40^\circ}$$

$$=\frac{4\sin 40^\circ}{\sin 40^\circ}=4.$$

故选 A.

【例 7】（1）求值：$\frac{1}{\sin 10^\circ}-\frac{\sqrt{3}}{\cos 10^\circ}$；

（2）化简：$\sqrt{\frac{1}{2}+\frac{1}{2}\cos 2\theta}-\sqrt{1-\sin 2\theta}\ \left(\frac{\pi}{2}<\theta<\pi\right)$.

解析

（1）$\frac{1}{\sin 10^\circ}-\frac{\sqrt{3}}{\cos 10^\circ}=\frac{\cos 10^\circ-\sqrt{3}\sin 10^\circ}{\sin 10^\circ\cdot\cos 10^\circ}=\frac{2\times\left(\frac{1}{2}\cos 10^\circ-\frac{\sqrt{3}}{2}\sin 10^\circ\right)}{\frac{1}{2}\sin 20^\circ}$

$$=\frac{4\sin(30^\circ-10^\circ)}{\sin 20^\circ}=4;$$

（2）因为$\frac{\pi}{2}<\theta<\pi$，所以 $\sin\theta-\cos\theta>0$，

故$\sqrt{\frac{1}{2}+\frac{1}{2}\cos 2\theta}-\sqrt{1-\sin 2\theta}=\sqrt{\frac{1}{2}+\frac{1}{2}(2\cos^2\theta-1)}-\sqrt{\sin^2\theta+\cos^2\theta-2\sin\theta\cos\theta}$

$$=|\cos\theta|-|\sin\theta-\cos\theta|=-\cos\theta-\sin\theta+\cos\theta=-\sin\theta.$$

【例 8】若 $\tan(\alpha+2\beta)=2$，$\tan\beta=-3$，则 $\tan(\alpha+\beta)=$______，$\tan\alpha=$______.

解析

因为 $\tan(\alpha+2\beta)=2$，$\tan\beta=-3$，

所以 $\tan(\alpha+\beta)=\tan(\alpha+2\beta-\beta)=\frac{\tan(\alpha+2\beta)-\tan\beta}{1+\tan(\alpha+2\beta)\tan\beta}=\frac{2-(-3)}{1+2\times(-3)}=-1$，

$\tan\alpha=\tan(\alpha+\beta-\beta)=\frac{-1-(-3)}{1+(-1)\times(-3)}=\frac{1}{2}$.

故答案为 -1；$\frac{1}{2}$.

【例 9】$(1+\tan 20^\circ)(1+\tan 21^\circ)(1+\tan 24^\circ)(1+\tan 25^\circ)=$______.

解析

$(1+\tan 20^\circ)(1+\tan 25^\circ)=1+\tan 20^\circ+\tan 25^\circ+\tan 20^\circ\tan 25^\circ$

$=1+\tan(20^\circ+25^\circ)(1-\tan 20^\circ\tan 25^\circ)+\tan 20^\circ\tan 25^\circ=2$，

同理$(1+\tan 21^{\circ})(1+\tan 24^{\circ})=2$，所以原式$=4$.

故答案为4.

【例10】已知x，$y\in\left(0,\ \dfrac{\pi}{2}\right)$，且$\tan x=3\tan y$，则$x-y$的最大值为______.

解析

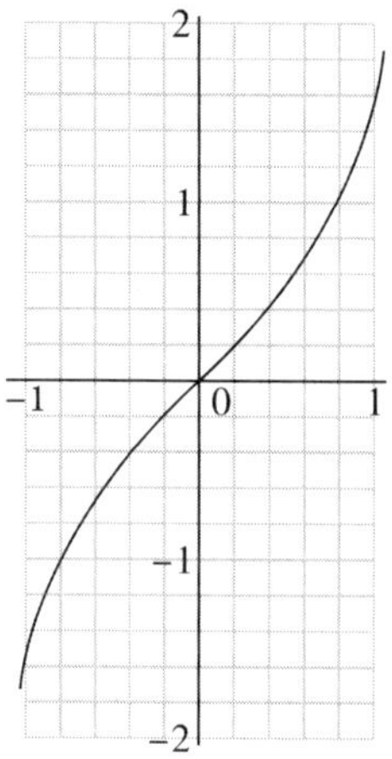

因为$\tan(x-y)=\dfrac{\tan x-\tan y}{1+\tan x\tan y}$，又因为$\tan x=3\tan y$，

代入可得：

$$\tan(x-y)=\frac{3\tan y-\tan y}{1+3\tan y\tan y}=\frac{2\tan y}{1+3\tan^2 y}=\frac{2}{\dfrac{1}{\tan y}+3\tan y},$$

又因为$\dfrac{1}{\tan y}+3\tan y\geqslant 2\sqrt{3}$，所以$\tan(x-y)\leqslant\dfrac{2}{2\sqrt{3}}=\dfrac{\sqrt{3}}{3}$，

由数形结合、单调性可得，$(x-y)_{\max}=\dfrac{\pi}{6}$.

故答案为$\dfrac{\pi}{6}$.

【例11】如下图，已知斜率为2且不过原点的直线l与圆$x^2+y^2=1$相交于A，B两点，以x轴非负半轴为始边，OA为终边的角为α，OB为终边的角为β，$\sin(\alpha+\beta)=$________.

解析

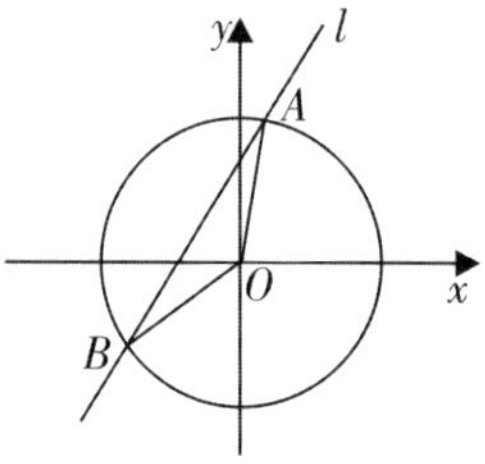

解法一：万能公式.

因为直线斜率为2，则可取AB中点C，则以OC为终边的角为$\dfrac{\alpha+\beta}{2}$，

又因为OA，OB为圆的半径，有$OC\perp AB$，

得$k_{OC}=-\dfrac{1}{k_{AB}}=-\dfrac{1}{2}$，即$\tan\dfrac{\alpha+\beta}{2}=-\dfrac{1}{2}$.

$$所以\ \sin(\alpha+\beta)=\frac{2\tan\dfrac{\alpha+\beta}{2}}{1+\tan^2\dfrac{\alpha+\beta}{2}}=\frac{2\times\left(-\dfrac{1}{2}\right)}{1+\left(-\dfrac{1}{2}\right)^2}=-\frac{4}{5}.$$

解法二：特殊值法.

由于直线斜率为2，假设此直线过圆的最高点$(0,\ 1)$，此时有$y=2x+1$，

联立$y=2x+1$与$x^2+y^2=1$，解得：

$\begin{cases}x=0,\\y=1,\end{cases}\begin{cases}x=-\dfrac{4}{5},\\y=-\dfrac{3}{5},\end{cases}$可得 $A(0,\ 1)$，$B\left(-\dfrac{4}{5},\ -\dfrac{3}{5}\right)$.

所以 $\cos\alpha=0$，$\sin\alpha=1$，$\cos\beta=-\dfrac{4}{5}$，$\sin\beta=-\dfrac{3}{5}$，

所以 $\sin(\alpha+\beta)=\sin\alpha\cos\beta+\cos\alpha\sin\beta=-\dfrac{4}{5}$.

第二类　三角函数的图象与性质

此类问题涉及的基本知识点有四个方面.

（1）三角函数的性质.

表 2-20　与三角函数性质相关的知识

类别	$y=A\sin(\omega x+\varphi)$	$y=A\cos(\omega x+\varphi)$
综述	类比研究 $y=\sin x$（$y=\cos x$）的性质，只需将 $y=A\sin(\omega x+\varphi)$［$y=A\cos(\omega x+\varphi)$］中的 $\omega x+\varphi$ 看成 $y=\sin x$（$y=\cos x$）中的 x，但在求 $y=A\sin(\omega x+\varphi)$［$y=A\cos(\omega x+\varphi)$］的单调区间时，要特别注意 A 和 ω 的符号，通过诱导公式先将 ω 化正	
图象	解法一（五点法）：设 $X=\omega x+\varphi$，令 $X=0$，$\dfrac{\pi}{2}$，π，$\dfrac{3}{2}\pi$，2π，求出相应的 x 值，计算得出五点的坐标，描点后得出图象. 解法二（图象变换法）：先作出 $y=\sin x$（$y=\cos x$）的图象，再进行图象的平移、伸缩变换. 这是作函数简图常用的方法	
共性	①振幅：A；②最小正周期：$T=\dfrac{2\pi}{\omega}$；③频率：$f=\dfrac{1}{T}=\dfrac{\omega}{2\pi}$； ④相位：$\omega x+\varphi$；⑤初相：$\varphi$；⑥定义域：$\mathbf{R}$；⑦值域：$[-A,\ A]$	
解析式	函数解析式的确定： ①A 由最值确定； ②ω 由周期确定； ③初相 φ 由图象上的特殊点确定，代点（最高、最低）法	

性质	最值	当 $\omega x+\varphi=\dfrac{\pi}{2}+2k\pi$（$k\in\mathbf{Z}$）时，取最大值 A； 当 $\omega x+\varphi=-\dfrac{\pi}{2}+2k\pi$（$k\in\mathbf{Z}$）时，取最小值 $-A$	当 $\omega x+\varphi=2k\pi$（$k\in\mathbf{Z}$）时，取最大值 A； 当 $\omega x+\varphi=-\pi+2k\pi$（$k\in\mathbf{Z}$）时，取最小值 $-A$
性质	对称轴	令 $\omega x+\varphi=\dfrac{\pi}{2}+k\pi$（$k\in\mathbf{Z}$） 得对称轴 $x=\dfrac{k\pi+\dfrac{\pi}{2}-\varphi}{\omega}$（$k\in\mathbf{Z}$）	令 $\omega x+\varphi=k\pi$（$k\in\mathbf{Z}$） 得对称轴 $x=\dfrac{k\pi-\varphi}{\omega}$（$k\in\mathbf{Z}$）
性质	对称中心	令 $\omega x+\varphi=k\pi$（$k\in\mathbf{Z}$） 得对称中心 $\left(\dfrac{k\pi-\varphi}{\omega},0\right)$（$k\in\mathbf{Z}$）	令 $\omega x+\varphi=\dfrac{\pi}{2}+k\pi$（$k\in\mathbf{Z}$） 得对称中心 $\left(\dfrac{k\pi+\dfrac{\pi}{2}-\varphi}{\omega},0\right)$（$k\in\mathbf{Z}$）
性质	单调性	$\omega x+\varphi\in\left[-\dfrac{\pi}{2}+2k\pi,\dfrac{\pi}{2}+2k\pi\right]$（$k\in\mathbf{Z}$）得增区间； $\omega x+\varphi\in\left[\dfrac{\pi}{2}+2k\pi,\dfrac{3\pi}{2}+2k\pi\right]$（$k\in\mathbf{Z}$）得减区间	$\omega x+\varphi\in[-\pi+2k\pi,2k\pi]$（$k\in\mathbf{Z}$）得增区间； $\omega x+\varphi\in[2k\pi,\pi+2k\pi]$（$k\in\mathbf{Z}$）得减区间
平移、伸缩		图象的平移与伸缩永远发生在 x 或 y 本身	

（2）三角函数图象的变换.

先平移后伸缩：

$y=\sin x$ 的图象 $\xrightarrow[\text{平移}|\varphi|\text{个单位长度}]{\text{向左}(\varphi>0)\text{或向右}(\varphi<0)}$，

得 $y=\sin(x+\varphi)$ 的图象 $\xrightarrow[\text{到原来的}\frac{1}{\omega}(\text{纵坐标不变})]{\text{横坐标伸长}(0<\omega<1)\text{或缩短}(\omega>1)}$，

得 $y=\sin(\omega x+\varphi)$ 的图象 $\xrightarrow[\text{为原来的}A\text{倍}(\text{横坐标不变})]{\text{纵坐标伸长}(A>1)\text{或缩短}(0<A<1)}$，

得 $y=A\sin(\omega x+\varphi)$ 的图象 $\xrightarrow[\text{平移}|k|\text{个单位长度}]{\text{向上}(k>0)\text{或向下}(k<0)}$ 得 $y=A\sin(\omega x+\varphi)+k$ 的图象.

先伸缩后平移：

$y=\sin x$ 的图象 $\xrightarrow[\text{为原来的}A\text{倍}(\text{横坐标不变})]{\text{纵坐标伸长}(A>1)\text{或缩短}(0<A<1)}$，

得 $y=A\sin x$ 的图象 $\xrightarrow[\text{到原来的}\frac{1}{\omega}(\text{纵坐标不变})]{\text{横坐标伸长}(0<\omega<1)\text{或缩短}(\omega>1)}$，

得 $y=A\sin\omega x$ 的图象 $\xrightarrow[\text{平移}\left|\frac{\varphi}{\omega}\right|\text{个单位}]{\text{向左}(\varphi>0)\text{或向右}(\varphi<0)}$，

得 $y=A\sin x\ (\omega x+\varphi)$ 的图象 $\xrightarrow[\text{平移}|k|\text{个单位长度}]{\text{向上}(k>0)\text{或向下}(k<0)}$ 得 $y=A\sin\ (\omega x+\varphi)\ +k$ 的图象.

（3）会根据函数 $y=A\sin\ (\omega x+\varphi)$ 图象求其解析式，会用五点法作 $y=A\sin\ (\omega x+\varphi)$ 的图象. 本内容为高考必考题，难度为中低档，常与平面向量和三角函数周期性、单调性、最值等同时出现.

（4）常用的二级结论.

表 2-21　周期性与对称性相结合考查的常用结论

周期性		a，$k\in\mathbf{R}$，对任意的 $x\in I$，都有 $f(x+a)=-f(x)+k$，则周期 $T=2\|a\|$
		a，$k\in\mathbf{R}$，对任意的 $x\in I$，都有 $f(x+a)=\pm\dfrac{1}{f(x)}$，则周期 $T=2\|a\|$
		A，$B\in\mathbf{R}$，对任意的 $x\in I$，都有 $f(A+x)=f(B+x)\ (A\neq B)$，则 $\|B-A\|$ 是函数 $f(x)$ 的一个周期
对称性	对称轴	A，$B\in\mathbf{R}$，对任意的 $x\in I$，都有 $f(A+x)=f(B-x)$，则函数 $f(x)$ 关于直线 $x=\dfrac{A+B}{2}$ 对称
	对称点	A，B，$C\in\mathbf{R}$，对任意的 $x\in I$，都有 $f(A+x)+f(B-x)=C$，则函数 $f(x)$ 关于点 $\left(\dfrac{A+B}{2},\dfrac{C}{2}\right)$ 对称

【例 1】 已知函数 $f(x)=A\sin\ (\omega x+\varphi)\ (A>0,\ \omega>0,\ |\varphi|<\dfrac{\pi}{2},\ x\in\mathbf{R})$ 的部分图象如右图.

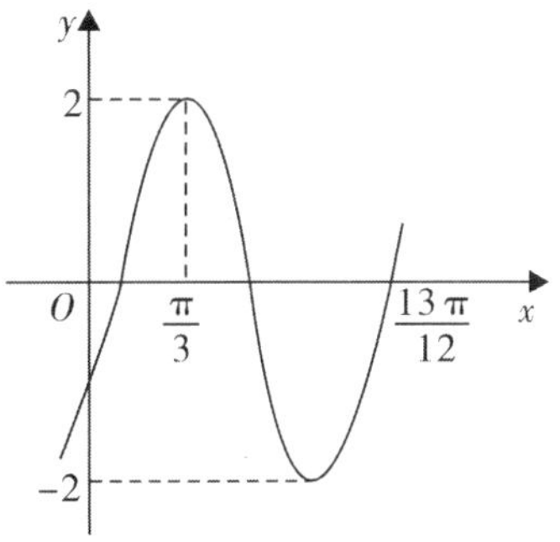

（1）求函数 $f(x)$ 的解析式.

（2）求函数 $f(x)$ 在区间 $\left[0,\dfrac{5\pi}{12}\right]$ 上的最值，并求出相应的 x 值.

解析

（1）由图象可知 $|A|=2$，又 $A>0$，故 $A=2$.

周期 $T=\dfrac{4}{3}\times\left(\dfrac{13}{12}\pi-\dfrac{\pi}{3}\right)=\dfrac{4}{3}\times\dfrac{3\pi}{4}=\pi$，

又 $T=\dfrac{2\pi}{\omega}=\pi$，所以 $\omega=2$.

所以 $f(x)=2\sin\ (2x+\varphi)$，$f\left(\dfrac{\pi}{3}\right)=2\sin\left(\dfrac{2\pi}{3}+\varphi\right)=2$，

因为 $|\varphi|<\dfrac{\pi}{2}$，所以 $\varphi=-\dfrac{\pi}{6}$.

则函数$f(x)$ 的解析式为$f(x)=2\sin\left(2x-\frac{\pi}{6}\right)$.

（2）因为$x\in\left[0,\frac{5\pi}{12}\right]$，所以$2x-\frac{\pi}{6}\in\left[-\frac{\pi}{6},\frac{2\pi}{3}\right]$，

所以$\sin\left(2x-\frac{\pi}{6}\right)\in\left[-\frac{1}{2},1\right]$，$2\sin\left(2x-\frac{\pi}{6}\right)\in[-1,2]$.

当$2x-\frac{\pi}{6}=\frac{\pi}{2}$时，$x=\frac{\pi}{3}$，$f(x)_{\max}=f\left(\frac{\pi}{3}\right)=2$；

当$2x-\frac{\pi}{6}=-\frac{\pi}{6}$时，$x=0$，$f(x)_{\min}=f(0)=-1$.

所以$f(x)_{\max}=f\left(\frac{\pi}{3}\right)=2$，$f(x)_{\min}=f(0)=-1$.

【例2】若函数$f(x)$［$f(x)$值不恒为常数］满足以下两个条件：

① $f(x)$为偶函数.

② 对于任意的$x\in\mathbf{R}$，都有$f\left(\frac{\pi}{3}-x\right)=f\left(\frac{\pi}{3}+x\right)$.

则其解析式可以是$f(x)=$________.（写出一个满足条件的解析式即可）

解析

因为对于任意的$x\in\mathbf{R}$，都有$f\left(\frac{\pi}{3}-x\right)=f\left(\frac{\pi}{3}+x\right)$，

所以函数的图象关于直线$x=\frac{\pi}{3}$对称.

又由于函数为偶函数，所以函数的解析式可以为$f(x)=\cos 3x$.

因为$f(-x)=\cos(-3x)=\cos 3x=f(x)$，所以函数$f(x)$ 是偶函数.

令$3x=k\pi$，$k\in\mathbf{Z}$，所以$x=\frac{k\pi}{3}$，

所以函数$f(x)$ 的图象关于直线$x=\frac{\pi}{3}$对称.

故答案为$y=\cos 3x$等.（答案不唯一）

【例3】已知函数$f(x)=A\sin(\omega x+\varphi)$（$A>0$，$\omega>0$，$|\varphi|<\frac{\pi}{2}$）的最小正周期为$4\pi$.

（1）从①$f\left(-\frac{\pi}{3}\right)=0$，②$f\left(-\frac{2\pi}{3}\right)=-1$，③对任意$x\in\mathbf{R}$，都有$f(x)\leqslant f\left(\frac{2\pi}{3}\right)$这三个条件中，选择合适的两个条件，求函数$f(x)$ 的解析式；

（2）求（1）中所求得的函数$f(x)$ 在区间$\left[-\frac{2\pi}{3},\frac{\pi}{3}\right]$上的最大值和最小值.

解析

（1）因为函数 $f(x)=A\sin(\omega x+\varphi)$（$A>0$，$\omega>0$，$|\varphi|<\frac{\pi}{2}$）的最小正周期为 4π，

所以 $4\pi=\frac{2\pi}{\omega}$，可得 $\omega=\frac{1}{2}$.

选①②两个条件时：

因为 $f\left(-\frac{\pi}{3}\right)=0$，所以 $\sin\left[\frac{1}{2}\cdot\left(-\frac{\pi}{3}\right)+\varphi\right]=0$，所以 $\varphi-\frac{\pi}{6}=k\pi$，$k\in\mathbf{Z}$，$|\varphi|<\frac{\pi}{2}$，所以 $\varphi=\frac{\pi}{6}$；

而因为 $f\left(-\frac{2}{3}\pi\right)=-1$，所以 $A\sin\left[\frac{1}{2}\cdot\left(-\frac{2}{3}\pi\right)+\frac{\pi}{6}\right]=-1$，即 $A\sin\left(-\frac{\pi}{6}\right)=-1$，所以 $A=2$.

所以 $f(x)=2\sin\left(\frac{1}{2}x+\frac{\pi}{6}\right)$.

选②③两个条件时：

因为对任意 $x\in\mathbf{R}$，都有 $f(x)\leqslant f\left(\frac{2\pi}{3}\right)$，所以当 $x=\frac{2\pi}{3}$ 时 $f(x)$ 取得最大值，即 $\frac{1}{2}\cdot\frac{2\pi}{3}+\varphi=\frac{\pi}{2}+2k\pi$，$k\in\mathbf{Z}$，而 $|\varphi|<\frac{\pi}{2}$，解得 $\varphi=\frac{\pi}{6}$；

而 $f\left(-\frac{2}{3}\pi\right)=-1$，所以 $A\sin\left[\frac{1}{2}\cdot\left(-\frac{2}{3}\pi\right)+\frac{\pi}{6}\right]=-1$，解得 $A=2$.

所以 $f(x)=2\sin\left(\frac{1}{2}x+\frac{\pi}{6}\right)$.

（2）因为 $f(x)=2\sin\left(\frac{1}{2}x+\frac{\pi}{6}\right)$，$x\in\left[-\frac{2\pi}{3},\frac{\pi}{3}\right]$，则 $\frac{1}{2}x+\frac{\pi}{6}\in\left[-\frac{\pi}{6},\frac{\pi}{3}\right]$，

所以 $\sin\left(\frac{1}{2}x+\frac{\pi}{6}\right)\in\left[-\frac{1}{2},\frac{\sqrt{3}}{2}\right]$，

所以 $f(x)=2\sin\left(\frac{1}{2}x+\frac{\pi}{6}\right)\in[-1,\sqrt{3}]$，

且当 $x=-\frac{2\pi}{3}$ 时，函数取得最小值 -1，当 $x=\frac{\pi}{3}$ 时函数取得最大值 $\sqrt{3}$.

所以函数 $f(x)$ 在 $x\in\left[-\frac{2\pi}{3},\frac{\pi}{3}\right]$ 时的最小值为 -1，最大值为 $\sqrt{3}$.

【例4】（2022 广东深圳一模）阻尼器是一种以提供运动的阻力从而达到减震效果的专业工程装置. 深圳第一高楼平安金融中心的阻尼器减震装置，被称为“镇楼神器”. 由物理学知识可知，某阻尼器模型的运动过程可近似为单摆运动，其离开平衡位置的位移

s（cm）和时间 t（s）的函数关系式为 $s=2\sin(\omega t+\varphi)$，其中 $\omega>0$，若该阻尼器模型在摆动过程中连续三次位移为 $s_0(-2<s_0<2)$ 的时间分别为 t_1，t_2，t_3，且 $t_3-t_1=2$，则 $\omega=$（　　）.

A. $\frac{\pi}{2}$　　B. π　　C. $\frac{3\pi}{2}$　　D. 2π

解析

由正弦型函数的性质可作如下函数示意图：

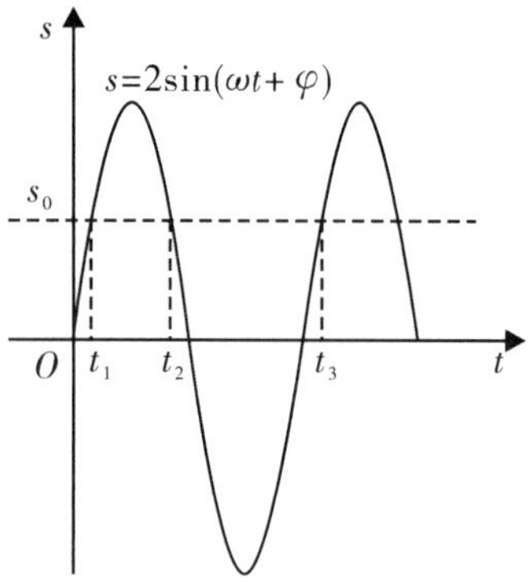

所以 $T=t_3-t_1=2$，则 $\frac{2\pi}{\omega}=2$，可得 $\omega=\pi$.

故选 B.

【例 5】（2022 广东深圳二模）若 $x=\frac{\pi}{2}$是函数 $f(x)=\cos\omega x$（$\omega\neq0$）图象的对称轴，则 $f(x)$ 的最小正周期的最大值是（　　）.

A. π　　B. 2π　　C. $\frac{\pi}{2}$　　D. $\frac{\pi}{4}$

解析

依题意$\frac{\pi}{2}\omega=k\pi$，$k\in\mathbf{Z}$，解得 $\omega=2k$，$k\in\mathbf{Z}$，因为 $\omega\neq0$，所以 $\omega=2k$，$k\in\mathbf{Z}$ 且 $k\neq0$，

所以 $f(x)$ 的最小正周期 $T=\frac{2\pi}{|\omega|}=\frac{2\pi}{|2k|}=\frac{\pi}{|k|}$，所以当 $k=\pm1$ 时 $T_{\max}=\pi$.

故选 A.

【例 6】（2022 全国高考理科甲卷）已知 $a=\frac{31}{32}$，$b=\cos\frac{1}{4}$，$c=4\sin\frac{1}{4}$，则（　　）.

A. $c>b>a$　　B. $b>a>c$　　C. $a>b>c$　　D. $a>c>b$

解析

因为$\frac{c}{b}=4\tan\frac{1}{4}$，当 $x\in\left(0,\frac{\pi}{2}\right)$，$\sin x<x<\tan x$，

所以 $\tan\frac{1}{4}>\frac{1}{4}$，即$\frac{c}{b}>1$，$c>b$；

设$f(x)=\cos x+\frac{1}{2}x^2-1$，$x\in(0,+\infty)$，

$f'(x)=-\sin x+x>0$，所以$f(x)$在$(0,+\infty)$上单调递增，

则$f\left(\frac{1}{4}\right)>f(0)=0$，所以 $\cos\frac{1}{4}-\frac{31}{32}>0$，

所以 $b>a$，$c>b>a$.

故选 A.

第三类　解三角形

题型 1：三角形中的几何计算

【例 1】（2022 新高考Ⅱ卷）记 $\triangle ABC$ 的内角 A，B，C 的对边分别为 a，b，c，以 a，b，c 为边长的三个正三角形的面积分别为 S_1，S_2，S_3，且 $S_1-S_2+S_3=\frac{\sqrt{3}}{2}$，$\sin B=\frac{1}{3}$.

（1）求 $\triangle ABC$ 的面积；

（2）若 $\sin A\sin C=\frac{\sqrt{2}}{3}$，求 b.

解析

（1）因为边长为 a 的正三角形的面积为 $\frac{\sqrt{3}}{4}a^2$，

所以 $S_1-S_2+S_3=\frac{\sqrt{3}}{4}(a^2-b^2+c^2)=\frac{\sqrt{3}}{2}$，即 $ac\cos B=1$，

由 $\sin B=\frac{1}{3}$ 得 $\cos B=\frac{2\sqrt{2}}{3}$，所以 $ac=\frac{1}{\cos B}=\frac{3\sqrt{2}}{4}$，

故 $S_{\triangle ABC}=\frac{1}{2}ac\sin B=\frac{1}{2}\times\frac{3\sqrt{2}}{4}\times\frac{1}{3}=\frac{\sqrt{2}}{8}$.

（2）由正弦定理得 $\frac{b^2}{\sin^2 B}=\frac{a}{\sin A}\cdot\frac{c}{\sin C}=\frac{ac}{\sin A\sin C}=\frac{\frac{3\sqrt{2}}{4}}{\frac{\sqrt{2}}{3}}=\frac{9}{4}$，

故 $b=\frac{3}{2}\sin B=\frac{1}{2}$.

【例 2】（2020 全国高考理科Ⅲ卷）在 $\triangle ABC$ 中，$\cos C=\frac{2}{3}$，$AC=4$，$BC=3$，则 $\cos B=$（　　）.

A. $\frac{1}{9}$　　B. $\frac{1}{3}$　　C. $\frac{1}{2}$　　D. $\frac{2}{3}$

解析

因为在$\triangle ABC$中，$\cos C=\dfrac{2}{3}$，$AC=4$，$BC=3$，

根据余弦定理：$AB^2=AC^2+BC^2-2AC\cdot BC\cdot\cos C$，

则有$AB^2=4^2+3^2-2\times4\times3\times\dfrac{2}{3}$，

可得$AB^2=9$，即$AB=3$.

因为$\cos B=\dfrac{AB^2+BC^2-AC^2}{2AB\cdot BC}=\dfrac{9+9-16}{2\times3\times3}=\dfrac{1}{9}$，

故$\cos B=\dfrac{1}{9}$.

故选A.

【例3】（2020全国高考理科Ⅰ卷）如图，在三棱锥P-ABC的平面展开图中，$AC=1$，$AB=AD=\sqrt{3}$，$AB\perp AC$，$AB\perp AD$，$\angle CAE=30°$，则$\cos\angle FCB=$________.

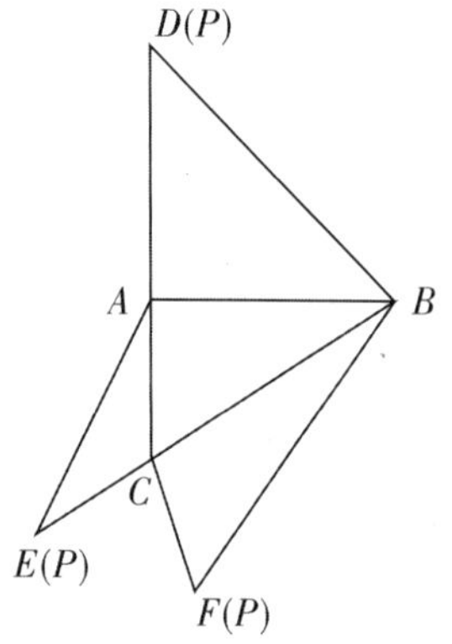

解析

因为$AB\perp AC$，$AB=\sqrt{3}$，$AC=1$，由勾股定理得$BC=\sqrt{AB^2+AC^2}=2$，同理得$BD=\sqrt{6}$，所以$BF=BD=\sqrt{6}$.

在$\triangle ACE$中，$AC=1$，$AE=AD=\sqrt{3}$，$\angle CAE=30°$，

由余弦定理得$CE^2=AC^2+AE^2-2AC\cdot AE\cos30°=1+3-2\times1\times\sqrt{3}\times\dfrac{\sqrt{3}}{2}=1$，

所以$CF=CE=1$.

在$\triangle BCF$中，$BC=2$，$BF=\sqrt{6}$，$CF=1$，

由余弦定理得$\cos\angle FCB=\dfrac{CF^2+BC^2-BF^2}{2CF\cdot BC}=\dfrac{1+4-6}{2\times1\times2}=-\dfrac{1}{4}$.

故答案为$-\dfrac{1}{4}$.

【例4】如图，在$\triangle ABC$中，D为AB边上一点，且$DA=DC$，已知$B=\dfrac{\pi}{4}$，$BC=1$.

（1）若$\triangle ABC$是锐角三角形，$DC=\dfrac{\sqrt{6}}{3}$，求角A的大小；

（2）若$\triangle BCD$的面积为$\dfrac{1}{6}$，求AB的长.

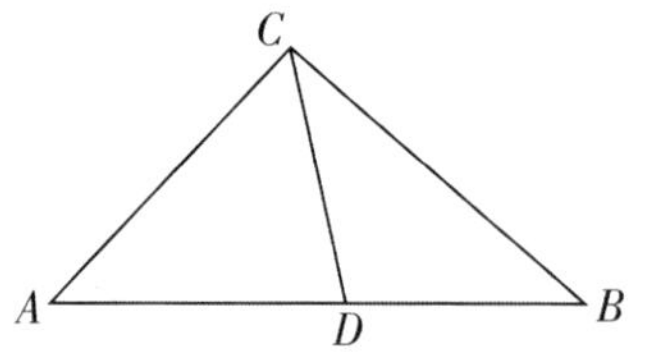

解析

（1）在$\triangle BCD$中，$B=\frac{\pi}{4}$，$BC=1$，$DC=\frac{\sqrt{6}}{3}$，

由正弦定理得$\frac{BC}{\sin\angle BDC}=\frac{CD}{\sin B}$，解得$\sin\angle BDC=\frac{1\times\frac{\sqrt{2}}{2}}{\frac{\sqrt{6}}{3}}=\frac{\sqrt{3}}{2}$，

所以$\angle BDC=\frac{\pi}{3}$或$\frac{2\pi}{3}$. 因为$\triangle ABC$是锐角三角形，所以$\angle BDC=\frac{2\pi}{3}$.

又$DA=DC$，所以$A=\frac{\pi}{3}$.

（2）由题意可得$S_{\triangle BCD}=\frac{1}{2}\cdot BC\cdot BD\cdot\sin\frac{\pi}{4}=\frac{1}{6}$，解得$BD=\frac{\sqrt{2}}{3}$，

由余弦定理得$CD^2=BC^2+BD^2-2BC\cdot BD\cdot\cos\frac{\pi}{4}=1+\frac{2}{9}-2\times1\times\frac{\sqrt{2}}{3}\times\frac{\sqrt{2}}{2}=\frac{5}{9}$，解得$CD=\frac{\sqrt{5}}{3}$，则$AB=AD+BD=CD+BD=\frac{\sqrt{5}+\sqrt{2}}{3}$.

所以AB的长为$\frac{\sqrt{5}+\sqrt{2}}{3}$.

【例5】（2022广东广州二模）在平面四边形$ABCD$中，$\angle A=90°$，$\angle D=60°$，$AC=6$，$CD=3\sqrt{3}$.

（1）求$\triangle ACD$的面积；

（2）若$\cos\angle ACB=\frac{9}{16}$，求$AB+\frac{3}{4}BC$的值.

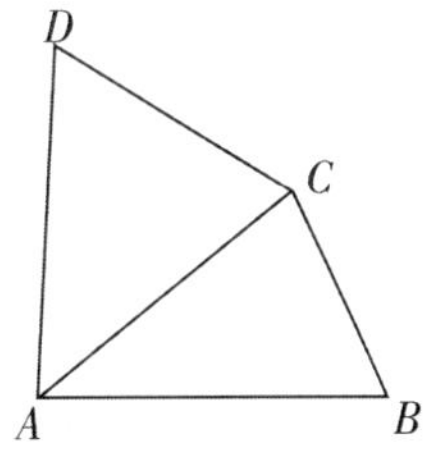

解析

（1）在$\triangle ACD$中，$\angle D=60°$，$AC=6$，$CD=3\sqrt{3}$，所以$\cos D=\frac{CD^2+AD^2-AC^2}{2\cdot AD\cdot CD}=\frac{27+AD^2-36}{2\cdot AD\cdot 3\sqrt{3}}=\frac{1}{2}$，解得$AD=\frac{3\sqrt{3}+3\sqrt{7}}{2}$（$\frac{3\sqrt{3}-3\sqrt{7}}{2}$舍去），

所以$S_{\triangle ACD}=\frac{1}{2}\cdot AD\cdot CD\cdot\sin D=\frac{1}{2}\times\frac{3\sqrt{3}+3\sqrt{7}}{2}\times3\sqrt{3}\times\frac{\sqrt{3}}{2}=\frac{27\sqrt{3}+27\sqrt{7}}{8}$.

（2）在$\triangle ACD$中，$\angle D=60°$，$AC=6$，$CD=3\sqrt{3}$，所以$\frac{AC}{\sin D}=\frac{DC}{\sin\angle DAC}$，即$\frac{6}{\frac{\sqrt{3}}{2}}=\frac{3\sqrt{3}}{\sin\angle DAC}$，解得$\sin\angle DAC=\frac{3}{4}$，

又$\angle A=90°$，所以$\cos\angle CAB=\cos\left(\frac{\pi}{2}-\angle DAC\right)=\sin\angle DAC=\frac{3}{4}$，$\sin\angle CAB=\frac{\sqrt{7}}{4}$，

又$\cos\angle ACB=\frac{9}{16}$，所以$\sin\angle ACB=\frac{5\sqrt{7}}{16}$，

所以$\sin B=\sin[\pi-(\angle ACB+\angle CAB)]=\sin(\angle ACB+\angle CAB)$

$$=\sin\angle ACB\cos\angle CAB+\cos\angle ACB\sin\angle CAB=\frac{3}{4}\times\frac{5\sqrt{7}}{16}+\frac{\sqrt{7}}{4}\times\frac{9}{16}=\frac{3\sqrt{7}}{8},$$

在$\triangle ABC$中，$\frac{AB}{\sin\angle ACB}=\frac{BC}{\sin\angle CAB}=\frac{AC}{\sin B}$，即$\frac{AB}{\frac{5\sqrt{7}}{16}}=\frac{BC}{\frac{\sqrt{7}}{4}}=\frac{6}{\frac{3\sqrt{7}}{8}}$，

所以$AB=\frac{5\sqrt{7}}{16}\times6\times\frac{8}{3\sqrt{7}}=5$，$BC=\frac{\sqrt{7}}{4}\times6\times\frac{8}{3\sqrt{7}}=4$，

所以$AB+\frac{3}{4}BC=5+\frac{3}{4}\times4=8$.

【例6】（2022 湖北武汉二调）在$\triangle ABC$中，角A，B，C所对的边分别为a，b，c，且$\sin A\sin2A=(1-\cos A)(1-\cos2A)$.

（1）求角A；

（2）若$\triangle ABC$的面积$S=\frac{\sqrt{3}}{12}(8b^2-9a^2)$，求$\cos B$.

解析

（1）由题意，$\sin A\cdot2\sin A\cos A=(1-\cos A)2\sin^2A$，

因为$\sin A\neq0$，所以$\cos A=1-\cos A$，即$\cos A=\frac{1}{2}$，

因为$0<A<\pi$，所以$A=\frac{\pi}{3}$.

（2）由余弦定理，$a^2=b^2+c^2-2bc\cdot\cos A$，有$a^2=b^2+c^2-bc$，

又$S=\frac{\sqrt{3}}{12}(8b^2-9a^2)=\frac{1}{2}bc\sin A$，代入得$\frac{\sqrt{3}}{12}[8b^2-9(b^2+c^2-bc)]=\frac{\sqrt{3}}{4}bc$，

整理得$b^2-6bc+9c^2=0$，即$(b-3c)^2=0$，所以$b=3c$，

此时，$a=\sqrt{b^2+c^2-bc}=\sqrt{7}c$，

所以$\cos B=\frac{a^2+c^2-b^2}{2ac}=\frac{7+1-9}{2\sqrt{7}}=-\frac{\sqrt{7}}{14}$.

【例7】（2022 广东佛山二模）记$\triangle ABC$的内角A，B，C的对边分别为a，b，c，$B=\frac{2\pi}{3}$，且$(\sin A+\sin B)\sin C+\cos2C=1$.

（1）求证：$5a=3c$；

（2）若$\triangle ABC$的面积为$15\sqrt{3}$，求 c.

解析

（1）依题意得$(\sin A+\sin B)\sin C=1-\cos 2C=2\sin^2 C$，

又 $\sin C\neq 0$，所以 $\sin A+\sin B=2\sin C$，

由正弦定理得 $\dfrac{a}{\sin A}=\dfrac{b}{\sin B}=\dfrac{c}{\sin C}$，$a+b=2c$，

由余弦定理得 $\cos B=\dfrac{a^2+c^2-b^2}{2ac}$，$-\dfrac{1}{2}=\dfrac{a^2+c^2-b^2}{2ac}$，

代入 $b=2c-a$ 得 $-\dfrac{1}{2}=\dfrac{a^2+c^2-(2c-a)^2}{2ac}$，整理得 $5a=3c$.

（2）由（1）知 $a=\dfrac{3}{5}c$，所以$\triangle ABC$的面积为：

$S_{\triangle ABC}=\dfrac{1}{2}ac\sin B=\dfrac{1}{2}\cdot\dfrac{3}{5}c^2\cdot\dfrac{\sqrt{3}}{2}=15\sqrt{3}$，整理得 $c^2=100$，解得 $c=10$ 或 $c=-10$（舍去），所以 $c=10$.

题型 2：三角形形状的判断

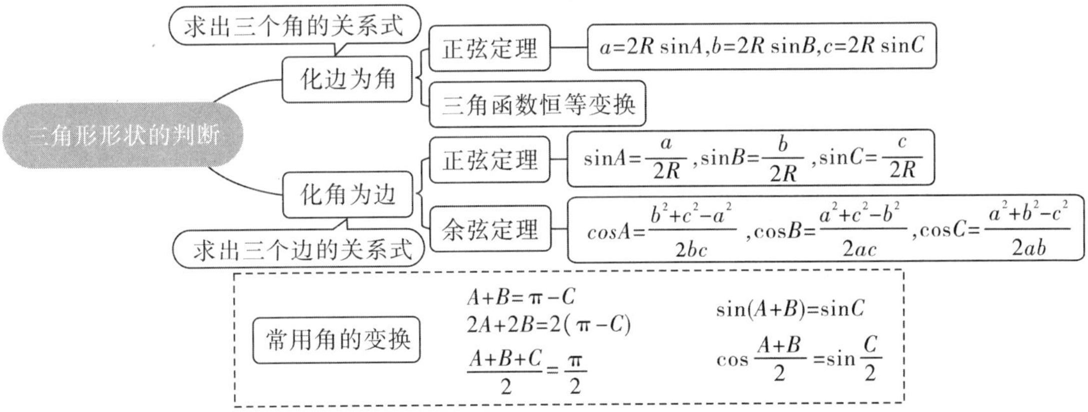

图 2-3　三角形形状的判断题型的解题思路

【例 8】（2021 新高考Ⅱ卷）在$\triangle ABC$中，角 A，B，C 所对的边长分别为 a，b，c，$b=a+1$，$c=a+2$.

（1）若 $2\sin C=3\sin A$，求$\triangle ABC$的面积；

（2）是否存在正整数 a，使得$\triangle ABC$为钝角三角形？若存在，求出 a 的值；若不存在，说明理由.

解析

（1）因为 $2\sin C=3\sin A$，则 $2c=2(a+2)=3a$，则 $a=4$，$b=5$，$c=6$，

$\cos C=\dfrac{a^2+b^2-c^2}{2ab}=\dfrac{1}{8}$，所以 C 为锐角，则 $\sin C=\sqrt{1-\cos^2 C}=\dfrac{3\sqrt{7}}{8}$，

因此，$S_{\triangle ABC}=\dfrac{1}{2}ab\sin C=\dfrac{1}{2}\times 4\times 5\times\dfrac{3\sqrt{7}}{8}=\dfrac{15\sqrt{7}}{4}$.

（2）显然 $c>b>a$，若△ABC 为钝角三角形，则 C 为钝角，

由余弦定理可得 $\cos C=\dfrac{a^2+b^2-c^2}{2ab}=\dfrac{a^2+(a+1)^2-(a+2)^2}{2a(a+1)}=\dfrac{a^2-2a-3}{2a(a+1)}<0$，

解得 $-1<a<3$，则 $0<a<3$，

由三角形三边关系可得 $a+a+1>a+2$，可得 $a>1$，又因 $a\in\mathbf{Z}$，故 $a=2$.

【例9】（2020 新高考文科Ⅱ卷）△ABC 的内角 A，B，C 的对边分别为 a，b，c，已知 $\cos^2\left(\dfrac{\pi}{2}+A\right)+\cos A=\dfrac{5}{4}$.

（1）求 A；

（2）若 $b-c=\dfrac{\sqrt{3}}{3}a$，证明：△ABC 是直角三角形.

解析

（1）由已知得 $\sin^2 A+\cos A=\dfrac{5}{4}$，即 $\cos^2 A-\cos A+\dfrac{1}{4}=0$，所以 $\cos A=\dfrac{1}{2}$，

由于 $0<A<\pi$，所以 $A=\dfrac{\pi}{3}$.

（2）由正弦定理及已知条件可得 $\sin B-\sin C=\dfrac{\sqrt{3}}{3}\sin A$，

由（1）知 $B+C=\dfrac{2\pi}{3}$，所以 $\sin B-\sin\left(\dfrac{2\pi}{3}-B\right)=\dfrac{\sqrt{3}}{3}\sin\dfrac{\pi}{3}$，

所以 $\sin B-\left(\sin\dfrac{2\pi}{3}\cos B-\cos\dfrac{2\pi}{3}\sin B\right)=\dfrac{1}{2}$，即 $\dfrac{1}{2}\sin B-\dfrac{\sqrt{3}}{2}\cos B=\dfrac{1}{2}$，

$\sin\left(B-\dfrac{\pi}{3}\right)=\dfrac{1}{2}$，由于 $0<B<\dfrac{2\pi}{3}$，所以 $-\dfrac{\pi}{3}<B-\dfrac{\pi}{3}<\dfrac{\pi}{3}$，

所以 $B-\dfrac{\pi}{3}=\dfrac{\pi}{6}$，故 $B=\dfrac{\pi}{2}$. 从而证明△ABC 是直角三角形.

题型 3：三角形有关的范围问题（最值问题）

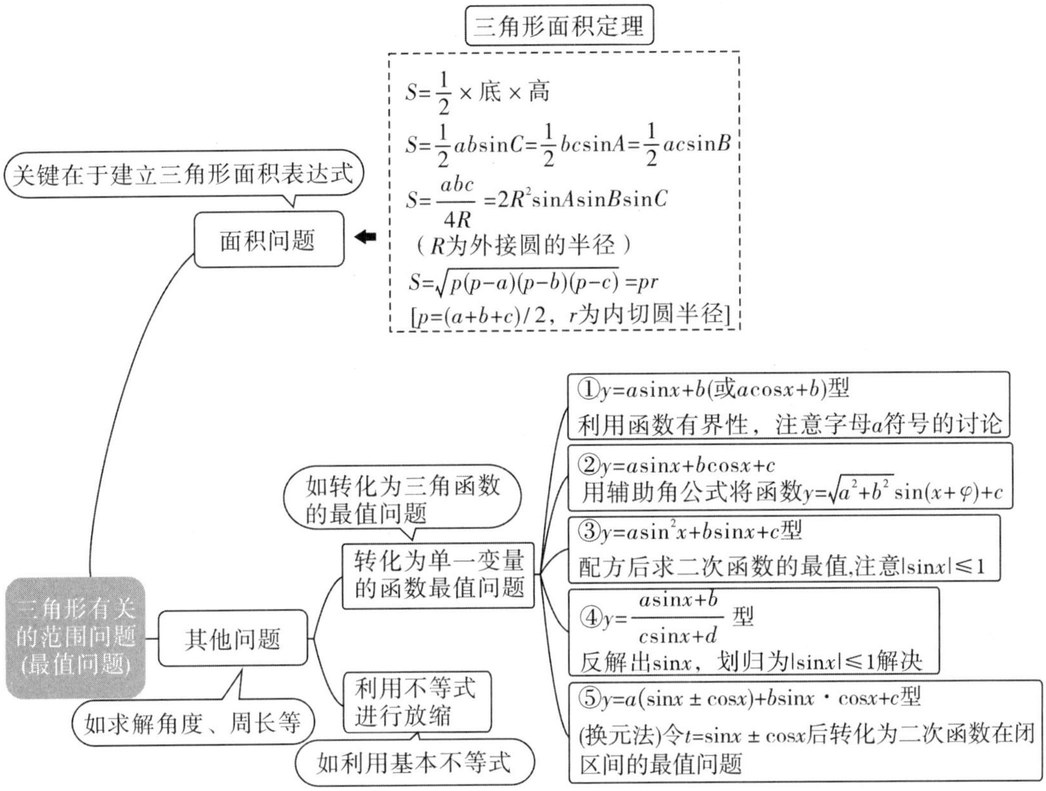

图 2-4 三角形有关的范围问题（最值问题）解题思路

【例 10】（2022 新高考Ⅰ卷）$\triangle ABC$ 的内角 A，B，C 的对边分别为 a，b，c，已知 $\frac{\cos A}{1+\sin A}=\frac{\sin 2B}{1+\cos 2B}$.

（1）若 $C=\frac{2\pi}{3}$，求 B；

（2）求$\frac{a^2+b^2}{c^2}$的最小值.

解析

（1）由已知条件得 $\sin 2B+\sin A\sin 2B=\cos A+\cos A\cos 2B$，

则 $\sin 2B=\cos A+\cos A\cos 2B-\sin A\sin 2B$

$=\cos A+\cos(A+2B)$

$=\cos[\pi-(B+C)]+\cos[\pi-(B+C)+2B]$

$=-\cos(B+C)+\cos[\pi+(B-C)]$

$=-2\cos B\cos C$，

所以 $2\sin B\cos B=-2\cos B\cos C$，即 $(\sin B+\cos C)\cos B=0$，

由已知条件得 $1+\cos 2B\neq 0$，则 $B\neq\frac{\pi}{2}$，$\cos B\neq 0$，

所以 $\sin B=-\cos C=\frac{1}{2}$，$B=\frac{\pi}{6}$.

（2）由（1）知 $\sin B=-\cos C>0$，则 $B=C-\frac{\pi}{2}$，$\sin B=\sin\left(C-\frac{\pi}{2}\right)=-\cos C$，

$\sin A=\sin(B+C)=\sin\left(2C-\frac{\pi}{2}\right)=-\cos 2C$，

由正弦定理得
$$\frac{a^2+b^2}{c^2}=\frac{\sin^2 A+\sin^2 B}{\sin^2 C}=\frac{\cos^2 2C+\cos^2 C}{\sin^2 C}$$
$$=\frac{(1-2\sin^2 C)^2+(1-\sin^2 C)}{\sin^2 C}$$
$$=\frac{2+4\sin^4 C-5\sin^2 C}{\sin^2 C}=\frac{2}{\sin^2 C}+4\sin^2 C-5$$
$$\geqslant 2\sqrt{\frac{2}{\sin^2 C}\cdot 4\sin^2 C}-5=4\sqrt{2}-5,$$

当且仅当$\sin^2 C=\frac{\sqrt{2}}{2}$时等号成立，所以 $\frac{a^2+b^2}{c^2}$ 的最小值为 $4\sqrt{2}-5$.

【例 11】（2017 全国高考理科Ⅲ卷）$\triangle ABC$ 的内角 A，B，C 的对边分别为 a，b，c，已知 $\sin A+\sqrt{3}\cos A=0$，$a=2\sqrt{7}$，$b=2$.

（1）求 c；

（2）设 D 为 BC 边上一点，且 $AD\perp AC$，求$\triangle ABD$ 的面积.

解析

（1）由已知可得 $\tan A=-\sqrt{3}$，所以 $A=\frac{2\pi}{3}$.

在$\triangle ABC$ 中，由余弦定理得 $28=4+c^2-4c\cos\frac{2\pi}{3}$，即 $c^2+2c-24=0$，

解得 $c=-6$（舍去）或 $c=4$.

故 $c=4$.

（2）由题设可得$\angle CAD=\frac{\pi}{2}$，所以$\angle BAD=\angle BAC-\angle CAD=\frac{\pi}{6}$，

故 $\frac{S_{\triangle ABD}}{S_{\triangle ACD}}=\frac{\frac{1}{2}AB\cdot AD\cdot\sin\frac{\pi}{6}}{\frac{1}{2}AC\cdot AD}=1$，

又 $S_{\triangle ABC}=\frac{1}{2}\times 4\times 2\times\sin\angle BAC=2\sqrt{3}$，

所以$\triangle ABD$的面积为$\sqrt{3}$.

【例 12】（2022 八省联考）已知函数$f(x)=\sqrt{3}\sin\frac{x}{2}\cos\frac{x}{2}-\cos^2\frac{x}{2}+\frac{1}{2}$.

（1）设$g(x)=f(-x)$，求函数$g(x)$的单调递减区间；

（2）设$\triangle ABC$的内角A，B，C所对的边分别为a，b，c，D为BC边的中点，若$f(A)=\frac{1}{2}$，$a=\sqrt{3}$，求线段AD的长的取值范围.

解析

（1）由已知得$f(x)=\frac{\sqrt{3}}{2}\sin x-\frac{1}{2}\left(2\cos^2\frac{x}{2}-1\right)=\frac{\sqrt{3}}{2}\sin x-\frac{1}{2}\cos x=\sin\left(x-\frac{\pi}{6}\right)$，

则$g(x)=f(-x)=\sin\left(-x-\frac{\pi}{6}\right)=-\sin\left(x+\frac{\pi}{6}\right)$，

所以当$g(x)$单调递减时，函数$y=\sin\left(x+\frac{\pi}{6}\right)$单调递增.

令$-\frac{\pi}{2}+2k\pi\leqslant x+\frac{\pi}{6}\leqslant\frac{\pi}{2}+2k\pi$，$k\in\mathbf{Z}$，得$-\frac{2\pi}{3}+2k\pi\leqslant x\leqslant\frac{\pi}{3}+2k\pi$，$k\in\mathbf{Z}$.

所以函数$g(x)$的单调递减区间是$\left[-\frac{2\pi}{3}+2k\pi,\ \frac{\pi}{3}+2k\pi\right]$，$k\in\mathbf{Z}$.

（2）因为$f(A)=\sin\left(A-\frac{\pi}{6}\right)=\frac{1}{2}$，$A\in(0,\ \pi)$，则$A=\frac{\pi}{3}$，

又$a=\sqrt{3}$，由余弦定理得$3=b^2+c^2-bc$，即$b^2+c^2=bc+3$，

因为D为BC的中点，则$|\overrightarrow{AD}|^2=\frac{1}{4}(\overrightarrow{AB}+\overrightarrow{AC})^2=\frac{1}{4}(b^2+c^2+bc)=\frac{1}{4}(2bc+3)$.

因为$b^2+c^2\geqslant 2bc$，则$bc+3\geqslant 2bc$，即$0<bc\leqslant 3$，

所以$\frac{3}{4}<|\overrightarrow{AD}|^2\leqslant\frac{9}{4}$，即$\frac{\sqrt{3}}{2}<|\overrightarrow{AD}|\leqslant\frac{3}{2}$.

所以线段AD的长的取值范围是$\left(\frac{\sqrt{3}}{2},\ \frac{3}{2}\right]$.

【例 13】在$\triangle ABC$中，$AC=2\sqrt{3}$，D是BC边上的一点.

（1）若$AD=1$，$\overrightarrow{AD}\cdot\overrightarrow{AC}=3$，求$CD$的长；

（2）若$\angle B=\frac{2\pi}{3}$，求$\triangle ABC$周长的取值范围.

解析

（1）在$\triangle ADC$中，$AD=1$，$AC=2\sqrt{3}$，

所以$\overrightarrow{AD}\cdot\overrightarrow{AC}=|\overrightarrow{AD}||\overrightarrow{AC}|\cos\angle DAC=1\times 2\sqrt{3}\times\cos\angle DAC=3$，所以$\cos\angle DAC=\frac{\sqrt{3}}{2}$，

由余弦定理得 $CD^2=AC^2+AD^2-2AC\cdot AD\cdot\cos\angle DAC=12+1-2\times2\sqrt{3}\times1\times\frac{\sqrt{3}}{2}=7$，

所以 $CD=\sqrt{7}$.

（2）在△ABC 中，由正弦定理得 $\frac{AB}{\sin C}=\frac{BC}{\sin A}=\frac{AC}{\sin B}=\frac{2\sqrt{3}}{\sin\frac{2\pi}{3}}=4$，

所以 $AB+BC=4(\sin A+\sin C)=4\left[\sin A+\sin\left(\frac{\pi}{3}-A\right)\right]=4\sin\left(A+\frac{\pi}{3}\right)$，

因为 $0<A<\frac{\pi}{3}$，所以 $\sin\left(A+\frac{\pi}{3}\right)\in\left(\frac{\sqrt{3}}{2},1\right]$，所以 $AB+BC\in(2\sqrt{3},4]$，

故△ABC 周长的取值范围为 $(4\sqrt{3},4+2\sqrt{3}]$.

题型 4：实际应用（测量问题）

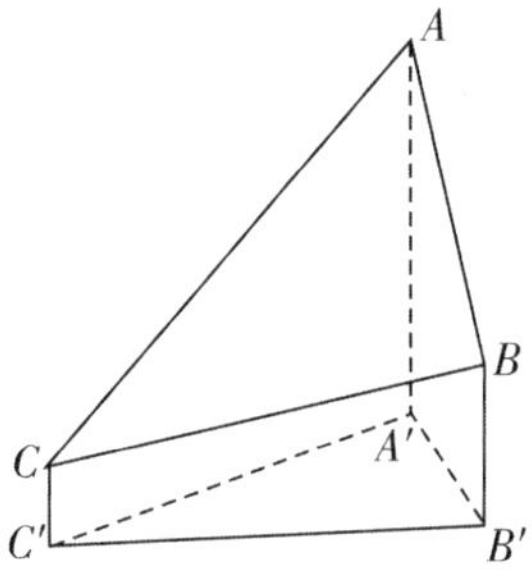

【例 14】（2021 全国高考理科甲卷）2020 年 12 月 8 日，中国和尼泊尔联合公布珠穆朗玛峰最新高程为 8848.86（单位：m），三角高程测量法是珠穆朗玛峰高程测量方法之一．如图是三角高程测量法的一个示意图，现有 A，B，C 三点，且 A，B，C 在同一水平面上的投影 A'，B'，C'满足 $\angle A'C'B'=45°$，$\angle A'B'C'=60°$. 由 C 点测得 B 点的仰角为 $15°$，BB'与 CC'的差为 100；由 B 点测得 A 点的仰角为 $45°$，则 A，C 两点到水平面 $A'B'C'$的高度差 $AA'-CC'$约为（　　）．（$\sqrt{3}\approx1.732$）

A. 346　　B. 373　　C. 446　　D. 473

解析

如右图所示，过 C 点作 $CH\perp BB'$于 H 点，过 B 点作 $BM\perp AA'$于 M 点，

则 $\angle BCH=15°$，$BH=100$，$\angle ABM=45°$，$CH=C'B'$，$A'B'=BM=AM$，$BB'=MA'$，$\angle C'A'B'=75°$，所以 $\tan\angle BCH=\tan15°=\tan(45°-30°)=\frac{\tan45°-\tan30°}{1+\tan45°\tan30°}=2-\sqrt{3}$，

$\sin75°=\sin(45°+30°)=\frac{\sqrt{2}}{2}\left(\frac{\sqrt{3}}{2}+\frac{1}{2}\right)$.

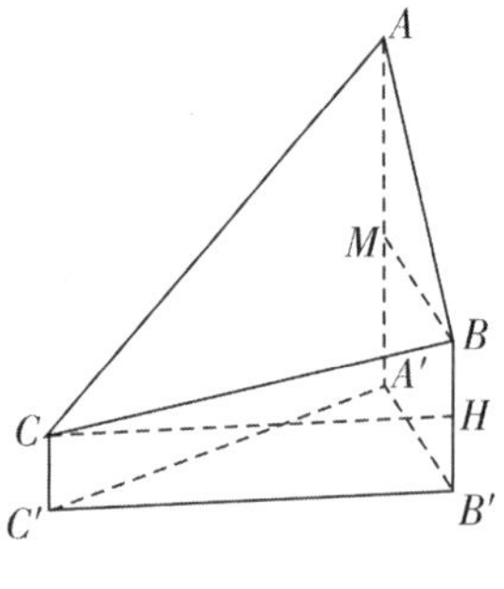

则在 Rt△BCH 中，$CH=\frac{BH}{\tan\angle BCH}=100(2+\sqrt{3})$，

所以 $C'B'=100(2+\sqrt{3})$.

在△$A'B'C'$中，由正弦定理知，

$A'B'=\frac{C'B'}{\sin\angle C'A'B'}\cdot\sin\angle A'C'B'=100(\sqrt{3}+1)$，

所以 $AM=100(\sqrt{3}+1)$，所以 $AA'-CC'=AM+BH=100(\sqrt{3}+1)+100\approx 373$.

故选 B.

【例 15】 如右图所示，为测量山高 MN，选择点 A 和另一座山的山顶 C 为测量观测点. 从点 A 测得点 M 的仰角为$60°$，点 C 的仰角为$45°$以及 $\angle MAC=75°$，从点 C 测得 $\angle MCA=60°$. 已知山高 $BC=50$ m，则山高 MN 为（　　）.

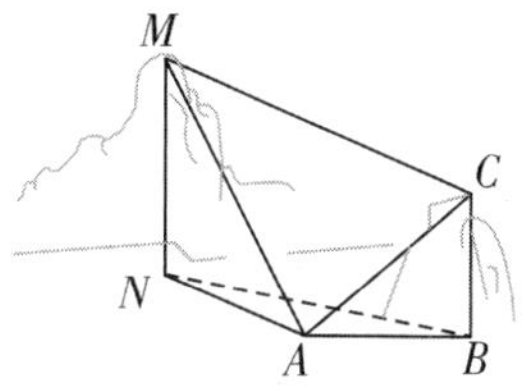

A. 75 m　　B. 150 m　　C. 180 m　　D. 200 m

解析

在 Rt$\triangle ABC$ 中，$\angle CAB=45°$，$BC=50$ m，所以 $AC=50\sqrt{2}$ m，

在$\triangle AMC$ 中，$\angle MAC=75°$，$\angle MCA=60°$，所以$\angle AMC=45°$，

由正弦定理得$\dfrac{AC}{\sin45°}=\dfrac{AM}{\sin60°}$，因此 $AM=50\sqrt{2}\times\dfrac{\frac{\sqrt{3}}{2}}{\frac{\sqrt{2}}{2}}=50\sqrt{3}$ m，

在 Rt$\triangle MNA$ 中，$AM=50\sqrt{3}$ m，$\angle MAN=60°$，由$\dfrac{MN}{AM}=\sin60°$，得 $MN=50\sqrt{3}\times\dfrac{\sqrt{3}}{2}=75$ m.

故选 A.

【例 16】 如右图所示，一辆汽车在一条水平的公路上向正西方向行驶，到 A 处时测得公路北侧一山顶 D 在其西偏北 $30°$的方向上，行驶 600 m 后到达 B 处，测得此山顶在其西偏北 $75°$的方向上，仰角为 $30°$，则此山的高度 $CD=$ ______ m.

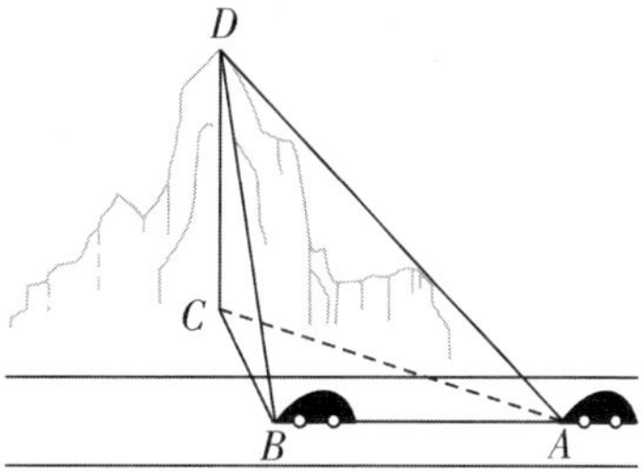

A. $300\sqrt{2}$　　B. $100\sqrt{6}$

C. $300\sqrt{3}$　　D. $100\sqrt{2}$

解析

设此山高度为 h m，则 $BC=\sqrt{3}h$ m，

在$\triangle ABC$ 中，$\angle BAC=30°$，$\angle CBA=105°$，$\angle BCA=45°$，$AB=600$ m，

根据正弦定理得 $\dfrac{\sqrt{3}h}{\sin30°}=\dfrac{600}{\sin45°}$，解得 $h=100\sqrt{6}$.

故选 B.

第四类　综合题型

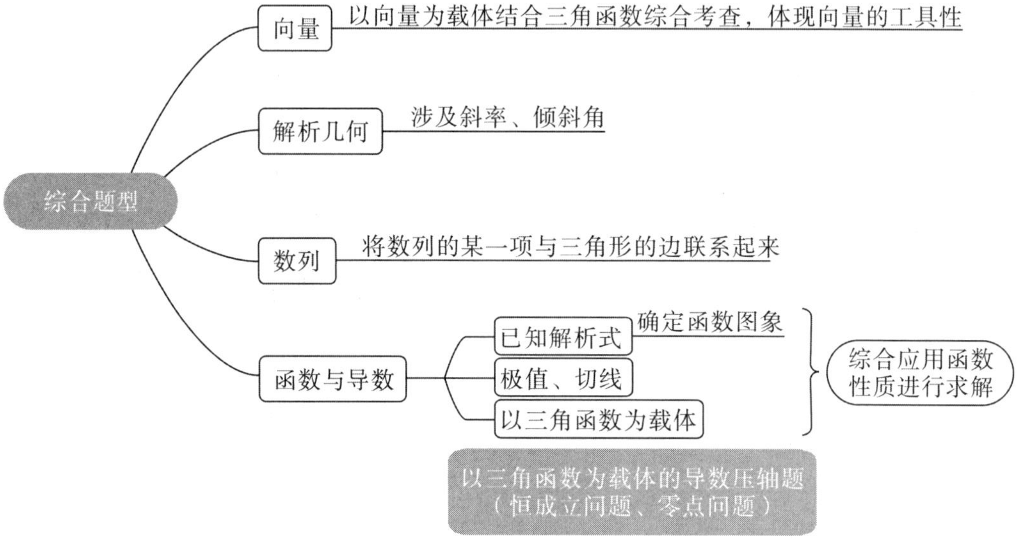

图 2-5　综合题型解题思路

题型 1：与向量相结合的综合问题

【例 1】（2021 新高考Ⅰ卷）已知 O 为坐标原点，点 P_1（$\cos\alpha$，$\sin\alpha$），P_2（$\cos\beta$，$-\sin\beta$），P_3（$\cos(\alpha+\beta)$，$\sin(\alpha+\beta)$），A（1，0），则（　　）.

A. $|\overrightarrow{OP_1}|=|\overrightarrow{OP_2}|$　　B. $|\overrightarrow{AP_1}|=|\overrightarrow{AP_2}|$

C. $\overrightarrow{OA}\cdot\overrightarrow{OP_3}=\overrightarrow{OP_1}\cdot\overrightarrow{OP_2}$　　D. $\overrightarrow{OA}\cdot\overrightarrow{OP_1}=\overrightarrow{OP_2}\cdot\overrightarrow{OP_3}$

解析

通用解法是，由已知点的坐标分别求得对应向量的坐标，再逐一验证四个选项的答案.

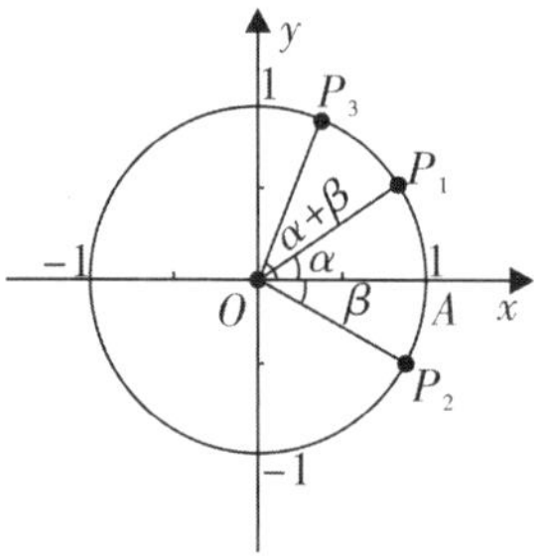

如右图，因为 P_1（$\cos\alpha$，$\sin\alpha$），P_2（$\cos\beta$，$-\sin\beta$），P_3（$\cos(\alpha+\beta)$，$\sin(\alpha+\beta)$），A（1，0），

所以 $\overrightarrow{OP_1}=(\cos\alpha,\sin\alpha)$，$\overrightarrow{OP_2}=(\cos\beta,-\sin\beta)$，

$\overrightarrow{OP_3}=(\cos(\alpha+\beta),\sin(\alpha+\beta))$，$\overrightarrow{OA}=(1,0)$，

$\overrightarrow{AP_1}=(\cos\alpha-1,\sin\alpha)$，$\overrightarrow{AP_2}=(\cos\beta-1,-\sin\beta)$，

则 $|\overrightarrow{OP_1}|=\sqrt{\cos^2\alpha+\sin^2\alpha}=1$，$|\overrightarrow{OP_2}|=\sqrt{\cos^2\beta+(-\sin\beta)^2}=1$，

则 $|\overrightarrow{OP_1}|=|\overrightarrow{OP_2}|$，故 A 项正确；

$|\overrightarrow{AP_1}|=\sqrt{(\cos\alpha-1)^2+\sin^2\alpha}=\sqrt{\cos^2\alpha+\sin^2\alpha-2\cos\alpha+1}=\sqrt{2-2\cos\alpha}$，

$|\overrightarrow{AP_2}|=\sqrt{(\cos\beta-1)^2+(-\sin\beta)^2}=\sqrt{\cos^2\beta+\sin^2\beta-2\cos\beta+1}=\sqrt{2-2\cos\beta}$，

$|\overrightarrow{AP_1}|\neq|\overrightarrow{AP_2}|$，故 B 项错误；

$\overrightarrow{OA} \cdot \overrightarrow{OP_3} = 1 \times \cos(\alpha+\beta) + 0 \times \sin(\alpha+\beta) = \cos(\alpha+\beta)$，

$\overrightarrow{OP_1} \cdot \overrightarrow{OP_2} = \cos\alpha\cos\beta - \sin\alpha\sin\beta = \cos(\alpha+\beta)$，

所以$\overrightarrow{OA} \cdot \overrightarrow{OP_3} = \overrightarrow{OP_1} \cdot \overrightarrow{OP_2}$，故 C 项正确；

$\overrightarrow{OA} \cdot \overrightarrow{OP_1} = 1 \times \cos\alpha + 0 \times \sin\alpha = \cos\alpha$，

$\overrightarrow{OP_2} \cdot \overrightarrow{OP_3} = \cos\beta\cos(\alpha+\beta) - \sin\beta\sin(\alpha+\beta) = \cos[\beta+(\alpha+\beta)] = \cos(\alpha+2\beta)$，

所以$\overrightarrow{OA} \cdot \overrightarrow{OP_1} \neq \overrightarrow{OP_2} \cdot \overrightarrow{OP_3}$，故 D 项错误.

故选 A，C.

【例 2】（2020 安徽模拟）设 O 是$\triangle ABC$ 所在平面上的一点，点 H 是$\triangle ABC$ 的垂心，满足$\overrightarrow{OA}+\overrightarrow{OB}+\overrightarrow{OC}=\overrightarrow{OH}$，且$\sqrt{3}\cdot\overrightarrow{OA}+\overrightarrow{OB}+\sqrt{2}\cdot\overrightarrow{OC}=\vec{0}$，则$\angle A$ 的大小是（　　）.

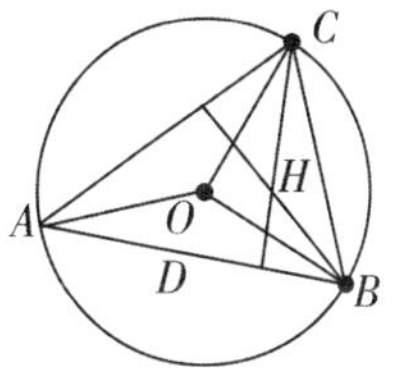

A. $\dfrac{3\pi}{4}$　　B. $\dfrac{\pi}{3}$

C. $\dfrac{\pi}{2}$　　D. $\dfrac{\pi}{4}$

解析

因为$\overrightarrow{OA}+\overrightarrow{OB}+\overrightarrow{OC}=\overrightarrow{OH}$，所以$\overrightarrow{OA}+\overrightarrow{OB}=\overrightarrow{OH}-\overrightarrow{OC}$，

即$\overrightarrow{OA}+\overrightarrow{OB}=\overrightarrow{CH}$，$(\overrightarrow{OA}+\overrightarrow{OB})\cdot\overrightarrow{AB}=\overrightarrow{CH}\cdot\overrightarrow{AB}=\vec{0}$，即$\overrightarrow{OD}\cdot\overrightarrow{AB}=0$（点 D 是边 AB 的中点），所以点 O 在边 AB 的中垂线上.

同理，点 O 在边 BC 的中垂线上，因此点 O 是$\triangle ABC$ 的外心.

设$\triangle ABC$ 外接圆的半径是 R，那么

$\sqrt{3}\cdot\overrightarrow{OA}+\overrightarrow{OB}+\sqrt{2}\cdot\overrightarrow{OC}=\vec{0}\Rightarrow\sqrt{3}\cdot\overrightarrow{OA}=-\sqrt{2}\cdot\overrightarrow{OC}-\overrightarrow{OB}\Rightarrow 3R^2=2R^2+R^2+2\sqrt{2}\cdot\overrightarrow{OC}\cdot\overrightarrow{OB}$

$\Rightarrow\overrightarrow{OC}\cdot\overrightarrow{OB}=0\Rightarrow R^2\cos\angle BOC=0\Rightarrow\angle BOC=\dfrac{\pi}{2}\Rightarrow A=\dfrac{\pi}{4}$.

故选 D.

【例 3】已知向量$\vec{a}=(\cos\alpha,\ \sin\alpha)$，$\vec{b}=(\cos\beta,\ \sin\beta)\left(0<\alpha<\beta<\dfrac{\pi}{2}\right)$.

（1）若$|\vec{a}+\vec{b}|=\sqrt{2}$，求证：$\vec{a}\perp\vec{b}$.

（2）若$|\vec{a}+\vec{b}|=\dfrac{6\sqrt{13}}{13}$，求 $\sin(\alpha-\beta)$ 的值.

解析

（1）因为$|\vec{a}+\vec{b}|=\sqrt{2}$，所以$(\vec{a}+\vec{b})^2=\vec{a}^2+2\vec{a}\cdot\vec{b}+\vec{b}^2$，

又因为$|\vec{a}|=|\vec{b}|=1$，所以$(\vec{a}+\vec{b})^2=1+2\vec{a}\cdot\vec{b}+1=2$，$\vec{a}\cdot\vec{b}=0$，故$\vec{a}\perp\vec{b}$.

(2) 因为 $\vec{a}+\vec{b}=(\cos\alpha+\cos\beta,\ \sin\alpha+\sin\beta)$，$|\vec{a}+\vec{b}|=\frac{6\sqrt{13}}{13}$，

所以$\frac{6\sqrt{13}}{13}=\sqrt{(\cos\alpha+\cos\beta)^2+(\sin\alpha+\sin\beta)^2}=\sqrt{2+2\cos(\alpha-\beta)}$，

解得 $\cos(\alpha-\beta)=\frac{5}{13}$，

由 $0<\alpha<\beta<\frac{\pi}{2}$得 $-\frac{\pi}{2}<\alpha-\beta<0$，

又因为$\cos^2(\alpha-\beta)+\sin^2(\alpha-\beta)=1$，

所以 $\sin(\alpha-\beta)=-\sqrt{1-\cos^2(\alpha-\beta)}=-\frac{12}{13}$.

【例 4】（2016 全国高考理科Ⅲ卷）在△ABC 中，$\angle B=\frac{\pi}{4}$，BC 边上的高等于$\frac{1}{3}BC$，则 $\cos A=$（　　）.

A. $\frac{3\sqrt{10}}{10}$　　B. $\frac{\sqrt{10}}{10}$　　C. $-\frac{\sqrt{10}}{10}$　　D. $-\frac{3\sqrt{10}}{10}$

解析

如右图所示，以 BC 所在的直线为 x 轴，BC 的高所在直线为 y 轴，建立直角坐标系.

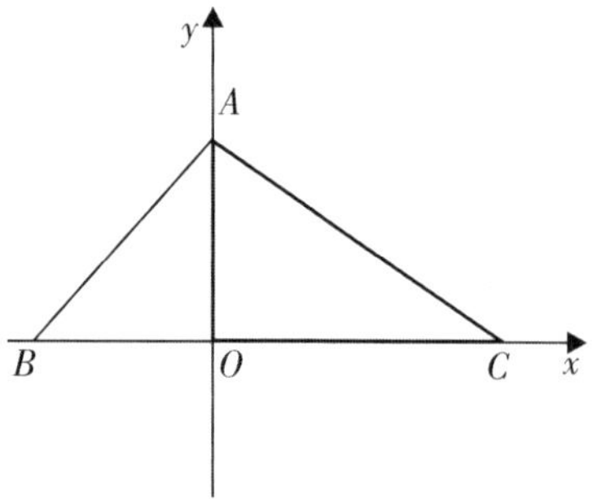

令 $BC=3a$，则 $BO=AO=a$，$CO=2a$，则 $A(0,\ a)$，$B(-a,\ 0)$，$C(2a,\ 0)$，

所以$\overrightarrow{AB}=(-a,\ -a)$，$\overrightarrow{AC}=(2a,\ -a)$，

根据向量的夹角公式得

$$\cos A=\frac{\overrightarrow{AB}\cdot\overrightarrow{AC}}{|\overrightarrow{AB}|\cdot|\overrightarrow{AC}|}=\frac{(-a)\times 2a+(-a)\times(-a)}{\sqrt{2}a\cdot\sqrt{5}a}=-\frac{\sqrt{10}}{10}.$$

题型 2：与解析几何相结合的综合问题

【例 5】（2021 全国高考理科乙卷）魏晋时期刘徽撰写的《海岛算经》是有关测量的数学著作，其中第一题是测海岛的高. 如下图所示，点 E，H，G 在水平线 AC 上，DE 和 FG 是两个垂直于水平面且等高的测量标杆的高度，称为“表高”，EG 称为“表距”，GC 和 EH 都称为“表目距”，GC 与 EH 的差称为“表目距的差”，则海岛的高 $AB=$（　　）.

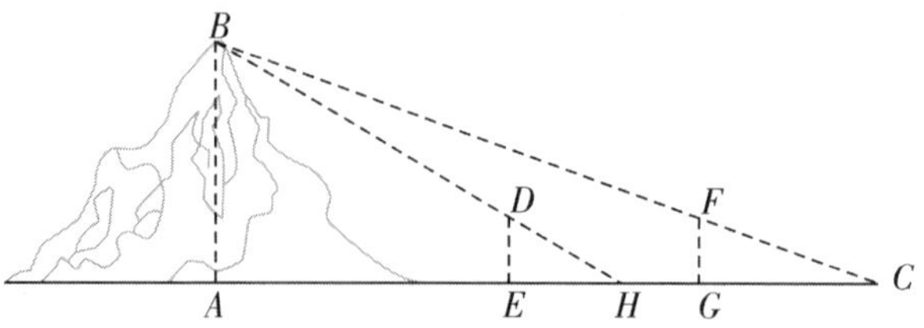

A. $\dfrac{\text{表高}\times\text{表距}}{\text{表目距的差}}+\text{表高}$　　B. $\dfrac{\text{表高}\times\text{表距}}{\text{表目距的差}}-\text{表高}$

C. $\dfrac{\text{表高}\times\text{表距}}{\text{表目距的差}}+\text{表距}$　　D. $\dfrac{\text{表高}\times\text{表距}}{\text{表目距的差}}-\text{表距}$

解析

由已知得 $\dfrac{DE}{AB}=\dfrac{EH}{AH}$，$\dfrac{FG}{BA}=\dfrac{CG}{CA}$，故 $\dfrac{EH}{AH}=\dfrac{CG}{CA}$，即 $\dfrac{EH}{AE+EH}=\dfrac{CG}{AE+EG+GC}$，

解得 $AE=\dfrac{EH\cdot EG}{CG-EH}$，因为 $AH=AE+EH$，

故 $AB=\dfrac{DE\cdot AH}{EH}=\dfrac{DE(AE+EH)}{EH}=\dfrac{DE\cdot AE}{EH}+\dfrac{DE\cdot EH}{EH}$

$=\dfrac{DE\cdot EG}{CG-EH}+DE=\dfrac{\text{表高}\times\text{表距}}{\text{表目距的差}}+\text{表高}$.

故选 A.

【例6】（2020 辽宁一模）为了竖一块广告牌，要制造一个三角形支架，如右图所示，要求 $\angle ACB=60°$，BC 的长度大于 1 m，且 AC 比 AB 长 0.5 m. 同时为了稳固广告牌，要求 AC 越短越好，则 AC 最短为（　　）.

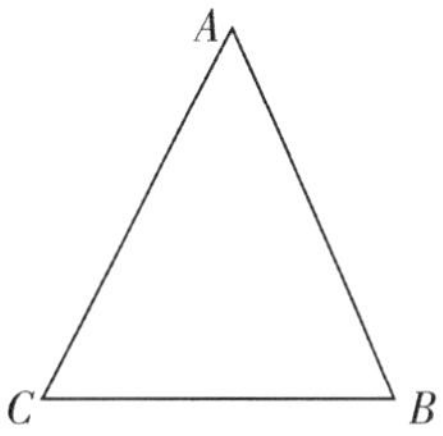

A. $\left(1+\dfrac{\sqrt{3}}{2}\right)$ m　　B. 2 m

C. $(1+\sqrt{3})$ m　　D. $(2+\sqrt{3})$ m

解析

设 BC 的长度为 x m，AC 的长度为 y m，则 AB 的长度为 $(y-0.5)$ m，

在$\triangle ABC$ 中，依余弦定理得 $AB^2=AC^2+BC^2-2AC\cdot BC\cos\angle ACB$，

即 $(y-0.5)^2=y^2+x^2-2yx\times\dfrac{1}{2}$，化简得 $y(x-1)=x^2-\dfrac{1}{4}$，

因为 $x>1$，所以 $x-1>0$，

因此 $y=\dfrac{x^2-\frac{1}{4}}{x-1}$，$y=(x-1)+\dfrac{3}{4(x-1)}+2\geqslant\sqrt{3}+2$，

当且仅当 $x-1=\dfrac{3}{4(x-1)}$时取等号，即 $x=1+\dfrac{\sqrt{3}}{2}$时，y 有最小值 $2+\sqrt{3}$.

故选 D.

【例7】（2017 广东佛山二模，有改动）某沿海四个城市 A，B，C，D 的位置如下图所示，其中 $\angle ABC=60°$，$\angle BCD=135°$，$AB=80$ n mile，$BC=40+30\sqrt{3}$ n mile，$CD=250\sqrt{6}$ n mile. 现在有一艘轮船从 A 出发以 50 n mile/h 的速度向 D 直线航行，60 min 后，

轮船由于天气原因收到指令改向城市 C 直线航行，则收到指令时该轮船到城市 C 的距离是______ n mile.

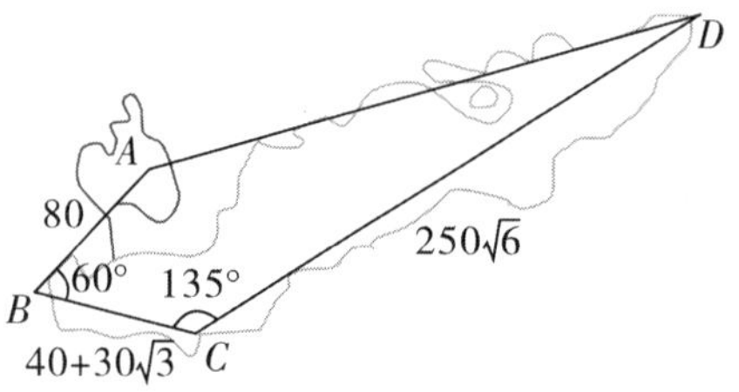

解析

由题意可得，$AC=\sqrt{AB^2+BC^2-2AB\cdot BC\cdot\cos\angle ABC}$

$=\sqrt{6400+1600+2700+2400\sqrt{3}-2\times80\times(40+30\sqrt{3})\times\frac{1}{2}}=50\sqrt{3}$，

设 60 分钟后，轮船到达 D'，$AD'=50\times1=50$，

由$\frac{AC}{\sin\angle ABC}=\frac{AB}{\sin\angle ACB}$得 $\sin\angle ACB=\frac{AB\cdot\sin\angle ABC}{AC}=\frac{80\cdot\frac{\sqrt{3}}{2}}{50\sqrt{3}}=\frac{4}{5}$，

所以 $\cos\angle ACD=\cos(135°-\angle ACB)=\frac{\sqrt{2}}{10}$，

所以 $AD=\sqrt{AC^2+CD^2-2AC\cdot CD\cdot\cos\angle ACD}=\sqrt{7500+62500\times6-2\times50\sqrt{3}\times250\sqrt{6}\times\frac{\sqrt{2}}{10}}$

$=350\sqrt{3}$，

因为 $\cos\angle DAC=\frac{AC^2+AD^2-CD^2}{2AC\cdot AD}=\frac{7500+122500\times3-62500\times6}{2\times50\sqrt{3}\times350\sqrt{3}}=0$，所以 $\angle DAC=90°$，

所以 $CD'=\sqrt{AD^2+AC^2}=\sqrt{2500+7500}=100$.

故答案为 100.

题型 3：与数列相结合的综合问题

【例 8】 在△ABC 中，角 A，B，C 所对的边分别是 a，b，c，满足 $\cos A\cos C+\sin A\sin C+\cos B=\frac{3}{2}$，且 a，b，c 成等比数列.

（1）求角 B 的大小；

（2）若$\frac{a}{\tan A}+\frac{c}{\tan C}=\frac{2b}{\tan B}$，$a=2$，试判断△$ABC$ 的形状.

解析

（1）已知 $\cos A\cos C+\sin A\sin C+\cos B=\frac{3}{2}$，因为 $\cos B=-\cos(A+C)$，所以 $2\sin A\sin C=\frac{3}{2}$，

又因为 $b^2=ac\Rightarrow\sin^2B=\sin A\sin C$，所以 $2\sin^2B=\frac{3}{2}$，即 $\sin B=\frac{\sqrt{3}}{2}$，

而 a，b，c 成等比数列，所以 b 的值不是最大，故 B 为锐角，所以 $B=60°$.

（2）由 $\frac{a}{\tan A}+\frac{c}{\tan C}=\frac{2b}{\tan B}$，得 $\frac{a\cos A}{\sin A}+\frac{c\cos C}{\sin C}=\frac{2b\cos B}{\sin B}$，

利用正弦定理可得 $\cos A+\cos C=2\cos B=1$，

又因为 $A+C=\frac{2\pi}{3}$，所以 $A=C=\frac{\pi}{3}$，所以△ABC 是等边三角形.

【例9】（多选题）如右图所示，设△ABC 的内角 A，B，C 所对的边分别为 a，b，c，若 a，b，c 成等比数列，A，B，C 成等差数列，D 是△ABC 外一点，$DC=1$，$DA=3$. 下列说法中，正确的是（　　）.

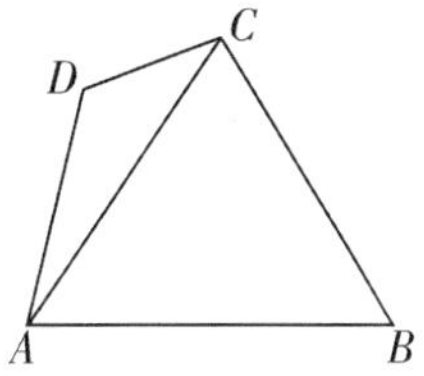

A. $B=\frac{\pi}{3}$

B. △ABC 是等边三角形

C. 若 A，B，C，D 四点共圆，则 $AC=\sqrt{13}$

D. 四边形 $ABCD$ 面积无最大值

解析

A 项，因为 A，B，C 成等差数列，

所以 $A+C=2B$，则 $A+B+C=3B=\pi$，解得 $B=\frac{\pi}{3}$，故 A 项正确；

B 项，因为 a，b，c 成等比数列，则 $b^2=ac$，由余弦定理可得 $b^2=a^2+c^2-2ac\cos\frac{\pi}{3}$，

代入得 $ac=a^2+c^2-ac$，即 $(a-c)^2=0$，所以 $A=C$，故 B 项正确；

C 项，若 A，B，C，D 四点共圆，则 $B+D=\pi$，故 $D=\frac{2\pi}{3}$，

根据余弦定理可得 $AC^2=AD^2+CD^2-2AD\cdot CD\cdot\cos D$，代入计算可得 $AC^2=9+1+6\times\frac{1}{2}=13$，

解得 $AC=\sqrt{13}$，故 C 项正确；

D 项，等边△ABC 中，设 $AC=x$，$x>0$，

在△ADC 中，由余弦定理可得 $AC^2=AD^2+CD^2-2AD\cdot CD\cdot\cos D$，

由于 $AD=3$，$DC=1$，代入上式可得 $x^2=10-6\cos D$，

所以 $S_{\text{四边形}ABCD}=S_{\triangle ABC}+S_{\triangle ACD}=\frac{1}{2}x\cdot x\sin\frac{\pi}{3}+\frac{1}{2}\times3\sin D=\frac{\sqrt{3}}{4}x^2+\frac{3}{2}\sin D$

$=\frac{\sqrt{3}}{4}(10-6\cos D)+\frac{3}{2}\sin D=3\sin\left(D-\frac{\pi}{3}\right)+\frac{5\sqrt{3}}{2}$.

所以四边形 $ABCD$ 面积的最大值为$\frac{5\sqrt{3}}{2}+3$，故 D 项错误.

故选 A，B，C.

【例 10】 已知向量 $\vec{m}=(\cos x,\ -1)$，$\vec{n}=\left(\sqrt{3}\sin x,\ -\frac{1}{2}\right)$，函数 $f(x)=(\vec{m}+\vec{n})\cdot\vec{m}$.

（1）求函数 $f(x)$ 的最小正周期及单调递增区间；

（2）在 $\triangle ABC$ 中，三内角 A，B，C 的对边分别为 a，b，c，已知函数 $f(x)$ 的图象经过点$\left(A,\ \frac{5}{2}\right)$，三边 a，b，c 成等差数列，且$\overrightarrow{BA}\cdot\overrightarrow{BC}=6$，求 a 的值.

解析

（1）$f(x)=(\vec{m}+\vec{n})\cdot\vec{m}=\left(\cos x+\sqrt{3}\sin x,\ -\frac{3}{2}\right)\cdot(\cos x,\ -1)$

$$=\cos^2 x+\sqrt{3}\sin x\cos x+\frac{3}{2}=\sin\left(2x+\frac{\pi}{6}\right)+2,$$

所以其最小正周期 $T=\frac{2\pi}{2}=\pi$，

令 $2k\pi-\frac{\pi}{2}\leqslant 2x+\frac{\pi}{6}\leqslant 2k\pi+\frac{\pi}{2}$，$k\in\mathbf{Z}$，可得 $k\pi-\frac{\pi}{3}\leqslant x\leqslant k\pi+\frac{\pi}{6}$，$k\in\mathbf{Z}$，

可得单调递增区间为$\left[k\pi-\frac{\pi}{3},\ k\pi+\frac{\pi}{6}\right]$，$k\in\mathbf{Z}$.

（2）由题意，$f(A)=\sin\left(2A+\frac{\pi}{6}\right)+2=\frac{5}{2}$，可得 $\sin\left(2A+\frac{\pi}{6}\right)=\frac{1}{2}$，

又 $A\in(0,\ \pi)$，解得 $A=\frac{\pi}{3}$，

因为 a，b，c 成等差数列，所以 $a+c=2b$，$c=2b-a$，

由余弦定理可得 $\cos A=\frac{b^2+c^2-a^2}{2bc}=\frac{1}{2}$，

所以 $b^2+(2b-a)^2-a^2=b(2b-a)$，解得 $b=a$，$B=A=\frac{\pi}{3}$，$a=b=c$，

所以$\overrightarrow{BA}\cdot\overrightarrow{BC}=6=ac\cos B=\frac{1}{2}ac=\frac{1}{2}a^2$，所以 $a=2\sqrt{3}$.

【例 11】 函数 $f(x)=\cos\left(\omega x+\frac{\pi}{3}\right)$（$\omega>0$）的图象与 x 轴的交点的横坐标构成一个公差为$\frac{\pi}{2}$的等差数列，要得到函数 $g(x)=\sin\omega x$ 的图象，只需将函数 $f(x)$ 的图象（　　）.

A. 向右平移$\frac{5\pi}{12}$个单位长度　　B. 向左平移$\frac{\pi}{12}$个单位长度

C. 向左平移$\frac{\pi}{3}$个单位长度　　　　D. 向右平移$\frac{\pi}{6}$个单位长度

解析

依题意，函数$f(x)=\cos\left(\omega x+\frac{\pi}{3}\right)$（$\omega>0$）的周期$T=\pi=\frac{2\pi}{\omega}$，所以$\omega=2$，

$f(x)=\cos\left(2x+\frac{\pi}{3}\right)=\sin\left[\left(2x+\frac{\pi}{3}\right)+\frac{\pi}{2}\right]=\sin\left(2x+\frac{5\pi}{6}\right)=\sin\left[2\left(x+\frac{5\pi}{12}\right)\right]$，

所以要得到函数$g(x)=\sin 2x$的图象，只需将函数$f(x)$的图像向右平移$\frac{5\pi}{12}$个单位长度.

故选A.

题型4：以三角函数为载体的导数压轴题

【例12】（2018全国高考理科Ⅰ卷）已知函数$f(x)=2\sin x+\sin 2x$，则$f(x)$的最小值是________.

解析

$f'(x)=2\cos x+2\cos 2x=2(2\cos^2 x+\cos x-1)=2(\cos x+1)(2\cos x-1)$，

不难发现$\cos x+1\geqslant 0$恒成立，则

当$\frac{1}{2}<\cos x\leqslant 1$时，$f'(x)>0$，原函数单调递增；

当$-1\leqslant\cos x<\frac{1}{2}$时，$f'(x)<0$，原函数单调递减.

所以当$\cos x=\frac{1}{2}$时$f(x)$取得最小值，而$f(x)=2\sin x+\sin 2x=2\sin x+2\sin x\cos x=2\sin x(1+\cos x)$，

所以当$\cos x=\frac{1}{2}$，$\sin x=-\frac{\sqrt{3}}{2}$时，$f(x)$取得最小值$-\frac{3\sqrt{3}}{2}$.

【例13】（2021浙江卷）已知函数$f(x)=x^2+\frac{1}{4}$，$g(x)=\sin x$，则图象为下图的函数可能是（　　）.

A. $y=f(x)+g(x)-\frac{1}{4}$

B. $y=f(x)-g(x)-\frac{1}{4}$

C. $y=f(x)g(x)$

D. $y=\frac{g(x)}{f(x)}$

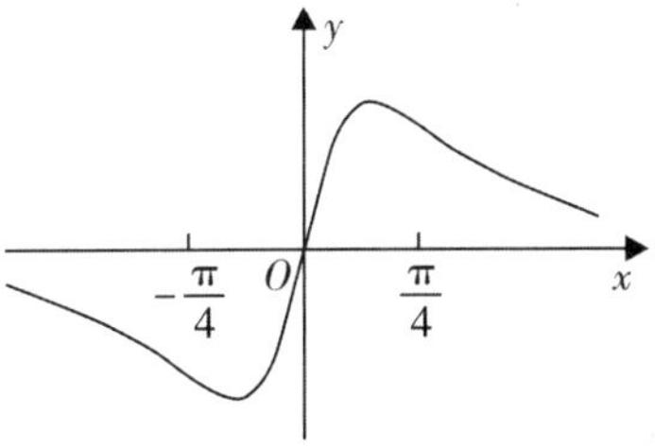

解析

A 项，$y=f(x)+g(x)-\frac{1}{4}=x^2+\sin x$，该函数为非奇非偶函数，与函数图象不符，排除 A 项；

B 项，$y=f(x)-g(x)-\frac{1}{4}=x^2-\sin x$，该函数为非奇非偶函数，与函数图象不符，排除 B 项；

C 项，$y=f(x)g(x)=\left(x^2+\frac{1}{4}\right)\sin x$，则 $y'=2x\sin x+\left(x^2+\frac{1}{4}\right)\cos x$，

当 $x=\frac{\pi}{4}$时，$y'=\frac{\pi}{2}\times\frac{\sqrt{2}}{2}+\left(\frac{\pi^2}{16}+\frac{1}{4}\right)\times\frac{\sqrt{2}}{2}>0$，与函数图象不符，排除 C 项.

故选 D.

【例14】（2021 春安徽期末）若函数$g(x)=f(x-\frac{\pi}{6})+1$为奇函数，函数 $f(x)$ 的导函数 $f'(x)=\cos(\omega x+\varphi)$ $\left(\omega>0, |\varphi|<\frac{\pi}{2}\right)$的部分图象如右图所示，当 $x\in\left[-\frac{5\pi}{18}, \frac{\pi}{3}\right]$时，$f(x)$ 的最小值为（　　）.

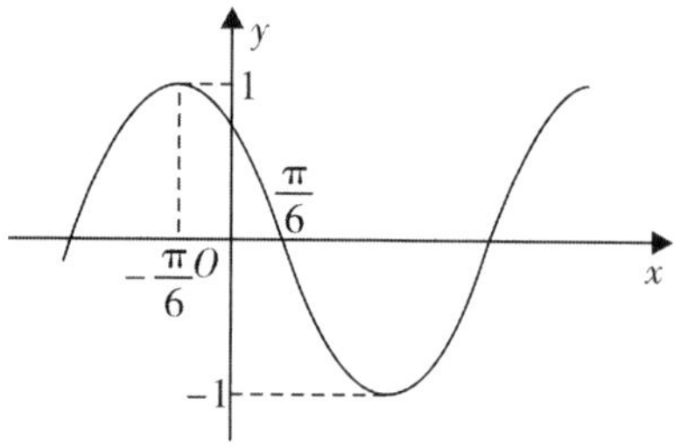

A. -1　　B. $-\frac{4}{3}$　　C. $-\frac{2}{3}$　　D. $-\frac{1}{3}$

解析

根据函数$f(x)$ 的导函数$f'(x)=\cos(\omega x+\varphi)$ $\left(\omega>0, |\varphi|<\frac{\pi}{2}\right)$的部分图象，

可得$\frac{1}{4}\cdot\frac{2\pi}{\omega}=\frac{\pi}{6}+\frac{\pi}{6}$，所以 $\omega=\frac{3}{2}$，再根据五点法作图，

可得$\frac{3}{2}\times\frac{\pi}{6}+\varphi=\frac{\pi}{2}$，求得 $\varphi=\frac{\pi}{4}$，故函数$f'(x)=\cos\left(\frac{3}{2}x+\frac{\pi}{4}\right)$，

所以$f(x)=\frac{2}{3}\sin\left(\frac{3}{2}x+\frac{\pi}{4}\right)+c$.

由于 $g(x)=f\left(x-\frac{\pi}{6}\right)+1=\frac{2}{3}\sin\left(\frac{3}{2}x-\frac{\pi}{4}+\frac{\pi}{4}\right)+c+1=\frac{2}{3}\sin\frac{3}{2}x+c+1$为奇函数，

故 $c=-1$，$f(x)=\frac{2}{3}\sin\left(\frac{3}{2}x+\frac{\pi}{4}\right)-1$.

因为 $x\in\left[-\frac{5\pi}{18}, \frac{\pi}{3}\right]$，所以$\frac{3}{2}x+\frac{\pi}{4}\in\left[-\frac{\pi}{6}, \frac{3\pi}{4}\right]$，所以$f(x)\in\left[-\frac{4}{3}, -\frac{1}{3}\right]$.

故选 B.

【例 15】（2021 山东模拟）已知函数 $f(x)=\cos\left(\omega x-\frac{\pi}{3}\right)-\sin\left(\omega x+\frac{\pi}{2}\right)+1$（$\omega>0$）的最小正周期为 π.

（1）当 $x\in\left[\frac{\pi}{4},\frac{\pi}{2}\right]$时，求函数 $f(x)$ 的最大值与最小值；

（2）在△ABC 中，角 A，B，C 的对边分别为 a，b，c，若 $f(A)=2$，$b^2=2a^2-5c^2$，求 $\sin C$.

解析

（1）已知 $f(x)=\cos\left(\omega x-\frac{\pi}{3}\right)-\sin\left(\omega x+\frac{\pi}{2}\right)+1$

$$=\frac{1}{2}\cos\omega x+\frac{\sqrt{3}}{2}\sin\omega x-\cos\omega x+1$$

$$=\frac{\sqrt{3}}{2}\sin\omega x-\frac{1}{2}\cos\omega x+1$$

$$=\sin\left(\omega x-\frac{\pi}{6}\right)+1,$$

因为 $f(x)$ 的最小正周期为 π，所以$\frac{2\pi}{\omega}=\pi$，可得 $\omega=2$，

故 $f(x)=\sin\left(2x-\frac{\pi}{6}\right)+1$.

当 $x\in\left[\frac{\pi}{4},\frac{\pi}{2}\right]$ 时，$2x-\frac{\pi}{6}\in\left[\frac{\pi}{3},\frac{5\pi}{6}\right]$，

所以当 $2x-\frac{\pi}{6}=\frac{\pi}{2}$时，$f(x)$ 最大值为 2；当 $2x-\frac{\pi}{6}=\frac{5\pi}{6}$时，$f(x)$ 最小值为$\frac{3}{2}$.

（2）由 $f(A)=2$ 可得，$\sin\left(2A-\frac{\pi}{6}\right)=1$，

因为 $A\in(0,\pi)$，$2A-\frac{\pi}{6}\in\left(-\frac{\pi}{6},\frac{11\pi}{6}\right)$，所以 $2A-\frac{\pi}{6}=\frac{\pi}{2}$，$A=\frac{\pi}{3}$，

由余弦定理知，$b^2+c^2-a^2=2bc\cos A=bc$，又 $b^2=2a^2-5c^2$，

可得 $3c^2+2bc-b^2=0$，解得 $b=3c$，$a=\sqrt{7}c$，

由正弦定理知，$\frac{a}{\sin A}=\frac{c}{\sin C}$，$\sin C=\frac{\sin A}{\sqrt{7}}=\frac{\sqrt{21}}{14}$.

（二）新题型

1. 关于三角函数的多选题

【例 1】 函数$f(x)=A\sin(\omega x+\varphi)\left(A>0,\ \omega>0,\ |\varphi|<\dfrac{\pi}{2}\right)$的部分图象如下图所示，则下列结论正确的是（　　）.

A. 点$\left(\dfrac{5\pi}{12},\ 0\right)$是$f(x)$的对称中心

B. 直线$x=\dfrac{7\pi}{6}$是$f(x)$的对称轴

C. $f(x)$在区间$\left[\dfrac{\pi}{2},\ \dfrac{2\pi}{3}\right]$上单调递减

D. $f(x)$的图象向右平移$\dfrac{7\pi}{12}$个单位得$y=\cos 2x$的图象

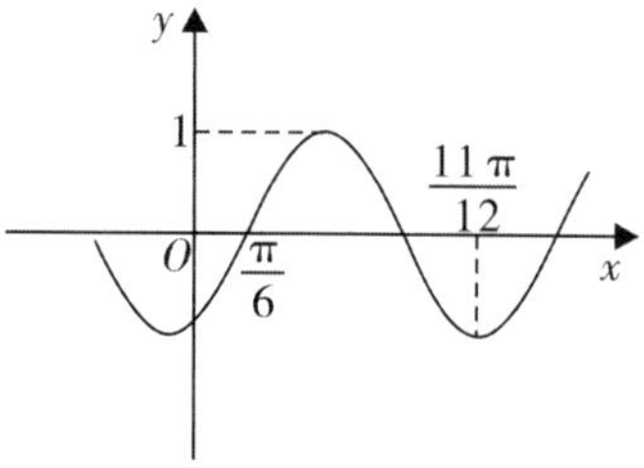

解析

由图知$A=1$，且$\dfrac{3T}{4}=\dfrac{11\pi}{12}-\dfrac{\pi}{6}=\dfrac{3\pi}{4}$，则$T=\pi$，

所以$T=\dfrac{2\pi}{\omega}=\pi$，可得$\omega=2$，

又$f(x)=\sin(2x+\varphi)$过点$\left(\dfrac{\pi}{6},\ 0\right)$，

所以$\sin\left(\dfrac{\pi}{3}+\varphi\right)=0$，得$\varphi=k\pi-\dfrac{\pi}{3}$（$k\in\mathbf{Z}$），

又$|\varphi|<\dfrac{\pi}{2}$，所以当$k=0$时，$\varphi=-\dfrac{\pi}{3}$.

综上，$f(x)=\sin\left(2x-\dfrac{\pi}{3}\right)$.

A 项，将$x=\dfrac{5\pi}{12}$代入得$f\left(\dfrac{5\pi}{12}\right)=\sin\left(\dfrac{5\pi}{6}-\dfrac{\pi}{3}\right)=\sin\dfrac{\pi}{2}=1$，故 A 项错误；

B 项，将$x=\dfrac{7\pi}{6}$代入得$f\left(\dfrac{7\pi}{6}\right)=\sin\left(\dfrac{7\pi}{3}-\dfrac{\pi}{3}\right)=\sin 2\pi=0$，故 B 项错误；

C 项，因$2k\pi+\dfrac{\pi}{2}\leqslant 2x-\dfrac{\pi}{3}\leqslant 2k\pi+\dfrac{3\pi}{2}$，故当$k\pi+\dfrac{5\pi}{12}\leqslant x\leqslant k\pi+\dfrac{11\pi}{12}$时$f(x)$单调递减，则$f(x)$在区间$\left[\dfrac{5\pi}{12},\ \dfrac{11\pi}{12}\right]$上递减，而$\left[\dfrac{\pi}{2},\ \dfrac{2\pi}{3}\right]\subset\left[\dfrac{5\pi}{12},\ \dfrac{11\pi}{12}\right]$，故 C 项正确；

D 项，$f\left(x-\dfrac{7\pi}{12}\right)=\sin\left[2\left(x-\dfrac{7\pi}{12}\right)-\dfrac{\pi}{3}\right]=\sin\left(2x-\dfrac{3\pi}{2}\right)=-\sin\left(\dfrac{3\pi}{2}-2x\right)=\cos 2x$，故 D 项正确.

故选 C，D.

【例2】（2020 新高考Ⅰ卷）右图是函数 $y=\sin(\omega x+\varphi)$ 的部分图象，则 $\sin(\omega x+\varphi)=$（　　）.

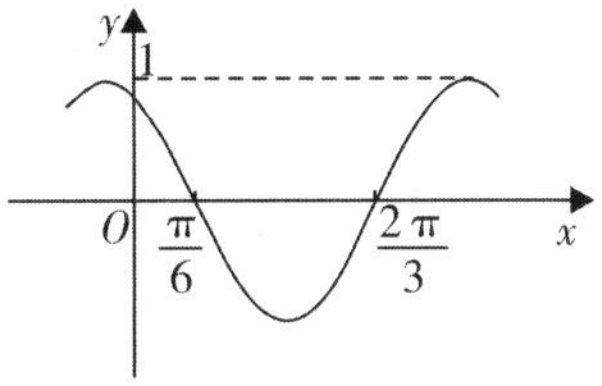

A. $\sin\left(x+\frac{\pi}{3}\right)$　　　B. $\sin\left(\frac{\pi}{3}-2x\right)$

C. $\cos\left(2x+\frac{\pi}{6}\right)$　　　D. $\cos\left(\frac{5\pi}{6}-2x\right)$

解析

由图象可知，$\frac{T}{2}=\frac{2\pi}{3}-\frac{\pi}{6}=\frac{\pi}{2}$，则有 $T=\pi$，$T=\frac{2\pi}{|\omega|}=\pi$，

可得 $\omega=2$ 或 $\omega=-2$，故排除 A 项；

由图象可知，$f(0)>0$，但当 $f(x)=\cos\left(\frac{5\pi}{6}-2x\right)$ 时，$f(0)=\cos\frac{5\pi}{6}<0$，

故排除 D 项.

故选 B，C.

【例3】在 $\triangle ABC$ 中，角 A，B，C 所对的边为 a，b，c，且 $(a+b):(a+c):(b+c)=9:10:11$，则下列结论正确的是（　　）.

A. $\sin A:\sin B:\sin C=4:5:6$

B. $\triangle ABC$ 是钝角三角形

C. $\triangle ABC$ 的最大内角是最小内角的 2 倍

D. 若 $c=6$，则 $\triangle ABC$ 外接圆半径为 $\frac{8\sqrt{7}}{7}$

解析

A 项，因为 $(a+b):(a+c):(b+c)=9:10:11$，

所以可设 $\begin{cases}a+b=9x,\\a+c=10x,\\b+c=11x,\end{cases}$ 其中 $x>0$，解得 $a=4x$，$b=5x$，$c=6x$，

所以 $\sin A:\sin B:\sin C=4:5:6$，故 A 项正确；

B 项，由 A 项解析可知边 c 最大，所以三角形中角 C 最大，

又 $\cos C=\frac{a^2+b^2-c^2}{2ab}=\frac{(4x)^2+(5x)^2-(6x)^2}{2\times4x\times5x}=\frac{1}{8}>0$，

所以角 C 为锐角，故 B 项错误；

C 项，由 A 项解析可知 a 边最小，所以三角形中角 A 最小，

又 $\cos A=\frac{c^2+b^2-a^2}{2cb}=\frac{(6x)^2+(5x)^2-(4x)^2}{2\times6x\times5x}=\frac{3}{4}$，

所以 $\cos 2A = 2\cos^2 A - 1 = \frac{1}{8}$，所以 $\cos 2A = \cos C$，

由三角形中角 C 最大且角 C 为锐角可得 $2A \in (0, \pi)$，$C \in (0, \frac{\pi}{2})$，

所以 $2A = C$，故 C 项正确；

D 项，由正弦定理得 $2R = \frac{c}{\sin C}$，又 $\sin C = \sqrt{1-\cos^2 C} = \frac{3\sqrt{7}}{8}$，

所以 $2R = \frac{6}{\frac{3\sqrt{7}}{8}}$，

解得 $R = \frac{8\sqrt{7}}{7}$，故 D 项正确.

故选 A，C，D.

2. **关于三角函数的填空题**

【例 1】 如右图所示，在 $\triangle ABC$ 中，内角 A，B，C 的对边分别为 a，b，c，若 $b = 4\sqrt{5}$，$c = 5$，$B = 2C$，则 $\cos C =$ ______，D 为 BC 上一点，且 $BD = 6$，则 $\triangle ADC$ 的面积为______.

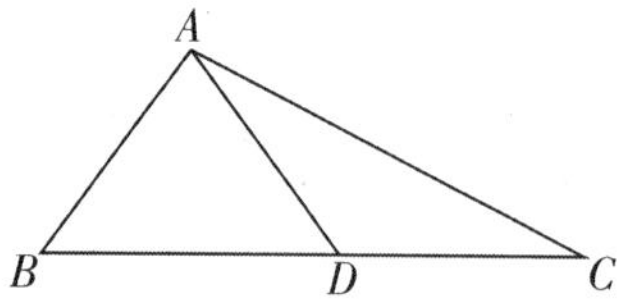

解析

因为 $b = 4\sqrt{5}$，$c = 5$，$B = 2C$，由正弦定理可得 $\frac{b}{\sin B} = \frac{c}{\sin C}$，

所以 $\frac{4\sqrt{5}}{\sin 2C} = \frac{4\sqrt{5}}{2\sin C\cos C} = \frac{5}{\sin C}$，则 $\cos C = \frac{2\sqrt{5}}{5}$；

$\sin B = 2\sin C\cos C = 2 \times \frac{2\sqrt{5}}{5} \times \frac{\sqrt{5}}{5} = \frac{4}{5}$，所以 $S_{\triangle ABD} = \frac{1}{2} \times 5 \times 6 \times \frac{4}{5} = 12$，

由余弦定理可得 $\cos C = \frac{2\sqrt{5}}{5} = \frac{a^2 + 80 - 25}{8\sqrt{5}a}$，解得 $a = 5$（舍去）或 $a = 11$，

所以 $\frac{S_{\triangle ABD}}{S_{\triangle ADC}} = \frac{BD}{CD} = \frac{6}{5}$，所以 $S_{\triangle ADC} = \frac{5}{6} \times 12 = 10$.

故答案分别为 $\frac{2\sqrt{5}}{5}$，10.

【例 2】（2020 北京卷）若函数 $f(x) = \sin(x+\varphi) + \cos x$ 的最大值为 2，则常数 φ 的一个取值为______.

解析

根据两角和的正弦公式以及辅助角公式可求得 $f(x) = \cos\varphi\sin x + (\sin\varphi + 1)\cos x = \sqrt{\cos^2\varphi + (\sin\varphi+1)^2}\sin(x+\theta)$，

所以$\sqrt{\cos^2\varphi+(\sin\varphi+1)^2}=2$，解得 $\sin\varphi=1$，故可取 $\varphi=\frac{\pi}{2}$.

故答案为$\frac{\pi}{2}\left(2k\pi+\frac{\pi}{2},\ k\in\mathbf{Z}\text{ 均可}\right)$.

【例3】 已知函数$f(x)=2\sin(\omega x+\varphi)$（$\omega>0$，$|\varphi|<\pi$）的图象如右图所示，则 $\omega=$______，$f\left(\frac{7\pi}{12}\right)=$______.

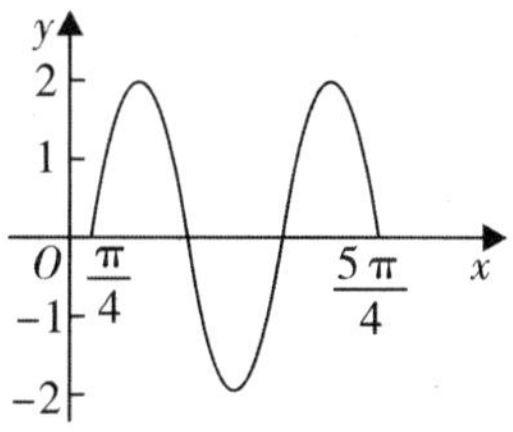

解析

由函数的图象可得$\frac{3}{2}T=\frac{5\pi}{4}-\frac{\pi}{4}$，可得 $T=\frac{2\pi}{3}=\frac{2\pi}{\omega}$，可得$\omega=3$；

因为$f\left(\frac{\pi}{4}\right)=0$，所以$3\cdot\frac{\pi}{4}+\varphi=2k\pi$（$k\in\mathbf{Z}$，$|\varphi|<\pi$），可得 $\varphi=-\frac{3\pi}{4}$，

所以$f(x)=2\sin\left(3x-\frac{3\pi}{4}\right)$，所以$f\left(\frac{7}{12}\pi\right)=2\sin\left(3\cdot\frac{7\pi}{12}-\frac{3}{4}\pi\right)=2\sin\pi=0$.

故答案分别为3，0.

【例4】 在$\triangle ABC$中，内角 A，B，C 所对的边分别是 a，b，c，若 $a=2\sqrt{3}$，$C=\frac{\pi}{3}$，$\tan A=\frac{3}{4}$，则 $\sin A=$________，$b=$________.

解析

由 $\tan A=\frac{\sin A}{\cos A}=\frac{3}{4}$得 $A<\frac{\pi}{2}$，又因为$\sin^2A+\cos^2A=1$，所以 $\sin A=\frac{3}{5}$，$\cos A=\frac{4}{5}$，

所以 $\sin B=\sin(A+C)=\sin A\cos C+\cos A\sin C=\frac{3}{5}\times\frac{1}{2}+\frac{4}{5}\times\frac{\sqrt{3}}{2}=\frac{3+4\sqrt{3}}{10}$，

由正弦定理得 $\frac{b}{\sin B}=\frac{a}{\sin A}$，$b=\frac{a\sin B}{\sin A}=2\sqrt{3}\times\frac{3+4\sqrt{3}}{10}\times\frac{5}{3}=4+\sqrt{3}$.

【例5】 若函数$f(x)$［$f(x)$值不恒为常数］满足以下两个条件：

①$f(x)$为偶函数.

②对于任意的 $x\in\mathbf{R}$，都有$f\left(\frac{\pi}{3}-x\right)=f\left(\frac{\pi}{3}+x\right)$.

则其解析式可以是$f(x)=$________.（写出一个满足条件的解析式即可）

解析

因为对于任意的 $x\in\mathbf{R}$，都有$f\left(\frac{\pi}{3}-x\right)=f\left(\frac{\pi}{3}+x\right)$，

所以函数的图象关于直线 $x=\frac{\pi}{3}$对称.

又由于函数为偶函数，所以函数的解析式可以为$f(x)=\cos 3x$.

因为$f(-x)=\cos(-3x)=\cos3x=f(x)$，所以函数$f(x)$是偶函数.

令$3x=k\pi$，$k\in\mathbf{Z}$，则$x=\frac{k\pi}{3}$，

所以函数$f(x)$的图象关于直线$x=\frac{\pi}{3}$对称.

故答案为$y=\cos3x$.（答案不唯一）

3. 关于三角函数的结构不良题

【例1】在①$b\cos A-c=0$，②$a\cos B=b\cos A$，③$a\cos C+b=0$三个条件中选择符合题意的一个条件，补充在下面的问题中，并求解.

在△ABC中，角A，B，C的对边分别为a，b，c，已知$b=\sqrt{2}$，$c=4$，满足________.

（1）请写出你的选择，并求出角A的值；

（2）在（1）的结论下，已知点D在线段BC上，且$\angle ADB=\frac{3\pi}{4}$，求$CD$长.

解析

（1）若选条件①，则有$\cos A=\frac{c}{b}=\frac{4}{\sqrt{2}}=2\sqrt{2}>1$，不合题意；

若选条件②，由余弦定理可得$a\cdot\frac{a^2+c^2-b^2}{2ac}=b\cdot\frac{b^2+c^2-a^2}{2bc}$，整理得$a=b$，

又因为此时$a+b=2\sqrt{2}<4$，不合题意；

若选条件③，由余弦定理可得$a\cdot\frac{a^2+b^2-c^2}{2ab}+b=0$，即$a^2+3b^2-c^2=0$，

所以$a^2=c^2-3b^2=16-6=10$，

则$\cos A=\frac{b^2+c^2-a^2}{2bc}=\frac{2+16-10}{2\times\sqrt{2}\times4}=\frac{\sqrt{2}}{2}$，

因为$A\in(0,\pi)$，所以$A=\frac{\pi}{4}$.

故答案选③，且$A=\frac{\pi}{4}$.

（2）由（1）的$\cos C=\frac{b^2+a^2-c^2}{2ab}=\frac{2+10-16}{2\times\sqrt{2}\times\sqrt{10}}=-\frac{\sqrt{5}}{5}$，

因为$C\in(0,\pi)$，则$\sin C=\sqrt{1-\cos^2C}=\frac{2\sqrt{5}}{5}$，

$\sin\angle CAD=\sin\left(\frac{3}{4}\pi-C\right)=\sin\frac{3}{4}\pi\cos C-\cos\frac{3}{4}\pi\sin C=\frac{\sqrt{10}}{10}$，

在△ACD中，因为$\frac{AC}{\sin\angle ADC}=\frac{CD}{\sin\angle CAD}$，

则 $CD=\dfrac{AC\sin\angle CAD}{\sin\angle ADC}=\dfrac{\sqrt{2}\times\dfrac{\sqrt{10}}{10}}{\dfrac{\sqrt{2}}{2}}=\dfrac{\sqrt{10}}{5}$.

【例2】 ①函数 $f(x)=\dfrac{1}{2}\sin(2\omega x+\varphi)\left(\omega>0,\ |\varphi|<\dfrac{\pi}{2}\right)$ 的图象向右平移 $\dfrac{\pi}{12}$ 个单位长度得到 $g(x)$ 的图象，$g(x)$ 的图象关于原点对称；②向量 $\vec{m}=(\sqrt{3}\sin\omega x,\ \cos2\omega x)$，$\vec{n}=\left(\dfrac{1}{2}\cos\omega x,\ \dfrac{1}{4}\right)$，$\omega>0$，$f(x)=\vec{m}\cdot\vec{n}$；③函数 $f(x)=\cos\omega x\sin\left(\omega x+\dfrac{\pi}{6}\right)-\dfrac{1}{4}(\omega>0)$. 在以上三个条件中任选一个，补充在下面问题中，并解答.

已知______，函数 $f(x)$ 的图象相邻两条对称轴之间的距离为 $\dfrac{\pi}{2}$.

（1）若 $0<\theta<\dfrac{\pi}{2}$，且 $\sin\theta=\dfrac{\sqrt{2}}{2}$，求 $f(\theta)$ 的值；

（2）求函数 $f(x)$ 在 $[0,\ 2\pi]$ 上的单调递减区间.

解析

解法1　选条件①，由题意可知，$T=\dfrac{2\pi}{2\omega}=\pi$，所以 $\omega=1$，

所以 $f(x)=\dfrac{1}{2}\sin(2x+\varphi)$，$g(x)=\dfrac{1}{2}\sin\left(2x+\varphi-\dfrac{\pi}{6}\right)$，

又函数 $g(x)$ 的图象关于原点对称，所以 $\varphi=k\pi+\dfrac{\pi}{6}$，$k\in\mathbf{Z}$，

因为 $|\varphi|<\dfrac{\pi}{2}$，所以 $\varphi=\dfrac{\pi}{6}$，所以 $f(x)=\dfrac{1}{2}\sin\left(2x+\dfrac{\pi}{6}\right)$.

（1）因为 $0<\theta<\dfrac{\pi}{2}$，$\sin\theta=\dfrac{\sqrt{2}}{2}$，所以 $\theta=\dfrac{\pi}{4}$，$f(\theta)=f\left(\dfrac{\pi}{4}\right)=\dfrac{1}{2}\sin\dfrac{2}{3}\pi=\dfrac{\sqrt{3}}{4}$；

（2）由 $\dfrac{\pi}{2}+2k\pi\leqslant2x+\dfrac{\pi}{6}\leqslant\dfrac{3}{2}\pi+2k\pi$，$k\in\mathbf{Z}$，得 $\dfrac{\pi}{6}+k\pi\leqslant x\leqslant\dfrac{2}{3}\pi+k\pi$，$k\in\mathbf{Z}$，

令 $k=0$，得 $\dfrac{\pi}{6}\leqslant x\leqslant\dfrac{2}{3}\pi$，令 $k=1$，得 $\dfrac{7}{6}\pi\leqslant x\leqslant\dfrac{5}{3}\pi$，

故函数 $f(x)$ 在 $[0,\ 2\pi]$ 上的单调递减区间为 $\left[\dfrac{\pi}{6},\ \dfrac{2}{3}\pi\right]$，$\left[\dfrac{7}{6}\pi,\ \dfrac{5}{3}\pi\right]$.

解法2　选条件②，因为 $\vec{m}=(\sqrt{3}\sin\omega x,\ \cos2\omega x)$，$\vec{n}=\left(\dfrac{1}{2}\cos\omega x,\ \dfrac{1}{4}\right)$，

所以 $f(x)=\vec{m}\cdot\vec{n}=\dfrac{\sqrt{3}}{2}\sin\omega x\cos\omega x+\dfrac{1}{4}\cos2\omega x=\dfrac{1}{2}\left(\dfrac{\sqrt{3}}{2}\sin2\omega x+\dfrac{1}{2}\cos2\omega x\right)$

$=\dfrac{1}{2}\sin\left(2\omega x+\dfrac{\pi}{6}\right)$.

又 $T=\dfrac{2\pi}{2\omega}=\pi$，所以 $\omega=1$，所以 $f(x)=\dfrac{1}{2}\sin\left(2x+\dfrac{\pi}{6}\right)$.

（1）因为 $0<\theta<\dfrac{\pi}{2}$，$\sin\theta=\dfrac{\sqrt{2}}{2}$，所以 $\theta=\dfrac{\pi}{4}$，所以 $f(\theta)=f\left(\dfrac{\pi}{4}\right)=\dfrac{1}{2}\sin\dfrac{2}{3}\pi=\dfrac{\sqrt{3}}{4}$；

（2）由 $\dfrac{\pi}{2}+2k\pi\leqslant 2x+\dfrac{\pi}{6}\leqslant\dfrac{3}{2}\pi+2k\pi$，$k\in\mathbf{Z}$，得 $\dfrac{\pi}{6}+k\pi\leqslant x\leqslant\dfrac{2}{3}\pi+k\pi$，$k\in\mathbf{Z}$，

令 $k=0$，得 $\dfrac{\pi}{6}\leqslant x\leqslant\dfrac{2}{3}\pi$，令 $k=1$，得 $\dfrac{7}{6}\pi\leqslant x\leqslant\dfrac{5}{3}\pi$，

所以函数 $f(x)$ 在 $[0,\ 2\pi]$ 上的单调递减区间为 $\left[\dfrac{\pi}{6},\ \dfrac{2}{3}\pi\right]$，$\left[\dfrac{7}{6}\pi,\ \dfrac{5}{3}\pi\right]$.

解法3　选条件③，$f(x)=\cos\omega x\sin\left(\omega x+\dfrac{\pi}{6}\right)-\dfrac{1}{4}=\cos\omega x\left(\sin\omega x\cos\dfrac{\pi}{6}+\cos\omega x\sin\dfrac{\pi}{6}\right)-\dfrac{1}{4}$

$$=\frac{\sqrt{3}}{2}\sin\omega x\cos\omega x+\frac{1}{2}\cos^2\omega x-\frac{1}{4}=\frac{\sqrt{3}}{4}\sin 2\omega x+\frac{1}{4}\cos 2\omega x$$

$$=\frac{1}{2}\left(\frac{\sqrt{3}}{2}\sin 2\omega x+\frac{1}{2}\cos 2\omega x\right)=\frac{1}{2}\sin\left(2\omega x+\frac{\pi}{6}\right),$$

又 $T=\dfrac{2\pi}{2\omega}=\pi$，所以 $\omega=1$，$f(x)=\dfrac{1}{2}\sin\left(2x+\dfrac{\pi}{6}\right)$.

（1）因为 $0<\theta<\dfrac{\pi}{2}$，$\sin\theta=\dfrac{\sqrt{2}}{2}$，所以 $\theta=\dfrac{\pi}{4}$，所以 $f(\theta)=f\left(\dfrac{\pi}{4}\right)=\dfrac{1}{2}\sin\dfrac{2}{3}\pi=\dfrac{\sqrt{3}}{4}$；

（2）由 $\dfrac{\pi}{2}+2k\pi\leqslant 2x+\dfrac{\pi}{6}\leqslant\dfrac{3}{2}\pi+2k\pi$，$k\in\mathbf{Z}$，得 $\dfrac{\pi}{6}+k\pi\leqslant x\leqslant\dfrac{2}{3}\pi+k\pi$，$k\in\mathbf{Z}$，

令 $k=0$，得 $\dfrac{\pi}{6}\leqslant x\leqslant\dfrac{2}{3}\pi$，令 $k=1$，得 $\dfrac{7}{6}\pi\leqslant x\leqslant\dfrac{5}{3}\pi$，

所以函数 $f(x)$ 在 $[0,\ 2\pi]$ 上的单调递减区间为 $\left[\dfrac{\pi}{6},\ \dfrac{2}{3}\pi\right]$，$\left[\dfrac{7}{6}\pi,\ \dfrac{5}{3}\pi\right]$.

四、说两道名题

（一）2022 年新高考数学全国Ⅰ卷第 18 题

记 $\triangle ABC$ 的内角 A，B，C 的对边分别为 a，b，c，已知 $\dfrac{\cos A}{1+\sin A}=\dfrac{\sin 2B}{1+\cos 2B}$.

（1）若 $C=\dfrac{2\pi}{3}$，求 B；

（2）求 $\dfrac{a^2+b^2}{c^2}$ 的最小值.

1. 说题源题意

（1）题源.

2022 年新高考数学全国 Ⅰ 卷第 18 题.

（2）题意.

①第（1）问要求化简题干的等式，算出角 B 与角 C 的关系，化简过程需要运用倍角公式、诱导公式、正弦和差化积公式、余弦和差化积公式、半角公式；对于重要公式的考查不落俗套，第（1）问突出考查学生的知识应用能力和运算求解能力.

②第（2）问求$\frac{a^2+b^2}{c^2}$的最小值，综合性较强，强化了基础考查，用以加强素养考查，发挥选拔功能，需要学生结合正弦定理、诱导公式. 考查了学生把多变量问题转化为单一变量的能力，另外此题设问为最小值问题，从问题解决上结合了基本不等式和简单函数单调性求解的问题.

2. **说知识网络**

题目主要考查了倍角公式、正弦定理、诱导公式、正弦和差化积公式、余弦和差化积公式、半角公式、基本不等式、简单函数的单调性等重要知识点.

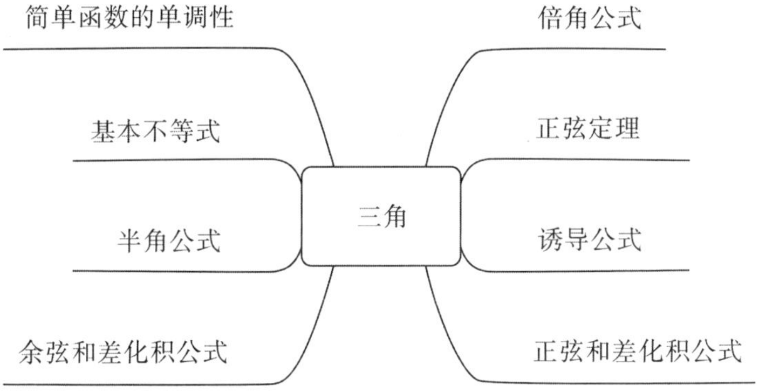

图 2-6　题目涉及的重要知识点

3. **说解题过程**

针对第（1）问的解法：

【解法 1】直接计算法.

由题设得：$\frac{\cos A}{1+\sin A}=\frac{2\sin B\cos B}{2\cos^2 B}=\frac{\sin B}{\cos B}$，

于是 $\cos A\cos B=\sin B+\sin A\sin B$，

所以 $\cos(A+B)=\sin B$，$-\cos C=\sin B$.

又因为 $C=\frac{2\pi}{3}$，

所以 $\sin B=\cos(\pi-C)=\cos\frac{\pi}{3}=\frac{1}{2}$.

因此 $B=\frac{\pi}{6}$.

【**解法2**】直接计算法.

由题设得：$\frac{\cos A(1-\sin A)}{1-\sin^2 A}=\frac{2\sin B\cos B}{2\cos^2 B}$,

所以$\frac{1-\sin A}{\cos A}=\frac{\sin B}{\cos B}$,

$\cos A\sin B+\sin A\cos B=\cos B$，$\sin(A+B)=\cos B$，$\cos B=\sin C=\frac{\sqrt{3}}{2}$,

所以 $B=\frac{\pi}{6}$.

【**解法3**】函数同构型.

$$\frac{\cos A}{1+\sin A}=\frac{\sin 2B}{1+\cos 2B}=\frac{\cos\left(\frac{\pi}{2}-2B\right)}{1+\sin\left(\frac{\pi}{2}-2B\right)},$$

$f(x)=\frac{\cos x}{1+\sin x}$，$f'(x)=\frac{-\sin x-1}{(1+\sin x)^2}$，$x\in\left(\frac{-\pi}{2},\frac{\pi}{2}\right)$，$f'(x)<0$，$f(x)$在$\left(\frac{-\pi}{2},\frac{\pi}{2}\right)$单调递减，

所以 $A=\frac{\pi}{2}-2B$，又因为 $A+B=\frac{\pi}{3}$,

所以 $B=\frac{\pi}{6}$.

【**解法4**】等角代换法.

由题设得 $\cos A\cos 2B-\sin A\sin 2B=\sin 2B-\cos A$,

所以 $\cos(A+2B)=\sin 2B-\cos A$.

因为 $C=\frac{2\pi}{3}$，所以 $A+B=\frac{\pi}{3}$，$\cos\left(\frac{\pi}{3}+B\right)=\sin 2B-\cos\left(\frac{\pi}{3}-B\right)$，$2\cos\frac{\pi}{3}\cos B=\sin 2B$，$2\cos\frac{\pi}{3}\cos B=\cos B=2\sin B\cos B$，所以 $\sin B=\cos\frac{\pi}{3}=\frac{1}{2}$,

所以 $B=\frac{\pi}{6}$.

【**解法5**】三角恒等变化法.

$$\frac{\cos A}{1+\sin A}=\frac{-\cos(B+C)}{1+\sin(B+C)}$$

$$=\frac{-\cos B\cos C+\sin B\sin C}{1+\sin B\cos C+\cos B\sin C}$$

$$=\frac{2\sin B\cos B}{2\cos^2 B}=\frac{\sin B}{\cos B},$$

所以 $\sin B+\sin^2 B\cos C+\sin B\cos B\sin C=-\cos^2 B\cos C+\sin B\cos B\sin C$,

所以 $\sin B=-(\cos^2B+\sin^2B)\cos C=-\cos C$.

又因为 $C=\frac{2\pi}{3}$，

所以 $\sin B=-\cos\frac{2\pi}{3}=\frac{1}{2}$，

所以 $B=\frac{\pi}{6}$.

【解法 6】

由题设得：$\frac{\cos A(1-\sin A)}{1-\sin^2A}=\frac{2\sin B\cos B}{2\cos^2B}$，

所以 $\frac{1-\sin A}{\cos A}=\frac{\sin B}{\cos B}$，

$\cos A\sin B+\sin A\cos B=\cos B$，

$\sin(A+B)=\cos B$，

$\cos B=\sin C=\frac{\sqrt{3}}{2}$，

$B=\frac{\pi}{6}$.

【解法 7】 三角恒等变换法.

因为 $A+B+C=\pi$，所以 $B=\pi-(A+C)$.

$$\frac{\cos A}{1+\sin A}=\frac{\sin[2\pi-2(A+C)]}{1+\cos[2\pi-2(A+C)]}=\frac{-\sin 2(A+C)}{1+\cos 2(A+C)}$$

$$=\frac{-2\sin(A+C)\cos(A+C)}{2\cos^2(A+C)}=\frac{-\sin(A+C)}{\cos(A+C)}.$$

又因为 $C=\frac{2\pi}{3}$，

所以 $\frac{\cos A}{1+\sin A}=\frac{-\sin\left(A+\frac{2\pi}{3}\right)}{\cos\left(A+\frac{2\pi}{3}\right)}=\frac{\frac{1}{2}\sin A-\frac{\sqrt{3}}{2}\cos A}{-\frac{1}{2}\cos A-\frac{\sqrt{3}}{2}\sin A}$，$\frac{1}{2}\sin A-\frac{\sqrt{3}}{2}\cos A+\frac{1}{2}\sin^2A-\frac{\sqrt{3}}{2}$ $\sin A\cos A=-\frac{1}{2}\cos^2A-\frac{\sqrt{3}}{2}\sin A\cos A$，

$\frac{1}{2}\sin A-\frac{\sqrt{3}}{2}\cos A=-\frac{1}{2}$，

$\sin\left(A-\frac{\pi}{3}\right)=-\frac{1}{2}$.

又因为 $C=\frac{2\pi}{3}$，所以 $A\in\left(0,\frac{\pi}{3}\right)$，$A-\frac{\pi}{3}\in\left(-\frac{\pi}{3},0\right)$，

$A-\frac{\pi}{3}=-\frac{\pi}{6}$，

所以 $A=\frac{\pi}{6}$，

所以 $B=\pi-A-C=\frac{\pi}{6}$.

【解法 8】 转化正切法.

因为 $\frac{\cos A}{1+\sin A}=\frac{\sin 2B}{1+\cos 2B}$，

所以 $\frac{\cos^2\frac{A}{2}-\sin^2\frac{A}{2}}{\left(\cos\frac{A}{2}+\sin\frac{A}{2}\right)^2}=\frac{2\sin B\cos B}{2\cos^2 B}$，$\frac{\cos\frac{A}{2}-\sin\frac{A}{2}}{\cos\frac{A}{2}+\sin\frac{A}{2}}=\frac{\sin B}{\cos B}$，$\frac{1-\tan\frac{A}{2}}{1+\tan\frac{A}{2}}=\tan B$，

所以 $\tan\frac{A}{2}+\tan B=1-\tan\frac{A}{2}\tan B$.

又因为 $C=\frac{2\pi}{3}$　所以 A，$B\in\left(0,\ \frac{\pi}{3}\right)$，$A+B=\frac{\pi}{3}$，　①

所以 $\frac{A}{2}+B\in\left(0,\ \frac{\pi}{2}\right)$，$\tan\frac{A}{2}\tan B\neq 1$，$\frac{\tan\frac{A}{2}+\tan B}{1-\tan\frac{A}{2}\tan B}=1$，$\tan\left(\frac{A}{2}+B\right)=1$，

所以 $\frac{A}{2}+B=\frac{\pi}{4}$，　②

联立①②解得：$B=\frac{\pi}{6}$.

针对第（2）问的解法：

【解法 1】 转化角 B 法.

由题设得 $\cos(A+B)>0$，$\cos(A+B)=\sin B=\cos\left(\frac{\pi}{2}-B\right)$，

故 $A=\frac{\pi}{2}-2B$，可得 $C=\frac{\pi}{2}+B$.

由正弦定理得 $\frac{a^2+b^2}{c^2}=\frac{\sin^2 A+\sin^2 B}{\sin^2 C}=\frac{\cos^2 2B+\sin^2 B}{\cos^2 B}$

$=\frac{4\cos^4 B-5\cos^2 B+2}{\cos^2 B}=4\cos^2 B+\frac{2}{\cos^2 B}-5\geqslant 4\sqrt{2}-5$，

当且仅当 $\cos^4 B=\frac{1}{2}$ 或 $\cos^2 B=\frac{\sqrt{2}}{2}$ 时等号成立.

所以 $\frac{a^2+b^2}{c^2}$ 的最小值是 $4\sqrt{2}-5$.

或者处理为：

设 $t=\cos^2 B$，$t\in(0,1)$，$f(t)=\dfrac{4t^2-5t+2}{t}$，$f'(t)=\dfrac{4t^2-2}{t^2}$，

令 $f'(t)=0$，得 $t=\dfrac{\sqrt{2}}{2}$，$t\in\left(0,\dfrac{\sqrt{2}}{2}\right)$，$f'(t)<0$，$f(t)$在$\left(0,\dfrac{\sqrt{2}}{2}\right)$单调递减，

$t\in\left(\dfrac{\sqrt{2}}{2},1\right)$，$f'(t)>0$，$f(t)$在$\left(\dfrac{\sqrt{2}}{2},1\right)$单调递增，

所以 $f(t)_{\min}=f\left(\dfrac{\sqrt{2}}{2}\right)=4\sqrt{2}-5$.

【解法2】转化角 C 法.

由（1）得 $\sin B=-\cos C$，

$\sin A=\sin(B+C)=\sin B\cos C+\cos B\sin C=-\cos C\cos C+\sin C\sin C=-\cos 2C$.

由正弦定理得 $\dfrac{a^2+b^2}{c^2}=\dfrac{\sin^2 A+\sin^2 B}{\sin^2 C}$

$=\dfrac{\cos^2 2C+\cos^2 C}{\sin^2 C}$

$=\dfrac{4\sin^4 C-5\sin^2 C+2}{\sin^2 C}=4\sin^2 C+\dfrac{2}{\sin^2 C}-5\geqslant 4\sqrt{2}-5$,

当且仅当 $\sin^4 C=\dfrac{1}{2}$ 或 $\sin^2 C=\dfrac{\sqrt{2}}{2}$ 时等号成立.

因此 $\dfrac{a^2+b^2}{c^2}$ 的最小值是 $4\sqrt{2}-5$.

4. **说易错易误**

（1）不能正确写出倍角公式，比如写成 $\cos 2B=1-2\cos^2 B$. 原因：公式记忆不牢，熟练度不够.

（2）不能正确运用诱导公式，比如 $\cos(A+B)=\cos C$. 原因：训练不到位.

（3）记错特殊角的三角函数值，比如 $\sin B=\dfrac{1}{2}$，$B=\dfrac{\pi}{3}$. 原因：训练不到位，知识不熟练.

（4）解题逻辑混乱. 原因：把证明的结论当作条件使用.

（5）化简过程跳步严重，比如没体现倍角公式和余弦和差化积公式，直接化简出最简式. 原因：书写过程规范性问题，不能辨析关键步骤，解答过程有瑕疵.

（6）运算结果错误多. 原因：不细心，同时缺乏运算能力.

（7）默写定理和公式. 原因：没有掌握解答本题的相关方法，只能默写公式碰运气踩点拿分.

(8) 基本不等式取等条件缺失. 原因：不清楚基本不等式等号成立条件.

(9) 书写格式错误较多，如"$\cos B$"写成"cB". 原因：学生规范意识不够，教师上课板书不够规范.

5. **说思想方法**

(1) 数学素养.

本题在解三角形背景下，考查学生数学运算等核心素养.

(2) 思想方法.

考查了转化与化归、函数与方程的思想；涉及假设法、换元法等解题方法.

6. **说教学价值**

(1) 知识价值.

①呈现方式为文字题；试题结构单一简洁；试题情境为课程学习情境.

②考查了倍角公式、正弦定理、诱导公式、正余弦和差化积公式、半角公式、基本不等式、简单函数的单调性等重要知识点；也考查了等量代换、构造函数、化归思想、方程与函数思想；突出考查了学生的理性思维、数学应用、逻辑思维能力和运算求解能力.

(2) 题型价值.

考查了学生的基础能力，思维水平，定理公式运用能力，起点低多落脚高维度；但认为此题位于大题第 2 题，显得难度较大. 与前两年的三角大题（解三角形）答题比较，有一定的创新性，也有很强的反押题特点. 同时该题非常切合新课标的基本理念：把握数学本质，启发思考，改进教学. 高中数学教学以发展学生数学学科核心素养为导向，创设合适的教学情境，启发学生思考，引导学生把握数学内容的本质.

(3) 教学价值.

①注重基础考查，加强考教衔接，发挥引导作用.

②注重解题规范，强调规范和要点.

③新授课，注重知识的生成过程和定理知识的应用能力.

④解题教学课，注重通性通法，总结数学思想和方法.

如为了培养学生将多变量问题转化到单变量问题的能力，可以给出若干三角函数题中体现该数学方法的题，让学生归纳总结提炼；也可以在高三二轮教学中，给出体现该思想方法的解三角形、数列、立体几何……的题进行纵向比较，深化认识，这也相当于进行数学思想和方法的变式教学.

（二）2020 年新高考数学全国 Ⅰ 卷第 17 题

已知：$\sin A=\sqrt{3}\sin B$，$C=\dfrac{\pi}{6}$. 可选条件：①$ac=\sqrt{3}$，②$c\sin A=3$，③$c=\sqrt{3}b$.

求解：判断这样的三角形是否存在，若存在则求出边长 c 的值.

1. **说题源题意**

在①$ac=\sqrt{3}$，②$c\sin A=3$，③$c=\sqrt{3}b$ 三个条件中任选一个，补充在下面问题中，若问题中的三角形存在，求 c 的值；若问题中的三角形不存在，说明理由.

问题：是否存在△ABC，它的内角 A，B，C 的对边分别为 a，b，c，且 $\sin A=\sqrt{3}\sin B$，$C=\dfrac{\pi}{6}$，________？（注：如果选择多个条件分别解答，按第一个解答计分.）

（1）题源.

2020 年新高考数学全国Ⅰ卷第 17 题.

（2）题意.

①本题主要考查学生对解三角形中三角形存在性的理解与掌握.

②形式创新，属于结构不良问题；符合我国高考评价体系“四翼”中的创新性要求；体现了新高考紧贴课标理念，凸显素养的考查，从传统的能力立意转向素养导向；考查学生思维的系统性、灵活性、深刻性、创造性.

③知识点常规，是一道关于三角形存在性的题目. 题中给出的可选条件为平行条件，无论选择哪个条件，都是考生比较熟悉的解三角形问题，体现了高考“低起点”的特点，即基础题起点低、入口宽，面向全体学生，还体现注重考查基础知识，回归教材的特点.

2. **说知识网络**

题目主要考查学生对解三角形方法的理解与掌握，在知识方面主要考查正弦定理、余弦定理、三角函数的恒等变换.

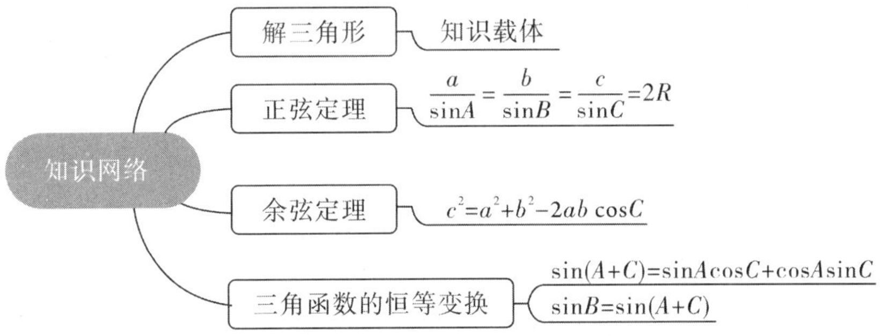

图 2–7　三角函数名题知识网络

3. **说解题过程**

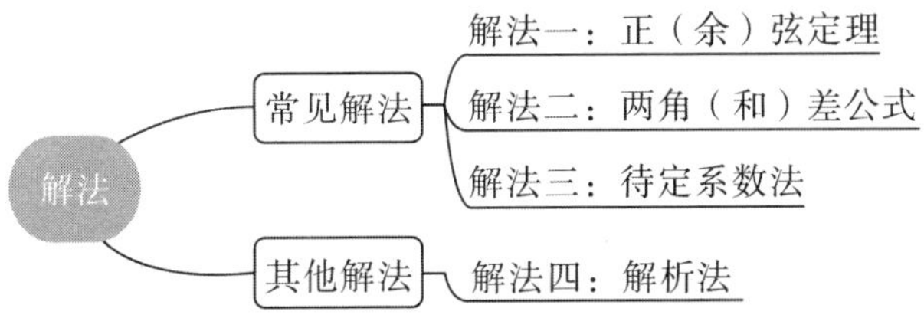

图 2–8　三角函数名题的四种解法

【**解法1**】正（余）弦定理.

解：因为 $C=\dfrac{\pi}{6}$，所以由余弦定理得$\dfrac{a^2+b^2-c^2}{2ab}=\dfrac{\sqrt{3}}{2}$，

因为 $\sin A=\sqrt{3}\sin B$，所以由正弦定理得 $a=\sqrt{3}b$，

所以$\dfrac{3b^2+b^2-c^2}{2\sqrt{3}b^2}=\dfrac{\sqrt{3}}{2}$，$b=c$，$B=C=\dfrac{\pi}{6}$，$A=\dfrac{2\pi}{3}$.

选①，因为 $ac=\sqrt{3}$，所以 $a=\sqrt{3}$，$b=c=1$，

所以选条件①时问题中的三角形存在，此时 $c=1$.

选②，因为 $c\sin A=3$，所以 $c=b=2\sqrt{3}$，$a=6$，

所以选条件②时问题中的三角形存在，此时 $c=2\sqrt{3}$.

选③，因为 $c=\sqrt{3}b$，与 $b=c$ 矛盾，

所以选条件③时问题中的三角形不存在.

【**解法2**】两角和差公式.

解：因为 $\sin A=\sqrt{3}\sin B=\sqrt{3}\sin(A+C)=\sqrt{3}(\sin A\cos C+\cos A\sin C)$

$$=\sqrt{3}\left(\frac{\sqrt{3}}{2}\sin A+\frac{1}{2}\cos A\right)=\frac{3}{2}\sin A+\frac{\sqrt{3}}{2}\cos A,$$

所以 $\sin A=-\sqrt{3}\cos A$，$\tan A=\dfrac{\sin A}{\cos A}=-\sqrt{3}$，

又 $A\in(0,\ \pi)$，所以 $A=\dfrac{2}{3}\pi$，$B=\pi-A-C=\dfrac{\pi}{6}$，所以 $B=C$，即 $b=c$.

选①，因为 $\sin A=\sqrt{3}\sin B$，所以由正弦定理得 $a=\sqrt{3}\,b=\sqrt{3}\,c$，

又因为 $ac=\sqrt{3}$，所以$\sqrt{3}c^2=\sqrt{3}$，所以 $c=b=1$，

所以选条件①时问题中的三角形存在，此时 $c=1$.

选②，因为 $c\sin A=3$，$A=\dfrac{2}{3}\pi$，所以$\dfrac{\sqrt{3}}{2}c=3$，所以 $c=2\sqrt{3}$，

所以选条件②时问题中的三角形存在，此时 $c=2\sqrt{3}$.

选③，因为 $c=\sqrt{3}b$，与 $b=c$ 矛盾，

所以选条件③时问题中的三角形不存在.

【**解法3**】待定系数法.

解：因为 $\sin A=\sqrt{3}\sin B$，所以由正弦定理得$\dfrac{a}{b}=\sqrt{3}$.

不妨设 $a=\sqrt{3}m$，$b=m$（$m>0$），则 $c^2=a^2+b^2-2ab\cos C=3m^2+m^2-2\times\sqrt{3}m\times m\times$

$\frac{\sqrt{3}}{2}=m^2$，即 $c=m$.

选①，因为 $ac=\sqrt{3}m\times m=\sqrt{3}m^2=\sqrt{3}$，所以 $m=1$，此时 $c=m=1$，

所以选条件①时问题中的三角形存在，此时 $c=1$.

选②，因为 $\cos A=\frac{b^2+c^2-a^2}{2bc}=\frac{m^2+m^2-3m^2}{2m^2}=-\frac{1}{2}$，所以 $\sin A=\sqrt{1-\left(-\frac{1}{2}\right)^2}=\frac{\sqrt{3}}{2}$，

因为 $c\sin A=m\times\frac{\sqrt{3}}{2}=3$，所以 $c=m=2\sqrt{3}$，

所以选条件②时问题中的三角形存在，此时 $c=2\sqrt{3}$.

选③，因为 $\frac{c}{b}=\frac{m}{m}=1$，$c=b$，与条件 $c=\sqrt{3}b$ 矛盾，

所以选条件③时问题中的三角形不存在.

【解法4】 解析法.

解：如下图所示，以 B 为坐标原点，以 BC 边所在直线为 x 轴正半轴，过 B 点作 BC 边所在直线的垂线，记为 y 轴，建立平面直角坐标系. 过 A 点作 $AD\perp BC$ 交于点 D. 设 $B(0,0)$，$C(a,0)$.

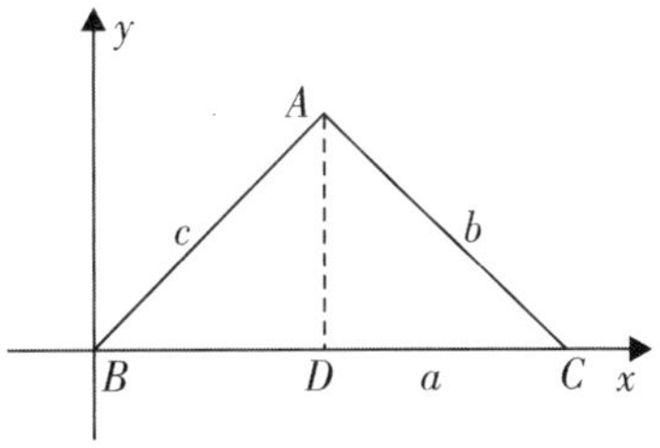

因为 $\sin A=\sqrt{3}\sin B$，所以由正弦定理得 $a=\sqrt{3}b$，$C(\sqrt{3}b,0)$.

因为 $C=\frac{\pi}{6}$，所以 $\angle DAC=\frac{\pi}{3}$，所以在 $\mathrm{Rt}\triangle ADC$ 中，$AC=b$，$AD=\frac{1}{2}b$，$CD=\frac{\sqrt{3}}{2}b$，所以点 A 的坐标为 $\left(\frac{\sqrt{3}}{2}b,\frac{b}{2}\right)$，$|AB|=\sqrt{\left(\frac{\sqrt{3}}{2}b\right)^2+\left(\frac{b}{2}\right)^2}=b=c$.

选①，因为 $ac=\sqrt{3}$，$b=c$，$a=\sqrt{3}b$，所以 $\sqrt{3}b^2=\sqrt{3}$，即 $b^2=1$，

因为 $b>0$，所以 $b=1$，$c=1$，$a=\sqrt{3}$，所以这样的三角形存在且 $c=1$.

选②，因为 $b=c$，所以 $B=C=\frac{\pi}{6}$，所以 $\angle BAC=\pi-2\times\frac{\pi}{6}=\frac{2}{3}\pi$，所以 $\sin\angle BAC=\frac{\sqrt{3}}{2}$，

因为 $c\cdot\sin A=3$，所以 $\frac{\sqrt{3}}{2}c=3$，即 $c=2\sqrt{3}$，所以这样的三角形存在且 $c=2\sqrt{3}$.

选③，因为 $c=\sqrt{3}b$，与 $c=b$ 矛盾，所以这样的三角形不存在.

4. **说易错易误**

(1) 无法边角互换.

正弦定理和余弦定理没掌握好，不会根据已知条件对正弦定理或余弦定理进行恰当的选择，实现边角互换，从而达到解三角形的目的.

（2）“会而不对”.

特殊角的三角函数值记错、记混，导致“会而不对”.

（3）“对而不会”.

逻辑思维不完整，不知道从哪些角度判断三角形的存在性，导致“对而不全”.

5. 说变式变形

（1）变条件.

①将“①$ac=\sqrt{3}$”变为“①$ab=\sqrt{3}$”，其他条件不变，降低难度，使得选①的学生直接用一次正弦定理和一次余弦定理即可解题.

②将“②$c\sin A=3$”变为“②$b\cos A+\sqrt{3}=0$”，其他条件不变，难度相当，通过求出 b 的值，最终得出 c 的值.

③将“③$c=\sqrt{3}b$”变为“③$2\sqrt{3}\sin A\cos B+\sin 2A=6\sin B$”，其他条件不变，难度加大，使得边的关系隐藏于角的关系中.

④将“$\sin A=\sqrt{3}\sin B$”变为“D 点满足条件 $\overrightarrow{AD}=\frac{1}{3}\overrightarrow{AC}+\frac{2}{3}\overrightarrow{AB}$，且 $|\overrightarrow{AD}|=|\overrightarrow{DB}|$”，其他条件不变，难度加大，将正（余）弦定理隐藏于几何图形中.

（2）变结论.

将“若问题中的三角形存在，求 c 的值”变为“若问题中的三角形存在，求$\triangle ABC$ 的周长或面积”，其他条件不变，难度相当，可通过确定各边的值，从而求得三角形的周长或面积.

（3）链接高考.

（2021 北京卷）在$\triangle ABC$ 中，$c=2b\cos B$，$C=\frac{2\pi}{3}$.

①求$\angle B$；

②再从条件①、条件②、条件③三个条件中选择一个作为已知，使$\triangle ABC$ 存在且唯一确定，求 BC 边上中线的长.

条件①：$c=\sqrt{2}b$；

条件②：$\triangle ABC$ 的周长为 $4+2\sqrt{3}$；

条件③：$\triangle ABC$ 的面积为$\frac{3\sqrt{3}}{4}$.

【分析】

（1）由正弦定理化边为角即可求解.

（2）若选择①，由正弦定理求解可得三角形不存在；

若选择②，由正弦定理结合周长可求得外接圆半径，即可得出各边，再由余弦定理可求得 BC 边上的中线的长度；

若选择③，由面积公式可求各边长，再由余弦定理可求得 BC 边上的中线的长度.

【详解】

解：①因为 $c=2b\cos B$，则由正弦定理可得 $\sin C=2\sin B\cos B$，

所以 $\sin 2B=\sin\dfrac{2\pi}{3}=\dfrac{\sqrt{3}}{2}$，

因为 $C=\dfrac{2\pi}{3}$，所以 $B\in\left(0,\dfrac{\pi}{3}\right)$，$2B\in\left(0,\dfrac{2\pi}{3}\right)$，

所以 $2B=\dfrac{\pi}{3}$，$B=\dfrac{\pi}{6}$.

②若选择①，由正弦定理结合（1）中结论可得 $\dfrac{c}{b}=\dfrac{\sin C}{\sin B}=\dfrac{\frac{\sqrt{3}}{2}}{\frac{1}{2}}=\sqrt{3}$，

与 $c=\sqrt{2}b$ 矛盾，故这样的 $\triangle ABC$ 不存在；

若选择②，由（1）可得 $A=\dfrac{\pi}{6}$，设 $\triangle ABC$ 的外接圆半径为 R，则由正弦定理可得 $a=b=2R\sin\dfrac{\pi}{6}=R$，$c=2R\sin\dfrac{2\pi}{3}=\sqrt{3}R$，则周长 $a+b+c=2R+\sqrt{3}R=4+2\sqrt{3}$，

解得 $R=2$，则 $a=2$，$c=2\sqrt{3}$，

由余弦定理可得 BC 边上的中线的长度为

$$\sqrt{(2\sqrt{3})^2+1^2-2\times 2\sqrt{3}\times 1\times\cos\frac{\pi}{6}}=\sqrt{7};$$

若选择③，由（1）可得 $A=\dfrac{\pi}{6}$，即 $a=b$，

则 $S_{\triangle ABC}=\dfrac{1}{2}ab\sin C=\dfrac{1}{2}a^2\times\dfrac{\sqrt{3}}{2}=\dfrac{3\sqrt{3}}{4}$，解得 $a=\sqrt{3}$，

则由余弦定理可得 BC 边上的中线的长度为

$$\sqrt{b^2+\left(\frac{a}{2}\right)^2-2\times b\times\frac{a}{2}\times\cos\frac{2\pi}{3}}=\sqrt{3+\frac{3}{4}+\sqrt{3}\times\frac{\sqrt{3}}{2}}=\frac{\sqrt{21}}{2}.$$

（2020 北京卷）在 $\triangle ABC$ 中，$a+b=11$，再从条件①、条件②两个条件中选择一个作为已知，求：

（1）a 的值；

（2）$\sin C$ 和$\triangle ABC$ 的面积.

条件①：$c=7$，$\cos A=-\frac{1}{7}$；

条件②：$\cos A=\frac{1}{8}$，$\cos B=\frac{9}{16}$.

【分析】

若选择条件①：

（1）由余弦定理求出$(a+b)(a-b)=49+2b$，再结合 $a+b=11$，即可求出 a 的值.

（2）由正弦定理可得 $\sin C$，再根据三角形的面积公式即可求出 $S_{\triangle ABC}$.

若选择条件②：

（1）根据同角的三角函数的关系和正弦定理可得$\frac{a}{b}=\frac{\sin A}{\sin B}=\frac{6}{5}$，再结合 $a+b=11$，即可求出 a 的值.

（2）由两角和的正弦公式求出 $\sin C$，再根据三角形的面积公式即可求出 $S_{\triangle ABC}$.

【详解】

解：若选择条件①：

（1）由余弦定理得 $a^2=b^2+c^2-2bc\cos A$，即 $a^2-b^2=49-14b\times\left(-\frac{1}{7}\right)=49+2b$，

所以（$a+b$）（$a-b$）$=49+2b$，又因为 $a+b=11$，所以 $11a-11b=49+2b$，即 $11a-13b=49$，联立$\begin{cases}a+b=11,\\11a-13b=49,\end{cases}$解得 $a=8$，$b=3$，故 $a=8$.

（2）在$\triangle ABC$ 中，$\sin A>0$，所以 $\sin A=\sqrt{1-\cos^2A}=\frac{4\sqrt{3}}{7}$，

由正弦定理可得$\frac{a}{\sin A}=\frac{c}{\sin C}$，所以 $\sin C=\frac{c\sin A}{a}=\frac{\sqrt{3}}{2}$，

所以 $S_{\triangle ABC}=\frac{1}{2}ab\sin C=\frac{1}{2}\times8\times3\times\frac{\sqrt{3}}{2}=6\sqrt{3}$.

若选择条件②：

（1）在$\triangle ABC$ 中，$\sin A>0$，$\sin B>0$，$C=\pi-(A+B)$，因为 $\cos A=\frac{1}{8}$，$\cos B=\frac{9}{16}$，

所以 $\sin A=\sqrt{1-\cos^2A}=\frac{3\sqrt{7}}{8}$，$\sin B=\sqrt{1-\cos^2B}=\frac{5\sqrt{7}}{16}$，

由正弦定理可得$\frac{a}{\sin A}=\frac{b}{\sin B}$，所以$\frac{a}{b}=\frac{\sin A}{\sin B}=\frac{6}{5}$，

因为 $a+b=11$，所以 $a=6$，$b=5$，故 $a=6$.

(2) 在 $\triangle ABC$ 中，$C=\pi-(A+B)$，

所以 $\sin C=\sin(A+B)=\sin A\cos B+\cos A\sin B=\frac{\sqrt{7}}{4}$，

所以 $S_{\triangle ABC}=\frac{1}{2}ab\sin C=\frac{1}{2}\times 6\times 5\times\frac{\sqrt{7}}{4}=\frac{15\sqrt{7}}{4}$.

6. 说思想方法

(1) 数学素养.

本题在解三角形背景下，结合结构不良题型，考查学生数学运算、数学抽象、逻辑推理等核心素养.

(2) 思想方法.

考查了转化与化归思想、函数与方程思想，涉及分类讨论法、假设法、换元法等解题方法.

7. 说教学价值

(1) 知识价值.

考查学生对三角形存在性判断依据的掌握. 三角形存在性可从以下 6 个方面进行判断：三角形三边的不等关系、三角形的内角和定理、大角对大边、三角函数的有界性、方程（组）有解、与题目条件矛盾.

(2) 题型价值.

本题属于结构不良题型，极好地考查了学生是否具有超强的理解力、敏锐的洞察力、灵活的思维能力、严密的逻辑推理能力和自觉运用数学知识解决实际问题的能力. 同时，结构不良问题的设置，能有效引导学生的思维从知识的习得与记忆更多地转向问题的解决、策略的选择，使得数学应用在学生思维层面真正发生.

(3) 教学价值.

①完善三角函数知识网络，探索多层次的解答.

以提升学生数学素养为导向，帮助学生理解基础知识，形成比较完整的知识网络.

②注重新旧题型训练，多角度拓展思维.

从能力立意到素养导向，从结构良好到结构不良是新高考内容改革的基本特征. 解题时要注重“一题多解”，以培养学生思维的系统性、灵活性、深刻性、创造性.

③促进学生进行数学反思，解答结果做到完备.

近年解三角形题目大多是从不同角度、对多个条件或者多个结论进行命题. 学生在解答过程中要养成数学反思的习惯，能够自我监控解题过程，从而做到解答的完备.

第三章 立体几何

一、新旧课程标准与新旧教材对比研究

（一）新旧课程标准对比

表 3-1 新旧课程标准关于立体几何内容的对比

内容	2020 年课程标准	2003 年课程标准
立体几何初步	（1）基本立体图形 ①利用实物、计算机软件等观察空间图形，认识柱、锥、台、球及简单组合体的结构特征，能运用这些特征描述现实生活中简单物体的结构. ②知道球、棱柱、棱锥、棱台的表面积和体积的计算公式，能用公式解决简单的实际问题. ③能用斜二测法画出简单空间图形（长方体、球、圆柱、圆锥、棱柱及其简单组合）的直观图	（1）空间几何体 ①利用实物模型、计算机软件观察大量空间图形，认识柱、锥、台、球及其简单组合体的结构特征，并能运用这些特征描述现实生活中简单物体的结构. ②能画出简单空间图形（长方体、球、圆柱、圆锥、棱柱等的简易组合）的三视图，能识别上述的三视图所表示的立体模型，会使用材料（如纸板）制作模型，会用斜二侧法画出它们的直观图. ③通过观察用两种方法（平行投影与中心投影）画出的视图与直观图，了解空间图形的不同表示形式. ④完成实习作业，如画出某些建筑的视图与直观图（在不影响图形特征的基础上，尺寸、线条等不作严格要求）. ⑤了解球、棱柱、棱锥、台的表面积和体积的计算公式（不要求记忆公式）
	（2）基本图形位置关系 ①借助长方体，在直观认识空间点、直线、平面的位置关系的基础上，抽象出空间点、直线、平面的位置关系的定义，了解以下**基本事实**和定理. 基本事实 1：过不在一条直线上的三个点，有且只有一个平面. 基本事实 2：如果一条直线上的两个点在一个平面内，那么这条直线在这个平面内.	（2）点、线、面之间的位置关系 ①借助长方体模型，在直观认识和理解空间点、线、面的位置关系的基础上，抽象出空间线、面位置关系的定义，并了解如下可以作为推理依据的**公理**和定理. ◆公理 1：如果一条直线上的两点在一个平面内，那么这条直线在此平面内. ◆公理 2：过不在一条直线上的三点，有且只有一个平面.

（续表）

内容	2020 年课程标准	2003 年课程标准
立体几何初步	基本事实 3：如果两个不重合的平面有一个公共点，那么它们有且只有一条过该点的公共直线. 基本事实 4：平行于同一条直线的两条直线平行. 定理：如果空间中两个角的两条边分别对应平行，那么这两个角相等或互补. ②从上述定义和基本事实出发，借助长方体，通过直观感知，了解空间中直线与直线、直线与平面、平面与平面的平行和垂直的关系，归纳出以下**性质定理**，并加以证明. ◆一条直线与一个平面平行，如果过该直线的平面与此平面相交，那么该直线与交线平行. ◆两个平面平行，如果另一个平面与这两个平面相交，那么两条交线平行. ◆垂直于同一个平面的两条直线平行. ◆两个平面垂直，如果一个平面内有一条直线垂直于这两个平面的交线，那么这条直线与另一个平面垂直. ③从上述定义和基本事实出发，借助长方体，通过直观感知，了解空间中直线与直线、直线与平面、平面与平面的平行和垂直的关系，归纳出以下**判定定理**. ◆如果平面外一条直线与此平面内的一条直线平行，那么该直线与此平面平行. ◆如果一个平面内的两条相交直线与另一个平面平行，那么这两个平面平行. ◆如果一条直线与一个平面内的两条相交直线垂直，那么该直线与此平面垂直. ◆如果一个平面过另一个平面的垂线，那么这两个平面垂直. ④能用已获得的结论证明空间基本图形位置关系的简单命题	◆公理 3：如果两个不重合的平面有一个公共点，那么它们有且只有一条过该点的公共直线. ◆公理 4：平行于同一条直线的两条直线平行. ◆定理：空间中如果两个角的两条边分别对应平行，那么这两个角相等或互补. ②以立体几何的上述定义、公理和定理为出发点，通过直观感知、操作确认、思辨论证，认识和理解空间中线面平行、垂直的有关性质与判定. 通过直观感知、操作确认，归纳出以下**判定定理**. ◆平面外一条直线与此平面内的一条直线平行，则该直线与此平面平行. ◆一个平面内的两条相交直线与另一个平面平行，则这两个平面平行. ◆一条直线与一个平面内的两条相交直线垂直，则该直线与此平面垂直. ◆一个平面过另一个平面的垂线，则两个平面垂直. 通过直观感知、操作确认，归纳出以下性质定理，并加以证明. ◆一条直线与一个平面平行，则过该直线的任一个平面与此平面的交线与该直线平行. ◆两个平面平行，则任意一个平面与这两个平面相交所得的交线相互平行. ◆垂直于同一个平面的两条直线平行. ◆两个平面垂直，则一个平面内垂直于交线的直线与另一个平面垂直. ③能运用已获得的结论证明一些空间位置关系的简单命题
	（3）**几何学的发展** **收集、阅读几何学发展的历史资料，撰写小论文，论述几何学发展的过程、重要结果、主要人物、关键事件及其对人类文明的贡献**	—

（续表）

内容	2020 年课程标准	2003 年课程标准
空间向量与立体几何	（1）空间直角坐标系 ①在平面直角坐标系的基础上，了解空间直角坐标系，感受建立空间直角坐标系的必要性，会用空间直角坐标系刻画点的位置. ②借助特殊长方体（所有棱分别与坐标轴平行）顶点的坐标，探索并得出空间两点间的距离公式	—
	（2）空间向量及其运算 ①经历由平面向量推广到空间向量的过程，了解空间向量的概念. ②经历由平面向量的运算及其法则推广到空间向量的过程	（1）空间向量及其运算 ①经历向量及其运算由平面向空间推广的过程. ②了解空间向量的概念，了解空间向量的基本定理及其意义，掌握空间向量的正交分解及其坐标表示. ③掌握空间向量的线性运算及其坐标表示. ④掌握空间向量的数量积及其坐标表示，能运用向量的数量积判断向量的共线与垂直
	（3）向量基本定理及坐标表示 ①了解空间向量基本定理及其意义，掌握空间向量的正交分解及其坐标表示. ②掌握空间向量的线性运算及其坐标表示. ③掌握空间向量的数量积及其坐标表示. ④了解空间向量投影的概念以及投影向量的意义（参见案例 9）	
	（4）空间向量的应用 ①能用向量语言描述直线和平面，理解直线的方向向量与平面的法向量. ②能用向量语言表述直线与直线、直线与平面、平面与平面的夹角以及垂直与平行关系. ③能用向量方法证明必修内容中有关直线、平面位置关系的判定定理. ④能用向量方法解决点到直线、点到平面、相互平行的直线、相互平行的平面的距离问题（参见案例 16）和简单夹角问题，并能描述解决这一类问题的程序，体会向量方法在研究几何问题中的作用	（2）空间向量的应用 ①理解直线的方向向量与平面的法向量. ②能用向量语言表述线线、线面、面面的垂直、平行关系. ③能用向量方法证明有关线、面位置关系的一些定理（包括三垂线定理）（参见例 1、例 2、例 3）. ④能用向量方法解决线线、线面、面面的夹角的计算问题，体会向量方法在研究几何问题中的作用

在“基本立体图形”小节中，新课标删除了有关“三视图”的相关表述及其相关内容，“斜二侧画法”的说法更改为“斜二测画法”；删除了“平行投影和中心投影”的相关表述以及实习作业的要求.

在“基本图形位置关系”小节中，由原来“公理”的表述更改为“基本事实”，并新增了“收集、阅读几何学发展”这一小节，更加注重数学史的渗透.

对于空间向量与立体几何部分，增加了“能用向量语言描述直线和平面”等内容，并将空间直角坐标系纳入了空间向量与立体几何单元；其次对空间向量及其计算以及应用部分内容的要求更加细化，不仅仅是技能目标数值上的大幅度增加.

（二）新旧教材对比

1. 2019 人教 A 版与 2004 人教 A 版教材对比研究①

（1）章节编排对比.

表 3-2　2019 人教 A 版与 2004 人教 A 版教材章节编排对比

项目	立体几何	
教材版本	2019 人教 A 版	2004 人教 A 版
	必修二	必修 2
章节编排	第八章　立体几何初步 8.1 基本立体图形（1. 棱柱，2. 棱锥，3. 棱台，4. 圆柱，5. 圆锥，6. 圆台，7. 球，8. 简单组合体） 8.2 立体图形的直观图 8.3 简单几何体的表面积和体积 8.3.1 棱柱、棱锥、棱台的表面积和体积 8.3.2 圆柱、圆锥、圆台、球的表面积和体积 8.4 空间点、直线、平面之间的位置关系 8.4.1 平面 8.4.2 空间点、直线、平面之间的位置关系 8.5 空间直线、平面的平行 8.5.1 直线与直线平行 8.5.2 直线与平面平行 8.5.3 平面与平面平行 8.6 空间直线、平面的垂直 8.6.1 直线与直线垂直 8.6.2 直线与平面垂直 8.6.3 平面与平面垂直	第一章　空间几何体 1.1 空间几何体的结构 1.1.1 柱、锥、台、球的结构特征 1.1.2 简单组合体的结构特征 1.2 空间几何体的三视图和直观图 1.2.1 中心投影与平行投影 1.2.2 空间几何体的三视图 1.2.3 空间几何体的直观图 1.3 空间几何体的表面积和体积 1.3.1 柱体、锥体、台体的表面积与体积 1.3.2 球的表面积与体积 第二章　点、直线、平面之间的位置关系 2.1 空间点、直线、平面之间的位置关系 2.1.1 平面 2.1.2 空间中直线与直线之间的位置关系 2.1.3 空间中直线与平面之间的位置关系 2.1.4 平面与平面之间的位置关系 2.2 直线、平面平行的判定及其性质 2.2.1 直线与平面平行的判定 2.2.2 平面与平面平行的判定 2.2.3 直线与平面平行的性质 2.2.4 平面与平面平行的性质 2.3 直线、平面垂直的判定及其性质 2.3.1 直线与平面垂直的判定 2.3.2 平面与平面垂直的判定 2.3.3 直线与平面垂直的性质 2.3.4 平面与平面垂直的性质

① 葛丽婷，郭玉峰，郎春雨. 近十年高考立体几何试题直观想象素养考查研究：表现及趋势［J］. 数学通报，2021，60（11）：41－49.

2019 人教 A 版教材删去了中心投影、平行投影及三视图内容，按照多面体和旋转体分类把表面积及体积分开探究. 在平面性质内容里把原来四个公理变为四个基本事实，增添了文献阅读与数学写作内容. 相比 2004 人教 A 版教材来说，2019 人教 A 版教材知识结构更加合理，框架更加清晰，更加关注学生认知水平和知识逻辑链.

（2）情境引入方式对比.

表 3–3　2019 人教 A 版与 2004 人教 A 版教材情境引入方式对比

内容	2019 人教 A 版	2004 人教 A 版
基本立体图形	由生活中常见的几何体抽象出空间几何体，再对它们的几何特征进行分析	观察不同的几何体并进行分类，再对它们的几何特征进行分析
立体图形的直观图	从生活中的常见投影出发，引出斜二测画法，再画出正六边形的直观图	先介绍三视图，再介绍斜二测画法，再画出正六边形的直观图
柱、锥、台的表面积与体积	通过棱柱、棱锥、棱台的表面积，再介绍棱柱、棱锥、棱台的体积. 最后再用类似的方式介绍简单旋转体的表面积与体积	先介绍柱体、锥体、台体的表面积，再介绍柱体、锥体、台体的体积，最后再用类似的方式介绍球的表面积与体积
空间点、直线、平面之间的位置关系	先介绍平面，再介绍空间点、线、面位置关系的公理	先介绍平面，再介绍了空间点、线、面位置关系的公理
平行关系	基本同北师大版，但具体阐述稍有差异	先介绍直线与直线平行的性质与判定，再介绍直线与平面平行的性质与判定
垂直关系	基本同北师大版，但具体阐述稍有差异	先介绍直线与直线垂直的性质与判定，再介绍直线与平面垂直的性质与判定

（3）例习题对比.

表 3–4　2019 人教 A 版相比 2004 人教 A 版教材例习题变化

项目	例题	练习题	习题
作用	数学思维的示范引领	巩固知识、示范教学	深化理解、拓展知识、学业评价
变化	· 保留原有例题 6 道 · 新增 24 道 · 删减 12 道 · 新版教材例题给出了多种解法，另外在新增的数学归纳法板块对应有 4 道例题	· 保留原有练习题 11 道 · 新增 41 道 · 删减 11 道 · 新版教材练习题更加注重题目的进阶、分层、综合，另外在新增数学归纳法板块对应有 6 道练习题	· 保留原有习题 22 道 · 新增 45 道 · 删减 40 道 · 1 处合并 · 原先的 A、B 组变为复习巩固、综合运用、拓广探索三部分，另外在新增数学归纳法板块对应有 10 道习题

表 3-5 2019 人教 A 版与 2004 人教 A 版教材各类习题数量对比

项目	判断题	选择题	填空题	计算题	证明题	简答题	作图题	探究题	总计
2019 人教 A 版	14	11	11	26	49	16	22	19	168
2004 人教 A 版	7	11	8	31	34	14	22	11	138

习题从 2004 人教 A 版教材的 A、B 组设置变为复习巩固—综合运用—拓广探索，题目梯度更加清晰. 根据数量统计对比发现，例题、练习题和习题方面，2019 人教 A 版教材基本上题量多于 2004 人教 A 版教材，尤其是直线、平面垂直部分题量增加一倍多，证明题、探究题占比明显增加. 从例题、习题数量对比发现，2019 人教 A 版教材在空间垂直难点的突破上做了更多引导和铺垫，教学中要引起关注. 其在概念辨析的判断题、证明题和探究题上也做了很多改变，比例的提升实际上体现了 2019 人教 A 版教材充分考虑了学生在高一与高二学习立体几何的年龄差异，也体现了其重视培养学生严密、探究和创新思维能力. 因此，立体几何教学中师生要共同用好课本中的例习题.

2. 2019 人教 A 版与 2019 北师大版教材对比研究

（1）章节编排对比.

表 3-6 2019 人教 A 版与 2019 北师大版教材章节编排对比

项目	立体几何	
教材版本	2019 人教 A 版	2019 北师大版
	必修二	必修二
章节编排	8.1 基本立体图形 8.2 立体图形的直观图 8.3 简单几何体的表面积与体积 8.4 空间点、直线、平面之间的位置关系 8.5 空间直线、平面的平行 8.6 空间直线、平面的垂直	6.1 基本立体图形 6.2 直观图 6.3 空间点、直线、平面之间的位置关系 6.4 平行关系 6.5 垂直关系 6.6 简单几何体的再认识

（2）情境引入方式对比.

表 3-7 2019 人教 A 版与 2019 北师大版教材情境引入方式对比

内容	2019 人教 A 版	2019 北师大版
基本立体图形	由生活中常见的几何体抽象出空间几何体，再对它们的几何特征进行分析	从观察长方体入手，先分析长方体的几何特征，再分析简单多面体
直观图	从生活中常见的投影出发，引出斜二测画法，再画出正六边形的直观图	画水平放置的正六边形的直观图，再用斜二测画法画其他图形

（续表）

内容	2019 人教 A 版	2019 北师大版
空间点、直线、平面之间的位置关系	先介绍平面，再介绍空间点、线、面位置关系的公理	先抽象概括了点、直线与平面的位置关系，再介绍了空间点、线、面位置关系的公理
平行关系	先介绍直线与直线平行的性质与判定，再介绍直线与平面平行的性质与判定	先介绍直线与直线平行的性质与判定，再介绍直线与平面平行的性质与判定，但具体阐述与 2019 人教 A 版稍有差异
垂直关系	先介绍直线与直线垂直的性质与判定，再介绍直线与平面垂直的性质与判定	先介绍直线与直线垂直的性质与判定，再介绍直线与平面垂直的性质与判定，但具体阐述与 2019 人教 A 版稍有差异
柱、锥、台的表面积与体积	先介绍棱柱、棱锥、棱台的表面积，再介绍棱柱、棱锥、棱台的体积，最后用类似的方式介绍简单旋转体的表面积与体积	通过介绍柱、锥、台的形成过程来介绍柱、锥、台的表面积

（3）例习题对比.

在立体几何模块中，2019 人教 A 版无背景习题占比约 66%，比 2019 北师大版高 13%；而 2019 北师大版在公共常识与科学情境方面的题目数量均为 2019 人教 A 版的 2 倍，说明人教版更为注重学生对概念本质的理解，而北师大版更注重与生活的联系。人教版在简单推理方面的习题占比为 54%，较北师大版高出 10%，而无推理、复杂推理的习题占比均少于北师大版。总的来说，2019 人教 A 版与 2019 北师大版在立体几何部分的整体难度相当，人教版难度会略高于北师大版。

3. **2019 人教 A 版与 2019 湘教版教材对比研究**

（1）章节编排对比.

表 3-8 2019 人教 A 版与 2019 湘教版教材章节编排对比

项目	立体几何	
教材版本	2019 湘教版	2019 人教 A 版
	必修二	必修二
章节编排	8.1 基本立体图形（1. 棱柱，2. 棱锥，3. 棱台，4. 圆柱，5. 圆锥，6. 圆台，7. 球，8. 简单组合体） 8.2 立体图形的直观图 **8.3 简单几何体的表面积和体积** 8.3.1 棱柱、棱锥、棱台的表面积和体积 8.3.2 圆柱、圆锥、圆台、球的表面积和体积	4.1 空间的几何体 4.1.1 几类简单几何体 4.1.2 空间几何体的直观图 4.2 平面 4.3 直线与直线、直线与平面的位置关系 4.3.1 空间中直线与直线的位置关系 4.3.2 空间中直线与平面的位置关系

（续表）

项目	立体几何	
教材版本	2019 湘教版	2019 人教 A 版
	必修二	必修二
章节编排	8.4 空间点、直线、平面之间的位置关系 8.4.1 平面 8.4.2 空间点、直线、平面之间的位置关系 8.5 空间直线、平面的平行 8.5.1 直线与直线平行 8.5.2 直线与平面平行 8.5.3 平面与平面平行 8.6 空间直线、平面的垂直 8.6.1 直线与直线垂直 8.6.2 直线与平面垂直 8.6.3 平面与平面垂直	4.4 平面与平面的位置关系 4.4.1 平面与平面平行 4.4.2 平面与平面垂直 **4.5 几种简单几何体的表面积和体积** 4.5.1 几种简单几何体的表面积 4.5.2 几种简单几何体的体积

相对于2019 人教 A 版教材，2019 湘教版教材更加侧重知识的整体性. 从2019 湘教版必修第二册第四章的“立体几何初步”中我们可以看到，结构上，2019 湘教版细化分块，有一定的好处；内容上，2019 湘教版特地将几何体的表面积和体积放在最后作为章末总结性学习内容；在线面位置关系的叙述逻辑上，2019 湘教版也有所不同.

（2）情境引入方式对比.

表 3-9　2019 人教 A 版与 2019 湘教版教材情境引入方式对比

内容	2019 人教 A 版	2019 湘教版
基本立体图形	由生活中常见的几何体抽象出空间几何体，再对它们的几何特征进行分析	从生活中的一些建筑出发，引导学生抽象空间几何体，再对这些几何体的特征进行分析
立体图形的直观图	从生活中常见的投影出发，引出斜二测画法，再画出正六边形的直观图	从画平面正六边形的直观图出发，类比升维学习立体图形的直观图画法，从而总结出斜二测画法的步骤
柱、锥、台的表面积与体积	先介绍棱柱、棱锥、棱台的表面积，再介绍棱柱、棱锥、棱台的体积，最后用类似的方式介绍简单旋转体的表面积与体积	先介绍棱柱、棱锥、棱台、球的表面积，再介绍棱柱、棱锥、棱台、球的体积

（续表）

内容	2019 人教 A 版	2019 湘教版
空间点、直线、平面之间的位置关系	先介绍平面，再介绍空间点、线、面位置关系的公理	先介绍平面，再介绍空间点、线、面位置关系的公理，之后再分别介绍直线与直线、直线与平面、平面与平面的位置关系
平行关系	先介绍直线与直线平行的性质与判定，再介绍直线与平面平行的性质与判定	复习直线与平面的位置关系后，给出直线与平面平行的定义，并探究得到直线与平面平行的判定定理与性质定理．平面与平面平行的思路大致相同
垂直关系	先介绍直线与直线垂直的性质与判定，再介绍直线与平面垂直的性质与判定	给出生活实例，并抽象出线面垂直的几何模型，从而结合线面角和二面角，定义线面垂直与面面垂直，进而探究得到线面垂直与面面垂直的判定定理与性质定理

（3）例习题对比．

在立体几何板块中，两版教材的例题都偏重纯粹的数学题，2019 人教 A 版的无背景例题占比 90%，略低于 2019 湘教版；两者涉及公共常识的题目在 10% 左右；2019 人教 A 版中与科学情境相关的例题占比略高，约 2%。推理方面，2019 湘教版几何部分例题中不含推理的题目比例接近 70%，2019 人教 A 版比例约 46%；2019 湘教版含有一到两步推理的题目比例为 15%，2019 人教 A 版比例达 31%。这说明，在推理水平上，2019 人教 A 版教材在三个水平上分布较为均匀，不含推理的题目较多，而 2019 湘教版偏重不含推理的题目，在一到两步、多步推理上分布比较平均。

（三）文献综述

1．关于立体几何教学策略的研究现状

表 3–10 关于立体几何教学策略的主要观点

年份	作者	主要观点
2015	栾丽娜	①利用实物和信息技术，提高学生动手能力，培养学生的空间想象能力； ②重视基础知识的教学，指导学生对知识进行整合，形成自己的知识网络； ③注重解题分析，引导学生一题多解和反思学习，提升思维品质； ④渗透数学文化，提高学生数学素养
2017	蔡宝胜	①利用实物进行教学，增强学生直观感受； ②转换空间位置、语言以及直观图形之间的关系，学会融会贯通

（续表）

年份	作者	主要观点
2019	王洁丹	①巩固基础知识，延伸重点知识； ②通过实践探究激发兴趣； ③培养学生的空间想象力； ④提取抽象知识点

资料来源：

① 栾丽娜. 高中数学立体几何高考试题分析与教学策略研究［D］. 开封：河南大学，2015.

② 蔡宝胜. 高中数学立体几何高考试题分析与教学策略分析［J］. 新教育时代电子杂志（学生版），2017（22）：1－2. DOI:10.3969/j.issn.2095－4751.2017.22.001.

③ 王洁丹. 高中数学立体几何教学策略分析［J］. 天津教育，2019（24）：16－17.

在中国知网搜索“立体几何 教学”，出现立体几何的教学研究较多，主要有两类：第一类是基于某课时的设计，提出相应的教学策略；第二类是从高考试题特点分析出发，构建相应的教学策略. 主要可以归结为以下几点：一是注重利用实物和信息技术，提高学生的动手能力和空间想象能力；二是注重引导学生一题多解和反思学习，提高其逻辑推理能力；三是重视基础知识的教学，指导学生对知识进行整合，形成知识网络.

2. 关于立体几何解题策略的研究现状

表 3-11　关于立体几何解题策略的主要观点

年份	作者	主要观点
2014	马茂年、吴晓明	①从概念和定义中挖掘“动态”题型的解题思路； ②从“等价”变形和转换中破解“动态”题型的解题思路； ③从数学题目的具体特点中思索“动态”题型的解题思路； ④从多种条件限制和分类中突破“动态”题型的解题思路； ⑤从对特殊性的探究和求解中感悟“动态”题型的解题思路； ⑥从形式的转化和应用中明晰“动态”题型的解题思路； ⑦从数形结合的解题过程中品味“动态”题型的解题思路； ⑧从目标推理中点活“动态”题型的解题思路； ⑨从探索和寻求数学解题规律中发现“动态”题型的解题思路； ⑩从坐标化和代数化中拓展“动态”题型的解题思路
2019	徐新斌等	①三视图，还原几何体求解是通法； ②几何体的体积，化归为基本图形是关键； ③异面问题，空间向平面转化是法宝； ④平行与垂直，判定定理与性质定理的灵活转换是根本； ⑤空间角与距离，几何法与向量法的推理计算是基础； ⑥探索性问题，不妨假设结论存在是前提

资料来源：

① 马茂年，吴晓明. 动态几何　策略引领　理性探索：例说立体几何“动态”题型解题策略［J］. 中学教研（数学），2014（2）：1－4.

② 徐新斌，蒋志方，周远方. 2019 年高考“立体几何”专题解题分析［J］. 中国数学教育，2019（Z4）：111－119.

在中国知网搜索“立体几何 解题策略”，发现有关立体几何的解题研究大多数是对某一道或某一类题目进行一题多解或总结一类题的解题策略. 立体几何问题的解决主要在于多种思想方法的运用，如转化与化归思想、数形结合思想. 同时，向量是解决立体几何题目的重要工具，合理运用向量工具也是解决问题的必要策略.

3. 关于立体几何错误归因的研究现状

表 3–12 关于立体几何错误归因的主要观点和教学建议

错误	描述	教学建议
知识性错误	学生对相关的性质、定理掌握不够透彻，容易产生混淆	针对概念的内涵和外延设计变式，加深学生对概念知识的理解
逻辑性错误	缺乏对题目的深刻理解，数学符号语言转化能力不足，存在审题不清和偷换概念等错误； 学生作图能力和空间感知能力不强； 逻辑推理能力不足，容易产生虚假论证的情况	教授正确的画图规律和一些画图的技巧、方法，培养学生的空间想象能力
策略性错误	缺乏认知策略和整体意识	多利用变式加强学生对立体几何的理解； 习题的选取不宜过于直观，否则会导致学生采用单一方法解题概率增大
心理性错误	思维不清，受到思维定式的影响； 没有养成良好的解题习惯	选择立体几何习题时，应特别精选一些用几何法解答比较简洁的立体几何题，促进学生对几何法的认识与兴趣

资料来源：

① 琼吉. 高中生“空间向量与立体几何”学习中典型错误及归因研究［J］. 数字化用户，2017（7）：76.

② 刘芮彤. 高中生立体几何解题错误的调查研究［D］. 昆明：云南师范大学，2018.

③ 王巧锋. 浅谈高考数学中立体几何题的解题分析［J］. 中学数学，2021（3）：79 – 80.

基于上述研究，我们可以发现，对于立体几何问题的典型错误可以归结为知识性错误、策略性错误、逻辑性错误和心理性错误. 其中，知识性错误产生的主要原因是对概念理解、辨别不清；策略性错误主要是由于解决问题时审题不全面，对一些条件难以发现；逻辑性错误则主要是由于逻辑思维不够严谨，容易产生虚假论证；心理性错误主要是对解题有畏惧心理，无法坚持解答题目等.

4. 关于立体几何的命题方向的研究现状

《普通高中数学课程标准（2017 年版 2020 年修订）》对于立体几何这一部分的要求为：认识和理解空间点、直线、平面的位置关系；用数学语言表述有关平行、垂直的性质与判定，并对某些结论进行论证；了解一些简单几何体的表面积与体积的计算方法；运用直观感知、操作确认、推理论证、度量计算等认识和探索空间图形的性质，建立空间观念.

表 3–13　关于立体几何的命题方向的主要观点

年份	作者	主要观点
2006	毛仕理	①考查线面位置关系的判断、体积的计算； ②空间角和距离的求解； ③探索性问题； ④图形的展开与折叠问题
2014	李华	①命题注重数学基础知识、基本技能和数学思想方法； ②命题注重试题的创新性、多样性和选择性； ③命题具有一定的探究性和开放性
2015	林晴岚、陈柳娟、张洁	①展现数学的人文价值，弘扬数学文化； ②展现数学的科学价值，渗透数学精神； ③考查空间想象能力与运算能力相结合的问题； ④考查推理能力的创新问题； ⑤考查数学应用的创新问题
2016	冯艳玲、齐瑾、谢定亮	①注重推陈出新； ②从不同角度诠释立体几何教学的价值取向； ③向关注数学文化渗透
2020	宋建辉	①保持风格，突出重点； ②稳中有变，突出素养
2021	葛丽婷、郭玉峰、郎春雨	①主要集中在“借助几何直观理解和分析问题”和“建立形与数的联系构建直观模型”两个具体表现形式； ②考查“利用几何图形描述问题”表现形式的试题数量有增加趋势，“利用几何图形描述问题”和“借助几何直观理解和分析问题”的考查程度有增强趋势； ③对“借助几何直观理解和分析问题”这一表现形式的考查程度最强； ④非自主命题省份高考立体几何试题对直观想象素养各具体表现形式的考查程度强于自主命题省份； ⑤试题对直观想象素养考查渐趋水平二，因此教学中需要落实直观想象素养的培养

资料来源：

① 毛仕理．立体几何命题研究［J］．数学通报，2006（6）：46－48.

② 李华．高考中立体几何易考及易错问题探讨［J］．才智，2014（15）：55.

③ 林晴岚，陈柳娟，张洁. 平中出奇 常中创新——2013—2015 年高考数学全国（课标）卷特色探析［J］. 福建教育学院学报，2015，16（9）：110－114.

④ 冯艳玲，齐瑾，谢定亮. 基于高考全国卷的立体几何复习策略探究［J］. 福建教育学院学报，2016，17（5）：58－61.

⑤ 宋建辉. 基于学科核心素养的 2019 高考全国卷立体试题分析［J］. 数学通报，2020，59（1）：47－51，62.

⑥ 葛丽婷，郭玉峰，郎春雨. 近十年高考立体几何试题直观想象素养考查研究：表现及趋势［J］. 数学通报，2021，60（11）：41－49.

通过阅读大量文献，我们发现大多数学者对高考卷中的立体几何试题的考查形式、考查内容等进行了分析，总结了近年来高考真题中常考的知识点及题型，并给出了针对性的复习策略. 除此之外，立体几何试题也考查了学生的直观想象、逻辑推理、数学抽象等数学核心素养. 从近年的高考试题中发现，试题具有稳中有变、突出素养的特点. 因此，教师在立体几何的教学中应重视对学生核心素养的培养. 基于以上分析，不难预测在高考中立体几何的命题会更加注重考查学生核心素养及运用知识的灵活性.

5. 关于立体几何备考建议的研究现状

表 3-14 关于立体几何备考建议的主要观点

年份	作者	主要观点
2018	唐颖鸿	①教学方式多样化，激发学生学习积极性； ②根据高考重点，开展专题复习； ③重视基础知识，加强能力培养
2019	魏欣、邓春梅	①课标是纲，教材为本，知识主干是重点，弄清原理是关键； ②基本量计算考“四基”，灵活运用考素养； ③吃透本质、学会推理、注重表达是立体几何专题学习的关键环节
2020	朱清波	①重视立体几何中的基本概念，加强对立体几何中公式和定理的理解； ②重视立体几何中基本模型和简单基本结论； ③重视运算求解能力的培养，改善会而不全的现象； ④重视书写表达，做到条理清晰、论证严谨，提升学生的数学素养

资料来源：

① 唐颖鸿. 高考立体几何试题分析及备考策略研究［J］. 试题与研究，2018（18）：163.

② 魏欣，邓春梅. 2019 年高考立体几何专题分析及备考建议［J］. 中学数学杂志，2019（11）：45－50.

③ 朱清波. 2020 年高考全国Ⅰ卷立体几何试题解析及备考建议［J］. 中学数学研究（华南师范大学版），2020（17）：14－17.

在中国知网搜索“立体几何 复习备考”，发现有关立体几何复习策略的研究较少，基本是从对高考试题的特点进行分析出发，给出相应的复习备考建议. 基于上述的研究，对于立体几何问题的复习备考建议如下：第一，重视基本概念，强化对公式、定理的理解；第二，重视几何模型和基本结论，提高数形结合能力；第三，重视运算求解，提高得分水准；第四，重视表达，规范答题过程.

（1）命题思路分析.

①稳中求新，稳中求活.

立体几何板块考查的内容较为稳定，小题考查几何体性质、位置关系、内外接球等，大题考查平行或垂直的位置关系、三种角、体积、距离等. 解决相应问题常用转化思想，如线面垂直转化为线线垂直. 但是，近两年的立体几何题目也出现一些创新，如2020年八省联考第20题.

②依托知识，考查能力.

高考数学是通过知识考能力，立体几何尤其考查空间想象能力，而空间想象能力并不是漫无边际的猜想，应以题设为根据，以某一几何体为依托去解决实际问题，提高解题能力. 另外，还应注意非标准图形的识别、图形的翻折问题、求体积时的割补思想以及把运动的思想引进立体几何的情况等.

③一题两法，支持变革.

对于立体几何解答题，既可用向量方法处理，又可用传统的几何方法解决. 一般来说，向量方法的思路比传统方法更简单，对中学数学教学有良好的导向作用，符合数学教材改革的要求，有力地支持了新课程的改革.

④渗透文化，立德树人.

将我国古代数学成就或世界物质文化遗产等融入试题情境之中，使学生在感受数学的伟大与美的同时，民族自豪感与使命感也油然而生，真正达到“春风化雨，润物无声”的效果，有利于落实新时代教育立德树人的根本任务.

（2）命题变化趋势.

2017—2021年，全国新课标卷立体几何部分注重能力考查（空间想象能力、逻辑思维能力、推理论证能力、运算求解能力），难易适中，大题分步设问、层次分明.

命题变化主要有如下几点趋势：

①重双基. 选择题、填空题仍以考查几何体图形性质、表面积和体积、内外接球为主，侧重数形结合思想、转化与化归思想. 解答题常考空间位置关系、三种角等，注重考查空间想象、逻辑推理、运算求解等能力.

②重规范. 立体几何题旨在考查学生的逻辑推理能力，要求学生在解题过程中做到分析问题有理有据，表达论证合情合理. 从近年立体几何解答题的答题情况来看，学生“会而不对，对而不全”的问题比较严重. 在平时的训练中，教师要培养学生规范答题的良好习惯，注重书写步骤完整、规范，避免不必要的扣分.

③重创新. 尝试融入高观点的题目，或者设置与函数相联系的问题，考查学生分析和

解决问题的能力.

二、知识逻辑图

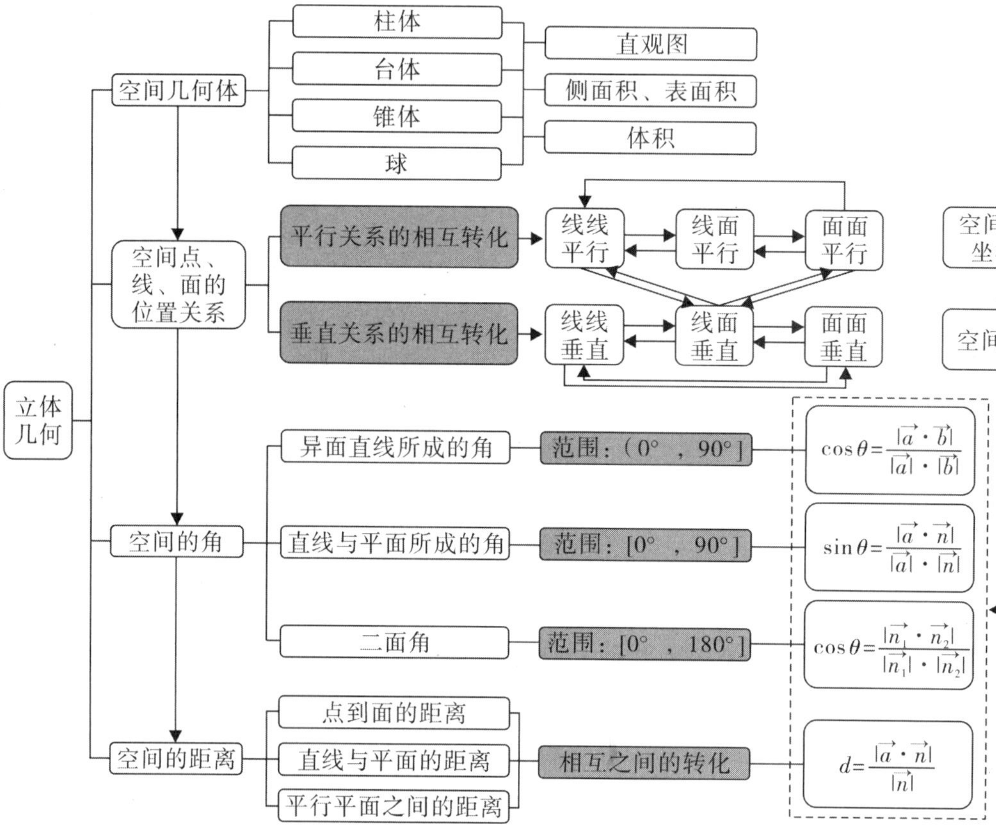

图 3-1 立体几何板块知识逻辑图

三、典型例题

（一）常考题型

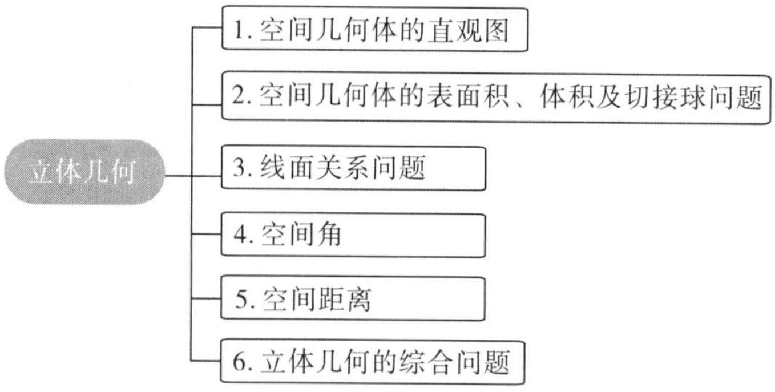

图 3-2 立体几何常考题型

第一类 空间几何体的直观图

本类问题涉及以下知识点.

斜二测画法

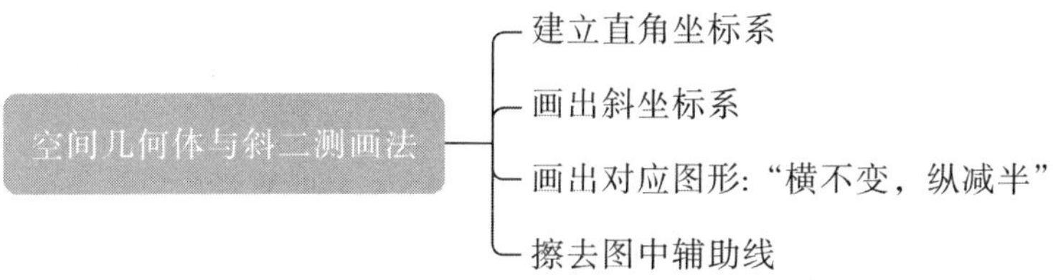

图 3-3 斜二测画法

(1)建立直角坐标系. 在已知水平位置的平面图形中取相互垂直的 ox,oy.

(2)画出斜坐标系. 在画直观图的纸上(平面上)画出对应的 $o'x'$,$o'y'$,使 $\angle x'o'y'=45°$(或 $135°$),它们确定的平面表示水平平面.

(3)画出对应图形. 在已知图形中平行于 x 轴的线段,在直观图中画成平行于 x' 轴,且长度保证不变;在已知图形中平行于 y 轴的线段,在直观图中画成平行于 y' 轴,且长度为原来的一半,即“横不变,纵减半”.

(4)擦去辅助线. 图画好后,要擦去 x' 轴、y' 轴及为画图添加的辅助线(虚线),被挡住的棱画虚线.

题型:斜二测画法

【例 1】 利用斜二测画法得到一个平面图形的直观图是边长为 1 的正方形,如右图所示,则该平面图形的面积为( ).

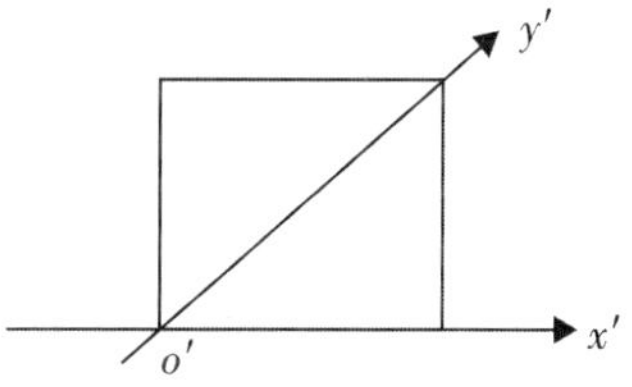

A. $\sqrt{3}$　　B. 2

C. $2\sqrt{2}$　　D. 4

解析

因为 $S'=\frac{\sqrt{2}}{4}S$,即 $1^2=\frac{\sqrt{2}}{4}S$,所以 $S=2\sqrt{2}$.

故选 C.

【例 2】 已知正三角形 ABC 的边长为 a,以它的一边为 x 轴,对应的高线为 y 轴,画出它的水平放置的直观图 $\triangle A_1B_1C_1$,则 $\triangle A_1B_1C_1$ 的面积是( ).

A. $\frac{\sqrt{3}}{4}a^2$　　B. $\frac{\sqrt{3}}{8}a^2$　　C. $\frac{\sqrt{6}}{8}a^2$　　D. $\frac{\sqrt{6}}{16}a^2$

解析

$S_1=\frac{\sqrt{2}}{4}S=\frac{\sqrt{2}}{4}\times\frac{\sqrt{3}}{4}a^2=\frac{\sqrt{6}}{16}a^2$.

故选 D.

第二类 空间几何体的表面积、体积及切接球问题

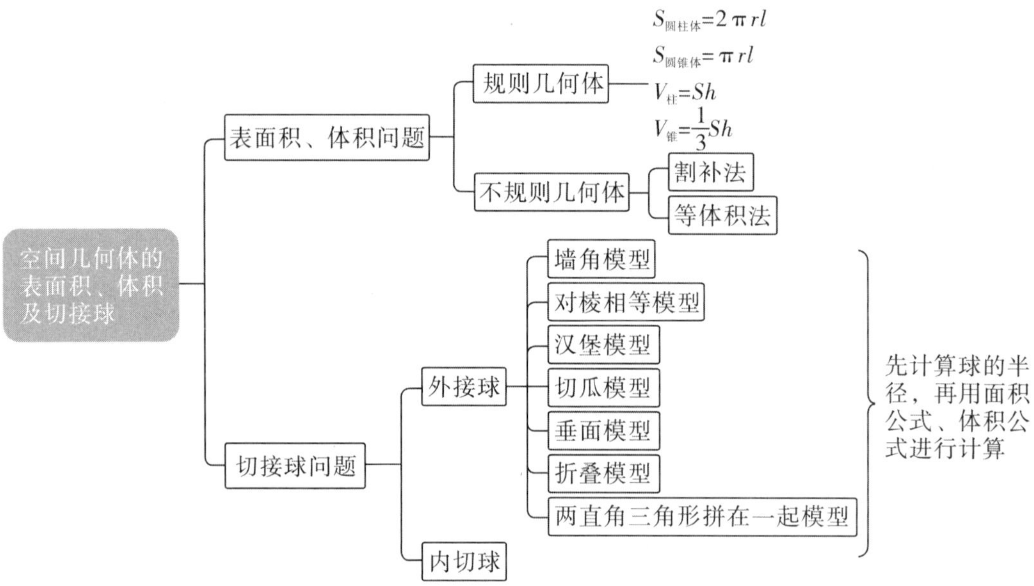

图 3-4 空间几何体的表面积、体积及切接球问题解题思路

题型 1：表面积、体积问题

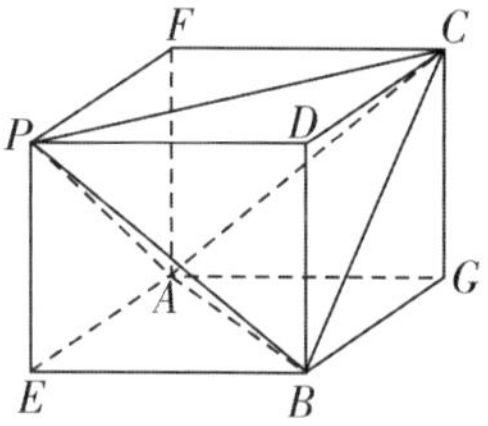

【例 1】 在三棱锥 $P-ABC$ 中，$PA=BC=2\sqrt{34}$，$PB=AC=10$，$PC=AB=2\sqrt{41}$，则三棱锥 $P-ABC$ 的体积为________.

解析

如图所示，把三棱锥 $P-ABC$ 补成一个长方体 $AEBG-FPDC$，易知三棱锥 $P-ABC$ 的各棱分别是长方体的面对角线，不妨令 $PE=x$，$EB=y$，$EA=z$，则由已知有

$$\begin{cases}x^2+y^2=100,\\x^2+z^2=136,\\y^2+z^2=164,\end{cases}\text{解得}\begin{cases}x=6,\\y=8,\\z=10,\end{cases}$$

所以 $V_{P-ABC}=V_{AEBG-FPDC}-V_{P-AEB}-V_{C-ABG}-V_{B-PDC}-V_{A-FPC}=V_{AEBG-FPDC}-4V_{P-AEB}$

$$=6\times8\times10-4\times\frac{1}{3}\times\frac{1}{2}\times6\times8\times10=160.$$

故答案为 160.

【例 2】（2022 新高考 Ⅰ 卷）南水北调工程缓解了北方一些地区水资源短缺问题，其中一部分水蓄入某水库. 已知该水库水位为海拔 148. 5 m 时，相应水面的面积为 140. 0 km^2；水位为海拔 157. 5 m 时，相应水面的面积为 180. 0 km^2. 将该水库在这两个水位间的形状看作一个棱台，则该水库水位从海拔 148. 5 m 上升到 157. 5 m 时，增加的水量约为（　　）.
（$\sqrt{7}\approx2.65$）

A. $1.0\times10^{9}\ \mathrm{m}^{3}$　　B. $1.2\times10^{9}\ \mathrm{m}^{3}$　　C. $1.4\times10^{9}\ \mathrm{m}^{3}$　　D. $1.6\times10^{9}\ \mathrm{m}^{3}$

解析

本题考查台体体积公式，注意单位换算.

台体体积公式为$\frac{1}{3}(S_{上}+\sqrt{S_{上}\cdot S_{下}}+S_{下})\times h$，由题意得 $S_{下}=180\times10^{6}\ \mathrm{m}^{2}$，$S_{上}=140\times10^{6}\ \mathrm{m}^{2}$，$h=157.5-148.5=9\ \mathrm{m}$，代入可得台体体积为 $3\times10^{6}\times(320+60\sqrt{7})\approx1.4\times10^{9}\ \mathrm{m}^{3}$.

故选 C.

题型 2：切接球问题

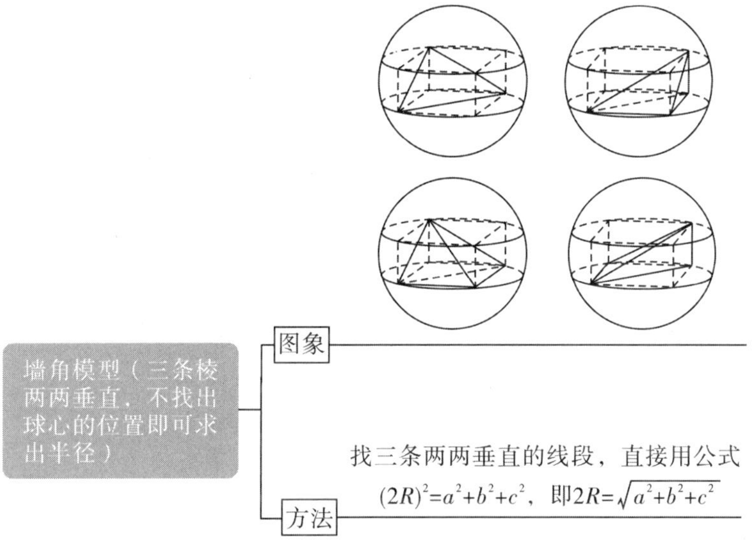

图 3-5　墙角模型解题思路

对棱相等模型（补形为长方形）

- **题型**：三棱锥（四面体）中，已知两组对棱分别相等，求外接球的半径
- **图象**：

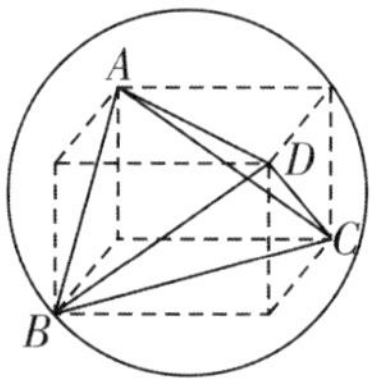

- **方法**：

1. 画出一个长方体，标出三组互为异面直线的对棱；
2. 设出长方体的长宽高分别为a，b，c，$AD=BC=x$，$AB=CD=y$，$AC=BD=z$，

$$\begin{cases}a^2+b^2=x^2,\\ b^2+c^2=yx^2,\\ c^2+a^2=z^2,\end{cases}\Longrightarrow(2R)^2=a^2+b^2+c^2,$$

即$(2R)^2=\dfrac{x^2+y^2+z^2}{2}$；

3. 根据墙角模型，$2R=\sqrt{\dfrac{x^2+y^2+z^2}{2}}$，$R=\sqrt{\dfrac{x^2+y^2+z^2}{8}}$，求出$R$

图 3-6　对棱相等模型解题思路

汉堡模型（直棱柱的外接球、圆柱的外接球）

- **题型**：直三棱锥内接于球（同时直三棱锥也内接于圆柱，棱柱的上下底面可以是任意三角形）
- **图象**：

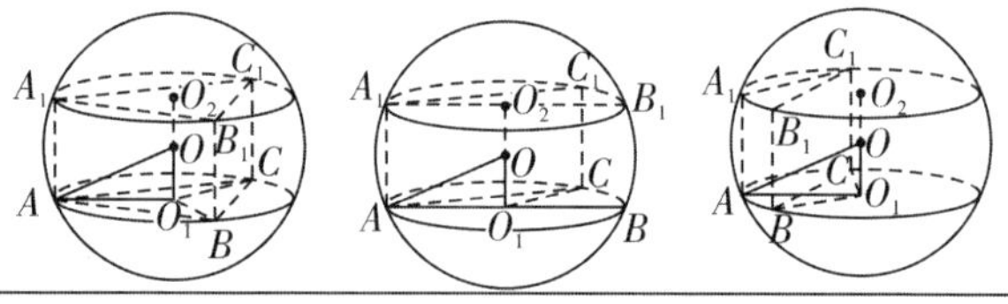

- **方法**：

1. 确定球心O的位置，O_1是$\triangle ABC$的外心，则$OO_1\perp$平面ABC；
2. 计算出小圆O_1的半径$AO_1=r$，$OO_1=\dfrac{1}{2}AA_1=\dfrac{1}{2}h$($AA_1=h$也是圆柱的高)；
3. 勾股定理$OA^2=O_1A^2+O_1O^2\Longrightarrow R^2=\left(\dfrac{h}{2}\right)^2+r^2\Longrightarrow R=\sqrt{\left(\dfrac{h}{2}\right)^2+r^2}$，解出$R$

图 3-7　汉堡模型解题思路

切瓜模型（两个大小圆面互相垂直且交于小圆直径——正弦定理求大圆直径是通法）

- 题型：直棱柱内接于球（同时直棱柱也内接于圆柱，棱柱上下底面是任意三角形）
- 图象：

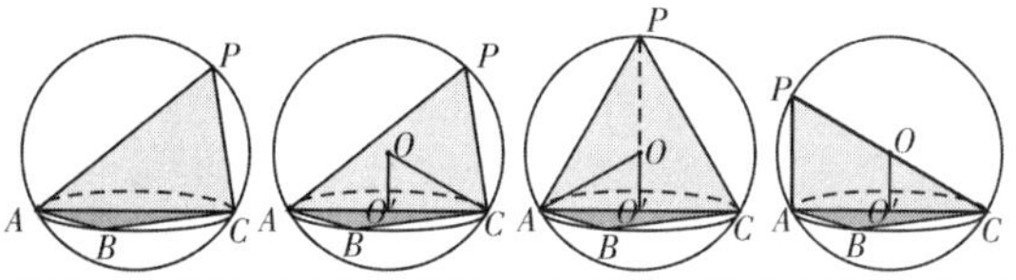

- 方法：
  1. 作出截面图；
  2. 把空间问题转化为平面问题；
  3. 用勾股定理等计算出球的半径R

图 3-8 切瓜模型解题思路

垂面模型（一条直线垂直于一个平面）

- 题型：$PA\perp$面ABC，求外接球半径
- 图象：

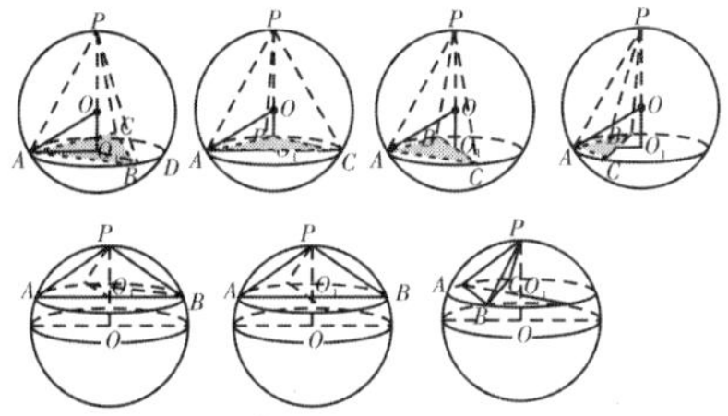

- 方法：
  1. 确定球心O的位置，取$\triangle ABC$的外心O_1，则P，O，O_1三点共线；
  2. 先算出小圆O_1的半径$AO_1=r$，再算出棱锥的高$PO_1=h$；
  3. 勾股定理: $OA^2=O_1A^2+O_1O^2\Longrightarrow R^2=(h-R)^2+r^2$，解出$R$

图 3-9 垂面模型解题思路

折叠模型

- 题型：两个全等三角形或等腰三角形拼在一起，或菱形折叠
- 图象：

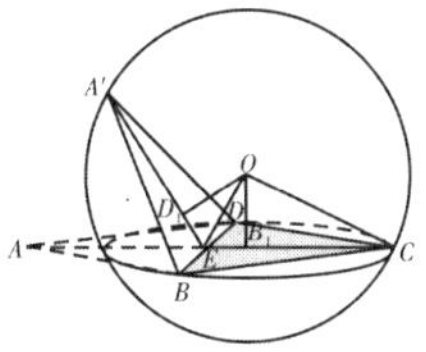

- 方法：
  1. 先画出如上图的图形，将BCD画在小圆上；
  2. 过两个外心分别作垂线，即为球心；
  3. 解三角形，用勾股定理计算出球的半径

图 3-10 折叠模型解题思路

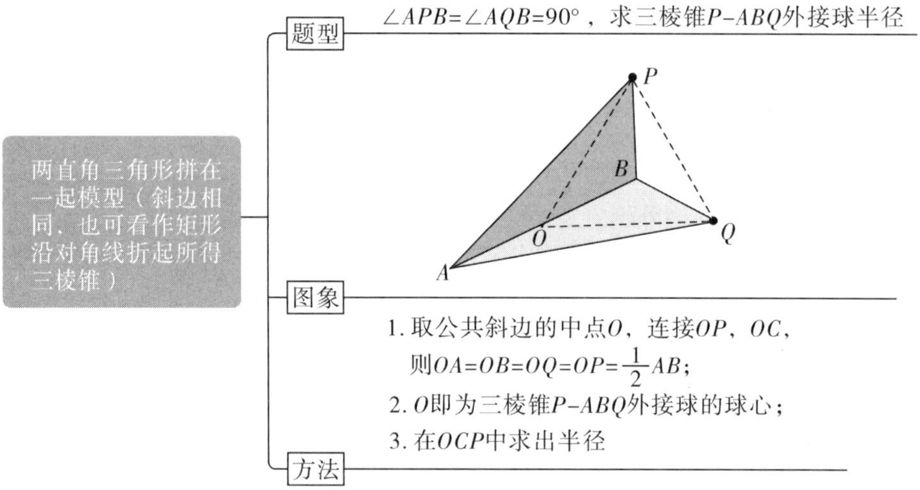

图 3-11　两直角三角形拼在一起模型解题思路

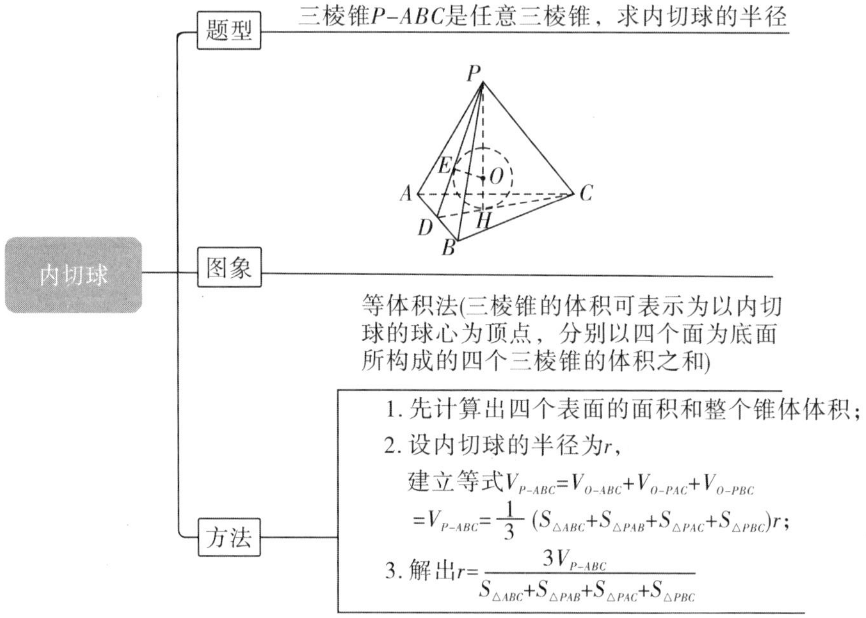

图 3-12　内切球问题解题思路

【例 3】 如图，在$\triangle ABC$中，$AB=8$，$BC+AC=12$，分别取三边的中点D，E，F，将$\triangle BDE$，$\triangle ADF$，$\triangle CEF$分别沿三条中位线折起，使得A，B，C重合于点P，则当三棱锥$P-DEF$的外接球的体积最小时，其外接球的半径为________，三棱锥$P-DEF$的体积为________.

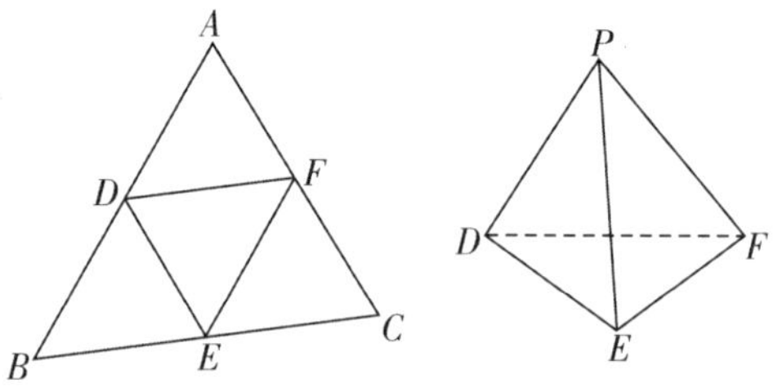

解析

由题意可知三棱锥$P-DEF$的对棱分别相等，设$BC=2a$，则$AC=12-2a$，将三棱锥$P-DEF$补成长方体，则面对角线长度分别为

a，$6-a$，4，三棱锥的外接球就是长方体的外接球.

设长方体的长宽高分别为 x，y，z，

则 $x^2+y^2=a^2$，$y^2+z^2=(6-a)^2$，$x^2+z^2=16$.

所以 $x^2+y^2+z^2=a^2-6a+26$，

所以外接球的半径 $r=\frac{\sqrt{x^2+y^2+z^2}}{2}=\frac{\sqrt{a^2-6a+26}}{2}$.

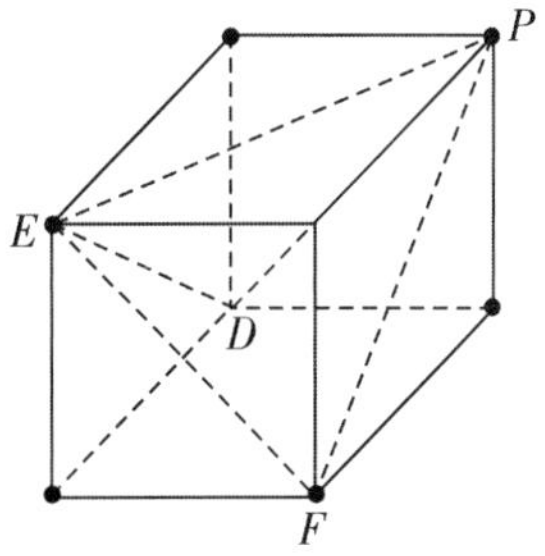

当 $a=3$ 时，外接球半径取得最小值，外接球的体积取得最小值.

此时 $r=\frac{\sqrt{17}}{2}$，解得 $x=z=2\sqrt{2}$，$y=1$，

所以三棱锥 $P-DEF$ 的体积 $V=2\sqrt{2}\times2\sqrt{2}\times1-4\times\frac{1}{3}\times\frac{1}{2}\times2\sqrt{2}\times2\sqrt{2}\times1=\frac{8}{3}$.

故答案为$\frac{\sqrt{17}}{2}$；$\frac{8}{3}$.

【例4】 在三棱锥 $P-ABC$ 中，$PA=PB=PC=\sqrt{3}$，侧棱 PA 与底面 ABC 所成的角为 $60°$，则该三棱锥外接球的体积为（　　）.

A．π　　　　B．$\frac{\pi}{4}$

C．4π　　　　D．$\frac{4\pi}{3}$

解析

过点 P 作 $PH\perp$ 面 ABC 于 H，则 $\angle PAH=60°$，所以 $AH=\frac{\sqrt{3}}{2}$，$PH=\frac{3}{2}$.

易知点 H 是 $\triangle ABC$ 的外心，则外接球球心 O 必在 PH 上，连接 OA，设外接球半径为 R，

在直角三角形 OAH 中，$AH=\frac{\sqrt{3}}{2}$，$OH=\frac{3}{2}-R$，$OA=R$，

由 $OA^2=OH^2+AH^2$ 得 $R^2=\left(\frac{3}{2}-R\right)^2+\left(\frac{\sqrt{3}}{2}\right)^2$，

解得 $R=1$. 所以三棱锥外接球的体积为$\frac{4\pi}{3}$.

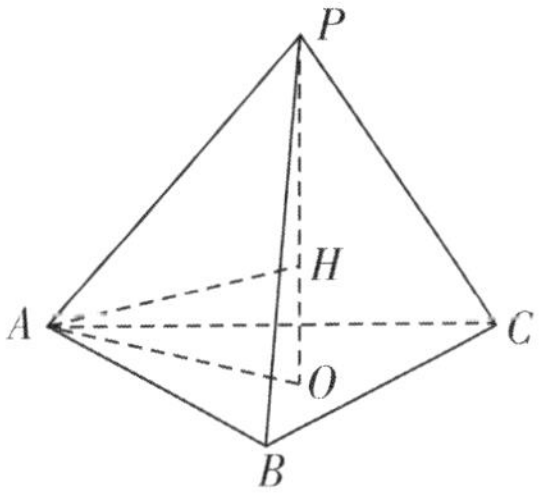

故选 D.

题型3：几何体中的最值问题

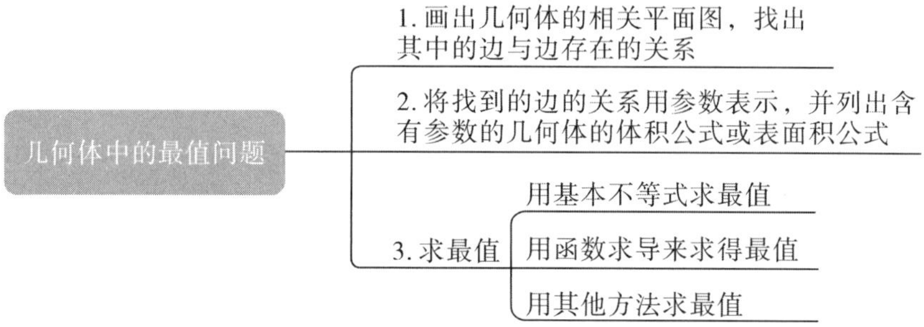

图3-13　几何体中的最值问题解题思路

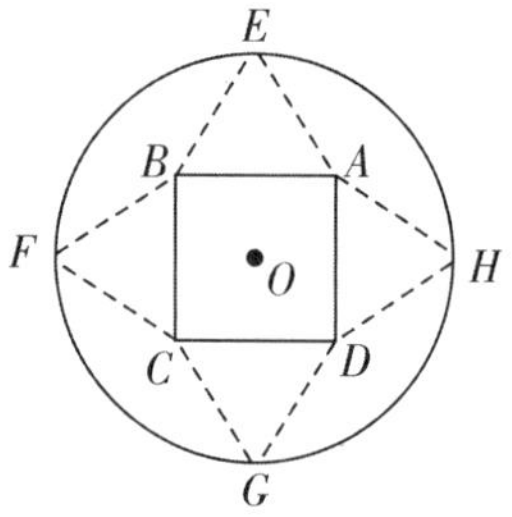

【例5】 如右图所示，圆形纸片的圆心为 O，半径为 $\sqrt{5}$，该纸片上的正方形 $ABCD$ 的中心为 O，E，F，G，H 为圆 O 上的点，$\triangle ABE$，$\triangle BCF$，$\triangle CDG$，$\triangle ADH$ 分别是以 AB，BC，CD，DA 为底边的等腰三角形，沿虚线剪开后，分别以 AB，BC，CD，DA 为折痕折起 $\triangle ABE$，$\triangle BCF$，$\triangle CDG$，$\triangle ADH$，使 E，F，G，H 重合得到一个四棱锥，则该四棱锥的体积的最大值为________.

解析

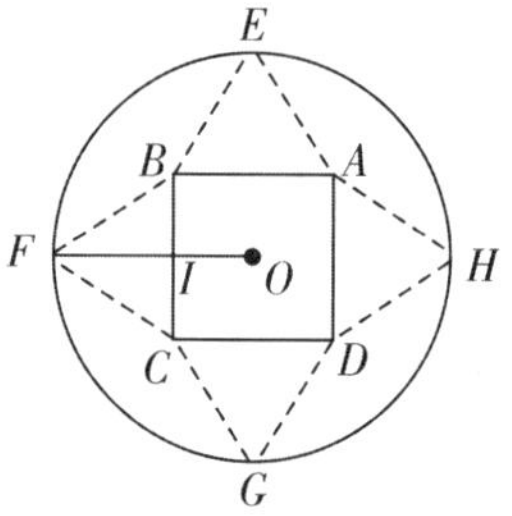

如右图所示，连接 OF，与 BC 交于 I，设正方形 $ABCD$ 的边长为 $2x\left(0<x<\frac{\sqrt{10}}{2}\right)$，则 $OI=x$，$FI=\sqrt{5}-x$，所得正四棱锥的高为

$$\sqrt{(\sqrt{5}-x)^2-x^2}=\sqrt{5-2\sqrt{5}x}.$$

所以四棱锥的体积 $V=\frac{1}{3}\times 4\times x^2\times\sqrt{5-2\sqrt{5}x}=\frac{4}{3}\sqrt{5x^4-2\sqrt{5}x^5}$.

令 $f(x)=5x^4-2\sqrt{5}x^5$，则 $f'(x)=20x^3-10\sqrt{5}x^4$，

易知当 $x\in\left(0,\frac{2\sqrt{5}}{5}\right)$，$f'(x)>0$，$f(x)$ 单调递增；

当 $x\in\left(\frac{2\sqrt{5}}{5},\frac{\sqrt{10}}{2}\right)$，$f'(x)<0$，$f(x)$ 单调递减.

所以 $f(x)\leqslant f\left(\frac{2\sqrt{5}}{5}\right)=\frac{16}{25}$，所以 $V\leqslant\frac{4}{3}\times\frac{4}{5}=\frac{16}{15}$，所以体积最大值为 $\frac{16}{15}$.

故答案为 $\frac{16}{15}$.

【例6】如右图所示，在四面体 $ABCD$ 中，$AB=CD=2$，$AC=BD=\sqrt{3}$，$AD=BC=\sqrt{5}$，E，F 分别是 AD，BC 的中点. 若用一个与直线 EF 垂直，且与四面体的每个面都相交的平面 α 去截该四面体，由此得到一个多边形截面，则该多边形截面面积的最大值为（　　）.

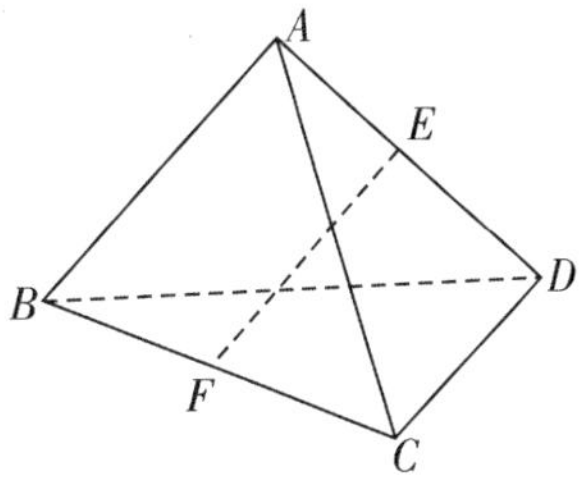

A. $\sqrt{6}$　　B. $\dfrac{\sqrt{6}}{2}$　　C. $\dfrac{5}{2}$　　D. $\dfrac{5}{4}$

解析

如下图所示，把四面体 $ABCD$ 补成长、宽、高分别为$\sqrt{3}$，$\sqrt{2}$，1 的长方体，由于 $EF\perp\alpha$，故截面为平行四边形 $MNKL$，可得 $KL+KN=\sqrt{5}$.

设异面直线 BC 与 AD 所成的角为 θ，则 $\sin\theta=\sin\angle HFB$

$=\sin\angle LKN$，算得 $\sin\theta=\dfrac{2\sqrt{6}}{5}$，

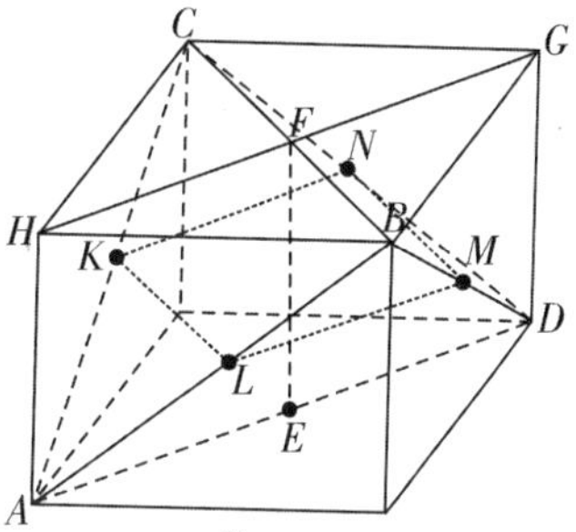

所以 $S_{四边形MNKL}=NK\cdot KL\cdot\sin\angle NKL\leqslant\dfrac{2\sqrt{6}}{5}\left(\dfrac{NK+KL}{2}\right)^2=\dfrac{\sqrt{6}}{2}$，

当且仅当 $NK=KL$ 时取等号，故选 B.

【例 7】在如右图所示的棱长为 2 的正方体 $ABCD-A_1B_1C_1D_1$ 中，作与平面 ACD_1 平行的截面，则截得的三角形中，面积最大的值是________.

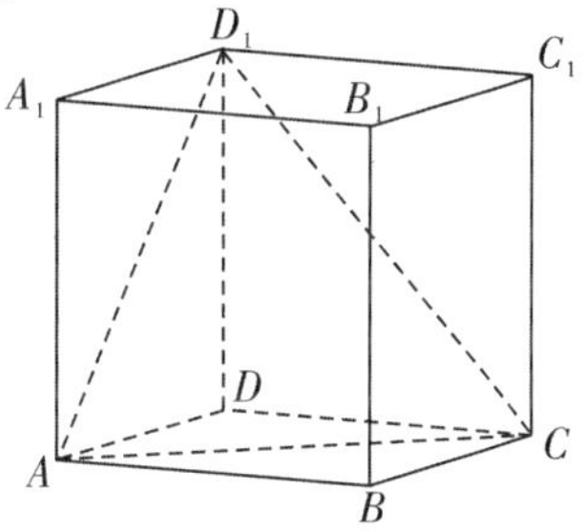

解析

截得的三角形中，面积最大的是三角形 A_1C_1B，

面积为$\dfrac{\sqrt{3}}{4}\times(2\sqrt{2})^2=2\sqrt{3}$.

故答案为 $2\sqrt{3}$.

第三类　线面关系问题

本类问题涉及以下知识点.

1. 线面位置关系的判断

空间线面位置关系的判断是常考知识点，常以小题的形式出现，考查空间中线线、线面、面面间的位置关系，锻炼学生对基础知识的掌握能力和空间想象能力.

基本知识点：线面位置关系的判断

（1）异面直线的判定.

反证法：先假设两条直线不是异面直线，即两条直线平行或相交，由假设出发，经过严格的推理，导出矛盾，从而否定假设，肯定两条直线异面.

定理：平面外一点 A 与平面内一点 B 的连线和平面内不经过点 B 的直线是异面直线.

（2）线面平行与垂直的判定定理、性质定理.

线面平行的判定定理	$\left.\begin{array}{l}a\parallel b\\ b\subset\alpha\\ a\not\subset\alpha\end{array}\right\}\Rightarrow a\parallel\alpha$	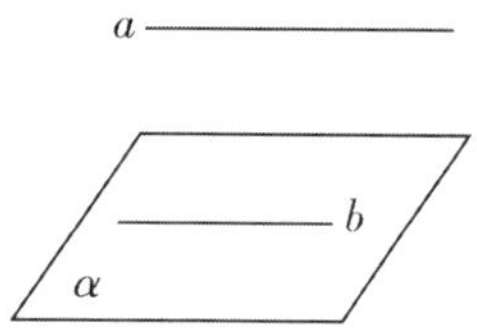
线面平行的性质定理	$\left.\begin{array}{l}a\parallel\alpha\\ a\subset\beta\\ \alpha\cap\beta=b\end{array}\right\}\Rightarrow a\parallel b$	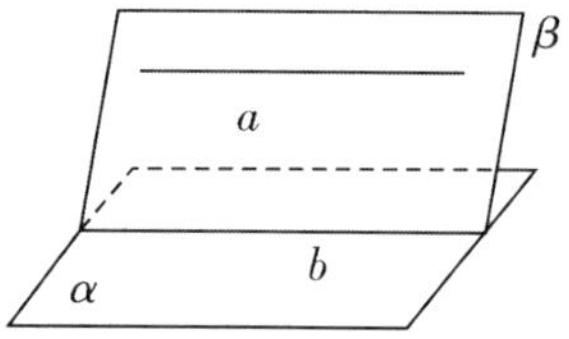
线面垂直的判定定理	$\left.\begin{array}{l}a\subset\alpha，b\subset\alpha\\ a\cap b=O\\ l\perp a，l\perp b\end{array}\right\}\Rightarrow l\perp\alpha$	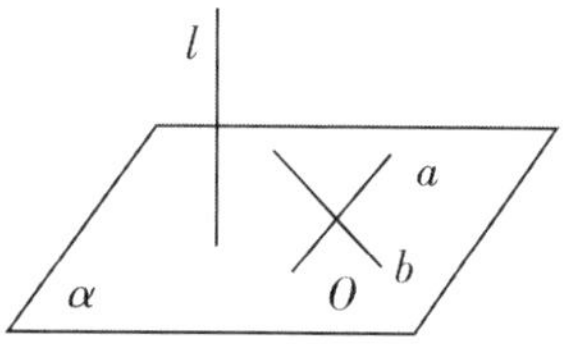
线面垂直的性质定理	$\left.\begin{array}{l}a\perp\alpha\\ b\perp\alpha\end{array}\right\}\Rightarrow a\parallel b$	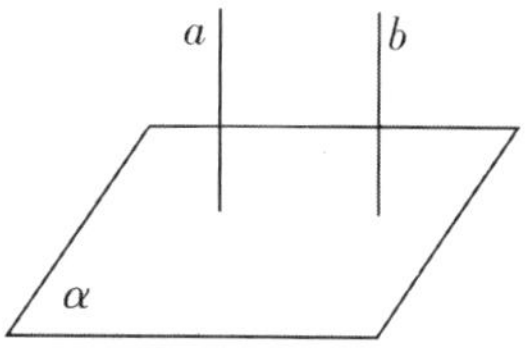

（3）面面平行与垂直的判定定理、性质定理.

面面平行的判定定理	$\left.\begin{array}{l}a\subset\beta\\ b\subset\beta\\ a\cap b=O\\ a\parallel\alpha，b\parallel\alpha\end{array}\right\}\Rightarrow\alpha\parallel\beta$	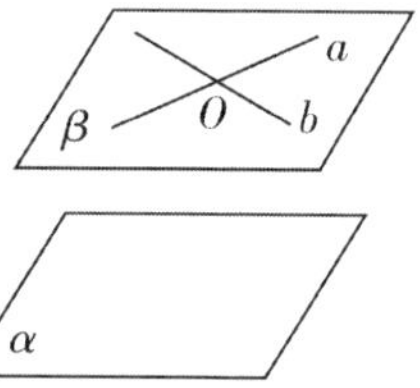
面面平行的性质定理	$\left.\begin{array}{l}\alpha\parallel\beta\\ \alpha\cap\gamma=a\\ \beta\cap\gamma=b\end{array}\right\}\Rightarrow a\parallel b$	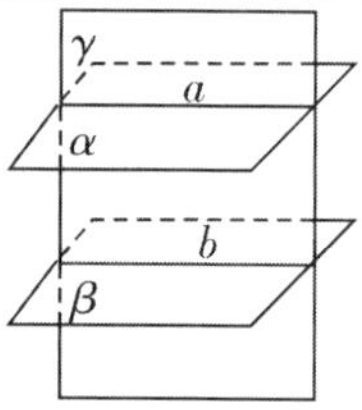
面面垂直的判定定理	$\left.\begin{array}{l}a\perp\alpha\\ a\subset\beta\end{array}\right\}\Rightarrow\alpha\perp\beta$	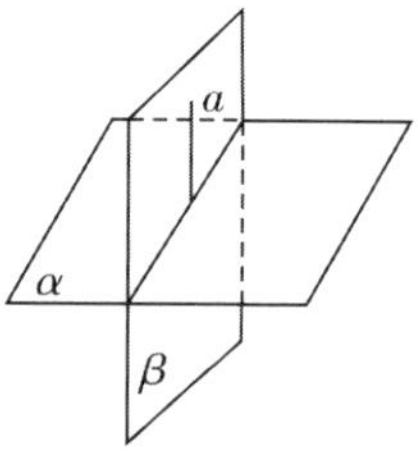

（续表）

面面垂直的性质定理	$\left.\begin{array}{l}\alpha\perp\beta\\ \alpha\cap\beta=c\\ a\subset\alpha\\ a\perp c\end{array}\right\}\Rightarrow a\perp\beta$	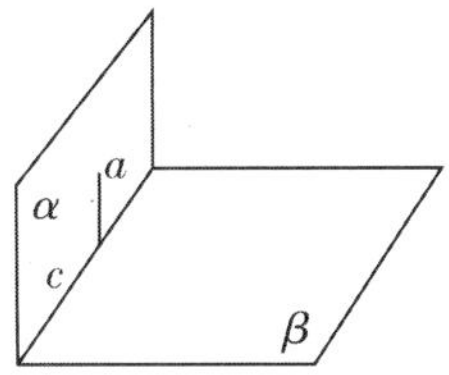

（4）线面位置关系的转化.

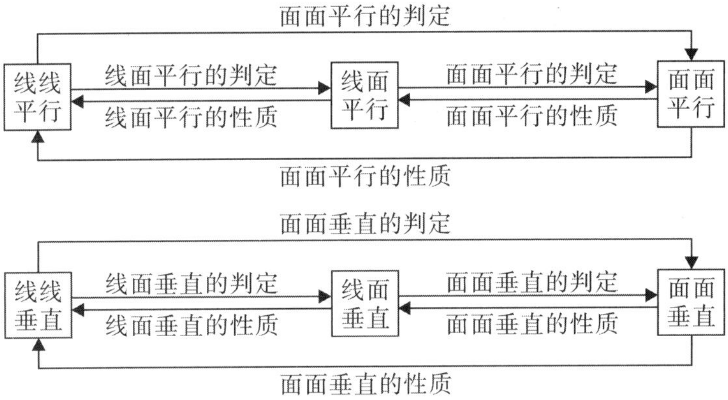

图 3-14 线面位置关系的转化

2. 线面位置关系的证明

空间线面位置关系的证明是高考必考点，试题难度不大，经常作为解答题出现，主要以多面体（尤其是棱柱、棱锥）为载体，考查线线、线面、面面三者的平行与垂直关系的证明，特别要关注垂直关系的证明.

基本知识点：线、面关系的证明.

（1）线面平行的常用证明方法.

① 线面平行的定义.

② 线面平行的判定定理.

③ 面面平行的性质定理.

④ 向量法：证明这条直线的方向向量和这个平面内的一个向量互相平行；证明这个直线的方向向量和这个平面的法向量相互垂直.

注意：利用判定定理判定线面平行，其关键是找到平面内与已知直线平行的直线. 常利用三角形的中位线、平行四边形的对边或过已知直线作一平面找其交线.

（2）线面垂直的常用证明方法.

① 线面垂直的定义.

② 线面垂直的判断定理.

③ 面面垂直的性质定理.

④ 向量法：证明这个直线的方向向量和这个平面的法向量相互平行.

⑤ 垂直于平面的传递性.

⑥ 面面平行的性质定理.

注意：证明线面垂直的核心是证明线线垂直，而证明线线垂直则需借助线面垂直的性质. 因此，判定定理与性质定理的合理转化是证明线面垂直的基本思想.

（3）面面平行的常用证明方法.

① 反证法：假设两个平面不平行，则它们必相交，再导出矛盾.

② 面面平行的判定定理.

③ 性质：垂直于同一直线的两个平面平行；平行于同一平面的两个平面平行.

④ 向量法：证明两个平面的法向量平行.

（4）面面垂直的常用证明方法.

① 定义法.

② 面面垂直的判断定理.

③ 向量法：证明两个平面的法向量垂直.

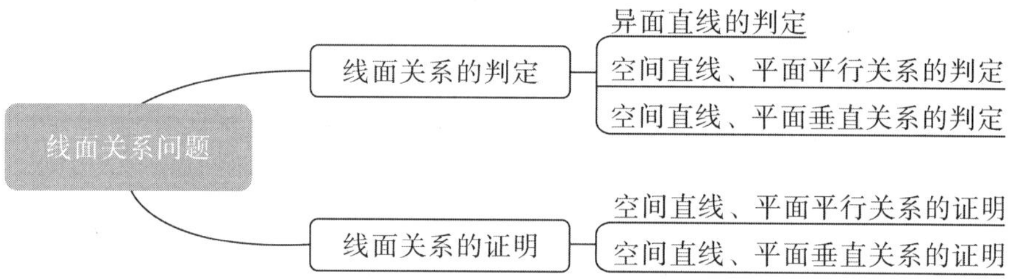

图 3-15 线面关系问题解题思路

题型 1：异面直线的判定

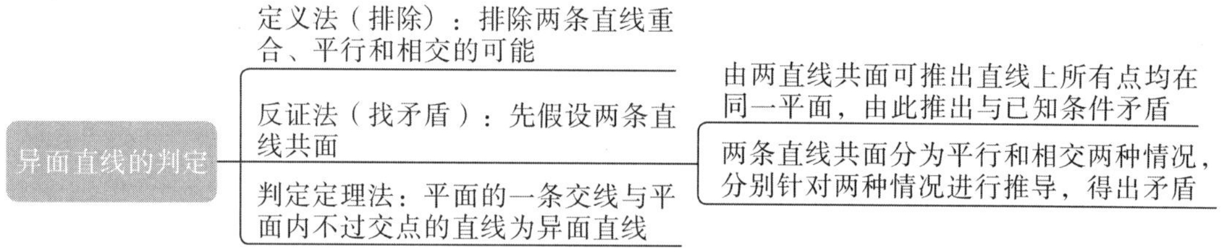

图 3-16 异面直线的判定问题解题思路

【例 1】 在图中，G，N，M，H 分别是正三棱柱的顶点或所在棱的中点，则表示直线 GH，MN 是异面直线的图形有________.（填上所有正确答案的序号）

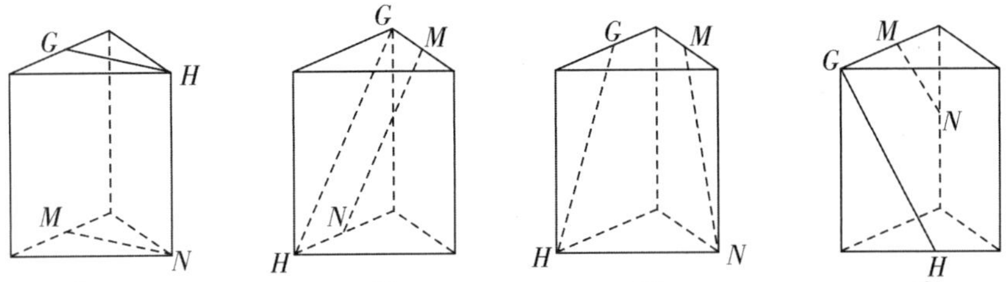

①　　②　　③　　④

解析

图①中，直线 $GH /\!/ MN$；图②中，G，H，N 三点共面，但 $M \notin$ 平面 GHN，因此直线 GH 与 MN 异面；图③中，连接 MG，$GM /\!/ HN$，因此 GH 与 MN 共面；图④中，G，M，N 共面，但 $H \notin$ 平面 GMN，因此 GH 与 MN 异面.

故答案为②④.

【例 2】 如下图所示，在三棱柱 $ABC-A_1B_1C_1$ 中，侧棱 $AA_1 \perp$ 底面 ABC，$AA_1=2$，$AB=BC=1$，$\angle ABC=90°$，外接球的球心为 O，点 E 是侧棱 BB_1 上的一个动点，有以下判断：

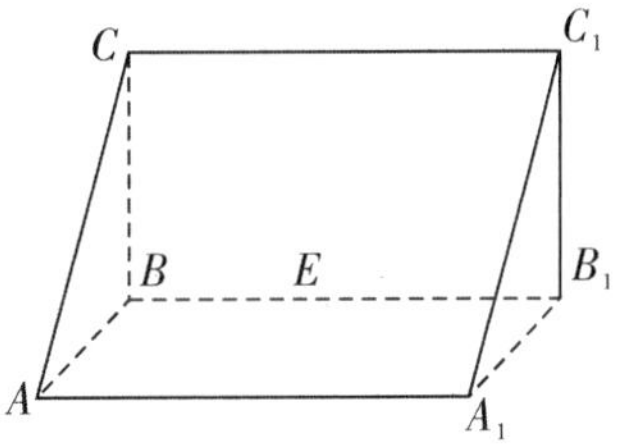

①直线 AC 与直线 C_1E 是异面直线.

②A_1E 一定不垂直于 AC_1.

③三棱锥 $E-AA_1O$ 的体积为定值.

④$AE+EC_1$ 的最小值为 $2\sqrt{2}$.

其中正确的个数是（　　）.

A. 1　　　　B. 2　　　　C. 3　　　　D. 4

解析

因为点 $A \notin$ 平面 BB_1C_1C，$C \in$ 平面 BB_1C_1C，所以直线 AC 与直线 C_1E 是异面直线，故①正确；

当 $A_1E \perp AB_1$ 时，直线 $A_1E \perp$ 平面 AB_1C_1，所以 $A_1E \perp AC_1$，故②错误；

球心 O 是直线 AC_1 与 A_1C 的交点，底面 OAA_1 面积不变，体积为定值，故③正确；

将矩形 AA_1B_1B 和矩形 BB_1C_1C 展开到一个面内，当点 E 为 AC_1 与 BB_1 的交点时，$AE+EC_1$ 取得最小值 $2\sqrt{2}$，故④正确.

故选 C.

题型 2：线面平行关系的判定及证明

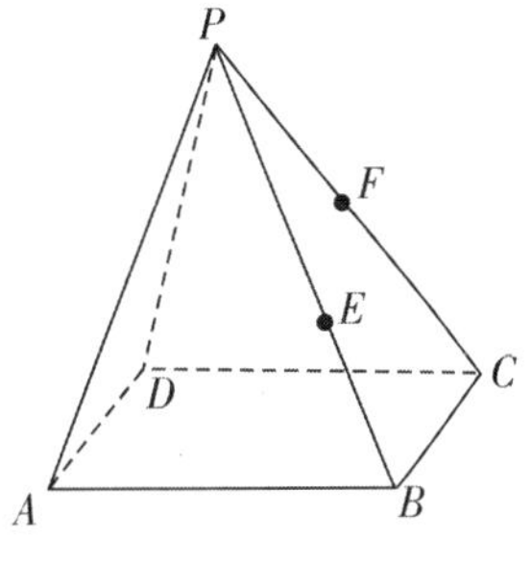

【例 3】 通用技术课上，老师给同学们提供了一个如右图所示的木质正四棱锥模型 $P-ABCD$. 点 E 在棱 PB 上，满足 $\frac{PE}{PB}=\frac{2}{3}$，点 F 在棱 PC 上，满足 $\frac{PF}{PC}=\frac{1}{2}$，要求同学们按照以下方案进

行切割：

（1）试在棱 PC 上确定一点 G，使得 $EF /\!/$ 平面 ABG；

（2）过点 A，E，F 的平面 α 交 PD 于点 H，沿平面 α 将四棱锥模型切割成两部分，在实施过程中为了方便切割，需先在模型中确定点 H 的位置，请求出 $\frac{PH}{PD}$ 的值.

解析

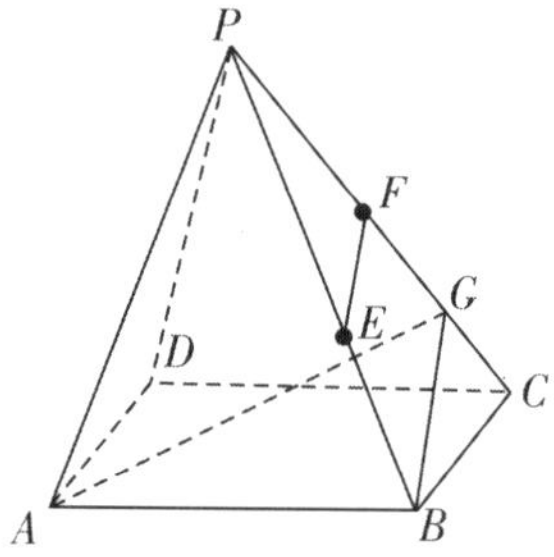

（1）由已知得，点 E 在棱 PB 上，满足 $\frac{PE}{PB}=\frac{2}{3}$，点 F 在棱 PC 上，满足 $\frac{PF}{PC}=\frac{1}{2}$，所以取 PC 上靠近 C 的四等分点为 G，则必有 $\frac{PF}{PG}=\frac{PE}{PB}=\frac{2}{3}$.

则根据三角形相似，必有 $BG /\!/ EF$，使得 $EF /\!/$ 平面 ABG.

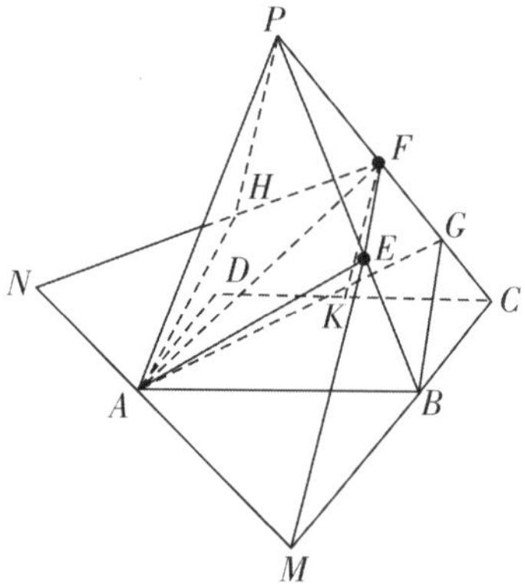

（2）延长 FE，与 CB 的延长线交于点 M，连接 MA 并延长与 CD 的延长线交于点 N，连接 FN，交 PD 于点 H，由（1）可得：

$FG=CG=\frac{1}{4}PC$，即 G 为 CF 的中点；

由 $EF /\!/ BG$，可得 B 为 MC 的中点；

由 $AD /\!/ BC$，可得 D 为 CN 的中点.

在等腰三角形 PCD 中，F 为 PC 的中点，取 CD 的中点 K，连接 FK，则 $PD=2KF$，$DH=\frac{2}{3}FK$，所以 $PD=3DH$，即 $\frac{PH}{PD}=\frac{2}{3}$.

题型 3：线面垂直关系的判定及证明

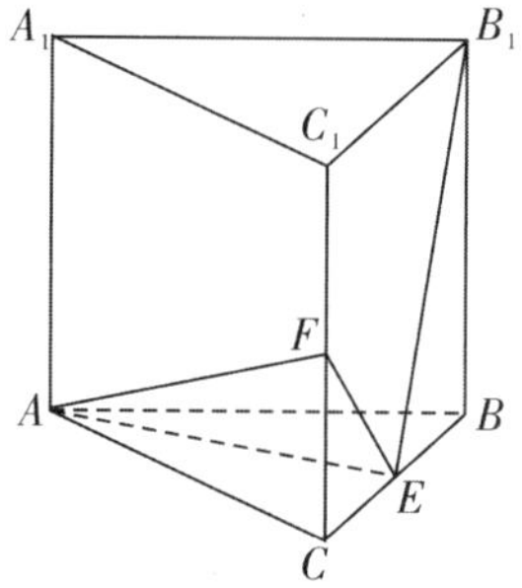

【例 4】已知直三棱柱 $ABC-A_1B_1C_1$ 中，侧面 AA_1B_1B 为正方形. $AB=BC=2$，$AF=3$，E，F 分别为 BC 和 CC_1 的中点.

（1）求三棱锥 $F-ACE$ 的体积；

（2）证明：$AF\perp B_1E$.

解析

（1）因为 AA_1B_1B 为正方形，且 $AB=2$，所以 $CC_1=2$，F 为 CC_1 的中点，所以 $FC=1$.

则 $AC=\sqrt{AF^2-FC^2}=2\sqrt{2}$，又 $AB=BC=2$，所以 $AB^2+BC^2=AC^2$，

所以 $\triangle ABC$ 为等腰直角三角形，因为 E 是 CB 的中点，所以 $CE=1$，

所以 $V_{F-ACE}=\frac{1}{3}\times CF\times S_{\triangle ACE}=\frac{1}{3}\times 1\times\frac{1}{2}\times 2\sqrt{2}\times 1\times\frac{\sqrt{2}}{2}=\frac{1}{3}$.

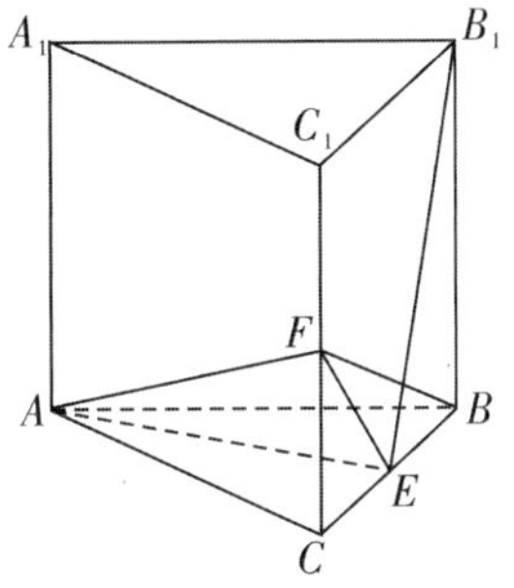

（2）证明：连接 BF.

因为 $AB\perp BC$，$AB\perp BB_1$，$BC\cap BB_1=B$，

所以 $AB\perp$ 平面 C_1B，又 $B_1E\subset$ 平面 C_1B，所以 $AB\perp B_1E$.

因为 $\tan\angle BB_1E=\frac{BE}{BB_1}=\frac{1}{2}$，$\tan\angle FBC=\frac{FC}{BC}=\frac{1}{2}$，

且这两个角都是锐角，所以 $\angle BB_1E=\angle FBC$，所以 $BF\perp B_1E$.

又 $AB\perp B_1E$，$AB\cap BF=B$，所以 $B_1E\perp$ 平面 ABF，

因为 $AF\subset$ 平面 ABF，所以 $B_1E\perp AF$.

第四类　空间角

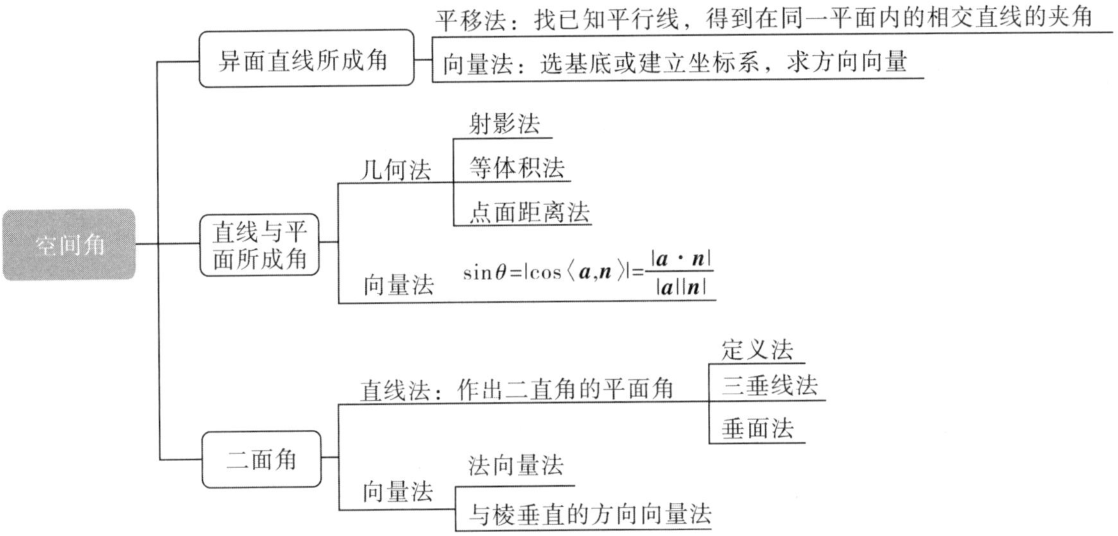

图 3-17　空间角问题解题思路

题型 1：异面直线所成角

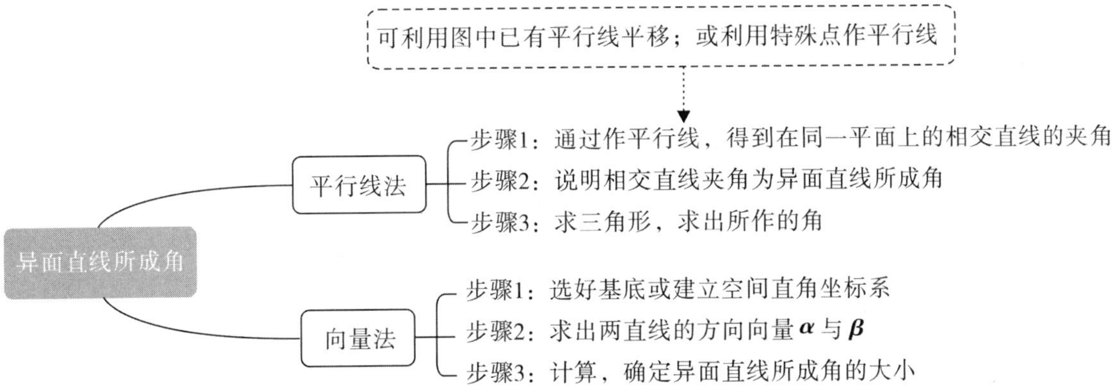

图 3-18　异面直线所成角问题解题思路

【例1】 在正方体 $ABCD-A_1B_1C_1D_1$，E 为棱 CD 的中点，则异面直线 AE 与 BC_1 所成角的正弦值为（　　）.

A. $\dfrac{\sqrt{15}}{25}$　　B. $\dfrac{\sqrt{10}}{10}$　　C. $\dfrac{\sqrt{10}}{5}$　　D. $\dfrac{\sqrt{15}}{5}$

解析

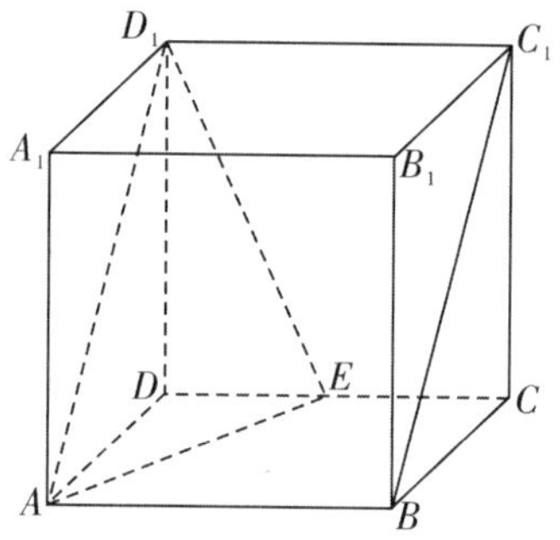

如右图所示，连接 AD_1，D_1E.

因为 $BC_1 /\!/ AD_1$，所以 $\angle D_1AE$ 是异面直线 AE 与 BC_1 所成角或其补角.

设棱长为2，$AD_1=2\sqrt{2}$，$AE=D_1E=\sqrt{2^2+1^2}=\sqrt{5}$，

所以 $\cos\angle D_1AE=\dfrac{(2\sqrt{2})^2+(\sqrt{5})^2-(\sqrt{5})^2}{2\times 2\sqrt{2}\times\sqrt{5}}=\dfrac{\sqrt{10}}{5}$，

$\sin\angle D_1AE=\sqrt{1-\left(\dfrac{\sqrt{10}}{5}\right)^2}=\dfrac{\sqrt{15}}{5}$.

故选 D.

【例2】 如右图所示，在直三棱柱 $ABC-A_1B_1C_1$ 中，$AC=3$，$BC=4$，$CC_1=3$，$\angle ACB=90°$，则 BC_1 与 A_1C 所成角的余弦值为（　　）.

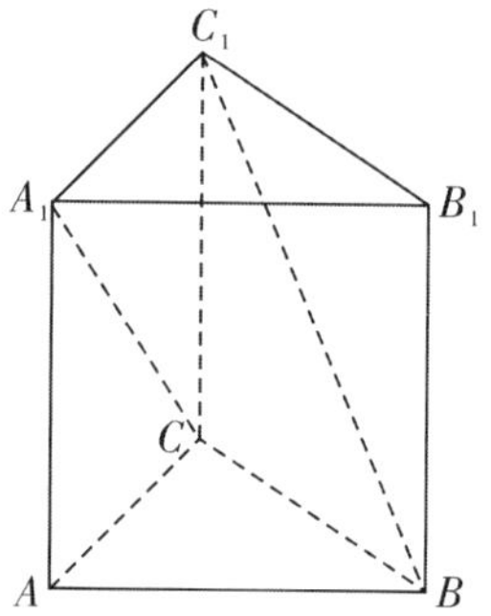

A. $\dfrac{3\sqrt{2}}{10}$　　B. $\dfrac{\sqrt{3}}{3}$

C. $\dfrac{\sqrt{2}}{4}$　　D. $\dfrac{\sqrt{5}}{5}$

解析

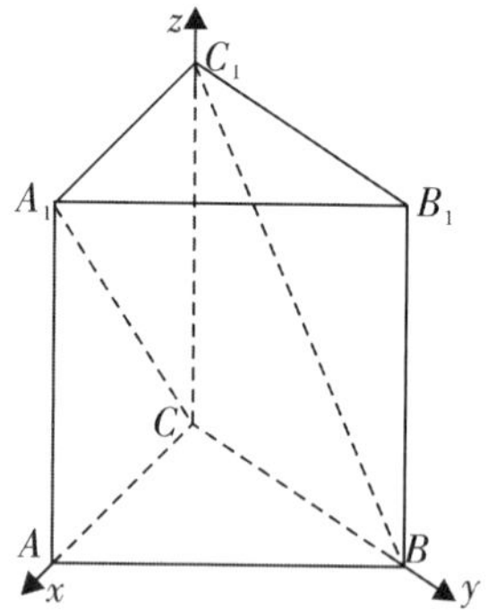

如右图所示，以 C 为坐标原点，CA，CB，CC_1 分别为 x，y，z 轴建立空间直角坐标系，则 $C(0,0,0)$，$A_1(3,0,3)$，$B(0,4,0)$，$C_1(0,0,3)$，

所以 $\overrightarrow{CA_1}=(3,0,3)$，$\overrightarrow{BC_1}=(0,-4,3)$，

所以 $\cos\langle\overrightarrow{CA_1},\overrightarrow{BC_1}\rangle=\dfrac{\overrightarrow{CA_1}\cdot\overrightarrow{BC_1}}{|\overrightarrow{CA_1}|\cdot|\overrightarrow{BC_1}|}=\dfrac{9}{3\sqrt{2}\times 5}=\dfrac{3\sqrt{2}}{10}$，

所以直线 BC_1 与 A_1C 所成角的余弦值为 $\dfrac{3\sqrt{2}}{10}$.

故选 A.

题型 2：直线与平面所成角

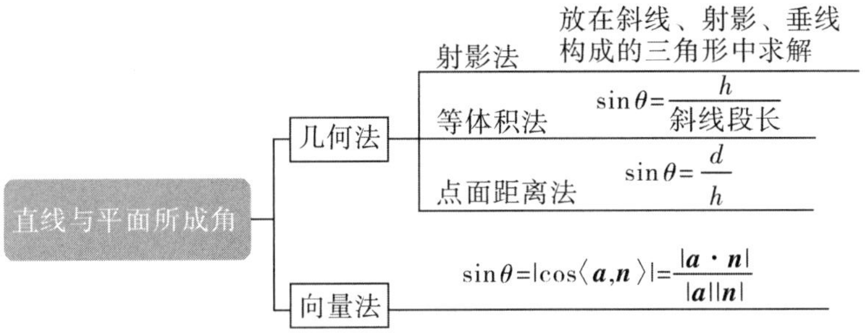

图 3-19　线面角问题解题思路

【例 3】（2022 新高考Ⅰ卷）（多选题）已知正方体 $ABCD-A_1B_1C_1D_1$，则（　　）.

A. 直线 BC_1 与 DA_1 所成的角为$90°$

B. 直线 BC_1 与 CA_1 所成的角为$90°$

C. 直线 BC_1 与平面 BB_1D_1D 所成的角为$45°$

D. 直线 BC_1 与平面 $ABCD$ 所成的角为$45°$

解析

在正方体 $ABCD-A_1B_1C_1D_1$ 中，

A 项，如图（a）所示，由 $BC_1\perp B_1C$，$B_1C/\!/A_1D$，得 $BC_1\perp A_1D$，即直线 BC_1 与 DA_1 所成的角为$90°$，故 A 项正确.

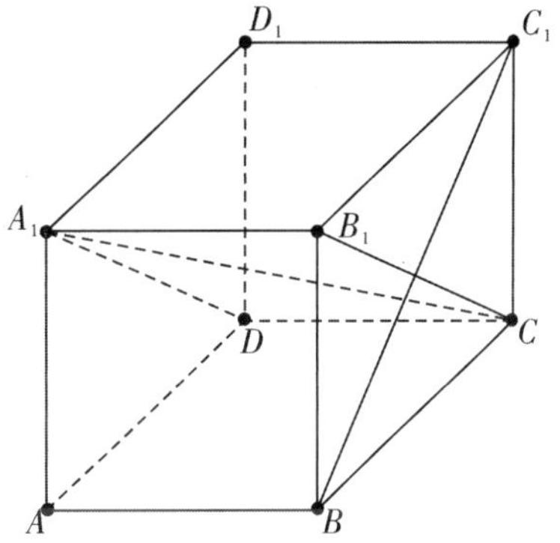

图（a）

B 项，如图（a）所示，由 $A_1B_1\perp$平面 BCC_1B_1，$BC_1\subset$平面 BCC_1B_1，得 $A_1B_1\perp BC_1$；

又因为 $BC_1\perp B_1C$ 且 $B_1C\cap A_1B_1=B_1$，所以 $BC_1\perp$平面 A_1B_1CD.

由 $A_1C\subset$平面 A_1B_1CD，得 $BC_1\perp CA_1$，即直线 BC_1 与 CA_1 所成的角为$90°$，故 B 项正确.

C 项，如图（b）所示，易知 $A_1C_1\perp$平面 BDD_1B_1，所以 $C_1P\perp BP$，即直线 BC_1 与平面 BB_1D_1D 所成的角为 $\angle PBC_1=\theta$，

而 $\sin\theta=\dfrac{PC_1}{BC_1}=\dfrac{\frac{\sqrt{2}}{2}}{\sqrt{2}}=\dfrac{1}{2}\neq\dfrac{\sqrt{2}}{2}$，因此直线 BC_1 与平面 BB_1D_1D 所成的角不是$45°$，故 C 项错误.

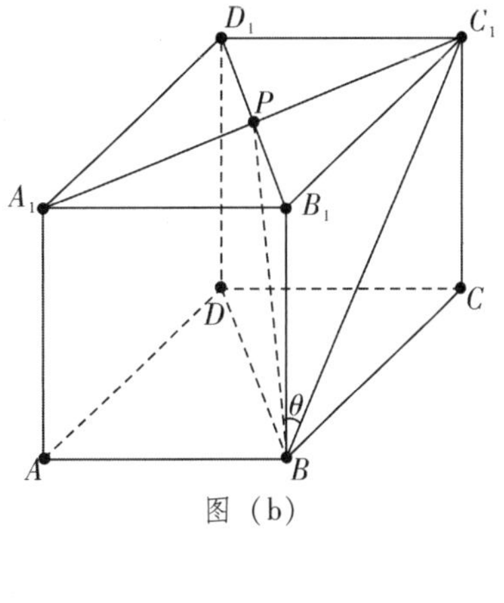

图（b）

D 项，直线 BC_1 与平面 $ABCD$ 所成的角为 $\angle CBC_1=45°$，故 D 项正确.

故选 ABD.

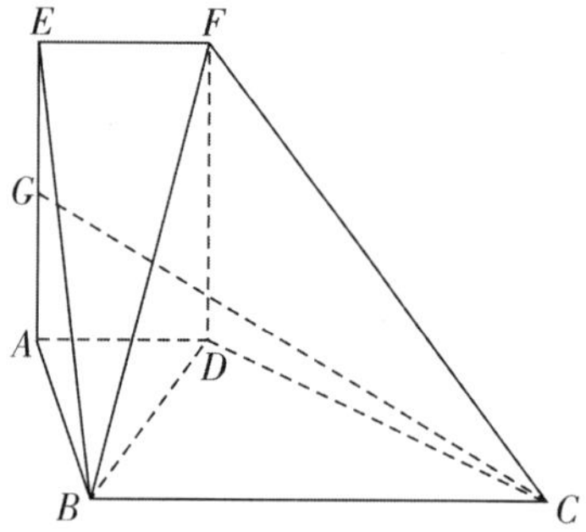

【例4】 如右图所示，直角梯形 $ABCD$ 中，$AD /\!/ BC$，$\angle BAD=90°$，$BD=CD$，$EA\perp$底面 $ABCD$，$FD\perp$底面 $ABCD$，且有 $EA=FD=2\sqrt{2}$，$AD=AB=2$.

（1）求证：$CD\perp BF$；

（2）若线段 AE 的中点为 G，求直线 CG 与平面 $CBEF$ 所成角的正弦值.

解析

（1）因为 $AD\perp AB$，$AD=AB=2$，

所以 $BD=\sqrt{BA^2+AD^2}=2\sqrt{2}$，

且$\triangle ABD$ 是等腰直角三角形，$\angle ABD=\angle ADB=45°$.

因为平面 $ABCD$ 中，$AD /\!/ BC$，所以$\angle DBC=\angle ADB=45°$，

因为 $BD=CD$，所以$\angle DBC=\angle DCB=45°$，所以$\angle BDC=90°$，即 $BD\perp CD$.

因为 $FD\perp$底面 $ABCD$，$CD\subset$底面 $ABCD$，所以 $CD\perp DF$，

因为 BD，DF 是平面 BDF 内的相交直线，所以 $CD\perp$平面 BDF，

因为 $BF\subset$平面 BDF，所以 $CD\perp BF$.

（2）解法一：几何法.

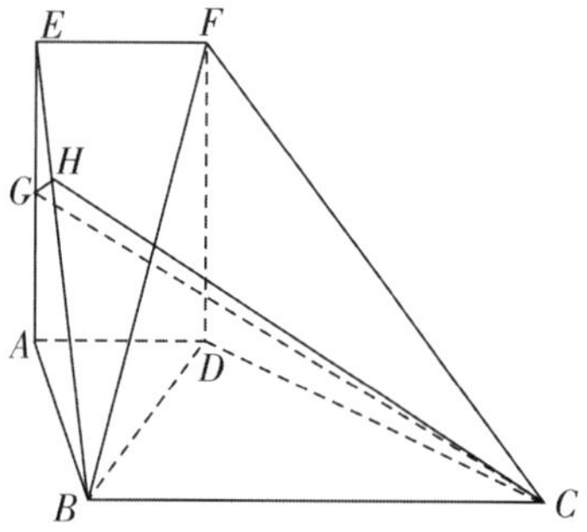

如右图所示，过点 G 作 $GH\perp BE$，垂足为 H，连接 HC.

因为 $AB\perp BC$，$CB\perp AE$，$AB\cap AE=A$，所以 $CB\perp$平面 EAB.

因为 $GH\subset$面 ABE，所以 $CB\perp GH$.

结合 $GH\perp BE$ 且 $BC\cap BE=B$，可得 $GH\perp$平面 $CBEF$，

所以 CH 是 CG 在平面 $CBEF$ 内的射影，

可得$\angle GCH$ 就是直线 CG 与平面 $CBEF$ 所成的角.

因为 Rt$\triangle ABC$ 中，$AC=\sqrt{BC^2+AB^2}=2\sqrt{5}$，

所以 Rt$\triangle ACG$ 中，$CG=\sqrt{AC^2+AG^2}=\sqrt{22}$，

因为$\triangle EGH\backsim\triangle EBA$，所以$\dfrac{EG}{EB}=\dfrac{GH}{AB}$，可得 $GH=\dfrac{\sqrt{6}}{3}$.

因此，在 Rt$\triangle CGH$ 中，$\sin\angle GCH=\dfrac{GH}{GC}=\dfrac{\sqrt{33}}{33}$，

即直线 CG 与平面 $CBEF$ 所成角的正弦值是$\dfrac{\sqrt{33}}{33}$.

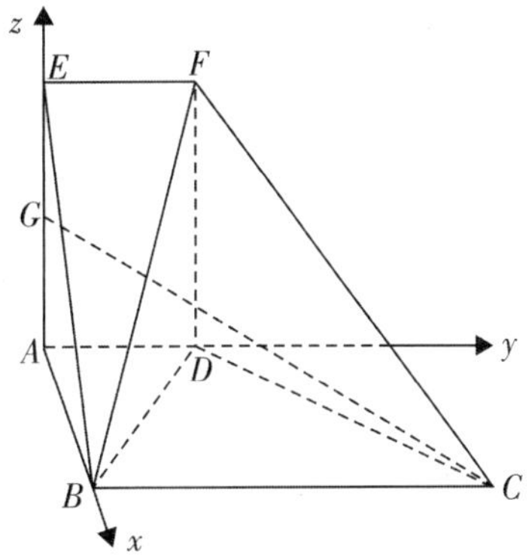

解法二：向量法.

如右图所示，以 A 点为坐标原点，直线 AB 为 x 轴，直线 AD 为 y 轴，直线 AE 为 z 轴建立空间直角坐标系，

则 $A(0,0,0)$，$B(2,0,0)$，$C(2,4,0)$，$E(0,0,2\sqrt{2})$，$G(0,0,\sqrt{2})$，

所以 $\overrightarrow{GC}=(2,4,-\sqrt{2})$，$\overrightarrow{BC}=(0,4,0)$，$\overrightarrow{BE}=(-2,0,2\sqrt{2})$.

设平面 $CBEF$ 的一个法向量为 $\vec{n}=(x,y,z)$，

由 $\begin{cases}\vec{n}\cdot\overrightarrow{BC}=0,\\ \vec{n}\cdot\overrightarrow{BE}=0,\end{cases}$ 得 $\begin{cases}4y=0,\\ -2x+2\sqrt{2}z=0,\end{cases}$

可取 $\vec{n}=(\sqrt{2},0,1)$.

设直线 CG 与平面 $CBEF$ 所成角为 θ，

则 $\sin\theta=|\cos<\overrightarrow{CG},\vec{n}>|=\left|\dfrac{\overrightarrow{CG}\cdot\vec{n}}{|\overrightarrow{CG}|\cdot|\vec{n}|}\right|=\left|\dfrac{\sqrt{2}}{\sqrt{22}\cdot\sqrt{3}}\right|=\dfrac{\sqrt{33}}{33}$，

即直线 CG 与平面 $CBEF$ 所成角的正弦值是 $\dfrac{\sqrt{33}}{33}$.

题型 3：二面角

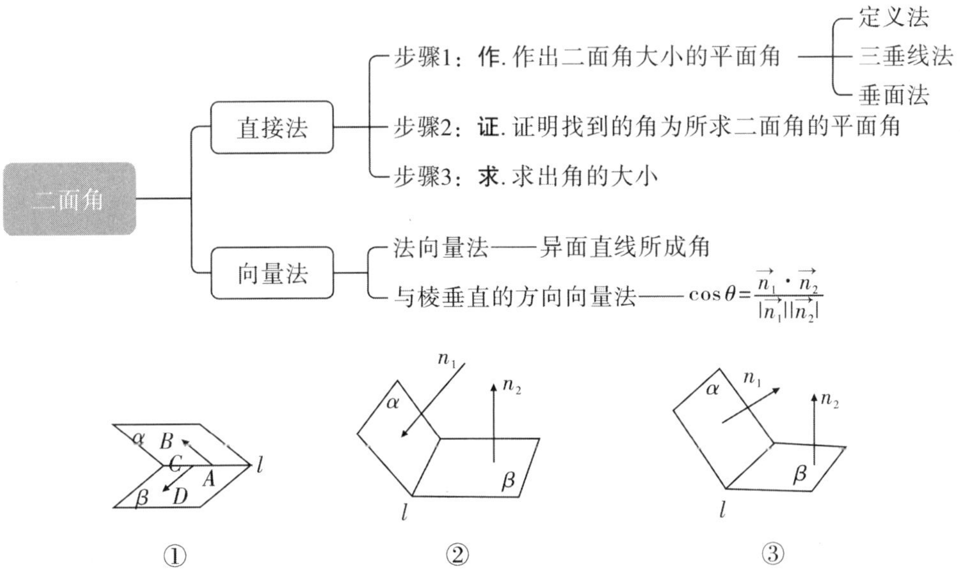

图 3-20　二面角解题思路

【例 5】（2022 新高考Ⅰ卷）如右图所示，直三棱柱 $ABC-A_1B_1C_1$ 的体积为 4，$\triangle A_1BC$ 的面积为 $2\sqrt{2}$.

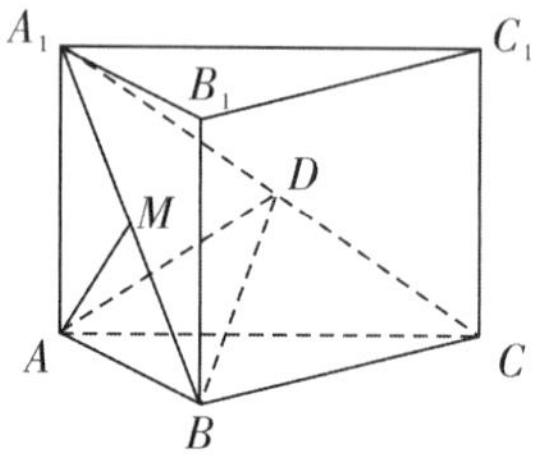

(1) 求 A 到平面 A_1BC 的距离；

(2) 设 D 为 A_1C 的中点，$AA_1=AB$，平面 $A_1BC\perp$ 平面 ABB_1A_1，求二面角 $A-BD-C$ 的正弦值.

解析

(1) 因为 $V_{A-A_1BC}=\frac{1}{3}V_{ABC-A_1B_1C_1}=\frac{4}{3}$，所以$\frac{1}{3}S_{\triangle A_1BC}\cdot h=\frac{1}{3}\times 2\sqrt{2}h=\frac{4}{3}$，所以 $h=\sqrt{2}$.

即 A 到平面 A_1BC 的距离为$\sqrt{2}$.

(2) 取线段 A_1B 的中点 M，连接 AM.

由 $AA_1=AB$，得 $AM\perp A_1B$.

因为面 $A_1BC\perp$ 面 ABB_1A_1，面 $A_1BC\cap$ 面 $ABB_1A_1=A_1B$，

所以 $AM\perp$ 面 A_1BC，所以 $AM\perp BC$.

又因为 $AA_1\perp BC$，$AM\cap AA_1=A$，所以 $BC\perp$ 面 A_1AB，所以 $BC\perp AB$.

故 BA，BC，BB_1 两两垂直，如右图所示建立空间直角坐标系.

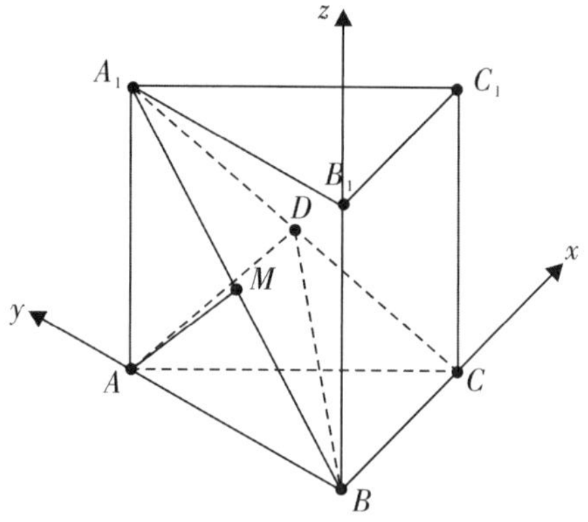

因为 M 为线段 A_1B 的中点，所以在 $\mathrm{Rt}\triangle AA_1B$ 中，$A_1B=2AM=2\sqrt{2}$，所以 $AB=AA_1=2$.

又 $S_{\triangle A_1BC}=\frac{1}{2}\cdot A_1B\cdot BC=2\sqrt{2}$，所以 $BC=2$.

则 $A(0,2,0)$，$B(0,0,0)$，$C(2,0,0)$，$D(1,1,1)$，

所以$\overrightarrow{BA}=(0,2,0)$，$\overrightarrow{BD}=(1,1,1)$.

设平面 ABD 的法向量为 $\vec{m}=(x,y,z)$，则$\begin{cases}\vec{m}\cdot\overrightarrow{BA}=0,\\ \vec{m}\cdot\overrightarrow{BD}=0,\end{cases}$即$\begin{cases}2y=0,\\ x+y+z=0,\end{cases}$解得$\begin{cases}y=0,\\ x=-z.\end{cases}$

令 $x=1$，则平面 ABD 的一个法向量为 $\vec{m}=(1,0,-1)$.

同理可得平面 BCD 的一个法向量为 $\vec{n}=(0,1,-1)$.

因为 $\cos\langle\vec{m},\vec{n}\rangle=\frac{\vec{m}\cdot\vec{n}}{|\vec{m}|\cdot|\vec{n}|}=\frac{1}{\sqrt{2}\times\sqrt{2}}=\frac{1}{2}$，设所求角为 θ，

则 $\sin\theta=\sqrt{1-\cos^2\langle\vec{m},\vec{n}\rangle}=\frac{\sqrt{3}}{2}$.

即二面角 $A-BD-C$ 的正弦值为$\frac{\sqrt{3}}{2}$.

【例6】如右图所示，在四棱锥 $P-ABCD$ 中，底面 $ABCD$ 是边长为2的菱形，$\angle BCD=60°$，$PD\perp AD$，$PB=\frac{4\sqrt{3}}{3}$，E 是 BC 边的中点.

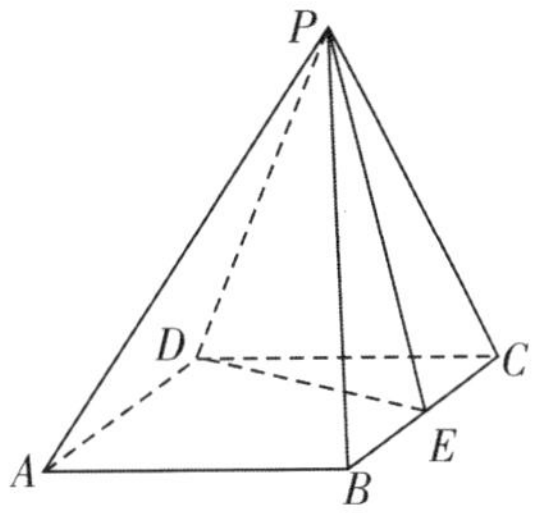

（1）求证：$AD\perp$ 平面 PDE；

（2）若直线 PB 与底面 $ABCD$ 所成的角为$\frac{\pi}{3}$，求二面角 $P-AD-C$ 的大小.

解析

（1）证明：连接 BD，底面 $ABCD$ 是菱形，因为 $CD=CB$，$\angle BCD=60°$，所以 $\angle BDC=\frac{\pi}{3}$，所以$\triangle BCD$ 是正三角形.

因为 E 是 BC 边的中点，所以 $DE\perp BC$，因为 $AD/\!/BC$，所以 $DE\perp AD$.

因为 $DP\perp AD$，$DP\cap ED=D$，所以 $AD\perp$ 平面 PDE.

（2）过 P 在平面 PDE 内作 $PK\perp DE$ 于 K，连接 BK，

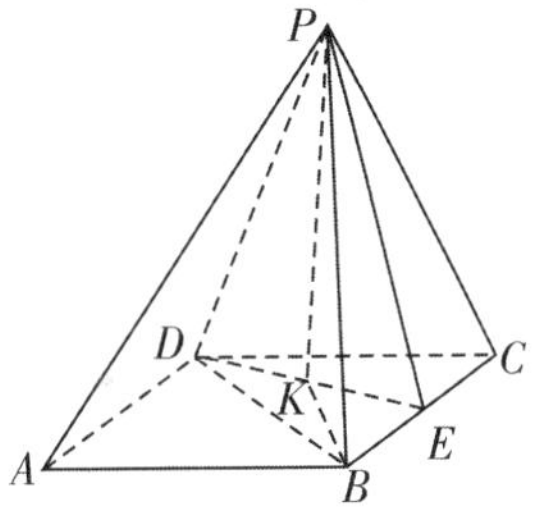

由（1）知 $AD\perp PK$，所以 $PK\perp$ 面 $ABCD$，

所以 BK 为 BP 在面 $ABCD$ 内的射影，

所以直线 PB 与平面 $ABCD$ 所成角的大小为$\angle PBK=\frac{\pi}{3}$.

因为 $PB=\frac{4\sqrt{3}}{3}$，$\angle PBK=\frac{\pi}{3}$，所以 $BK=\frac{2\sqrt{3}}{3}$，$PK=2$.

因为$\triangle BCD$ 为正三角形，E 为 BC 中点，所以 $DE=\sqrt{3}$.

在 $\mathrm{Rt}\triangle KEB$ 中，$BK=\frac{2\sqrt{3}}{3}$，$BE=1$，$KE=\frac{\sqrt{3}}{3}$，

因为 $PD\perp AD$，所以 $ED\perp AD$，所以$\angle PDE$ 为二面角 $P-AD-C$ 的平面角.

在 $\mathrm{Rt}\triangle PKD$ 中，$\tan\angle PDK=\frac{PK}{DK}=\sqrt{3}$，所以$\angle PDE=\frac{\pi}{3}$.

故二面角 $P-AD-C$ 的大小为$\frac{\pi}{3}$.

【例7】如右图所示，在三棱柱 $ABC-A_1B_1C_1$ 中，已知 $AB\perp$ 侧面 BB_1C_1C，$BC=BC_1=\sqrt{2}$，$CC_1=2$，$AB=3$.

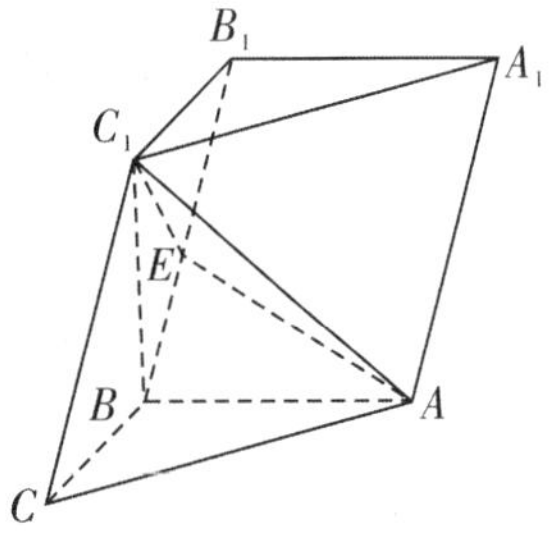

（1）求证：$C_1B\perp$ 平面 ABC；

（2）若 E 是 BB_1 的中点，求二面角 $A-C_1E-C$ 的余弦值.

解析

（1）证明：$AB\perp$ 平面 BB_1C_1C，所以 $AB\perp BC_1$.

因为 $BC=BC_1=\sqrt{2}$，$CC_1=2$，所以 $BC^2+BC_1^2=CC_1^2$，所以 $BC\perp BC_1$，

又 $AB\cap BC=B$，所以 $BC_1\perp$ 平面 ABC.

（2）解法一：向量法.

以 B 为坐标原点，分别以 $\overrightarrow{BC}$，$\overrightarrow{BA}$，$\overrightarrow{BC_1}$ 的方向为 x，y，z 轴的正方向建立空间直角坐标系.

则 $B(0,0,0)$，$C(\sqrt{2},0,0)$，$A(0,3,0)$，$C_1(0,0,\sqrt{2})$，$B_1(-\sqrt{2},0,\sqrt{2})$，$E\left(-\frac{\sqrt{2}}{2},0,\frac{\sqrt{2}}{2}\right)$，

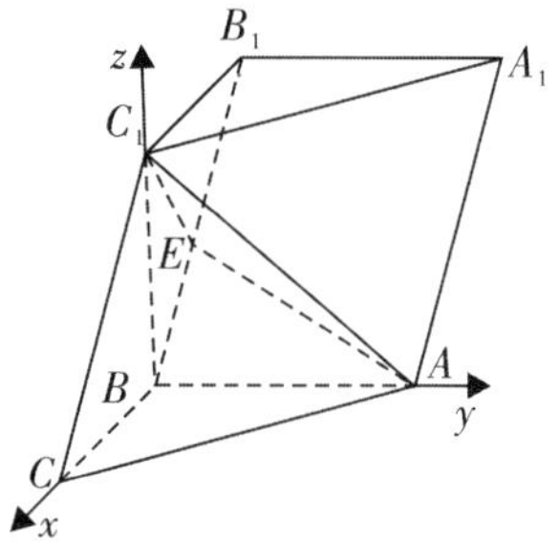

有 $\overrightarrow{AC_1}=(0,-3,\sqrt{2})$，$\overrightarrow{AE}=\left(-\frac{\sqrt{2}}{2},-3,\frac{\sqrt{2}}{2}\right)$.

设 $\overrightarrow{n_1}=(x,y,z)$ 为平面 AC_1E 的法向量，

则 $\begin{cases}\overrightarrow{n_1}\cdot\overrightarrow{AC_1}=0,\\ \overrightarrow{n_1}\cdot\overrightarrow{AE}=0,\end{cases}$ 即 $\begin{cases}-3y+\sqrt{2}z=0,\\ -\frac{\sqrt{2}}{2}x-3y+\frac{\sqrt{2}}{2}z=0.\end{cases}$

不妨取 $z=3$，则 $\overrightarrow{n_1}=(-3,\sqrt{2},3)$.

因为 $AB\perp$ 平面 BB_1C_1C，所以在 $\overrightarrow{AB}$ 方向上取平面 CC_1E 的法向量 $\overrightarrow{n_2}=(0,1,0)$，

所以 $\cos\langle\overrightarrow{n_1},\overrightarrow{n_2}\rangle=\frac{\overrightarrow{n_1}\cdot\overrightarrow{n_2}}{|\overrightarrow{n_1}||\overrightarrow{n_2}|}=\frac{\sqrt{2}}{\sqrt{20}}=\frac{\sqrt{10}}{10}$.

由图可知二面角 $A-C_1E-C$ 的平面角为锐角，

故二面角 $A-C_1E-C$ 的余弦值为 $\frac{\sqrt{10}}{10}$.

解法二：直接法.

三棱柱 $ABC-A_1B_1C_1$ 中，由（1）知，$BC\perp BC_1$ 且 $BC/\!/B_1C_1$，则 $BC_1\perp B_1C_1$ 且 $BC_1=B_1C_1$.

因为 E 是 BB_1 的中点，所以 $C_1E\perp BB_1$.

又因为 $AB\perp$ 平面 BB_1C_1C，所以 $AB\perp C_1E$.

又 $BB_1\cap AB=B$，所以 $C_1E\perp$ 平面 ABB_1A_1.

所以 $C_1E\perp AE$，$\angle AEB$ 即为二面角 $A-C_1E-C$ 的平面角.

因为 $AB=3$，$CC_1=2$，所以 $BE=1$，$AE=\sqrt{10}$，$\cos\angle AEB=\frac{\sqrt{10}}{10}$，

故二面角 $A-C_1E-C$ 的余弦值为 $\frac{\sqrt{10}}{10}$.

第五类　空间距离

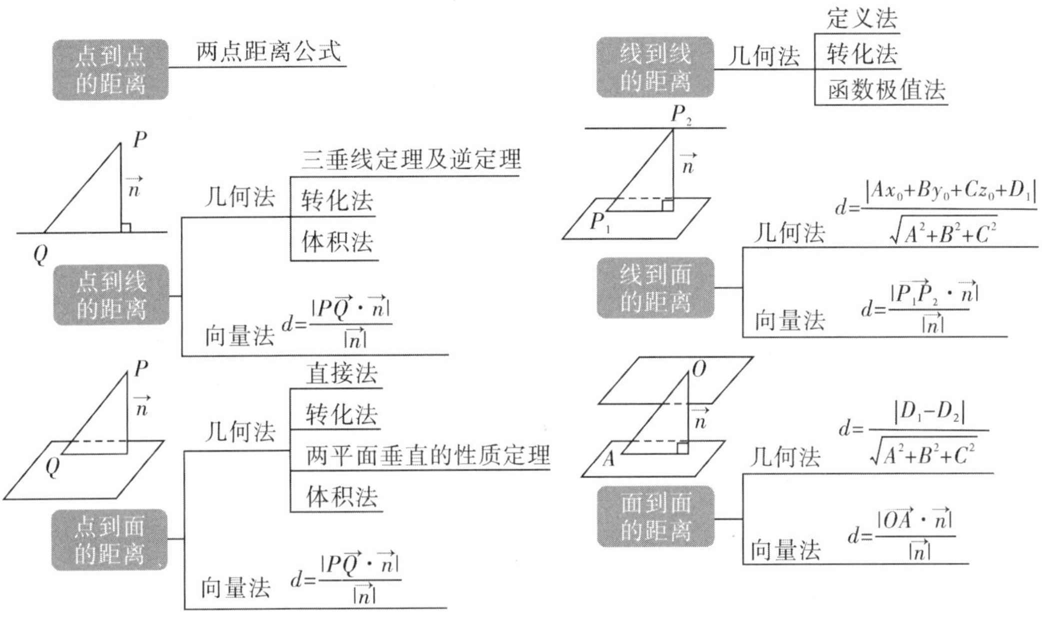

图 3-21　空间距离问题解题思路

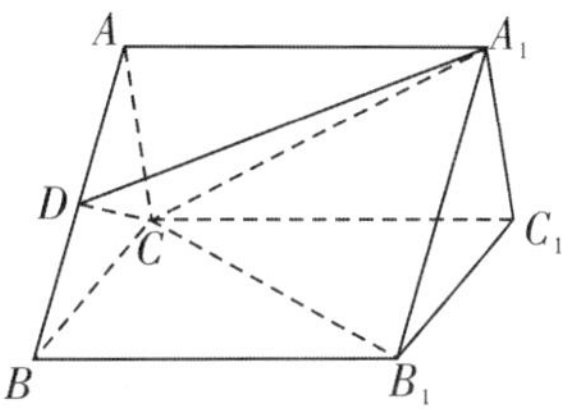

【例】（2022 北大附中三模）如右图所示，在三棱柱 $ABC-A_1B_1C_1$ 中，$\triangle ABC$ 为等边三角形，四边形 BCC_1B_1 是边长为 2 的正方形，D 为 AB 的中点，且 $A_1D=\sqrt{5}$.

（1）求证：$CD\perp$ 平面 ABB_1A_1；

（2）若点 P 在线段 B_1C 上，且直线 AP 与平面 A_1CD 所成角的正弦值为 $\frac{2\sqrt{5}}{5}$，求点 P 到平面 A_1CD 的距离.

解析

（1）由题知 $AA_1=2$，$AD=1$，$A_1D=\sqrt{5}$，

因为 $AD^2+A_1A^2=5=A_1D^2$，所以 $A_1A\perp AD$；

又 $B_1B\perp BC$，$B_1B/\!/A_1A$，所以 $A_1A\perp BC$；

又 $AD\cap BC=B$，所以 $A_1A\perp$ 平面 ABC；

又 $CD\subset$ 平面 ABC，所以 $CD\perp AA_1$；

在正三角形 ABC 中，D 为 AB 的中点，于是 $CD\perp AB$，

又 $AB\cap AA_1=A$，所以 $CD\perp$ 平面 ABB_1A_1.

（2）取 BC 中点为 O，B_1C_1 中点为 Q，则 $OA\perp BC$，$OQ\perp BC$.

由（1）知 $A_1A\perp$ 平面 ABC，且 $OA\subset$ 平面 ABC，所以 $OA\perp AA_1$.

又 $B_1B/\!/A_1A$，所以 $OA\perp BB_1$，$BB_1\cap BC=B$，所以 $OA\perp$ 平面 BCC_1B_1，

于是 OA，OB，OQ 两两垂直.

如右图所示，以 O 为坐标原点，$\overrightarrow{OB}$，$\overrightarrow{OQ}$，$\overrightarrow{OA}$的方向分别为 x，y，z 轴的正方向，建立空间直角坐标系，

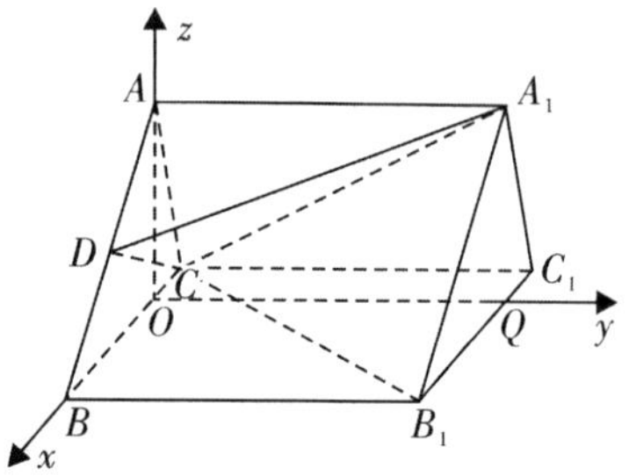

则 $O(0, 0, 0)$，$A(0, 0, \sqrt{3})$，$A_1(0, 2, \sqrt{3})$，$C(-1, 0, 0)$，$D\left(\frac{1}{2}, 0, \frac{\sqrt{3}}{2}\right)$，$B_1(1, 2, 0)$，

所以$\overrightarrow{CD}=\left(\frac{3}{2}, 0, \frac{\sqrt{3}}{2}\right)$，$\overrightarrow{CA_1}=(1, 2, \sqrt{3})$，$\overrightarrow{CB_1}=(2, 2, 0)$，$\overrightarrow{AC}=(-1, 0, -\sqrt{3})$.

设平面 A_1CD 的法向量为 $\vec{n}=(x, y, z)$，

则$\begin{cases}\vec{n}\cdot\overrightarrow{CD}=0,\\ \vec{n}\cdot\overrightarrow{CA_1}=0,\end{cases}$即$\begin{cases}\frac{3}{2}x+\frac{\sqrt{3}}{2}z=0,\\ x+2y+\sqrt{3}z=0.\end{cases}$

令 $x=1$，则 $z=-\sqrt{3}$，$y=1$，于是 $\vec{n}=(1, 1, -\sqrt{3})$.

设$\overrightarrow{CP}=\lambda\overrightarrow{CB_1}=(2\lambda, 2\lambda, 0)$，$\lambda\in[0, 1]$，则 $\overrightarrow{AP}=\overrightarrow{AC}+\overrightarrow{CP}=\overrightarrow{AC}+\lambda\overrightarrow{CB_1}=(2\lambda-1, 2\lambda, -\sqrt{3})$.

由于直线 AP 与平面 A_1CD 所成角的正弦值为$\frac{2\sqrt{5}}{5}$，

于是 $|\cos\langle\overrightarrow{AP}, \vec{n}\rangle|=\frac{|2\lambda-1+2\lambda+3|}{\sqrt{1+1+3}\cdot\sqrt{(2\lambda-1)^2+(2\lambda)^2+3}}=\frac{2\sqrt{5}}{5}$，即 $|2\lambda+1|=\sqrt{(2\lambda-1)^2+(2\lambda)^2+3}$，整理得 $4\lambda^2-8\lambda+3=0$.

由于 $\lambda\in[0, 1]$，所以 $\lambda=\frac{1}{2}$，于是$\overrightarrow{CP}=\lambda\overrightarrow{CB_1}=(1, 1, 0)$.

设点 P 到平面 A_1CD 的距离为 d，则 $d=\frac{|\overrightarrow{CP}\cdot\vec{n}|}{|\vec{n}|}=\frac{|1+1|}{\sqrt{1+1+3}}=\frac{2\sqrt{5}}{5}$.

故点 P 到平面 A_1CD 的距离为$\frac{2\sqrt{5}}{5}$.

第六类 立体几何的综合问题

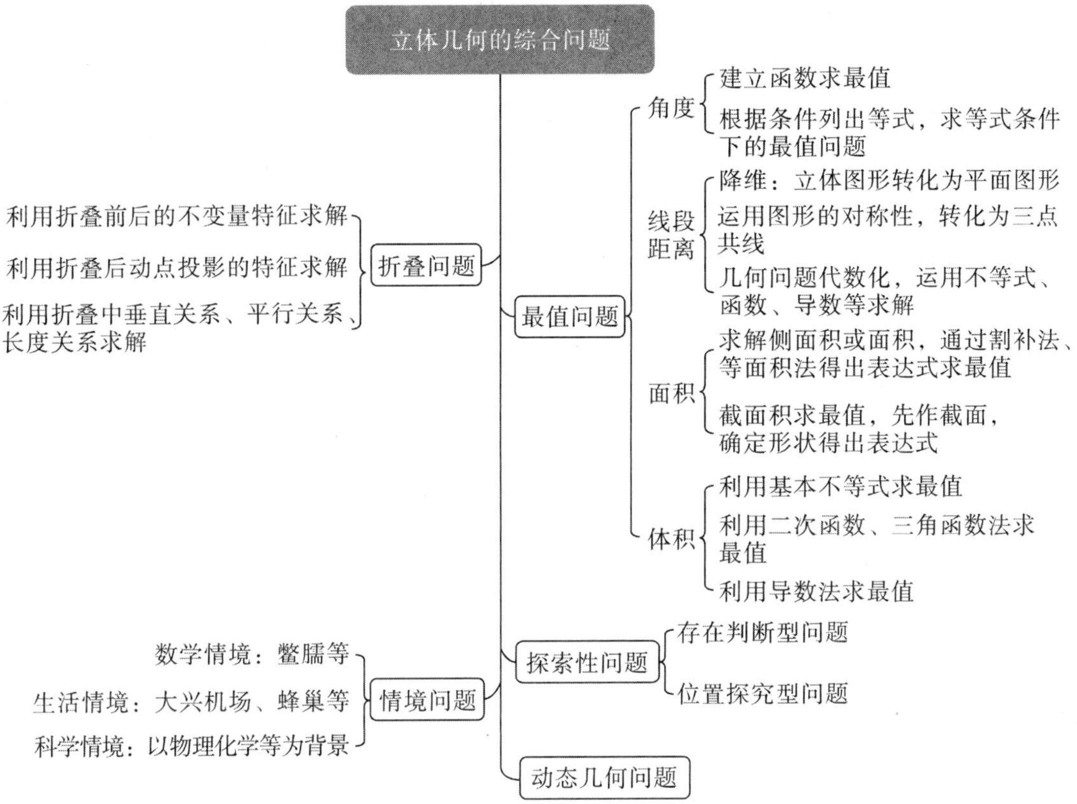

图 3-22 立体几何的综合问题解题思路

题型 1：最值问题

【例 1】 在棱长为 1 的正方体 $ABCD-A_1B_1C_1D_1$ 中，点 P 在截面 A_1DB 上，则线段 AP 的最小值等于（　　）.

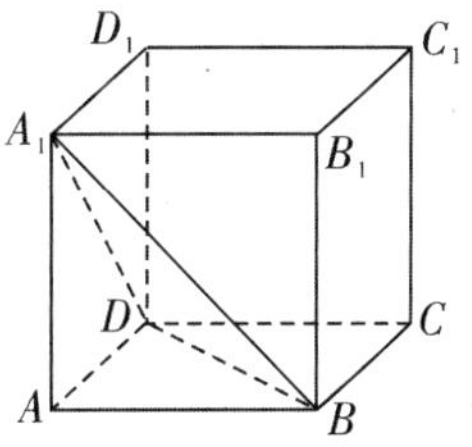

A. $\dfrac{1}{3}$　　　　B. $\dfrac{1}{2}$

C. $\dfrac{\sqrt{3}}{3}$　　　　D. $\dfrac{\sqrt{2}}{2}$

解析

连接 AC_1 交截面 A_1DB 于点 P，由 $CC_1\perp$ 底面 $ABCD$，可得 $CC_1\perp BD$.

又因为 $AC\perp BD$，可得 $BD\perp$ 平面 ACC_1，即 $AC_1\perp BD$.

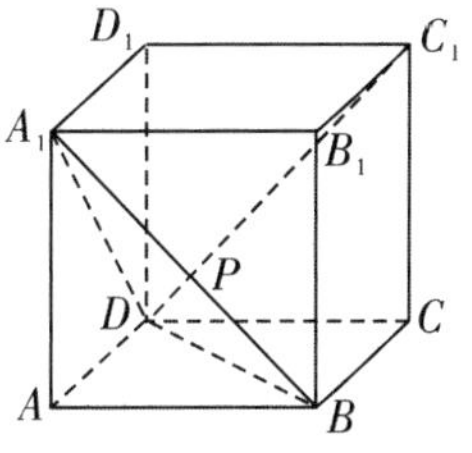

同理可得 $AC_1\perp A_1B$，得到 $AC_1\perp$ 平面 A_1DB，

此时线段 AP 最小.

由棱长为 1，可得等边三角形 A_1DB 的边长为 $\sqrt{2}$，

所以 $S_{\triangle A_1BD}=\dfrac{1}{2}\times\sqrt{2}\times\dfrac{\sqrt{6}}{2}=\dfrac{\sqrt{3}}{2}$.

由 $V_{A_1-ABD}=V_{A-A_1BD}$，可得$\frac{1}{3}\times\frac{1}{2}\times1\times1\times1=\frac{1}{3}\times\frac{\sqrt{3}}{2}AP$，

得 $AP=\frac{\sqrt{3}}{3}$.

故选 C.

【例 2】如右图所示，在长方体 $ABCD-A_1B_1C_1D_1$ 中，$AB=BC=\sqrt{2}B_1B$，$AC\cap BD=O$，E 是 B_1C（含端点）上一动点，则

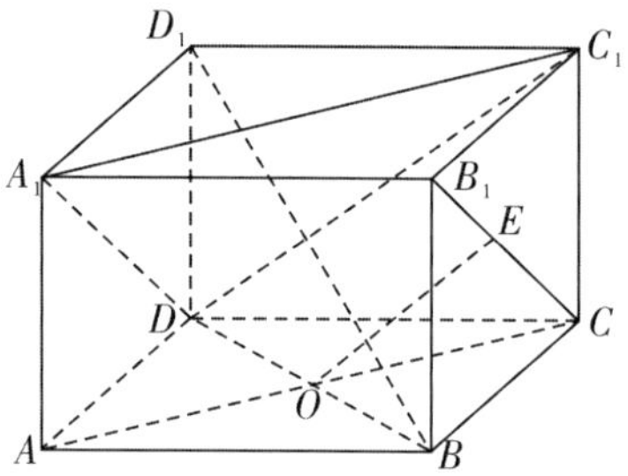

①OE∥平面 A_1C_1D.

②OE 与平面 BCC_1B_1 所成角最小为 45°.

③三棱锥 A_1-BDE 的体积为定值.

④OE 与 A_1C_1 所成的最大值为 90°.

上述命题中，正确的序号是________.

解析

①由平面 AB_1C∥平面 A_1C_1D，且 $OE\subset$平面 AB_1C 可证，所以命题正确.

②取 BC 中点 O_1，易知 $\angle OEO_1$ 为所求线面角，OO_1 为定长，则当 O_1E 最长时，线面角最小，当 E 与 B_1 重合时线面角最小，且小于 45°，所以命题不正确.

③将三棱锥顶点换为 E，底面大小确定. 又因为 B_1C∥平面 A_1BD，所以点 E 到底面的距离也不变，所以命题正确.

④因为 AC∥A_1C_1，所以异面直线所成角与 $\angle EOC$ 相等或互补（取锐角或直角），当 E 与 B_1 重合时，此时 $\angle B_1OC=90°$，所以命题正确.

故答案为①③④.

【例 3】（2022 广东广州二模）在梯形 $ABCD$ 中，AB∥CD，$AB=2$，$AD=CD=CB=1$，将△ACD 沿 AC 折起，连接 BD，得到三棱锥 $D-ABC$，则三棱锥 $D-ABC$ 体积的最大值为________，此时该三棱锥的外接球的表面积为________.

解析

如图 1，过点 C 作 $CE\perp AB$，垂足为 E，

因为 $ABCD$ 为等腰梯形，$AB=2$，$CD=1$，

所以 $BE=\frac{1}{2}$，所以 $B=\frac{\pi}{3}$.

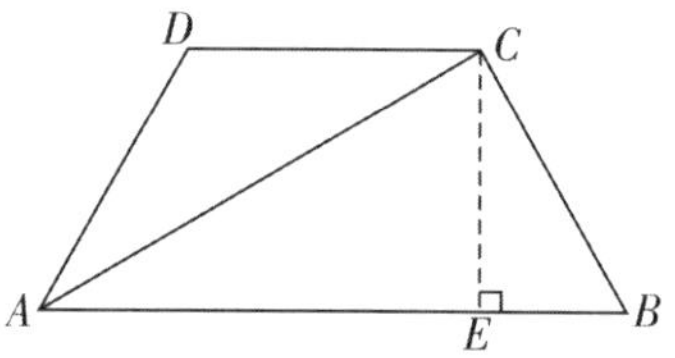

图 1

由余弦定理得 $AC^2=AB^2+BC^2-2AB\cdot BC\cos\frac{\pi}{3}=3$，即 $AC=\sqrt{3}$.

因为 $AB^2=BC^2+AC^2$，所以 $BC\perp AC$.

易知，当平面 $ACD\perp$ 平面 ABC 时，三棱锥 $D-ABC$ 体积最大，

此时，$BC\perp$ 平面 ACD，

易知，$\angle D=\frac{2\pi}{3}$，所以 $S_{\triangle ACD}=\frac{1}{2}AD\cdot CD\sin\frac{2\pi}{3}=\frac{\sqrt{3}}{4}$，

所以 $V_{D-ABC}=\frac{1}{3}\times\frac{\sqrt{3}}{4}\times 1=\frac{\sqrt{3}}{12}$.

如图 2，记 O 为外接球球心，半径为 R，

因为 $BC\perp$ 平面 ACD，$OB=OC$，

所以 O 到平面 ACD 的距离 $d=\frac{1}{2}$.

又 $\triangle ACD$ 的外接圆半径 $r=\dfrac{AC}{2\sin\frac{2\pi}{3}}=1$，

所以 $R^2=r^2+d^2=\frac{5}{4}$，所以 $S=4\pi R^2=5\pi$.

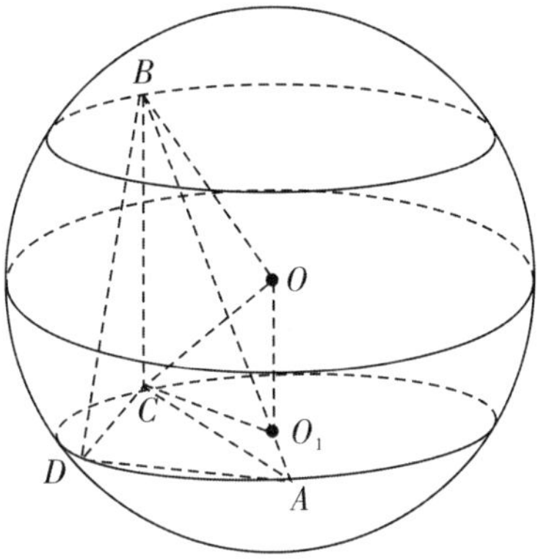

图 2

故答案为$\frac{\sqrt{3}}{12}$；5π.

题型 2：折叠问题

【例 4】 如下图所示，在长方形 $ABCD$ 中，$AB=2$，$BC=1$，E 为 DC 中点，F 为线段 EC（端点除外）上一动点．现将 $\triangle AFD$ 沿 AF 折起，使平面 $ABD'\perp$ 平面 ABC，在平面 ABD' 内过点 D' 作 $D'K\perp AB$，K 为垂足．设 $AK=t$，则 t 的取值范围是________.

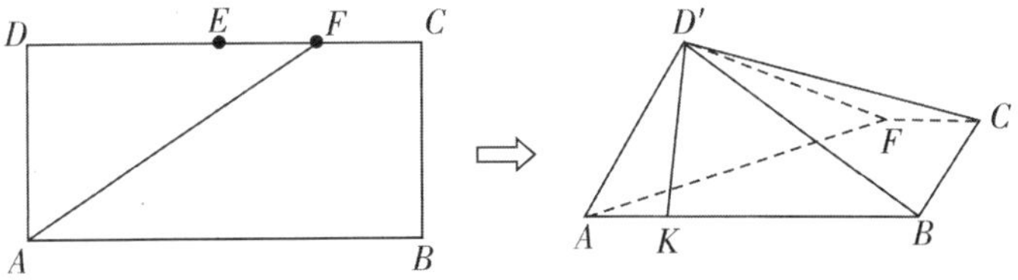

解析

如图所示，过点 D 作 $DG\perp AF$，垂足为 G，连接 GK.

因为平面 $ABD\perp$ 平面 ABC，又因为 $DK\perp AB$，

所以 $DK\perp$ 平面 ABC.

又 $AF\subset$ 平面 ABC，所以 $DK\perp AF$.

因为 $DG\cap DK=D$，所以 $AF\perp$ 平面 DKG.

又因为 $GK\subset$ 平面 DKG，所以 $AF\perp GK$.

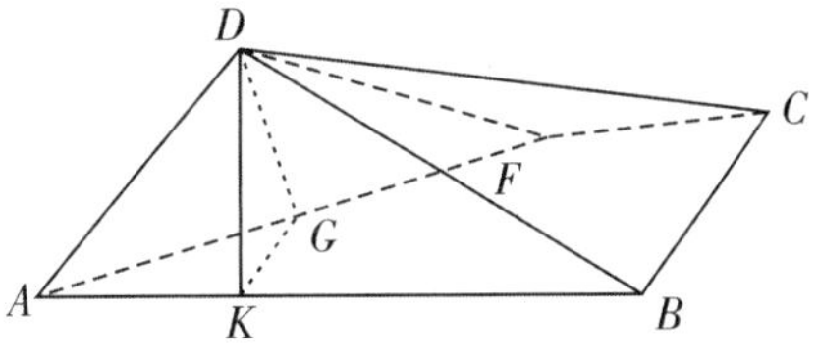

容易得到，当点 F 接近点 E 时，点 K 接近 AB 的中点，

当点 F 接近点 C 时，点 K 接近 AB 的四等分点，

所以 t 的取值范围是$\left(\frac{1}{2},\ 1\right)$.

【例5】如图1所示，在直角梯形 $ABCD$ 中，$AD /\!/ BC$，$\angle BAD=\frac{\pi}{2}$，$AB=BC=1$，$AD=2$，E 是 AD 的中点，O 是 AC 与 BE 的交点，将 $\triangle ABE$ 沿 BE 折起至 $\triangle A_1BE$ 的位置，如图2所示.

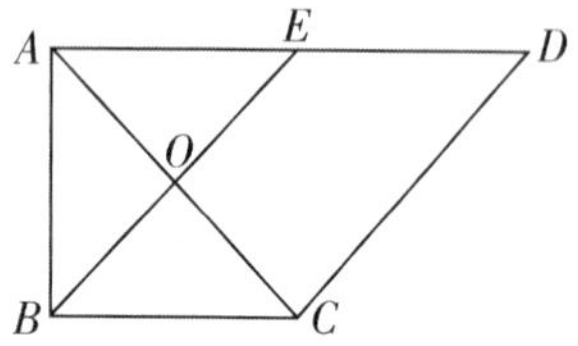

图1

（1）求证：$CD\perp$ 平面 A_1OC；

（2）若平面 $A_1BE\perp$ 平面 $BCDE$，求平面 A_1BC 与平面 A_1CD 夹角的余弦值.

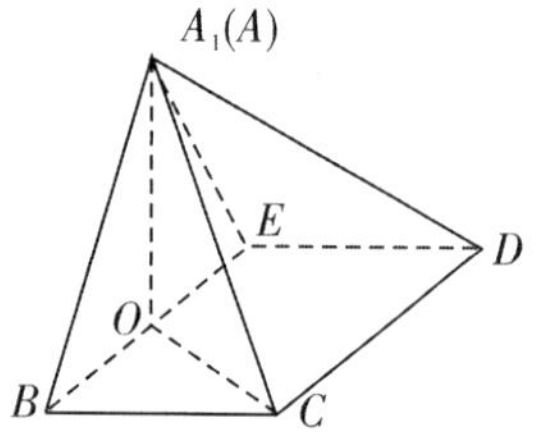

图2

解析

（1）证明：在图1中，因为 $AB=BC=1$，$AD=2$，E 是 AD 的中点，$\angle BAD=\frac{\pi}{2}$，所以 $BE\perp AC$，即在图2中，$BE\perp OA_1$，$BE\perp OC$，从而 $BE\perp$ 平面 AOC，又 $CD /\!/ BE$，所以 $CD\perp$ 平面 A_1OC.

（2）因为平面 $A_1BE\perp$ 平面 $BCDE$，且平面 $A_1BE\cap$ 平面 $BCDE=BE$，$A_1O\perp BE$，所以 $A_1O\perp$ 平面 $BCDE$.

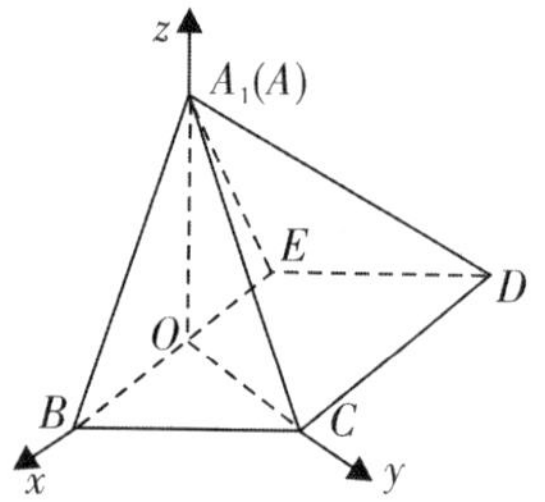

图3

又因为在正方形 $ABCE$ 中，有 $CO\perp BE$，

因此如图3所示，以 O 为原点，$\overrightarrow{OB}$，$\overrightarrow{OC}$，$\overrightarrow{OA_1}$ 为 x，y，z 轴正方向建立空间直角坐标系.

因为 $A_1B=A_1E=BC=ED=1$，$BC /\!/ ED$，

所以 $B\left(\frac{\sqrt{2}}{2},0,0\right)$，$E\left(-\frac{\sqrt{2}}{2},0,0\right)$，$A_1\left(0,0,\frac{\sqrt{2}}{2}\right)$，$C\left(0,\frac{\sqrt{2}}{2},0\right)$，

所以 $\overrightarrow{BC}=\left(-\frac{\sqrt{2}}{2},\frac{\sqrt{2}}{2},0\right)$，$\overrightarrow{A_1C}=\left(0,\frac{\sqrt{2}}{2},-\frac{\sqrt{2}}{2}\right)$，$\overrightarrow{CD}=\overrightarrow{BE}=(-\sqrt{2},0,0)$.

设平面 A_1BC 的一个法向量 $\overrightarrow{n_1}=(x_1,y_1,z_1)$，平面 A_1CD 的一个法向量 $\overrightarrow{n}=(x_2,y_2,z_2)$，平面 A_1BC 与平面 A_1CD 的夹角为 θ，则

$\overrightarrow{n_1}\cdot\overrightarrow{BC}=0$，$\overrightarrow{n_1}\cdot\overrightarrow{A_1C}=0$，得 $-x_1+y_1=0$，$y_1-z_1=0$，取 $\overrightarrow{n}_1=(1,1,1)$；

$\overrightarrow{n_2}\cdot\overrightarrow{CD}=0$，$\overrightarrow{n_2}\cdot\overrightarrow{A_1C}=0$，得 $x_2=0$，$y_2-z_2=0$，取 $\overrightarrow{n}_2=(0,1,1)$.

从而 $\cos\theta=\frac{\overrightarrow{n_1}\cdot\overrightarrow{n_2}}{|\overrightarrow{n_1}||\overrightarrow{n_2}|}=\frac{\sqrt{6}}{3}$，即平面 A_1BC 与平面 A_1CD 夹角的余弦值为 $\frac{\sqrt{6}}{3}$.

题型3：探索性问题

【例6】如右图所示，底面 $ABCD$ 是边长为3的正方形，平面 $ADEF\perp$ 平面 $ABCD$，$AF /\!/ DE$，$AD\perp DE$，$AF=2\sqrt{6}$，$DE=3\sqrt{6}$.

(1) 求直线 CA 与平面 BEF 所成角的正弦值；

(2) 在线段 AF 上是否存在点 M，使得二面角 $M-BE-D$ 的大小为 $60°$？若存在，求出 $\frac{AM}{AF}$ 的值；若不存在，说明理由.

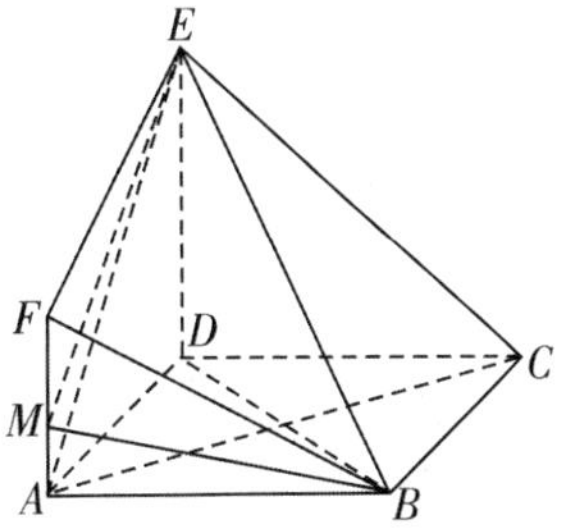

解析

(1) 因为 DA，DC，DE 两两垂直，故以 D 为坐标原点，建立如下图所示的空间直角坐标系 $D-xyz$，则 $A(3,0,0)$，$F(3,0,2\sqrt{6})$，$E(0,0,3\sqrt{6})$，$B(3,3,0)$，$C(0,3,0)$，所以 $\overrightarrow{CA}=(3,-3,0)$，$\overrightarrow{EF}=(3,0,-\sqrt{6})$，$\overrightarrow{BE}=(-3,-3,3\sqrt{6})$.

设平面 BEF 的法向量为 $\vec{n}=(x,y,z)$，则 $\vec{n}\cdot\overrightarrow{BE}=-3x-3y+3\sqrt{6}z=0$，

$\vec{n}\cdot\overrightarrow{EF}=3x-\sqrt{6}z=0$，取 $x=\sqrt{6}$，得 $\vec{n}=(\sqrt{6},2\sqrt{6},3)$.

所以 $\cos\langle\overrightarrow{CA},\vec{n}\rangle=\frac{\overrightarrow{CA}\cdot\vec{n}}{|\overrightarrow{CA}||\vec{n}|}=-\frac{\sqrt{13}}{13}$.

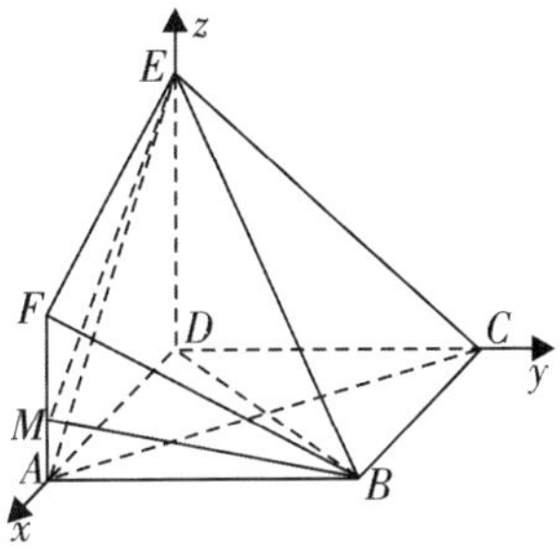

所以直线 CA 与平面 BEF 所成角的正弦值为 $\frac{\sqrt{13}}{13}$.

(2) 假设在线段 AF 上存在符合条件的点 M，

设 $M(3,0,t)$，$0\leqslant t\leqslant 2\sqrt{6}$，则 $\overrightarrow{BM}=(0,-3,t)$.

设平面 MBE 的法向量为 $\vec{m}=(x_1,y_1,z_1)$.

则 $\vec{m}\cdot\overrightarrow{BM}=-3y_1+tz_1=0$，$\vec{m}\cdot\overrightarrow{BE}=-3x_1-3y_1+3\sqrt{6}z_1=0$，令 $y_1=t$，

得 $\vec{m}=(3\sqrt{6}-t,t,3)$，又 $\overrightarrow{CA}$ 是平面 BED 的一个法向量，$|\cos\langle\overrightarrow{CA},\vec{m}\rangle|=\frac{1}{2}$.

整理得 $2t^2-6\sqrt{6}t+15=0$，解得 $t=\frac{\sqrt{6}}{2}$ 或 $t=\frac{5\sqrt{6}}{2}$（舍去）.

故在线段 AF 上存在点 M，使得二面角 $M-BE-D$ 的大小为 $60°$，此时 $\frac{AM}{AF}=\frac{1}{4}$.

题型 4：动态几何问题

【例 7】 如图，正四面体 $ABCD$ 的顶点 C 在平面 α 内，且直线 BC 与平面 α 所成的角为 $45°$，顶点 B 在平面 α 内的射影为点 O，当顶点 A 与点 O 的距离最大时，直线 CD 与平面 α 所成角的正弦值是（　　）.

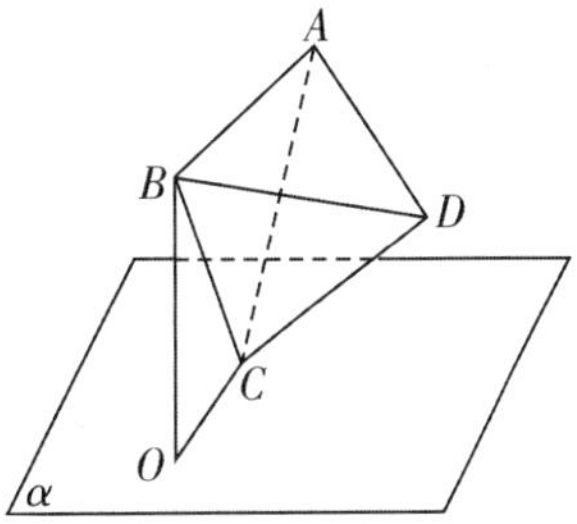

A. $\frac{\sqrt{6}+3\sqrt{2}}{12}$　　　B. $\frac{2\sqrt{2}+1}{5}$

C. $\frac{\sqrt{6}+\sqrt{2}}{4}$　　　D. $\frac{\sqrt{5}+2\sqrt{2}}{12}$

解析

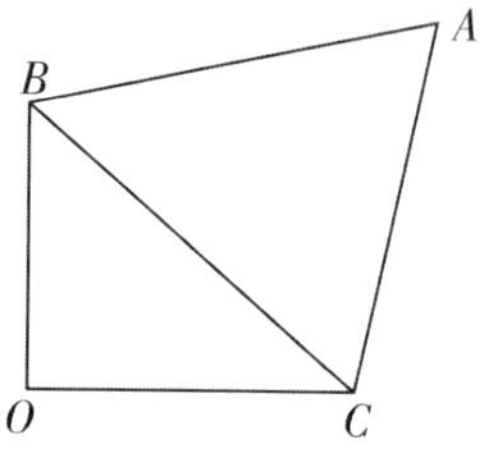

根据题意，当且仅当 A，B，C，O 四点在同一平面内时，顶点 A 与点 O 的距离最大. 不妨设正四面体 $ABCD$ 的棱长为$\sqrt{2}$，取$\overrightarrow{CA}$，$\overrightarrow{CB}$，$\overrightarrow{CD}$作为空间基底向量，则平面 α 的法向量为$\overrightarrow{BO}$，结合四边形 $ABOC$ 中的内角与相关长度，右图中$\triangle ABC$为正三角形，$\triangle BOC$ 是以 BC 为斜边的等腰直角三角形，

计算可得$\overrightarrow{BO}=\dfrac{\sqrt{3}-3}{6}\overrightarrow{CB}-\dfrac{\sqrt{3}}{3}\overrightarrow{CA}$，故 $\cos\langle\overrightarrow{BO},\overrightarrow{CD}\rangle=-\dfrac{\sqrt{6}+3\sqrt{2}}{12}$.

设直线 CD 与平面 α 所成角为 θ，则 $\sin\theta=|\cos\langle\overrightarrow{BO},\overrightarrow{CD}\rangle|=\dfrac{\sqrt{6}+3\sqrt{2}}{12}$.

故选 A.

【例 8】 已知正四面体 $A-BCD$ 内接于半径为$\dfrac{3\sqrt{6}}{2}$的球 O 中，在平面 BCD 内有一动点 P，满足 $AP=4\sqrt{2}$，则$|BP|$的最小值是________；直线 AP 与直线 BC 所成角的取值范围为________.

解析

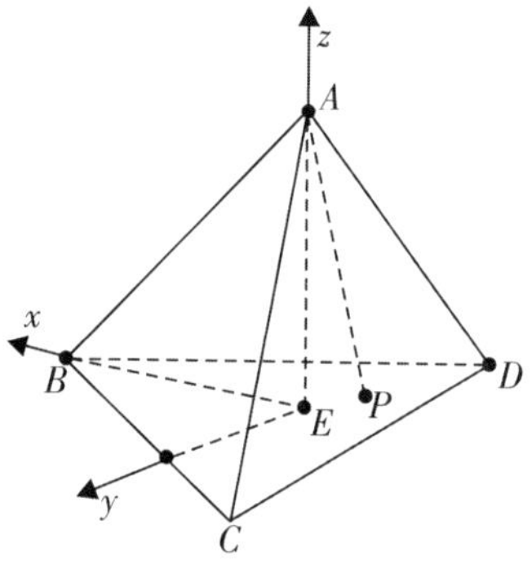

如右图所示，设 A 在面 BCD 内的投影为 E，故 E 为三角形 BCD 的中心.

设正四面体 $A-BCD$ 的棱长为 x，球 O 的半径为 R，

则 $BE=\dfrac{2}{3}\times x\times\dfrac{\sqrt{3}}{2}=\dfrac{\sqrt{3}x}{3}$，$AE=\sqrt{AB^2-BE^2}=\dfrac{\sqrt{6}x}{3}$，

依题可得，球心 O 在 AE 上，$R^2=BE^2+(AE-R)^2$，代入数据可得 $x=6$，则 $BE=2\sqrt{3}$，$AE=2\sqrt{6}$.

又 $AP=4\sqrt{2}$，$PE=\sqrt{AP^2-AE^2}=2\sqrt{2}$，

故 P 的轨迹为平面 BCD 内以 E 为圆心，$2\sqrt{2}$为半径的圆，$BE=2\sqrt{3}$，

B，P，E 三点共线，且 P 在 BE 之间时，$|BP|$的最小值是 $2\sqrt{3}-2\sqrt{2}$.

以 E 为原点，BE 所在直线为 x 轴建立如上图所示直角坐标系，

则 $A(0,0,2\sqrt{6})$，$B(2\sqrt{3},0,0)$，$C(-\sqrt{3},3,0)$，$D(-\sqrt{3},-3,0)$.

设 $P(2\sqrt{2}\cos\theta,2\sqrt{2}\sin\theta,0)$，$\theta\in[0,2\pi)$，

故$\overrightarrow{AP}=(2\sqrt{2}\cos\theta,2\sqrt{2}\sin\theta,-2\sqrt{6})$，$\overrightarrow{BC}=(-3\sqrt{3},3,0)$.

设直线 AP 与直线 BC 所成角为 α，

因为 $\cos\alpha=\dfrac{\overrightarrow{AP}\cdot\overrightarrow{BC}}{|\overrightarrow{BC}||\overrightarrow{AP}|}=\dfrac{-6\sqrt{6}\cos\theta+6\sqrt{2}\sin\theta}{4\sqrt{2}\times6}=\dfrac{1}{2}\sin\left(\theta-\dfrac{\pi}{3}\right)\in\left[-\dfrac{1}{2},\dfrac{1}{2}\right]$，

所以 $\cos\alpha \in \left[-\frac{1}{2}, \frac{1}{2}\right]$，

又 $\alpha \in \left[0, \frac{\pi}{2}\right]$，故 $\alpha \in \left[\frac{\pi}{3}, \frac{\pi}{2}\right]$，

故答案为 $2\sqrt{3}-2\sqrt{2}$；$\left[\frac{\pi}{3}, \frac{\pi}{2}\right]$.

（二）新题型

第一类　多选题

【例1】 在棱长为3的正方体 $ABCD-A_1B_1C_1D$ 中，M 是 A_1B_1 的中点，N 在该正方体的棱上运动，则下列说法正确的是（　　）.

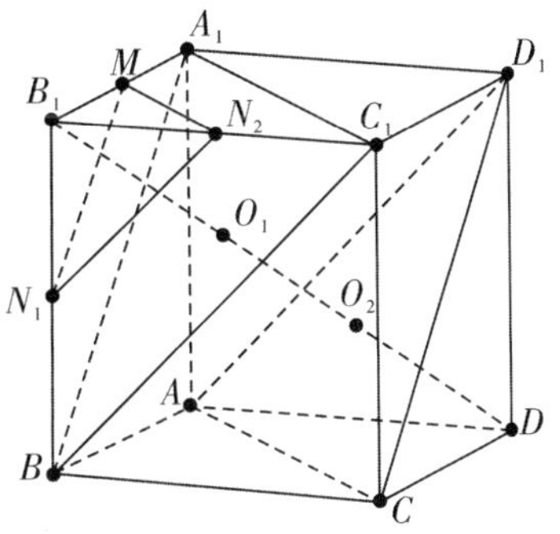

A. 存在点 N，使得 $MN /\!/ BC_1$

B. 三棱锥 $M-A_1BC_1$ 的体积等于 $\frac{9}{4}$

C. 有且仅有两个点 N，使得 $MN /\!/$ 平面 A_1BC_1

D. 有且仅有三个点 N，使得 N 到平面 A_1BC_1 的距离为 $\sqrt{3}$

解析

A 项，显然无法找到点 N，使得 $MN /\!/ BC_1$，故错误；

B 项，$V_{M-A_1BC_1}=V_{B-A_1MC_1}=\frac{1}{3}S_{\triangle A_1MC_1}\cdot B_1B=\frac{1}{3}\times\frac{1}{2}\times\frac{3}{2}\times3\times3=\frac{9}{4}$，故正确；

C 项，如上图所示，N_1，N_2 分别为 B_1B，B_1C_1 中点，有 $MN_1 /\!/$ 平面 A_1BC_1，$MN_2 /\!/$ 平面A_1BC_1，故正确；

D 项，易证 $B_1D\perp$ 平面 A_1BC_1，$B_1D\perp$ 平面 ACD_1，且 $B_1O_1=O_1O_2=O_2D=\frac{1}{3}B_1D=\sqrt{3}$，

所以 B_1，A，C，D_1 四个点到平面 A_1BC_1 的距离为 $\sqrt{3}$，故错误.

故选 BC.

【例2】（2022 广东广州二模）如右图所示，圆柱的轴截面 $ABCD$是正方形，E 在底面圆周上，$AE=BE$，$AF\perp DE$，F 是垂足，G 在 BD 上，$DG=2BG$，则下列结论中正确的是（　　）.

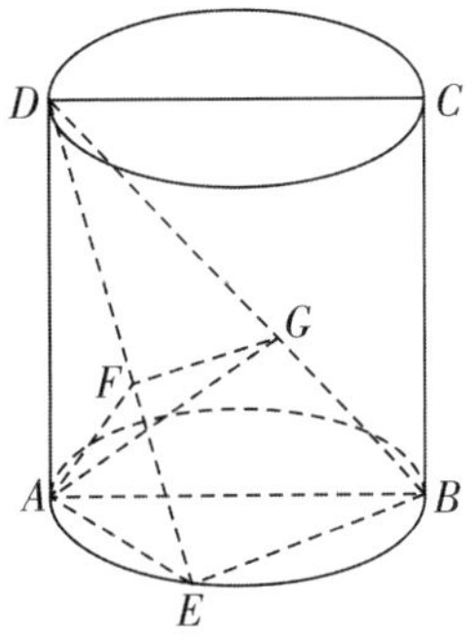

A. $AF\perp BD$

B. 直线 DE 与直线 AG 所成角的余弦值为 $\frac{1}{2}$

C. 直线 DE 与平面 $ABCD$ 所成角的余弦值为 $\frac{\sqrt{6}}{6}$

D. 若平面 $AFG\cap$ 平面 $ABE=l$，则 $l /\!/ FG$

解析

A 项，由圆柱的性质得 $DA\perp$ 面 AEB，

因为 $EB\subset$ 面 AEB，所以 $DA\perp EB$.

又因为 AB 是下底面圆的直径，所以 $AE\perp EB$；

又因为 $AD\cap AE=A$，$DA\subset$ 面 DAE，$AE\subset$ 面 DAE，所以 $EB\perp$ 面 DAE；

又因为 $AF\subset$ 面 DAE，所以 $EB\perp AF$；

又因为 $AF\perp DE$，$DE\cap EB=E$，$DE\subset$ 面 DBE，$BE\subset$ 面 DBE，所以 $AF\perp$ 面 DBE；

又因为 $DB\subset$ 面 DBE，所以 $AF\perp BD$，故 A 项正确.

B 项，过点 G 作 $GH/\!/DE$ 交 EB 于点 H，如右图所示，

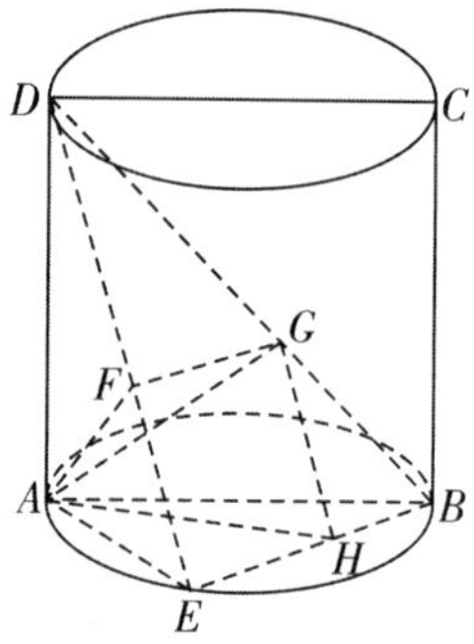

则 $\angle AGH$ 就是直线 DE 与直线 AG 所成角（或补角），

设 $AE=BE=1$，则 $AD=AB=\sqrt{2}$，

在 $\mathrm{Rt}\triangle AED$ 中，$DE=\sqrt{3}$.

因为 $GH/\!/DE$，$DG=2BG$，所以 $GH=\dfrac{BG}{BD}\cdot DE=\dfrac{\sqrt{3}}{3}$.

在等腰 $\mathrm{Rt}\triangle ABD$ 中，$BD=2$，又因为 $DG=2BG$，所以 $GB=\dfrac{2}{3}$.

在 $\triangle ABG$ 中，$AB=\sqrt{2}$，$\angle ABG=\dfrac{\pi}{4}$，

所以 $AG^2=GB^2+AB^2-2GB\cdot AB\cdot\cos\angle ABG$，

即 $AG^2=\left(\dfrac{2}{3}\right)^2+(\sqrt{2})^2-2\cdot\dfrac{2}{3}\cdot\sqrt{2}\cdot\cos\dfrac{\pi}{4}=\dfrac{10}{9}$.

在 $\mathrm{Rt}\triangle AEH$ 中，$AE=1$，$\angle AEH=\dfrac{\pi}{2}$，$EH=\dfrac{2}{3}$，

所以 $AH^2=AE^2+EH^2=1^2+\left(\dfrac{2}{3}\right)^2=\dfrac{13}{9}$.

在 $\triangle AGH$ 中，$AG^2+GH^2=AH^2$，

所以 $\angle AGH=\dfrac{\pi}{2}$，$\cos\angle AGH=0$，故 B 项错误.

C 项，取 AB 的中点 O，连接 DO，EO，如右图所示，

则 $EO\perp AB$，因为 $DA\perp$ 面 AEB，且 $EO\subset$ 面 AEB，所以 $DA\perp EO$.

又因为 $DA\cap AB=A$，$DA\subset$ 面 DAB，$AB\subset$ 面 DAB，

所以 $EO\perp$ 面 DAB，

所以 $\angle EDO$ 就是直线 DE 与平面 $ABCD$ 所成角.

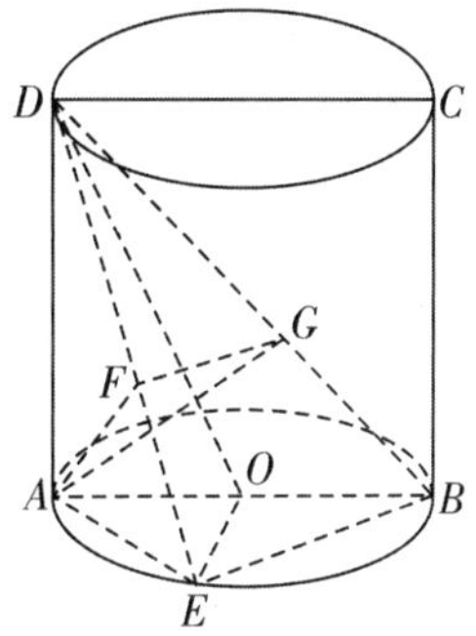

又因为 $DE=\sqrt{3}$，$EO=\dfrac{\sqrt{2}}{2}$，所以 $DO=\sqrt{DE^2-EO^2}=\dfrac{\sqrt{10}}{2}$，

所以 $\cos\angle EDO=\dfrac{DO}{DE}=\dfrac{\frac{\sqrt{10}}{2}}{\sqrt{3}}=\dfrac{\sqrt{30}}{6}$，故 C 项错误.

D 项，在 Rt$\triangle AED$ 中，$DE=\sqrt{3}$，$EF=\dfrac{\sqrt{3}}{3}$，$DF=\dfrac{2\sqrt{3}}{3}$，

所以 $FG/\!/EB$，又因为 $EB\subset$ 面 AEB，$FG\not\subset$ 面 AEB，所以 $FG/\!/$ 面 AEB.

又因为平面 $AFG\cap$ 平面 $ABE=l$，$FG\subset$ 面 AFG，所以 $FG/\!/l$，故 D 项正确.

故选 AD.

【例 3】（2022 广东深圳一模）如下图所示，已知直四棱柱 $ABCD-EFGH$ 的底面是边长为 4 的正方形，$CG=m$，M 为 CG 的中点，P 为底面 $EFGH$ 上的动点，则（　　）.

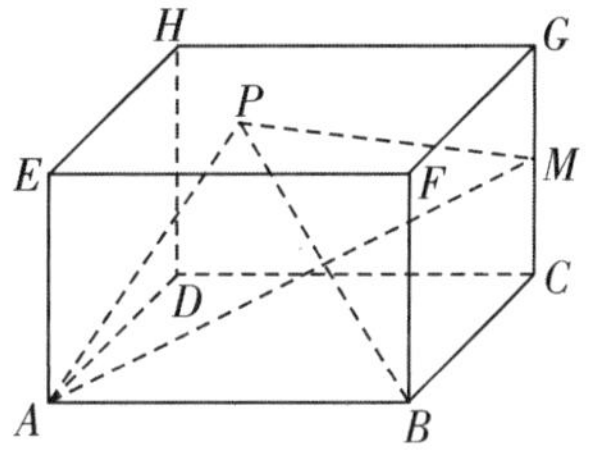

A. 当 $m=4$ 时，存在点 P 满足 $PA+PM=8$

B. 当 $m=4$ 时，存在唯一的点 P 满足 $\angle APM=\dfrac{\pi}{2}$

C. 当 $m=4$ 时，满足 $BP\perp AM$ 的点 P 的轨迹长度为 $2\sqrt{2}$

D. 当 $m=\dfrac{4\sqrt{3}}{3}$ 时，满足 $\angle APM=\dfrac{\pi}{2}$ 的点 P 的轨迹长度为 $\dfrac{8\sqrt{3}}{9}\pi$

解析

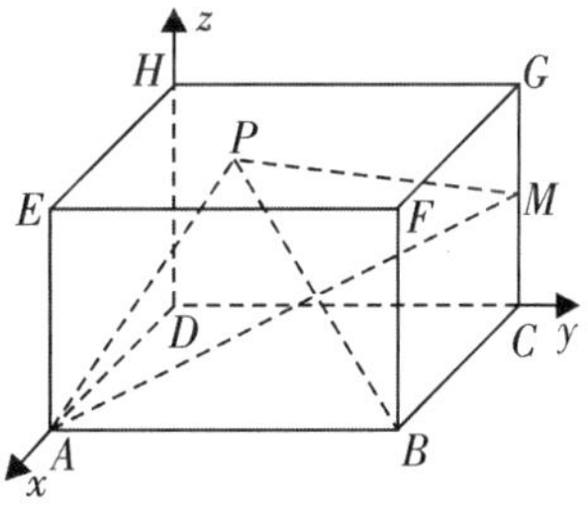

以 D 为原点，DA，DC，DH 所在直线分别为 x，y，z 轴建立空间直角坐标系，如右图所示.

A 项，当 $m=4$ 时，$M(0,4,2)$，$A(4,0,0)$，

设点 A 关于平面 $EFGH$ 的对称点为 A'，则 $A'(4,0,8)$，

$|A'M|=\sqrt{16+16+36}=\sqrt{68}>8$，

所以 $PA+PM=PA'+PM\geqslant A'M>8$，故 A 项错误；

B 项，设 $P(x,y,4)$，则 $\overrightarrow{AP}=(x-4,y,4)$，$\overrightarrow{MP}=(x,y-4,2)$，

由 $\overrightarrow{AP}\cdot\overrightarrow{MP}=0$ 得 $x^2-4x+y^2-4y+8=0$，即 $(x-2)^2+(y-2)^2=0$，解得 $x=y=2$，

所以存在唯一的点 P 满足 $\angle APM=\dfrac{\pi}{2}$，故 B 项正确；

C 项，$B(4,4,0)$，设 $P(x,y,4)$，则 $\overrightarrow{AM}=(-4,4,2)$，$\overrightarrow{BP}=(x-4,y-4,4)$，

由 $\overrightarrow{AM}\cdot\overrightarrow{BP}=0$ 得 $x-y-2=0$，

在平面 $EFGH$ 中，建立平面直角坐标系，如右图所示，

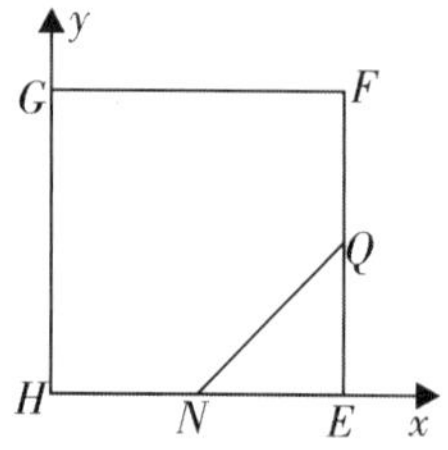

则 P 的轨迹方程 $x-y-2=0$ 表示的轨迹就是线段 NQ，而 $|NQ|=2\sqrt{2}$，故 C 项正确；

D 项，当 $m=\frac{4\sqrt{3}}{3}$时，$M\left(0,4,\frac{2\sqrt{3}}{3}\right)$，设 $P\left(x,y,\frac{4\sqrt{3}}{3}\right)$，

则$\overrightarrow{AP}=\left(x-4,y,\frac{4\sqrt{3}}{3}\right)$，$\overrightarrow{MP}=\left(x,y-4,\frac{2\sqrt{3}}{3}\right)$，

由$\overrightarrow{AP}\cdot\overrightarrow{MP}=0$ 得 $x^2-4x+y^2-4y+\frac{8}{3}=0$，即$(x-2)^2+(y-2)^2=\frac{16}{3}$，

在平面 $EFGH$ 中，建立平面直角坐标系，如右图所示，

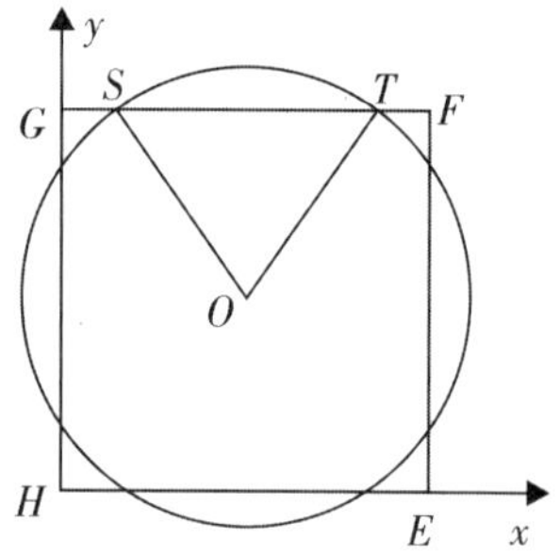

记$(x-2)^2+(y-2)^2=\frac{16}{3}$的圆心为 O，与 GF 交于 S，T，

令 $y=4$，可得 $x_1=2+\frac{2\sqrt{3}}{3}$，$x_2=2-\frac{2\sqrt{3}}{3}$，

而 $x_1-x_2=\frac{4\sqrt{3}}{3}$，

所以$\angle SOT=\frac{\pi}{3}$，其对应的圆弧长度为$\frac{4\sqrt{3}\pi}{9}$，

根据对称性可知点 P 的轨迹长度为 $2\pi\times\frac{4\sqrt{3}}{3}-4\times\frac{4\sqrt{3}\pi}{9}=\frac{8\sqrt{3}\pi}{9}$，故 D 项正确.

故选 BCD.

【例 4】（2022 江苏南京三模）在一个圆锥中，D 为圆锥的顶点，O 为圆锥底面圆的圆心，P 为线段 DO 的中点，AE 为底面圆的直径，$\triangle ABC$ 是底面圆的内接正三角形，$AB=AD=\sqrt{3}$，则下列说法正确的是（　　）.

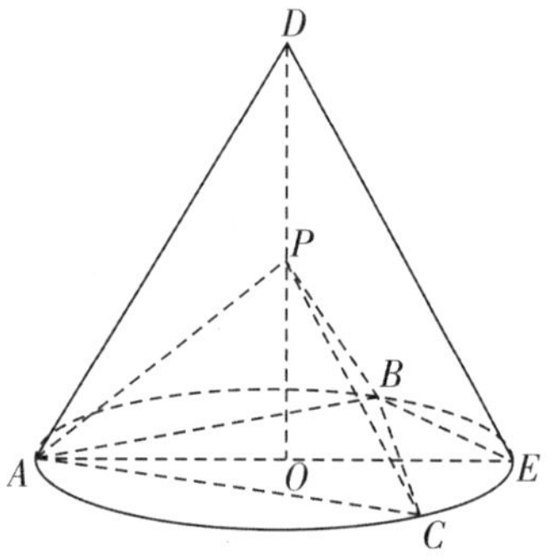

A. BE∥平面 PAC

B. $PA\perp$平面 PBC

C. 在圆锥侧面上，点 A 到 DB 中点的最短距离为$\frac{3}{2}$

D. 记直线 DO 与过点 P 的平面 α 所成的角为 θ，当 $\cos\theta\in\left(0,\frac{\sqrt{3}}{3}\right)$时，平面 α 与圆锥侧面的交线为椭圆

解析

A 项，假设 BE∥平面 PAC，

因为 $BE\subset$ 平面 ABC，平面 $PAC\cap$ 平面 $ABC=AC$，所以 $BE/\!/AC$，

由题意得 BE 不与 AC 平行，所以假设不成立，则 BE 不平行于平面 PAC，故 A 项错误；

B 项，因为 $PO\perp$ 平面 ABC，$BC\subset$ 平面 ABC，所以 $PO\perp BC$，

又因为 AE 为底面圆的直径，$\triangle ABC$ 为正三角形，所以 $AE\perp BC$，

又因为 $AE\cap PO=O$，所以 $BC\perp$ 平面 PAO，所以 $PA\perp BC$，

又因为 $AB=AD=\sqrt{3}$，所以 $AO=1$，则 $DO=\sqrt{3-1}=\sqrt{2}$，所以 $PO=\frac{1}{2}DO=\frac{\sqrt{2}}{2}$，

所以 $PA=\sqrt{\left(\frac{\sqrt{2}}{2}\right)^2+1}=\sqrt{\frac{3}{2}}$，同理 $PB=\sqrt{\frac{3}{2}}$，$AB=\sqrt{3}$，

所以 $PA^2+PB^2=AB^2$，所以 $PA\perp PB$，

因为 $BC\cap PB=B$，所以 $PA\perp$ 平面 PBC，故 B 项正确；

C 项，将侧面铺平展开如右图，

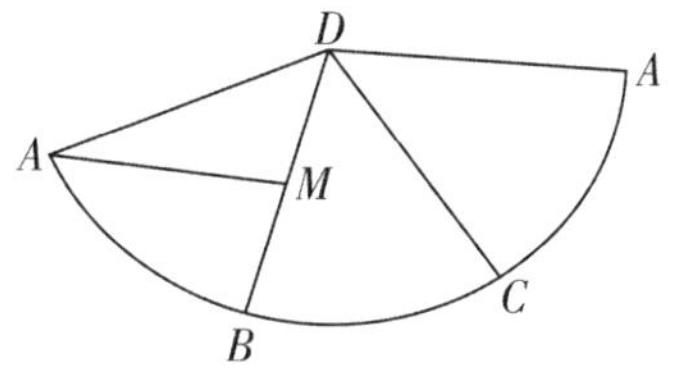

其中 $AD=DB=\sqrt{3}$，底面圆周长 $2\pi\times1=2\pi$，

所以 $\overset{\frown}{AB}=\frac{2\pi}{3}$，则 $\angle ADB=\frac{\frac{2\pi}{3}}{\sqrt{3}}=\frac{2\sqrt{3}\pi}{9}$，

所以 A 到 DB 中点的最短距离为图中 AM 的长度，

若 $\angle ADB=\frac{\pi}{3}$，由余弦定理可得 $AM=\frac{3}{2}$，

因为 $\angle ADB=\frac{2\sqrt{3}\pi}{9}\neq\frac{\pi}{3}$，所以 $AM\neq\frac{3}{2}$，故 C 项错误；

D 项，设圆锥顶角为 $\angle ADE=2\beta$，则 $\cos\beta=\frac{\sqrt{6}}{3}>\cos\theta$，

因为 $\theta>\beta$，由截曲线知，平面 α 与圆锥侧面的交线为椭圆，故 D 项正确.

故选 BD.

【例 5】 在梯形 $ABCD$ 中，$AB=2AD=2DC=2CB$，将 $\triangle BDC$ 沿 BD 折起，使 C 到 C' 的位置（C 与 C' 不重合），E，F 分别为线段 AB，AC' 的中点，H 在直线 DC' 上，那么在翻折的过程中（　　）.

A. DC' 与平面 ABD 所成角的最大值为 $\frac{\pi}{6}$

B. F 在以 E 为圆心的一个定圆上

C. 若 $BH\perp$ 平面 ADC'，则 $\overrightarrow{DH}=3\overrightarrow{C'H}$

D. 当 $AD\perp$ 平面 BDC' 时，四面体 $C'-ABD$ 的体积取得最大值

解析

如图，在梯形 $ABCD$ 中，因为 $AB /\!/ CD$，$AB=2AD=2DC=2CB$，E 是 AB 的中点，

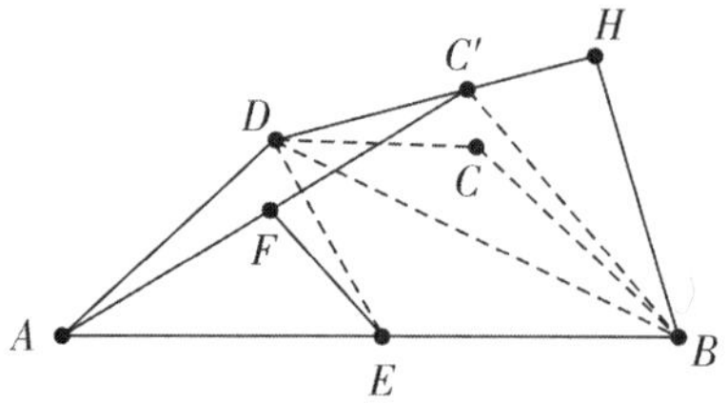

所以 $CD /\!/ BE$，$CD=BE$，所以四边形 $BCDE$ 是菱形，所以 $BC=DE$.

由于 $AD=DE=AE$，所以三角形 ADE 是等边三角形，

所以 $DE=\dfrac{1}{2}AB$，故 $AD\perp BD$，$\angle BDC=\angle DBC=\dfrac{\pi}{6}$.

在将三角形 BDC 沿 BD 翻折至三角形 BDC' 的过程中，$\angle BDC$，$\angle DBC$ 的大小保持不变，

由线面角的定义可知，DC' 与平面 ABD 所成角的最大值为 $\dfrac{\pi}{6}$，故 A 项正确.

因为 $\angle DBC$ 大小不变，所以在翻折的过程中，C' 的轨迹在以 BD 为轴的一个圆锥的底面圆周上，

而 EF 是三角形 ABC' 的中位线，所以点 F 的轨迹在一个圆锥的底面圆周上，

但此圆的圆心不是点 E，故 B 项错误.

当 $BH\perp$ 平面 ADC' 时，$BH\perp DH$，因为 $\angle HC'B=\dfrac{\pi}{3}$，所以 $DC'=BC'=2C'H$，所以 $\overrightarrow{DH}=3\overrightarrow{C'H}$，故 C 项正确.

在翻折的过程中，三角形 $BC'D$ 的面积不变，

所以当 $AD\perp$ 平面 BDC' 时，四面体 $C'-ABD$ 的体积取得最大值，故 D 项正确.

故选 ACD.

第二类　双空题

【例 1】（2022 江苏联考）现有一块正四面体形状的实心木块，其棱长为 9 cm. 车工师傅欲从木块的某一个面向内部挖掉一个体积最大的圆柱，则当圆柱底面半径 $r=$______ cm 时，圆柱的体积最大，且最大值为______ cm^3.

解析

由题意可设圆柱上底面圆心为 O_1，下底面圆心为 O_2，且 O_2 为正四面体底面中心，圆柱的上底面与正四面体侧面 ACD 的交点 N 在侧面中线 AM 上.

因为正四面体棱长为 9，所以 $BM=9\times\dfrac{\sqrt{3}}{2}$，所以 $O_2M=\dfrac{3\sqrt{3}}{2}$，$BO_2=3\sqrt{3}$，$AO_2=\dfrac{\sqrt{6}}{3}\times 9=3\sqrt{6}$.

设圆柱底面半径为 r，高为 h，由 $O_1N /\!/ O_2M$，可得 $\dfrac{r}{\frac{3\sqrt{3}}{2}}=\dfrac{3\sqrt{6}-h}{3\sqrt{6}}$，

所以 $h=3\sqrt{6}-2\sqrt{2}r$，$V_{圆柱}=\pi r^2(3\sqrt{6}-2\sqrt{2}r)=3\sqrt{6}\pi r^2-2\sqrt{2}\pi r^3$.

令 $f(r)=3\sqrt{6}\pi r^2-2\sqrt{2}\pi r^3$，则 $f'(r)=6\sqrt{6}\pi r-6\sqrt{2}\pi r^2$，令 $f'(r)=0$，解得 $r=\sqrt{3}$.

所以 $r=\sqrt{3}$ 时，$f(r)_{\max}=f(\sqrt{3})=\pi\cdot 3\cdot(3\sqrt{6}-2\sqrt{2}\cdot\sqrt{3})=3\sqrt{6}\pi$.

故答案为 $\sqrt{3}$；$3\sqrt{6}\pi$.

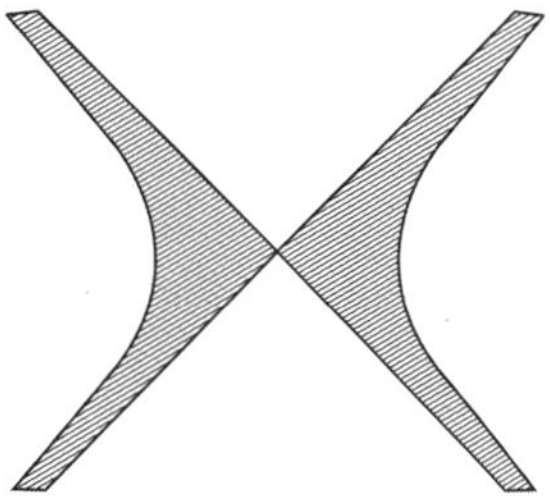

【例 2】（2022 广东深圳二模）祖暅是我国南北朝时期伟大的科学家，他于 5 世纪末提出了“幂势既同，则积不容异”的体积计算原理，即“夹在两个平行平面之间的两个几何体，被平行于这两个平面的任意平面所截，如果裁得的两个截面的面积总相等，那么这两个几何体的体积相等”．现已知直线 $y=\pm 2$ 与双曲线 $x^2-y^2=1$ 及其渐近线围成的平面图形 G 如右图所示，若将图形 G 被直线 $y=t$（$-2\leqslant t\leqslant 2$）所截得的两条线段绕 y 轴旋转一周，则形成的旋转面的面积 $S=$________；若将图形 G 绕 y 轴旋转一周，则形成的旋转体的体积 $V=$________.

解析

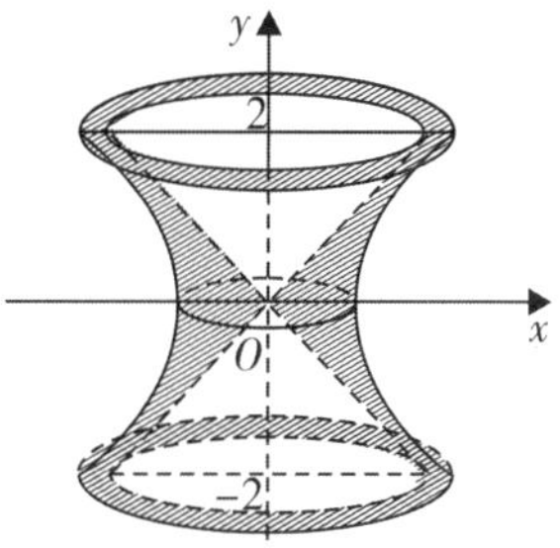

直线 $y=t(-2\leqslant t\leqslant 2)$ 与双曲线 $x^2-y^2=1$ 的交点坐标为 $(\pm\sqrt{1+t^2},\ t)$，与渐近线 $y=\pm x$ 的交点坐标为 $(\pm t,\ t)$，图形 G 被直线 $y=t(-2\leqslant t\leqslant 2)$ 所截得的两条线段与 y 轴垂直，它们分别是 $y=t\ (-\sqrt{1+t^2}\leqslant x\leqslant -|t|,\ -2\leqslant t\leqslant 2)$，$y=t(|t|\leqslant x\leqslant\sqrt{1+t^2},\ -2\leqslant t\leqslant 2)$.

将它们绕 y 轴旋转一周，形成的旋转面是一个由圆心在 $(0,\ t)$，半径分别为 $|t|$ 和 $\sqrt{1+t^2}$ 的两个圆围成的圆环，其面积 $S=\pi(\sqrt{1+t^2})^2-\pi t^2=\pi$. 由于 S 是与 t $(-2\leqslant t\leqslant 2)$ 无关的常数 π，根据祖暅原理，构造一个底面积为 π、高为 4 的柱体，则该柱体的体积与图形 G 绕 y 轴旋转一周，形成的旋转体的体积相等，即 $V=4\pi$.

故答案为 π；4π.

【例 3】（2022 广东省六校联考）在长方体 $ABCD-A_1B_1C_1D_1$ 中，$|AB|=|AD|=\sqrt{3}$，$|AA_1|=1$，P 为线段 A_1B 上的一个动点，P 为 A_1B 中点时，三棱锥 $P-AA_1D_1$ 的外接球表面积为__________；当 $|AP|+|D_1P|$ 取最小值时，$\dfrac{|A_1P|}{|PB|}=$__________.

解析

当 P 为 A_1B 中点时，取 AA_1 中点 E，连接 PE，

因为四边形 ABB_1A_1 为矩形，所以 $|PA|=|PA_1|$，$PE\perp AA_1$.

因为平面 $ABB_1A_1\perp$ 平面 ADD_1A_1，平面 $ABB_1A_1\cap$ 平面 ADD_1A_1，$PE\subset$ 平面 ABB_1A_1，所

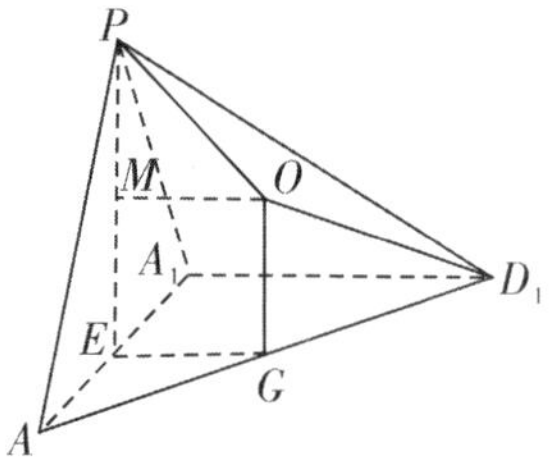

以$PE\perp$平面AA_1D.

因为$AA_1\perp A_1D_1$，所以$\triangle AA_1D$的外接圆圆心为AD_1中点，

设AD_1中点为G，三棱锥$P-AA_1D$外接球球心为O，连接OG，则$OG\perp$平面AA_1D.

作$OM\perp PE$于M，则四边形$OMEG$为平行四边形，

设$|OG|=h$，$|OP|=|OD_1|=R$，

因为$|PA|=|PA_1|=\frac{1}{2}\sqrt{|AB|^2+|AA_1|^2}=1$，所以$|PE|=\sqrt{1-\frac{1}{4}}=\frac{\sqrt{3}}{2}$，$|EG|=\frac{1}{2}|A_1D_1|=\frac{\sqrt{3}}{2}$.

在$\mathrm{Rt}\triangle OMP$和$\mathrm{Rt}\triangle OGD_1$中，$R^2=\left(\frac{\sqrt{3}}{2}-h\right)^2+\frac{3}{4}=1+h^2$，解得$R^2=\frac{13}{12}$.

所以三棱锥$P-AA_1D$的外接球表面积$S=4\pi R^2=\frac{13}{3}\pi$.

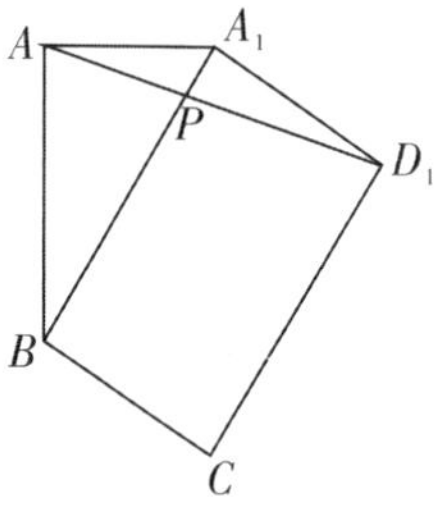

将侧面AA_1B和对角面A_1BCD_1沿着A_1B展开，展开图如右图所示，则$|AP|+|D_1P|$的最小值为$|AD_1|$，此时P为AD_1与A_1B的交点.

因为$|AA_1|=1$，$|AB|=\sqrt{3}$，$AB\perp AA_1$，所以$\angle BA_1A=\frac{\pi}{3}$，$\angle AA_1D_1=\frac{5\pi}{6}$，

所以$|AD_1|^2=|AA_1|^2+|A_1D_1|^2-2|AA_1|\cdot|A_1D_1|\cos\angle AA_1D_1=7$，所以$|AD_1|=\sqrt{7}$.

设$|AP|=m$，则$|D_1P|=\sqrt{7}-m$，

因为$\frac{1}{\sin\angle APA_1}=\frac{m}{\sin\frac{\pi}{3}}$，即$\sin\angle APA_1=\frac{\sqrt{3}}{2m}$；

因为$\frac{\sqrt{3}}{\sin\angle A_1PD_1}=\frac{\sqrt{7}-m}{\sin\frac{\pi}{2}}$，即$\sin\angle A_1PD_1=\frac{\sqrt{3}}{\sqrt{7}-m}$；

因为$\angle APA_1+\angle A_1PD_1=\pi$，所以$\sin\angle APA_1=\sin\angle A_1PD_1$，即$\frac{\sqrt{3}}{2m}=\frac{\sqrt{3}}{\sqrt{7}-m}$，

解得$m=\frac{\sqrt{7}}{3}$，即$|AP|=\frac{\sqrt{7}}{3}$，$|D_1P|=\frac{2\sqrt{7}}{3}$.

所以$|A_1P|=\sqrt{|D_1P|^2-|A_1D_1|^2}=\frac{1}{3}$，则$|BP|=|A_1B|-|A_1P|=2-\frac{1}{3}=\frac{5}{3}$.

所以$\frac{|A_1P|}{|PB|}=\frac{1}{5}$.

故答案为$\frac{13}{3}\pi$；$\frac{1}{5}$.

【例4】 三棱锥 $P-ABC$ 的底面是以 AC 为底边的等腰直角三角形，且 $AC=2\sqrt{2}$，各侧棱长均为 3，E 为棱 PA 的中点，Q 是线段 CE 上的动点，则 E 到平面 ABC 的距离为__________；设 Q 到平面 PBC 的距离为 d_1，点 Q 到直线 AB 的距离为 d_2，则 d_1+d_2 的最小值为________.

解析

取 AC 中点 O，连接 PO，BO，

因为 $PA=PC=3$，$AC=2\sqrt{2}$，所以 $PO\perp AC$，$PO=\sqrt{3^2-2}=\sqrt{7}$.

因为$\triangle ABC$ 是等腰直角三角形，所以 $BO\perp AC$，且 $BO=\sqrt{2}$，

又 $PB=3$，满足 $PB^2=PO^2+BO^2$，所以 $PO\perp BO$.

因为 $AC\cap BO=O$，所以 $PO\perp$ 平面 ABC.

因为 E 为棱 PA 的中点，所以点 E 到平面 ABC 的距离为$\frac{1}{2}PO=\frac{\sqrt{7}}{2}$.

如右图所示，以 O 为原点建立空间直角坐标系，

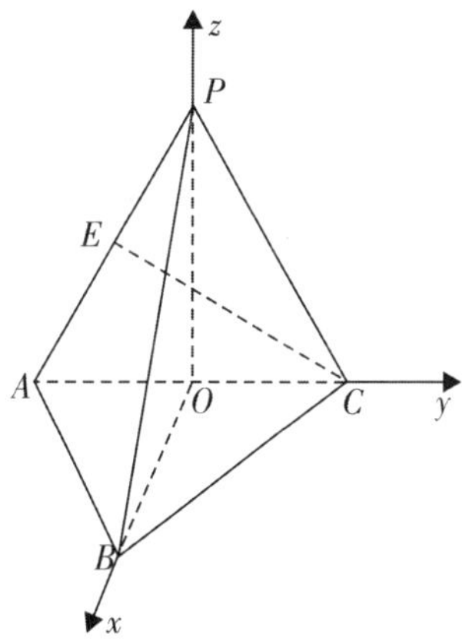

则 $C(0,\sqrt{2},0)$，$E\left(0,-\frac{\sqrt{2}}{2},\frac{\sqrt{7}}{2}\right)$，$P(0,0,\sqrt{7})$，$A(0,-\sqrt{2},0)$，$B(\sqrt{2},0,0)$，

则 $\overrightarrow{PB}=(\sqrt{2},0,-\sqrt{7})$，$\overrightarrow{PC}=(0,\sqrt{2},-\sqrt{7})$，$\overrightarrow{AB}=(\sqrt{2},\sqrt{2},0)$，$\overrightarrow{CE}=\left(0,-\frac{3\sqrt{2}}{2},\frac{\sqrt{7}}{2}\right)$.

设$\overrightarrow{CQ}=\lambda\overrightarrow{CE}(0\leqslant\lambda\leqslant1)$，则可得$\overrightarrow{CQ}=\left(0,-\frac{3\sqrt{2}}{2}\lambda,\frac{\sqrt{7}}{2}\lambda\right)$，

则 $Q=\left(0,-\frac{3\sqrt{2}}{2}\lambda+\sqrt{2},\frac{\sqrt{7}}{2}\lambda\right)$，则$\overrightarrow{AQ}=\left(0,2\sqrt{2}-\frac{3\sqrt{2}}{2}\lambda,\frac{\sqrt{7}}{2}\lambda\right)$，

所以 $\cos\angle QAB=\frac{\overrightarrow{AQ}\cdot\overrightarrow{AB}}{|\overrightarrow{AQ}|\cdot|\overrightarrow{AB}|}=\frac{4-3\lambda}{\sqrt{25\lambda^2-48\lambda+32}}$，

所以 $\sin\angle QAB=\sqrt{\frac{16\lambda^2-24\lambda+16}{25\lambda^2-48\lambda+32}}$，

所以 $d_2=|\overrightarrow{AQ}|\cdot\sin\angle QAB=\sqrt{4\lambda^2-6\lambda+4}$.

设平面 PBC 的法向量为 $\vec{n}=(x,y,z)$，

则$\begin{cases}\overrightarrow{n}\cdot\overrightarrow{PB}=0,\\ \overrightarrow{n}\cdot\overrightarrow{PC}=0,\end{cases}$即$\begin{cases}\sqrt{2}x-\sqrt{7}z=0,\\ \sqrt{2}y-\sqrt{7}z=0,\end{cases}$令 $x=\sqrt{7}$，可得 $\overrightarrow{n}=(\sqrt{7},\sqrt{7},\sqrt{2})$，

$d_1=\dfrac{|\overrightarrow{CQ}\cdot\overrightarrow{n}|}{|\overrightarrow{n}|}=\dfrac{\sqrt{14}}{4}\lambda$，

所以 $d_1+d_2=f(\lambda)=\sqrt{4\lambda^2-6\lambda+4}+\dfrac{\sqrt{14}}{4}\lambda(0\leqslant\lambda\leqslant1)$，

所以$f'(\lambda)=\dfrac{4\lambda-3}{\sqrt{4\lambda^2-6\lambda+4}}+\dfrac{\sqrt{14}}{4}$，令$f'(\lambda)=0$，解得 $\lambda=\dfrac{2}{5}$，

所以$f''(\lambda)=\dfrac{\sqrt{4\lambda^2-6\lambda+4}}{(4\lambda^2-6\lambda+4)\sqrt{4\lambda^2-6\lambda+4}}>0$，$f'(\lambda)$在$[0,1]$单调递增，

当 $\lambda\in\left(0,\dfrac{2}{5}\right)$时，$f'(\lambda)<0$，$f(\lambda)$单调递减，

当 $\lambda\in\left(\dfrac{2}{5},1\right)$时，$f'(\lambda)>0$，$f(\lambda)$单调递增，

所以$f(\lambda)_{\min}=f\left(\dfrac{2}{5}\right)=\dfrac{\sqrt{14}}{2}$，即 d_1+d_2 的最小值为$\dfrac{\sqrt{14}}{2}$.

故答案为$\dfrac{\sqrt{7}}{2}$；$\dfrac{\sqrt{14}}{2}$.

【例 5】（2021 广东广州一模）已知三棱锥 $P-ABC$ 的底面 ABC 是边长为 6 的等边三角形，$PA=PB=PC=\sqrt{21}$，先在三棱锥 $P-ABC$ 内放入一个内切球 O_1，然后放入一个球 O_2，使得球 O_2 与球 O_1 及三棱锥 $P-ABC$ 的三个侧面都相切，则球 O_1 的体积为________，球 O_2 的表面积为________.

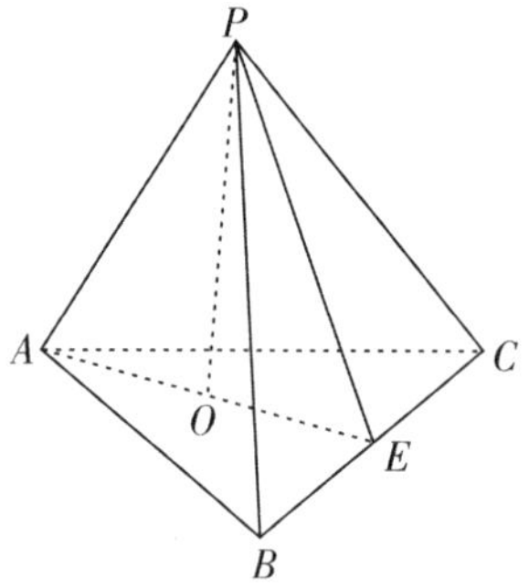

解析

如右图所示，依题意得 $S_{\triangle ABC}=\dfrac{1}{2}\times6\times6\times\sin60^\circ=9\sqrt{3}$，

点 P 到平面 ABC 的距离 $d=\sqrt{21-(2\sqrt{3})^2}=3$，

所以 $V_{P-ABC}=\dfrac{1}{3}\times9\sqrt{3}\times3=9\sqrt{3}$，侧面高为 $\sqrt{21-3^2}=2\sqrt{3}$，

所以 $S_{\triangle PBC}=S_{\triangle PAB}=S_{\triangle PAC}=\dfrac{1}{2}\times2\sqrt{3}\times6=6\sqrt{3}$.

设球 O_1 的半径为 R，所以 $V_{P-ABC}=V_{O-PAB}+V_{O-PAC}+V_{O-PBC}$，

则 $9\sqrt{3}=\dfrac{1}{3}$（$18\sqrt{3}+9\sqrt{3}$）R，得 $R=1$，$V_1=\dfrac{4\pi}{3}$.

设球 O_2 的半径为 r，则$\dfrac{r}{R}=\dfrac{2-R-r}{2}$，又 $R=1$，得 $r=\dfrac{1}{3}$，

所以球 O_2 的表面积为 $S=\dfrac{4\pi}{9}$.

故答案为 $\dfrac{4\pi}{3}$；$\dfrac{4\pi}{9}$.

第三类　结构不良题

【例 1】（2019 北京高考·理科）已知 l，m 是平面 α 外的两条不同直线. 给出下列三个论断：①$l\perp m$；②$m/\!/\alpha$；③$l\perp\alpha$. 以其中的两个论断作为条件，余下的一个论断作为结论，写出一个正确的命题：________________________________.

解析

由 l，m 是平面 α 外的两条不同直线可知，

由线面平行的判定定理得，若 $l\perp\alpha$，$l\perp m$，则 $m/\!/\alpha$.

由线面平行、垂直的性质定理得，若 $m/\!/\alpha$，$l\perp\alpha$，则 $l\perp m$.

故答案为：若 $l\perp\alpha$，$l\perp m$，则 $m/\!/\alpha$，或 $m/\!/\alpha$，$l\perp\alpha$，则 $l\perp m$.

【例 2】（2017 新课标Ⅲ·理科卷）a，b 为空间中两条互相垂直的直线，等腰直角三角形 ABC 的直角边 AC 所在直线与 a，b 都垂直，斜边 AB 以直线 AC 为旋转轴旋转，有下列结论：

①当直线 AB 与 a 成 $60°$ 角时，AB 与 b 成 $30°$ 角.

②当直线 AB 与 a 成 $60°$ 角时，AB 与 b 成 $60°$ 角.

③直线 AB 与 a 所成角的最小值为 $45°$.

④直线 AB 与 a 所成角的最小值为 $60°$.

其中正确的是____________.（填写所有正确结论的编号）

解析

如右图所示，$BDEF$ 为底面圆的内接正方形，设 $AC=BC=1$，

则 $AB=AD=AE=AF=FB=FE=ED=BD$，

即侧面均为等边三角形，

因 $AC\perp$ 底面 $BDEF$，

假设 $a/\!/FB$，由题意得 $b/\!/BD$，

当直线 AB 与 a 成 $60°$ 角时，由图可知 AB 与 b 成 $60°$ 角，

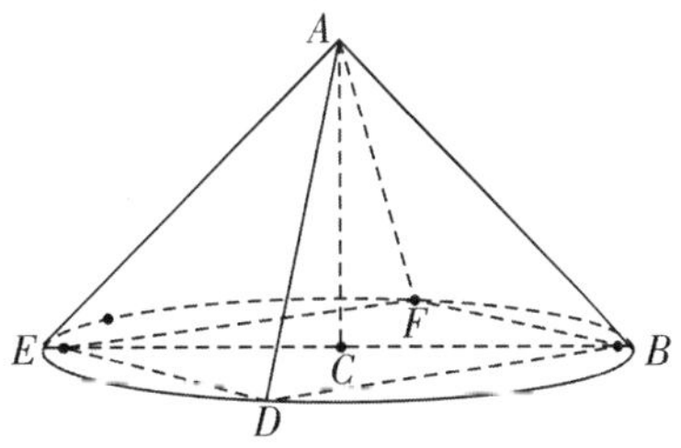

所以①错，②正确；

假设 $a/\!/EB$，可知③正确，④错.

故选②③.

四、说两道名题

（一）2022 年高考数学全国Ⅰ卷第 19 题

如图，直三棱柱 $ABC-A_1B_1C_1$ 的体积为 4，$\triangle A_1BC$ 的面积为 $2\sqrt{2}$.

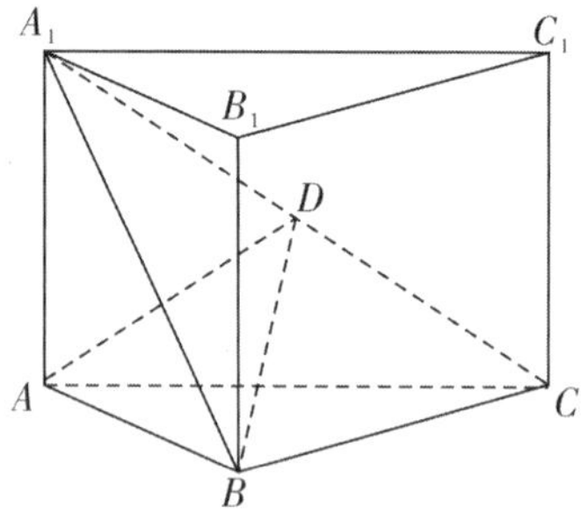

（1）求点 A 到平面 A_1BC 的距离；

（2）设 D 为 A_1C 的中点，$AA_1=AB$，平面 $A_1BC\perp$ 平面 ABB_1A_1，求二面角 $A-BD-C$ 的正弦值.

1. 说题源题意

（1）题源.

2022 年高考数学全国Ⅰ卷第 19 题.

（2）题意.

①已知：直三棱柱 $ABC-A_1B_1C_1$ 的体积为 4，$\triangle A_1BC$ 的面积为 $2\sqrt{2}$.

②求解：求点 A 到平面 A_1BC 的距离；求二面角 $A-BD-C$ 的正弦值.

本题的切入角度较新，从三棱锥与三棱柱的体积之间的关系入手，符合高考评价体系“四翼”中的基础性要求，考查学生对三棱锥体积公式推导过程的理解，可看出新高考紧贴知识的生成，关注学生对基础知识的掌握程度. 而且题目设问常规，是一道求点到面的距离以及二面角的平面角的问题. 对于求点到面的距离，可以用向量法、等体积法，但是由于题目条件为三棱柱的体积，并未给出相关的边与角度，给学生设置了思维上的障碍. 该题起点较高，但是解题过程较为常规，体现了新高考注重考查学生的基础知识、回归课本的命题特点.

2. 说知识网络

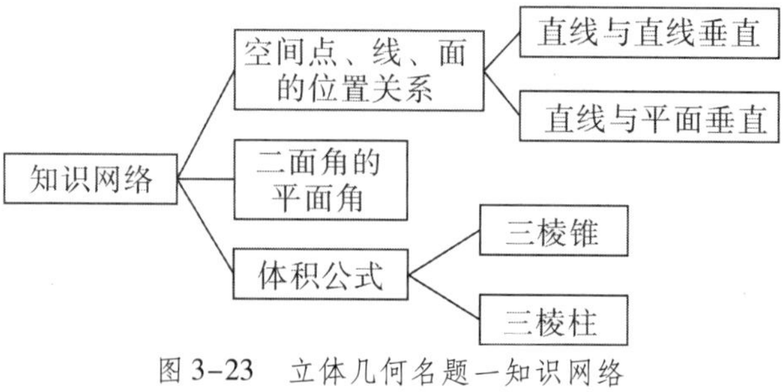

图 3-23　立体几何名题—知识网络

3. 说解题过程

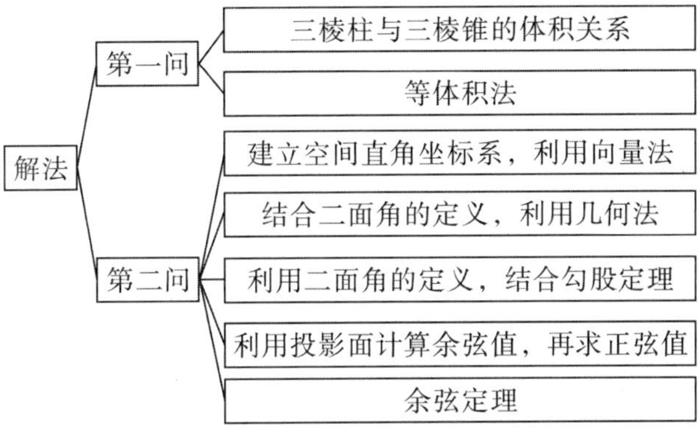

图 3-24　立体几何名题一解法

第（1）问的解法如下.

【解法一】

三棱锥 A_1-ABC 的体积 V 是三棱柱 $ABC-A_1B_1C_1$ 的体积的$\frac{1}{3}$，即 $V=\frac{4}{3}$.

设点 A 到平面 A_1BC 的距离为 h，则 $V=\frac{1}{3}\times2\sqrt{2}h$. 由$\frac{4}{3}=\frac{1}{3}\times2\sqrt{2}h$ 解得 $h=\sqrt{2}$.

因此点 A 到平面 A_1BC 的距离为$\sqrt{2}$.

【解法二】

设点 A 到平面 A_1BC 的距离为 h.

因$\frac{1}{3}S_{\triangle ABC}\cdot AA_1=\frac{1}{3}S_{\triangle A_1BC}\cdot h$，

所以 $h=\frac{S_{\triangle ABC}}{S_{\triangle A_1BC}}\cdot AA_1=\frac{V_{ABC-A_1B_1C_1}}{AA_1\cdot S_{\triangle A_1BC}}\cdot AA_1=\frac{V_{ABC-A_1B_1C_1}}{S_{\triangle A_1BC}}=\frac{4}{2\sqrt{2}}=\sqrt{2}$.

第（2）问的解法如下.

【解法一】

连接 AB_1 交 A_1B 于点 E，

因为 $AA_1=AB$，所以 $AE\perp A_1B$，

又平面 $A_1BC\perp$平面 ABB_1A_1，

所以 $AE\perp$平面 A_1BC，则 $AE\perp BC$.

由（1）知点 A 到平面 A_1BC 的距离为$\sqrt{2}$，故 $AE=\sqrt{2}$，$A_1B=2\sqrt{2}$，$AA_1=AB=2$.

在直三棱柱 $A_1B_1C_1-ABC$ 中，$AA_1\perp$平面 ABC，所以 $AA_1\perp BC$，

从而 $BC\perp$平面 ABB_1A_1，故 $BC\perp AB$，$BC\perp A_1B$.

由已知得$\frac{1}{2}BC\times A_1B=2\sqrt{2}$，所以 $BC=2$.

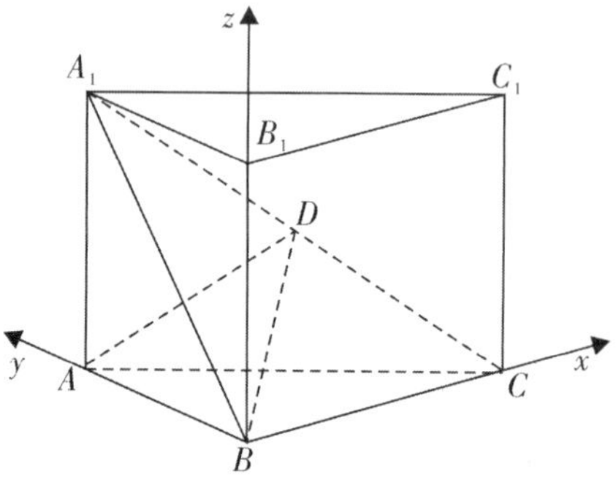

以 B 为坐标原点，$\overrightarrow{BC}$的方向为 x 轴正方向，建立如右图所示的空间直角坐标系 $B-xyz$，

则 $A(0,2,0)$，$C(2,0,0)$，$B_1(0,0,2)$，$D(1,1,1)$，$\overrightarrow{BD}=(1,1,1)$，$\overrightarrow{AB}=(0,-2,0)$，$\overrightarrow{AB_1}=(0,-2,2)$.

设平面 DAB 的法向量 $\vec{n}=(x,y,z)$，

则$\begin{cases}\vec{n}\cdot\overrightarrow{BD}=0,\\ \vec{n}\cdot\overrightarrow{AB}=0,\end{cases}$ 即$\begin{cases}x+y+z=0,\\ -2y=0,\end{cases}$

可取 $\vec{n}=(1,0,-1)$.

因为 $AE\perp$平面 A_1BC，所以$\overrightarrow{AB_1}$是平面 DCB 的一个法向量.

所以 $\cos\langle\vec{n},\overrightarrow{AB_1}\rangle=\dfrac{\vec{n}\cdot\overrightarrow{AB_1}}{|\vec{n}|\cdot|\overrightarrow{AB_1}|}=-\dfrac{1}{2}$.

故二面角 $A-BD-C$ 的正弦值为$\dfrac{\sqrt{3}}{2}$.

【解法二】

（前面部分与解法一相同. 在求出 $BC=2$ 之后，不再建立直角坐标系，而是使用如下传统方法求解.）

过点 A 作 $AF\perp BD$ 于点 F，连接 EF，

由于 $AE\perp$平面 A_1BC，则 $EF\perp BD$，

从而$\angle AFE$ 是二面角 $A-BD-C$ 的平面角的补角.

在直角三角形 A_1BC 中，由于点 D 为 A_1C 的中点，则 $BD=\sqrt{3}$.

如右图所示，AB 边上的高 $DG=\sqrt{2}$，

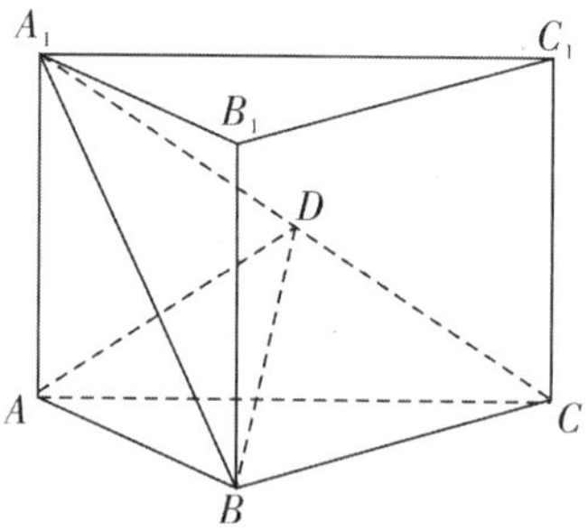

由于$\dfrac{1}{2}\cdot AB\cdot DG=\dfrac{1}{2}\cdot BD\cdot AF$，

所以 $AF=\dfrac{2\sqrt{6}}{3}$，从而 $\sin\angle AFE=\dfrac{AE}{AF}=\dfrac{\sqrt{3}}{2}$.

可得二面角 $A-BD-C$ 的正弦值为$\dfrac{\sqrt{3}}{2}$.

【解法三】

（前面部分与解法二相同，求出 $BD=\sqrt{3}$之后，不直接求 AF，而是先求 EF，然后用勾股定理求 AF，解法如下.）

连接 DE，AF，由于 E 为 A_1B 的中点，D 为 A_1C 的中点，则 $S_{\triangle BDE}=\frac{1}{2}S_{\triangle A_1BD}$

$=\frac{1}{4}S_{\triangle A_1BC}=\frac{\sqrt{2}}{2}$.

由 $\frac{1}{2}BD\cdot EF=S_{\triangle BDE}$，得 $EF=\frac{\sqrt{6}}{3}$，则 $AF=\sqrt{AE^2+EF^2}=\frac{2\sqrt{6}}{3}$.

故二面角 $A-BD-C$ 的正弦值 $\sin\angle AFE=\frac{AE}{AF}=\frac{\sqrt{3}}{2}$.

【解法四】

作 $\triangle ABD$ 在平面 A_1BC 上的投影 $\triangle EBD$，利用 $\frac{S_{\triangle EBD}}{S_{\triangle ABD}}$ 求出二面角 $A-BD-C$ 的余弦值，再求出正弦值.

【解法五】

过点 A 作 $AF\perp BD$ 于点 F，连接 CF，可证 $\angle AFC$ 就是二面角 $A-BD-C$ 的平面角，利用余弦定理求出该角的余弦值，再求出正弦值.

4. **说易错易误**

（1）错误：$V_{ABC-A_1B_1C_1}=\frac{1}{3}S_{\triangle ABC}\cdot AA_1$，$V_{A-A_1BC}=\frac{1}{2}S_{\triangle A_1BC}\cdot h$.

原因：记错柱体和锥体的体积公式，导致错误.

（2）错误：取 BD 的中点 F，连接 AF，CF，则 $AF\perp BD$，$CF\perp BD$.

原因：空间想象能力欠缺，忽略了 $AD\neq BD$，导致错误.

（3）错误：平面 $A_1BC\perp$ 平面 ABB_1A_1，$BC\subset$ 平面 A_1BC，故 $BC\perp$ 平面 ABB_1A_1.

原因：对定理的理解不够透彻，乱用定理.

（4）错误：以 AB 为 x 轴，AC 为 y 轴，AA_1 为 z 轴，建立空间直角坐标系.

原因：空间想象能力欠缺，AB 和 AC 并不垂直.

（5）错误：$\angle ABA_1$ 是平面角 $A-BD-C$ 的平面角的补角.

原因：对二面角的概念不熟悉.

5. **说思想方法**

（1）数学思想.

本题蕴含数形结合、转化与划归、函数与方程等数学思想.

（2）数学方法.

解题用到了分析法和综合法、向量法与几何法、作辅助线的方法.

6. **说教学价值**

（1）知识价值.

该题注重基础，考查的知识点较为基础，可以通过多个角度、多种方法进行解题，帮助学生较好地巩固线线垂直与线面垂直、二面角、相关立体图形的体积等知识.

（2）题型价值.

通过立体几何综合题的训练，可以较为综合地考查学生构建知识网络的能力，培养学生空间想象、转化与划归、数学运算等能力与素养.

（3）教学价值.

教师应在解题过程中对相关概念、思想及方法的内涵和外延进行探讨与总结，洞悉问题的本质，注重通性通法，突出学生思维能力和运算能力的培养.

①夯实基础知识，奠定推理基础：注重对基础知识的强化理解和应用，应该教会学生怎样厘清题目所考查的内容以及如何入手.

②注重通性通法，拓展数学思维：从解题的一些基本方法出发，通过知识拓展，引出新的解题方法，让学生不仅能掌握基本的解题方法，而且能进一步拓展思维，提高数学思维能力.

③加强变式训练，提升核心素养：通过变式改变问题的呈现形式，让学生在探究活动中获得数学知识、数学技能、数学经验和数学方法，同时在问题的解决中进一步巩固和发展“四基”，切实提高学生的推理能力和运算能力.

（二）2020 年高考数学全国Ⅰ卷第 20 题

如右图所示，四棱锥 $P-ABCD$ 的底面为正方形，$PD\perp$ 底面 $ABCD$，设平面 PAD 与平面 PBC 的交线为 l.

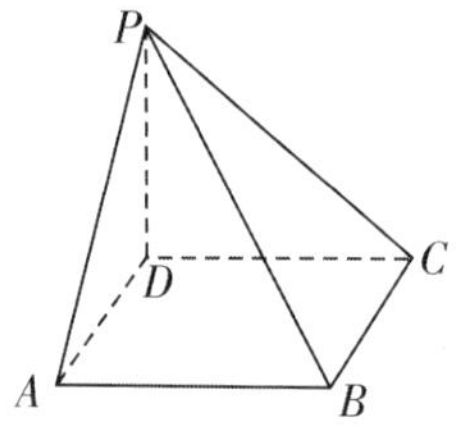

（1）证明：$l\perp$ 平面 PDC；

（2）已知 $PD=AD=1$，Q 为 l 上的点，求 PB 与平面 QCD 所成角的正弦值的最大值.

1. 说题源题意

（1）题源.

2020 年高考数学全国Ⅰ卷第 20 题.

（2）题意.

①出题背景.

题目中的立体图源于《九章算术》的“阳马”，阳马是通过截取长方体得来的，是底面为长方形且有一条侧棱与底面垂直的四棱锥.

《普通高中数学课程标准（2017 年版 2020 年修订）》明确指出，立体几何的学习可以“以长方体为载体，认识和理解空间点、直线、平面的位置关系”，并在此基础上“抽象出空间点、直线、平面的位置关系的定义，了解基本事实和定理”. 可见，长方体是立体几何中一个非常重要的空间模型.

②题目的条件、目标及难点.

显性条件：本题以四棱锥为载体，已知该四棱锥底面为正方形，且有一条侧棱和底面垂直，是学生非常熟悉的几何体.

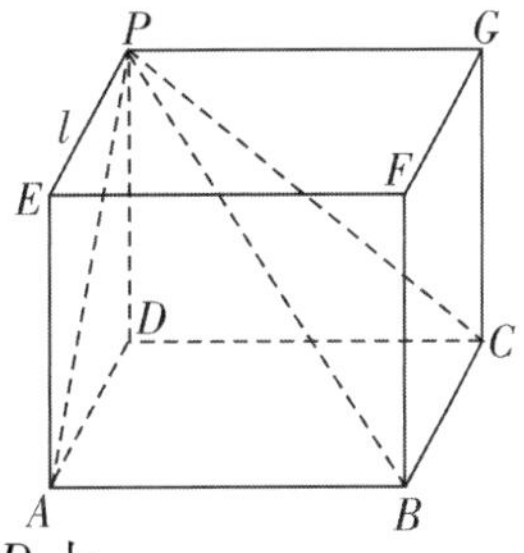

隐形条件：实际上，该四棱锥是一个正方体的一部分，如右图所示. 把图形放在正方体中，可看出平面 PBC 为平面 $EPCB$，平面 PAD 为平面 $EPDA$，则平面 PBC 与平面 PAD 的交线 l 是平面 $EPCB$ 与平面 $EPDA$ 的交线 PE，且 l 既在平面 PBC 上，也在平面 PAD 上.

目标与难点：第（1）问目标为证明线面垂直，即证明平面 PAD 与平面 PBC 的交线 l 垂直于平面 PDC，但图形中没有出现 l，想象并找出这条交线是第（1）问的难点. 第（2）问目标为求定直线 PB 与动平面 QCD 所成角正弦值的最大值，但从图中不能明显看到该线面角，学生若用几何法求解则需要通过作辅助线找到线面角，这是第（2）问的难点. 此外，在表示出线面角的正弦值后求该式的最大值也是第（2）问的一个难点.

③立意.

知识立意：本题立足“四基”，给出的图形十分简单，考查内容是常规的线面关系的论证和空间角的求解.

能力立意：本题着重考查学生的空间想象能力、运算求解能力、语言表达能力和综合应用知识的能力. 通过创新设问，注重考查学生的探究意识、创新意识、优化意识及发散思维.

素养立意：本题甄别学生数学抽象、逻辑推理、数学建模、直观想象、数学运算的核心素养.

2. 说知识网络

平垂关系的论证、线面角的求法一直是高考中考查的重点知识，而函数最值求法是高中数学教与学的重要内容，高考很少会直接考查函数最值求法，而是将其与其他问题结合起来，使综合问题经过转化最终归结为函数最值问题. 本题就是对平垂关系、空间角与函数最值问题进行综合考查的一个例子.

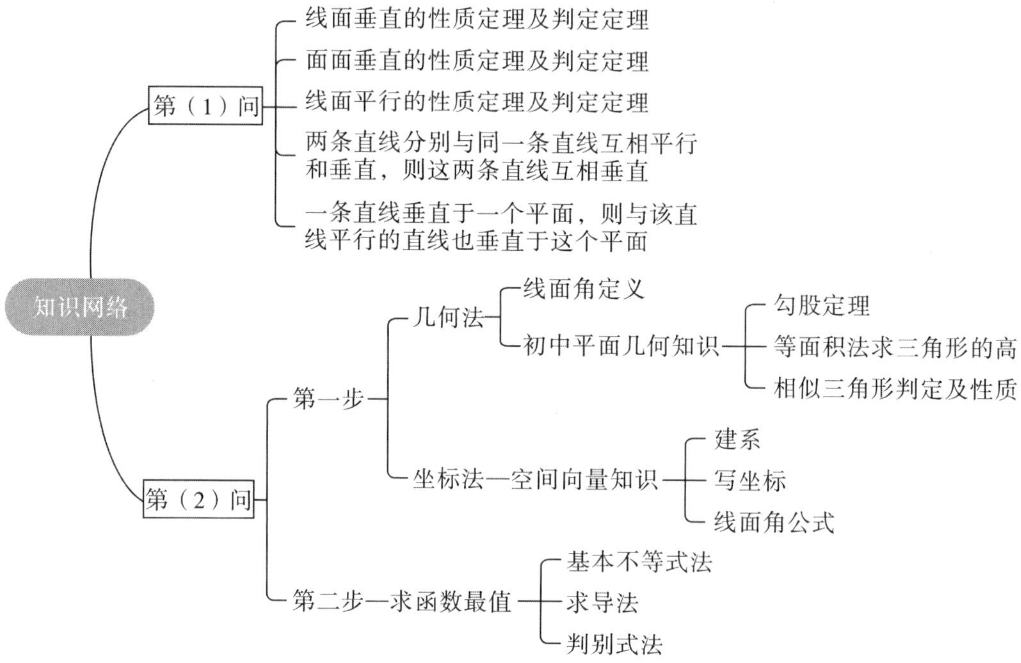

图 3–25　立体几何名题二知识网络

3. **说解题过程**

（1）第（1）问：线面垂直.

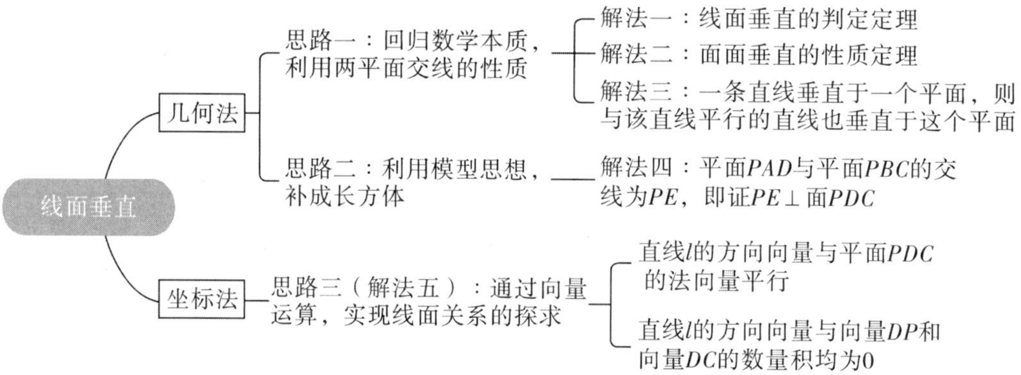

图 3–26　立体几何名题二解题过程 1

【解法一】利用线面垂直的判定定理.

证明：因为 $PD\perp$ 平面 $ABCD$，$CD\subset$ 平面 $ABCD$，所以 $PD\perp CD$；

因为底面 $ABCD$ 为正方形，所以 $AD\perp CD$；

因为 $PD\perp CD$，$AD\perp CD$，$PD\cap AD=D$，$PD\subset$ 平面 PDA，$AD\subset$ 平面 PDA，$CD\not\subset$ 平面 PDA，所以 $CD\perp$ 平面 PDA.

因为 $l\subset$ 平面 PDA，所以 $l\perp CD$；

因为底面 $ABCD$ 为正方形，所以 $AD/\!/BC$.

又因为 $AD\not\subset$ 平面 PBC，$BC\subset$ 平面 PBC，所以 $AD/\!/$ 平面 PBC.

因为 $AD\subset$ 平面 PDA，平面 $PDA\cap$ 平面 $PBC=l$，$AD/\!/$ 平面 PBC，所以 $l/\!/AD$.

因为 $PD\perp$ 平面 $ABCD$，$AD\subset$ 平面 $ABCD$，所以 $PD\perp AD$.

因为 $l/\!/AD$，$AD\perp PD$，所以 $l\perp PD$.

因为 $l\perp CD$，$l\perp PD$，$PD\cap CD=D$，$PD\subset$ 平面 PDC，$CD\subset$ 平面 PDC，$l\not\subset$ 平面 PDA，所以 $l\perp$ 平面 PDC.

【解法二】 利用面面垂直的性质定理.

证明：因为 $PD\perp$ 平面 $ABCD$，$AD\subset$ 平面 $ABCD$，所以 $PD\perp AD$.

因为底面 $ABCD$ 为正方形，所以 $AD\perp CD$.

因为 $PD\perp AD$，$AD\perp CD$，$PD\cap CD=D$，$PD\subset$ 平面 PDC，$CD\subset$ 平面 PDC，$AD\not\subset$ 平面 PDC，所以 $AD\perp$ 平面 PDC.

因为 $AD\subset$ 平面 PDA，所以平面 $PDA\perp$ 平面 PDC.

同解法一可证 $l\perp PD$.

因为平面 $PDA\perp$ 平面 PDC，$l\subset$ 平面 PDA，平面 $PDA\cap$ 平面 $PDC=PD$，

所以 $l\perp$ 平面 PDC.

【解法三】 利用“一条直线垂直于一个平面，则与该直线平行的直线也垂直于这个平面”.

证明：同解法二可证 $AD\perp$ 平面 PDC，

同解法一可证 $l/\!/AD$，

所以 $l\perp$ 平面 PDC.

【解法四】 利用模型思想，补成长方体.

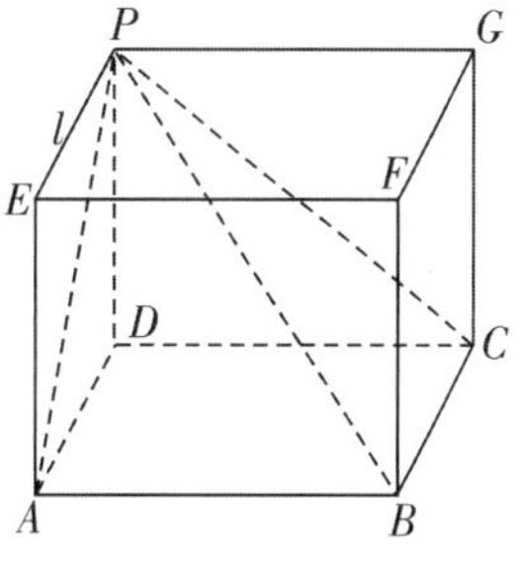

证明：将该四棱锥补成长方体 $ABCD-EFGP$，则平面 PAD 与平面 PBC 的交线 l 即为长方体对角面 $EPCB$ 与侧面 $EPDA$ 的交线，即 l 为棱 PE 所在直线.

因为在长方体 $ABCD-EFGP$ 中，侧棱 $PE\perp$ 平面 PDC，

所以 $l\perp$ 平面 PDC.

【解法五】 通过向量运算证明线面垂直.

证明：以点 D 为坐标原点，以 DA，DC，DP 分别为 x，y，z 轴建立空间直角坐标系，则 $D(0,\ 0,\ 0)$，$C(0,\ 1,\ 0)$，$A(1,\ 0,\ 0)$，$B(1,\ 1,\ 0)$，设 $P(0,\ 0,\ a)$，直线 l 的方向向量为 $\vec{\mu}$，

求得平面 PAD 的法向量 $\vec{n_1}=(0,\ 1,\ 0)$，平面 PBC 的法向量 $\vec{n_2}=(0,\ a,\ 0)$.

因为 $l\subset$ 平面 PAD，$l\subset$ 平面 PBC，

所以$\begin{cases}\vec{\mu}\cdot\vec{n_1}=0,\\ \vec{\mu}\cdot\vec{n_2}=0,\end{cases}$可得$\vec{\mu}=(1,\ 0,\ 0)$.

因为平面 PDC 的法向量 $\vec{n}=(1,\ 0,\ 0)$，

所以 $\vec{\mu}\parallel\vec{n}$，即 $l\perp$ 平面 PDC.

（2）第（2）问：求 PB 与平面 QCD 所成角的正弦值的最大值.

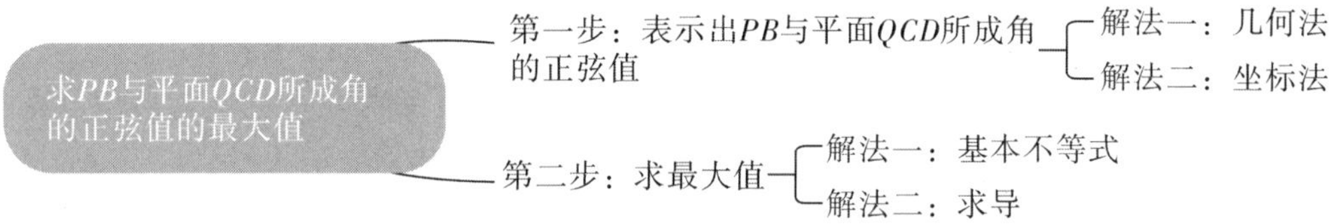

图 3-27　立体几何名题解题过程 2

①第一步：表示出线面所成角的正弦值.

【解法一】 几何法.

解：当点 Q 在点 P 前方时，如图 1 所示.

作 $PE\perp QD$，因为 $DC\perp$ 平面 PAD，$DC\perp PE$，所以 $PE\perp$ 平面 QCD.

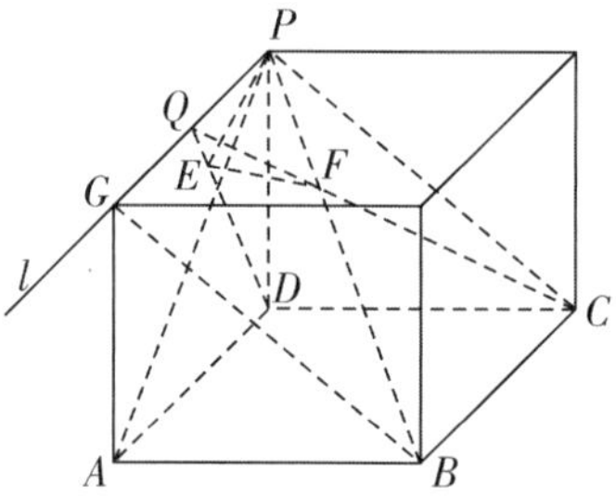

图 1

设 PB 与平面 QCD 交于点 F，则 $\angle PFE$ 为直线 PB 与平面 QCD 所成的角.

设 $PQ=a\ (a>0)$，在 $\triangle PQD$ 中，$\angle QPD=90°$，可知 $PE=\dfrac{a}{\sqrt{1+a^2}}$.

由 $\triangle PFQ\backsim\triangle BFC$，有$\dfrac{PF}{FB}=\dfrac{PQ}{BC}$，所以$\dfrac{PF}{PB}=\dfrac{a}{a+1}$，$PF=\dfrac{\sqrt{3}a}{a+1}$.

设直线与平面 QCD 所成的角为 θ，

则 $\sin\theta=\sin\angle PFE=\dfrac{PE}{PF}=\dfrac{a+1}{\sqrt{3}\sqrt{1+a^2}}=\dfrac{\sqrt{3}}{3}\sqrt{\dfrac{a^2+2a+1}{a^2+1}}$.

当点 Q 在点 P 另一侧时，如图 2 所示.

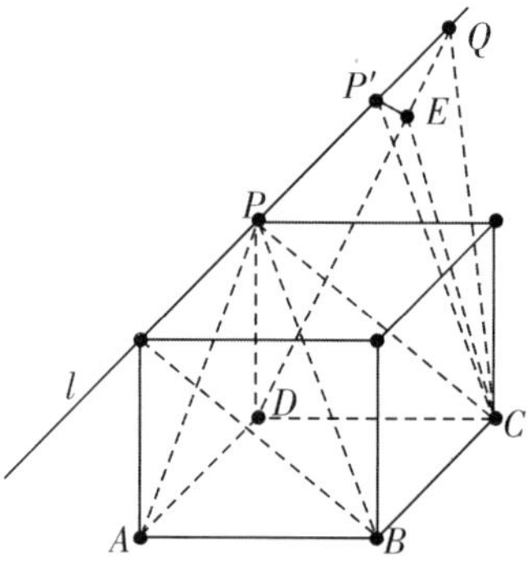

图 2

过点 C 作 $CP'\parallel BP$，则直线 PB 与平面 QCD 所成的角为直线 CP' 与平面 QCD 所成的角.

作 $P'E\perp QD$，因为 $DC\perp$ 平面 PAD，$DC\perp P'E$，所以 $P'E\perp$ 平面 QCD.

设 $PQ=a\ (a>0)$，同理可得 $\sin\angle P'FE=\dfrac{\sqrt{3}}{3}\sqrt{\dfrac{a^2+2a+1}{a^2+1}}$.

【解法二】坐标法.

解：以点 D 为坐标原点，以 DA，DC，DP 分别为 x，y，z 轴建立空间直角坐标系，则 $D(0,0,0)$，$C(0,1,0)$，$A(1,0,0)$，$B(1,1,0)$，$P(0,0,1)$.

设 $Q(a,0,1)$，则 $\overrightarrow{DQ}=(a,0,1)$，$\overrightarrow{DC}=(0,1,0)$，$\overrightarrow{PB}=(1,1,-1)$，

设平面 QCD 的法向量为 $\vec{n}=(x,y,z)$，

因为 $DC\subset$平面 QCD，$DQ\subset$平面 QCD，

所以 $\begin{cases}\overrightarrow{DC}\cdot\vec{n}=0,\\\overrightarrow{DQ}\cdot\vec{n}=0,\end{cases}$ 可得 $\vec{n}=(-1,0,a)$.

设直线 PB 与平面 QCD 所成的角为 θ，

则 $\sin\theta=|\cos\langle\vec{n}\cdot\overrightarrow{PB}\rangle|=\left|\dfrac{\vec{n}\cdot\overrightarrow{PB}}{|\vec{n}|\cdot|\overrightarrow{PB}|}\right|=\dfrac{\sqrt{3}}{3}\sqrt{\dfrac{a^2+2a+1}{a^2+1}}$.

②第二步：求最大值.

【解法一】利用基本不等式.

解：$\dfrac{\sqrt{3}}{3}\sqrt{\dfrac{a^2+2a+1}{a^2+1}}=\dfrac{\sqrt{3}}{3}\sqrt{1+\dfrac{2a}{a^2+1}}=\dfrac{\sqrt{3}}{3}\sqrt{1+\dfrac{2}{a+\dfrac{1}{a}}}$，

当 $a>0$ 时，$\dfrac{\sqrt{3}}{3}\sqrt{1+\dfrac{2}{a+\dfrac{1}{a}}}\leqslant\dfrac{\sqrt{3}}{3}\sqrt{1+\dfrac{2}{2}}=\dfrac{\sqrt{6}}{3}$，当且仅当 $a=1$ 时取等号；

当 $a<0$ 时，无最大值.

【解法二】利用求导法求最值.

解：令 $f(a)=\dfrac{a^2+2a+1}{a^2+1}$，$f'(a)=\dfrac{2-2a^2}{(a^2+1)^2}$，

当 $a<-1$ 时，$f(a)$ 单调递减；当 $-1\leqslant a\leqslant 1$ 时，$f(a)$ 单调递增；当 $a>1$ 时，$f(a)$ 单调递减.

所以 $f(a)$ 有最大值 $f(a)_{\max}=f(1)=2$，

所以 $\dfrac{\sqrt{3}}{3}\sqrt{\dfrac{a^2+2a+1}{a^2+1}}\leqslant\dfrac{\sqrt{6}}{3}$.

综上所述，求得 PB 与平面 QCD 所成角的正弦值的最大值为 $\dfrac{\sqrt{6}}{3}$.

4. **说易错易误**

(1) 知识方面.

①利用相似三角形的对应边成比例来表示 PF 时没有找准对应边［第（2）问几何法］.

②在表示直线 PF 与平面 QCD 所成的角的正弦值时忘记加绝对值［第（2）问坐标法］.

上述错误的原因在于没有理解知识的本质，基础不扎实.

（2）语言表达方面.

①犯“会而不全”的问题，比如线面垂直判定定理中的五个条件、面面垂直性质定理中的四个条件没有写全［第（1）问］.

②对需要添加的辅助线不作说明［第（2）问］.

③对垂直关系没有进行论证，如建系时的坐标轴等［第（2）问］.

④在使用基本不等式时没有说明 a 的正负及等号成立时 a 的取值［第（2）问］.

上述错误的原因在于对基本知识没有记忆清楚；逻辑推理能力较弱，思维不严密；教师在教学中没有进行板书示范及特别强调.

（3）运算方面.

①使用向量方法解题时，将点或直线的坐标及面的法向量求错［第（1）问和第（2）问］.

②在函数求导过程中计算出错.

上述错误的原因在于平时缺乏系统的训练；计算过程不规范；草稿纸的使用不恰当.

5. 说变式变形

（1）变条件.

①变“底面正方形 $ABCD$”为“底面直角梯形 $ABCD$（$\angle ADC=\angle DAB=90°$）”.

②变“底面正方形 $ABCD$”为“直角三角形 DCB（$BC\perp DC$）”，变“设平面 PAD 与平面 PBC 交线为 l”为“直线 l 平行于 BC 且过点 P”.

③变“$PD=AD=CD=1$”为“$PD=CD=2$，$AD=1$”或“$PD=3$，$CD=2$，$AD=1$”.

④变“四棱锥 $P-ABCD$ 的底面为正方形，$PD\perp$ 底面 $ABCD$”和“$PD=AD=1$”为“在直角梯形 $ABCP$ 中，$AB /\!/ PC$，$\angle ABC=90°$，$AB=1$，$PC=2$，$BC=1$，D 为 PC 中点，将 $\triangle PAD$ 沿 AD 翻折使二面角 $P-A-B$ 为直二面角”.

（2）变结论.

第（2）问问题可设置为“平面 QAD 与平面 PBC 所成锐二面角是否存在定值？若有，请求出该值”.

（3）变条件和结论.

①变“设平面 PAD 与平面 PBC 的交线为 l”为“设平面 PAB 与平面 PDC 的交线为 l”，则第（1）问变为“证明：$l\perp$ 平面 PAD”，第（2）问变为“求 PB 与平面 QAD 所成角的正弦值的最大值”.

②变“Q 为 l 上的点”为“Q 为 PB 上的点”，问“当点 Q 在何处时，$PC\perp$ 平面 DAQ”.

（4）链接高考.

（2021 全国高考乙卷·理科）如右图所示，四棱锥 $P-ABCD$ 的底面是矩形，$PD\perp$ 底面 $ABCD$，$PD=DC=1$，M 为 BC 的中点，且 $PB\perp AM$.

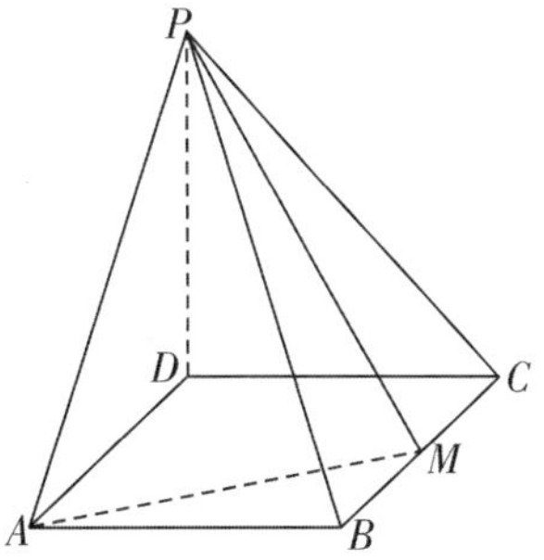

①求 BC. ②求二面角 $A-PM-B$ 的正弦值.

【分析】

① 连接 BD，利用线面垂直的性质定理证明 $AM\perp PD$，从而可以证明 $AM\perp$ 平面 PBD，得到 $AM\perp BD$，证明 $\text{Rt}\triangle DAB\backsim\text{Rt}\triangle ABM$，即可得到 BC 的长度.

② 建立合适的空间直角坐标系，求出所需点的坐标和向量的坐标，然后利用待定系数法求出平面的法向量，最后运用向量的夹角公式以及同角三角函数关系求解即可.

【详解】

解：① 连接 BD，因为 $PD\perp$ 底面 $ABCD$，且 $AM\subset$ 平面 $ABCD$，则 $AM\perp PD$.

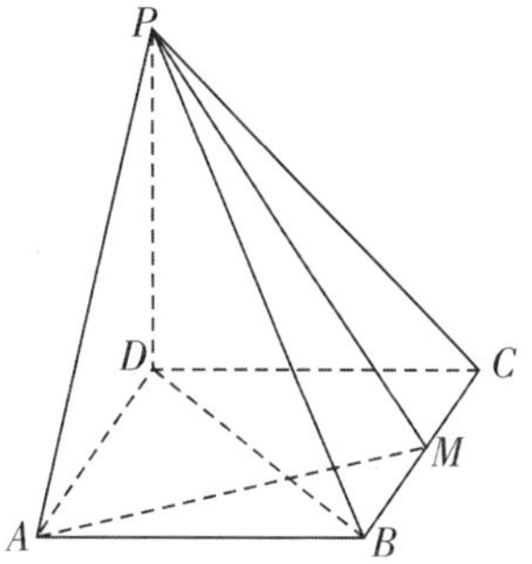

又 $AM\perp PB$，$PB\cap PD=P$，PB，$PD\subset$ 平面 PBD，

所以 $AM\perp$ 平面 PBD.

又 $BD\subset$ 平面 PBD，则 $AM\perp BD$，

所以 $\angle ABD+\angle MAB=90°$.

又 $\angle ABD+\angle ADB=90°$，

则有 $\angle ADB=\angle MAB$，所以 $\text{Rt}\triangle DAB\backsim\text{Rt}\triangle ABM$，

则 $\dfrac{AD}{AB}=\dfrac{BA}{BM}$，所以 $\dfrac{1}{2}BC^2=1$，解得 $BC=\sqrt{2}$.

② 因为 DA，DC，DP 两两垂直，故以点 D 为坐标原点建立空间直角坐标系如右图所示.

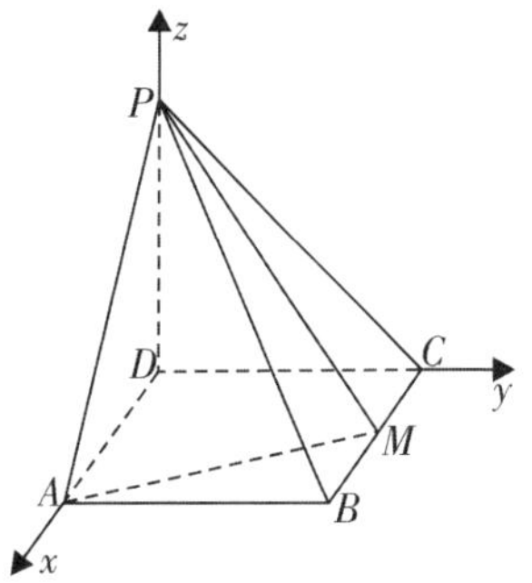

则 $A(\sqrt{2},0,0)$，$B(\sqrt{2},1,0)$，$M\left(\dfrac{\sqrt{2}}{2},1,0\right)$，$P(0,0,1)$，

所以 $\overrightarrow{AP}(-\sqrt{2},0,1)$，$\overrightarrow{AM}\left(-\dfrac{\sqrt{2}}{2},1,0\right)$，$\overrightarrow{BM}\left(-\dfrac{\sqrt{2}}{2},0,0\right)$，$\overrightarrow{BP}(-\sqrt{2},-1,1)$.

设平面 AMP 的法向量为 $\vec{n}=(x,y,z)$，

则有 $\begin{cases}\overrightarrow{AP}\cdot\vec{n}=0,\\ \overrightarrow{AM}\cdot\vec{n}=0,\end{cases}$ 即 $\begin{cases}-\sqrt{2}x+z=0,\\ -\dfrac{\sqrt{2}}{2}x+y=0.\end{cases}$

令 $x=\sqrt{2}$，则 $y=1$，$z=2$，故 $\vec{n}=(\sqrt{2},1,2)$.

设平面 BMP 的法向量为 $\vec{m}=(p,q,r)$，

则有 $\begin{cases}\overrightarrow{BM}\cdot\vec{m}=0,\\ \overrightarrow{BP}\cdot\vec{m}=0,\end{cases}$ 即 $\begin{cases}-\dfrac{\sqrt{2}}{2}p=0,\\ -\sqrt{2}p-q+r=0.\end{cases}$

令 $q=1$，则 $r=1$，故 $\vec{m}=(0,1,1)$.

所以 $|\cos\langle\vec{n}\cdot\vec{m}\rangle|=\left|\dfrac{\vec{n}\cdot\vec{m}}{|\vec{n}|\cdot|\vec{m}|}\right|=\dfrac{3}{\sqrt{7}\times\sqrt{2}}=\dfrac{3\sqrt{14}}{14}$.

设二面角 $A-PM-B$ 的平面角为 α，

则 $\sin\alpha=\sqrt{1-\cos^2\alpha}=\sqrt{1-\cos\langle\vec{n},\vec{m}\rangle}=\sqrt{1-\left(\dfrac{3\sqrt{14}}{14}\right)^2}=\dfrac{\sqrt{70}}{14}$，

所以二面角 $A-PM-B$ 的正弦值为 $\dfrac{\sqrt{70}}{14}$.

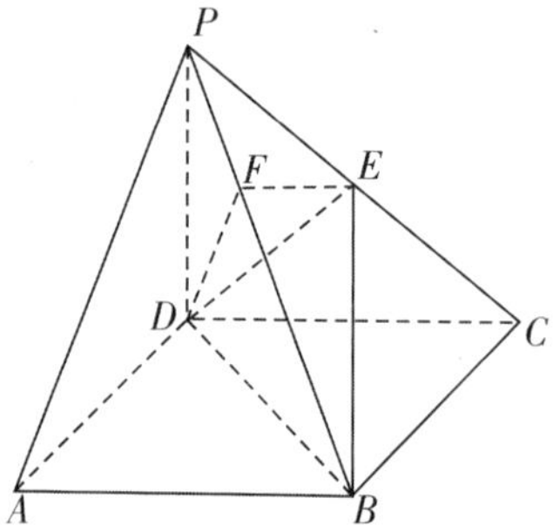

（2015 湖北高考·理科）《九章算术》中，将底面为长方形且有一条侧棱与底面垂直的四棱锥称之为“阳马”，将四个面都为直角三角形的四面体称之为“鳖臑”. 如右图所示，在阳马 $P-ABCD$ 中，侧棱 $PD\perp$ 底面 $ABCD$，且 $PD=CD$，过棱 PC 的中点 E，作 $EF\perp PB$ 交 PB 于点 F，连接 DE，DF，BD，BE. 证明：$PB\perp$ 平面 DEF. 试判断四面体 $DBEF$ 是否为鳖臑，若是，写出其每个面的直角（只需写出结论）；若不是，说明理由.

【分析】

由直线与直线、直线与平面的垂直的转化证明得出 $PB\perp$ 平面 DEF，

$DE\cap FE=E$，所以 $PB\perp$ 平面 DEF，即可判断 $DE\perp$ 平面 PBC，可知四面体 $BDEF$ 的四个面都是直角三角形，确定直角.

【详解】

证明：因为 $PD\perp$ 底面 $ABCD$，所以 $PD\perp BC$.

由底面 $ABCD$ 为长方形，有 $BC\perp CD$，而 $PD\cap CD=D$，

所以 $BC\perp$ 平面 PCD，而 $DE\subset$ 平面 PDC，所以 $BC\perp DE$，

又因为 $PD=CD$，E 是 PC 的中点，所以 $DE\perp PC$，

而 $PC\cap CB=C$，所以 $DE\perp$ 平面 PBC，而 $PB\subset$ 平面 PBC，所以 $PB\perp DE$.

又因为 $PB\perp EF$，$DE\cap FE=E$，所以 $PB\perp$ 平面 DEF.

由 $DE\perp$ 平面 PBC，$PB\perp$ 平面 DEF，可知四面体 $BDEF$ 的四个面都是直角三角形，即四面体 $BDEF$ 是一个鳖臑，其四个面的直角分别为 $\angle DEB$，$\angle DEF$，$\angle EFB$，$\angle DFB$.

6. 说思想方法

（1）数学思想.

本题蕴含数形结合、转化与化归、分类讨论、函数与方程的数学思想.

（2）数学方法.

解题用到了分析法和综合法相结合、坐标法、几何法、作辅助线的方法.

7. 说教学价值

（1）知识价值.

该题紧抓基础，综合考查多个知识点，可通过一题多解，帮助学生全面巩固立体几何中的判定定理与性质定理、线面角知识、初中三角函数及平面几何知识和求最值等知识.

（2）题型价值.

通过立体几何综合大题的训练，可完善学生的知识网络，培养学生的转化能力，规范学生的书写过程.

（3）对高考的价值.

本题考查知识面广，通过灵活设问及一题多解，可以考查学生思维的灵活性和深刻性，是对学生“四基四能”的良好考查形式，符合新高考对“基础性、综合性、应用性和创新性”方面的考查要求和“低起点、多层次、高落差”的命题特点，可发挥高考“服务选材”的功能.

（4）教学启示.

这道高考题对教师的日常教学起到一定的导向作用，启示教师在平时的教学中应注意以下四个方面：

①立足基础：引导学生记清概念，理解公理、定理，在教学中注意规范学生解题步骤，注重通性通法的教学.

②挖掘本质：教学中注重长方体模型，将教学引向数学概念的本质.

③强化训练：强化学生对平垂关系的论证及三角一积的计算.

④培养能力：鼓励学生一题多解，培养学生的发散性思维.

第四章　解析几何

一、新旧课程标准及新旧教材对比研究

（一）新旧课程标准对比

表 4－1　新旧课程标准关于解析几何内容的对比

内容	2020 年课程标准	2003 年课程标准
直线与方程	①在平面直角坐标系中，结合具体图形，探索确定直线位置的几何要素. ②理解直线的倾斜角和斜率的概念，经历用代数方法刻画直线斜率的过程，掌握过两点的直线斜率的计算公式. ③能根据斜率判定两条直线平行或垂直. ④根据确定直线位置的几何要素，探索并掌握直线方程的几种形式（点斜式、两点式及一般式）. ⑤能用解方程组的方法求两条直线的交点坐标. ⑥探索并掌握平面上两点间的距离公式、点到直线的距离公式，会求两条平行直线间的距离	①在平面直角坐标系中，结合具体图形，探索确定直线位置的几何要素. ②理解直线的倾斜角和斜率的概念，经历用代数方法刻画直线斜率的过程，掌握过两点的直线斜率的计算公式. ③能根据斜率判定两条直线平行或垂直. ④根据确定直线位置的几何要素，探索并掌握直线方程的几种形式（点斜式、两点式及一般式），**体会斜截式与一次函数的关系**. ⑤能用解方程组的方法求两直线的交点坐标. ⑥探索并掌握两点间的距离公式、点到直线的距离公式，会求两条平行直线间的距离
圆与方程	①回顾确定圆的几何要素，在平面直角坐标系中，探索并掌握圆的标准方程与一般方程. ②能根据给定直线、圆的方程，判断直线与圆、圆与圆的位置关系. ③能用直线和圆的方程解决一些简单的**数学问题与实际问题**	①回顾确定圆的几何要素，在平面直角坐标系中，探索并掌握圆的标准方程与一般方程. ②能根据给定直线、圆的方程，判断直线与圆、圆与圆的位置关系. ③能用直线和圆的方程解决一些**简单的问题**

（续表）

内容	2020 年课程标准	2003 年课程标准
圆锥曲线与方程	①了解圆锥曲线的实际背景，感受圆锥曲线在刻画现实世界和解决实际问题中的作用. ②经历从具体情境中抽象出椭圆的过程，掌握椭圆的定义、标准方程及简单几何性质. ③了解抛物线与双曲线的定义、几何图形和标准方程，以及它们的简单几何性质. ④通过圆锥曲线与方程的学习，进一步体会数形结合的思想. ⑤了解**椭圆、抛物线的简单应用**	①了解圆锥曲线的实际背景，感受圆锥曲线在刻画现实世界和解决实际问题中的作用. ②经历从具体情境中抽象出椭圆模型的过程，掌握椭圆的定义、标准方程及简单几何性质. ③了解抛物线、双曲线的定义、几何图形和标准方程，知道它们的简单几何性质. ④通过圆锥曲线与方程的学习，进一步体会数形结合的思想. ⑤了解**圆锥曲线的简单应用**
平面解析几何的形成与发展	**收集、阅读平面解析几何的形成与发展的历史资料，撰写小论文，论述平面解析几何发展的过程、重要结果、主要人物、关键事件及其对人类文明的贡献**	—

根据知识点划分课程内容，新旧课程标准都主要分为直线与方程、圆与方程和圆锥曲线与方程三大模块，总体内容基本保持不变.

在“圆与方程”部分，旧课程标准要求“能用直线和圆的方程解决一些简单的问题”，而新课程标准将其改为“能用直线和圆的方程解决一些简单的数学问题和实际问题”. 由此可见，新课程标准更为细致，将问题具体化，更强调数学的实际应用价值，注重培养学生的问题解决能力.

在“圆锥曲线与方程”部分，新课程标准将“了解圆锥曲线的简单应用”改为“了解椭圆、抛物线的简单应用”，换言之，删去了解双曲线的简单应用，说明新课程标准更加重视实际生活中常见的数学.

此外，新课程标准增加了“平面解析几何的形成与发展”，要求学生收集、阅读平面解析几何形成与发展的历史资料，并撰写小论文. 由此可见，新课程标准注重数学文化的渗透，有意唤起学生的数学情怀，同时培养其一定的科研能力.

（二）新旧教材对比

1. 2019 人教 A 版与 2004 人教 A 版教材对比研究

（1）章节编排对比.

表 4－2　2019 人教 A 版与 2004 人教 A 版教材章节编排对比

项目	直线和圆	
教材版本	2019 人教 A 版	2004 人教 A 版
	选择性必修第一册	必修第二册
章节编排	**第二章 直线和圆的方程** 2.1 直线的倾斜角与斜率 2.2 直线的方程 2.3 直线的交点坐标与距离公式 2.4 圆的方程 2.5 直线与圆、圆与圆的位置关系	**第三章 直线与方程** 3.1 直线的倾斜角与斜率 3.2 直线的方程 3.3 直线的交点坐标与距离公式 **第四章 圆与方程** 4.1 圆的方程 4.2 直线、圆的位置关系 4.3 空间直角坐标系
项目	圆锥曲线	
教材版本	2019 人教 A 版	2004 人教 A 版
	选择性必修第一册	选择性必修 2－1
章节编排	第三章 圆锥曲线的方程 3.1 椭圆 3.2 双曲线 3.3 抛物线	第二章 圆锥曲线与方程 2.1 曲线与方程 2.2 椭圆 2.3 双曲线 2.4 抛物线

（2）情境引入方式对比.

表 4－3　2019 人教 A 版与 2004 人教 A 版教材情境引入方式对比

内容		2019 人教 A 版	2004 人教 A 版
直线和圆	直线的倾斜角与斜率	利用**向量法**刻画直线倾斜程度，从而得到斜率公式	在平面直角坐标系中借助**直角三角形**的边长，结合正切函数得到斜率公式
	两条直线平行和垂直的判定	利用两条**方向向量互相垂直，数量积等于 0** 探究两直线垂直斜率的关系	由**三角形任一外角等于其不相邻两内角之和**，结合正切函数得到两直线垂直斜率的关系
	直线的方程	由斜率公式直接推导得到点斜式方程	由斜率公式直接推导得到点斜式方程
	两点间的距离公式	**通过向量的模长引入**，利用坐标法求得两点间的距离公式	构造直角三角形，利用**勾股定理**推导求得两点间的距离公式

（续表）

内容		2019 人教 A 版	2004 人教 A 版
直线和圆	点到直线的距离公式	先求两直线的交点坐标，再利用两点间的距离公式. 在此基础上，还增加了**向量投影**的方法，通过向量运算求得点到直线的距离公式	利用三角形**等面积法**求得点到直线的距离公式
	直线与圆的位置关系	通过具体的例题，研究如何利用直线和圆的方程判断它们的位置关系	通过具体的例题，研究如何利用直线和圆的方程判断它们的位置关系
	圆与圆的位置关系	类比直线与圆位置关系的判定方法，从具体例题出发讨论方程组的解的个数和圆与圆的位置关系的联系	类比直线与圆位置关系的判定方法，从具体例题出发讨论方程组的解的个数和圆与圆的位置关系的联系
圆锥曲线	椭圆及其标准方程	通过“两钉子和一根定绳”探究实验，得到椭圆的几何特征，再引出椭圆的方程	通过“两钉子和一根定绳”探究实验，得到椭圆的几何特征，再引出椭圆的方程
	双曲线及其标准方程	利用**信息技术**探究平面内与两个定点的距离之差为常数的点的轨迹	**借助实物拉链的开合**，探究平面内与两个定点的距离之差为常数的点的轨迹
	抛物线及其标准方程	**借助直尺、细绳和铅笔作图**得到抛物线的轨迹，进而引入其定义	利用**信息技术**探究抛物线的生成过程，得到抛物线的定义及几何特征

（3）例习题比较.

表 4－4　2019 人教 A 版相比 2004 人教 A 版教材例习题变化

习题类型	例题	练习题	习题
作用	数学思维的示范引领	巩固知识、反馈教学	深化理解、拓展知识、学业评价
变化	保留原有例题 48 道 新增 4 道 删减 4 道 依据实际背景和前后衔接，对部分题目内容做了适当调整	保留原有练习题 65 道 新增 12 道 删减 5 道 基于新高考和核心素养的要求，适当增加了探究性题目的数量	保留原有习题 95 道 新增 6 道 删减 15 道 原先 A、B 组变为复习巩固、综合运用、拓广探索三部分

从数量上看，2019 人教 A 版教材共保留原有题目 208 道，删除部分重复、烦琐、过

难、超标的题目24道，新增题目22道. 例习题更加科学、准确，针对性更强.

表4－5 2019人教A版与2004人教A版教材各类习题数量对比

单位：道

项目	选择题	判断题	填空题	简答题	证明题	探究题	作图题	总计
2019人教A版	1	16	4	138	11	22	10	202
2004人教A版	2	16	5	150	16	11	11	211

从题型上看，两版教材题型基本相同，都以传统题型为主. 解析几何部分知识点繁杂、零碎，出题形式灵活多变、思维性强，题型主要涉及选择题、填空题以及简答题，对学生的数学运算素养要求较高.

解析几何部分的题目大多考查学生的思维能力与运算能力，建议教师选取难易适中的例习题，并适当增加题类的开放度，以学生的最近发展区为基础，引导学生灵活解决问题.

2. 2019人教A版与2019北师大版教材对比研究

（1）章节编排对比.

表4－6 2019人教A版与2019北师大版教材章节编排对比

<table>
<tr><td>项目</td><td colspan="2">直线和圆</td></tr>
<tr><td rowspan="2">教材版本</td><td>2019人教A版</td><td>2019北师大版</td></tr>
<tr><td>选择性必修第一册</td><td>选择性必修第一册</td></tr>
<tr><td>章节编排</td><td>第二章 直线和圆的方程
2.1 直线的倾斜角与斜率
2.1.1 倾斜角与斜率
2.1.2 两条直线平行和垂直的判定
2.2 直线的方程
2.3 直线的交点坐标与距离公式
2.4 圆的方程
2.4.1 圆的标准方程
2.4.2 圆的一般方程
2.5 直线与圆、圆与圆的位置关系
2.5.1 直线与圆的位置关系
2.5.2 圆与圆的位置关系</td><td>第一章 直线与圆
1 直线与直线的方程
1.1 一次函数的图象与直线的方程
1.2 直线的倾斜角、斜率及其关系
1.3 直线的方程
1.4 两条直线的平行与垂直
1.5 两条直线的交点坐标
1.6 平面直角坐标系中的距离公式
2 圆与圆的方程
2.1 圆的标准方程
2.2 圆的一般方程
2.3 直线与圆的位置关系
2.4 圆与圆的位置关系</td></tr>
</table>

（续表）

项目	圆锥曲线	
教材版本	2019 人教 A 版	2019 北师大版
	选择性必修第一册	选择性必修第一册
章节编排	第三章 圆锥曲线的方程 3.1 椭圆 3.1.1 椭圆及其标准方程 3.1.2 椭圆的简单几何性质 3.2 双曲线 3.2.1 双曲线及其标准方程 3.2.2 双曲线的简单几何性质 3.3 抛物线 3.3.1 抛物线及其标准方程 3.3.2 抛物线的简单几何性质	第二章 圆锥曲线 1 椭圆 1.1 椭圆及其标准方程 1.2 椭圆的简单几何性质 2 双曲线 2.1 双曲线及其标准方程 2.2 双曲线的简单几何性质 3 抛物线 3.1 抛物线及其标准方程 3.2 抛物线的简单几何性质 **4 直线与圆锥曲线的位置关系** **4.1 直线与圆锥曲线的交点** **4.2 直线与圆锥曲线的综合问题**

关于解析几何板块的教材内容，两版教材均设置在选择性必修第一册，并划分为直线和圆、圆锥曲线两章，知识主体内容基本一致，但在章节设置、编排顺序及部分内容上存在显著差异.

在章节编排顺序上，2019 人教 A 版直线和圆分为 5 节 13 小节，圆锥曲线分为 3 节 6 小节；2019 北师大版直线和圆分为 2 节 10 小节，圆锥曲线分为 4 节 8 小节. 两版教材在章节总数上相差不大，但在内容划分上有明显不同. 直线和圆章节中，2019 北师大版将直线和圆分为两节，小节划分较为细致，逻辑性更强；而 2019 人教 A 版把直线与圆并为一节，更加强调知识的连贯性与整体性. 2019 北师大版在直线章节中从一次函数图象和解析式出发，让学生初步体会直线与方程的对应关系，了解坐标法，为后续的学习奠定基础. 直线的平行与垂直的内容，2019 人教 A 版将其放在直线的方程之前，主要从斜率出发判断两条直线的位置关系；2019 北师大版则将此部分置后，不局限于从斜率出发，还从一般式方程的角度讨论直线的位置关系，多元表征有利于促进学生的理解. 在圆锥曲线一章中，两版教材中均设置椭圆、双曲线与抛物线的定义、标准方程与简单几何性质小节；2019 北师大版特别设置了直线与圆锥曲线的位置关系一节，相比 2019 人教 A 版在例习题中的渗透，这样设置更有利于学生系统地学习. 近年高考考题中频繁出现直线与圆锥曲线的综合题型，2019 北师大版单独设置学习章节更有利于加强学生对此部分知识的掌握.

表 4-7 2019 人教 A 版与 2019 北师大版教材"阅读与思考"内容对比

项目	阅读与思考	
教材版本	2019 人教 A 版	2019 北师大版
	选择性必修第一册	选择性必修第一册
编排	笛卡儿与解析几何 坐标法与数学机械化 圆锥曲线的光学性质及其应用	笛卡儿与解析几何 圆与椭圆 圆锥的截线 圆锥曲线的共同特征 圆锥曲线的光学性质

此外，两版教材中的阅读与思考也有所差别，除了解析几何的起源与应用的阅读扩展，2019 人教 A 版特别设置坐标法与数学机械化，强调了解析几何与信息技术的结合；2019 北师大版在圆、圆锥曲线之间的联系上着墨更多，可见其对知识之间联系的重视.

值得注意的是，2019 人教 A 版设置了三处探究与发现、一处信息技术应用，足以看出其对学生探究能力和信息技术应用能力的重视，这点与新课程标准的要求高度契合. 在圆锥曲线章节末 2019 人教 A 版设置了文献阅读与数学写作，选题有一定的选择范围，并给出了较为详尽的指导；2019 北师大版虽在章节末的学习要求中也提出撰写小论文的学习任务，但相比之下设置的要求较为单薄.

（2）情境引入方式对比.

表 4-8 2019 人教 A 版与 2019 北师大版教材情境引入方式对比

内容		2019 人教 A 版	2019 北师大版
直线和圆	直线的倾斜角与斜率	利用**向量法**刻画直线倾斜程度，从而得到斜率公式	**以生活中坡度为例**，引出在直角坐标系中可利用两点坐标表示直线的倾斜程度，进而引出斜率定义，再对斜率、倾斜角和方向向量的关系进行探究
	两条直线平行和垂直的判定	利用两条**方向向量互相垂直，数量积等于 0** 探究两直线垂直斜率的关系	**由求具体的直线方程引入**，进而得到一般直线的点斜式方程
	直线的方程	由斜率公式直接推导得到点斜式方程	由斜率公式直接推导得到点斜式方程
	两点间的距离公式	**由向量的模长引入**，利用坐标法求得两点间的距离公式	由**勾股定理**引入，同时还给出了向量模长和向量投影另外两种方法

（续表）

内容		2019 人教 A 版	2019 北师大版
直线和圆	点到直线的距离公式	先求两直线的交点坐标，再利用两点间的距离公式. 在此基础上，还增加了**向量投影**的方法，通过向量运算求得点到直线的距离公式	通过**投影向量的长度**得到点到直线的距离公式
	直线与圆的位置关系	通过具体的例题，研究如何利用直线和圆的方程判断它们的位置关系	**直接给出结论**，判断直线与圆的位置关系可**借助半径与距离的大小关系或者方程组解的个数**
	圆与圆的位置关系	**类比**直线与圆位置关系的判定方法，**从具体例题出发**讨论方程组的解的个数和圆与圆的位置关系的联系	**直接给出**圆与圆可能的五种位置关系，总结每种位置关系下两圆心距离与两半径之间的数量关系，最后**以思考题形式**提出如何利用方程组判定
圆锥曲线	抛物线及其标准方程	通过“**两钉子和一根定绳**”探究实验，得到椭圆的几何特征，再引出椭圆的方程	先提出生活中椭圆的例子，再进行探究实验，最后得到椭圆的对称性质
	双曲线及其标准方程	利用**信息技术**探究平面内与两个定点的距离之差为常数的点的轨迹	**借助实物拉链的开合**，探究平面内与两个定点的距离之差为常数的点的轨迹
	抛物线及其标准方程	**借助直尺、细绳和铅笔作图**得到抛物线的轨迹，进而引入其定义	**利用信息技术作图**得到抛物线的轨迹，引入定义

（3）例习题比较.

解析几何模块中，2019 人教 A 版设置的拓广探索题目共 22 道，占习题总量的 11%；2019 北师大版 C 组习题共 13 道，占习题总量的 6%，可以看出 2019 人教 A 版教材对学生数学探究、推理论证的重视. 有学者从核心素养的角度对比不同版本教材圆锥曲线内容的习题，发现 2019 北师大版考查数学运算素养的习题数量占比最高，达到了 89.84%；2019 人教 A 版考查逻辑推理素养的习题数量占比相对较高，为 27.27%. 借鉴鲍建生教授的课程综合难度模型来评价习题难度，2019 人教 A 版教材的探究和推理因素、2019 北师大版的运算因素较高①. 从这些数据中可以窥见两版教材习题的侧重点.

① 杨姣，林佳裕. 新课标视角下三个版本高中数学教材习题比较研究：以“圆锥曲线”为例[J]. 中学数学杂志，2022（3）：5－8.

3. 2019人教A版与2019湘教版教材对比研究

（1）章节编排对比.

表4－9 2019人教A版与2019湘教版教材章节编排对比

项目	直线和圆	
教材版本	2019人教A版	2019湘教版
	选择性必修第一册	选择性必修第一册
章节编排	第二章 直线和圆的方程 2.1 直线的倾斜角与斜率 2.1.1 倾斜角与斜率 **2.1.2 两条直线平行和垂直的判定** 2.2 直线的方程 **2.3 直线的交点坐标与距离公式** **2.3.1 两条直线的交点坐标** 2.3.2 两点间的距离公式 2.3.3 点到直线的距离公式 **2.3.4 两条平行直线间的距离** 2.4 圆的方程 2.5 直线与圆、圆与圆的位置关系	第2章 平面解析几何初步 2.1 直线的斜率 2.2 直线的方程 **2.3 两条直线的位置关系** **2.3.1 两条直线平行与垂直的判定** **2.3.2 两条直线的交点坐标** **2.4 点到直线的距离** 2.4.1 两点间的距离 2.4.2 点到直线的距离 2.5 圆的方程 2.6 直线与圆、圆与圆的位置关系 **2.7 用坐标方法解决几何问题**
项目	圆锥曲线	
教材版本	2019人教A版	2019湘教版
	选择性必修第一册	选择性必修第一册
章节编排	第三章 圆锥曲线的方程 3.1 椭圆 3.2 双曲线 3.3 抛物线	第3章 圆锥曲线与方程 3.1 椭圆 3.2 双曲线 3.3 抛物线 **3.4 曲线与方程** **3.5 圆锥曲线的应用**

从章节编排顺序上来看，2019人教A版与2019湘教版都将解析几何的内容放在了选择性必修第一册之中，但两者在章节标题上有较大的差异，尤其是直线和圆部分的内容，2019人教A版立足于微观知识点来对章节标题进行命名，有利于学生清楚把握各个知识点；2019湘教版从较为宏观的知识框架的角度将章节题目命名为平面解析几何初步，有利于学生从整体上把握知识脉络. 具体来看，直线和圆部分，两版教材在内容顺序上也有不同，2019人教A版将直线平行和垂直的内容放在了第一小节，在学习直线的方程这一部分内容之前；而2019湘教版则将其放在了第三小节两条直线的位置关系之中，也就是直线的方程之后. 另外，两版教材中两条直线的交点坐标这一内容也被放在了不同的小节，但两版教材都在这一内容之后安排了距离公式的内容. 最后，2019湘教版多设置了一节用坐标方法解决几何问题的内容，2019人教A版则是在阅读与思考中介绍了坐标法.

在圆锥曲线部分，2019 湘教版多了两节内容，即第四节“曲线与方程”和第五节“圆锥曲线的应用”。对于圆锥曲线的应用，2019 人教 A 版在阅读与思考中有所提及. 另外，2019 湘教版在这部分内容的开头，专门通过数学实验的方式介绍了生活中的圆锥曲线，2019 人教 A 版则是在章引言部分有所提及.

（2）情境引入方式对比.

表 4－10 2019 人教 A 版与 2019 湘教版教材情境引入方式对比

内容		2019 人教 A 版	2019 湘教版
直线与圆	直线的倾斜角与斜率	利用**向量法**探究直线的两点坐标与倾斜角的关系，总结得到斜率的定义及公式	不仅在平面直角坐标系中对直线倾斜程度进行探究，还给出了实际生活中**“坡度”的例子**
	直线的方程	由斜率公式直接推导得到点斜式方程	由斜率公式直接推导得到点斜式方程
	两条直线平行和垂直的判定	利用两条**方向向量互相垂直，数量积等于** 0 探究两直线垂直斜率的关系	给出两条直线的点直线方程，通过探究倾斜角及斜率判定两直线位置关系
	两点间的距离公式	利用向量的模长引入，通过坐标法求得两点间的距离公式	利用向量的模长引入，通过坐标法求得两点间的距离公式. 同时提出疑问：“如何用勾股定理得到两点间距离公式?”
	点到直线的距离公式	**借助向量投影**的方法，通过向量运算求得点到直线的距离公式	通过直线的**法向量共线**，其数量积的绝对值等于其长度的乘积来得到距离公式
	直线与圆的位置关系	由**具体例题**出发，进而探究如何**利用方程判断位置关系**	不仅给出直线与圆的三种关系及对应的公共点个数，还给出了对应的半径与圆心到直线距离的关系，然后通过例题进行探究
	圆与圆的位置关系	**类比**直线与圆位置关系的判定方法，**从具体例题出发**讨论方程组的解的个数和圆与圆的位置关系的联系，进一步思考判别式为 0 时如何判定	先用**图形**表示了圆与圆的位置关系，再通过图形总结得出对应的两圆半径及两圆圆心之间的关系和公共点个数

（续表）

内容		2019 人教 A 版	2019 湘教版
圆锥曲线	抛物线及其标准方程	通过“两钉子和一根定绳”探究实验，得到椭圆的几何特征，再引出椭圆的方程	通过“两钉子和一根定绳”探究实验，得到椭圆的几何特征，再引出椭圆的方程
	双曲线及其标准方程	利用**信息技术**探究平面内与两个定点的距离之差为常数的点的轨迹	借助**实物拉链的开合**探究平面内与两个定点的距离之差为常数的点的轨迹
	抛物线及其标准方程	借助**信息技术**探究平面内与一定点和一定直线距离相等的点的轨迹，再求出标准方程	设计了**数学实验**，画出抛物线的轨迹，再求出标准方程

（3）例习题比较.

从不同层次题目所占的比重来看，2019 湘教版教材中基础题目占比更高. 2019 湘教版习题中，基础题占比分别是直线与圆 54%，圆锥曲线 61%；而 2019 人教 A 版对应占比分别是 49% 和 54%. 在复习题中也是如此，2019 湘教版基础题中直线与圆的方程部分占比 65%，圆锥曲线部分占比 55%；2019 人教 A 版则分别是 40% 和 38%. 综合来看可以发现，2019 湘教版更注重基础的巩固，2019 人教 A 版有更多探索性要求.

（三）文献综述

1. 关于解析几何教学策略的研究现状

表 4－11 关于解析几何教学策略的主要观点

年份	作者	主要观点
2007	李铁安 宋乃庆	提出以笛卡儿数学思想的文化内涵为素材，制订高中解析几何教学策略，可以有效地促进高中解析几何教学. 基于笛卡儿数学思想制订如下教学策略：①整体文化驱动；②核心概念统领；③思想结构分拆整合；④双向模式转化，并说明了具体实施方案
2020	苏燕	同样肯定数学文化视角对学生数学学习的有效作用，并提出数学文化视角下高中解析几何教学策略：①在概念教学中丰富数学文化素材；②在例题设计中加强数学文化背景；③在数学价值导引中发挥数学文学特性；④在数学思想贯穿中提炼数学文化核心；⑤感受数学美中丰富的数学文化

（续表）

年份	作者	主要观点
2020	何兆强	根据新课改理念以及解析几何的大单元教学，基于数学核心素养，对解析几何的教学内容进行分析，认为解析几何的内容为培养学生的核心素养提供了较好的素材，主要体现在具有创新性以及探索性，注重学生的数学思维．同时，也给出了解析几何教学中的六大关注策略：①关注由定义生成轨迹方程的过程；②关注用代数的方法解决几何问题；③关注教材例题、习题与高考题的关系；④关注曲线几何性质的范围与最值；⑤关注高考高频考点；⑥关注学科素养中的数学直观、逻辑推理、数学运算、数学建模
2020	肖东菊	对学生学习圆锥曲线存在概念不清、运用不灵活、丢分严重的难点与痛点，强调教师教学要引导学生经历“数学化”“再创造”的过程，提出教学要注重数学思想方法的学习、逻辑思维推理能力的挖掘与培养、充分利用现代信息技术等要求，并针对教学现状，提出可以通过类比分析进行概念教学；在几何性质上，要重点应用函数方程思想、数形结合思想和等价转化思想，并灵活运用圆锥曲线中的参数；在综合题上，引导学生灵活利用几何图形、韦达定理、曲线方程和三角函数来简化题目内容，减少解题工作量
2021	章建跃	基于对解析几何内容特征的分析，强调解析几何的教学一定要注重综合性，以发展数学学科核心素养为目标导向，实施单元整体教学，并且提出以下教学建议：①根据学生学习心理安排教学内容，强调“先行组织者”的使用，注重用坐标法讨论问题这一基本思路的引导，循序渐进地引导学生领悟数学基本思想，用“归纳式”呈现内容引导学生经历概念抽象过程；②设计系列化的数学活动引导学生开展有结构、有逻辑的系统学习；③加强背景和应用，完善学习过程；④发挥信息技术的作用，帮助学生直观认识几何、直观认识几何图形

资料来源：

① 李铁安，宋乃庆．高中解析几何教学策略：数学史的视角［J］．数学教育学报，2007（2）：90－94.

② 苏燕．数学文化视角下高中解析几何教学策略探讨：以圆锥曲线专题解题教学为例［J］．数学教学通讯，2020（24）：45－46.

③ 何兆强．核心素养下的解析几何教学策略与建议［J］．中学课程资源，2020（11）：79－80.

④ 肖东菊．新时期高中数学圆锥曲线教学的有效性策略探析［J］．数学学习与研究，2020（23）：26－27.

⑤ 章建跃．利用几何图形建立直观通过代数运算刻画规律：解析几何内容分析与教学思考（之二）［J］．数学通报，2021，60（8）：1－10＋26.

目前解析几何教学策略已有研究的优点包括：①与学科核心素养紧密联系；②突出整体性教学，将解析几何内容作为一个大单元设计教学，有利于帮助学生建立完整、严谨的知识结构；③强调数学文化的教育价值，有利于学生体会数学的艺术与哲学意义．同时，已有研究中也存在一些不足：①解析几何的内容对高中生难度较大，在教学中易造成“老师侃侃而谈，学生昏昏欲睡”的局面，但目前鲜有学者提出解决此问题的教学策略；②对于如何在教学中有效利用数学文化缺乏具体的实施办法；③由于时代发展，教学形式愈加多样化，但针对新型教学形式如线上教学、翻转课堂等，相关的解析几何教学策略研究还不够完善.

总的来说，解析几何教学策略相关文献均重点强调以概念为本，提倡整体教学、大单元教学，目标上关注学生学科素养；内容上注重知识的生成过程，重视数学文化的教育价值；方式上充分发挥信息技术的作用；过程中强调渗透数学思想方法，包括函数方程思想、数形结合思想和等价转化思想.

2. 关于解析几何解题策略的研究现状

表 4－12 关于解析几何解题策略的主要观点

年份	作者	主要观点
2018	冯海容、杨生金	从知识、方法层面上提出四条备考策略：①综合运用韦达定理和点差法解决存在性问题；②注重数形结合，从运动、函数等角度提升本质的理解；③综合运用参数、几何关系、逻辑推理求解定点和定值问题；④综合运用函数、方程、不等式、几何关系等求解几何特征量的取值范围
2019	伊建军	认为在解决解析几何的相关问题时需注意以下四个方面：①注重概念落实，重视定义特征；②抓住题型结构，重视运算过程；③把握全局观念，重视横向联系；④培养良好习惯，重视思想方法
2019	吴艳炜、缪泽娟	认为要让学生摆脱对解析几何运算的害怕心理，教师需从以下三个方面引导学生解题：①立足定义，返璞归真；②利用图形，巧妙转化；③设而不求，消参归一
2020	陈志恩	认为解析几何的主要解题策略是要抓住题目当中的已知条件并设出未知量，在解题过程中要有明确的目标意识，紧盯结论，适当调整思路，将某一变量作为控制变量的根源再通过代数计算得出结论
2021	许秀亮	基于学生的解题障碍提出先看形找数再以数解形的解题策略，即先分析问题所涉及的几何要素和关系，并用代数语言描述，然后利用数学符号进行运算求解，解决代数问题，最后解释代数结果的几何意义

资料来源：

① 冯海容，杨生金. 解析几何备考复习策略［J］. 中学教研（数学），2018（3）：46－50.

② 伊建军. 关注方法本质 提高运算能力：基于解析几何复习的思考与解题策略透视［J］. 中学教研（数学），2019（4）：37－41.

③ 吴艳炜，缪泽娟. 漫谈解析几何问题的解题策略［J］. 中学数学，2019（19）：66－67＋69.

④ 陈志恩. 高中数学解析几何综合应用解题策略［J］. 天津教育，2020（20）：151－152.

⑤ 许秀亮. 看形找数 以数解形：谈平面解析几何试题解题策略［J］. 数学通报，2021，60（3）：49－53＋58.

研究者所提出的解题策略主要强调以下三个方面：一是立足定义，重视概念的落实和定义的特征；二是把握全局，抓住题型结构，设而不求整体思考，全面分析；三是注意“数”与“形”的结合，巧妙进行转化.

3. **关于解析几何错误归因的研究现状**

高中解析几何具有综合性强、运算量大、题目灵活多变等特点，是高中数学考试中的热点内容. 正因如此，高中生在解决解析几何问题时会出现很多错误，目前已有一些关于高中生在解析几何解题方面常见错误及归因分析的研究，并在此基础上提出针对性的教学建议.

表 4－13 关于解析几何错误归因的主要观点

年份	作者	主要观点
2017	陈生虎、冯中芹	学生在解析几何板块常犯的错误归因主要有以下三个：①过分追求计算速度导致计算错误；②学生惧怕带字母的运算，信心不足；③对代数式子结构分析能力差. 因此教师在教学上既要注重基础运算教学，又要注重计算过程，加强训练，在教学过程中要体现“教”学生运算，同时要培养学生分析代数式子结构的能力
2019	王建云	将学生在学习解析几何的相关内容时常犯的几类错误进行归因，主要包括以下六个方面：①概念不清；②“定势”的影响；③“数”“形”脱节；④审题欠周密；⑤推理方法错误；⑥缺乏反思意识. 建议教师在平时教学中注重逻辑知识的渗透与训练，提高学生的逻辑思维能力
2019	胡姣姣	基于 Newman 理论，通过问卷、测试及访谈的方式，对高中生解析几何解题错误及原因进行分析，并从学生自身和教师教学两方面给出改进建议
2021	邹勇泉	针对学生模考进行分析，提出学生解题错误的原因主要为：①限于情境知识，素养中的模型意识缺少；②限于几何直译，素养中的转化能力缺失；③限于条件变化，素养中的系统关联缺位；④限于浅层分析，素养中的运算思路缺乏. 根据以上分析提出解决对策，即通过深度探究、数形结合、系统整合、以生为本发展学生的数学建模、直观想象、逻辑推理和数学运算等数学素养

资料来源：

① 陈生虎，冯中芹. 从一道题看高中生解析几何运算的常见错误［J］. 数学大世界（中旬），2017（10）：74－75.

② 王建云. 高中学生学习解析几何易犯的逻辑错误剖析［A］. 国家教师科研基金管理办公室. 国家教师科研专项基金科研成果 2019（五）［C］. 2019：154－156.

③ 胡姣姣. 基于 Newman 理论的平面解析几何解题错误研究［D］. 西宁：青海师范大学，2019.

④ 邹勇泉. 剖析错误 发展素养：模考中解析几何解题错误分析与对策［J］. 好家长，2021（85）：73－77.

平面解析几何常见解题错误分析及对应教学建议总结如表 4－14 所示.

表 4－14 关于解析几何常见解题错误分析及对应教学建议

类别	描述	教学建议
知识性错误	数学概念理解不清；定理、公式的适用条件模糊；图形图象的性质模棱两可；不能充分理解题意	重视概念教学，尊重学生主体，注重知识生成
逻辑性错误	分类讨论不当；推理方法错误	注重逻辑知识的渗透与训练；引导学生宏观地认识、分析问题
策略性错误	缺乏整体概念，问题转化能力弱；停留于问题的浅层理解，不作深度分析，随意选择运算路径；“正难则反”思维偏弱	把“如何根据条件寻找与设计合理、简捷的运算途径”作为重要目标，以生为本，让学生经历运算过程，积累解题经验
心理性错误	审题不严密；计算粗心	强调良好习惯的培养
	心理能力不足，惧怕多参数、带字母的运算	针对性训练，做题规范化
	停留性错误（顺序心理与思维定式）；常做直觉性的判断（“想当然”）	重点强调，以达到“免疫”作用，追求思维的严谨性

4. 关于解析几何命题方向的研究现状

新课改以来，关于解析几何命题趋势的研究较少，可基于新课标进行分析，新课标对解析几何这一部分的要求为：在平面直角坐标系中，认识直线、圆、椭圆、抛物线、双曲线的几何特征，建立它们的标准方程；运用代数方法进一步认识圆锥曲线的性质以及它们的位置关系；运用平面解析几何方法解决简单的数学问题和实际问题，感悟平面解析几何中蕴含的数学思想.

表 4－15 关于解析几何命题方向的主要观点

年份	作者	主要观点
2019	马健	近年高考解析几何的命题趋势： ① 题型稳定. 近年来高考解析几何试题一直稳定在 3（或 2）个选择题、1 个填空题、1 个解答题上，分值约为 30 分，占总分值的 20% 左右. ② 题型新颖. 近几年解析几何试题的难度有所下降，选择题、填空题均属中等题，且解答题未必处于压轴题的位置，计算量减少，思考量增大. 加大与相关知识的联系（如向量、函数、方程、不等式等），凸显教材中研究性学习的能力要求，从而加大探索性题型的分值. ③ 能力立意，渗透数学思想方法. 一些常见的基本题型，如果借助于数形结合的思想，就能快速、准确地得到答案

（续表）

年份	作者	主要观点
2020	郝腾飞	结合近三年高考新课标卷中的解析几何试题，归纳出以下考查特点： ① 以客观题的形式考查两直线的位置关系，点、线、距离与圆等有关的概念性质及简单应用；考查圆锥曲线的定义、几何性质及简单应用等基础知识. ② 以直线与圆的位置关系、直线与圆锥曲线的位置关系为载体，在代数、三角函数、平面向量等基础知识的交会处设计解答题，考查圆锥曲线的几何性质和平面向量有关公式、性质的应用，考查轨迹方程、不等式、参数范围、存在性或探索性等综合问题的思想方法，注重逻辑推理能力、创新能力等

资料来源：

① 马健. 新课标解析几何命题分析及备考复习策略［J］. 课程教育研究，2019（50）：226－227.
② 郝腾飞. 解析几何问题命题分析及备考建议［J］. 中学数学教学参考，2020（36）：63－65.

综上，解析几何在高考试题中常以中档题或压轴题的形式出现，在新高考背景下，其命题方向主要有如下趋势：

（1）突出常规情境，注重基本知识与技能.

在解析几何命题过程中，通常是以圆、椭圆、双曲线、抛物线等基本曲线类型为载体，考查其定义与标准方程，其中包括焦点、焦半径、焦点三角形、长短轴、离心率、准线等相关知识点，考查学生对基础知识的掌握程度.

（2）体现知识融合，注重问题解决能力.

除了常规的考查方式，如今的高考试题更加注重数学知识的深度融合，随着多选题的出现，这样的命题方式愈加常见. 在解析几何方面，命题通常以变换曲线类型、几何性质和位置关系为基本支撑，与向量、函数、数列、不等式等知识结合，全面考查学生的综合应用能力.

（3）培养数学运算素养，树立数形结合、转化与化归、函数与方程的思想.

相较于其他板块，圆锥曲线对学生的运算能力要求更高，命题时常常涉及多个点、多条线、多个图形，让学生去探究定点、定值、存在性等问题. 因此，新高考引领下的命题思路仍会注重培养学生的数学运算能力，但会灵活变换问题，不再单一地考查相关定点和定值问题，而是更多地与其他知识融合，侧重数形结合、转化与化归、函数与方程思想的渗透.

5. 关于解析几何备考建议的研究现状

表 4－16 关于解析几何备考建议的主要观点

年份	作者	主要观点
2011	王勇、周瑞涛、宋许华	基于高考考情分析提出关于解析几何的四条备考策略：①夯实基础知识，构建知识网络；②注重通性通法，淡化特殊技巧；③强化数学思想，提高运算能力；④重视新增内容，关注知识交会
2019	张启兆	基于高三复习的教学实践提出了五点备考策略：①重问题，通本质，激活知识梳理；②重基础，通概念，促进数学理解；③重过程，通思维，引领理性思考；④重训练，通算理，培养运算能力；⑤重小结，通思想，提升数学素养
2020	徐建新	针对《普通高中数学课程标准（2017 年版，2020 年修订）》和考试评价的要求提出了以数学学科核心素养为目标导向，以数学思想方法为载体的备考策略：①引导学生全面理解坐标法；②强化数形结合的分析条件，优化解题过程
2021	薛新建	通过对一道高考解析几何题目的思路探索和提炼总结了三点备考策略：①注重基础知识、基本方法的落实和基本思想的提炼；②加强备考中一题多解和多题一解的训练；③注重观点知识的适度普及和运用

资料来源：

① 王勇，周瑞涛，宋许华．2011 年高考解析几何试题评析及来年备考建议［J］．湖北招生考试，2011（25）：42－47.

② 张启兆．落实“五重五通”打造灵动课堂：解析几何一轮复习中难点教学的实践与思考［J］．数学通报，2019，58（3）：33－36＋61.

③ 徐建新．核心素养为目标导向 思想方法为实施载体：高三平面解析几何复习有效性的思考与实践［J］．数学通报，2020，59（7）：44－48.

④ 薛新建．从“定点问题”谈解析几何备考思路［J］．教学考试，2021（2）：49－51.

研究者虽然从不同角度出发提出了解析几何的备考策略，但都强调了基础概念的理解、数形结合等数学思想方法的运用以及代数运算能力的培养，可以看出此三方面在解析几何的备考中是教师值得关注的重点.

二、知识逻辑图

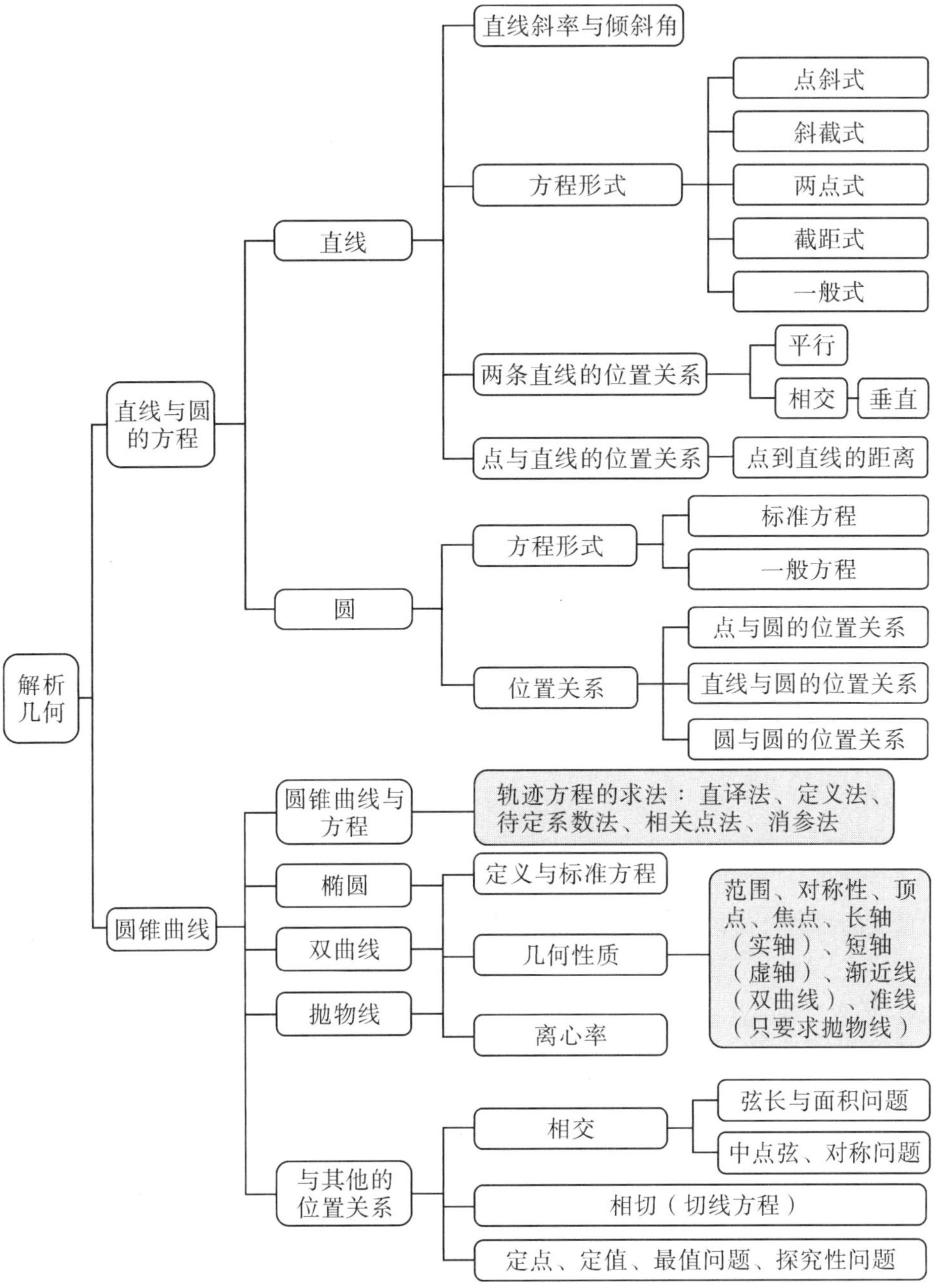

图4－1　解析几何板块知识逻辑图

三、典型例题

（一）常考题型

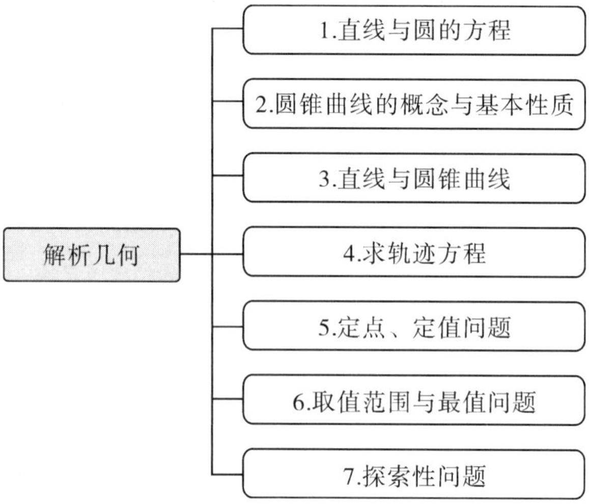

图 4－2　解析几何的常考题型

第 1 类　直线与圆的方程

本类问题涉及的知识点如下：

1. 直线方程

（1）直线的倾斜角 α 的范围是 $[0°, 180°)$；倾斜角为 90°的直线的斜率不存在；过两点的直线的斜率公式 $k=\tan\alpha=\dfrac{y_1-y_2}{x_1-x_2}$ $(x_1\neq x_2)$.

（2）直线方程：点斜式 $y=y_0=k(x-x_0)$；两点式 $\dfrac{y-y_1}{y_2-y_1}=\dfrac{x-x_1}{x_2-x_1}$ $(x_1\neq x_2, y_1\neq y_2)$；斜截式 $y=kx+b$；截距式 $\dfrac{x}{a}+\dfrac{y}{b}=1$；一般式 $Ax+By+C=0$ $(A^2+B^2\neq 0)$.

（3）位置关系：当不重合的两条直线 l_1 和 l_2 的斜率存在时，两直线平行 $l_1 /\!/ l_2 \Leftrightarrow k_1=k_2$，两直线垂直 $l_1\perp l_2\Leftrightarrow k_1\cdot k_2=-1$，两直线的交点就是以两直线方程组成的方程组的解为坐标的点.

（4）距离公式：两点间的距离公式；点到直线的距离公式；两平行线间的距离公式.

2. 圆的方程

（1）标准方程：圆心坐标 (a, b)；半径 r；方程 $(x-a)^2+(y-b)^2=r^2$.

（2）一般方程：$x^2+y^2+Dx+Ey+F=0$ $(D^2+E^2-4F>0)$.

3. 直线与圆的位置关系

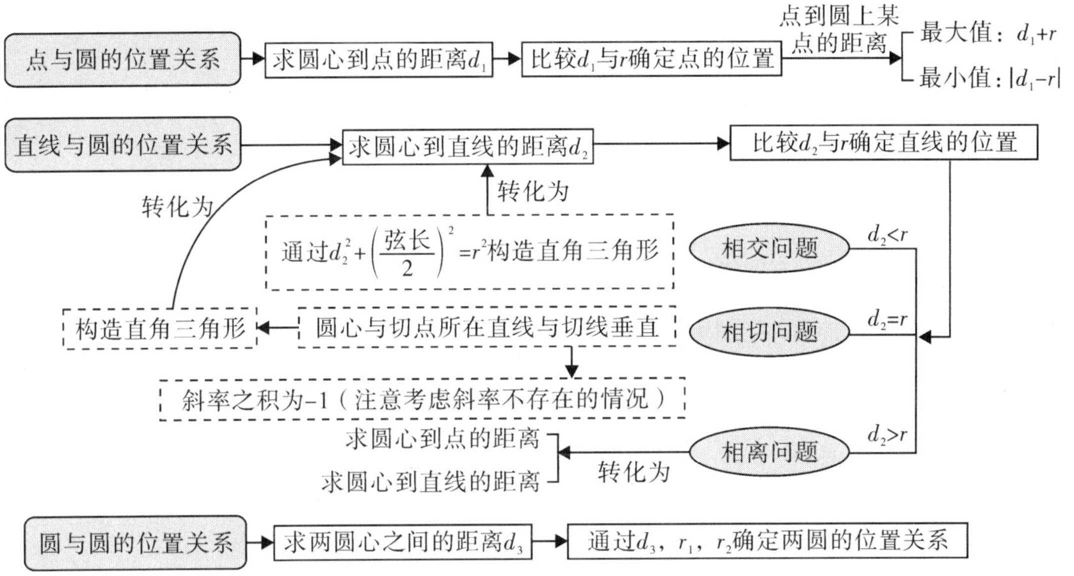

图 4－3　直线与圆的位置关系的常考题型及解题思路

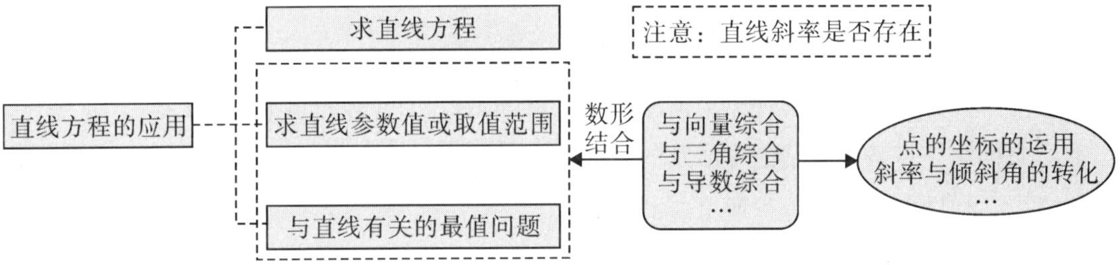

图 4－4　直线方程的应用的常考题型及解题思路

题型 1：求直线方程

【例 1】 已知直线 l 的方程为 $y=-\frac{\sqrt{3}}{3}x+1$，求过点 P（2，－4）倾斜角比 l 的倾斜角小 15°的直线的方程.

解析

已知直线 l 的斜率为 $-\frac{\sqrt{3}}{3}$，所以倾斜角为 150°，则未知直线的倾斜角为 135°，则斜率为 －1. 根据直线方程，有直线：$y+4=-(x-2)$，所以直线为 $x+y+2=0$.

题型 2：求直线参数值或取值范围

【解题思路】

①翻译题目条件得出直线相关性质.

②根据直线性质得到含参等式或函数.

③结合函数、不等式的性质求解参数范围.

【例2】 设 $m\in\mathbf{R}$，过定点 A 的动直线 $x+my=0$ 和过定点 B 的动直线 $mx-y-m+3=0$ 交于点 $P(x, y)$，则 $|PA|+|PB|$ 的取值范围是（　　）.

A. $[\sqrt{5}, 2\sqrt{5}]$　　B. $[\sqrt{10}, 2\sqrt{5}]$　　C. $[\sqrt{10}, 4\sqrt{5}]$　　D. $[2\sqrt{5}, 4\sqrt{5}]$

解析

由题干易得 $A(0, 0)$，$B(1, 3)$，消去 m 得：$x^2+y^2-x-3y=0$，所以点 P 在以 AB 为直径的圆上，故 $PA\perp PB$，所以 $|PA|^2+|PB|^2=|AB|^2=10$.

设 $\theta=\angle ABP$，$|PA|=\sqrt{10}\sin\theta$，$|PB|=\sqrt{10}\cos\theta$，

则 $|PA|+|PB|=\sqrt{10}\sin\theta+\sqrt{10}\cos\theta=2\sqrt{5}\sin\left(\theta+\dfrac{\pi}{4}\right)$，

因为 $|PA|>0$，$|PB|>0$，所以 $0\leqslant\theta\leqslant\dfrac{\pi}{2}$，从而 $\dfrac{\sqrt{2}}{2}\leqslant\sin\left(\theta+\dfrac{\pi}{4}\right)\leqslant 1$，

所以 $\sqrt{10}\leqslant|PA|+|PB|\leqslant 2\sqrt{5}$.

故选 B.

题型3：与直线有关的最值问题

【解题思路】

①函数法：利用条件选择一个变量，建立目标函数，再求目标函数的最值.

②几何法：将条件和结论中涉及的直线画在同一坐标系中，然后根据直线的位置关系及围成的几何图形形状，分析取最值的条件.

【例3】（2022广东一模）已知直线 $y=t$ 分别与函数 $f(x)=2x+1$ 和 $g(x)=2\ln x+x$ 的图象交于点 A，B，则 $|AB|$ 的最小值为________.

解析

由题意可知，$|AB|$ 为 A，B 两点横坐标差的绝对值，因此设出坐标作差，再求最值即可.

$y=t$ 与 $f(x)=2x+1$ 的交点为 $A\left(\dfrac{t-1}{2}, t\right)$，函数 $g(x)=2\ln x+x$，$g'(x)=\dfrac{2}{x}+1>0$，

所以 $g(x)$ 在区间 $(0, +\infty)$ 上单调递增.

令 $g(x_0)=t$，所以 $B(x_0, t)$，

有 $2\ln x_0+x_0-t=0\Rightarrow\dfrac{x_0-t}{2}=-\ln x_0$，

所以 $|AB|=\left|x_0-\dfrac{t-1}{2}\right|=\left|\dfrac{x_0}{2}+\dfrac{x_0}{2}-\dfrac{t}{2}+\dfrac{1}{2}\right|=\left|\dfrac{x_0}{2}-\ln x_0+\dfrac{1}{2}\right|$.

令 $h(x)=\dfrac{x}{2}-\ln x+\dfrac{1}{2}$，则 $h'(x)=\dfrac{1}{2}-\dfrac{1}{x}$，

当 $x\in(0,\ 2)$ 时，$h'(x)<0$，$h(x)$ 在 $(0,\ 2)$ 上单调递减；

当 $x\in(2,\ +\infty)$ 时，$h'(x)>0$，$h(x)$ 在 $(2,\ +\infty)$ 上单调递增.

所以 $h(x)_{\min}=\frac{2}{2}-\ln2+\frac{1}{2}=\frac{3}{2}-\ln2>0$，故 $|AB|_{\min}=\frac{3}{2}-\ln2$.

【例 4】（2022 深圳一模）在平面直角坐标系中，已知直线 $x+2y-4=0$ 分别与 x，y 轴交于 A，B 两点，若点 $P(\cos\theta,\ \sin\theta)$，则 $|\overrightarrow{PA}+\overrightarrow{PB}|$ 的最大值为________.

解析

由题意知，直线 $x+2y-4=0$ 分别与 x，y 轴交于点 A，B，

则 $A(4,\ 0)$，$B(0,\ 2)$，又 $P(\cos\theta,\ \sin\theta)$，

所以 $\overrightarrow{PA}=(4-\cos\theta,\ -\sin\theta)$，$\overrightarrow{PB}=(-\cos\theta,\ 2-\sin\theta)$，

有 $\overrightarrow{PA}+\overrightarrow{PB}=(4-2\cos\theta,\ 2-2\sin\theta)$，则

$|\overrightarrow{PA}+\overrightarrow{PB}|=\sqrt{(4-2\cos\theta)^2+(2-2\sin)^2}=\sqrt{24-8(\sin\theta+2\cos\theta)}=\sqrt{24-8\sqrt{5}\sin(\theta+\varphi)}$，

其中 $\tan\varphi=2$.

当 $\sin(\theta+\varphi)=-1$ 时，$|\overrightarrow{PA}+\overrightarrow{PB}|$ 取得最大值，且最大值为 $\sqrt{24+8\sqrt{5}}=2\sqrt{6+2\sqrt{5}}=2\sqrt{(\sqrt{5}+1)^2}=2\sqrt{5}+2$，

故 $|\overrightarrow{PA}+\overrightarrow{PB}|$ 的最大值为 $2\sqrt{5}+2$.

2. **求圆的方程**

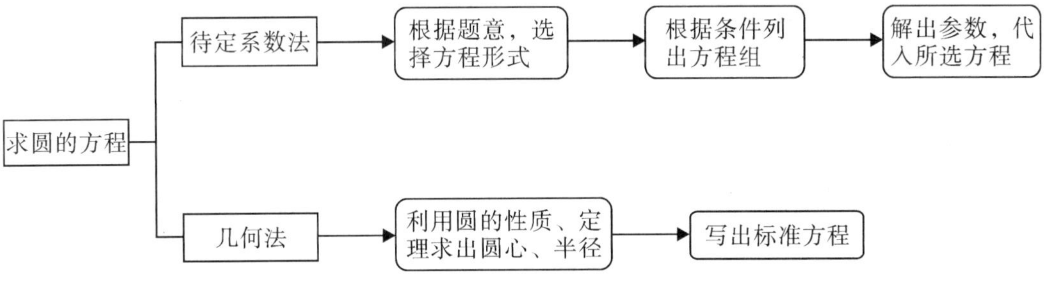

图 4－5　求圆的方程常考题型及解题思路

【解题思路】

①待定系数法：依题意，首先选择方程形式（标准方程或一般方程），然后根据条件列出方程组，最后解出参数，代入所选方程.

②几何法：利用圆的一些性质或定理直接求出圆心和半径，再写出标准方程.

【例 5】过三点 $A(1,\ 3)$，$B(4,\ 2)$，$C(1,\ -7)$ 的圆交 y 轴于 M，N 两点，则 $|MN|=$（　　）.

A. $2\sqrt{6}$　　B. 8　　C. $4\sqrt{6}$　　D. 10

解析

设圆的方程为 $x^2+y^2+Dx+Ey+F=0$，则 $\begin{cases}1+9+D+3E+F=0,\\16+4+4D+2E+F=0,\\1+49+D-7E+F=0,\end{cases}$

所以 $D=-2$，$E=4$，$F=-20$，

所以 $x^2+y^2-2x+4y-20=0$.

令 $x=0$，可得 $y^2+4y-20=0$，

所以 $y=-2\pm2\sqrt{6}$，

所以 $|MN|=4\sqrt{6}$.

故选 C.

【例 6】（2022 全国高考乙卷数学理）过四点（0，0），（4，0），（-1，1），（4，2）中的三点的一个圆的方程为____________.

解析

依题意设圆的方程为 $x^2+y^2+Dx+Ey+F=0$，

若过点（0，0），（4，0），（-1，1），则 $\begin{cases}F=0,\\16+4D+F=0,\\1+1-D+E+F=0,\end{cases}$ 解得 $\begin{cases}F=0,\\D=-4,\\E=-6.\end{cases}$

所以圆的方程为 $x^2+y^2-4x-6y=0$，即 $(x-2)^2+(y-3)^2=13$.

若过点（0，0），（4，0），（4，2），则 $\begin{cases}F=0,\\16+4D+F=0,\\16+4+4D+2E+F=0,\end{cases}$ 解得 $\begin{cases}F=0,\\D=-4,\\E=-2.\end{cases}$

所以圆的方程为 $x^2+y^2-4x-2y=0$，即 $(x-2)^2+(y-1)^2=5$.

若过点（0，0），（-1，1），（4，2），则 $\begin{cases}F=0,\\1+1-D+E+F=0,\\16+4+4D+2E+F=0,\end{cases}$ 解得 $\begin{cases}F=0,\\D=-\dfrac{8}{3},\\E=-\dfrac{14}{3}.\end{cases}$

所以圆的方程为 $x^2+y^2-\frac{8}{3}x-\frac{14}{3}y=0$，即 $\left(x-\frac{4}{3}\right)^2+\left(y-\frac{7}{3}\right)^2=\frac{65}{9}$.

若过点（-1，1），（4，0），（4，2），则 $\begin{cases}1+1-D+E+F=0,\\16+4D+F=0,\\16+4+4D+2E+F=0,\end{cases}$ 解得 $\begin{cases}F=-\dfrac{16}{5},\\D=-\dfrac{16}{5},\\E=-2.\end{cases}$

所以圆的方程为 $x^2+y^2-\frac{16}{5}x-2y-\frac{16}{5}=0$，即 $\left(x-\frac{8}{5}\right)^2+(y-1)^2=\frac{169}{25}$.

故答案为 $(x-2)^2+(y-3)^2=13$ 或 $(x-2)^2+(y-1)^2=5$ 或 $\left(x-\frac{4}{3}\right)^2+\left(y-\frac{7}{3}\right)^2=\frac{65}{9}$ 或 $\left(x-\frac{8}{5}\right)^2+(y-1)^2=\frac{169}{25}$.

3. 直线与圆的位置关系

【解题思路】

一般采用几何法，通过切线与半径垂直构造直角三角形，结合勾股定理求出切线长.

①求过圆上一点（x_0，y_0）的圆的切线方程的方法.

若切线斜率存在且不为零，先求切点和圆心连线的斜率 k，由垂直关系知切线斜率为 $-\frac{1}{k}$，由点斜式可求切线方程；若切线斜率不存在或为零，则可写出切线的方程为 $x=x_0$ 或 $y=y_0$.

②求过圆外一点（x_0，y_0）的圆的切线方程的方法（必有两条切线）.

几何法：当切线斜率存在时，设斜率为 k，则切线方程为 $y-y_0=k(x-x_0)$，即 $kx-y+y_0-kx_0=0$，由圆心到切线的距离等于半径列出关于 k 的方程，解方程即可得到 k 的值，从而可得切线方程；当斜率不存在时，可写出切线的方程为 $x=x_0$.

代数法：当切线斜率存在时，设斜率为 k，则切线方程为 $y-y_0=k(x-x_0)$，即 $kx-y+y_0-kx_0=0$，代入圆的方程，得到一个关于 x（或 y）的一元二次方程，由 $\Delta=0$ 求得 k 的值，从而得到切线方程；当斜率不存在时，可写出切线的方程为 $x=x_0$.

【例 7】 直线 $x+y+2=0$ 分别与 x，y 轴交于 A，B 两点，点 P 在圆 $(x-2)^2+y^2=2$ 上，则 $\triangle ABP$ 面积的取值范围是（　　）.

A. $[2, 6]$　　B. $[4, 8]$　　C. $[\sqrt{2}, 3\sqrt{2}]$　　D. $[2\sqrt{2}, 3\sqrt{2}]$

解析

因为直线 $x+y+2=0$ 分别与 x，y 轴交于 A，B 两点，

所以 $A(-2, 0)$，$B(0, -2)$，$|AB|=2\sqrt{2}$.

又因为点 P 在圆 $(x-2)^2+y^2=2$ 上，

所以圆心为（2，0），则圆心到直线的距离 $d_1=\frac{|2+0+2|}{\sqrt{2}}=2\sqrt{2}$.

故点 P 到直线 $x+y+2=0$ 的距离 d_2 的范围为 $[\sqrt{2}, 3\sqrt{2}]$，

则 $S_{\triangle ABP}=\frac{1}{2}|AB|d_2=\sqrt{2}d_2\in[2, 6]$.

故选 A.

【例 8】（2022 新高考Ⅰ卷）写出与圆 $x^2+y^2=1$ 和 $(x-3)^2+(y-4)^2=16$ 都相切的一条直线的方程____________.

解析

如下图所示，由题意可知两圆相切，将两个圆的标准方程相减消去二次项得到 $3x+4y-5=0$，此即为公切线的方程.

故答案为 $3x+4y-5=0$.

同时，另外两条切线分别为 $x+1=0$；$7x-24y-25=0$.（三个答案答对一个即可）

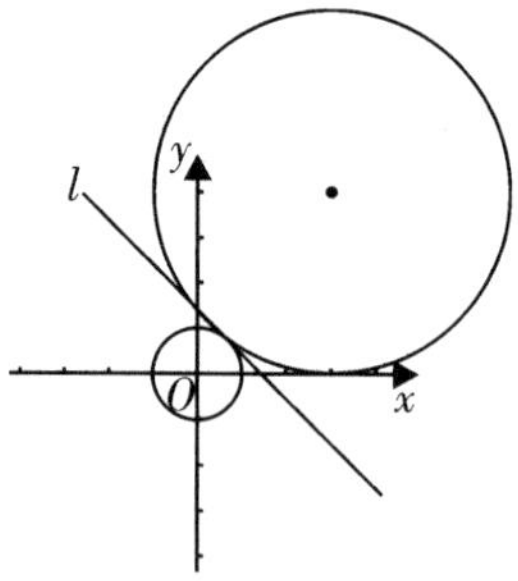

【例9】（2022 新高考Ⅱ卷）设点 A（-2，3），B（0，a），直线 AB 关于直线 $y=a$ 的对称直线为 l，已知 l 与圆 C：$(x+3)^2+(y+2)^2=1$ 有公共点，则 a 的取值范围为________.

解析

记点 A 关于直线 $y=a$ 的对称点为 A'，则直线 AB 关于直线 $y=a$ 的对称直线为 $A'B$.

因为 A（-2，3），所以 A'（-2，$2a-3$），所以 $k_{A'B}=\frac{3-a}{2}$.

所以直线 $A'B$ 的方程为 $y=\frac{3-a}{2}x+a$，即 $(3-a)x-2y+2a=0$.

又因为直线 $A'B$ 与圆 C 有公共点，所以圆心到直线 $A'B$ 的距离 $d=\frac{|-3(3-a)+4+2a|}{\sqrt{4+(3-a)^2}}\leqslant r=1$.

解得 $\frac{1}{3}\leqslant a\leqslant\frac{3}{2}$.

故本题答案为 $\left[\frac{1}{3}, \frac{3}{2}\right]$.

【例10】（2022 广州一模）已知直线 l：$x+y-\sqrt{2}=0$ 与圆 C：$(x-1)^2+(y+1)^2=4$，则（　　）.

A. 直线 l 与圆 C 相离

B. 直线 l 与圆 C 相交

C. 圆 C 上到直线 l 的距离为 1 的点共有 2 个

D. 圆 C 上到直线 l 的距离为 1 的点共有 3 个

解析

因为圆 C：$(x-1)^2+(y+1)^2=4$，所以圆心坐标为（1，-1），半径 $r=2$，

所以圆心到直线 l：$x+y-\sqrt{2}=0$ 的距离 $d=\frac{|1-1-\sqrt{2}|}{\sqrt{1^2+1^2}}=1<2$，即直线 l 与圆相交，因此圆 C 上到直线 l 的距离为 1 的点共有 3 个.

故选 BD.

第 2 类　圆锥曲线的概念与基本性质

（1）本类问题涉及椭圆的知识点.

椭圆 $\frac{x^2}{a^2}+\frac{y^2}{b^2}=1$（$a>0$，$b>0$）的一些重要结论：

已知 F_1，F_2 为椭圆的两个焦点，P 为椭圆上任意一点，$\angle F_1PF_2=\theta$，则

①$|PF_1|\in[a-c,\ a+c]$.

②$|PF_1||PF_2|\in[b^2,\ a^2]$.

③$\overrightarrow{PF_1}\cdot\overrightarrow{PF_2}=|OP|^2-c^2\in[2b^2-a^2,\ b^2]$.

④$\cos\angle F_1PF_2=\frac{2b^2}{|PF_1|\cdot|PF_2|}-1\geqslant\frac{2b^2}{a^2}-1$（当且仅当 $|PF_1|=|PF_2|=a$，即 P 为椭圆的短轴端点时，$\cos\angle F_1PF_2$ 取得最小值，此时点 P 与两个焦点的张角 $\angle F_1PF_2$ 最大）；

⑤焦点三角形的面积 $S_{\triangle F_1PF_2}=b^2\tan\frac{\theta}{2}$.

⑥设 A_1，A_2 为长轴端点，则 $k_{PA_1}\cdot k_{pA_2}=-\frac{b^2}{a^2}$.

（2）本类问题涉及抛物线的知识点：

记住一些抛物线焦点弦的常见性质：

抛物线 $y^2=2px$（$p>0$）中，过焦点 F 且倾斜角为 α 的直线交抛物线于 A，B 两点，C 为线段 AB 的中点. 准线为 l，分别过 A，B，C 作直线 l 的垂线，垂足分别为 A'，B'，C'.

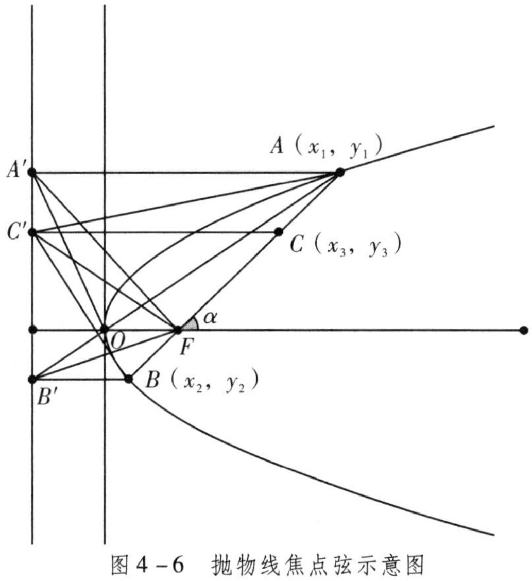

图 4－6　抛物线焦点弦示意图

①以 AB 为直径的圆与准线 l 相切.

②$x_1 \cdot x_2 = \dfrac{p^2}{4}$.

③$y_1 \cdot y_2 = -p^2$.

④$\angle AC'B = 90°$，$\angle A'FB' = 90°$.

⑤$|AB| = x_1 + x_2 + p = 2\left(x_3 + \dfrac{p}{2}\right) = \dfrac{2p}{\sin^2\alpha}$.

⑥$\dfrac{1}{|AF|} + \dfrac{1}{BF} = \dfrac{2}{p}$.

⑦A，O，B'三点共线，B，O，A'三点共线.

⑧）$S_{\triangle AOB} = \dfrac{p^2}{2\sin\alpha}$.

⑨$|AF| = \dfrac{p}{1-\cos\alpha}$，$|BF| = \dfrac{p}{1+\cos\alpha}$.

⑩BC'垂直平分$B'F$；AC'垂直平分$A'F$.

⑪$C'F \perp AB$.

⑫$|AB| \geqslant 2p$.

⑬$|CC'| = \dfrac{1}{2}|AB| = \dfrac{1}{2}(|AA'| + |BB'|)$.

⑭$k_{AB} = \dfrac{p}{y_3}$.

⑮$\tan\alpha = \dfrac{y_1}{x_1 - \dfrac{p}{2}} = \dfrac{y_2}{x_2 - \dfrac{p}{2}}$.

⑯$|C'F| = \dfrac{1}{2}|A'B'|$.

⑰抛物线$y^2 = 2px$在点(x_0, y_0)处的切线方程为$y_0 y = p(x_0 + x)$.

1. **椭圆**

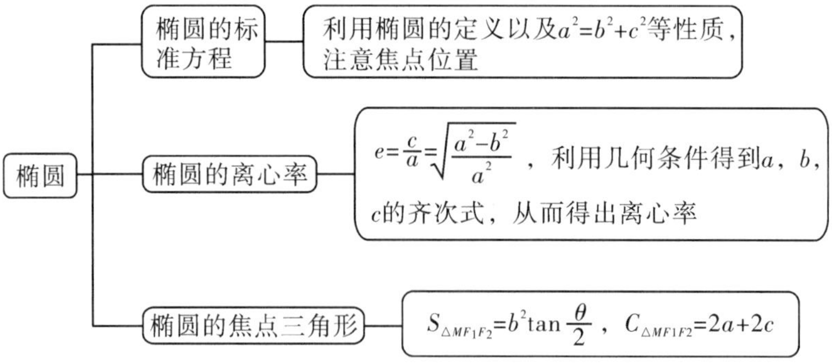

图 4－7　椭圆常考题型及解题思路

【解题思路】

①求椭圆的标准方程.

利用椭圆的定义以及待定系数法，根据所给条件列出参数所满足的方程，求出相关参数的值即可得到椭圆的标准方程.

②求椭圆的离心率.

$e=\frac{c}{a}=\sqrt{\frac{a^2-b^2}{a^2}}$，利用几何条件得到 a，b，c 的齐次等式或不等式，从而求出离心率.

③椭圆的焦点三角形.

$S_{\triangle MF_1F_2}=b^2\tan\frac{\theta}{2}$，$C_{\triangle MF_1F_2}=2a+2c$，利用此二级结论可以快速解决焦点三角形相关问题.

题型 1：椭圆的标准方程

【例 1】 已知椭圆 C：$\frac{x^2}{a^2}+\frac{y^2}{b^2}=1$（$a>b>0$）的左、右焦点分别为 F_1，F_2，离心率为 $\frac{\sqrt{3}}{3}$，过 F_2 的直线 l 交 C 于 A，B 两点. 若$\triangle AF_1B$ 的周长为 $4\sqrt{3}$，则 C 的方程为（　　）.

A. $\frac{x^2}{3}+\frac{y^2}{2}=1$　　B. $\frac{x^2}{3}+y^2=1$　　C. $\frac{x^2}{12}+\frac{y^2}{8}=1$　　D. $\frac{x^2}{12}+\frac{y^2}{4}=1$

解析

根据题意，因为$\triangle AF_1B$ 的周长为 $4\sqrt{3}$，

所以 $|AF_1|+|AB|+|BF_1|=|AF_1|+|BF_1|+|AF_2|+|BF_2|=4a=4\sqrt{3}$，

所以 $a=\sqrt{3}$.

又因为椭圆的离心率 $e=\frac{c}{a}=\frac{\sqrt{3}}{3}$，

所以 $c=1$，$b^2=a^2-c^2=2$，

所以椭圆 C 的方程为$\frac{x^2}{3}+\frac{y^2}{2}=1$.

故选 A.

【例 2】（2019 全国理科Ⅰ卷）已知椭圆 C 的焦点为 F_1（-1，0），F_2（1，0），过 F_2 的直线与 C 交于 A，B 两点，若 $|AF_2|=2|F_2B|$，$|AB|=|BF_1|$，则 C 的方程为（　　）.

A. $\frac{x^2}{2}+y^2=1$　　B. $\frac{x^2}{3}+\frac{y^2}{2}=1$

C. $\frac{x^2}{4}+\frac{y^2}{3}=1$　　D. $\frac{x^2}{5}+\frac{y^2}{4}=1$

解析

过 B 点作 BD 垂直 y 轴于点 D，BE 垂直 x 轴于点 E，

由题意得$|AF_1|+|AF_2|=|BF_1|+|BF_2|=2a$，且$|AF_2|=2|F_2B|$，

所以$|AF_1|+|BF_2|=|BF_1|$，$|AB|=|AF_2|+|BF_2|=|BF_1|$，

所以$|AF_1|+|BF_2|=|AF_2|+|BF_2|$，所以$|AF_1|=|AF_2|$，

可得A为椭圆的上顶点或下顶点.

设椭圆C的方程为$\frac{x^2}{a^2}+\frac{y^2}{b^2}=1$，$A$（0，$b$）.

因为$\mathrm{Rt}\triangle AOF_2\backsim\mathrm{Rt}\triangle BEF_2$，

所以$\frac{|AO|}{|BE|}=\frac{|OF_2|}{|EF_2|}=\frac{|AF_2|}{|BF_2|}=2$，

所以$|OF_2|=2|EF_2|=1$，$|AO|=2|BE|=2|OD|=b$，

所以$|OE|=\frac{3}{2}$，$|BE|=\frac{b}{2}$，

因为$a^2=1+b^2$，又$B\left(\frac{3}{2},-\frac{b}{2}\right)$在椭圆上，

所以$\frac{\frac{9}{4}}{1+b^2}+\frac{\frac{b^2}{4}}{b^2}=1$，$b^2=2$，$a^2=3$.

故椭圆方程为$\frac{x^2}{3}+\frac{y^2}{2}=1$.

故选B.

题型2：椭圆的离心率

【例3】已知椭圆C：$\frac{x^2}{a^2}+\frac{y^2}{b^2}=1$（$a>b>0$）的左焦点为$F$，$C$与过原点的直线相交于$A$，$B$两点，连接$AF$，$BF$，若$|AB|=10$，$|BF|=8$，$\cos\angle ABF=\frac{4}{5}$，则$C$的离心率为（　　）.

A. $\frac{3}{5}$　　B. $\frac{5}{7}$　　C. $\frac{4}{5}$　　D. $\frac{6}{7}$

解析

在$\triangle ABF$中，由余弦定理得$|AF|^2=|AB|^2+|BF|^2-2|AB||BF|\cos\angle ABF$，

又$|AB|=10$，$|BF|=8$，$\cos\angle ABF=\frac{4}{5}$，解得$|AF|=6$.

在$\triangle ABF$中，$|AB|^2=10^2=8^2+6^2=|BF|^2+|AF|^2$，

故$\triangle ABF$为直角三角形，$AF\perp BF$.

设椭圆的右焦点为F'，连接AF'，BF'，

根据椭圆的对称性，四边形$AFBF'$为矩形，

则其对角线 $|FF'|=|AB|=10$，且 $|BF|=|AF'|=8$，即焦距 $2c=10$，

又据椭圆的定义，得 $|AF|+|AF'|=2a$，

所以 $2a=|AF|+|AF'|=6+8=14$.

故离心率 $e=\frac{c}{a}=\frac{2c}{2a}=\frac{5}{7}$.

故选 B.

【例 4】（2021 全国理科乙卷）设 B 是椭圆 C：$\frac{x^2}{a^2}+\frac{y^2}{b^2}=1$（$a>b>0$）的上顶点，若 C 上的任意一点 P 都满足 $|PB|\leqslant 2b$，则 C 的离心率的取值范围是（　　）.

A. $\left[\frac{\sqrt{2}}{2}, 1\right)$　　B. $\left[\frac{1}{2}, 1\right)$　　C. $\left(0, \frac{\sqrt{2}}{2}\right]$　　D. $\left(0, \frac{1}{2}\right]$

解析

设 $P(x_0, y_0)$，$B(0, b)$，

因为 $\frac{x_0^2}{a^2}+\frac{y_0^2}{b^2}=1$，$a^2=b^2+c^2$，

所以 $|PB|^2=x_0^2+(y_0-b)^2=a^2\left(1-\frac{y_0^2}{b^2}\right)+(y_0-b)^2=-\frac{c^2}{b^2}\left(y_0+\frac{b^3}{c^2}\right)^2+\frac{b^4}{c^2}+a^2+b^2$，

因为 $-b\leqslant y_0\leqslant b$，

当 $-\frac{b^3}{c^2}\leqslant -b$，即 $b^2\geqslant c^2$ 时，$|PB|_{max}^2=4b^2$，即 $|PB|_{max}=2b$，符合题意，

由 $b^2\geqslant c^2$，可得 $a^2\geqslant 2c^2$，即 $0<e\leqslant\frac{\sqrt{2}}{2}$；

当 $-\frac{b^3}{c^2}>-b$，即 $b^2<c^2$ 时，$|PB|_{max}^2=\frac{b^4}{c^2}+a^2+b^2$，即 $\frac{b^4}{c^2}+a^2+b^2\leqslant 4b^2$，

化简得 $(c^2-b^2)^2\leqslant 0$，显然该不等式不成立.

故选 C.

题型 3：椭圆的焦点三角形

【例 5】已知 P 是椭圆 E：$\frac{x^2}{8}+\frac{y^2}{4}=1$ 上一点，F_1，F_2 分别为其左、右焦点，且 $\triangle F_1PF_2$ 的面积为 3，则下列说法正确的是（　　）.

A. P 点纵坐标为 3　　B. $\angle F_1PF_2>\frac{\pi}{2}$

C. $\triangle F_1PF_2$ 的周长为 $4(\sqrt{2}+1)$　　D. $\triangle F_1PF_2$ 的内切圆半径为 $\frac{3}{2}(\sqrt{2}-1)$

解析

因为椭圆$\frac{x^2}{8}+\frac{y^2}{4}=1$，所以$a=2\sqrt{2}$，$b=2$，$c=2$，且$|F_1F_2|=4$.

设P点的坐标为（m，n），因为$S_{\triangle F_1PF_2}=3$，所以$n=\pm\frac{3}{2}$.

将P点代入椭圆可得：$\frac{m^2}{8}+\frac{\left(\pm\frac{3}{2}\right)^2}{4}=1$，得$m^2=\frac{14}{4}$，所以$P\left(\pm\frac{\sqrt{14}}{2},\ \pm\frac{3}{2}\right)$.

所以$|PF_1|^2=\left(\frac{\sqrt{14}}{2}+2\right)^2+\frac{9}{4}=\frac{39}{4}+2\sqrt{14}$，$|PF_2|^2=\left(\frac{\sqrt{14}}{2}-2\right)^2+\frac{9}{4}=\frac{39}{4}-2\sqrt{14}$.

所以$|PF_1|^2+|PF_2|^2-(2c)^2=\frac{39}{4}\times 2-16=\frac{7}{2}>0$，

对于A，由等面积法得$\frac{1}{2}\times 4\times|y_p|=3$，则$y_p=\pm\frac{3}{2}$，故A错误；

对于B，由$\cos\angle F_1PF_2=\frac{|PF_1|^2+|PF_2|^2-(2c)^2}{2|PF_1|\cdot|PF_2|}>0$，可得$\angle F_1PF_2<\frac{\pi}{2}$，故B错误；

对于C，$\triangle F_1PF_2$的周长为$2a+2c=4(\sqrt{2}+1)$，故C正确；

对于D，设$\triangle F_1PF_2$的内切圆半径为r，则$\frac{1}{2}(4\sqrt{2}+4)r=3$，得$r=\frac{3}{2}(\sqrt{2}-1)$，故D正确.

故选CD.

2. **双曲线**

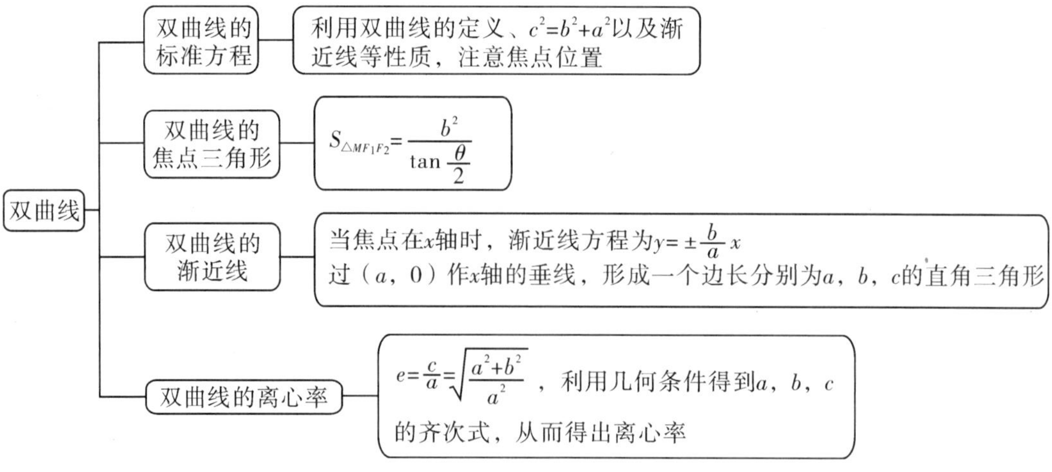

图4-8　双曲线常考题型及解题思路

题型1：双曲线的标准方程

【例1】 已知双曲线的一条渐近线平行于直线 $l: y=2x+10$，双曲线的一个焦点在直线 l 上，则双曲线的方程为（　　）.

A. $\frac{x^2}{5}-\frac{y^2}{20}=1$　　B. $\frac{x^2}{20}-\frac{y^2}{5}=1$.　　C. $\frac{3x^2}{25}-\frac{3y^2}{100}=1$　　D. $\frac{3x^2}{100}-\frac{3y^2}{25}=1$

解析

因为双曲线的一个焦点在直线 l 上，所以 $0=-2c+10$，即 $c=5$. 又因为渐近线平行于直线 l，故有 $\frac{b}{a}=2$，结合 $c^2=a^2+b^2$，得 $a^2=5$，$b^2=20$，所以双曲线的标准方程为 $\frac{x^2}{5}-\frac{y^2}{20}=1$.

故选 A.

题型2：焦点三角形

【例2】 双曲线 $\frac{x^2}{4}-y^2=1$ 的两个焦点分别为 F_1，F_2，点 P 在双曲线上，$\triangle PF_1F_2$ 的面积为 $\sqrt{3}$，则 $\overrightarrow{PF_1}\cdot\overrightarrow{PF_2}=$（　　）.

A. 2　　B. $\sqrt{3}$　　C. -2　　D. $-\sqrt{3}$

解析

设 $|PF_1|=r_1$，$|PF_2|=r_2$

由结论 $S_{\triangle PF_1F_2}=\frac{b^2}{\tan\frac{\theta}{2}}=\sqrt{3}$，得 $\tan\frac{\theta}{2}=\frac{\sqrt{3}}{3}$，$\theta=\frac{\pi}{3}$，$S_{\triangle PF_1F_2}=\frac{1}{2}r_1r_2\sin\theta=\frac{\sqrt{3}}{4}r_1r_2=\sqrt{3}$，$r_1r_2=4$，故 $\overrightarrow{PF_1}\cdot\overrightarrow{PF_2}=r_1r_2\cos\theta=4\times\frac{1}{2}=2$.

故选 A.

题型3：双曲线的渐近线

【例3】 设双曲线 $\frac{x^2}{a^2}-\frac{y^2}{b^2}=1$（$a>0$，$b>0$）的右焦点是 F，左、右顶点分别是 A_1，A_2，过 F 作 A_1A_2 的垂线与双曲线交于 B，C 两点，若 $A_1B\perp A_2C$，则双曲线的渐近线的斜率为（　　）.

A. $\pm\frac{1}{2}$　　B. $\pm\frac{\sqrt{2}}{2}$　　C. ±1　　D. $\pm\sqrt{2}$

解析

由已知得右焦点 F（c，0）（其中 $c^2=a^2+b^2$，$c>0$），A_1（$-a$，0），A_2（a，0），$B\left(c, -\frac{b^2}{a}\right)$，$C\left(c, \frac{b^2}{a}\right)$，从而 $\overrightarrow{A_1B}=\left(c+a, -\frac{b^2}{a}\right)$，$\overrightarrow{A_2C}=\left(c-a, \frac{b^2}{a}\right)$，

又因为 $A_1B\perp A_2C$，所以$\overrightarrow{A_1B}\cdot\overrightarrow{A_2C}=0$，即$(c-a)\cdot(c+a)+\left(-\frac{b^2}{a}\right)\cdot\left(\frac{b^2}{a}\right)=0$，

化简得到$\frac{b^2}{a^2}=1\Rightarrow\frac{b}{a}=1$，即双曲线的渐近线的斜率为 ±1.

故选 C.

题型 4 ：离心率的值及取值范围

【例 4】（2022 浙江卷）已知双曲线$\frac{x^2}{a^2}-\frac{y^2}{b^2}=1$（$a>0$，$b>0$）的左焦点为 F，过 F 且斜率为$\frac{b}{4a}$的直线交双曲线于点 $A(x_1, y_1)$，交双曲线的渐近线于点 $B(x_2, y_2)$，且 $x_1<0<x_2$，若 $|FB|=3|FA|$，则双曲线的离心率是______.

解析

位于第一、第三象限的渐近线的方程为 $y=\frac{b}{a}x$，

直线 AB 的方程为 $y=\frac{b}{4a}(x+c)$，

联立方程$\begin{cases}y=\frac{b}{a}x,\\ y=\frac{b}{4a}(x+c),\end{cases}$解得$\begin{cases}x=\frac{c}{3},\\ y=\frac{bc}{3a},\end{cases}$所以 $B\left(\frac{c}{3},\frac{bc}{3a}\right)$.

已知 $F(-c, 0)$，又因为 $|FB|=3|FA|$，且 F，B，A 三点共线，所以$\overrightarrow{FB}=3\overrightarrow{FA}$.

已知$\overrightarrow{FB}=\left(\frac{4c}{3},\frac{bc}{3a}\right)$，所以$\overrightarrow{FA}=\left(\frac{4c}{9},\frac{bc}{9a}\right)$，可得 $A\left(-\frac{5c}{9},\frac{bc}{9a}\right)$.

又因为点 A 在双曲线上，代入双曲线方程解得$\left(\frac{c}{a}\right)^2=\frac{81}{24}$，所以 $e=\frac{3\sqrt{6}}{4}$.

【例 5】将离心率为 e_1 的双曲线 C_1 的实半轴长 a 和虚半轴长 b（$a\neq b$）同时增加 m（$m>0$）个单位长度，得到离心率为 e_2 的双曲线 C_2，则（　　）.

A. 对任意的 a，b，$e_1>e_2$

B. 当 $a>b$ 时，$e_1>e_2$；当 $a<b$ 时，$e_1<e_2$

C. 对任意的 a，b，$e_1<e_2$

D. 当 $a>b$ 时，$e_1<e_2$；当 $a<b$ 时，$e_1>e_2$

解析

不妨设双曲线 C_1 的焦点在 x 轴上，即其方程为$\frac{x^2}{a^2}-\frac{y^2}{b^2}=1$，

则双曲线 C_2 的方程为$\frac{x^2}{(a+m)^2}-\frac{y^2}{(b+m)^2}=1$，

所以 $e_1=\frac{\sqrt{a^2+b^2}}{a}=\sqrt{1+\frac{b^2}{a^2}}$，$e_2=\frac{\sqrt{(a+m)^2+(b+m)^2}}{a+m}=\sqrt{1+\frac{(b+m)^2}{(a+m)^2}}$.

当 $a>b$ 时，$\frac{b+m}{a+m}-\frac{b}{a}=\frac{(b+m)\ a-b\ (a+m)}{(a+m)\ a}=\frac{(a-b)\ m}{(a+m)\ a}>0$，

所以 $\frac{b+m}{a+m}>\frac{b}{a}$，$\left(\frac{b+m}{a+m}\right)^2>\left(\frac{b}{a}\right)^2$，所以 $e_2>e_1$.

当 $a<b$ 时，$\frac{b+m}{a+m}-\frac{b}{a}=\frac{(b+m)\ a-b\ (a+m)}{(a+m)\ a}=\frac{(a-b)\ m}{(a+m)\ a}<0$，

所以 $\frac{b+m}{a+m}<\frac{b}{a}$，$\left(\frac{b+m}{a+m}\right)^2<\left(\frac{b}{a}\right)^2$，所以 $e_2<e_1$.

故应选 D.

【例 6】 双曲线 $\frac{x^2}{a^2}-\frac{y^2}{b^2}=1(a>0,\ b>0)$ 的两条渐近线将平面划分为“上、下、左、右”四个区域（不含边界），若点（2，1）在“右”区域内，则双曲线离心率 e 的取值范围是（　　）.

A. $\left(1,\ \frac{\sqrt{5}}{2}\right)$　　B. $\left(\frac{\sqrt{5}}{2},\ +\infty\right)$　　C. $\left(1,\ \frac{5}{4}\right)$　　D. $\left(\frac{5}{4},\ +\infty\right)$

解析

由题意可得双曲线 $\frac{x^2}{a^2}-\frac{y^2}{b^2}=1(a>0,\ b>0)$ 的渐近线方程为 $y=\pm\frac{b}{a}x$，且“右”区域由不等式组 $\begin{cases} y<\frac{b}{a}x, \\ y>-\frac{b}{a}x \end{cases}$ 确定，因为点（2，1）在“右”区域内，所以 $\frac{2b}{a}>1$，即 $\frac{b}{a}>\frac{1}{2}$，

所以 $e=\frac{c}{a}=\sqrt{1+\left(\frac{b}{a}\right)^2}>\sqrt{1+\left(\frac{1}{2}\right)^2}=\frac{\sqrt{5}}{2}$，即双曲线离心率 e 的取值范围是 $\left(\frac{\sqrt{5}}{2},\ +\infty\right)$.

故选 B.

3. 抛物线

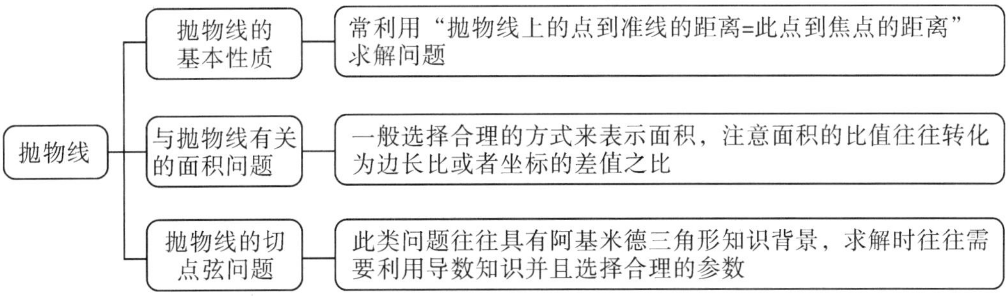

图 4－9　抛物线常考题型及解题思路

题型1：抛物线的基本性质

【例1】已知抛物线 C：$y^2=8x$ 的焦点为 F，准线为 l，P 是 l 上一点，Q 是直线 PF 与 C的一个交点．若$\overrightarrow{FP}=4\overrightarrow{FQ}$，则$|QF|=$（　　）．

A. $\frac{7}{2}$　　B. 3　　C. $\frac{5}{2}$　　D. 2

解析

由题知 $F(2,0)$，设 $P(-2,t)$，$Q(x_0,y_0)$，则$\overrightarrow{FP}=(-4,t)$，$\overrightarrow{FQ}=(x_0-2,y_0)$．

由$\overrightarrow{FP}=4\overrightarrow{FQ}$得 $-4=4(x_0-2)$，解得 $x_0=1$，根据抛物线定义得$|QF|=x_0+2=3$．

故选 B.

题型2：与抛物线有关的面积问题

【例2】已知 F 为抛物线 $y^2=x$ 的焦点，点 A，B 在该抛物线上且位于 x 轴的两侧，$\overrightarrow{OA}\cdot\overrightarrow{OB}=2$（其中 O 为坐标原点），则$\triangle ABO$ 与$\triangle AFO$ 面积之和的最小值是（　　）．

A. 2　　B. 3　　C. $\frac{17\sqrt{2}}{8}$　　D. $\sqrt{10}$

解析

可设直线 AB 的方程为 $x=ty+m$，点 $A(x_1,y_1)$，$B(x_2,y_2)$，

又 $F\left(\frac{1}{4},0\right)$，则直线 AB 与 x 轴的交点 $M(m,0)$．

由$\begin{cases}x=ty+m,\\y^2=x,\end{cases}$消 x 可得 $y^2-ty-m=0$，所以 $y_1y_2=-m$．

又$\overrightarrow{OA}\cdot\overrightarrow{OB}=2$，所以 $x_1x_2+y_1y_2=2$，即$(y_1y_2)^2+y_1y_2-2=0$．

因为点 A，B 在该抛物线上且位于 x 轴的两侧，不妨设 A 在 x 轴的上方，$y_1y_2=-2$，故 $m=2$．

于是 $S_{\triangle ABO}+S_{\triangle AFO}=\frac{1}{2}\times2\times|y_2-y_1|+\frac{1}{2}\times\frac{1}{4}\times|y_1|=y_1+\frac{2}{y_1}+\frac{1}{8}y_1=\frac{9}{8}y_1+\frac{2}{y_1}\geqslant 2\sqrt{\frac{9}{8}y_1\cdot\frac{2}{y_1}}=3$，当且仅当$\frac{9}{8}y_1=\frac{2}{y_1}$，即 $y_1=\frac{4}{3}$时取等号.

所以$\triangle ABO$ 与$\triangle AFO$ 面积之和的最小值是 3.

故选 B.

题型3：抛物线的切点弦问题

【例3】（2019 深圳第二次调研）已知抛物线 C：$x^2=4y$，过点（2，3）的直线 l 交 C 于 A，B 两点，抛物线 C 在点 A，B 处的切线交于点 P.

（1）当点 A 的横坐标为 4 时，求点 P 的坐标；

（2）若 Q 是抛物线 C 上的动点，当 $|PQ|$ 取最小值时，求点 Q 的坐标及直线 l 的方程.

解析

（1）因为点 A 的横坐标为4，所以 A（4，4），

易知此时直线 l 的方程为 $y=\frac{1}{2}x+2$，

联立 $\begin{cases}x^2=4y,\\ y=\frac{1}{2}x+2,\end{cases}$ 解得 $\begin{cases}x=-2,\\ y=1,\end{cases}$ 或 $\begin{cases}x=4,\\ y=4.\end{cases}$

所以 B（-2，1）.

由 $y=\frac{x^2}{4}$ 得 $y'=\frac{x}{2}$，

所以 $k_{PA}=2$，直线 PA 方程为 $y=2x-4$，

同理可得直线 PB 方程为 $y=-x-1$，

联立 $\begin{cases}y=2x-4,\\ y=-x-1,\end{cases}$ 可得 $\begin{cases}x=1,\\ y=-2.\end{cases}$

故点 P 的坐标为（1，-2）.

（2）解法1：设 $A(x_1, y_1)$，$B(x_2, y_2)$，$P(x_0, y_0)$，

由 $y=\frac{x^2}{4}$ 得 $y'=\frac{x}{2}$，所以 $k_{PA}=\frac{x_1}{2}$，直线 PA 方程为 $y-y_1=\frac{x_1}{2}(x-x_1)$，

即 $y=\frac{x_1}{2}x-y_1$，

直线 PB 方程为 $y=\frac{x_2}{2}x-y_2$，

因为点 P 在切线 PA，PB 上，

所以 $\begin{cases}y_0=\frac{x_1}{2}x_0-y_1,\\ y_0=\frac{x_2}{2}x_0-y_2,\end{cases}$ 所以 $A(x_1, y_1)$，$B(x_2, y_2)$ 在直线 $y_0=\frac{x_0}{2}x-y$ 上，直线 l 的方程为 $y_0=\frac{x_0}{2}x-y$.

又直线 l 过点（2，3），所以 $y_0=x_0-3$，即点 P 在直线 l_1：$x-y-3=0$ 上.

当 $|PQ|$ 取最小值时，即抛物线 C：$x^2=4y$ 上的动点 Q 到直线 l_1 的距离最小，

设 $Q\left(x_0, \frac{x_0^2}{4}\right)$，则 Q 到 l_1 的距离 $d=\frac{\left|x_0-\frac{x_0^2}{4}-3\right|}{\sqrt{2}}=\frac{\left|\left(\frac{x_0}{2}-1\right)^2+2\right|}{\sqrt{2}}=\sqrt{2}+\frac{\left(\frac{x_0}{2}-1\right)^2}{\sqrt{2}}$，

所以当 $x_0=2$ 时，d 的最小值为$\sqrt{2}$，此时 Q（2，1），

易知过点 Q 且垂直于 l_1 的直线方程为 $y=-x+3$，

由$\begin{cases}y=-x+3,\\x-y-3=0,\end{cases}$解得 P（3，0），$k=\frac{3}{2}$，

所以直线 l 的方程为 $y=\frac{3}{2}x$.

综上，点 Q 的坐标为（2，1），直线 l 的方程为 $y=\frac{3}{2}x$.

解法2：设 $A\left(x_1,\ \frac{x_1}{4}\right)$，$B\left(x_2,\ \frac{x_2}{4}\right)$，

由 $y=\frac{x^2}{4}$得 $y'=\frac{x}{2}$，所以 $k_{PA}=\frac{x_1}{2}$，直线 PA 方程为 $y-\frac{x_1^2}{4}=\frac{x_1}{2}(x-x_1)$，即 $y=\frac{x_1}{2}x-\frac{x_1^2}{4}$.

同理直线 PB 的方程为 $y=\frac{x_2}{2}x-\frac{x_2^2}{4}$，联立解得 $P\left(\frac{x_1+x_2}{2},\ \frac{x_1x_2}{4}\right)$，

依题意直线 l 的斜率存在，

不妨设直线 l 的方程为 $y-3=k(x-2)$，

由$\begin{cases}x^2=4y,\\y-3=k(x-2),\end{cases}$得 $x^2-4kx+8k-12=0$，

易知 $\Delta>0$，因此 $x_1+x_2=4k$，$x_1x_2=8k-12$，

所以 $P(2k,\ 2k-3)$，所以点 P 在直线 l_1：$x-y-3=0$ 上. 以下同解法 1.

第 3 类　直线与圆锥曲线的位置关系

本类问题涉及如下知识点：

（1）设直线 l 的方程为 $ax^2+by+c=0$，圆锥曲线的方程为 $F(x,\ y)=0$，

由$\begin{cases}ax+by+c=0,\\F(x,\ y)=0,\end{cases}$消去 x（或 y）.

若消去 y 后得 $ax^2+bx+c=0$.

①若 $a=0$，此时圆锥曲线不会是椭圆. 当圆锥曲线为双曲线时，直线 l 与双曲线的渐近线平行或重合；当圆锥曲线是抛物线时，直线 l 与抛物线的对称轴平行或重合.

②若 $a\neq0$，设 $\Delta=b^2-4ac$.

$\Delta>0$ 时，直线与圆锥曲线相交；

$\Delta=0$ 时，直线与圆锥曲线相切；

$\Delta<0$ 时，直线与圆锥曲线相离.

注意：①直线与双曲线（或抛物线）有一个公共点是直线与双曲线（或抛物线）相切的必要非充分条件.

②直线与圆或椭圆只有一个公共点是直线与椭圆或圆相切的充要条件.

（2）直线与圆或椭圆只有一个公共点……

【例1】（2019佛山二模理科）已知$A(-\sqrt{5},0)$，$B(\sqrt{5},0)$，直线AM，BM相交于点M，且它们的斜率之积是$-\frac{1}{5}$.

（1）求点M的轨迹I'的方程；

（2）过点A的直线与轨迹I'交于点Q，与y轴交于点C，过$T(1,0)$作CT的垂线交y轴于点D，求证：$AD /\!/ BQ$.

解析

（1）设$M(x,y)$，

则直线AM的斜率$k_{AM}=\frac{y}{x+\sqrt{5}}$，直线$BM$的斜率$k_{AM}=\frac{y}{x-\sqrt{5}}$，

依题意得$k_{AM}\cdot k_{BM}=\frac{y}{x+\sqrt{5}}, \frac{y}{x-\sqrt{5}}=-\frac{1}{5}$，整理得$\frac{x^2}{5}+y^2=1$，

所以点M的轨迹I'的方程为$\frac{x^2}{5}+y^2=1(y\neq 0)$.

（2）解法1：设直线AQ的方程为$y=k(x+\sqrt{5})$，

联立$\begin{cases} y=k(x+\sqrt{5}), \\ \frac{x^2}{5}+y^2=1, \end{cases}$消去$y$整理得$(1+5k^2)x^2+10\sqrt{5}k^2x+25k^2-5=0$，

又$A(-\sqrt{5},0)$，所以$-\sqrt{5}x_Q=\frac{25k^2-5}{1+5k^2}$，即$x_Q=\frac{\sqrt{5}(1-5k^2)}{1+5k^2}$，$y_Q=\frac{2\sqrt{5}k}{1+5k^2}$，

易得$C(0,\sqrt{5}k)$，直线CT的斜率$k_{CT}=-\sqrt{5}k$，

又$CT\perp TD$，所以直线TD的方程为$y=\frac{1}{\sqrt{5}k}(x-1)$，

令$x=0$，得$D\left(0,-\frac{1}{\sqrt{5}k}\right)$，

所以直线AD的斜率$k_{AD}=-\frac{1}{5k}$，

又直线BQ的斜率为$k_{BQ}=\frac{y_Q-0}{x_Q-\sqrt{5}}=-\frac{1}{5k}$，

所以$k_{AD}=k_{BQ}$，$AD /\!/ BQ$.

解法2：设$Q(x_0,y_0)$ $\left(其中\frac{x_0^2}{5}+y_0^2=1\right)$，

则直线 AQ：$y=\dfrac{y_0}{x_0+\sqrt{5}}(x+\sqrt{5})$，

令 $x=0$，得 $C\left(0,\ \dfrac{\sqrt{5}y_0}{x_0+\sqrt{5}}\right)$，

所以直线 CT 的斜率 $k_{CT}=-\dfrac{\sqrt{5}y_0}{x_0+\sqrt{5}}$，

又 $CT\perp TD$，所以直线 TD 的方程为 $y=-\dfrac{x_0+\sqrt{5}}{\sqrt{5}y_0}(x-1)$，

令 $x=0$，得 $D\left(0,\ \dfrac{x_0+\sqrt{5}}{\sqrt{5}y_0}\right)$，

所以直线 AD 的斜率 $k_{AD}=\dfrac{x_0+\sqrt{5}}{\sqrt{5}y_0}$，直线 BQ 的斜率 $k_{BQ}=-\dfrac{y_0}{x_0-\sqrt{5}}$，

又 $k_{AD}-k_{BQ}=\dfrac{x_0+\sqrt{5}}{5y_0}-\dfrac{y_0}{x_0-\sqrt{5}}=\dfrac{x_0^2-5-5y_0^2}{5y_0(x_0-\sqrt{5})}=0$，

所以 $k_{AD}=k_{BQ}$，$AD /\!/ BQ$.

解法 3：设直线 AQ 的方程为 $y=k(x+\sqrt{5})$，

则直线 BQ 的斜率 $k_{BQ}=-\dfrac{1}{5k}$，$C(0,\ \sqrt{5}k)$，直线 CT 的斜率 $k_{CT}=-\sqrt{5}k$，

又 $CT\perp TD$，所以直线 TD 的方程为 $y=\dfrac{1}{\sqrt{5}k}(x-1)$，

令 $x=0$，得 $D\left(0,\ -\dfrac{1}{\sqrt{5}k}\right)$，

所以直线 AD 的斜率 $k_{AD}=-\dfrac{1}{5k}$，

所以 $k_{AD}=k_{BQ}$，所以 $AD /\!/ BQ$.

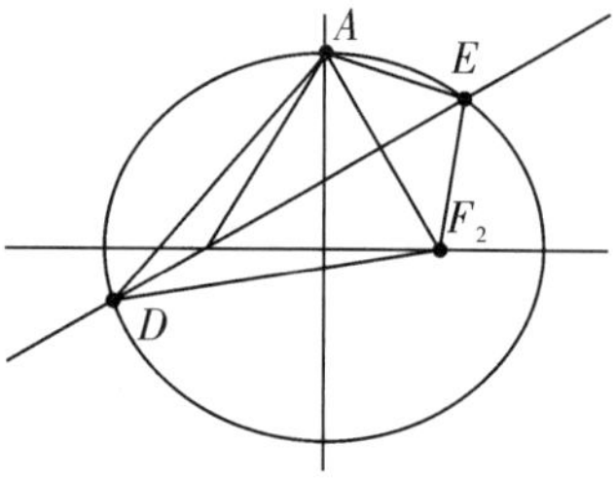

【例 2】（2022 新高考Ⅰ卷）已知椭圆 C：$\dfrac{x^2}{a^2}+\dfrac{y^2}{b^2}=1$（$ab>0$）$C$ 的上顶点为 A，两个焦点为 F_1，F_2，离心率为 $\dfrac{1}{2}$，过 F_1 且垂直于 AF_2 的直线与 C 交于 D，E 两点，$|DE|=6$，则三角形 ADE 的周长是________.

解析

因为 $e=\dfrac{c}{a}=\dfrac{1}{2}$ 所以 $a=2c$，此时 $\dfrac{x^2}{4c^2}+\dfrac{y^2}{3c^2}=1$，由题意知 $|F_1F_2|=|AF_1|=|AF_2|=2c$.

所以$\triangle AF_1F_2$是正三角形，$\angle AF_2F_1=60^\circ$，又因为$AF_2\perp DE$，所以$\angle EF_1F_2=30^\circ$且DE是AF_2的垂直平分线$F(-c,0)$，

所以DE的方程为$y=\frac{\sqrt{3}}{3}(x+c)$，联立二者方程得$\begin{cases}y=\frac{\sqrt{3}}{3}(x+c),\\ \frac{x^2}{4c^2}+\frac{y^2}{3c^2}=1,\end{cases}$

整理得$13x^2+8cx-32c^2=0$．由韦达定理得$\begin{cases}x_1+x_2=\frac{-8c}{13},\\ x_1x_2=\frac{-32c^2}{13}.\end{cases}$

又因为$|DE|=\sqrt{1+k^2}|x_1-x_2|=\sqrt{1+k^2}\sqrt{(x_1+x_2)^2-4x_1x_2}=6$，将上述方程组代入$|DE|$解得$c=\frac{13}{8}$，所以$a=\frac{13}{4}$，已知$DE$是$AF_2$的垂直平分线，

所以$AD=DF_2$，$AE=EF_2$，

所以$C_{ADE}=AD+AE+DE=DF_2+EF_2+DE=4a=13$.

【例3】（2022新高考Ⅱ卷）已知椭圆$\frac{x^2}{6}+\frac{y^2}{3}=1$，直线$l$与椭圆在第一象限交于$A$，$B$两点，与$x$轴，$y$轴分别交于$M$，$N$两点，且$|MA|=|NB|$，$|MN|=2\sqrt{3}$，则直线$l$的方程为________.

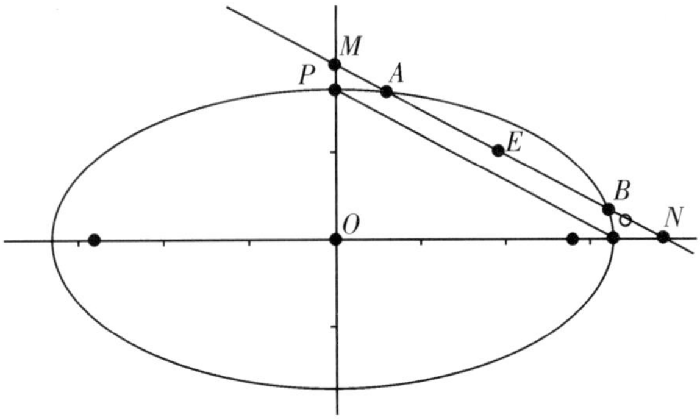

解析

如上图所示，设椭圆与x，y轴的正半轴交于P，Q两点，设$A(x_1,y_1)$，$B(x_2,y_2)$，

AB的中点坐标为$E(x_0,y_0)$，则$\begin{cases}x_0=\frac{x_1+x_2}{2},\\ y_0=\frac{y_1+y_2}{2}.\end{cases}$

设直线AB的方程为$y=kx+m$（$k<0$），所以$M(0,m)$，$N\left(-\frac{m}{k},0\right)$

因为 $|MA|=|NB|$，所以 $|ME|=|NE|$，所以 $E\left(-\frac{m}{2k},\ \frac{m}{2}\right)k_{OE}=\frac{\frac{m}{2}}{-\frac{m}{2k}}=-k.$

将 A，B 两点代入椭圆方程联立得 $\begin{cases}\frac{x_1^2}{6}+\frac{y_1^2}{3}=1,\\ \frac{x_2^2}{6}+\frac{y_2^2}{3}=1,\end{cases}$ 解得 $x_1^2-x_2^2=2\ (y_2^2-y_1^2)$.

所以 $\frac{y_2-y_1}{x_2-x_1}\times\frac{y_2+y_1}{x_2+x_1}=-\frac{1}{2}$，同时 $k_{OE}=\frac{y_0}{x_0}=\frac{y_2+y_1}{x_2+x_1}=-k$，

所以 $k\times(-k)=-\frac{1}{2}$，解得 $k=-\frac{\sqrt{2}}{2}$.

因为 $|MN|=2\sqrt{3}$ 由勾股定理得

$\sqrt{m^2+\left(-\frac{m}{k}\right)^2}=(2\sqrt{3})^2$，解得 $m=2$. 所以直线 l 方程为 $x+\sqrt{2}y-2\sqrt{2}=0$.

第 4 类　求轨迹方程

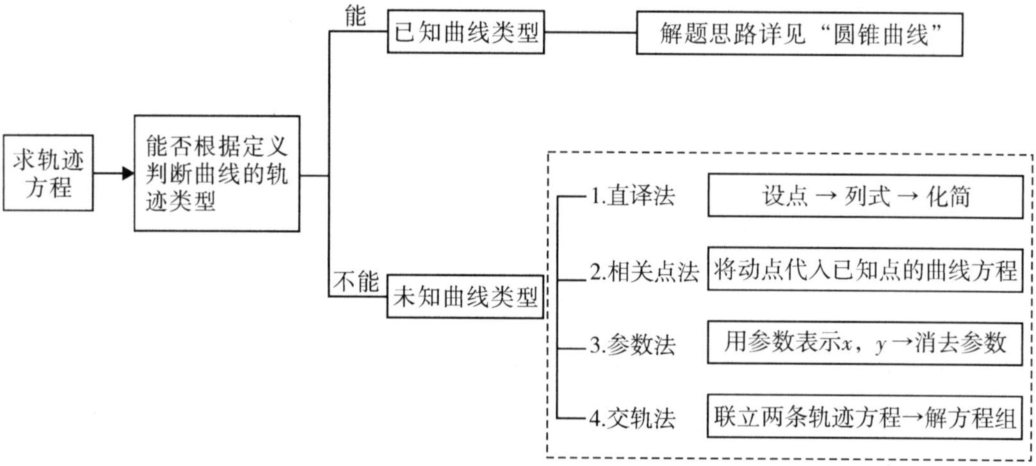

图 4－10　求轨迹方程常考题型及解题思路

【例 1】（2020 新课标Ⅱ卷）已知椭圆 C_1：$\frac{x^2}{a^2}+\frac{y^2}{b^2}=1(a>b>0)$ 的右焦点 F 与抛物线 C_2 的焦点重合，C_1 的中心与 C_2 的顶点重合，过 F 且与 x 轴垂直的直线交 C_1 于 A，B 两点，交 C_2 于 C，D 两点，且 $|CD|=\frac{4}{3}|AB|$.

（1）求 C_1 的离心率；

（2）设 M 是 C_1 与 C_2 的公共点，若 $|MF|=5$，求 C_1 与 C_2 的标准方程.

解析

（1）因为 $F(c,\ 0)$，$AB\perp x$ 轴且与椭圆 C_1 相交于 A，B 两点，

则直线 AB 的方程为 $x=c$，

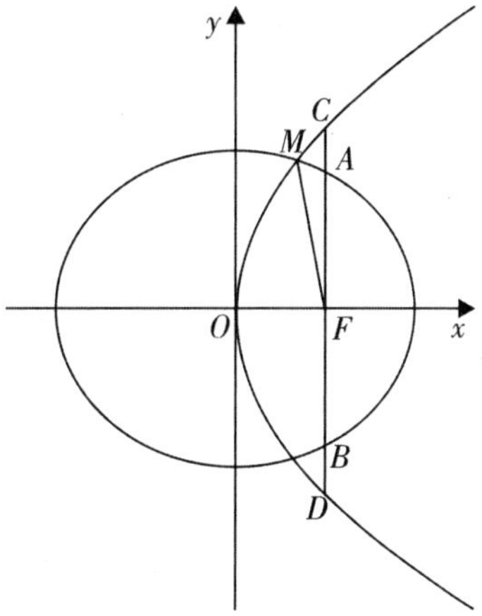

联立 $\begin{cases}x=c,\\ \dfrac{x^2}{a^2}+\dfrac{y^2}{b^2}=1,\\ a^2=b^2+c^2,\end{cases}$ 解得 $\begin{cases}x=c,\\ y=\pm\dfrac{b^2}{a},\end{cases}$ 则 $|AB|=\dfrac{2b^2}{a}$.

抛物线 C_2 的方程为 $y^2=4cx$，联立 $\begin{cases}x=c,\\ y^2=4cx,\end{cases}$

解得 $\begin{cases}x=c,\\ y=\pm 2c,\end{cases}$ 所以 $|CD|=4c$.

因为 $|CD|=\dfrac{4}{3}|AB|$，即 $4c=\dfrac{8b^2}{3a}$，$2b^2=3ac$，

即 $2c^2+3ac-2a^2=0$，即 $2e^2+3e-2=0$，

因为 $0<e<1$，解得 $e=\dfrac{1}{2}$，因此椭圆 C_1 的离心率为 $\dfrac{1}{2}$.

（2）由（1）知 $a=2c$，$b=\sqrt{3}c$，椭圆 C_1 的方程为 $\dfrac{x^2}{4c^2}+\dfrac{y^2}{3c^2}=1$，

联立 $\begin{cases}y^2=4cx,\\ \dfrac{x^2}{4c^2}+\dfrac{y^2}{3c^2}=1,\end{cases}$ 消去 y 并整理得 $3x^2+16cx-12c^2=0$，

解得 $x=\dfrac{2}{3}c$ 或 $x=-6c$（舍去），

由抛物线的定义可得 $|MF|=\dfrac{2}{3}c+c=\dfrac{5c}{3}=5$，解得 $c=3$.

因此，曲线 C_1 的标准方程为 $\dfrac{x^2}{36}+\dfrac{y^2}{27}=1$，

曲线 C_2 的标准方程为 $y^2=12x$.

【例2】（2018 新课标Ⅱ卷）设抛物线 C：$y^2=4x$ 的焦点为 F，过 F 且斜率为 k（$k>0$）的直线 l 与 C 交于 A，B 两点，$|AB|=8$.

（1）求 l 的方程；

（2）求过点 A，B 且与 C 的准线相切的圆的方程.

解析

（1）由题意得 $F(1,0)$，l 的方程为 $y=k(x-1)$（$k>0$）.

设 $A(x_1,y_1)$，$B(x_2,y_2)$，由 $\begin{cases}y=k(x-1),\\ y^2=4x,\end{cases}$ 得 $k^2x^2-(2k^2+4)x+k^2=0$.

故 $x_1+x_2=\dfrac{2k^2+4}{k^2}$.

所以 $|AB|=|AF|+|BF|=(x_1+1)+(x_2+1)=\dfrac{4k^2+4}{k^2}$.

由题设知 $\dfrac{4k^2+4}{k^2}=8$，解得 $k=-1$（舍去）或 $k=1$.

因此 l 的方程为 $y=x-1$.

（2）由（1）得 AB 的中点坐标为（3，2），

所以 AB 的垂直平分线方程为 $y-2=-(x-3)$，即 $y=-x+5$.

设所求圆的圆心坐标为 $(x_0,\ y_0)$，则半径为 x_0+1，圆心到 AB 的距离为 $\dfrac{|y_0-x_0+1|}{2}$，

又因为圆心在直线 $y=-x+5$ 上，所以联立 $\begin{cases}y_0=-x_0+5,\\(x_0+1)^2=\dfrac{(y_0-x_0+1)^2}{2}+16,\end{cases}$

解得 $\begin{cases}x_0=3,\\y_0=2,\end{cases}$ 或 $\begin{cases}x_0=11,\\y_0=-6.\end{cases}$

因此所求圆的方程为 $(x-3)^2+(y-2)^2=16$ 或 $(x-11)^2+(y+6)^2=144$.

【例 3】（2017 新课标Ⅲ卷）已知抛物线 C：$y^2=2x$，过点 $(2,\ 0)$ 的直线 l 交 C 于 A，B 两点，圆 M 是以线段 AB 为直径的圆.

（1）证明：坐标原点 O 在圆 M 上；

（2）设圆 M 过点 $P(4,\ -2)$，求直线 l 与圆 M 的方程.

解析

（1）设 $A(x_1,\ y_1)$，$B(x_2,\ y_2)$，l：$x=my+2$，

由 $\begin{cases}x=my+2,\\y^2=2x,\end{cases}$ 可得 $y^2-2my-4=0$，$y_1y_2=-4$.

又 $x_1=\dfrac{y_1^2}{2}$，$x_2=\dfrac{y_2^2}{2}$，故 $x_1x_2=\dfrac{(y_1y_2)^2}{4}=4$.

因此 OA 的斜率与 OB 的斜率之积为 $\dfrac{y_1}{x_1}\cdot\dfrac{y_2}{x_2}=\dfrac{-4}{4}=-1$.

所以 $OA\perp OB$.

故坐标原点 O 在圆 M 上.

（2）由（1）可得 $y_1+y_2=2m$，$x_1+x_2=m(y_1+y_2)+4=2m^2+4$，

故圆心 M 的坐标为 $(m^2+2,\ m)$，圆 M 的半径 $r=\sqrt{(m^2+2)^2+m^2}$.

由于圆 M 过点 P（4，-2），因此 $\overrightarrow{PA}\cdot\overrightarrow{PB}=0$，故 $(x_1-4)(x_2-4)+(y_1+2)(y_2+2)=0$，

即 $x_1x_2-4(x_1+x_2)+y_1y_2+2(y_1+y_2)+20=0$.

由（1）可得 $y_1y_2=-4$，$x_1x_2=4$，

所以 $2m^2-m-1=0$，解得 $m=1$ 或 $m=-\frac{1}{2}$.

当 $m=1$ 时，直线 l 的方程为 $x-y-2=0$，圆心 M 的坐标为 $(3,1)$，

圆 M 的半径为 $\sqrt{10}$，圆 M 的方程为 $(x-3)^2+(y-1)^2=10$；

当 $m=-\frac{1}{2}$ 时，直线 l 的方程为 $2x+y-4=0$，圆心 M 的坐标为 $\left(\frac{9}{4},-\frac{1}{2}\right)$，圆 M 的半径为 $\frac{\sqrt{85}}{4}$，圆 M 的方程为 $\left(x-\frac{9}{4}\right)^2+\left(y+\frac{1}{2}\right)^2=\frac{85}{16}$.

第 5 类　定点、定值问题

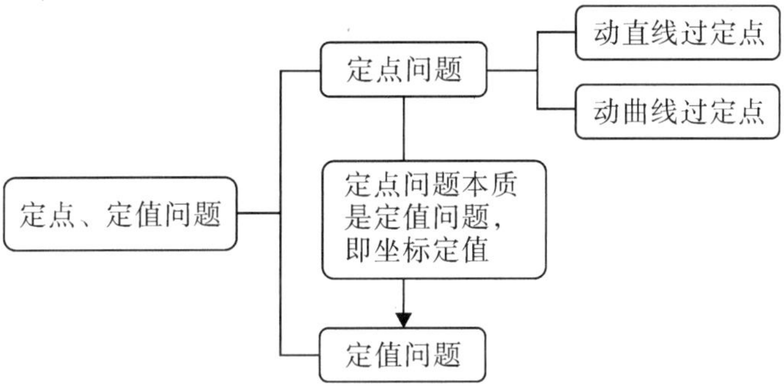

图 4-11　定点、定值问题常考题型

1. 定点问题

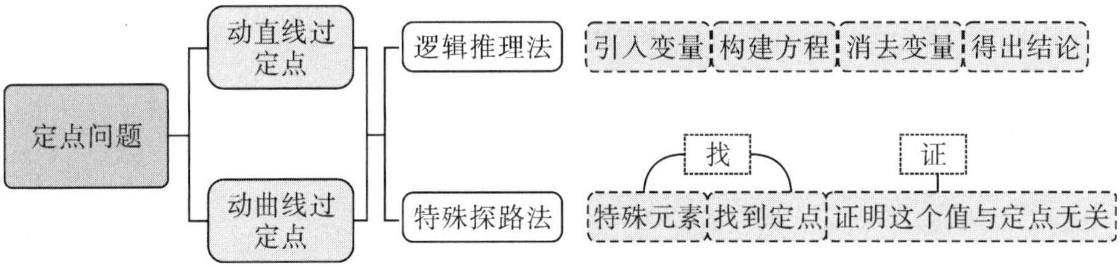

图 4-12　定点问题常考题型及解题思路

题型 1：动直线过定点问题

【例 1】（2022 全国乙卷理科）已知椭圆 E 的中心为坐标原点，对称轴为 x 轴、y 轴，且过 A（0，-2），$B\left(\frac{3}{2},-1\right)$ 两点.

（1）求 E 的方程；

（2）设过点 P（1，-2）的直线交 E 于 M，N 两点，过 M 且平行于 x 轴的直线与线段 AB 交于点 T，点 H 满足$\overrightarrow{MT}=\overrightarrow{TH}$. 证明：直线 HN 过定点.

解析

（1）设椭圆 E 的方程为 $mx^2+ny^2=1$，过 $A(0,\ -2)$，$B\left(\frac{3}{2},\ -1\right)$，

则$\begin{cases}4n=1,\\ \frac{9}{4}m+n=1,\end{cases}$解得 $m=\frac{1}{3}$，$n=\frac{1}{4}$.

所以椭圆 E 的方程为$\frac{x^2}{3}+\frac{y^2}{4}=1$.

（2）$A(0,\ -2)$，$B\left(\frac{3}{2},\ -1\right)$，所以直线 AB：$y+2=\frac{2}{3}x$.

①若过点 $P(1,\ -2)$的直线斜率不存在，直线 $x=1$.

代入$\frac{x^2}{3}+\frac{y^2}{4}=1$，可得 $M\left(1,\ \frac{2\sqrt{6}}{3}\right)$，$N\left(1,\ -\frac{2\sqrt{6}}{3}\right)$；代入 AB 方程 $y=\frac{2}{3}x-2$，可得 $T\left(\sqrt{6}+3,\ \frac{2\sqrt{6}}{3}\right)$.

由$\overrightarrow{MT}=\overrightarrow{TH}$得到 $H\left(2\sqrt{6}+5,\ \frac{2\sqrt{6}}{3}\right)$. 求得 HN 方程 $y=\left(2-\frac{2\sqrt{6}}{3}\right)x-2$，且直线 HN 过定点 $(0,\ -2)$.

②若过点 $P(1,\ -2)$的直线斜率存在，设 $kx-y-(k+2)=0$，$M(x_1,\ y_1)$，$N(x_2,\ y_2)$.

联立$\begin{cases}kx-y-(k+2)=0,\\ \frac{x^2}{3}+\frac{y^2}{4}=1,\end{cases}$得$(3k^2+4)x^2-6k(2+k)x+3k(k+4)=0$.

可得$\begin{cases}x_1+x_2=\frac{6k(2+k)}{3k^2+4},\\ x_1x_2=\frac{3k(4+k)}{3k^2+4},\end{cases}$可得$\begin{cases}y_1+y_2=\frac{-8(2+k)}{3k^2+4},\\ y_1y_2=\frac{4(4+4k-2k^2)}{3k^2+4},\end{cases}$且 $x_1y_2+x_2y_1=\frac{-24k}{3k^2+4}$（$*$），

联立$\begin{cases}y=y_1,\\ y=\frac{2}{3}x-2,\end{cases}$可得 $T\left(\frac{2y_1}{2}+3,\ y_1\right)$，$H(3y_1+6-x_1,\ y_1)$.

可求得此时直线 HN：$y-y_2=\frac{y_1-y_2}{3y_1+6-x_1-x_2}(x-x_2)$.

将（0，-2）代入整理得 $2(x_1+x_2)-6(y_1+y_2)+x_1y_2+x_2y_1-3y_1y_2-12=0$.

将（$*$）代入得 $24k+12k^2+96+48k-24k-48-48k+24k^2-36k^2-48=0$，

显然成立.

综上，可得直线 HN 过定点 $(0,\ -2)$.

【例2】（2020 新课标Ⅰ卷）已知 A，B 分别为椭圆 E：$\frac{x^2}{a^2}+y^2=1$（$a>1$）的左、右顶点，G 为 E 的上顶点，$\overrightarrow{AG}\cdot\overrightarrow{GB}=8$. P 为直线 $x=6$ 上的动点，PA 与 E 的另一交点为 C，PB 与 E 的另一交点为 D.

（1）求 E 的方程；

（2）证明：直线 CD 过定点.

解析

如下图所示：

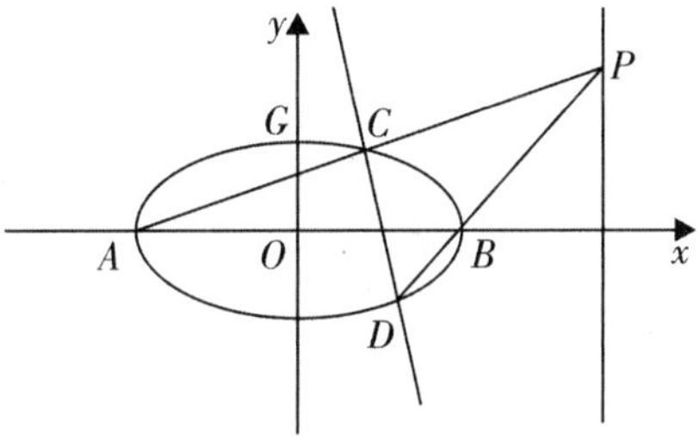

（1）由题意可知 $A(-a,\ 0)$，$B(a,\ 0)$，$G(0,\ 1)$，

所以 $\overrightarrow{AG}=(a,\ 1)$，$\overrightarrow{GB}=(a,\ -1)$，$\overrightarrow{AG}\cdot\overrightarrow{GB}=a^2-1=8$，解得 $a=3$.

故椭圆 E 的方程是 $\frac{x^2}{9}+y^2=1$.

（2）由（1）知 $A(-3,\ 0)$，$B(3,\ 0)$，设 $P(6,\ m)$，

则直线 PA 的方程是 $y=\frac{m}{9}(x+3)$，

联立 $\begin{cases}\frac{x^2}{9}+y^2=1,\\ y=\frac{m}{9}(x+3),\end{cases}\Rightarrow(9+m^2)x^2+6m^2x+9m^2-81=0.$

由韦达定理 $-3x_C=\frac{9m^2-81}{9+m^2}\Rightarrow x_C=\frac{-3m^2+27}{9+m^2}$，

代入直线 PA 的方程 $y=\frac{m}{9}(x+3)$，得 $y_C=\frac{6m}{9+m^2}$，即 $C\left(\frac{-3m^2+27}{9+m^2},\ \frac{6m}{9+m^2}\right)$.

直线 PB 的方程是 $y=\frac{m}{3}(x-3)$，

联立方程 $\begin{cases}\frac{x^2}{9}+y^2=1,\\ y=\frac{m}{3}(x-3)\end{cases}\Rightarrow(1+m^2)x^2-6m^2x+9m^2-9=0,$

由韦达定理 $3x_D=\dfrac{9m^2-9}{1+m^2}\Rightarrow x_D=\dfrac{3m^2-3}{1+m^2}$,

代入直线 PB 的方程 $y=\dfrac{m}{3}(x-3)$，得 $y_D=\dfrac{-2m}{1+m^2}$，即 $D\left(\dfrac{3m^2-3}{1+m^2},\ \dfrac{-2m}{1+m^2}\right)$.

则①当 $x_C=x_D$ 即 $\dfrac{27-3m^2}{9+m^2}=\dfrac{3m^2-3}{m^2+1}$ 时，有 $m^2=3$,

此时 $x_C=x_D=\dfrac{3}{2}$，即 CD 为直线 $x=\dfrac{3}{2}$.

②当 $x_C\neq x_D$ 时，直线 CD 的斜率 $K_{CD}=\dfrac{y_C-y_D}{x_C-x_D}=\dfrac{4m}{3(3-m^2)}$,

所以直线 CD 的方程是 $y-\dfrac{-2m}{1+m^2}=\dfrac{4m}{3(3-m^2)}\left(x-\dfrac{3m^2-3}{1+m^2}\right)$,

整理得 $y=\dfrac{4m}{3(3-m^2)}\left(x-\dfrac{3}{2}\right)$，直线 CD 过定点 $\left(\dfrac{3}{2},\ 0\right)$.

综合①②可得直线 CD 过定点 $\left(\dfrac{3}{2},\ 0\right)$.

题型 2：动曲线过定点问题

【例 3】（2019 深圳第一次调研・文科）设抛物线 C：$y^2=4x$，直线 l：$x-my-2=0$ 与 C 交于 A，B 两点.

（1）若 $|AB|=4\sqrt{6}$，求直线 l 的方程；

（2）点 M 为 AB 的中点，过点 M 作直线 MN 与 y 轴垂直，垂足为 N，求证：以 MN 为直径的圆必经过一定点，并求出该定点坐标.

解析

（1）由 $\begin{cases}x=my+2,\\ y^2=4x,\end{cases}$ 消去 x 并整理，得 $y^2-4my-8=0$,

显然 $\Delta=16m^2+32>0$，设 $A(x_1,\ y_1)$，$B(x_2,\ y_2)$，

由韦达定理可得 $y_1+y_2=4m$，$y_1\cdot y_2=-8$,

因为 $|AB|=\sqrt{m^2+1}\cdot|y_1-y_2|=\sqrt{m^2+1}\cdot\sqrt{(y_1+y_2)^2-4y_1y_2}$,

所以 $|AB|=4\sqrt{m^2+1}\cdot\sqrt{m^2+2}=4\sqrt{6}$,

所以 $m^2=-4$（舍去）或 $m^2=1$,

所以 $m=\pm1$,

所以直线方程为 $x-y-2=0$ 或 $x+y-2=0$.

（2）设 AB 的中点 M 的坐标为 $(x_M,\ y_M)$，则 $y_M=\dfrac{y_1+y_2}{2}=2m$,

又因为 $x_1+x_2=m(y_1+y_2)+4=4m^2+4$，

所以 $x_M=\frac{x_1+x_2}{2}=2m^2+2$，

所以 $M(2m^2+2,2m)$，由题意可得 $N(0,2m)$，

设以 MN 为直径的圆经过点 $P(x_0,y_0)$，

则$\overrightarrow{PM}=(2m^2+2-x_0,2m-y_0)$，$\overrightarrow{PN}=(-x_0,2m-y_0)$，

由题意可得 $\overrightarrow{PM}\cdot\overrightarrow{PN}=0$，

即 $(4-2x_0)m^2-4y_0m+x_0^2+y_0^2-2x_0=0$，

由题意可知$\begin{cases}4-2x_0=0,\\4y_0=0,\\x_0^2+y_0^2-2x_0=0,\end{cases}$ 解得 $x_0=2$，$y_0=0$，

所以所求坐标为定点（2，0）.

2. **定值问题**

【例 1】（2021 新高考Ⅱ卷）已知椭圆 C 的方程为$\frac{x^2}{a^2}+\frac{y^2}{b^2}=1$ $(a>b>0)$，右焦点为 $F(\sqrt{2},0)$，且离心率为$\frac{\sqrt{6}}{3}$.

（1）求椭圆 C 的方程；

（2）设 M，N 是椭圆 C 上的两点，直线 MN 与曲线 $x^2+y^2=b^2$ $(x>0)$ 相切. 证明：M，N，F 三点共线的充要条件是 $|MN|=\sqrt{3}$.

解析

（1）由题意可知，椭圆半焦距 $c=\sqrt{2}$且 $e=\frac{c}{a}=\frac{\sqrt{6}}{3}$，所以 $a=\sqrt{3}$，

又 $b^2=a^2-c^2=1$，所以椭圆方程为$\frac{x^2}{3}+y^2=1$.

（2）由（1）得，曲线为 $x^2+y^2=1$ $(x>0)$，

当直线 MN 的斜率不存在时，直线 MN：$x=1$，不合题意.

当直线 MN 的斜率存在时，设 $M(x_1,y_1)$，$N(x_2,y_2)$，

必要性：若 M，N，F 三点共线，可设直线 MN 为 $y=k(x-\sqrt{2})$，即 $kx-y-\sqrt{2}k=0$，

由直线 MN 与曲线 $x^2+y^2=1$ $(x>0)$ 相切可得$\frac{|\sqrt{2}k|}{\sqrt{k^2+1}}=1$，解得 $k=\pm1$，

联立$\begin{cases}y=\pm(x-\sqrt{2}),\\\frac{x^2}{3}+y^2=1,\end{cases}$ 可得 $4x^2-6\sqrt{2}x+3=0$，所以 $x_1+x_2=\frac{3\sqrt{2}}{2}$，$x_1\cdot x_2=\frac{3}{4}$，

所以 $|MN|=\sqrt{1+1}\cdot\sqrt{(x_1+x_2)^2-4x_1\cdot x_2}=\sqrt{3}$，

所以必要性成立.

充分性：设直线 MN 为 $y=kx+b(kb<0)$，即 $kx-y+b=0$，

由直线 MN 与曲线 $x^2+y^2=1$（$x>0$）相切可得 $\frac{|b|}{\sqrt{k^2+1}}=1$，所以 $b^2=k^2+1$，

联立 $\begin{cases}y=kx+b,\\ \frac{x^2}{3}+y^2=1,\end{cases}$ 可得 $(1+3k^2)x^2+6kbx+3b^2-3=0$，

所以 $x_1+x_2=-\frac{6kb}{1+3k^2}$，$x_1\cdot x_2=\frac{3b^2-3}{1+3k^2}$，

$$|MN|=\sqrt{1+k^2}\cdot\sqrt{(x_1+x_2)^2-4x_1\cdot x_2}=\sqrt{1+k^2}\sqrt{\left(-\frac{6kb}{1+3k^2}\right)^2-4\cdot\frac{3b^2-3}{1+3k^2}}$$

$$=\sqrt{1+k^2}\cdot\frac{\sqrt{24k^2}}{1+3k^2}=\sqrt{3},$$

化简得 $3(k^2-1)^2=0$，所以 $k=\pm1$，

所以 $\begin{cases}k=1,\\ b=-\sqrt{2},\end{cases}$ 或 $\begin{cases}k=-1,\\ b=\sqrt{2},\end{cases}$ 所以直线 MN：$y=x-\sqrt{2}$ 或 $y=-x+\sqrt{2}$，

所以直线 MN 过点 $F(\sqrt{2},0)$，M，N，F 三点共线，充分性成立.

所以 M，N，F 三点共线的充要条件是 $|MN|=\sqrt{3}$.

【例 2】（2020 新高考Ⅰ卷）已知椭圆 C：$\frac{x^2}{a^2}+\frac{y^2}{b^2}=1$（$a>b>0$）的离心率为 $\frac{\sqrt{2}}{2}$，且过点 A（2，1）.

（1）求 C 的方程；

（2）点 M，N 在 C 上，且 $AM\perp AN$，$AD\perp MN$，D 为垂足. 证明：存在定点 Q，使得 $|DQ|$ 为定值.

解析

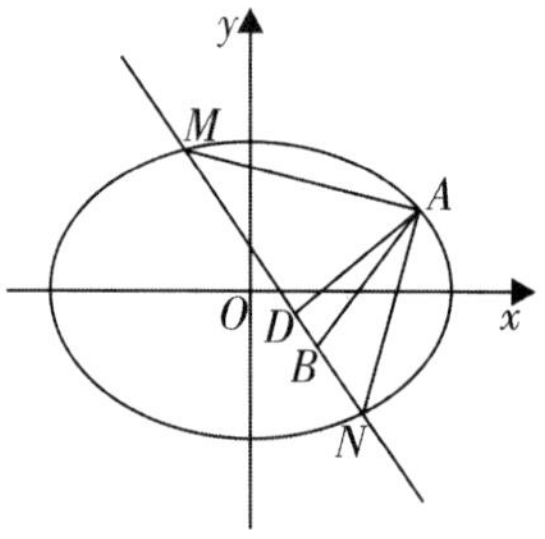

（1）因为离心率 $e=\frac{c}{a}=\frac{\sqrt{2}}{2}$，

所以 $a=\sqrt{2}c$，又 $a^2=b^2+c^2$，所以 $b=c$，$a=\sqrt{2}b$.

把点 A（2，1）代入椭圆方程得 $\frac{4}{2b^2}+\frac{1}{b^2}=1$，解得 $b^2=3$，

故椭圆 C 的方程为 $\frac{x^2}{6}+\frac{y^2}{3}=1$.

（2）①当直线 MN 的斜率存在时，设其方程为 $y=kx+m$，

联立$\begin{cases}y=kx+m,\\ \dfrac{x^2}{6}+\dfrac{y^2}{3}=1,\end{cases}$得 $(2k^2+1)x^2+4kmx+2m^2-6=0$,

由 $\Delta=(4km)^2-4(2k^2+1)(2m^2-6)>0$，知 $m^2<6k^2+3$,

设 $M(x_1, y_1)$，$N(x_2, y_2)$，则 $x_1+x_2=-\dfrac{4km}{2k^2+1}$，$x_1x_2=\dfrac{2m^2-6}{2k^2+1}$,

因为 $AM\perp AN$，所以 $\overrightarrow{AM}\cdot\overrightarrow{AN}=(x_1-2, y_1-1)\cdot(x_2-2, y_2-1)=0$,

即 $(k^2+1)x_1x_2+(km-k-2)(x_1+x_2)+m^2-2m+5=0$.

所以 $(k^2+1)\cdot\dfrac{2m^2-6}{2k^2+1}+(km-k-2)\left(-\dfrac{4km}{2k^2+1}\right)+m^2-2m+5=0$,

化简整理得，$4k^2+8km+3m^2-2m-1=(2k+m-1)(2k+3m+1)=0$,

所以 $m=1-2k$ 或 $m=-\dfrac{2k+1}{3}$.

当 $m=1-2k$ 时，$y=kx-2k+1$，过定点 $A(2, 1)$，不符合题意，舍去；

当 $m=-\dfrac{2k+1}{3}$时，$y=kx-\dfrac{2k+1}{3}$，过定点 $B\left(\dfrac{2}{3}, -\dfrac{1}{3}\right)$.

因为 $AD\perp MN$，所以点 D 在以 AB 为直径的圆上，

故当点 Q 为 AB 的中点，即 $Q\left(\dfrac{4}{3}, \dfrac{1}{3}\right)$时，$|DQ|=\dfrac{2\sqrt{2}}{3}$，为定值.

②当直线 MN 的斜率不存在时，设其方程为 $x=t$，$M(t, s)$，$N(t, -s)$，且$\dfrac{t^2}{6}+\dfrac{s^2}{3}=1$,

因为 $AM\perp AN$，所以 $\overrightarrow{AM}\cdot\overrightarrow{AN}=(t-2, s-1)\cdot(t-2, -s-1)=t^2-4t-s^2+5=\dfrac{3}{2}t^2-4t+2=0$，解得 $t=\dfrac{2}{3}$或 $t=2$（舍2）.

所以 $D\left(\dfrac{2}{3}, 1\right)$，此时 $|DQ|=\sqrt{\left(\dfrac{4}{3}-\dfrac{2}{3}\right)^2+\left(\dfrac{1}{3}-1\right)^2}=\dfrac{2\sqrt{2}}{3}$，为定值.

综上所述，存在定点 $Q\left(\dfrac{4}{3}, \dfrac{1}{3}\right)$，使得 $|DQ|$ 为定值，且该定值为$\dfrac{2\sqrt{2}}{3}$.

【例3】（2021 新高考Ⅰ卷）在平面直角坐标系 xOy 中，已知点 $F_1(-\sqrt{17}, 0)$，$F_2(\sqrt{17}, 0)$，$|MF_1|-|MF_2|=2$，点 M 的轨迹为 C.

（1）求 C 的方程；

（2）设点 T 在直线 $x=\dfrac{1}{2}$上，过 T 的两条直线分别交 C 于 A，B 两点和 P，Q 两点，且 $|TA|\cdot|TB|=|TP|\cdot|TQ|$，求直线 AB 的斜率与直线 PQ 的斜率之和.

解析

（1）因为 $|MF_1|-|MF_2|=2<|F_1F_2|=2\sqrt{17}$,

所以，轨迹 C 是以点 F_1，F_2 为左、右焦点的双曲线的右支，

设轨迹 C 的方程为$\frac{x^2}{a^2}-\frac{y^2}{b^2}=1(a>0, b>0)$，则 $2a=2$，

可得 $a=1$，$b=\sqrt{17-a^2}=4$，

所以，轨迹 C 的方程为 $x^2-\frac{y^2}{16}=1(x\geqslant 1)$.

（2）设点 $T\left(\frac{1}{2}, t\right)$，若过点 T 的直线的斜率不存在，此时该直线 $x=\frac{1}{2}$与曲线 C 无公共点. 所以满足条件的直线的斜率必定存在. 不妨设直线 AB 的方程为 $y-t=k_1\left(x-\frac{1}{2}\right)$，即 $y=k_1x+t-\frac{1}{2}k_1$，

联立$\begin{cases}y=k_1x+t-\frac{1}{2}k_1,\\16x^2-y^2=16,\end{cases}$消去 y 并整理可得$(k_1^2-16)x^2+k_1(2t-k_1)x+\left(t-\frac{1}{2}k_1\right)^2+16=0$，

设点 $A(x_1, y_1)$，$B(x_2, y_2)$，则 $x_1>\frac{1}{2}$且 $x_2>\frac{1}{2}$.

由韦达定理可得 $x_1+x_2=\frac{k_1^2-2k_1t}{k_1^2-16}$，$x_1x_2=\frac{\left(t-\frac{1}{2}k_1\right)^2+16}{k_1^2-16}$，

所以$|TA|\cdot|TB|=(1+k_1^2)\cdot\left|x_1-\frac{1}{2}\right|\cdot\left|x_2-\frac{1}{2}\right|=(1+k_1^2)\cdot\left(x_1x_2-\frac{x_1+x_2}{2}+\frac{1}{4}\right)$

$$=\frac{(t^2+12)(1+k_1^2)}{k_1^2-16}.$$

设直线 PQ 的斜率为 k_2，同理可得$|TP|\cdot|TQ|=\frac{(t^2+12)(1+k_2^2)}{k_2^2-16}$.

因为$|TA|\cdot|TB|=|TP|\cdot|TQ|$，即$\frac{(t^2+12)(1+k_1^2)}{k_1^2-16}=\frac{(t^2+12)(1+k_2^2)}{k_2^2-16}$，

整理可得 $k_1^2=k_2^2$，

即$(k_1-k_2)(k_1+k_2)=0$，显然 $k_1-k_2\neq 0$，故 $k_1+k_2=0$.

因此，直线 AB 与直线 PQ 的斜率之和为 0.

【例 4】 已知椭圆 C 的中心在原点，焦点在 x 轴上，它的一个顶点恰好是抛物线 $y=\frac{1}{4}x^2$的焦点，离心率等于$\frac{2\sqrt{5}}{5}$.

（1）求椭圆 C 的方程；

（2）过椭圆 C 的右焦点 F 作直线 l 交椭圆 C 于 A，B 两点，交 y 轴于 M 点，若$\overrightarrow{MF}=$

$m\overrightarrow{AF}$，$\overrightarrow{MB}=n\overrightarrow{BF}$，求证：$m+n$ 为定值.

解析

（1）设椭圆 C 的方程为$\frac{x^2}{a^2}+\frac{y^2}{b^2}=1(a>b>0)$，则由题意知 $b=1$.

所以$\sqrt{\frac{a^2-b^2}{a^2}}=\frac{2\sqrt{5}}{5}$，即$\sqrt{1-\frac{1}{a^2}}=\frac{2\sqrt{5}}{5}$，所以 $a^2=5$.

所以椭圆 C 的方程为$\frac{x^2}{5}+y^2=1$.

（2）设 A，B，M 点的坐标分别为 A（x_1，y_1），B（x_2，y_2），M（0，y_0）.

又易知 F 点的坐标为（2，0），

显然直线 l 的斜率存在，设直线 l 的斜率为 k，

则直线 l 的方程是 $y=k(x-2)$.

将直线 l 的方程代入椭圆 C 的方程中，

消去 y 并整理得 $(1+5k^2)x^2-20k^2x+20k^2-5=0$，

所以 $x_1+x_2=\frac{20k^2}{1+5k^2}$，$x_1x_2=\frac{20k^2-5}{1+5k^2}$，

因为$\overrightarrow{MA}=m\overrightarrow{AF}$，$\overrightarrow{MB}=n\overrightarrow{BF}$，

所以将各点坐标代入得 $m=\frac{x_1}{2-x_1}$，$n=\frac{x_2}{2-x_2}$，

所以 $m+n=\frac{x_1}{2-x_1}+\frac{x_2}{2-x_2}=\frac{2(x_1+x_2)-2x_1x_2}{4-2(x_1+x_2)+x_1x_2}=-10$.

【例5】 设椭圆 C：$\frac{x^2}{2}+y^2=1$ 的右焦点为 F，过 F 的直线 l 与 C 交于 A，B 两点，点 M 的坐标为（2，0）.

（1）当 l 与 x 轴垂直时，求直线 AM 的方程；

（2）设 O 为坐标原点，证明：$\angle OMA=\angle OMB$.

解析

（1）由已知得 F（1，0），l 的方程为 $x=1$.

由已知可得，点 A 的坐标为$\left(1,\ \frac{\sqrt{2}}{2}\right)$或$\left(1,\ -\frac{\sqrt{2}}{2}\right)$.

所以 AM 的方程为 $y=-\frac{\sqrt{2}}{2}x+\sqrt{2}$或 $y=\frac{\sqrt{2}}{2}x-\sqrt{2}$.

（2）当 l 与 x 轴重合时，$\angle OMA=\angle OMB=0°$.

当 l 与 x 轴垂直时，OM 为 AB 的垂直平分线，所以$\angle OMA=\angle OMB$.

当 l 与 x 轴不重合也不垂直时，设 l 的方程为 $y=k(x-1)$　$(k\neq 0)$，$A(x_1,\ y_1)$，

$B(x_2,y_2)$，

则 $|x_1|<\sqrt{2}$，$|x_2|<\sqrt{2}$，直线 MA，MB 的斜率之和为 $k_{MA}+k_{MB}=\dfrac{y_1}{x_1-2}+\dfrac{y_2}{x_2-2}$.

由 $y_1=kx_1-k$，$y_2=kx_2-k$，得 $k_{MA}+k_{MB}=\dfrac{2kx_1x_2-3k(x_1+x_2)+4k}{(x_1-2)(x_2-2)}$.

将 $y=k(x-1)$ 代入 $\dfrac{x^2}{2}+y^2=1$，得 $(2k^2+1)x^2-4k^2x+2k^2-2=0$.

所以 $x_1+x_2=\dfrac{4k^2}{2k^2+1}$，$x_1x_2=\dfrac{2k^2-2}{2k^2+1}$.

则 $2kx_1x_2-3k(x_1+x_2)+4k=\dfrac{4k^3-4k-12k^3+8k^3+4k}{2k^2+1}=0$.

从而 $k_{MA}+k_{MB}=0$，故 MA，MB 的倾斜角互补，所以 $\angle OMA=\angle OMB$.

综上，$\angle OMA=\angle OMB$.

第 6 类　最值问题与取值范围问题

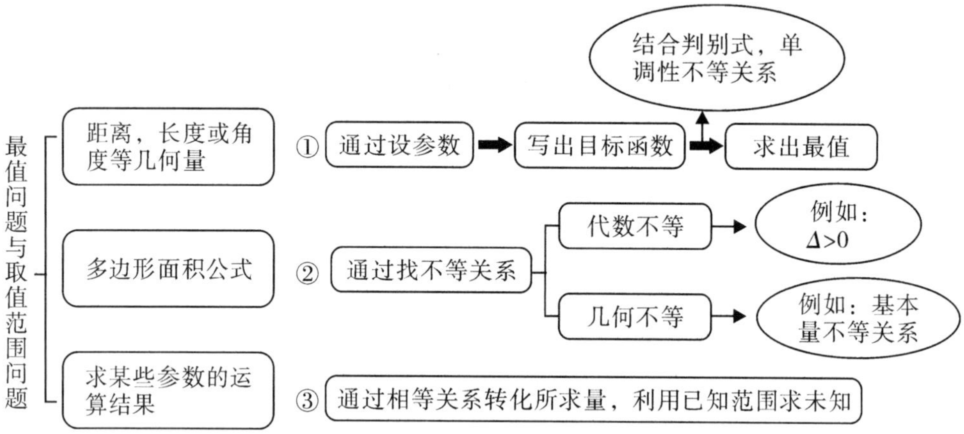

图 4－13　最值问题与取值范围问题常考题型及解题思路

题型 1：取值范围问题

【解题思路】

（1）结合定义利用图形中几何量之间的大小关系.

（2）不等式（组）求解法：根据题意结合图形（如点在曲线内等）列出所讨论的参数适合的不等式（组），通过解不等式组得出参数的变化范围.

（3）函数值域求解法：把所讨论的参数作为一个函数、一个适当的参数作为自变量来表示这个函数，通过讨论函数的值域来求参数的变化范围.

（4）利用代数基本不等式：代数基本不等式的应用，往往需要创造条件，并进行巧妙的构思.

【例1】已知 F_1，F_2 是双曲线 $\frac{y^2}{a^2}-\frac{x^2}{b^2}=1$（$a>0$，$b>0$）的两个焦点，过其中一个焦点与双曲线的一条渐近线平行的直线交双曲线另一条渐近线于点 M，若点 M 在以线段 F_1F_2 为直径的圆内，则双曲线离心率的取值范围是________.

解析

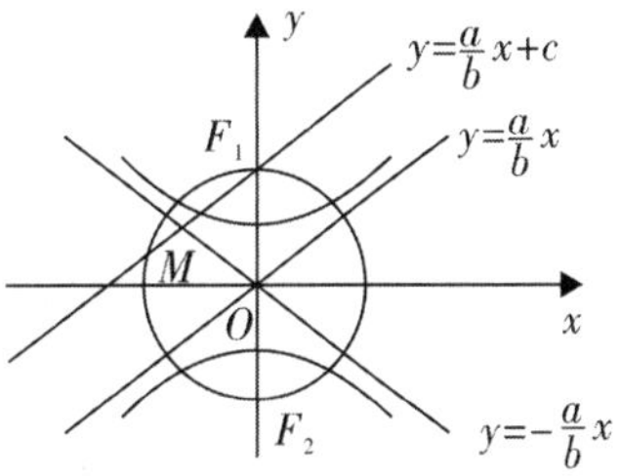

如右图所示，不妨设 F_1（0，c），F_2（0，$-c$），则过点 F_1 与渐近线 $y=\frac{a}{b}x$ 平行的直线为 $y=\frac{a}{b}x+c$，

联立 $\begin{cases}y=\frac{a}{b}x+c,\\ y=-\frac{a}{b}x,\end{cases}$ 解得 $\begin{cases}x=-\frac{bc}{2a},\\ y=\frac{c}{2},\end{cases}$ 即 $M\left(-\frac{bc}{2a},\ \frac{c}{2}\right)$.

因为点 M 在以线段 F_1F_2 为直径的圆 $x^2+y^2=c^2$ 内，故 $\left(-\frac{bc}{2a}\right)^2+\left(\frac{c}{2}\right)^2<c^2$，化简得 $b^2<3a^2$，即 $c^2-a^2<3a^2$，解得 $\frac{c}{a}<2$.

又因为双曲线的离心率 $e=\frac{c}{a}>1$，所以双曲线离心率的取值范围是（1，2）.

【例2】如下图所示，椭圆 C：$\frac{x^2}{a^2}+\frac{y^2}{b^2}=1(a>b>0)$ 的右顶点为 A（2，0），左、右焦点分别为 F_1，F_2，过点 A 且斜率为 $\frac{1}{2}$ 的直线与 y 轴交于点 P，与椭圆交于另一个点 B，且点 B 在 x 轴上的射影恰好为点 F_1.

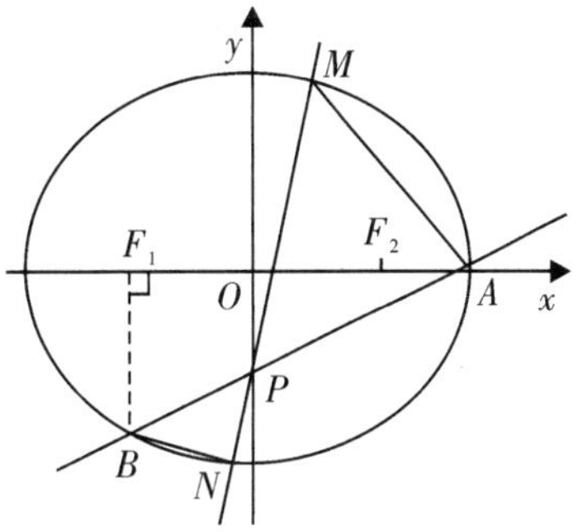

（1）求椭圆 C 的标准方程；

（2）过点 P 且斜率大于 $\frac{1}{2}$ 的直线与椭圆交于 M，N 两点（$|PM|>|PN|$），若 $S_{\triangle PAM}:S_{\triangle PBN}=\lambda$，求实数 λ 的取值范围.

解析

（1）因为 $BF_1\perp x$ 轴，所以点 $B\left(-c,\ -\frac{b^2}{a}\right)$，

联立 $\begin{cases}a=2,\\ \frac{b^2}{a(2+c)}=\frac{1}{2},\\ a^2=b^2+c^2,\end{cases}$ 解得 $\begin{cases}a=2,\\ b=\sqrt{3},\\ c=1.\end{cases}$

所以椭圆 C 的标准方程是$\frac{x^2}{4}+\frac{y^2}{3}=1$.

(2) 因为$\frac{S_{\triangle PAM}}{S_{\triangle PBN}}=\frac{\frac{1}{2}|PA|\cdot|PM|\cdot\sin\angle APM}{\frac{1}{2}|PB|\cdot|PN|\cdot\sin\angle BPN}=\frac{2|PM|}{|PN|}=\lambda\Rightarrow\frac{|PM|}{|PN|}=\frac{\lambda}{2}(\lambda>2)$,

所以$\overrightarrow{PM}=-\frac{\lambda}{2}\overrightarrow{PN}$.

由(1)可知 $P(0,-1)$,设直线 MN:$y=kx-1\left(k>\frac{1}{2}\right)$,$M(x_1,y_1)$,$N(x_2,y_2)$,

联立$\begin{cases}y=kx-1,\\ \frac{x^2}{4}+\frac{y^2}{3}=1,\end{cases}$化简得$(4k^2+3)x^2-8kx-8=0$.

则 $x_1+x_2=\frac{8k}{4k^2+3}$,$x_1x_2=\frac{-8}{4k^2+3}$.

又$\overrightarrow{PM}=(x_1,y_1+1)$,$\overrightarrow{PN}=(x_2,y_2+1)$,

则 $x_1=-\frac{\lambda}{2}x_2$,即$\frac{x_1}{x_2}=-\frac{\lambda}{2}$,

所以$\frac{(x_1+x_2)^2}{x_1x_2}=\frac{x_1}{x_2}+2+\frac{x_2}{x_1}=-\frac{\lambda}{2}+2-\frac{2}{\lambda}=-\frac{8k^2}{4k^2+3}$,即$\frac{(2-\lambda)^2}{\lambda}=\frac{16k^2}{4k^2+3}$.

因为 $k>\frac{1}{2}$,所以$\frac{16k^2}{4k^2+3}=\frac{16}{\frac{3}{k^2}+4}\in(1,4)$,

则 $1<\frac{(2-\lambda)^2}{\lambda}<4$ 且 $\lambda>2\Rightarrow4<\lambda<4+2\sqrt{3}$.

综上所述,实数 λ 的取值范围为$(4,4+2\sqrt{3})$.

另解:设直线 $y=kx-1$,

则联立直线与椭圆 C 方程可得 $(4k^2+3)x^2-8kx-8=0$,

由韦达定理可知:$x_M+x_N=\frac{8k}{4k^2+3}$,$x_M\cdot x_N=\frac{-8}{4k^2+3}$,

所以$\frac{S_{\triangle PAM}}{S_{\triangle PBN}}=\cdots=2\frac{x_M}{-x_N}=2\frac{x_M^2}{-x_M\cdot x_N}$

$$=\frac{(4k^2+3)\ x_M^2}{4}=\frac{8\ (kx_M+1)}{4}$$

$$=2\ (y_M+2)\in(4,4+2\sqrt{3})$$

题型 2:最值问题

【解题思路】

①几何方法:如果所求的量有明显的几何意义(如满足椭圆、双曲线、抛物线定义

等)，可结合图形，找出它们的关系，然后利用几何性质求解.

②代数方法（目标函数法）：选取适当的变量，建立目标函数，然后按照代数中求函数最值的方法求解，同时要注意变量的范围.

【例3】（2021 新课标乙卷）已知抛物线 C：$x^2=2py(p>0)$的焦点为 F，且 F 与圆 M：$x^2+(y+4)^2=1$ 上点的距离的最小值为4.

（1）求 p；

（2）若点 P 在 M 上，PA，PB 是 C 的两条切线，A，B 是切点，求△PAB 面积的最大值.

解析

（1）抛物线 C 的焦点为 $F\left(0,\ \frac{p}{2}\right)$，$|FM|=\frac{p}{2}+4$，

所以，F 与圆 M：$x^2+(y+4)^2=1$ 上点的距离的最小值为$\frac{p}{2}+4-1=4$，

解得 $p=2$.

（2）抛物线 C 的方程为 $x^2=4y$，即 $y=\frac{x^2}{4}$，对该函数求导得 $y'=\frac{x}{2}$.

设 $A(x_1,\ y_1)$，$B(x_2,\ y_2)$，$P(x_0,\ y_0)$，

直线 PA 的方程为 $y-y_1=\frac{x_1}{2}(x-x_1)$，即 $y=\frac{x_1x}{2}-y_1$，即 $x_1x-2y_1-2y=0$.

同理可得，直线 PB 的方程为 $x_2x-2y_2-2y=0$，

由于点 P 为这两条直线的公共点，则$\begin{cases}x_1x_0-2y_1-2y_0=0,\\x_2x_0-2y_2-2y_0=0,\end{cases}$

所以，点 A，B 的坐标满足方程 $x_0x-2y-2y_0=0$，

所以，直线 AB 的方程为 $x_0x-2y-2y_0=0$.

联立$\begin{cases}x_0x-2y-2y_0=0,\\y=\frac{x^2}{4},\end{cases}$ 可得 $x^2-2x_0x+4y_0=0$.

由韦达定理可得 $x_1+x_2=2x_0$，$x_1x_2=4y_0$，

$$\text{所以，}|AB|=\sqrt{1+\left(\frac{x_0}{2}\right)^2}\cdot\sqrt{(x_1+x_2)^2-4x_1x_2}=\sqrt{1+\left(\frac{x_0}{2}\right)^2}\cdot\sqrt{4x_0^2-16y_0}$$
$$=\sqrt{(x_0^2+4)(x_0^2-4y_0)}.$$

点 P 到直线 AB 的距离 $d=\frac{|x_0^2-4y_0|}{\sqrt{x_0^2+4}}$，

$$\text{所以，}S_{\triangle PAB}=\frac{1}{2}|AB|\cdot d=\frac{1}{2}\sqrt{(x_0^2+4)(x_0^2-4y_0)}\cdot\frac{|x_0^2-4y_0|}{\sqrt{x_0^2+4}}=\frac{1}{2}(x_0^2-4y_0)^{\frac{3}{2}}.$$

因为 $x_0^2-4y_0=1-(y_0+4)^2-4y_0=-y_0^2-12y_0-15=-(y_0+6)^2+21$，

由已知可得 $-5\leqslant y_0\leqslant -3$，所以，当 $y_0=-5$ 时，$\triangle PAB$ 的面积取最大值，$S_{\triangle PAB}=\frac{1}{2}\times 20^{\frac{3}{2}}=20\sqrt{5}$.

【例 4】（2020 新高考Ⅱ卷）已知椭圆 C：$\frac{x^2}{a^2}+\frac{y^2}{b^2}=1$（$a>b>0$）过点 M（2，3），点 A 为其左顶点，且 AM 的斜率为$\frac{1}{2}$.

（1）求 C 的方程；

（2）点 N 为椭圆上任意一点，求$\triangle AMN$ 的面积的最大值.

解析

（1）由题意可知直线 AM 的方程：$y-3=\frac{1}{2}(x-2)$，即 $x-2y=-4$，

当 $y=0$ 时，解得 $x=-4$，所以 $a=4$. 因为椭圆 C：$\frac{x^2}{a^2}+\frac{y^2}{b^2}=1$（$a>b>0$）过点 M（2，3），可得$\frac{4}{16}+\frac{9}{b^2}=1$，解得 $b^2=12$，所以 C 的方程：$\frac{x^2}{16}+\frac{y^2}{12}=1$.

（2）如右图所示，设与直线 AM 平行的直线方程为 $x-2y=m$，当直线与椭圆相切时，与 AM 距离比较远的直线与椭圆的切点为 N，此时$\triangle AMN$ 的面积取得最大值.

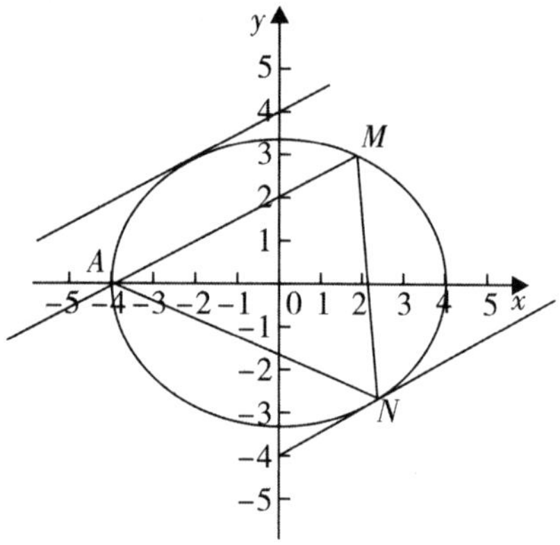

将 $x-2y=m$ 代入椭圆方程 $\frac{x^2}{16}+\frac{y^2}{12}=1$，

化简可得 $16y^2+12my+3m^2-48=0$，所以 $\Delta=144m^2-4\times 16(3m^2-48)=0$，

即 $m^2=64$，解得 $m=\pm 8$.

与 AM 距离比较远的直线方程为 $x-2y=8$，

因为平行线之间的距离为 $d=\frac{8+4}{\sqrt{1+4}}=\frac{12\sqrt{5}}{5}$，$|AM|=\sqrt{(2+4)^2+3^2}=3\sqrt{5}$.

所以$\triangle AMN$ 的面积的最大值为$\frac{1}{2}\times 3\sqrt{5}\times\frac{12\sqrt{5}}{5}=18$.

第7类　探索性问题

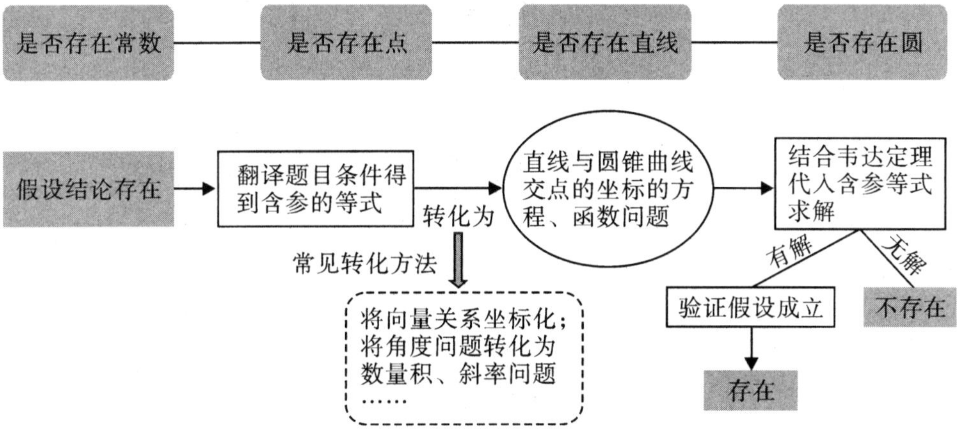

图4－14　探索性问题常考题型及解题思路

【解题思路】

（1）假设结论存在.

（2）结合已知条件进行推理求解.

（3）若能推出合理结果，经验证成立即可肯定假设正确；如若推出矛盾，即否定假设.

（4）反思回顾，查看关键点、易错点及解题规范等.

【例1】 已知过点 $D(4,0)$ 的直线 l 与椭圆 C：$\frac{x^2}{4}+y^2=1$ 交于不同的两点 $A(x_1,y_1)$，$B(x_2,y_2)$，其中 $y_1y_2\neq 0$，O 为坐标原点.

（1）若 $x_1=0$，求 $\triangle OAB$ 的面积；

（2）在 x 轴上是否存在定点 T，使得直线 TA，TB 与 y 轴围成的三角形始终为等腰三角形？

解析

（1）当 $x_1=0$ 时，$A(0,1)$ 或 $A(0,-1)$，

由对称性可令 $A(0,1)$，此直线 l：$x+4y-4=0$，

联立 $\begin{cases}x+4y-4=0,\\x^2+4y^2=4,\end{cases}$ 消去 x 整理得 $5y^2-8y+3=0$，

解得 $y_1=1$，$y_2=\frac{3}{5}$，故 $B\left(\frac{8}{5},\frac{3}{5}\right)$.

所以 $\triangle OAB$ 的面积为 $\frac{1}{2}\times 1\times\frac{8}{5}=\frac{4}{5}$.

（2）显然直线 l 的斜率存在且不为0，设直线 l：$x=my+4$，

联立$\begin{cases}x=my+4,\\x^2+4y^2=4,\end{cases}$消去$x$整理得$(m^2+4)y^2+8my+12=0$，

所以$\Delta=64m^2-4\times12(m^2+4)>0$，

即$m^2>12$，$y_1+y_2=-\dfrac{8m}{m^2+4}$，$y_1y_2=\dfrac{12}{m^2+4}$.

设$T(t,0)$，则

$$\begin{aligned}k_{TA}+k_{TB}&=\frac{y_1}{x_1-t}+\frac{y_2}{x_2-t}\\&=\frac{y_1(x_2-t)+y_2(x_1-t)}{(x_1-t)(x_2-t)}\\&=\frac{2my_1y_2+(4-t)(y_1+y_2)}{(x_1-t)(x_2-t)}.\end{aligned}$$

要使直线TA，TB与y轴围成的三角形始终为等腰三角形，则$k_{TA}+k_{TB}=0$，

即$2my_1y_2+(4-t)(y_1+y_2)=2m\cdot\dfrac{12}{m^2+4}+(4-t)\cdot\dfrac{-8m}{m^2+4}=\dfrac{8m(t-1)}{m^2+4}=0$，

故$t=1$，

故存在定点$T(1,0)$，使得直线TA，TB与y轴围成的三角形始终为等腰三角形.

【例2】已知抛物线E的顶点为原点O，焦点为圆F：$x^2+y^2-4x+3=0$的圆心F. 经过点F的直线l交抛物线E于A，D两点，交圆F于B，C两点，A，B两点在第一象限，C，D两点在第四象限.

（1）求抛物线E的方程；

（2）是否存在直线l，使$2|BC|$是$|AB|$与$|CD|$的等差中项？若存在，求直线l的方程；若不存在，请说明理由.

解析

（1）根据已知设抛物线E的方程为$y^2=2px$（$p>0$）.

因为圆F的方程为$(x-2)^2+y^2=1$，

所以圆心F的坐标为$F(2,0)$，半径$r=1$. 所以$\dfrac{p}{2}=2$，解得$p=4$.

所以抛物线E的方程为$y^2=8x$.

（2）因为$2|BC|$是$|AB|$与$|CD|$的等差中项，

所以$|AB|+|CD|=4|BC|=4\times2r=8$，

所以$|AD|=|AB|+|BC|+|CD|=10$.

若l垂直于x轴，则l的方程为$x=2$，代入$y^2=8x$，得$y=\pm4$.

此时$|AD|=|y_1-y_2|=8\neq10$，即直线$x=2$不满足题意.

若 l 不垂直于 x 轴，设 l 的斜率为 k，由已知得 $k\neq0$，l 的方程为 $y=k(x-2)$.

设 $A(x_1,\ y_1)$，$B(x_2,\ y_2)$，

由 $\begin{cases}y=k\ (x-2),\\ y^2=8x,\end{cases}$ 得 $k^2x^2-(4k^2+8)x+4k^2=0$.

所以 $x_1+x_2=\dfrac{4k^2+8}{k^2}$.

因为抛物线 E 的准线为 $x=-2$，

所以 $|AD|=|AF|+|DF|=(x_1+2)+(x_2+2)=x_1+x_2+4$，

所以$\dfrac{4k^2+8}{k^2}+4=10$，解得 $k=\pm2$.

当 $k=\pm2$ 时，$k^2x^2-(4k^2+8)x+4k^2=0$可化为 $x^2-6x+4=0$，

因为 $\Delta=(-6)^2-4\times1\times4>0$，所以 $x^2-6x+4=0$ 有两个不相等实数根.

所以 $k=\pm2$ 满足题意，即直线 $y=\pm2\ (x-2)$ 满足题意.

所以存在满足要求的直线 l，它的方程为 $2x-y-4=0$ 或 $2x+y-4=0$.

【例3】 如下图所示，椭圆 C：$\dfrac{x^2}{a^2}+\dfrac{y^2}{b^2}=1(a>b>0)$经过点 $P\left(1,\ \dfrac{3}{2}\right)$，离心率 $e=\dfrac{1}{2}$，直线 l 的方程为 $x=4$.

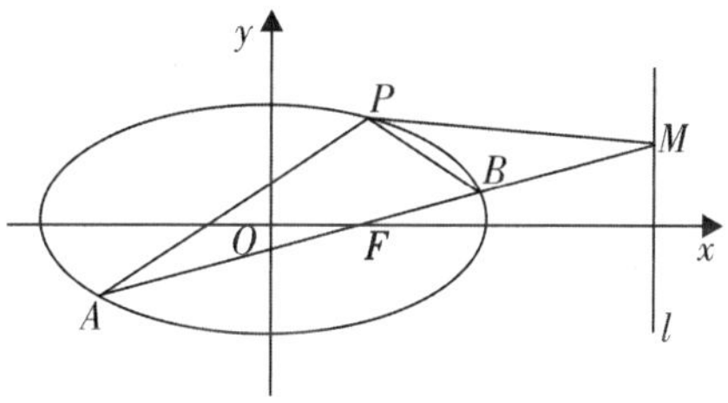

（1）求椭圆 C 的方程；

（2）AB 是经过右焦点 F 的任一弦（不经过点 P），设直线 AB 与直线 l 相交于点 M，记 PA，PB，PM 的斜率分别为 k_1，k_2，k_3. 问：是否存在常数 λ，使 $k_1+k_2=\lambda k_3$？若存在，求 λ 的值；若不存在，说明理由.

解析

（1）由 $P\left(1,\ \dfrac{3}{2}\right)$在椭圆上得$\dfrac{1}{a^2}+\dfrac{9}{4b^2}=1$　①，

依题设知 $a=2c$，则 $a^2=4c^2$，$b^2=3c^2$　②，

将②代入①得 $c^2=1$，$a^2=4$，$b^2=3$，

故椭圆 C 的方程为$\dfrac{x^2}{4}+\dfrac{y^2}{3}=1$.

（2）解法1：由题意可设 AB 的斜率为 k，则直线 AB 的方程为 $y=k(x-1)$　③，

代入椭圆方程并整理得$(4k^2+3)x^2-8k^2x+4(k^2-3)=0$.

设 $A(x_1,\ y_1)$，$B(x_2,\ y_2)$，则有 $x_1+x_2=\dfrac{8k^2}{4k^2+3}$，$x_1x_2=\dfrac{4(k^2-3)}{4k^2+3}$　④，

在方程③中令 $x=4$，得 $M(4, 3k)$.

从而 $k_1=\dfrac{y_1-\frac{3}{2}}{x_1-1}$，$k_2=\dfrac{y_2-\frac{3}{2}}{x_2-1}$，$k_3=\dfrac{3k-\frac{3}{2}}{4-1}=k-\dfrac{1}{2}$.

注意到 A，F，B 三点共线，则有 $k=k_{AF}=k_{BF}$，即 $\dfrac{y_1}{x_1-1}=\dfrac{y_2}{x_2-1}=k$.

所以 $k_1+k_2=\dfrac{y_1-\frac{3}{2}}{x_1-1}+\dfrac{y_2-\frac{3}{2}}{x_2-1}=\dfrac{y_1}{x_1-1}+\dfrac{y_2}{x_2-1}-\dfrac{3}{2}\left(\dfrac{1}{x_1-1}+\dfrac{1}{x_2-1}\right)$

$$=2k-\frac{3}{2}\cdot\frac{x_1+x_2-2}{x_1x_2-2(x_1+x_2)+1} \quad ⑤,$$

将④代入⑤得 $k_1+k_2=2k-\dfrac{3}{2}\cdot\dfrac{\frac{8k^2}{4k^2+3}-2}{\frac{4(k^2-3)}{4k^2+3}-2\times\frac{8k^2}{4k^2+3}+1}=2k-1$.

又 $k_3=k-\dfrac{1}{2}$，所以 $k_1+k_2=2k_3$，故存在常数 $\lambda=2$ 符合题意.

解法 2：设 $B(x_0, y_0)(x_0\neq1)$，则直线 FB 的方程为：$y=\dfrac{y_0}{x_0-1}(x-1)$，

令 $x=4$，求得 $M\left(4, \dfrac{3y_0}{x_0-1}\right)$，

从而直线 PM 的斜率为 $k_3=\dfrac{2y_0-x_0+1}{2(x_0-1)}$，

联立 $\begin{cases} y=\dfrac{y_0}{x_0-1}(x-1), \\ \dfrac{x^2}{4}+\dfrac{y^2}{3}=1, \end{cases}$ 解得 $A\left(\dfrac{5x_0-8}{2x_0-5}, \dfrac{3y_0}{2x_0-5}\right)$.

则直线 PA 的斜率为 $k_1=\dfrac{2y_0-2x_0+5}{2(x_0-1)}$，直线 PB 的斜率为 $k_2=\dfrac{2y_0-3}{2(x_0-1)}$，

所以 $k_1+k_2=\dfrac{2y_0-2x_0+5}{2(x_0-1)}+\dfrac{2y_0-3}{2(x_0-1)}=\dfrac{2y_0-x_0+1}{(x_0-1)}=2k_3$，故存在常数 $\lambda=2$ 符合题意.

【例 4】（2022T8联考）设椭圆 E：$\dfrac{x^2}{a^2}+\dfrac{y^2}{b^2}=1(a>b>0)$，圆 C：$(x-2m)^2+(y-4m)^2=1(m\neq0)$，点 F_1，F_2 分别为 E 的左、右焦点，点 C 为圆心，O 为原点，线段 OC 的垂直平分线为 l. 已知 E 的离心率为 $\dfrac{1}{2}$，点 F_1，F_2 关于直线 l 的对称点都在圆 C 上.

（1）求椭圆 E 的方程；

（2）设直线 l 与椭圆 E 相交于 A，B 两点，问：是否存在实数 m，使直线 AC 与 BC 的斜率之和为$\frac{2}{3}$？若存在，求实数 m 的值；若不存在，说明理由.

解析

（1）已知 $e=\frac{c}{a}=\frac{1}{2}$，则 $a=2c$.

设点 F_1，F_2 关于直线 l 的对称点分别为 M，N，因为点 O，C 关于直线 l 对称，O 为线段 F_1，F_2 的中点，则 C 为线段 MN 的中点，从而线段 MN 为圆 C 的一条直径，所以 $|F_1F_2|=|MN|=2$，即 $2c=2$，$c=1$.

于是 $a=2$，$b^2=a^2-c^2=3$，所以椭圆 E 的方程是$\frac{x^2}{4}+\frac{y^2}{3}=1$.

（2）因为原点 O 为线段 F_1，F_2 的中点，圆心 C 为线段 MN 的中点，直线 l 为线段 OC 的垂直平分线，所以直线 l 的方程为 $y-2m=-\frac{1}{2}(x-m)$，即 $y=-\frac{1}{2}x+\frac{5m}{2}$.

将 $y=-\frac{1}{2}x+\frac{5m}{2}$代入$\frac{x^2}{4}+\frac{y^2}{3}=1$，得 $3x^2+4\left(-\frac{x}{2}+\frac{5m}{2}\right)^2=12$，

即 $4x^2-10mx+25m^2-12=0$.

设点 $A(x_1,\ y_1)$，$B(x_2,\ y_2)$，则 $x_1+x_2=\frac{5m}{2}$，$x_1x_2=\frac{25m^2-12}{4}$，

$$\begin{aligned}\text{所以 } k_{AC}+k_{BC}&=\frac{y_1-4m}{x_1-2m}+\frac{y_2-4m}{x_2-2m}=-\frac{1}{2}\left(\frac{x_1+3m}{x_1-2m}+\frac{x_2+3m}{x_2-2m}\right)\\&=-\frac{(x_1+3m)(x_2-2m)+(x_2+3m)(x_1-2m)}{2(x_1-2m)(x_2-2m)}\\&=-\frac{2x_1x_2+m(x_1+x_2)-12m^2}{2x_1x_2-4m(x_1+x_2)+8m^2}\end{aligned}$$

已知 $k_{AC}+k_{BC}=\frac{2}{3}$，则$\frac{2x_1x_2+m(x_1+x_2)-12m^2}{2x_1x_2-4m(x_1+x_2)+8m^2}+\frac{2}{3}=0$，

得 $2x_1x_2-m(x_1+x_2)-4m^2=0$，即$\frac{25m^2-12}{2}-\frac{5m^2}{2}-4m^2=0$，解得 $m^2=1$，$m=\pm1$.

因为直线 l 与椭圆 E 相交，所以 $\Delta=100m^2-16(25m^2-12)>0$，解得 $m^2<\frac{16}{25}$，即 $|m|<\frac{4}{5}$，因为$\frac{4}{5}<1$，所以不存在实数 m，使得直线 AC 与 BC 的斜率之和为$\frac{2}{3}$.

（二）新题型

1. 多选题

【例1】（2022 全国新高考Ⅰ卷）已知 O 为坐标原点，点 A（1，1）在抛物线 C：$x^2=$

$2py(p>0)$上，过点B（0，-1）的直线交C于P，Q两点，则（　　）.

A. C的准线为$y=-1$　　B. 直线AB与C相切

C. $|OP||OQ|>|OA|^2$　　D. $|BP||BQ|>|BA|^2$

解析

由题意可知$1=2p$，所以抛物线C：$x^2=y$，故C的准线为$y=-\frac{1}{4}$，故A错误.

由$y'=2x$得曲线C在$A(1,\ -1)$处的切线斜率为2，所以切线方程为$y=2x-1$，故直线AB与C相切，B正确.

过点$B(0,\ -1)$的直线，方程设为$y=kx-1$，交C于P，Q两点的坐标分别设为$P(x_1,y_1)$，$Q(x_2,\ y_2)$，联立直线与曲线C方程可得$\begin{cases}x^2=y,\\y=kx-1\end{cases}\Rightarrow x^2-kx+1=0$，所以有$x_1+x_2=k$，$x_1x_2=1$，且$\Delta=k^2-4>0$，即$k^2>4$，进一步可得$y_1+y_2=k^2-2$，$y_1y_2=1$，

$$|OP||OQ|=\sqrt{(x_1^2+y_1^2)\ (x_2^2+y_2{}^2)}=\sqrt{(y_1+y_1^2)\ (y_2+y_2^2)}$$
$$=\sqrt{y_1y_2\ (y_1y_2+y_1+y_2+1)}=\sqrt{k^2}>4.$$

又因为$|OA|^2=2$，所以C正确.

$|BP||BQ|=\overrightarrow{BP}\cdot\overrightarrow{BQ}=(x_1,y_1+1)(x_2,y_2+1)=x_1x_2+y_1y_2+y_1+y_2+1=k^2+1>5$，

又因为$|BA|^2=5$，故D正确.

故选BCD.

【例2】（2022新高考Ⅱ卷）已知O为坐标原点，过抛物线的焦点F的直线与C交于A，B两点，点A在第一象限，点M（p，0），若$|AF|=|AM|$，则（　　）.

A. AB的斜率为$2\sqrt{6}$　　B. $|OB|=|OF|$

C. $|AB|>4|OF|$　　D. $\angle OAM+\angle OBM<180°$

解析

设FM中点为N，则$x_A=x_N=\dfrac{\frac{p}{2}+p}{2}=\frac{3}{4}p$，

所以$y_A^2=2px_A=2p\cdot\frac{3}{4}p=\frac{3}{2}p^2$（$p>0$），所以$y_A=\frac{\sqrt{6}}{2}p$，

故$k_{AB}=\dfrac{\frac{\sqrt{6}}{2}p}{\frac{3}{4}p-\frac{p}{2}}=2\sqrt{6}$，故A正确.

$$\frac{1}{|AF|}+\frac{1}{|BF|}=\frac{2}{p}\Rightarrow\frac{1}{\frac{3}{4}p+\frac{p}{2}}+\frac{1}{|BF|}=\frac{2}{p}\Rightarrow|BF|=\frac{5}{6}p=x_B+\frac{p}{2}\Rightarrow x_B=\frac{p}{3},$$

所以 $y_B^2=2p\cdot\dfrac{p}{2}=\dfrac{2p^2}{3}$. 所以 $|OB|=x_B{}^2+y_B{}^2=\dfrac{p^2}{9}+\dfrac{2p^2}{3}=\dfrac{7p^2}{9}\neq\dfrac{p^2}{4}$，故 B 错误.

$|AB|=\dfrac{3}{4}p+\dfrac{p}{3}+p=\dfrac{25}{12}p>2p=4|OF|$，故 C 正确.

由选项 A，B 知 $A\left(\dfrac{3p}{4},\ \dfrac{\sqrt{6}}{2}p\right)$，$B\left(\dfrac{p}{3},\ -\dfrac{\sqrt{6}p}{3}\right)$，

所以 $\overrightarrow{OA}\cdot\overrightarrow{OB}=\left(\dfrac{3}{4}p,\ \dfrac{\sqrt{6}}{2}p\right)\cdot\left(\dfrac{p}{3},\ -\dfrac{\sqrt{6}}{3}p\right)=-\dfrac{3}{4}p^2$，所以 $\angle AOB$ 为钝角.

又因为 $\overrightarrow{MA}\cdot\overrightarrow{MB}=\left(-\dfrac{p}{4},\ \dfrac{\sqrt{6}}{2}p\right)\cdot\left(-\dfrac{p}{3},\ -\dfrac{\sqrt{6}}{3}p\right)=-\dfrac{11}{12}p^2<0$，所以 $\angle AMB$ 为钝角.

故 $\angle OAM+\angle OBM<180°$，故 D 正确.

故选 ACD.

【例 3】（2022 武汉市 2 月调研试题）在平面直角坐标系中，已知圆 K：$(x-k)^2+(y-k)^2=\dfrac{k^2}{2}$，其中 $k\neq0$，则（　　）.

A. 圆 K 过定点　　B. 圆 K 的圆心在定直线上

C. 圆 K 与定直线相切　　D. 圆 K 与定圆相切

解析

圆 K 的方程可化为 $x^2+y^2-2k(x+y)+\dfrac{3}{2}k^2=0$，若圆 K 过定点，则 $\begin{cases}x^2+y^2=0,\\ x+y=0,\\ \dfrac{3}{2}k^2=0,\end{cases}$ 可得 $\begin{cases}x=y=0,\\ k=0\end{cases}$ 矛盾，故 A 错误.

圆 K 的圆心坐标为 $(k,\ k)$，则圆心在直线 $y=x$ 上，故 B 正确.

圆心到直线 $y=(2-\sqrt{3})x$ 的距离为 $d=\dfrac{|(2-\sqrt{3})k-k|}{\sqrt{(2-\sqrt{3})^2+1}}=\dfrac{|(\sqrt{3}-1)k|}{\sqrt{6}-\sqrt{2}}=\dfrac{\sqrt{2}}{2}|k|$，故直线 $y=(2-\sqrt{3})x$ 与圆 K 相切. 同理可知，直线 $y=(2+\sqrt{3})x$ 也与圆 K 相切，故 C 正确.

设定圆的圆心为 $(a,\ b)$，半径为 r，设 $k>0$，若定圆与圆 K 外切，则 $\sqrt{(a-k^2)+(b-k)^2}=r+\dfrac{\sqrt{2}}{2}k$，化简得 $\dfrac{3}{2}k^2-(2a+2b+\sqrt{2}r)k+a^2+b^2-r^2=0$. 由二次函数的性质可知，关于 k 的二次函数 $g(k)=\dfrac{3}{2}k^2-(2a+2b+\sqrt{2}r)k+a^2+b^2-r^2$ 在 $k>0$ 时的值不可能恒为 0，舍去，同理可得，当 $k<0$，不存在定圆与圆 K 相切，故 D 错误.

故选 BC.

2. **双空题**

【例 1】 已知抛物线 $y^2=2px$（$p>0$）的焦点为 F（4，0），过点 F 作直线 l 交抛物线于 M，N 两点，则 $p=$______，$\dfrac{|NF|}{9}-\dfrac{4}{|MF|}$的最小值为______.

解析

因为抛物线 $y^2=2px$ 的焦点 F（4，0），所以$\dfrac{p}{2}=4$，解得 $p=8$，故抛物线的方程为 $y^2=16x$，所以 $p=8$.

依题意可知直线 l 的斜率不为 0，故可设直线 l 的方程为 $x=my+4$.

不妨设 $M(x_1,\ y_1)$，$N(x_2,\ y_2)$，

由$\begin{cases}y^2=16x,\\x=my+4\end{cases}$得 $y^2-16m-64=0$，所以 $y_1+y_2=16m$，$y_1y_2=-64$，由抛物线定义得

$$\frac{1}{|MF|}+\frac{1}{|NF|}=\frac{1}{x_1+4}+\frac{1}{x_2+4}=\frac{x_1+4+x_2+4}{(x_1+4)(x_2+4)}=\frac{my_2+4+my_2+4+8}{(my_1+8)(my_2+8)}$$

$$=\frac{m(y_1+y_2)+16}{m^2y_1y_2+8m(y_1+y_2)+64}=\frac{16m^2+16}{-64m^2+128m^2+64}=\frac{1}{4}.$$

所以$\dfrac{|NF|}{9}-\dfrac{4}{|MF|}=\dfrac{|NF|}{9}-4\left(\dfrac{1}{4}-\dfrac{1}{|NF|}\right)=\dfrac{|NF|}{9}+\dfrac{4}{|NF|}-1\geqslant 2\sqrt{\dfrac{|NF|}{9}\cdot\dfrac{4}{|NF|}}-1=\dfrac{1}{3}$，

当且仅当$\dfrac{|NF|}{9}=\dfrac{4}{|NF|}$即 $|NF|=6$ 时，等号成立，故答案为$\dfrac{1}{3}$.

综上所述，$p=8$，$\dfrac{|NF|}{9}-\dfrac{4}{|MF|}$的最小值为$\dfrac{1}{3}$.

【例 2】 定义曲线$\dfrac{a^2}{x^2}+\dfrac{b^2}{y^2}=1$ 为椭圆$\dfrac{x^2}{a^2}+\dfrac{y^2}{b^2}=1$ 的“倒椭圆”.

已知椭圆 C_1：$\dfrac{x^2}{4}+y^2=1$，它的“倒椭圆” C_2：$\dfrac{4}{x^2}+\dfrac{1}{y^2}=1$ 的一个对称中心为______；过“倒椭圆” C_2 上的点 P 作直线 PA 垂直 x 轴于点 A，作直线 PB 垂直 y 轴于点 B，则直线 AB 与椭圆 C_1 的公共点个数为__________.

解析

易知“倒椭圆” C_2 的一个对称中心为（0，0）.

因为$\dfrac{4}{x^2}=1-\dfrac{1}{y^2}\in(0,\ 1)$，所以 $x\in(-\infty,\ -2)\cup(2,\ +\infty)$.

设 $P(x_0,\ y_0)$（$x_0y_0\neq 0$），则$\dfrac{4}{x_0^2}+\dfrac{1}{y_0^2}=1$ ①，

$A(x_0,0)$，$N(0,y_0)$，于是直线 AB 的方程为 $\frac{x}{x_0}+\frac{y}{y_0}=1$，

代入 $\frac{x^2}{4}+y^2=1$，得关于 x 的方程 $(x_0^2+4y_0^2)x^2-8x_0y_0^2x+4x_0^2(y_0^2-1)=0$，

$\Delta=64x_0^2y_0^4-16x_0^2(x_0^2+4y_0^2)(y_0^2-1)=-16x_0^2(x_0^2y_0^2-x_0^2-4y_0^2)$，

由①可得 $4y_0^2+x_0^2=x_0^2y_0^2$，从而 $\Delta=0$，

所以直线 AB 与椭圆 C_1 的公共点的个数为 1.

3. **结构不良问题**

【例 1】（2022 全国新高考Ⅱ卷）已知双曲线 C：$\frac{x^2}{a^2}-\frac{y^2}{b^2}=1$（$a>0$，$b>0$）的右焦点为 $F(2,0)$，渐近线方程为 $y=\pm\sqrt{3}x$.

（1）求 C 的方程；

（2）经过 F 的直线与 C 的两条渐近线分别交于 A，B 两点，点 $P(x_1,y_1)$，$Q(x_2,y_2)$ 在 C 上，且 $x_1>x_2>0$，$y_1>0$，过 P 且斜率为 $-\sqrt{3}$ 的直线与过 Q 且斜率为 $\sqrt{3}$ 的直线交于点 M. 从下面三个条件①②③中选择两个条件，证明另一个条件成立：

①M 在 AB 上；②$PQ\parallel AB$；③$|AM|=|BM|$.

注：若选择不同的组合分别解答，则按第一个解答计分.

解析

（1）由题意可得 $\frac{b}{a}=\sqrt{3}$，$\sqrt{a^2+b^2}=2$，故 $a=1$，$b=\sqrt{3}$.

因此 C 的方程为 $\frac{x^2}{3}-y^2=1$.

（2）设直线 PQ 的方程为 $y=kx+b$（$k\neq 0$），将直线 PQ 的方程代入 C 的方程得 $(3-k^2)x^2-2kbx-b^2-3=0$，

则 $x_1+x_2=\frac{2kb}{3-k^2}$，$x_1x_2=-\frac{b^2+3}{3-k^2}$，$x_1-x_2=\sqrt{(x_1+x_2)^2-4x_1x_2}=\frac{2\sqrt{3(b^2+3-k^2)}}{3-k^2}$.

设点 M 的坐标为 (x_M,y_M)，则 $\begin{cases}y_M-y_1=-\sqrt{3}(x_M-x_1),\\ y_M-y_2=\sqrt{3}(x_M-x_2).\end{cases}$

两式相减，得 $y_1-y_2=2\sqrt{3}x_M-\sqrt{3}(x_1+x_2)$，

而 $y_1-y_2=(kx_1+b)-(kx_2+b)=k(x_1-x_2)$，

故 $2\sqrt{3}x_M=k(x_1-x_2)+\sqrt{3}(x_1+x_2)$，解得 $x_M=\frac{k\sqrt{b^2+3-k^2}+kb}{3-k^2}$.

两式相加，得 $2y_M-(y_1+y_2)=\sqrt{3}(x_1-x_2)$，

而 $y_1+y_2=(kx_1+b)+(kx_2+b)=k(x_1+x_2)+2b$，

故 $2y_M=k(x_1+x_2)+\sqrt{3}(x_1-x_2)+2b$，解得 $y_M=\dfrac{3\sqrt{b^2+3-k^2}+3b}{3-k^2}=\dfrac{3}{k}x_M$.

因此，点 M 的轨迹为直线 $y=\dfrac{3}{k}x$，其中 k 为直线 PQ 的斜率.

若选择①②：

设直线 AB 的方程为 $y=k(x-2)$，并设 A 的坐标为 $(x_A,\ y_A)$，B 的坐标为 $(x_B,\ y_B)$.

则 $\begin{cases}y_A=k\ (x_A-2),\\ y_A=\sqrt{3}x_A,\end{cases}$ 解得 $x_A=\dfrac{2k}{k-\sqrt{3}}$，$y_A=\dfrac{2\sqrt{3}k}{k-\sqrt{3}}$.

同理可得 $x_B=\dfrac{2k}{k+\sqrt{3}}$，$y_B=-\dfrac{2\sqrt{3}k}{k+\sqrt{3}}$.

此时 $x_A+x_B=\dfrac{4k^2}{k^2-3}$，$y_A+y_B=\dfrac{12k}{k^2-3}$.

而点 M 的坐标满足 $\begin{cases}y_M=k(x_M-2),\\ y_M=\dfrac{3}{k}x_M,\end{cases}$

解得 $x_M=\dfrac{2k^2}{k^2-3}=\dfrac{x_A+x_B}{2}$，$y_M=\dfrac{6k}{k^2-3}=\dfrac{y_A+y_B}{2}$，故 M 为 AB 的中点，即 $|MA|=|MB|$.

若选择①③：

当直线 AB 的斜率不存在时，点 M 即为点 $F(2,\ 0)$，此时 M 不在直线 $y=\dfrac{3}{k}x$ 上，矛盾.

当直线 AB 的斜率存在时，设直线 AB 的方程为 $y=m\ (x-2)\ (m\neq 0)$，并设 A 的坐标为 $(x_A,\ y_A)$，B 的坐标为 $(x_B,\ y_B)$，则 $\begin{cases}y_A=m(x_A-2),\\ y_A=\sqrt{3}x_A,\end{cases}$ 解得 $x_A=\dfrac{2m}{k-\sqrt{3}}$，$y_A=\dfrac{2\sqrt{3}m}{k-\sqrt{3}}$.

同理可得 $x_B=\dfrac{2m}{m+\sqrt{3}}$，$y_B=-\dfrac{2\sqrt{3}m}{m+\sqrt{3}}$.

此时 $x_M=\dfrac{x_A+x_B}{2}=\dfrac{2m^2}{m^2-3}$，$y_M=\dfrac{y_A+y_B}{2}=\dfrac{6m}{m^2-3}$.

由于点 M 同时在直线 $y=\dfrac{3}{k}x$ 上，故 $6m=\dfrac{3}{k}\cdot 2m^2$，解得 $k=m$. 因此 $PQ/\!/AB$.

若选择②③：

设直线 AB 的方程为 $y=k(x-2)$，并设 A 的坐标为 $(x_A,\ y_A)$，B 的坐标为 $(x_B,\ y_B)$，

则$\begin{cases} y_A = k(x_A - 2), \\ y_A = \sqrt{3}x_A, \end{cases}$ 解得 $x_A = \dfrac{2k}{k-\sqrt{3}}$，$y_A = \dfrac{2\sqrt{3}k}{k-\sqrt{3}}$.

同理可得 $x_B = \dfrac{2k}{k+\sqrt{3}}$，$y_B = -\dfrac{2\sqrt{3}k}{k+\sqrt{3}}$.

设 AB 的中点为 $C(x_C, y_C)$，则 $x_C = \dfrac{x_A + x_B}{2} = \dfrac{2k^2}{k^2-3}$，$y_C = \dfrac{y_A + y_B}{2} = \dfrac{6k}{k^2-3}$.

由于 $|MA| = |MB|$，故 M 在 AB 的垂直平分线上，即点 M 在直线 $y - y_C = -\dfrac{1}{k}(x - x_C)$ 上.

将该直线与 $y = \dfrac{3}{k}x$ 联立，解得 $x_M = \dfrac{2k^2}{k^2-3} = x_C$，$y_M = \dfrac{6k}{k^2-3} = y_C$，即点 M 恰为 AB 中点.

故点 M 在直线 AB 上.

【例2】（2022 广东深圳二模）已知椭圆 E：$\dfrac{x^2}{a^2} + \dfrac{y^2}{b^2} = 1$（$a > b > 0$）经过点 $M\left(1, \dfrac{\sqrt{3}}{2}\right)$，且焦距 $|F_1F_2| = 2\sqrt{3}$，线段 AB，CD 分别是它的长轴和短轴.

（1）求椭圆 E 的方程；

（2）若 N（s，t）是平面上的动点，从下面两个条件中选一个，证明：直线 PQ 经过定点.

①$s = 1$，$t \neq \pm\dfrac{\sqrt{3}}{2}$，直线 NA，NB 与椭圆 E 的另一交点分别为 P，Q.

②$t = 2$，$s \in \mathbf{R}$，直线 NC，ND 与椭圆 E 的另一交点分别为 P，Q.

解析

（1）由已知，$c = \sqrt{3}$，点 $M\left(1, \dfrac{\sqrt{3}}{2}\right)$在椭圆上，所以$\dfrac{1}{a^2} + \dfrac{3}{4b^2} = 1$，

又因为 $a^2 - b^2 = c^2$，所以 $a^2 = 4$，$b^2 = 1$，

所以椭圆的方程为$\dfrac{x^2}{4} + y^2 = 1$.

（2）选①，则 N（1，t），$A(-2, 0)$，$B(2, 0)$，设 $P(x_P, y_P)$，$Q(x_Q, y_Q)$，

$k_{NA} = \dfrac{t}{1+2} = \dfrac{t}{3}$，$k_{NB} = \dfrac{t}{1-2} = -t$，所以 l_{NA}：$y = \dfrac{t}{3}(x+2)$，l_{NB}：$y = -t(x-2)$，

联立$\begin{cases} y = \dfrac{t}{3}(x+2), \\ \dfrac{x^2}{4} + y^2 = 1, \end{cases}$ 消去 y 得$(9+4t^2)x^2 + 16t^2x + 16t^2 - 36 = 0$，

$\Delta = 256t^4 - 4(9+4t^2)(16t^2-36) = 36^2 > 0$.

所以 $-2x_P=\dfrac{16t^2-36}{9+4t^2}$，所以 $x_P=\dfrac{-8t^2+18}{9+4t^2}$，则 $y_P=\dfrac{12t}{9+4t^2}$，

所以 $P\left(\dfrac{-8t^2+18}{9+4t^2},\ \dfrac{12t}{9+4t^2}\right)$.

联立 $\begin{cases}y=-t(x-2),\\ \dfrac{x^2}{4}+y^2=1,\end{cases}$ 消去 y 得 $(1+4t^2)x^2-16t^2x+16t^2-4=0$，

$\Delta=256t^4-4(1+4t^2)(16t^2-4)=16>0$，

所以 $2x_Q=\dfrac{16t^2-4}{1+4t^2}$，所以 $x_Q=\dfrac{8t^2-2}{1+4t^2}$，则 $y_Q=\dfrac{4t}{1+4t^2}$，

所以 $Q\left(\dfrac{8t^2-2}{1+4t^2},\ \dfrac{4t}{1+4t^2}\right)$，

所以 $k_{PQ}=\dfrac{\dfrac{12t}{9+4t^2}-\dfrac{4t}{1+4t^2}}{\dfrac{-8t^2+18}{9+4t^2}-\dfrac{8t^2-2}{1+4t^2}}=\dfrac{32t^3-24t}{36-64t^4}=\dfrac{-2t}{3+4t^2}$，

所以直线 PQ 的方程为 $y-\dfrac{4t}{1+4t^2}=\dfrac{-2t}{3+4t^2}\left(x-\dfrac{8t^2-2}{1+4t^2}\right)$，

所以 $16y^4+(8x-32)t^3+16yt^2+(2x-8)t+3y=0$，

令 $y=0$，则 $x=4$，

故直线 PQ 恒过定点(4，0).

选②，则 $N(s,2)$，$C(0,1)$，$D(0,-1)$，设 $P(x_P,y_P)$，$Q(x_Q,y_Q)$，

$k_{NC}=\dfrac{2-1}{s}=\dfrac{1}{s}$，$k_{ND}=\dfrac{2+1}{s}=\dfrac{3}{s}$，所以 l_{NC}：$y=\dfrac{1}{s}x+1$，l_{ND}：$y=\dfrac{3}{s}x-1$，

联立 $\begin{cases}y=\dfrac{1}{s}x+1,\\ \dfrac{x^2}{4}+y^2=1,\end{cases}$ 消去 y 得 $(4+s^2)y^2+2s^2y+s^2-4=0$，

$\Delta=4s^4-4(4+s^2)(s^2-4)=64>0$，

所以 $y_P=\dfrac{s^2-4}{s^2+4}$，$x_P=\dfrac{-8s}{s^2+4}$，所以 $P\left(\dfrac{-8s}{s^2+4},\ \dfrac{s^2-4}{s^2+4}\right)$.

同理可得 $y_Q=\dfrac{36-s^2}{s^2+36}$，$x_Q=\dfrac{24s}{s^2+36}$，所以 $Q\left(\dfrac{24s}{s^2+36},\ \dfrac{36-s^2}{s^2+36}\right)$，

$k_{PQ}=\dfrac{\dfrac{36-s^2}{s^2+36}-\dfrac{s^2-4}{s^2+4}}{\dfrac{24s}{s^2+36}-\dfrac{-8s}{s^2+4}}=\dfrac{(s^2+12)\cdot(12-s^2)}{16s(s^2+12)}=\dfrac{12-s^2}{16s}$，

所以直线 PQ 的方程为 $y-\frac{s^2-4}{s^2+4}=\frac{12-s^2}{16s}\left(x+\frac{8s}{s^2+4}\right)$.

令 $x=0$，则 $y=\frac{12-s^2+2s^2-8}{2(s^2+4)}=\frac{s^2+4}{2(s^2+4)}=\frac{1}{2}$.

故直线 PQ 恒过定点 $\left(0,\frac{1}{2}\right)$.

四、说两道名题

（一）2022 年新高考数学Ⅰ卷第 21 题

已知点 A（2，1）在双曲线 C：$\frac{x^2}{a^2}-\frac{y^2}{a^2-1}=1$（$a>1$）上，直线 l 交 C 于 P，Q 两点，直线 AP，AQ 的斜率之和为 0.

（1）求 l 的斜率；

（2）若 $\tan\angle PAQ=2\sqrt{2}$，求 $\triangle PAQ$ 的面积.

1. 说题源题意

（1）题源.

2022 年新高考数学Ⅰ卷第 21 题.

（2）题意.

第（1）问：已知点在曲线上，求解曲线方程，并且通过直线和双曲线的位置关系求斜率.

第（2）问：通过给出角的正切值以及角的大小，考查学生求点的坐标、线段长度和面积等转化、运算求解等能力.

2. 说知识网络

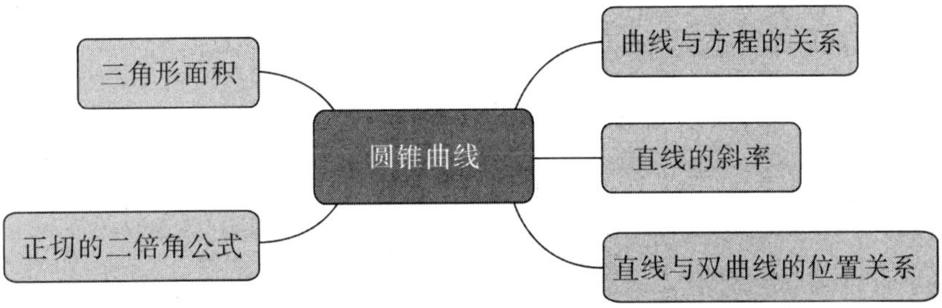

图 4－15 名题一涉及的基本知识

3. **说解题过程**

已知点 A（2，1）在双曲线 C：$\frac{x^2}{a^2}-\frac{y^2}{a^2-1}=1$（$a>1$）上，直线 l 交 C 于 P，Q 两点，直线 AP，AQ 的斜率之和为0.

（1）求 l 的斜率.

【解法一】

由题设得$\frac{4}{a^2}-\frac{1}{a^2-1}=1$，解得 $a^2=2$. 所以 C 的方程为$\frac{x^2}{2}-y^2=1$.

由题意知，直线 l 的斜率存在，设直线 l 为 $y=kx+t$，P（x_1，y_1），Q（x_2，y_2），

联立$\begin{cases}y=kx+t,\\ \frac{x^2}{2}-y^2=1,\end{cases}$整理得 $(1-2k^2)x^2-4ktx-2t^2-2=0$.

所以 $x_1+x_2=\frac{4kt}{1-2k^2}$③，$x_1x_2=-\frac{2t^2+2}{1-2k^2}$④，

由 $k_{AP}+k_{AQ}=0$ 得$\frac{y_1-1}{x_1-2}+\frac{y_2-1}{x_2-2}=0$，

所以$(y_1-1)(x_2-2)+(x_1-2)(y_2-1)=0$.

将 $y_1=kx_1+t$，$y_2=kx_2+t$ 代入上式，整理得$2kx_1x_2+(t-2k-1)(x_1+x_2)-4(t-1)=0$，

$$\frac{-2k(2t^2+2)}{1-2k^2}+(t-2k-1)\frac{4kt}{1-2k^2}-4(t-1)=0,$$

化简得 $2k^2+k+kt+t-1=0$.

所以$(k+1)(2k+t-1)=0$.

依题意有，直线 PQ 不过点 A，故 $2k+t-1\neq0$.

所以 $k=-1$.

【解法二】

由题设得$\frac{4}{a^2}-\frac{1}{a^2-1}=1$，解得 $a^2=2$.

所以 C 的方程为$\frac{x^2}{2}-y^2=1$.

设直线 l 为 $m(x-2)+n(y-1)=1$，

因为$\frac{x^2}{2}-y^2=1$，所以$\frac{(x-2+2)^2}{2}-\frac{(y-1+1)^2}{1}=1$，

即$\frac{(x-2)^2}{2}+2(x-2)-(y-1)^2-2(y-1)=0$.

联立$\begin{cases}\frac{1}{2}(x-2)^2+2(x-2)-(y-1)^2-2(y-1)=0,\\ m(x-2)+n(y-1)=1,\end{cases}$

齐次化整理得$-(2n+1)\left(\frac{y-1}{x-2}\right)^2+(2n-2m)\left(\frac{y-1}{x-2}\right)+\left(2m+\frac{1}{2}\right)=0$，

所以$k_{AP}+k_{AQ}=\frac{y_1-1}{x_1-2}+\frac{y_2-1}{x_2-2}=-\frac{2n-2m}{-(2n+1)}$.

而以$k_{AP}+k_{AQ}=0$，所以$m=n$，

故直线l的斜率为$-\frac{m}{n}=-1$.

【解法三】

由题设得$\frac{4}{a^2}-\frac{1}{a^2-1}=1$，解得$a^2=2$.

所以C的方程为$\frac{x^2}{2}-y^2=1$.

以A（2，1）为原点新建坐标系xAy，

则双曲线C的方程变为$\frac{(x+2)^2}{2}-\frac{(y+1)^2}{1}=1$①.

设直线l的方程为$mx+ny=1$ ②，

①②联立，齐次化得$-(1+2n)\left(\frac{y}{x}\right)^2+(2n-2m)\left(\frac{y}{x}\right)+\frac{1}{2}+2m=0$.

因为$k_{AP}+k_{AQ}=\frac{y_1}{x_1}+\frac{y_2}{x_2}=\frac{2n-2m}{1+2n}=0$，

所以$m=n$.

故直线l的斜率为$-\frac{m}{n}=-1$.

（2）若$\tan\angle PAQ=2\sqrt{2}$，求$\triangle PAQ$的面积.

【解法一】

由题意，不妨设AP的倾斜角$\alpha\in\left(0,\frac{\pi}{2}\right)$，则$\angle PAQ$为$2\alpha$或$\pi-2\alpha$.

所以$\tan\alpha=\sqrt{2}$，所以$k_{AP}=\sqrt{2}$，$k_{AQ}=-\sqrt{2}$.

直线AP的方程为$y-1=\sqrt{2}(x-2)$，代入$\frac{x^2}{2}-y^2=1$，

得$3x^2+(4\sqrt{2}-16)x+20-8\sqrt{2}=0$，

所以$|AP|=\sqrt{1+k_{AP}^2}\,|x_P-x_A|=\frac{4}{3}(\sqrt{6}-\sqrt{3})$.

直线 AQ 的方程为 $y-1=-\sqrt{2}(x-2)$，代入 $\frac{x^2}{2}-y^2=1$，

得 $3x^2-(4\sqrt{2}+16)x+20+8\sqrt{2}=0$，

所以 $|AQ|=\sqrt{1+k_{AQ}^2}|x_Q-x_A|=\frac{4}{3}(\sqrt{6}+\sqrt{3})$．

又 $\sin\angle PAQ=\frac{2\sqrt{2}}{3}$，所以 $\triangle PAQ$ 的面积为 $\frac{1}{2}|AP|\cdot|AQ|\sin\angle PAQ=\frac{16\sqrt{2}}{9}$.

【解法二】

由题意，不妨设 AP 的倾斜角 $\alpha\in\left(0,\frac{\pi}{2}\right)$，则 $\angle PAQ$ 为 2α 或 $\pi-2\alpha$.

因为 C 的渐近线的斜率为 $\pm\frac{\sqrt{2}}{2}$，$\tan\angle PAQ=2\sqrt{2}$，

①若 $\angle PAQ=2\alpha$，则 $\frac{2\tan\alpha}{1-\tan^2\alpha}=2\sqrt{2}$，解得 $\tan\alpha=-\sqrt{2}$（与 α 为锐角矛盾，舍去），

或 $\tan\alpha=\frac{\sqrt{2}}{2}$（这时直线 AP 与渐近线平行，点 P 不在曲线 C 上，舍去）.

②若 $\angle PAQ=\pi-2\alpha$，则 $\frac{2\tan\alpha}{1-\tan^2\alpha}=-2\sqrt{2}$，解得 $\tan\alpha=\sqrt{2}$ 或 $\tan\alpha=-\frac{\sqrt{2}}{2}$（舍去）.

所以 $\tan\alpha=\sqrt{2}$，所以 $k_{AP}=\sqrt{2}$，$k_{AQ}=-\sqrt{2}$.

由 $k_{AP}=\sqrt{2}$，得 $\frac{y_P-1}{x_P-2}=\sqrt{2}$，

$|AP|=\sqrt{1+k_{AP}^2}|x_P-x_A|=\sqrt{3}|x_P-2|$.

同理 $|AQ|=\sqrt{1+k_{AQ}^2}|x_Q-x_A|=\sqrt{3}|x_Q-2|$.

联立 $\begin{cases}\frac{y_P-1}{x_P-2}=\sqrt{2},\\ \frac{x_P^2}{2}-y_P^2=1,\end{cases}$ 得 $x_P=\frac{10-4\sqrt{2}}{3}$，$y_P=\frac{4\sqrt{2}-5}{3}$.

将 P 点坐标代入直线 l 的方程 $y=-x+t$，得 $t=\frac{5}{3}$.

从而直线 l 的方程为 $y=-x+\frac{5}{3}$，将它与双曲线方程联立，

经消元、整理得 $x_P+x_Q=\frac{20}{3}$，$x_P\cdot x_Q=\frac{68}{9}$.

由 $\tan\angle PAQ=2\sqrt{2}$，得 $\sin\angle PAQ=\frac{2\sqrt{2}}{3}$，

所以$\triangle PAQ$的面积为$\frac{1}{2}|AP|\cdot|AQ|\sin\angle PAQ=\frac{16\sqrt{2}}{9}$.

【解法三】

由两直线的夹角公式有$\tan\angle PAQ=2\sqrt{2}=\left|\frac{k_{AP}-k_{AQ}}{1+k_{AP}\cdot k_{AQ}}\right|$,

又因为$k_{AP}=-k_{AQ}$，代入上式，

解得$k_{AP}=-\sqrt{2}$或$k_{AP}=\frac{\sqrt{2}}{2}$或$k_{AP}=\sqrt{2}$或$k_{AP}=-\frac{\sqrt{2}}{2}$,

而双曲线的渐近线的斜率为$\pm\frac{\sqrt{2}}{2}$，故$k_{AP}=\sqrt{2}$或$k_{AP}=-\sqrt{2}$.

不妨取$k_{AP}=\sqrt{2}$，$k_{AQ}=-\sqrt{2}$.

直线AP的方程为$y-1=\sqrt{2}(x-2)$，与$\frac{x^2}{2}-y^2=1$联立，

整理得$3x^2+(4\sqrt{2}-16)x+20-8\sqrt{2}=0$,

所以$|AP|=\sqrt{1+k_{AP}^2}|x_P-x_A|=\frac{4}{3}(\sqrt{6}-\sqrt{3})$.

直线AQ的方程为$y-1=-\sqrt{2}(x-2)$，与$\frac{x^2}{2}-y^2=1$联立，

整理得$3x^2-(4\sqrt{2}+16)x+20+8\sqrt{2}=0$,

所以$|AQ|=\frac{4}{3}(\sqrt{6}+\sqrt{3})$.

又$\sin\angle PAQ=\frac{2\sqrt{2}}{3}$，所以$\triangle PAQ$的面积为$\frac{1}{2}|AP|\cdot|AQ|\sin\angle PAQ=\frac{16\sqrt{2}}{9}$.

【解法四】

由题意，不妨设AP的倾斜角$\alpha\in\left(0,\frac{\pi}{2}\right)$，则$\angle PAQ$为$2\alpha$或$\pi-2\alpha$.

因为C的渐近线的斜率为$\pm\frac{\sqrt{2}}{2}$，$\tan\angle PAQ=2\sqrt{2}$,

①若$\angle PAQ=2\alpha$，则$\frac{2\tan\alpha}{1-\tan^2\alpha}=2\sqrt{2}$，解得$\tan\alpha=-\sqrt{2}$（与$\alpha$为锐角矛盾，舍去），

或$\tan\alpha=\frac{\sqrt{2}}{2}$（这时直线$AP$与渐近线平行，点$P$不在曲线$C$上，舍去）.

②若$\angle PAQ=\pi-2\alpha$，则$\frac{2\tan\alpha}{1-\tan^2\alpha}=-2\sqrt{2}$，解得$\tan\alpha=\sqrt{2}$或$\tan\alpha=-\frac{\sqrt{2}}{2}$（舍去）.

所以$\tan\alpha=\sqrt{2}$，所以$k_{AP}=\sqrt{2}$，$k_{AQ}=-\sqrt{2}$.

则 $\sin\alpha=\frac{\sqrt{6}}{3}$，$\cos\alpha=\frac{\sqrt{3}}{3}$.

所以，可设直线 AP 的参数方程为$\begin{cases}x=2+\frac{\sqrt{3}}{3}t,\\ y=1+\frac{\sqrt{6}}{3}t,\end{cases}$（$t$ 为参数），

代入$\frac{x^2}{2}-y^2=1$ 得$\left(2+\frac{\sqrt{3}}{3}t\right)^2-2\left(\frac{\sqrt{6}}{3}t+1\right)^2-2=0.$

所以 $t^2+\left(\frac{4}{3}\sqrt{6}-\frac{4}{3}\sqrt{3}\right)t=0$，解得 $t_1=0$，$t_2=\frac{4}{3}(\sqrt{3}-\sqrt{6})$.

由 t 的几何意义可知 $|AP|=\frac{4}{3}(\sqrt{6}-\sqrt{3})$，

同理可得，$|AQ|=\frac{4}{3}(\sqrt{6}+\sqrt{3})$.

又因为 $\sin\angle PAQ=\frac{2\sqrt{2}}{3}$，所以$\triangle PAQ$ 的面积为$\frac{1}{2}|AP|\cdot|AQ|\sin\angle PAQ=\frac{16\sqrt{2}}{9}$.

【解法五】

由题意，不妨设 AP 的倾斜角 $\alpha\in\left(0,\ \frac{\pi}{2}\right)$，则$\angle PAQ$ 为 2α 或 $\pi-2\alpha$.

因为 C 的渐近线的斜率为 $\pm\frac{\sqrt{2}}{2}$，$\tan\angle PAQ=2\sqrt{2}$，

①若$\angle PAQ=2\alpha$，则$\frac{2\tan\alpha}{1-\tan^2\alpha}=2\sqrt{2}$，解得 $\tan\alpha=-\sqrt{2}$（与 α 为锐角矛盾，舍去），

或 $\tan\alpha=\frac{\sqrt{2}}{2}$（这时直线 AP 与渐近线平行，点 P 不在曲线 C 上，舍去）.

②若$\angle PAQ=\pi-2\alpha$，则$\frac{2\tan\alpha}{1-\tan^2\alpha}=-2\sqrt{2}$，解得 $\tan\alpha=\sqrt{2}$或 $\tan\alpha=-\frac{\sqrt{2}}{2}$（舍去）.

所以 $\tan\alpha=\sqrt{2}$，所以 $k_{AP}=\sqrt{2}$，$k_{AQ}=-\sqrt{2}$.

故直线 AP 的方程为 $y-1=\sqrt{2}(x-2)$，

且 $|AP|=\sqrt{1+k_{AP}^2}\,|x_P-x_A|=\sqrt{3}\,|x_P-2|$.

由点 P 在双曲线上，$x_P=-\frac{4k_{AP}^2-4k_{AP}+2}{1-2k_{AP}^2}$.

所以，$x_P-2=\frac{4k_{AP}-4}{1-2k_{AP}^2}=\frac{4}{3}(1-\sqrt{2})$.

同理可得 $|AQ|=\sqrt{3}\,|x_Q-2|$，

且 $x_Q-2=\frac{4k_{AQ}-4}{1-2k_{AQ}^2}=\frac{4}{3}(1+\sqrt{2})$，

又因为 $\sin\angle PAQ=\frac{2\sqrt{2}}{3}$，所以 $\triangle PAQ$ 的面积为 $\frac{1}{2}|AP|\cdot|AQ|\sin\angle PAQ=\frac{16\sqrt{2}}{9}$.

【解法六】

由题意，不妨设 AP 的倾斜角 $\alpha\in\left(0,\ \frac{\pi}{2}\right)$，则 $\angle PAQ$ 为 2α 或 $\pi-2\alpha$.

因为 C 的渐近线的斜率为 $\pm\frac{\sqrt{2}}{2}$，$\tan\angle PAQ=2\sqrt{2}$，

①若 $\angle PAQ=2\alpha$，则 $\frac{2\tan\alpha}{1-\tan^2\alpha}=2\sqrt{2}$，解得 $\tan\alpha=-\sqrt{2}$（与 α 为锐角矛盾，舍去），

或 $\tan\alpha=\frac{\sqrt{2}}{2}$（这时直线 AP 与渐近线平行，点 P 不在曲线 C 上，舍去）.

②若 $\angle PAQ=\pi-2\alpha$，则 $\frac{2\tan\alpha}{1-\tan^2\alpha}=-2\sqrt{2}$，解得 $\tan\alpha=\sqrt{2}$ 或 $\tan\alpha=-\frac{\sqrt{2}}{2}$（舍去）.

所以 $\tan\alpha=\sqrt{2}$，所以 $k_{AP}=\sqrt{2}$，$k_{AQ}=-\sqrt{2}$.

直线 AP 与曲线 C 联立得 $3x^2+(4\sqrt{2}-16)x+20-8\sqrt{2}=0$，

所以 $x_A\cdot x_P=\frac{20-8\sqrt{2}}{3}$，由 $x_A=2$，得 $x_P=\frac{10-4\sqrt{2}}{3}$，

所以 $y_P=\sqrt{2}(x_P-2)+1=\frac{4\sqrt{2}-5}{3}$.

所以直线 l 为 $y-\frac{4\sqrt{2}-5}{3}=-\left(x-\frac{10-4\sqrt{2}}{3}\right)$，即 $x+y-\frac{5}{3}=0$.

因此点 $A(2,1)$ 到直线 l 的距离 $d=\frac{\left|2+1-\frac{5}{3}\right|}{\sqrt{2}}=\frac{2\sqrt{2}}{3}$.

联立直线 l 方程和曲线 C 方程 $\begin{cases}x+y-\frac{5}{3}=0,\\ \frac{x^2}{2}-y^2=1,\end{cases}$ 得 $9x^2-60x+68=0$.

所以 $x_1+x_2=\frac{60}{9}$，$x_1x_2=\frac{68}{9}$.

由弦长公式求得 $|PQ|=\sqrt{1+(-1)^2}\cdot|x_1-x_2|=\frac{16}{3}$，

所以 $S_{\triangle APQ}=\frac{1}{2}|PQ|\cdot d=\frac{1}{2}\times\frac{16}{3}\times\frac{2\sqrt{2}}{3}=\frac{16\sqrt{2}}{9}$.

4. **说易错易误**

（1）代入点 A 坐标时，方程写错，或求解出错.

原因：计算错误.

（2）直线与双曲线联立，代入整理出错.

原因：运算不仔细.

（3）斜率公式写错，1 写成 2，和看成积.

原因：做题不仔细.

（4）斜率相加，通分、代入、化简、整理等都有可能出错.

原因：运算能力不足，时间不够.

（5）角的正切值不会转化.

原因：直观想象能力不够，夹角公式超出课本内容.

5. **说思想方法**

（1）数学素养.

考查学生直观想象能力、逻辑思维能力以及运算求解能力.

（2）思想方法.

数形结合思想，转化与化归思想，以及整体思想，运用于分类讨论等方法.

6. **说教学价值**

（1）知识价值.

① 试题的呈现方式：文字题.

② 试题结构：综合、应用.

③ 试题情境：课程学习情境、探索创新情境.

④ 知识点考查：曲线与方程的关系，直线的斜率，直线与双曲线的位置关系，正切的二倍角公式，三角形面积等.

（2）题型价值.

将几何问题（斜率、角度、面积）代数化才能解决此题. 从课标的“四基”“四能”看，体现得很好. 从与新教材的契合度看，比教材难度更高，方法的综合性、计算量等都高于教材，这提醒我们平时教学还是要进行一定的合理拓展延伸.

（3）教学价值.

① 提炼解决同类问题的通性通法.

用代数方程解决几何问题的基本方法和基本计算.

联系统一：椭圆的内接三角形三边中，知道两边斜率关系求第三边过定点或求第三边的斜率问题及其推广.

② 总结如何提高同类问题的运算有效性.

学生加强运算训练，教师少讲，学生多练；尤其是知道算理后，多给学生练习时间，以增强其运算信心.

③总结如何拓展延伸，了解做题套路.

通过一题多解、多题一解等题组变式的方法提高学生的抽象、推理能力，助力学生解决同类问题.

注意弄清问题，了解学生的最近发展区，多给学生思考的空间和计算的时间.

注重一题多解，或多题一解，加强通法研究和方法比较；加强同类问题的比较分析、变式训练、精讲精练.

抓基础，把斜率问题、弦长、面积等问题研究透、讲透，让学生练透.

加强算理、算法背后的思维研究.

④ 变式教学建议.

斜率的和、积的类比研究.

椭圆、双曲线、抛物线的类比研究.

有心和无心二次曲线的异同研究等.

（二）2020 年高考数学全国Ⅰ卷第 18 题

已知 A，B 分别为椭圆 E：$\frac{x^2}{a^2}+y^2=1$ 的左、右顶点，G 为 E 的上顶点，$\overrightarrow{AG}\cdot\overrightarrow{GB}=8$. P 为直线 $x=6$ 上的动点，PA 与 E 的另一个交点为 C，PB 与 E 的另一个交点为 D.

（1）求 E 的方程；

（2）证明：直线 CD 过定点.

1. 说题源题意

（1）题源.

本题由 2020 年高考数学全国Ⅰ卷第 18 题改编而成，源自极点极线定理.

（2）题意.

第（1）问：已知平面向量数量积，确定参数 a，进而确定椭圆方程.

第（2）问：由 P 在直线 $x=6$ 上，由 PA 求动点 C 的表达式，由 PD 求动点 D 的表达式，证明动直线过定点问题.

本题不仅在难度设计上有层次性，而且在思维的灵活性和深刻性、方法的综合性和创新性等方面给学生提供了多种分析问题和解决问题的途径. 试题难度适中，区分度好，发挥了数学学科高考的选拔性功能.

2. **说知识网络**

题目考查学生对椭圆标准方程、平面向量数量积、韦达定理等知识的灵活应用，在直线过定点问题中，直线方程常用斜截式.

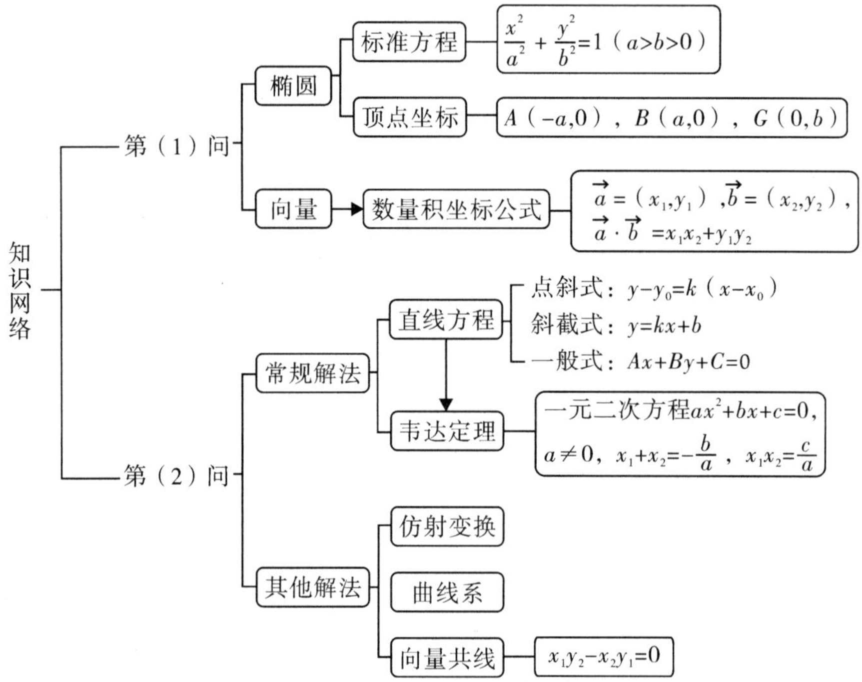

图 4－16　名题二涉及的基本知识

3. **说解题过程**

（1）求 E 的方程.

由题意得 $A(-a,0)$，$B(a,0)$，$G(0,1)$，所以 $\overrightarrow{AG}=(a,1)$，$\overrightarrow{GB}=(a,-1)$，代入 $\overrightarrow{AG}\cdot\overrightarrow{GB}=8$，得 $a^2-1=8$，解得 $a=3$ 或 $a=-3$. 因为 $a>1$，所以 $a=3$，

故 E 的方程为：$\frac{x^2}{9}+y^2=1$.

（2）证明：直线 CD 过定点.

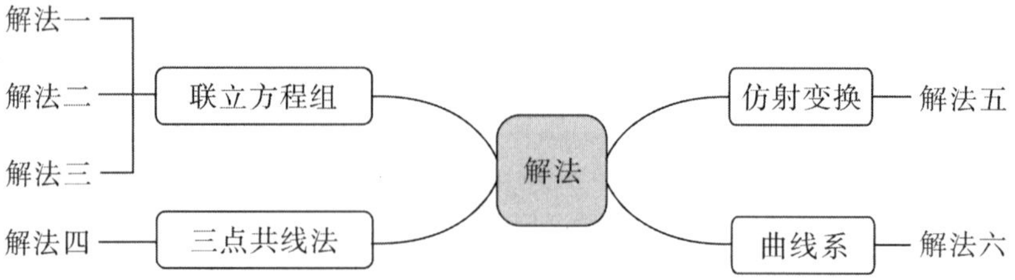

图 4－17　名题二第（2）问常用解题方法

【解法一】 常规设线联立法.

设 $P(6, m)$，$C(x_C, y_C)$，$D(x_D, y_D)$，则 PA 的方程为 $y=\frac{m}{9}(x+3)$.

联立方程组 $\begin{cases}\frac{x^2}{9}+y^2=1,\\ y=\frac{m}{9}(x+3),\end{cases}$ 得 $(9+m^2)x^2+6m^2x+9m^2-81=0$.

由 A 点已知以及韦达定理得 $-3x_C=\frac{9m^2-81}{9+m^2}$，所以 $x_C=\frac{-3m^2+27}{9+m^2}$.

代入直线方程得 $y_C=\frac{m}{9}\left(\frac{-3m^2+27}{9+m^2}+3\right)=\frac{6m}{9+m^2}$，故 $C\left(\frac{-3m^2+27}{9+m^2}, \frac{6m}{9+m^2}\right)$.

PB 的方程为 $y=\frac{m}{3}(x-3)$，联立方程组 $\begin{cases}\frac{x^2}{9}+y^2=1,\\ y=\frac{m}{3}(x-3),\end{cases}$ 得

$(1+m^2)x^2-6m^2x+9m^2-9=0$. 由韦达定理得 $3x_D=\frac{9m^2-9}{1+m^2}$，所以 $x_D=\frac{3m^2-3}{1+m^2}$.

代入直线方程得 $y_D=\frac{m}{3}\left(\frac{3m^2-3}{1+m^2}-3\right)=\frac{-2m}{1+m^2}$，故 $D\left(\frac{3m^2-3}{1+m^2}, \frac{-2m}{1+m^2}\right)$.

①当直线 CD 斜率存在时，$k_{CD}=\dfrac{\frac{6m}{9+m^2}-\frac{-2m}{1+m^2}}{\frac{-3m^2+27}{9+m^2}-\frac{3m^2-3}{1+m^2}}=\frac{4m}{3(3-m^2)}$，

即当 $m\neq\pm\sqrt{3}$ 时，直线 CD 的方程为 $y-\frac{-2m}{1+m^2}=\frac{4m}{3(3-m^2)}\left(x-\frac{3m^2-3}{1+m^2}\right)$，

整理后得 $y=\frac{4m}{3(3-m^2)}\left(x-\frac{3}{2}\right)$，所以直线过定点 $\left(\frac{3}{2}, 0\right)$.

②当直线 CD 斜率不存在，即 C 与 D 横坐标相等时，

有 $\frac{-3m^2+27}{9+m^2}=\frac{3m^2-3}{1+m^2}$，解得 $m=\pm\sqrt{3}$.

当 $m=\sqrt{3}$ 时，$C\left(\frac{3}{2}, \frac{\sqrt{3}}{2}\right)$，$D\left(\frac{3}{2}, -\frac{\sqrt{3}}{2}\right)$，直线 CD 的方程为 $x=\frac{3}{2}$，

所以直线 CD 过定点 $\left(\frac{3}{2}, 0\right)$.

当 $m=-\sqrt{3}$ 时，$C\left(\frac{3}{2}, -\frac{\sqrt{3}}{2}\right)$，$D\left(\frac{3}{2}, \frac{\sqrt{3}}{2}\right)$，直线 CD 的方程为 $x=\frac{3}{2}$，

所以直线 CD 过定点 $\left(\frac{3}{2}, 0\right)$.

综上所述，直线 CD 过定点 $\left(\frac{3}{2}, 0\right)$.

【解法二】先猜后证法.

设$P(6,m)$，$C(x_1,y_1)$，$D(x_2,y_2)$，则PA的方程为$y=\frac{m}{9}(x+3)$.

联立方程组$\begin{cases}\frac{x^2}{9}+y^2=1,\\ y=\frac{m}{9}(x+3),\end{cases}$得$(9+m^2)x^2+6m^2x+9m^2-81=0$.

由于A点已知，结合韦达定理得$-3x_1=\frac{9m^2-81}{9+m^2}$，所以$x_1=\frac{-3m^2+27}{9+m^2}$.

代入直线方程得$y_1=\frac{m}{9}\left(\frac{-3m^2+27}{9+m^2}+3\right)=\frac{6m}{9+m^2}$，故$C\left(\frac{-3m^2+27}{9+m^2},\frac{6m}{9+m^2}\right)$.

PB的方程为$y=\frac{m}{3}(x-3)$，联立方程组$\begin{cases}\frac{x^2}{9}+y^2=1,\\ y=\frac{m}{3}(x-3),\end{cases}$得$(1+m^2)x^2-6m^2x+9m^2-9=0$. 由韦达定理得$3x_2=\frac{9m^2-9}{1+m^2}$，所以$x_2=\frac{3m^2-3}{1+m^2}$.

代入直线方程得$y_2=\frac{m}{3}\left(\frac{3m^2-3}{1+m^2}-3\right)=\frac{-2m}{1+m^2}$，故$D\left(\frac{3m^2-3}{1+m^2},\frac{-2m}{1+m^2}\right)$.

若直线CD过定点，则由椭圆的对称性知这样的定点必在x轴上，取C点与G点重合，求得直线CD与x轴交点$Q\left(\frac{3}{2},0\right)$，下证$Q$，$C$，$D$三点共线.

$\overrightarrow{QC}=\left(\frac{-3m^2+27}{9+m^2}-\frac{3}{2},\frac{6m}{9+m^2}\right)$，$\overrightarrow{QD}=\left(\frac{3m^2-3}{1+m^2}-\frac{3}{2},\frac{-2m}{1+m^2}\right)$，

因为$\left(\frac{-3m^2+27}{9+m^2}-\frac{3}{2}\right)\times\left(\frac{-2m}{1+m^2}\right)-\left(\frac{3m^2-3}{1+m^2}-\frac{3}{2}\right)\times\left(\frac{6m}{9+m^2}\right)=0$，则$Q$，$C$，$D$共线.

所以直线CD过定点$\left(\frac{3}{2},0\right)$.

（注：本解法前半部分求C，D坐标的过程和解法一一致.）

【解法三】多变量消参.

设直线CD为$x=ny+t$，$C(x_1,y_1)$，$D(x_2,y_2)$，联立方程组$\begin{cases}\frac{x^2}{9}+y^2=1,\\ x=ny+t,\end{cases}$得

$(9+n^2)y^2+2nty+t^2-9=0$，由韦达定理得$y_1+y_2=-\frac{2nt}{9+n^2}$，$y_1y_2=\frac{t^2-9}{9+n^2}$.

直线PA为$y=\frac{y_1}{x_1+3}(x+3)$，直线PB为$y=\frac{y_2}{x_2-3}(x-3)$，由于直线PA与PB交于点

P，点 P 在直线 $x=6$ 上，可得$\frac{3y_1}{x_1+3}=\frac{y_2}{x_2-3}$①.

因为点 C 在椭圆$\frac{x_1^2}{9}+y_1^2=1$ 上，所以得 $9y_1^2=9-x_1^2=(3-x_1)(3+x_1)$，

得$\frac{3y_1}{x_1+3}=\frac{3-x_1}{3y_1}$②，$y_1\neq 0$.

由①②可得$\frac{y_2}{x_2-3}=\frac{3-x_1}{3y_1}$，即 $9-3(x_1+x_2)+x_1x_2+3y_1y_2=0$，

联立 $y_1+y_2=-\frac{2nt}{9+n^2}$，$y_1y_2=\frac{t^2-9}{9+n^2}$，可得 $f(n,t)=(n^2+3)\times\frac{t^2-9}{9+n^2}+n(t-3)\times\frac{-2nt}{9+n^2}+(t-3)^2=0$，

化简得 $2t^2-9t+9=0$，解得 $t=3$ 或 $t=\frac{3}{2}$.

当 $t=3$，C，D 两点重合，不符合题意，舍去.

则直线方程为 $x=ny+\frac{3}{2}$，它恒过定点$\left(\frac{3}{2},0\right)$.

【解法四】 三点共线消参.

设 $C(x_1,y_1)$，$D(x_2,y_2)$，由于 A，C，P 三点共线，B，D，P 三点共线，且 $AP\cap BP=P$，得$\frac{3y_1}{x_1+3}=\frac{y_2}{x_2-3}$，平方得$\frac{9y_1^2}{(x_1+3)^2}=\frac{y_2^2}{(x_2-3)^2}$①，

由于$\frac{x_1^2}{9}+y_1^2=1$，$\frac{x_2^2}{9}+y_2^2=1$，故 $9y_1^2=9-x_1^2=(3-x_1)(3+x_1)$，$9y_2^2=(3-x_2)(3+x_2)$，

代入①中整理得 $4x_1x_2=15(x_1+x_2)-36$.

当直线 CD 斜率存在且不为 0 时，设直线 CD 的方程为 $(x_1-x_2)(y-y_2)=(y_1-y_2)(x-x_2)$，直线 CD 与 x 轴交点为 $M(x_0,0)$，故 $x_0=\frac{x_2y_1-x_1y_2}{y_1-y_2}$.

将$\frac{3y_1}{x_1+3}=\frac{y_2}{x_2-3}$代入上式中，消去 y 得 $x_0=\frac{2x_1x_2-9x_1-3x_2}{3x_2-x_1-12}$，

又 $4x_1x_2=15(x_1+x_2)-36$，故 $x_0=\frac{4x_1x_2-18x_1-6x_2}{2(3x_2-x_1-12)}=\frac{9x_2-3x_1-36}{2(3x_2-x_1-12)}=\frac{3}{2}$.

所以直线 CD 过点 $M\left(\frac{3}{2},0\right)$.

当直线 CD 斜率为 0 时，此时 CD 方程为 $y=0$，过点$\left(\frac{3}{2},0\right)$.

当直线斜率不存在时，$x_1=x_2$，$2x_1^2-15x_1+18=0$，得 $x_1=\frac{3}{2}$或 $x_1=6$（舍去），直线

CD交 x 轴于点$\left(\frac{3}{2}, 0\right)$.

综上所述，直线 CD 过定点$\left(\frac{3}{2}, 0\right)$.

【解法五】 仿射变换.

作仿射变换$\begin{cases} x' = \frac{x}{3}, \\ y' = y, \end{cases}$则椭圆 E：$\frac{x^2}{9} + y^2 = 1$ 变成单位圆 E'：$(x')^2 + (y')^2 = 1$.

直线 $x = 6$ 变成直线 $x' = 2$，A，B，P，C，D 分别变为 A'，B'，P'，C'，D'.

设直线 $C'D'$与 x'轴交于点 Q'，作 $Q'H' \perp B'D'$，垂足为 D'.

设 $P'(2, m)$，则 $k_{P'B'} = m$，$k_{P'A'} = \frac{m}{3}$，得 $k_{P'B'} = 3k_{P'A'}$.

于是 $\tan\angle Q'B'D' = 3\tan\angle C'A'B' = 3\tan\angle Q'D'B'$. 所以 $D'H' = 3H'B'$.

又因为 $A'B'$为直径，得 $A'D' \perp B'D'$. 所以 $Q'H' /\!/ A'D'$，得$\frac{A'Q'}{Q'B'} = \frac{D'H'}{A'D'} = 3$.

所以 $Q'\left(\frac{1}{2}, 0\right)$. 所以直线 $C'D'$过定点$\left(\frac{1}{2}, 0\right)$.

所以直线 CD 过定点$\left(\frac{3}{2}, 0\right)$.

【解法六】 曲线系法.

设 $P(6, t)$，则直线 PA，PB 的方程分别为 $y - \frac{t}{9}(x+3) = 0$，$y - \frac{t}{9}(x-3) = 0$，

直线 AB 的方程为 $y = 0$，椭圆 E 的方程为 $x^2 + 9y^2 - 9 = 0$.

设直线 CD 的方程为 $mx + ny + 1 = 0$，因为椭圆过二次曲线 $AP \cdot BP$ 与二次曲线 $AB \cdot CD$的四个交点 A，B，C，D，

则有$\left[y - \frac{t}{9}(x+3)\right] \cdot \left[y - \frac{t}{9}(x-3)\right] + \lambda y(mx + ny + 1) = \mu(x^2 + 9y^2 - 9)$，

即$\frac{t^2}{27}x^2 + (\lambda n + 1)y^2 + \left(m\lambda - \frac{4}{9}t\right)xy + \left(\lambda + \frac{2}{3}t\right)y - \frac{t^2}{3} = \mu(x^2 + 9y^2 - 9)$，

所以有$\frac{t^2}{27} = \mu$，$\lambda n + 1 = 9\mu$，$m\lambda - \frac{4}{9}t = 0$，$\lambda + \frac{2}{3}t = 0$，$-\frac{t^2}{3} = -9\mu$，

解得 $m = -\frac{2}{3}$，$n = \frac{3}{2t} - \frac{t}{2}$.

即直线的方程为 $-\frac{2}{3}x + ny + 1 = 0$，过定点$\left(\frac{3}{2}, 0\right)$.

4. 说易错易误

(1) 对于动直线过定点的目标几何问题，转化为只含一个参数的直线方程的代数问题

困难.

（2）设太多未知数，不知如何利用已知条件有效消参.

（3）计算量大，易出错.

（4）将题设几何条件转为代数表示，代数及其几何意义的连接较为困难.

（5）在解法二中，无法很好地利用椭圆的对称性.

5. **说变式变形**

（1）变条件.

原条件	可变式成为的新条件
椭圆 E：$\frac{x^2}{9}+y^2=1$	椭圆一般式 $\frac{x^2}{a^2}+\frac{y^2}{b^2}=1$
	双曲线 $\frac{x^2}{a^2}-\frac{y^2}{b^2}=1$
P 为直线 $x=6$ 上的动点	P 为直线 $x=\mu$ 上的动点
	P 为直线 $y=6$ 上的动点
P 与椭圆左顶点 A 连线交椭圆于 C 点；P 与椭圆右顶点 B 连线交椭圆于 D 点	A，B 为椭圆上、下顶点
	A，B 点为直线 $x=\frac{a^2}{t}$（$\lvert t\rvert>a$）与椭圆的交点

（2）变结论.

将结论与条件互换得到新的问题. 已知 A，B 分别为椭圆 E：$\frac{x^2}{9}+y^2=1$ 的左、右顶点，过点$\left(\frac{3}{2},\ 0\right)$的直线与 E 分别交于点 C，D. 证明：直线 AC 与 BD 交点在直线 $x=6$ 上.

（3）链接高考.

（2021 年重庆高考适应性统考，21）已知椭圆 C：$\frac{x^2}{a^2}+y^2=1$（$a>1$）的左焦点为 F，直线 $y=kx$（$k>0$）与椭圆 C 交于 A，B 两点，当$\overrightarrow{FA}\cdot\overrightarrow{FB}=0$ 时，$k=\frac{\sqrt{3}}{3}$.

①求 a 的值；

②设线段 AF，BF 的延长线分别交椭圆于 D，E 两点，当 k 变化时，直线 DE 是否过定点？若过定点，求出定点坐标；若不过定点，请说明理由.

6. **说思想方法**

（1）本题是典型的动直线恒过定点问题，是圆锥曲线的高频题型. 考查学生的数学运算、直观想象、逻辑推理、数据分析等核心素养.

（2）本题考查函数与方程、数形结合，分类整合，化归与转化的思想.

7. 说教学价值

（1）知识价值：巩固椭圆的定义和性质等基础知识以及平面向量的相关知识.

（2）题型价值：隶属于圆锥曲线综合大题的动直线过定点问题，总结出这类题的做题套路.

（3）高考价值：体现新高考的基础性、综合性；符合低起点、多层次、高落差考查要求，适用于选拔性考试.

（4）教学启示：教师应明晰算理、优化算法；加强示范，讲练结合；讲解通性通法，渗透巧解算法.

第五章　概率与统计

一、新旧课程标准与教材对比研究

（一）新旧课程标准对比

表 5–1　新旧课程标准关于概率与统计内容的对比

内容	2020 年课程标准	2003 年课程标准
随机事件与概率	①结合具体实例，理解样本点和有限样本空间的含义，理解随机事件与样本点的关系. 了解随机事件的并、交与互斥的含义，能结合实例进行随机事件的并、交运算. ②结合具体实例，理解古典概型，能计算古典概型中简单随机事件的概率. ③通过实例，理解概率的性质，掌握随机事件概率的运算法则. ④结合实例，会用频率估计概率	①在具体情境中，了解随机事件发生的不确定性和频率的稳定性，进一步了解概率的意义以及频率与概率的区别. ②通过实例，了解两个互斥事件的概率加法公式. ③通过实例，理解古典概型及其概率计算公式，会用列举法计算一些随机事件所含的基本事件数及事件发生的概率. ④了解随机数的意义，能运用模拟方法（包括计算器产生随机数来进行模拟）估计概率，初步体会几何概型的意义. ⑤通过阅读材料，了解人类认识随机现象的过程
随机事件的独立性	结合有限样本空间，了解两个随机事件独立性的含义. 结合古典概型，利用独立性计算概率	在具体情境中，了解两个事件相互独立的概念
获取数据的基本途径及相关概念	①知道获取数据的基本途径，包括：统计报表和年鉴、社会调查、试验设计、普查和抽样、互联网等. ②了解总体、样本、样本量的概念，了解数据的随机性	能通过试验、查阅资料、设计调查问卷等方法收集数据

（续表）

内容	2020 年课程标准	2003 年课程标准
抽样	①简单随机抽样. 通过实例，了解简单随机抽样的含义及其解决问题的过程，掌握两种简单随机抽样方法：抽签法和随机数法．会计算样本均值和样本方差，了解样本与总体的关系. ②分层随机抽样. 通过实例，了解分层随机抽样的特点和适用范围，了解分层随机抽样的必要性，掌握各层样本量比例分配的方法．结合具体实例，掌握分层随机抽样的样本均值和样本方差. ③抽样方法的选择. 在简单的实际情境中，能根据实际问题的特点，设计恰当的抽样方法解决问题	①能从现实生活或其他学科中提出具有一定价值的统计问题. ②结合具体的实际问题情境，理解随机抽样的必要性和重要性. ③在参与解决统计问题的过程中，学会用简单随机抽样方法从总体中抽取样本；通过对实例的分析，了解分层抽样和系统抽样方法
统计图表	能根据实际问题的特点，选择恰当的统计图表对数据进行可视化描述，体会合理使用统计图表的重要性	通过实例体会分布的意义和作用，在表示样本数据的过程中，学会列频率分布表、画频率分布直方图、频率折线图、茎叶图，体会它们各自的特点
用样本估计总体	①结合实例，能用样本估计总体的集中趋势参数（平均数、中位数、众数），理解集中趋势参数的统计含义. ②结合实例，能用样本估计总体的离散程度参数（标准差、方差、极差），理解离散程度参数的统计含义. ③结合实例，能用样本估计总体的取值规律. ④结合实例，能用样本估计百分位数，理解百分位数的统计含义	①通过实例理解样本数据标准差的意义和作用，学会计算数据标准差. ②能根据实际问题的需求合理地选取样本，从样本数据中提取基本的数字特征（如平均数、标准差），并作出合理的解释. ③在解决统计问题的过程中，进一步体会用样本估计总体的思想，会用样本的频率分布估计总体分布，会用样本的基本数字特征估计总体的基本数字特征；初步体会样本频率分布和数字特征的随机性. ④会用随机抽样的基本方法和样本估计总体的思想，解决一些简单的实际问题；能通过对数据的分析为合理的决策提供一些依据，认识统计的作用，体会统计思维与确定性思维的差异. ⑤形成对数据处理过程进行初步评价的意识

新课标将“变量的相关性”由必修课程调整为选择性必修课程，分别从描述统计和推断统计两个方面重组统计的必修知识和选择性必修知识，注重课程内容的逻辑体系和学生

的认知发展，使学生知识学习条理化、系统化. 新课标按照“获取数据—描述数据—处理数据—分析数据”的逻辑顺序明确必修课程的统计知识为“获取数据的基本途径及相关概念”“抽样”“统计图表”“用样本估计总体”，强调让学生经历统计活动的全过程，在学习数据收集和整理、数据直观图表的表示及数据统计特征的刻画等过程中积累基本活动经验，培养学生的数据分析观念.

在选择性必修课程上，新课标删减实验版课标的“统计案例”知识，分别从研究随机变量的相关性、随机性和独立性这三个数据分析的角度编排内容，直接对应概率部分的“离散型随机变量及其分布列”“随机事件的独立性”等知识，这表明新课标注重概率与统计两部分内容之间知识的密切联系.

（二）新旧教材对比

1. 2019 人教 A 版与 2004 人教 A 版教材对比研究

（1）章节编排对比.

表 5-2　2019 人教 A 版与 2004 人教 A 版教材章节编排对比

<table>
<tr><td>内容</td><td colspan="2">统计</td></tr>
<tr><td rowspan="2">教材版本</td><td>2019 人教 A 版</td><td>2004 人教 A 版</td></tr>
<tr><td>必修第二册</td><td>必修 3</td></tr>
<tr><td>章节编排</td><td>第九章 统计
9.1 随机抽样
9.1.1 简单随机抽样
9.1.2 分层随机抽样
9.1.3 获取数据的途径
9.2 用样本估计总体
9.2.1 总体取值规律的估计
9.2.2 总体百分位数的估计
9.2.3 总体集中趋势的估计
9.2.4 总体离散程度的估计
9.3 统计案例　公司员工的肥胖情况调查分析</td><td>第二章 统计
2.1 随机抽样
2.1.1 简单随机抽样
2.1.2 系统抽样
2.1.3 分层抽样
2.2 用样本估计总体
2.2.1 用样本的频率分布估计总体分布
2.2.2 用样本的数字特征估计总体的数字特征
2.3 变量间的相关关系
2.3.1 变量之间的相关关系
2.3.2 两个变量的线性相关</td></tr>
</table>

（续表）

内容	概率	
教材版本	2019 人教 A 版	2004 人教 A 版
	必修第二册	必修 3
章节编排	第十章 概率 10.1 随机事件与概率 10.1.1 **有限样本空间与随机事件** 10.1.2 事件的关系和运算 10.1.3 古典概型 10.1.4 概率的基本性质 10.2 **事件的相互独立性** 10.3 频率和概率 10.3.1 频率的稳定性 10.3.2 随机模拟	第三章 概率 3.1 随机事件的概率 3.1.1 随机事件的概率 3.1.2 概率的意义 3.1.3 概率的基本性质 3.2 古典概型 3.2.1 古典概型 3.2.2（整数值）随机数（random numbers）的产生 3.3 几何概型 3.3.1 **几何概型** 3.3.2 均匀随机数的产生

（2）情境引入方式对比.

表 5-3 2019 人教 A 版与 2004 人教 A 版教材情境引入方式对比

内容		2019 人教 A 版	2004 人教 A 版
统计	简单随机抽样	从“**口袋中有红白色小球，估计红色小球比例**”的抽样问题出发，引入简单随机抽样	以“食品店饼干卫生检验”的样本选择问题引入简单随机抽样
	分层随机抽样	从简单随机抽样的问题 1“调查高一年级学生平均身高”出发，提出问题 3“是否会出现随机抽出的 50 个同学大部分是高个子或矮个子”这种**极端情况，引入分层随机抽样**	从调查“某地区中小学学生近视情况”的情境出发引出分层随机抽样
	总体取值规律的估计	以居民月均用水量统计问题引出频率分布表和频率分布直方图，并介绍制作频率分布表和画频率分布直方图的步骤	以居民月均用水量统计问题引入频率分布、频率分布表和频率分布直方图，以及频率分布折线图、总体密度曲线和茎叶图
	总体百分位数的估计	提出根据上一节所得的总体分布情况如何确定居民月均用水量标准的政府决策问题，引入百分位数、分位数、第 p 百分位数和四分位数的概念	—

（续表）

内容		2019 人教 A 版	2004 人教 A 版
统计	总体集中趋势的估计	通过具体实例，借助平均数、中位数和众数，根据样本的集中趋势估计总体的集中趋势	介绍众数、中位数、平均数
	总体离散程度的估计	以“射击问题”引入度量数据离散程度的方法（极差），引入方差、标准差、总体方差、总体标准差、样本方差和样本标准差的概念及其意义	以“射击”问题引入标准差，并介绍计算器求标准差的过程，引入方差，并说明二者联系
概率	古典概型	通过“彩票摇号”“抛硬币”“扔骰子”等试验，总结古典概型的共同特征并定义古典概型	从 a，b，c，d 中任取两个字母的试验中寻找基本事件，并归纳总结，概括出古典概型的定义
	概率的基本性质	从**概率的定义出发**研究概率的基本性质，借助事件的基本关系和运算，得到概率的 6 个基本性质	主要从**事件的关系与运算**出发，推导出“必然事件的概率为 1，不可能事件的概率为 0”等 4 个基本性质

（3）例习题比较.

表 5-4　2019 人教 A 版相比 2004 人教 A 版教材例习题变化

习题类型	例题	练习题	习题
作用	数学思维的示范引领	巩固知识、示范教学	深化理解、拓展知识、学业评价
变化	保留原有例题 1 道 新增 24 道 删减 12 道 新人教版的例题相比于旧人教版，与学生的日常生活联系更加紧密，考查的知识点也涉及跨学科	保留原有练习题 3 道 新增 49 道 删减 38 道 新人教版的练习题更加注重题目的进阶、分层、综合，更有利于学生综合素质的培养	保留原有习题 25 道 新增 42 道 删减 41 道 原先的 A、B 组变为复习巩固、综合运用、拓广探索三部分，另外在保留原有习题的基础上，完善数据选取以及提问方式，有助于学生更好地求解题目

从数量上看，2019 人教版教材共保留原有习题 29 道，删除部分重复、烦琐、过难、超标的题目 91 道，新增 115 道，有效地提高了例习题的针对性与有效性，例习题编排更加科学、准确，针对性强.

表 5-5　2019 人教 A 版与 2004 人教 A 版教材各类习题数量对比

项目	选择题	填空题	判断题	计算题	证明题	解答题	总计
2019 人教 A 版	6	11	38	74	12	108	249
2004 人教 A 版	6	4	7	77	0	92	186

在统计板块，2019 人教 A 版减少了计算题的比例；增加了解答题、判断题的数量与占比，其中解答题主要包括样本点、试验结果、频率估计概率等，判断题主要是对事件关系、概率计算的判断；证明题主要围绕独立事件公式、概率的性质展开.

在概率板块，2019 人教 A 版习题的设置中判断题与解答题所占比重较高，考查的范围不仅包括简单的概念辨析，还包括对样本数字特征的理解等。证明题主要围绕“平均数”“方差”计算公式等知识点，加深对数字特征的内涵理解. ①

2. **2019 人教 A 版与 2019 北师大版教材对比研究**

（1）章节编排对比.

表 5-6　2019 人教 A 版与 2019 北师大版教材章节编排对比

内容	统计	
教材版本	2019 人教 A 版	2019 北师大版
	必修第二册	必修第一册
章节编排	第九章 统计 9.1 随机抽样 9.1.1 **简单随机抽样** 9.1.2 **分层随机抽样** 9.1.3 **获取数据的途径** 9.2 用样本估计总体 9.2.1 总体取值规律的估计 9.2.2 总体百分位数的估计 9.2.3 总体集中趋势的估计 9.2.4 总体离散程度的估计 9.3 **统计案例 公司员工的肥胖情况调查分析**	第六章 统计 6.1 获取数据的途径 6.2 抽样的基本方法 6.2.1 **简单随机抽样** 6.2.2 **分层随机抽样** 6.3 用样本估计总体分布 6.3.1 从频数到频率 6.3.2 频率分布直方图 6.4 用样本估计总体数字特征 6.4.1 样本的数字特征 6.4.2 分层随机抽样的均值与方差 6.4.3 百分位数

① 李茹茜. 人教版新旧高中数学教科书“概率与统计”比较研究［D］. 天津：天津师范大学，2021.

（续表）

<table>
<tr><td>内容</td><td colspan="2">概率</td></tr>
<tr><td rowspan="2">教材版本</td><td>2019 人教 A 版</td><td>2019 北师大版</td></tr>
<tr><td>必修第二册</td><td>必修第一册</td></tr>
<tr><td>章节编排</td><td>第十章 概率
10.1 随机事件与概率
10.1.1 有限样本空间与随机事件
10.1.2 事件的关系和运算
10.1.3 古典概型
10.1.4 概率的基本性质
10.2 事件的相互独立性
10.3 频率和概率
10.3.1 频率的稳定性
10.3.2 随机模拟</td><td>第七章 概率
7.1 随机现象与随机事件
7.1.1 随机现象
7.1.2 样本空间
7.1.3 随机事件
7.1.4 随机事件的运算
7.2 古典概型
7.2.1 古典概型
7.2.2 古典概型的应用
7.3 频率与概率
7.4 事件的独立性</td></tr>
</table>

（2）情境引入方式对比.

表 5-7　2019 人教 A 版与 2019 北师大版教材情境引入方式对比

<table>
<tr><td colspan="2">内容</td><td>2019 人教 A 版</td><td>2019 北师大版</td></tr>
<tr><td rowspan="5">统计</td><td>简单
随机抽样</td><td>从“口袋中有红白色小球，估计红色小球比例”的抽样问题出发，引入简单随机抽样</td><td>从“从班上随机抽取学生参加测试”的问题出发，引出简单随机抽样</td></tr>
<tr><td>分层
随机抽样</td><td>从简单随机抽样的问题 1“调查高一年级学生平均身高”出发，提出问题 3“是否会出现随机抽出的 50 个同学大部分是高个子或矮个子”这种极端情况，引入分层随机抽样</td><td>从“调查学生对教师满意度”出发，对不同班级进行抽样，从而引出分层随机抽样</td></tr>
<tr><td>总体取值
规律的估计</td><td>以居民月均用水量统计问题引出频率分布表和频率分布直方图，并介绍制作频率分布表和画频率分布直方图的步骤</td><td>从“运动在不同方面的水平”“普通高等学校和高中新生录取人数及比例”两个问题引入频数和频率，从“家庭月日常消费额”直接给出频率分布表和频率分布直方图，再通过“头盖骨宽度分布”实例总结画出频率分布直方图的特征</td></tr>
<tr><td>总体百分位数
的估计</td><td>提出根据上一节所得的总体分布情况如何确定居民月均用水量标准的政府决策问题，引入百分位数、分位数、第 p 百分位数和四分位数的概念</td><td>直接给出常用的百分位数，百分位数概念和计算步骤，在数字特征部分之后再通过相应的例子进行说明</td></tr>
<tr><td>总体数字特
征的估计</td><td>将数字特征分为“集中趋势”和“离散程度”分别加以说明. 给出频率直方分布图的相应数字特征的计算方式，通过“男女生身高差”例子对分层随机抽样的样本的数字特征进行说明</td><td>直接给出相应样本的数字特征并进行区分，对分层随机抽样的样本的数字特征再强调说明</td></tr>
</table>

（续表）

内容		2019 人教 A 版	2019 北师大版
概率	古典概型	通过“彩票摇号”“抛硬币”“扔骰子”等试验，总结古典概型的共同特征并定义古典概型	从“掷骰子”的不同情况总结归纳古典概型的概念
	概率的基本性质	从概率的定义出发研究概率的基本性质，借助事件的基本关系和运算，得到概率的6个基本性质	借助“口袋摸球实验的4种不同解法”总结归纳古典概型的共同性质
	频率与概率	随着实验次数的增大，频率偏离概率的幅度会缩小，称为频率的稳定性.	通过“投篮的命中率”“抛掷硬币”的数据引出频率与概率的关系

两版教材在情境引入中都列举了许多与实际生活贴切的例子，鼓励学生进行独立思考和自主探究等，符合学生的认知规律和数学学习的逻辑顺序，同时有利于教师更有效地展开教学，对于教师及学生理解所学知识有很大的帮助.

（3）例习题比较.

在概率与统计板块，2019 人教 A 版中习题背景包括工厂生产、天气预报等，涉及物理、生物学科，习题背景内容丰富多样，且描述篇幅较长；而 2019 北师大版教材背景内容较为单调，多次使用扑克牌这一背景。因此 2019 人教 A 版教材在背景材料方面相比 2019 北师大版教材更丰富.

在“数学认知”因素上，2019 人教 A 版教材中概率部分的习题数量随着认知水平的提高逐渐增多，在最高水平处习题数量又下降，循序渐进，难易适中. 2019 北师大版教材中概率与统计习题处于较低认知水平，即操作水平的习题占比较高，为 54.84%，主要原因是为加强学生对新知识的理解和灵活运用能力.

在“运算”因素水平上，两版教材习题的水平差异较大，2019 北师大版教材低水平“数值运算”的习题占比比 2019 人教 A 版多出近 18%，而“简单符号运算”和“复杂符号运算”的习题占比却比 2019 人教 A 版分别少了 14.6% 和 6.44%，说明 2019 人教 A 版教材更加注重发展学生的符号化语言，对学生的运算水平要求更高.

在“推理因素”方面，2019 人教 A 版教材中“无推理”水平的概率习题占比比 2019 北师大版少 16.6%，但处于“复杂推理”水平的习题占比较 2019 北师大版多 12.89%，这一水平需要学生有较强的逻辑推理能力，因此 2019 人教 A 版教材概率章节的习题在推理能力这一层次对学生的要求更高. ①

---

① 赵辉. 两版高中数学必修教材概率内容的比较研究［D］. 天津：天津师范大学，2022.

3. 2019 人教 A 版与 2019 湘教版教材对比研究

（1）章节编排对比.

表 5-8　2019 人教 A 版与 2019 湘教版教材章节编排对比

<table>
<tr><td>内容</td><td colspan="2">统计</td></tr>
<tr><td rowspan="2">教材版本</td><td>2019 人教 A 版</td><td>2019 湘教版</td></tr>
<tr><td>必修第二册</td><td>必修第一册</td></tr>
<tr><td>章节编排</td><td>第九章 统计
9.1 随机抽样
9.1.1 简单随机抽样
9.1.2 分层随机抽样
9.1.3 获取数据的途径
9.2 用样本估计总体
9.2.1 总体取值规律的估计
9.2.2 总体百分位数的估计
9.2.3 总体集中趋势的估计
9.2.4 总体离散程度的估计
9.3 统计案例　公司员工的肥胖情况调查分析</td><td>第六章 统计学初步
6.1 获取数据的途径及统计概念
6.2 抽样
6.2.1 简单随机抽样
6.2.2 分层抽样
6.3 统计图表
6.4 用样本估计总体
6.4.1 用样本估计总体的集中趋势
6.4.2 用样本估计总体的分散程度
6.4.3 用频率分布直方图估计总体分布
6.4.4 百分位数</td></tr>
<tr><td>内容</td><td colspan="2">概率</td></tr>
<tr><td rowspan="2">教材版本</td><td>2019 人教 A 版</td><td>2019 湘教版</td></tr>
<tr><td>必修第二册</td><td>必修第二册</td></tr>
<tr><td>章节编排</td><td>第十章 概率
10.1 随机事件与概率
10.1.1 有限样本空间与随机事件
10.1.2 事件的关系和运算
10.1.3 古典概型
10.1.4 概率的基本性质
10.2 事件的相互独立性
10.3 频率和概率
10.3.1 频率的稳定性
10.3.2 随机模拟</td><td>第五章 概率
5.1 随机事件与样本空间
5.1.1 随机现象
5.1.2 事件的运算
5.2 概率及运算
5.2.1 古典概型
5.2.2 概率的运算
5.3 用频率估计概率
5.4 随机事件的独立性</td></tr>
</table>

（2）情境引入方式对比.

表 5-9　2019 人教 A 版与 2019 湘教版教材情境引入方式对比

内容		2019 人教 A 版	2019 湘教版
统计	简单随机抽样	从“**口袋中有红白色小球，估计红色小球比例**”的抽样问题出发，引入简单随机抽样	先给出随机抽样的概念，再通过“**口袋中小球颜色分布**”引入简单随机抽样概念
统计	分层随机抽样	从简单随机抽样的问题 1“调查高一年级学生平均身高”出发，提出问题 3“是否会出现随机抽出的 50 个同学大部分是高个子或矮个子”这种极端情况，引入分层随机抽样	直接给出分层抽样的概念：把总体中各个个体按照某种特征或某种规则划分为互不交叉的层
	总体取值规律的估计	以居民月均用水量统计问题引出频率分布表和频率分布直方图，并介绍制作频率分布表和画频率分布直方图的步骤	通过不同的例子引入各类统计图的概念和定义，从“图书馆随机抽样读者借书量”引入频数分布直方图和频率分布图的绘制过程和定义. 并有相应章节讲述如何通过频率分布直方图估计总体分布
	总体百分位数的估计	提出根据上一节所得的总体分布情况如何确定居民月均用水量标准的政府决策问题，引入百分位数、分位数、第 p 百分位数和四分位数的概念	直接给出常用的百分位数，百分位数概念和计算步骤，再通过相应的例子相应说明. 放在数字特征之后进行说明
	总体数字特征估计	将数字特征分为“集中趋势”和“离散程度”分别加以说明. 给出频率直方分布图的相应数字特征的计算方式，通过“男女生身高差”例子对分层随机抽样的样本的数字特征进行说明	将样本的数字特征分为“集中趋势”和“离散程度”并对其分别加以说明，强调各个分层抽样中的均值估计，比较各个数字特征的差异
概率	古典概型	通过“彩票摇号”“抛硬币”“扔骰子”等试验，总结古典概型的共同特征并定义古典概型	从“抛硬币”的不同情况引出古典概型的概念
	概率的基本性质	从概率的定义出发研究概率的基本性质，借助事件的基本关系和运算，得到概率的 6 个基本性质	借助“掷两枚不同颜色的骰子”“摸不同颜色的球”等问题总结归纳推导古典概型的共同性质
	频率与概率	随着实验次数的增大，频率偏离概率的幅度会缩小，称为频率的稳定性	先给出频率的概念，通过“抛掷硬币”的数据引出频率与概率的关系

（3）例习题比较.

在概率与统计板块，首先，两版教材的计算部分占比较大，都比较注重简答题和分析题. 其中简答题人教版占比 29.2%，湘教版占比 8.6%，说明人教版更加注重考查学生对知识的掌握情况. 其次，人教版配置了填空题，占 1.7%，更加注重考查学生知识的连贯性，而湘教版没有配置相应的填空题，可见湘教版更加注重学生的实际应用能力. 对于拓展探究部分，人教版该题型占比 5.6%，仅次于计算题和简答题的比重，可见人教版注重培养学生的逻辑思维能力和创新能力. ①

（三）文献综述

1. 关于概率与统计教学策略的研究现状

表 5-10　关于概率与统计教学策略的主要观点

年份	作者	主要观点
2010	谢琳、刘剑涛	教师在概率教学中存在的问题： 教师普遍轻视基本概念和数学基本思想的教学； 对概率论基本概念的认识较为模糊，使得教学过程中的混乱认识难以消除
2011	张文义	恰当运用现代信息技术提高教学质量
2011	王连国	利用函数与方程、数形结合等数学思想方法对概率传统教学进行补充
2017	何小亚	学生概率模型学习中存在的问题： 不理解随机事件，无法区分随机事件和随机现象； 难以理解教材中“几何概型”的定义，更不理解“贝特朗悖论”以及与之等价的类似问题； 对概率模型的不理解导致对某些结论的理解存在困难
2018	龙正武、陈星春	使学生了解概率统计知识之间的联系； 帮助学生初步理解统计学知识与传统数学知识的区别； 通过各种示例让学生了解常见的概率统计错误认识
2019	田秀娟	开展实践活动，培养学生的综合能力； 创设问题情境，让学生经历统计过程，切身体会统计的思想
2019	刘宏英、王海青	选取的问题具有基础性和多元性； 素养的培养强调层次性和渐进性； 教学的过程体现参与性和开放性

① 李悦.“人教版”和“湘教版”高中数学教材概率与统计内容的比较研究［D］. 四平：吉林师范大学，2017.

（续表）

年份	作者	主要观点
2020	周敏敏	教学模式比较落后； 教学方法不够科学； 偏重于学生考试成绩
2020	周根旺、王娇	强调统计概念知识点，把握统计分析的整体性，优化教学模式
2020	孙定国	增强概率课程的趣味性，夯实学生的数学基础； 设置生活化教学情境，锻炼学生的思维能力； 让学生体会到进行模拟试验的必要性与可操作性，培养学生的数据分析与数学建模素养
2020	张芳珍	重视统计图表的实际应用，培养学生数据分析素养
2021	李亚琼、徐文彬	研究新课标，关注新旧课标过渡； 回归教材，重视知识的整体结构性； 基于学情，加强学生“四能”培养； 落实教学，尝试“整—分—联”教学思路

资料来源：

① 谢琳，刘剑涛. 从两个争议看高中概率论基本概念教学中存在的问题［J］. 数学教育学报，2010，19（6）：6 - 8 + 29.

② 张文义. 基于新课标的高中数学概率统计教学方法研究［J］. 当代教育论坛（教学研究），2011（1）：78 - 79.

③ 王连国. 高中生概率学习认知障碍分析及对策研究［D］. 济南：山东师范大学，2011.

④ 何小亚. 高中概率模型学与教中的问题和对策［J］. 数学教育学报，2017，26（1）：37 - 40.

⑤ 龙正武，陈星春. 近三年概率统计内容的高考特点及相关教学思考［J］. 数学通报，2018，57（11）：31 - 34.

⑥ 田秀娟. 基于数据分析能力的高中数学统计教学的策略研究［J］. 文渊（高中版），2019（3）：616.

⑦ 刘宏英，王海青. 基于试题分析的“概率统计”复习教学［J］. 教学与管理，2019（34）：41 - 43.

⑧ 周敏敏. 浅议高中数学概率统计教学中的问题及解决途径［J］. 数学学习与研究，2020（17）：18 - 19.

⑨ 周根旺，王娇. 谈高中数学概率统计概念教学的策略［J］. 中学教学参考，2020（20）：17 - 18.

⑩ 孙定国. 高中数学发展学生核心素养的策略分析：以“古典概型”教学为例［J］. 试题与研究，2020（25）：84 - 85.

⑪ 张芳珍. 新课标背景下的高中数学概率统计教学方法探讨［J］. 高考，2020（19）：32.

⑫ 李亚琼，徐文彬. 高考课标卷概率统计试题的特点及其教学启示：基于2011—2020年全国课标卷的分析［J］. 数学教育学报，2021，30（6）：13 - 19.

总的来说，概率统计教学需深入挖掘课标和教材；采用恰当的教学方式，增强课堂趣味性，优化教学模式；重视知识的整体结构性，引导学生从整体上把握知识；注重联系生活实际，重视概率统计在实际生活中的应用，培养学生的核心素养.

2. 关于概率与统计解题策略的研究现状

表 5-11　关于概率与统计解题策略的主要观点

年份	作者	主要观点
2014	黄兆霞	针对概率应用题提出解题策略： 认真审题； 明确事件之间的关系； 利用概率性质进行计算； 将随机变量的取值还原成事件
2017	向正银	将一个大题分解为若干个小问题； 将数字叙述性问题转化为数学符号
2019	时尚	从某些典型例题出发，探讨方程法、公式法、枚举法和几何法等重要解题方法在概率与统计中的应用
2021	王雅	用计数方法解决古典概型问题； 用概率的加法、乘法公式求事件的概率； 用概率分布模型研究概率问题； 概率推断，进行决策

资料来源：

① 黄兆霞. 高考数学中概率问题分析［J］. 新西部（理论版），2014（16）：132.

② 向正银. 概率分布列问题高考题的解答策略［J］. 语数外学习（高中版中旬），2017（2）：52.

③ 时尚. 概率统计中常见的解题策略［J］. 数学学习与研究，2019（18）：117.

④ 王雅. 高考概率统计重点题型及解题策略［J］. 高中数理化，2021（Z2）：50 – 53.

实际上，通过中国知网检索关键词“概率与统计解题策略”，笔者发现有关概率与统计解题策略的研究甚少. 而且在这些文章中，大部分研究者只是基于部分题目给出解题方法，或者通过研究高考中概率与统计的高频考点或某些题型，比如求互斥事件与相互独立事件的概率分布列与数学期望，给出相应的求解步骤等，较少对概率统计中不同类型题目的解决策略进行总结和归纳. 因此，关于概率统计板块的一般解题策略还有待进一步研究.

3. 关于概率与统计错误归因的研究现状

表 5-12　关于概率与统计错误归因的主要观点

类别	描述	教学建议
知识性错误	概念理解不深刻，公式选取混乱。如对基本事件、独立重复实验等概念理解不深刻；错用独立重复实验概率公式等	在教学中恰当地运用反例，加深学生对概念的理解，及时纠正学生的错误

（续表）

类别	描述	教学建议
逻辑性错误	题意理解偏差或曲解题意，对问题分析理解能力不足	加强学生阅读理解能力，引导学生宏观地认识、分析问题；强化学生概率学习的体验感，培养学生概率学习的正确思维
策略性错误	解题思路不清晰，解题思维不严谨；数据分析能力、数学建模能力较弱；多种方法混用	强化学生对解题的理解，积累解题经验
心理性错误	计算粗心出错；惧怕实际应用的题目以及文字较多的题目	刺激学生概率学习敏感度，规范学生概率学习的解题习惯

通过查阅文献发现，关于概率与统计错误归因的相关文献比较少且缺乏权威性. 关于概率与统计的错误归因可以总结为以下几点：一、对概念理解不深刻，公式错用误用；二、题意理解偏差或曲解题意，产生畏惧心理；三、解题时思路不清晰，数学建模能力弱. 因此，教师在概率与统计教学过程中，要针对学生不同的错误选择不同的教学策略.

4. 关于概率与统计命题方向的研究现状

表 5-13　关于概率与统计命题方向的主要观点

年份	作者	主要观点
2013	余继光、谢景秋	命题趋势仍然保持格局稳定； 问题情境适度创新； 更加贴近实际； 突出内化本质
2016	刘莉	考查知识系统全面，注重重点内容重点考查，以及知识结构的重组和概括； 注重与现实生活的联系，突出对概率与统计的基本概念、基本思想和基本方法的考查； 符合时代需求，突出数据处理能力； 淡化技巧障碍，凸显数学本质； 关注学科素养，注重知识交会； 注重对数学思想方法的考查

（续表）

年份	作者	主要观点
2021	徐惠、王文莹	更加重视考查对概率与统计基本概念和基本公式的理解； 更加重视考查概率与统计知识与其他知识的深度融合； 重视数据分析，淡化数据计算； 统计图表丰富多样，来源于生活，不拘泥于课本，重视考查素养
2021	李亚琼、徐文彬	知识融合创新，概率与统计命题有综合化的趋势，重视概率与函数、概率与不等式、概率与数列等交会知识在试题中的融合考查； 数学文化渗透，试题重视考查数据分析和统计素养的同时，也重视数学文化的育人价值

资料来源：

① 余继光，谢景秋. 2013 年高考“概率与统计、计数原理”专题分析［J］. 中国数学教育，2013（Z4）：72－80.

② 刘莉. 2016 年高考“概率与统计、计数原理”专题命题分析［J］. 中国数学教育，2016（18）：34－41.

③ 徐惠，王文莹. 新高考评价体系下“概率统计”命题新趋势［J］. 数学通讯，2021（3）：42－46.

④ 李亚琼，徐文彬. 高考课标卷概率统计试题的特点及其教学启示：基于 2011—2020 年全国课标卷的分析［J］. 数学教育学报，2021，30（6）：13－19.

总的来说，新高考背景下概率与统计试题的命题方向主要体现在以下几个方面：

（1）更加重视考查对概率与统计基本概念、基本公式的理解.

新高考的考查突出基础性，强调对基本概念、基本公式本质的理解.

（2）重视数据分析，淡化数据计算.

新课标把“数据分析”作为数学六大核心素养之一，对比旧课标的“数据分析”，弱化了烦琐和较大数据的计算处理，更注重考查学生掌握数据分析的方法和思路，进而利用数据分析的结果解决实际问题.

（3）力求创新，努力破除题海战术和套路训练.

关于概率与统计的命题创新性主要体现在数据呈现方式、知识综合方式、开放设问和题型创新四个方面. 2019 年首次出现概率与统计压轴大题，2020 年首次出现概率与统计多选题，在题型上不断创新. 通过创新题型，对学生的综合能力进行考查.

（4）更加重视考查与其他知识的深度融合.

新高考对综合性要求更高，2017 年之后的三年每年均有一道题与其他模块深度综合. 例如，2018 年全国卷第 20 题第（1）小题首次利用导数求概率的最值；2019 年全国卷首次把概率题放在压轴题位置，实质上侧重考查的是数列递推式；2020 年山东卷第 12 题以概率的形式定义新函数，同时深入考查函数、数列、不等式等诸多其他知识.

5. 关于概率与统计备考建议的研究现状

表 5-14 关于概率与统计备考建议的主要观点

年份	作者	主要观点
2015	吴平生	回归教材抓基础，重视基本概念的辨析； 基于考题抓重点，重视基本问题的梳理； 立足平时抓习惯，重视解题思维的训练
2017	韦吉己	重视课本，读透教材； 仔细分析考卷命题方向； 熟练掌握公式的推导与变形； 强调知识点复习的全面性； 强化数据处理能力
2017	吴志峰	注重对基本概念的理解； 对考纲要求的了解； 对规范作答的落实
2018	胡树平	注重数据处理与运算能力的培养； 回归教材，重视“边缘化”知识，加深知识的深度理解； 加强对往届试题的研究和对概率模型的区分和训练
2019	宋建辉	夯实基础知识，厘清考查内容； 拓宽统计知识，增强统计思维； 加强数学建模，增强创新意识； 加强数学阅读，提高逻辑思维
2020	王孟利	充分发挥自身的主观能动性； 回归课本，重视教材； 关注现实社会生活，提高文化素养、核心素养
2020	杨会涛、胡志奇	针对如何提高数学阅读能力提出 3 种方法： 掌握概率统计的基本概念； 掌握概率统计的思想方法； 掌握数学语言的阅读策略

资料来源：

① 吴平生．面向 2016 年全国高考的概率统计复习备考研究［J］．中学数学研究（华南师范大学版），2015（17）：15－20＋44－45.

② 韦吉己．概率统计题的高考备考策略［J］．广西教育，2017（26）：159＋161.

③ 吴志峰．2017 年高考全国 Ⅰ 卷概率统计题的研究［J］．广东教育（高中版），2017（10）：33－35

④ 胡树平．近三年高考全国课标卷概率统计题的考查特点与备考建议［J］．数学学习与研究，2018（5）：110－111.

⑤ 宋建辉. 2018 年高考全国卷概率统计考查评析与备考策略 [J]. 中学数学月刊, 2019 (3): 31 - 33.

⑥ 王孟利. 2019 年高考理科数学概率统计试题分析及教学对策研究 [D]. 信阳: 信阳师范学院, 2020.

⑦ 杨会涛, 胡志奇. 如何提高数学阅读能力: 以 2019 年高考数学理科全国 I 卷概率统计解答题为例 [J]. 中学数学杂志, 2020 (5): 44 - 47.

上述研究者所提出的备考策略大致相同，主要从以下三个方面对概率统计备考提出建议：一是知识层面，强调回归教材，重视课本上的基本概念；二是审题层面，重点提高数学阅读能力；三是解题层面，包括提高数据处理与运算能力，增强统计思维，加强数学建模能力的培养，落实规范解答等.

二、知识逻辑图

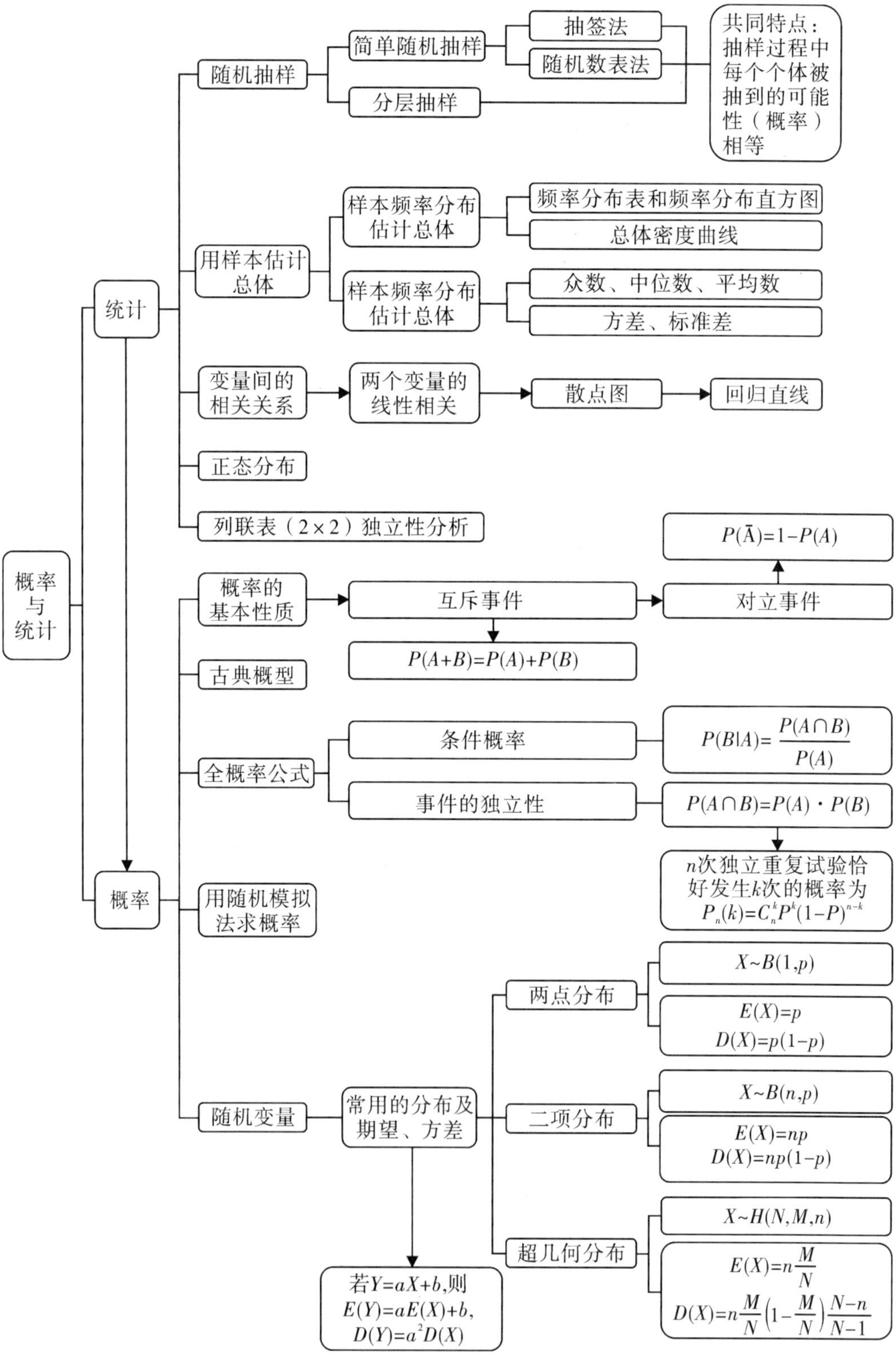

图5－1 概率与统计板块知识逻辑图

三、典型例题

（一）常考题型

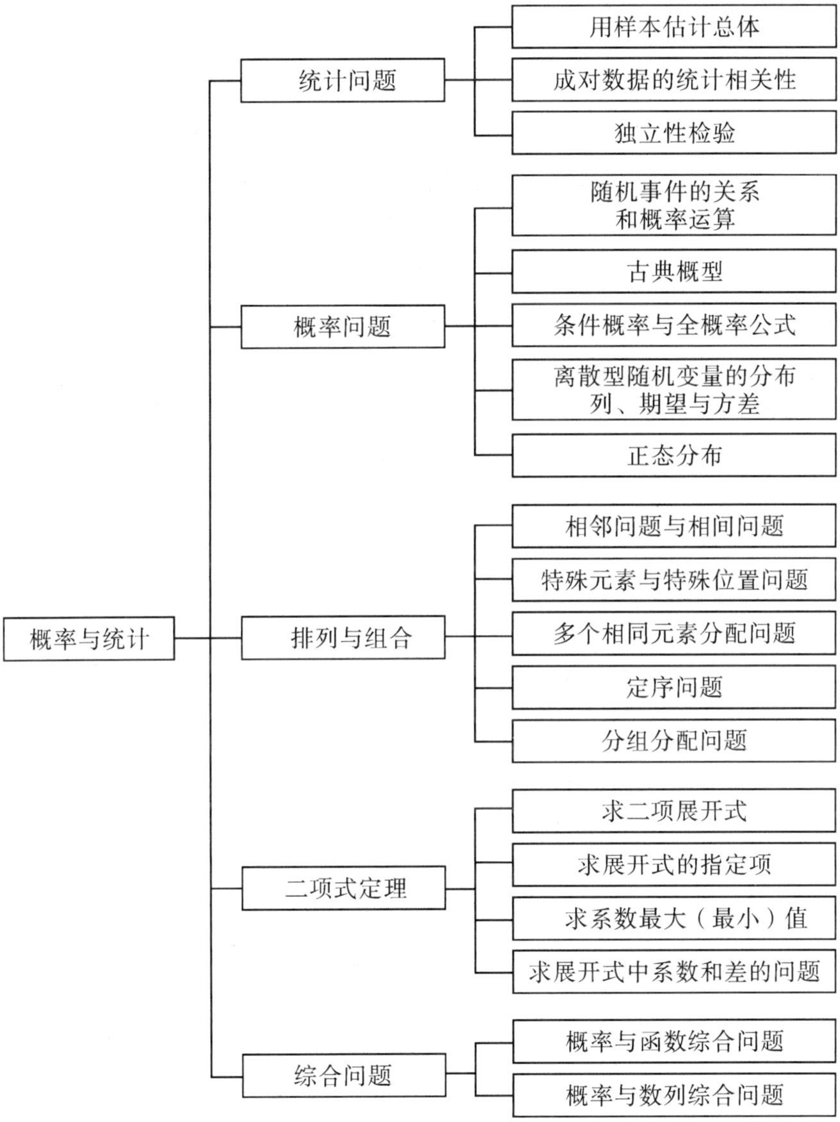

图 5－2 概率与统计常考题型

第一类 统计问题

题型1：用样本估计总体

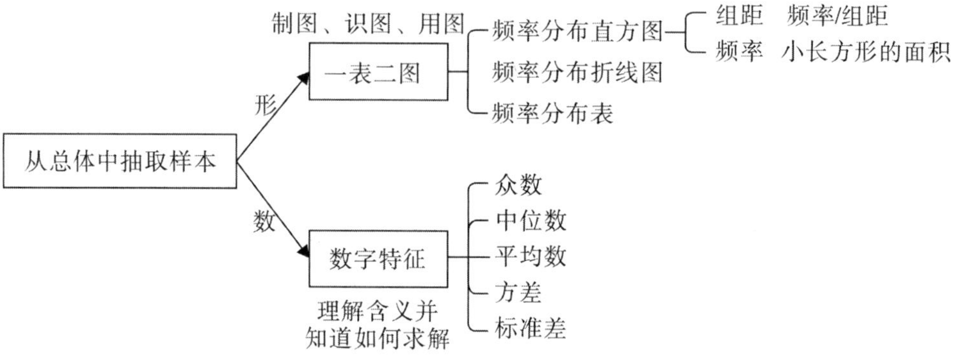

图5-3 统计图表常考题型及解题思路

【解题思路】

（1）在频率分布直方图中：

①各小矩形的面积表示各组的频率，各小矩形的高表示频率与组距的比值；

②各小矩形面积之和等于1；

③中位数左右两侧的直方图面积相等；

④众数是最高矩形中点的横坐标；

⑤均值等于各组中值与对应概率乘积的和.

【例1】某地区经过一年的新农村建设，农村的经济收入增加了一倍，实现翻番. 为更好地了解该地区农村的经济收入变化情况，统计了该地区新农村建设前后农村的经济收入构成比例，得到如下饼图：

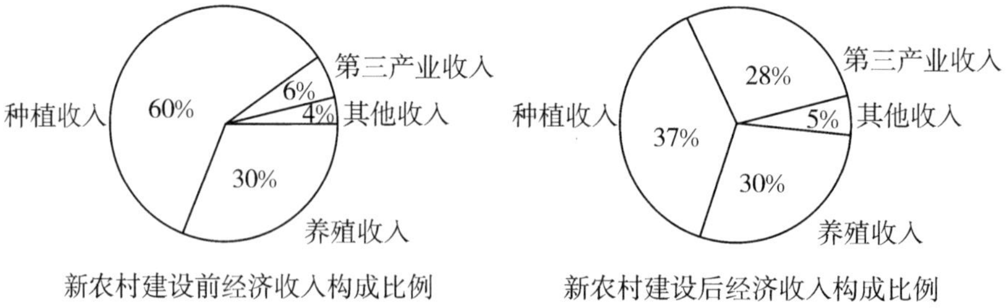

则下面结论中不正确的是（　　）.

A. 新农村建设后，种植收入减少

B. 新农村建设后，其他收入增加了一倍以上

C. 新农村建设后，养殖收入增加了一倍

D. 新农村建设后，养殖收入与第三产业收入的总和超过了经济收入的一半

解析

设该地区新农村建设前农村的经济收入为a（$a>0$），则新农村建设后农村的经济收入

为 $2a$. 由饼图得，新农村建设前的种植收入为 $a\times60\%=0.6a$，新农村建设后的种植收入为 $2a\times37\%=0.74a$，所以新农村建设后，种植收入增加了，故 A 项不正确；

新农村建设前的其他收入为 $a\times4\%=0.04a$，新农村建设后的其他收入为 $2a\times5\%=0.1a$，所以新农村建设后，其他收入增加了一倍以上，故 B 项正确；

新农村建设前的养殖收入为 $a\times30\%=0.3a$，新农村建设后的养殖收入为 $2a\times30\%=0.6a$，所以新农村建设后，养殖收入增加了一倍，故 C 项正确；

新农村建设后，养殖收入与第三产业收入的总和占经济收入的 $30\%+28\%=58\%>50\%$，所以新农村建设后，养殖收入与第三产业收入的总和超过了经济收入的一半，故 D 项正确.

故选 A.

【例 2】 某家庭记录了未使用节水龙头 50 天的日用水量数据（单位：m^3）和使用了节水龙头 50 天的日用水量数据，得到频数分布表如下：

未使用节水龙头 50 天的日用水量频数分布表

日用水量	[0, 0.1)	[0.1, 0.2)	[0.2, 0.3)	[0.3, 0.4)	[0.4, 0.5)	[0.5, 0.6)	[0.6, 0.7)
频数	1	3	2	4	9	26	5

使用了节水龙头 50 天的日用水量频数分布表

日用水量	[0, 0.1)	[0.1, 0.2)	[0.2, 0.3)	[0.3, 0.4)	[0.4, 0.5)	[0.5, 0.6)
频数	1	5	13	10	16	5

（1）在答题卡上作出使用了节水龙头 50 天的日用水量数据的频率分布直方图；

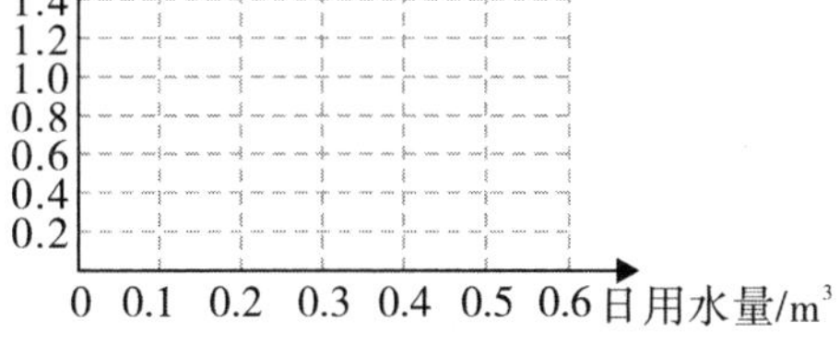

（2）估计该家庭使用节水龙头后，日用水量小于 0.35m^3 的概率；

（3）估计该家庭使用节水龙头后，一年能节省多少水.（一年按365天计算，同一组中的数据以这组数据所在区间中点的值作代表.）

解析

（1）画出如下频率分布直方图：

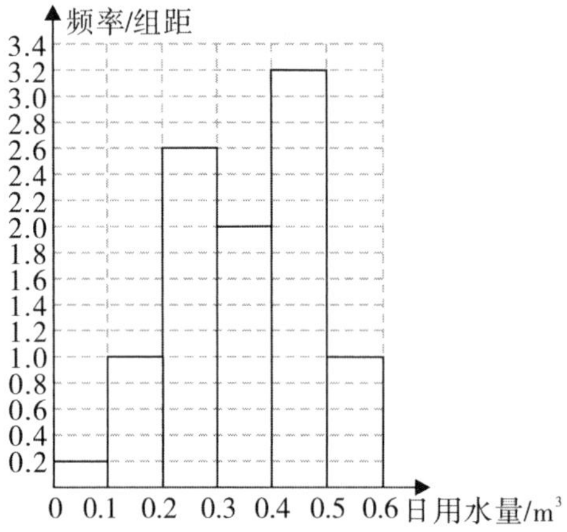

（2）该家庭使用节水龙头后，日用水量小于 0.35m^3 的频率为 $(0.2+1.0+2.6+2\div2)\times0.1=0.48$，用样本的频率估计总体的概率得，该家庭使用节水龙头后，日用水量小于 0.35m^3 的概率约为0.48.

（3）未使用节水龙头的日平均用水量为

$(0.05\times1+0.15\times3+0.25\times2+0.35\times4+0.45\times9+0.55\times26+0.65\times5)\div50=0.48\ (\text{m}^3)$，

使用了节水龙头的日平均用水量为

$(0.05\times1+0.15\times5+0.25\times13+0.35\times10+0.45\times16+0.55\times5)\div50=0.35\ (\text{m}^3)$，

所以使用节水龙头后的日平均节水量为 $0.48-0.35=0.13\ (\text{m}^3)$，

用样本的平均数估计总体的平均数得，该家庭使用节水龙头后，一年能节省水 $0.13\times365=47.45\ (\text{m}^3)$.

【例3】（2022广东深圳二模）深圳是一座志愿者之城、爱心之城. 深圳市卫健委为了解防疫期间志愿者的服务时长（单位：h），对参加过防疫的志愿者随机抽样调查，将样本中个体的服务时长进行整理，得到如右图所示的频率分布直方图. 据此估计，7.2万名参加过防疫的志愿者中服务时长超过32 h的约有（　　）.

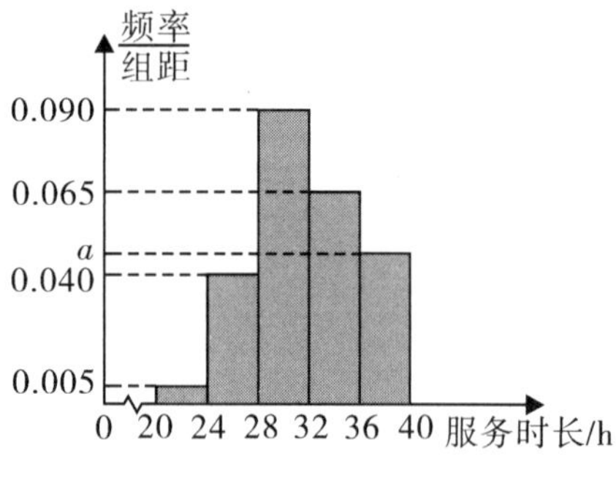

A. 3.3万人　　B. 3.4万人　　C. 3.8万人　　D. 3.9万人

解析

依题意样本中服务时长超过 32 h 的个体频率为 $1-4\times(0.005+0.04+0.09)=0.46$；

由样本估计总体，可得总体中服务时长超过 32 h 的个体数为 $7.2\times0.46=3.312\approx3.3$（万人）.

故选 A.

【例 4】（2022 全国高考甲卷·理科）某社区通过公益讲座向社区居民普及垃圾分类知识. 为了解讲座效果，随机抽取 10 位社区居民，让他们在讲座前和讲座后各回答一份垃圾分类知识问卷，这 10 位社区居民在讲座前和讲座后问卷答题的正确率如下图：

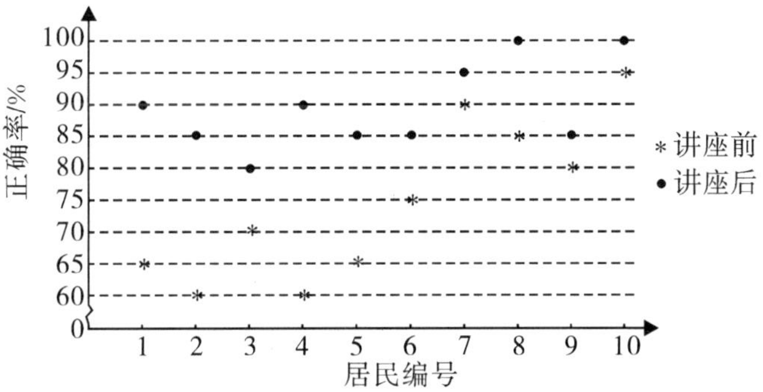

则（　　）.

A. 讲座前问卷答题的正确率的中位数小于 70%

B. 讲座后问卷答题的正确率的平均数大于 85%

C. 讲座前问卷答题的正确率的标准差小于讲座后正确率的标准差

D. 讲座后问卷答题的正确率的极差大于讲座前正确率的极差

解析

讲座前中位数为$\frac{70\%+75\%}{2}>70\%$，所以 A 项错；

讲座后问卷答题的正确率只有一个是 80%，4 个 85%，剩下全部$\geqslant$90%，所以讲座后问卷答题的正确率的平均数 >85%，所以 B 项对；

讲座前问卷答题的正确率更加分散，所以讲座前问卷答题的正确率的标准差 > 讲座后正确率的标准差，所以 C 项错；

讲座后问卷答题的正确率的极差为 $100\%-80\%=20\%$，讲座前问卷答题的正确率的极差为 $95\%-60\%=35\%>20\%$，所以 D 项错.

故选 B.

【例 5】（2021 全国高考乙卷·理科）某厂研制了一种生产高精产品的设备，为检验新设备生产产品的某项指标有无提高，用一台旧设备和一台新设备各生产了 10 件产品，得到各件产品该项指标数据如下：

旧设备	9.8	10.3	10.0	10.2	9.9	9.8	10.0	10.1	10.2	9.7
新设备	10.1	10.4	10.1	10.0	10.1	10.3	10.6	10.5	10.4	10.5

旧设备和新设备生产产品的该项指标的样本平均数分别记为 $\bar{x}$ 和 $\bar{y}$，样本方差分别记为 s_1^2 和 s_2^2.

（1）求 $\bar{x}$，$\bar{y}$，s_1^2，s_2^2；

（2）判断新设备生产产品的该项指标的均值较旧设备是否有显著提高（如果 $\bar{y}-\bar{x}\geqslant 2\sqrt{\dfrac{s_1^2+s_2^2}{10}}$，则认为新设备生产产品的该项指标的均值较旧设备有显著提高，否则不认为有显著提高）.

解析

（1）$\bar{x}=\dfrac{9.8+10.3+10+10.2+9.9+9.8+10+10.1+10.2+9.7}{10}=10$，

$\bar{y}=\dfrac{10.1+10.4+10.1+10+10.1+10.3+10.6+10.5+10.4+10.5}{10}=10.3$，

$s_1^2=\dfrac{0.2^2+0.3^2+0+0.2^2+0.1^2+0.2^2+0+0.1^2+0.2^2+0.3^2}{10}=0.036$，

$s_2^2=\dfrac{0.2^2+0.1^2+0.2^2+0.3^2+0.2^2+0+0.3^2+0.2^2+0.1^2+0.2^2}{10}=0.04$.

（2）依题意得 $\bar{y}-\bar{x}=0.3=2\times 0.15=2\sqrt{0.15^2}=2\sqrt{0.0225}$，$2\sqrt{\dfrac{0.036+0.04}{10}}=2\sqrt{0.0076}$，$\bar{y}-\bar{x}\geqslant 2\sqrt{\dfrac{s_1^2+s_2^2}{10}}$，所以新设备生产产品的该项指标的均值较旧设备有显著提高.

【例 6】《西游记》《三国演义》《水浒传》《红楼梦》是中国古典文学瑰宝，并称为中国古典小说四大名著. 某中学为了解本校学生阅读四大名著的情况，随机调查了 100 位学生，其中阅读过《西游记》或《红楼梦》的学生共有 90 位，阅读过《红楼梦》的学生共有 80 位，阅读过《西游记》且阅读过《红楼梦》的学生共有 60 位，则该校阅读过《西游记》的学生人数与该校学生总数比值的估计值为（　　）.

A. 0.5　　B. 0.6　　C. 0.7　　D. 0.8

解析

画出如下韦恩图：

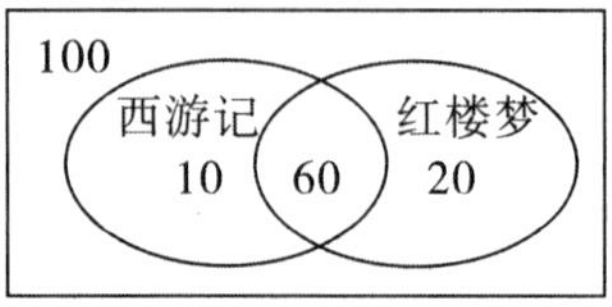

由上图可得，阅读过《西游记》的学生人数为（90－80）+60=70，所以阅读过《西游记》的样本频率为 70÷100=0.7．用样本估计总体得，该校阅读过《西游记》的学生人数与该校学生总数比值的估计值为 0.7．

故选 C．

【例 7】某险种的基本保费为 a（单位：元），继续购买该险种的投保人称为续保人，续保人本年度的保费与其上年度出险次数的关联如下：

上年度出险次数	0	1	2	3	4	≥5
保费	$0.85a$	a	$1.25a$	$1.5a$	$1.75a$	$2a$

随机调查了该险种的 200 名续保人在一年内的出险情况，得到如下统计表：

出险次数	0	1	2	3	4	≥5
频数	60	50	30	30	20	10

（1）记 A 为事件"一续保人本年度的保费不高于基本保费"，求 $P(A)$ 的估计值；

（2）记 B 为事件"一续保人本年度的保费高于基本保费但不高于基本保费的 160%"，求 $P(B)$ 的估计值；

（3）求续保人本年度平均保费的估计值.

解析

（1）依题意作下表：

保费	$0.85a$	a	$1.25a$	$1.5a$	$1.75a$	$2a$
出险次数	0	1	2	3	4	≥5
频数	60	50	30	30	20	10

"一续保人本年度的保费不高于基本保费"当且仅当"一年内的出险次数不大于1 次"时发生，用样本估计总体，$P(A)$ 的估计值为 $(60+50)\div200=0.55$.

（2）"一续保人本年度的保费高于基本保费但不高于基本保费的 160%"当且仅当"一年内的出险次数大于 1 次且小于 4 次"时发生，用样本估计总体，$P(B)$ 的估计值为 $(30+30)\div200=0.3$.

（3）随机调查的 200 名续保人本年度的保费分布情况如下：

保费	$0.85a$	a	$1.25a$	$1.5a$	$1.75a$	$2a$
频数	60	50	30	30	20	10

所以这 200 名续保人的平均保费为 $(0.85a\times60+a\times50+1.25a\times30+1.5a\times30+$

$1.75a\times20+2a\times10)\div200=1.1925a$（元）. 用样本估计总体，续保人本年度平均保费的估计值为 $1.1925a$（元）.

题型 2：成对数据的统计相关性

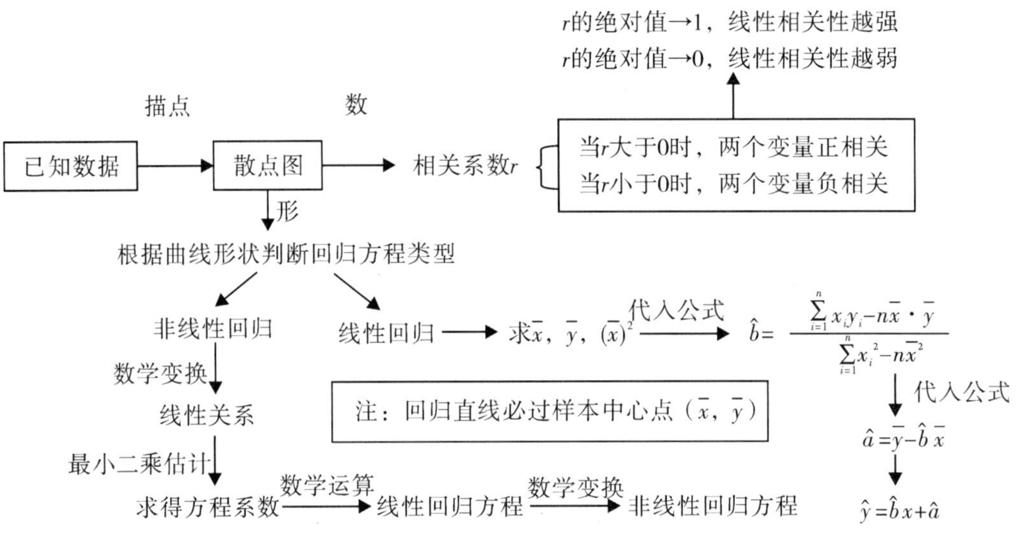

图 5-4　回归分析常考题型及解题思路

【例 8】下图是我国 2008 年至 2014 年生活垃圾无害化处理量（单位：亿吨）的折线图.

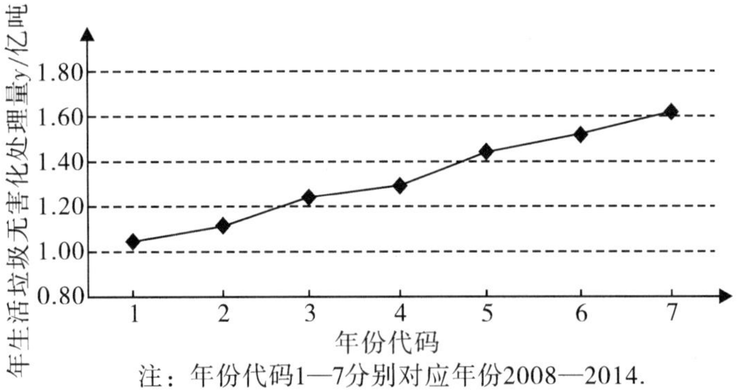

注：年份代码1—7分别对应年份2008—2014.

（1）由折线图看出，可用线性回归模型拟合 y 与 t 的关系，请用相关系数加以说明；

（2）建立 y 关于 t 的回归方程（系数精确到 0.01），预测 2016 年我国生活垃圾无害化处理量.

附注：

参考数据：$\sum_{i=1}^{7}y_i=9.32$，$\sum_{i=1}^{7}t_iy_i=40.17$，$\sqrt{\sum_{i=1}^{7}(y_i-\bar{y})^2}=0.55$，$\sqrt{7}\approx2.646$.

参考公式：相关系数 $r=\dfrac{\sum\limits_{i=1}^{n}(t_i-\bar{t})(y_i-\bar{y})}{\sqrt{\sum\limits_{i=1}^{n}(t_i-\bar{t})^2\sum\limits_{i=1}^{n}(y_i-y)^2}}$；回归方程 $\hat{y}=\hat{a}+\hat{b}t$ 中斜率和截距的最小二乘估计公式分别为：$\hat{b}=\dfrac{\sum\limits_{i=1}^{n}(t_i-\bar{t})(y_i-\bar{y})}{\sum\limits_{i=1}^{n}(t_i-\bar{t})^2}$，$\hat{a}=\bar{y}-\hat{b}\bar{t}$.

解析

（1）由于 $t_i=i$（$i=1$，2，…，7），所以 $\bar{t}=\dfrac{1+2+3+4+5+6+7}{7}=4$，

$\sum\limits_{i=1}^{7}(t_i-\bar{t})^2=28$，所以 $\sqrt{\sum\limits_{i=1}^{7}(t_i-\bar{t})^2}=\sqrt{28}=2\sqrt{7}$.

由于 $\sum\limits_{i=1}^{7}y_i=9.32$，$\sum\limits_{i=1}^{7}t_iy_i=40.17$，

所以 $\sum\limits_{i=1}^{7}(t_i-\bar{t})(y_i-\bar{y})=\sum\limits_{i=1}^{7}t_iy_i-7\bar{t}\bar{y}=40.17-7\times4\times\dfrac{9.32}{7}=2.89$.

所以相关系数 $r=\dfrac{\sum\limits_{i=1}^{n}(t_i-\bar{t})(y_i-\bar{y})}{\sqrt{\sum\limits_{i=1}^{n}(t_i-\bar{t})^2\sum\limits_{i=1}^{n}(y_i-y)^2}}\approx\dfrac{2.89}{2\times2.646\times0.55}\approx0.99$.

由于 y 与 t 的相关系数近似为0.99，说明 y 与 t 的线性相关程度相当高，从而可以用线性回归模型拟合 y 与 t 的关系.

（2）由（1）得 $\sum\limits_{i=1}^{7}(t_i-\bar{t})(y_i-\bar{y})=2.89$，$\sum\limits_{i=1}^{7}(t_i-\bar{t})^2=28$，

所以 $\hat{b}=\dfrac{\sum\limits_{i=1}^{7}(t_i-\bar{t})(y_i-\bar{y})}{\sum\limits_{i=1}^{7}(t_i-\bar{t})^2}=\dfrac{2.89}{28}\approx0.103$.

由于 $\bar{y}=\dfrac{1}{7}\sum\limits_{i=1}^{7}y_i=\dfrac{1}{7}\times9.32\approx1.331$，所以 $\hat{a}=\bar{y}-\hat{b}\bar{t}\approx1.331-0.103\times4\approx0.92$.

所以 y 关于 t 的回归方程为 $\hat{y}=0.92+0.10t$.

因为2016年对应 $t=9$，将 $t=9$ 代入回归方程得 $\hat{y}=0.92+0.10\times9=1.82$，

所以预测2016年我国生活垃圾无害化处理量约为1.82亿吨.

【例9】某公司为确定下一年度投入某种产品的宣传费，需了解年宣传费 x（单位：千元）对年销售量 y（单位：t）和年利润 z（单位：千元）的影响，对近8年的年宣传费 x_i 和年销售量 y_i（$i=1$，2，…，8）数据作了初步处理，得到下面的散点图及一些统计量的值.

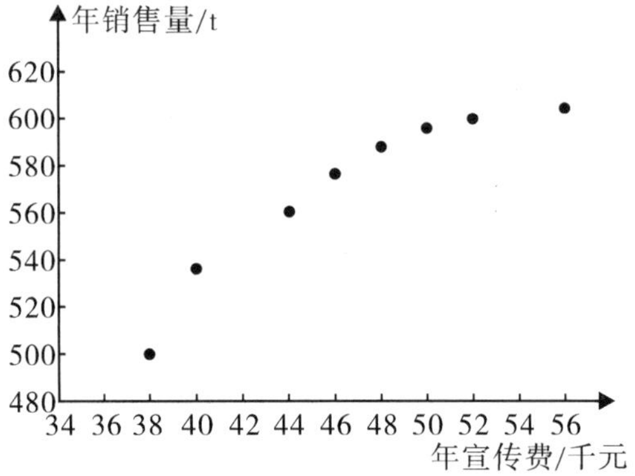

$\bar{x}$	$\bar{y}$	$\bar{w}$	$\sum_{i=1}^{8}(x_i-\bar{x})^2$	$\sum_{i=1}^{8}(w_i-\bar{w})^2$	$\sum_{i=1}^{8}(x_i-\bar{x})(y_i-\bar{y})$	$\sum_{i=1}^{8}(w_i-\bar{w})(y_i-\bar{y})$
46.6	563	6.8	289.8	1.6	1469	108.8

表中 $w_i=\sqrt{x_i}$，$\bar{w}=\frac{1}{8}\sum_{i=1}^{8}w_i$.

（1）根据散点图判断 $y=a+bx$ 与 $y=c+d\sqrt{x}$ 哪一个适宜作为年销售量 y 关于年宣传费 x 的回归方程类型；（给出判断即可，不必说明理由）

（2）根据（1）的判断结果及表中数据，建立 y 关于 x 的回归方程；

（3）已知这种产品的年利润 z 与 x，y 的关系为 $z=0.2y-x$. 根据（2）的结果回答下列问题：

（i）年宣传费 $x=49$ 时，年销售量及年利润的预报值是多少？

（ii）年宣传费 x 为何值时，年利润的预报值最大？

附：对于一组数据 (u_1, v_1)，(u_2, v_2)，…，(u_n, v_n)，其回归直线 $v=\alpha+\beta u$ 的斜率和截距的最小二乘估计分别为：$\hat{\beta}=\dfrac{\sum_{i=1}^{n}(u_i-\bar{u})(v_i-\bar{v})}{\sum_{i=1}^{n}(u_i-\bar{u})^2}$，$\hat{\alpha}=\bar{v}-\hat{\beta}\bar{u}$.

解析

（1）从散点图来看，样本点分布在某条曲线周围，根据题意，宜选择 $y=c+d\sqrt{x}$ 作为年销售量 y 关于年宣传费 x 的回归方程类型.

（2）令 $w=\sqrt{x}$，先建立 y 关于 w 的线性回归方程 $\hat{y}=\hat{c}+\hat{d}w$.

因为 $\hat{d}=\dfrac{\sum_{i=1}^{8}(w_i-\bar{w})(y_i-\bar{y})}{\sum_{i=1}^{8}(w_i-\bar{w})^2}=\dfrac{108.8}{1.6}=68$，$\hat{c}=\bar{y}-\hat{d}\bar{w}=563-68\times 6.8=100.6$，

所以 y 关于 w 的线性回归方程为 $\hat{y}=100.6+68w$.

所以 y 关于 x 的回归方程为 $\hat{y}=100.6+68\sqrt{x}$.

(3)(i)由(2)得 $\hat{y}=100.6+68\sqrt{x}$，由已知得 $z=0.2y-x$.

当 $x=49$ 时，年销售量 y 的预报值 $\hat{y}=100.6+68\times\sqrt{49}=576.6$，

年利润 z 的预报值 $\hat{z}=0.2\times576.6-49=66.32$.

所以年宣传费 $x=49$ 时，年销售量的预报值为 576.6 t，年利润的预报值为 66.32 千元.

(ii)根据(2)的结果知，年利润 z 的预报值 $\hat{z}=0.2(100.6+68\sqrt{x})-x=-x+13.6\sqrt{x}+20.12=-(\sqrt{x}-6.8)^2+66.36$，

所以当 $\sqrt{x}=6.8$，即 $x=46.24$ 时，$\hat{z}$ 取得最大值 66.36.

所以年宣传费为 46.24 千元时，年利润的预报值最大.

题型 3：独立性检验

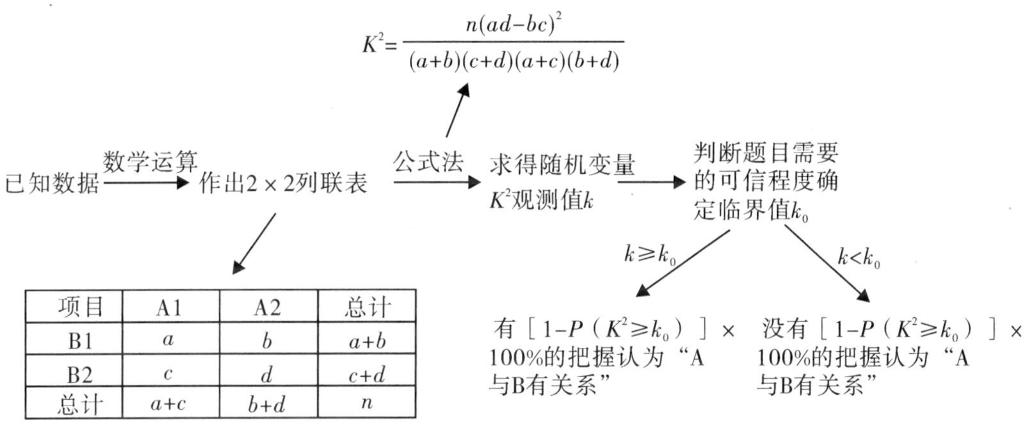

图 5-5　独立性检验常考题型及解题思路

【例 10】(2021 全国高考甲卷·理科) 甲、乙两台机床生产同种产品，产品按质量分为一级品和二级品，为了比较两台机床产品的质量，分别用两台机床各生产了 200 件产品，产品的质量情况统计如下表：

项目	一级品	二级品	合计
甲机床	150	50	200
乙机床	120	80	200
合计	270	130	400

(1) 甲机床、乙机床生产的产品中一级品的频率分别是多少?

(2) 能否有 99% 的把握认为甲机床的产品质量与乙机床的产品质量有差异?

附：$K^2=\frac{n(ad-bc)^2}{(a+b)(c+d)(a+c)(b+d)}$.

$P(K^2\geqslant k)$	0.050	0.010	0.001
k	3.841	6.635	10.828

解析

(1) 由题意可得甲机床、乙机床生产总数均为 200 件.

因为甲机床的一级品的频数为 150，所以甲机床的一级品的频率为$\frac{150}{200}=0.75$.

因为乙机床的一级品的频数为 120，所以乙机床的一级品的频率为$\frac{120}{200}=0.6$.

(2) 假设H_0："甲机床的产品质量与乙机床的产品质量没有差异".

当H_0成立时，$P(K^2\geqslant 6.635)\approx 0.01$.

将 2×2 列联表中的数据代入公式，计算得 $K^2=\frac{400\times(150\times 80-50\times 120)^2}{270\times 130\times 200\times 200}\approx 10.256$.

因为 $10.256>6.635$，所以小概率事件发生了，有理由拒绝假设.

所以在犯错误的概率不超过 0.01 的前提下可以推断甲机床的产品质量与乙机床的产品质量有差异，即有 99% 的把握认为甲机床的产品质量与乙机床的产品质量有差异.

【例 11】 海水养殖场进行某水产品的新、旧网箱养殖方法的产量对比，收获时各随机抽取了 100 个网箱，测量各箱水产品的产量（单位：kg），画出如下频率分布直方图：

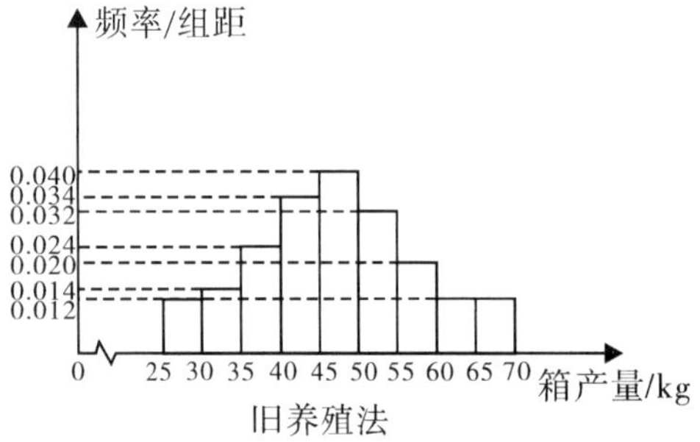

旧养殖法

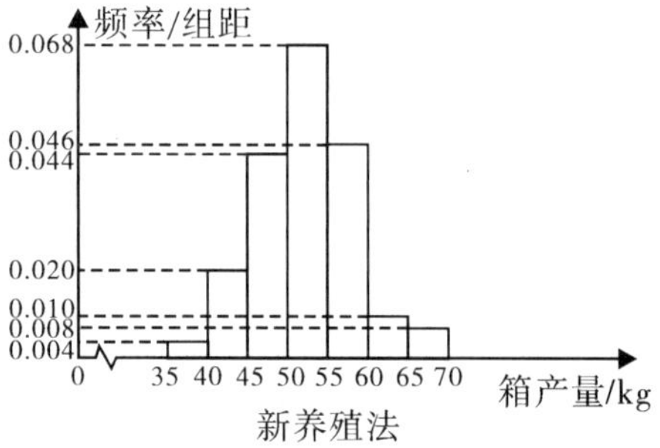

新养殖法

(1) 设两种养殖方法的箱产量相互独立，记 A 表示事件"旧养殖法的箱产量低于 50kg，新养殖法的箱产量不低于 50kg"，估计 A 的概率；

(2) 填写下面列联表，并根据列联表判断是否有 99% 的把握认为箱产量与养殖方法有关；

项目	箱产量 < 50kg	箱产量 ≥ 50kg
旧养殖法		
新养殖法		

(3) 根据箱产量的频率分布直方图，求新养殖法箱产量的中位数的估计值（精确到 0.01）.

附：

$P(K^2\geqslant k)$	0.050	0.010	0.001
k	3.841	6.635	10.828

$$K^2=\frac{n(ad-bc)^2}{(a+b)(c+d)(a+c)(b+d)}.$$

解析

(1) 设事件A_1：“旧养殖法的箱产量低于50kg”，事件A_2：“新养殖法的箱产量不低于50kg”，则A_1与A_2相互独立，且$P(A)=P(A_1A_2)=P(A_1)\cdot P(A_2)$.

用样本估计总体得，$P(A_1)\approx(0.012+0.014+0.024+0.034+0.040)\times5=0.62$，$P(A_2)\approx(0.068+0.046+0.010+0.008)\times5=0.66$.

所以事件A的概率估计值为$0.62\times0.66=0.4092$.

(2) 依题意可得如下列联表：

项目	箱产量<50kg	箱产量≥50kg	总计
旧养殖法	62	38	100
新养殖法	34	66	100
总计	96	104	200

假设H_0：“箱产量与养殖方法无关”. 当H_0成立时，$P(K^2\geqslant6.635)\approx0.01$.

将2×2列联表中的数据代入公式，计算得$K^2=\dfrac{200\times(62\times66-34\times38)^2}{100\times100\times96\times104}\approx15.705$.

因为$15.705>6.635$，所以小概率事件发生了，有理由拒绝假设.

所以在犯错误的概率不超过0.01的前提下可以推断箱产量与养殖方法有关，即有99%的把握认为箱产量与养殖方法有关.

(3) 根据新养殖法箱产量的频率分布直方图得，箱产量低于50kg的频率为$(0.004+0.020+0.044)\times5=0.34<0.5$，箱产量低于55kg的频率为$(0.004+0.020+0.044+0.068)\times5=0.68>0.5$，所以样本中位数位于区间[50，55]. 设样本中位数为x，则$0.34+(x-50)\times0.068=0.5$，解得$x\approx52.35$. 用样本估计总体得，新养殖法箱产量的中位数的估计值为52.35kg.

评述

本题主要考查相互独立事件的概率、独立性检验、总体中位数的估计，难度中等.

第二类　概率问题

题型 1：随机事件的关系和概率运算

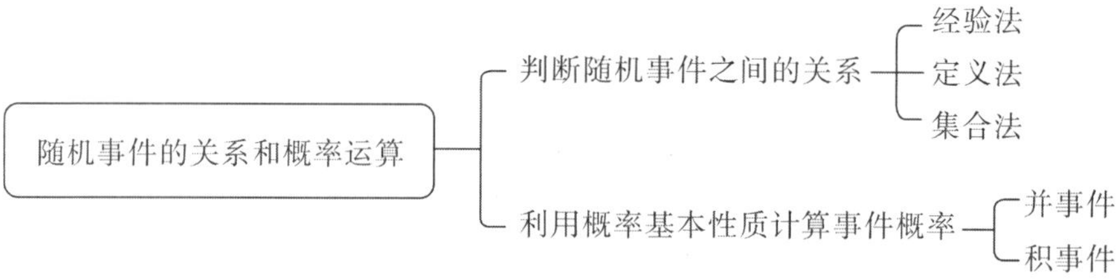

图 5－6　随机事件的关系和概率运算常考题型

【解题思路】

（1）经验法：根据问题的实质，从直观上判断随机事件之间的关系（如对立、互斥、相互独立等），再使用概率的基本性质计算事件发生的概率.

（2）定义法：在复杂问题中，难以借助直观感知或经验判断，则可根据随机事件相互关系的定义判断随机事件之间的关系（如对立、互斥、相互独立等），再使用概率的基本性质计算事件发生的概率.

（3）判断互斥、对立事件的 2 种方法见表 5–15：

表 5–15　判断互斥、对立事件的 2 种方法

定义法	判断互斥、对立事件一般用定义判断，不可能同时发生的两个事件为互斥事件；两个事件中，必有其中一个发生，另一个不发生，则这两个事件为对立事件. 对立事件一定是互斥事件，互斥事件不一定是对立事件
集合法	1. 由各个事件所含的样本点组成集合，若其交集为空集，则事件互斥. 2. 事件 A 的对立事件 $\bar{A}$ 所含的样本点组成的集合，是集合 A 的补集

【例 1】某中学的学生积极参加体育锻炼，其中有 96% 的学生喜欢足球或游泳，60% 的学生喜欢足球，82% 的学生喜欢游泳，则该中学既喜欢足球又喜欢游泳的学生数占该校学生总数的比例是（　　）.

A. 62%　　　　B. 56%　　　　C. 46%　　　　D. 42%

解析

记“该中学学生喜欢足球”为事件 A，“该中学学生喜欢游泳”为事件 B，则“该中学学生喜欢足球或游泳”为事件 $A+B$，“该中学学生既喜欢足球又喜欢游泳”为事件 $A\cdot B$，则 $P(A)=0.6$，$P(B)=0.82$，$P(A+B)=0.96$.

所以 $P(A\cdot B)=P(A)+P(B)-P(A+B)=0.6+0.82-0.96=0.46$.

所以该中学既喜欢足球又喜欢游泳的学生数占该校学生总数的比例为 46%.

故选 C.

【例 2】投篮测试中，每人投 3 次，至少投中 2 次才能通过测试. 已知某同学每次投篮投中的概率为0.6，且各次投篮是否投中相互独立，则该同学通过测试的概率为（ ）.

A. 0.648　　B. 0.432　　C. 0.36　　D. 0.312

解析

根据题意，“该同学通过测试”可分为“恰好投中2次”与“恰好投中3次”两类互斥事件. 因为各次投篮是否投中相互独立，所以 $P(X=2)=C_3^2\times0.6^2\times0.4=0.432$，$P(X=3)=0.6^3=0.216$，所以该同学通过测试的概率为 $0.432+0.216=0.648$.

故选A.

【例3】（2021新高考Ⅰ卷）有6个相同的小球，分别标有1，2，3，4，5，6，从中有放回的随机抽取两次，每次取1个球. 甲表示事件“第一次取出的球的数字是1”，乙表示事件“第二次取出的球的数字是2”，丙表示事件“两次取出的球的数字之和是8”，丁表示事件“两次取出的球的数字之和是7”，则（ ）.

A. 甲与丙相互独立　　B. 甲与丁相互独立

C. 乙与丙相互独立　　D. 丙与丁相互独立

解析

A，B，C，D 分别对应甲、乙、丙、丁事件. 利用相互独立事件的定义，若 $P(AB)=P(A)P(B)$ 成立，那么事件 A 和 B 是相互独立的，反之则不独立. 由题意 $P(A)=\frac{1\times6}{6\times6}=\frac{1}{6}$，$P(B)=\frac{1\times6}{6\times6}=\frac{1}{6}$，$P(C)=\frac{5}{6\times6}=\frac{5}{36}$，$P(D)=\frac{6}{6\times6}=\frac{1}{6}$；

又 $P(AC)=\frac{0}{36}$，$P(AD)=\frac{1}{36}$，$P(BD)=\frac{1}{36}$，$P(CD)=\frac{0}{36}=0$，

易得 $P(AD)=P(A)P(D)$，故选B.

【例4】（2022新高考Ⅱ卷）在某地区进行流行病调查，随机调查了100名某种疾病患者的年龄，得到如下的样本数据频率分布直方图.

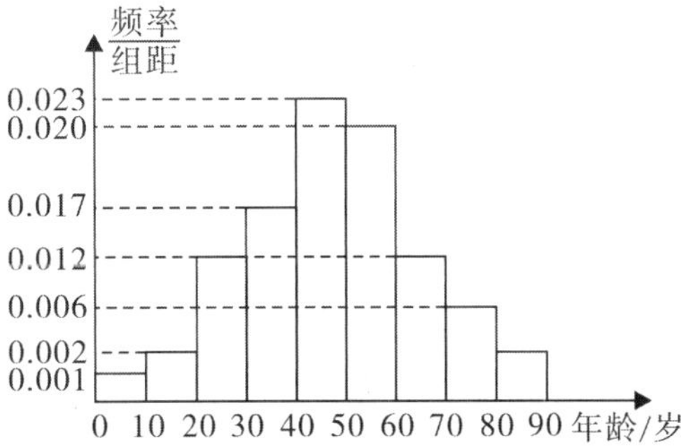

（1）估计该地区这种疾病患者的平均年龄（同一组中的数据用该组区间的中点值作代表）；

（2）估计该地区一位这种疾病患者的年龄在区间［20，70）的概率；

（3）已知该地区这种疾病的患病率为0.1%，该地区年龄位于区间［40，50）的人口占该地区总人口的16%，从该地区任选一人，若此人年龄位于区间［40，50），求此人患该种疾病的概率.（样本数据中的患者年龄位于各区间的频率作为患者年龄位于该区间的概率，精确到0.0001）

解析

（1）平均年龄 $\bar{x}=(5\times0.001+15\times0.002+\cdots+85\times0.002)\times10=47.9$（岁）.

（2）设集合 $A=\{$一位这种疾病患者的年龄区间$[20,70)\}$，

则 $P(A)=1-P(\bar{A})=0.89$.

（3）设 $B=\{$任选一人年龄位于$[40,50)\}$，$C=\{$任选一人患这种疾病$\}$，则由条件概率公式可得：

$$P(C\mid B)=\frac{P(BC)}{P(B)}=\frac{0.1\%\times0.023\times10}{16\%}\approx0.0014.$$

题型2：古典概型

- 古典概型
  - 明确古典概型的特点
    - 有限性
    - 等可能性
  - 求解两个“值”
    - 试验所产生所有结果的个数
    - 事件A所包含的基本事件的个数
  - 处理方法
    - 枚举法
    - 利用排列组合及分步与分类原理计算

图5-7 古典概型常考题型

【解题思路】

（1）明确古典概型的特点：有限性和等可能性.

（2）在利用古典概型解题时，关键时要求两个值：

①试验所产生的所有结果的个数（即基本事件的总数）.

②事件 A 中所包含的基本事件的个数.

（3）在求上述两个值时，有2种处理方法：

①枚举法.

②利用排列和组合以及分步与分类原理，进行计算.

【例5】（2021全国高考甲卷·文科）将3个1和2个0随机排成一行，则2个0不相邻的概率为（　　）.

A. 0.3　　B. 0.5　　C. 0.6　　D. 0.8

解析

解法一：这是一个古典概型. 样本空间 $\Omega=\{00111,01011,01101,01110,10011,$

10101，10110，11001，11010，11100}，共有 10 个样本点. 设 A = “2 个 0 不相邻”，则 A = {01011，01101，01110，10101，10110，11010}，共有 6 个样本点. 所以 $P(A)=\frac{6}{10}=0.6$.

解法二：在考虑顺序的情况下，样本空间共有 A_5^5 个样本点，将两个 0 进行捆绑，则两个 0 相邻的样本点共有 $2\times A_4^4$，所以两个 0 不相邻的概率为 $1-\frac{2\times A_4^4}{A_5^5}=0.6$.

故选 C.

【例 6】 从 n 个正整数 1，2，…，n 中任意取出两个不同的数，若取出的两数之和等于 5 的概率为$\frac{1}{14}$，则 n = ______.

解析

记“取出的两数之和等于 5”为事件 A，则所有基本事件的总数为 C_n^2 且 $n\geqslant 4$，事件 A 所包含的基本事件有“取出的两数是 1 与 4”和“取出的两数是 2 与 3”两种情况，这是古典概型，所以$\frac{2}{C_n^2}=\frac{1}{14}$，即 $n(n-1)=56$，解得 $n=8$.

故答案为 8.

题型 3：条件概率与全概率公式

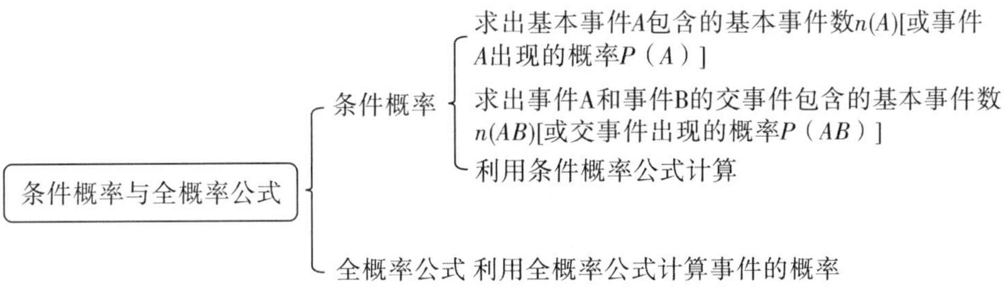

图 5－8 条件概率与全概率公式常考题型

【解题思路】

（1）条件概率.

①求出基本事件 A 包含的基本事件数 $n(A)$［事件 A 出现的概率 $P(A)$］.

②求出事件 A 和事件 B 的交事件中包含的基本事件数 $n(AB)$［交事件的概率 $P(AB)$］.

③利用 $P(B\mid A)=\frac{n(AB)}{n(A)}$/$P(B\mid A)=\frac{P(AB)}{P(A)}$得到结果.

（2）全概率公式.

利用全概率公式求事件 B 的概率：若事件 B 转化为 n 个两两互斥事件之和，即 $B=(BA_1)\cup(BA_2)\cup\cdots\cup(BA_n)$，其中$A_1$，$A_2$，…，$A_n$恰好构成样本空间 Ω 的一个划分，则可以通过求得条件概率 $P(B\mid A_i)$（$i=1,2,3,\cdots,n$），再利用全概率公式求 $P(B)$.

【例 7】（2022 新高考Ⅰ卷）一医疗团队为研究某地的一种地方性疾病与当地居民的卫生习惯（分为良好和不够良好两类）的关系，在已患该疾病的病例中随机调查了 100 例（称为病例组），同时在未患该疾病的人群中随机调查了 100 人（称为对照组），得到如下数据：

项目	不够良好	良好
病例组	40	60
对照组	10	90

（1）能否有 99% 的把握认为患该疾病群体与未患该疾病群体的卫生习惯有差异？

（2）从该地的人群中任选一人，A 表示事件“选到的人卫生习惯不够良好”，B 表示事件“选到的人患有该疾病”，$\frac{P(B\mid A)}{P(\bar{B}\mid A)}$与$\frac{P(B\mid \bar{A})}{P(\bar{B}\mid \bar{A})}$的比值是卫生习惯不够良好对患该疾病风险程度的一项度量指标，记该指标为 R.

（i）证明：$R=\frac{P(A\mid B)}{P(\bar{A}\mid B)}\cdot\frac{P(\bar{A}\mid \bar{B})}{P(A\mid \bar{B})}$.

（ii）利用该调查数据，给出 $P(A\mid B)$，$P(A\mid \bar{B})$的估计值，并利用（i）的结果给出 R 的估计值.

附：$K^2=\frac{n(ad-bc)^2}{(a+b)(c+d)(a+c)(b+d)}$.

$P(K^2\geqslant k)$	0.050	0.010	0.001
K	3.841	6.635	10.828

解析

（1）假设患该疾病群体与未患该疾病群体的卫生习惯没有差异，

则$K^2=\frac{200\times(40\times90-60\times10)^2}{50\times150\times100\times100}=24>6.635$.

所以有 99% 把握认为患该疾病群体与未患该疾病群体的卫生习惯有差异.

（2）（ⅰ）$R=\frac{P(B\mid A)}{P(\bar{B}\mid A)}\cdot\frac{P(\bar{B}\mid \bar{A})}{P(B\mid \bar{A})}=\frac{\frac{P(AB)}{P(A)}}{\frac{P(A\bar{B})}{P(A)}}\cdot\frac{\frac{P(\bar{A}\bar{B})}{P(\bar{A})}}{\frac{P(\bar{A}B)}{P(\bar{A})}}=\frac{P(AB)}{P(A\bar{B})}\cdot\frac{P(\bar{A}\bar{B})}{P(\bar{A}B)}$

$$=\frac{P(AB)}{P(\bar{A}B)}\cdot\frac{P(\bar{A}\bar{B})}{P(A\bar{B})}=\frac{\frac{P(AB)}{P(B)}}{\frac{P(\bar{A}B)}{P(B)}}\cdot\frac{\frac{P(\bar{A}\bar{B})}{P(\bar{B})}}{\frac{P(A\bar{B})}{P(\bar{B})}}=\frac{P(A\mid B)}{P(\bar{A}\mid B)}\cdot\frac{P(\bar{A}\mid\bar{B})}{P(A\mid\bar{B})}$$，得证.

（ⅱ）由调查数据可知 $P(A\mid B)=\frac{2}{5}$，$P(A\mid\bar{B})=\frac{1}{10}$；

则有 $P(\bar{A}\mid B)=1-\frac{2}{5}=\frac{3}{5}$，$P(\bar{A}\mid\bar{B})=1-\frac{1}{10}=\frac{9}{10}$，代入可得 $R=6$.

【例 8】 某险种的基本保费为 a（单位：元），继续购买该险种的投保人称为续保人，续保人本年度的保费与上年度出险次数的关联如下表：

上年度出险次数	0	1	2	3	4	≥5
保费	$0.85a$	a	$1.25a$	$1.5a$	$1.75a$	$2a$

设该险种一续保人一年内出险次数与相应概率如下表：

一年内出险次数	0	1	2	3	4	≥5
概率	0.30	0.15	0.20	0.20	0.10	0.05

（1）求一续保人本年度的保费高于基本保费的概率；

（2）若一续保人本年度的保费高于基本保费，求其保费比基本保费高出 60% 的概率；

（3）求续保人本年度的平均保费与基本保费的比值.

解析

（1）设事件 A 为“一续保人本年度的保费高于基本保费”，则事件 A 发生时一年内出险次数大于 1，故 $P(A)=0.20+0.20+0.10+0.05=0.55$.

（2）设事件 B 为“一续保人本年度的保费比基本保费高出 60%”，则事件 B 发生当且仅当一年内出险次数大于 3，故 $P(B)=0.10+0.05=0.15$. 又 $P(AB)=P(B)$，故 $P(B\mid A)=\frac{P(AB)}{P(A)}=\frac{P(B)}{P(A)}=\frac{0.15}{0.55}=\frac{3}{11}$.

（3）记续保人本年度的保费为 X，则 X 的分布列如下表：

X	$0.85a$	a	$1.25a$	$1.5a$	$1.75a$	$2a$
P	0.30	0.15	0.20	0.20	0.10	0.05

$E(X)=0.85a\times0.30+a\times0.15+1.25a\times0.20+1.5a\times0.20+1.75a\times0.10+2a\times0.05=1.23a$.

因此，续保人本年度的平均保费与基本保费的比值为 1.23.

题型4：离散型随机变量的分布列、期望与方差

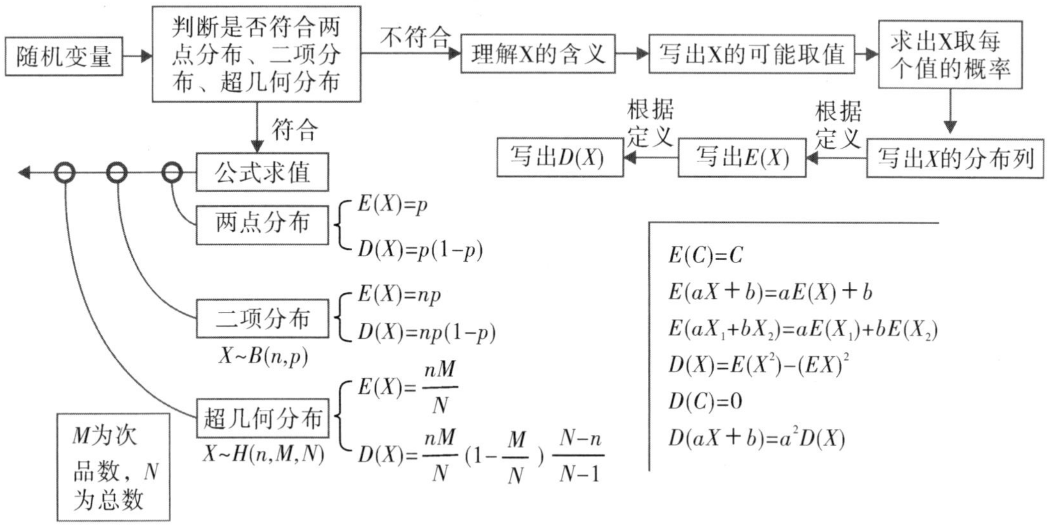

图5-9　离散型随机变量常考题型

二项分布与超几何分布的区别联系（1）

分布方法	超几何分布	二项分布
抽样方式	无放回抽样	有放回抽样
概率模型	古典概型	独立重复试验
分布模型	$X\sim H(n,M,N)$，次品率为$\frac{M}{N}$	$X\sim B(n,p)$，取到次品的成功概率为$p=\frac{M}{N}$
变量取值	$X=0,1,2,\cdots,\min(M,n)$	$X=0,1,2,\cdots,n$
概率公式	$P(X=k)=\frac{C_M^kC_{N-M}^{m-k}}{C_M^m}$	$P(X=k)=C_n^kP^k(1-p)^{m-k}$
期望公式	$E(X)=\frac{nM}{N}$	$E(X)=np$
方差公式	$D(X)=\frac{nM}{N}\left(1-\frac{M}{N}\right)\frac{N-n}{N-1}$	$D(X)=np(1-p)$
两者联系	当N很大而n较小时，超几何分布近似于二项分布	

二项分布与超几何分布的区别联系（2）

抽样方式	产品总数已知	产品总数未知
有放回抽样	X服从二项分布	X服从二项分布
无放回抽样	X服从超几何分布	X服从二项分布

【例9】（2021新高考全国Ⅰ卷）某学校组织“一带一路”知识竞赛，有A，B两类

问题，每位参加比赛的同学先在两类问题中选择一类并从中随机抽取一个问题回答，若回答错误则该同学比赛结束；若回答正确则从另一类问题中再随机抽取一个问题回答，无论回答正确与否，该同学比赛结束. A 类问题中的每个问题回答正确得 20 分，否则得 0 分；B 类问题中的每个问题回答正确得 80 分，否则得 0 分. 已知小明能正确回答 A 类问题的概率为 0.8，能正确回答 B 类问题的概率为 0.6，且能正确回答问题的概率与回答次序无关.

（1）若小明先回答 A 类问题，记 X 为小明的累计得分，求 X 的分布列；

（2）为使累计得分的期望最大，小明应选择先回答哪类问题？并说明理由.

解析

（1）由题可知，X 的所有可能取值为 0，20，100.

$P(X=0)=1-0.8=0.2$，$P(X=20)=0.8\times(1-0.6)=0.32$，$P(X=100)=0.8\times0.6=0.48$.

所以 X 的分布列为：

X	0	20	100
P	0.2	0.32	0.48

（2）由（1）知，$E(X)=0\times0.2+20\times0.32+100\times0.48=54.4$.

若小明先回答 B 问题，记 Y 为小明的累计得分，则 Y 的所有可能取值为 0，80，100.

$P(Y=0)=1-0.6=0.4$，$P(Y=80)=0.6\times(1-0.8)=0.12$，$P(Y=100)=0.8\times0.6=0.48$.

所以 $E(Y)=0\times0.4+80\times0.12+100\times0.48=57.6$.

因为 $54.4<57.6$，所以小明应选择先回答 B 类问题.

【例 10】某公司计划购买 2 台机器，该机器使用三年后即被淘汰. 机器有一易损零件，在购进机器时，可以额外购买这种零件作为备件，每个 200 元. 在机器使用期间，如果备件不足再购买，则每个 500 元. 现需决策在购买机器时应同时购买几个易损零件，为此搜集并整理了 100 台这种机器在三年使用期内更换的易损零件数，得下面柱状图：

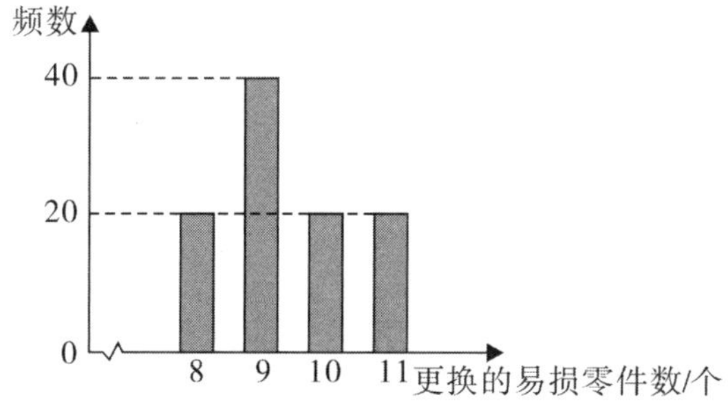

以这 100 台机器更换的易损零件数的频率代替 1 台机器更换的易损零件数发生的概率，记 X 表示 2 台机器三年内共需更换的易损零件数，n 表示购买 2 台机器的同时购买的易损零件数.

（1）求 X 的分布列；

（2）若要求 $P(X\leqslant n)\geqslant 0.5$，确定 n 的最小值；

（3）以购买易损零件所需费用的期望值为决策依据，在 $n=19$ 与 $n=20$ 之中选其一，应选用哪个？

解析

（1）由柱状图能得到什么信息？设 x 表示 1 台机器三年内更换的易损零件数，则 x 的频率如下表所示：

x	8	9	10	11
f	0.2	0.4	0.2	0.2

随机变量 X 表示什么？X 表示 2 台机器三年内共需更换的易损零件数.

随机变量 X 与 x 之间有怎样的关系？X 相当于 x 的两次独立重复试验.

X 的所有可能取值有哪些？因为 1 台机器更换的易损零件数为 8，9，10，11，所以 2 台机器更换的易损零件数 X 的所有可能取值为 16，17，18，19，20，21，22.

如何计算 X 每一种取值对应的概率？利用相互独立事件的概率公式，列表如下：

	8	9	10	11
8	16—0.2×0.2	17—0.2×0.4	18—0.2×0.2	19—0.2×0.2
9	17—0.4×0.2	18—0.4×0.4	19—0.4×0.2	20—0.4×0.2
10	18—0.2×0.2	19—0.2×0.4	20—0.2×0.2	21—0.2×0.2
11	19—0.2×0.2	20—0.2×0.4	21—0.2×0.2	22—0.2×0.2

所以 $P(X=16)=0.2\times0.2=0.04$；$P(X=17)=2\times0.2\times0.4=0.16$；$P(X=18)=2\times0.2\times0.2+0.4\times0.4=0.24$；$P(X=19)=2\times0.2\times0.2+2\times0.4\times0.2=0.24$；$P(X=20)=2\times0.4\times0.2+0.2\times0.2=0.2$；$P(X=21)=2\times0.2\times0.2=0.08$；$P(X=22)=0.2\times0.2=0.04$.

所以 X 的分布列为：

X	16	17	18	19	20	21	22
P	0.04	0.16	0.24	0.24	0.2	0.08	0.04

（2）$P(X\leqslant n)\geqslant 0.5$ 表示什么？$P(X\leqslant n)\geqslant 0.5$ 表示“2 台机器三年内共需更换

的易损零件数 X 不大于购买 2 台机器的同时购买的易损零件数 n”这样的事件发生的概率不小于 0.5.

如何判断 $P(X\leqslant n)\geqslant 0.5$ 下 n 的最小值?

可用枚举法来分析当 $n=16$，17，…，22 时的情形. 列举如下：

当 $n=16$ 时，$P(X\leqslant 16)=0.04<0.5$；

当 $n=17$ 时，$P(X\leqslant 17)=0.04+0.16=0.20<0.5$；

当 $n=18$ 时，$P(X\leqslant 18)=0.04+0.16+0.24=0.44<0.5$；

当 $n=19$ 时，$P(X\leqslant 19)=0.04+0.16+0.24+0.24=0.68>0.5$；

当 $n\geqslant 19$ 时，$P(X\leqslant n)\geqslant 0.5$.

所以若要求 $P(X\leqslant n)\geqslant 0.5$，则 n 的最小值为 19.

(3) 选用的标准是什么? 以购买易损零件所需费用的期望值为决策依据，所需费用的期望值越小越好.

如何计算 $n=19$ 与 $n=20$ 时购买易损零件所需费用的期望值? 先求出 $n=19$ 与 $n=20$ 时购买易损零件所需费用 Y 的分布列，再根据数学期望的定义进行计算.

当 $n=19$ 时，表示购买了 19 件易损零件，此时购买易损零件的费用为 $19\times 200=3800$（元），不足再购买的易损零件数 x_1 可能为 1，2，3，所以 Y_1 的分布列为：

X	$\leqslant 19$	20	21	22
x_1	0	1	2	3
Y_1	$19\times 200+0$	$19\times 200+500$	$19\times 200+2\times 500$	$19\times 200+3\times 500$
P	0.68	0.2	0.08	0.04

所以 Y_1 的数学期望 $E(Y_1)=(19\times 200+0)\times 0.68+(19\times 200+500)\times 0.2+(19\times 200+2\times 500)\times 0.08+(19\times 200+3\times 500)\times 0.04=4040$（元）.

当 $n=20$ 时，表示购买了 20 件易损零件，此时购买易损零件的费用为 $20\times 200=4000$（元），不足再购买的易损零件数 x_2 可能为 1，2，所以 Y_2 的分布列为：

X	$\leqslant 20$	21	22
x_2	0	1	2
Y_2	$20\times 200+0$	$20\times 200+1\times 500$	$20\times 200+2\times 500$
P	0.88	0.08	0.04

所以 Y_2 的数学期望 $E(Y_2)=(20\times 200+0)\times 0.88+(20\times 200+500)\times 0.08+(20\times 200+2\times 500)\times 0.04=4080$（元）.

因为 $E(Y_1)<E(Y_2)$，即当 $n=19$ 时所需费用的期望值小于 $n=20$ 时所需费用的

期望值，所以应选 $n=19$.

【例 11】 一家面包房根据以往某种面包的销售记录，绘制了下面的日销售量的频率分布直方图.

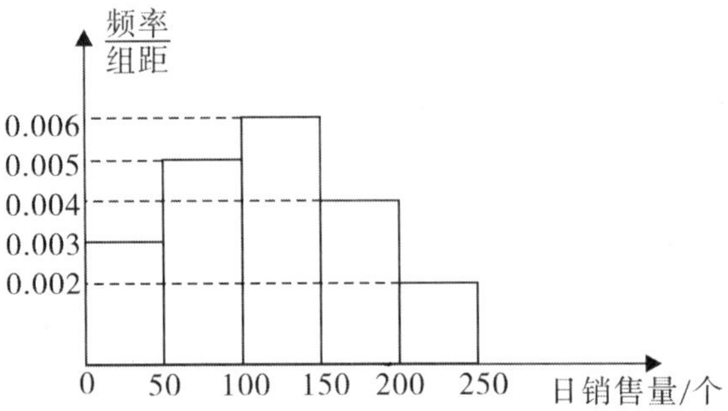

将日销售量落入各组的频率视为概率，并假设每天的销售量相互独立.

（1）求在未来连续 3 天里，有连续 2 天的日销售量都不低于 100 个且另 1 天的日销售量低于 50 个的概率；

（2）用 X 表示在未来 3 天里日销售量不低于 100 个的天数，求随机变量 X 的分布列、期望 $E(X)$ 及方差 $D(X)$.

解析

（1）设 A_1 表示事件“日销售量不低于 100 个”，A_2 表示事件“日销售量低于 50 个”，则 $P(A_1)=(0.006+0.004+0.002)\times 50=0.6$，$P(A_2)=0.003\times 50=0.15$.

设 B 表示事件“在未来连续 3 天里，有连续 2 天的日销售量都不低于 100 个且另 1 天的日销售量低于 50 个”，则 $P(B)=0.6\times 0.6\times 0.15+0.15\times 0.6\times 0.6=0.108$ 即为所求.

（2）依题意得，X 的所有可能取值为 0，1，2，3，且 $X\sim B(3,0.6)$.

因为 $P(X=0)=C_3^0\times 0.6^0\times 0.4^3=0.064$，$P(X=1)=C_3^1\times 0.6^1\times 0.4^2=0.288$，$P(X=2)=C_3^2\times 0.6^2\times 0.4^1=0.432$，$P(X=3)=C_3^3\times 0.6^3\times 0.4^0=0.216$.

所以 X 的分布列为：

X	0	1	2	3
P	0.064	0.288	0.432	0.216

X 的数学期望为 $E(X)=3\times 0.6=1.8$，方差为 $D(X)=3\times 0.6\times 0.4=0.72$.

【例 12】 从某企业生产的某种产品中随机抽取 500 件，测量这些产品的一项质量指标值，由测量结果得如下频率分布直方图：

（1）求这 500 件产品质量指标值的样本平均数 $\bar{x}$ 和样本方差 s^2（同一组中的数据用该区间的中点值作代表）；

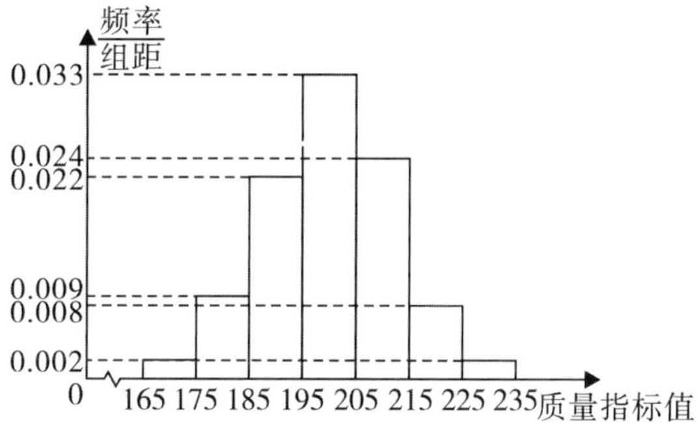

（2）由直方图可以认为，这种产品的质量指标值 Z 服从正态分布 $N(\mu,\sigma^2)$，其中 μ 近似为样本平均数 $\bar{x}$，σ^2 近似为样本方差 s^2.

（i）利用该正态分布，求 $P(212.2<Z<224.4)$；

（ii）某用户从该企业购买了 100 件这种产品，记 X 表示这 100 件产品中质量指标值位于区间 $(212.2, 224.4)$ 的产品件数，利用（i）的结果，求 $E(X)$.

附：$\sqrt{150}\approx 12.2$. 若 $Z\sim N(\mu,\sigma^2)$，则 $P(\mu-\sigma<Z<\mu+\sigma)=0.6826$，$P(\mu-2\sigma<Z<\mu+2\sigma)=0.9544$.

解析

（1）样本平均数为 $\bar{x}=170\times 0.002+180\times 0.009+190\times 0.022+200\times 0.033+210\times 0.024+220\times 0.008+230\times 0.002=200$，样本方差为 $s^2=(170-200)^2\times 0.02+(180-200)^2\times 0.09+(190-200)^2\times 0.22+(200-200)^2\times 0.33+(210-200)^2\times 0.24+(220-200)^2\times 0.08+(230-200)^2\times 0.02=150$.

（2）（i）根据题意，这种产品的质量指标值 Z 服从正态分布 $N(\mu,\sigma^2)$，根据（1）的计算结果得 $\mu=200$，$\sigma=\sqrt{150}\approx 12.2$，所以 $P(212.2<Z<224.4)=P(\mu+\sigma<Z<\mu+2\sigma)=\frac{1}{2}[P(\mu-2\sigma<Z<\mu+2\sigma)-P(\mu-\sigma<Z<\mu+\sigma)]=\frac{1}{2}\times(0.9544-0.6826)=0.1359$.

（ii）依题意得，$X\sim B(n,p)$，其中 $n=100$，$p=0.1359$，所以 $E(X)=np=100\times 0.1359=13.59$.

【例 13】端午节吃粽子是我国的传统习俗. 设一盘中装有 10 个粽子，其中豆沙粽 2 个，肉粽 3 个，白粽 5 个，这三种粽子的外观完全相同，从中任意选取 3 个.

（1）求三种粽子各取到 1 个的概率；

（2）设 X 表示取到的豆沙粽的个数，求 X 的分布列与数学期望.

解析

（1）设“三种粽子各取到 1 个”为事件 A，则 $P(A)=\frac{C_2^1C_3^1C_5^1}{C_{10}^3}=\frac{1}{4}$为所求.

（2）X 的所有可能取值为 0，1，2，且 $P(X=0)=\frac{C_8^3}{C_{10}^3}=\frac{7}{15}$，$P(X=1)=\frac{C_2^1C_8^2}{C_{10}^3}=\frac{7}{15}$，$P(X=2)=\frac{C_2^2C_8^1}{C_{10}^3}=\frac{1}{15}$. 所以 X 的分布列为：

X	0	1	2
P	$\frac{7}{15}$	$\frac{7}{15}$	$\frac{1}{15}$

所以 X 的数学期望为 $E(X)=0\times\frac{7}{15}+1\times\frac{7}{15}+2\times\frac{1}{15}=\frac{3}{5}$.

【例 14】某食品厂为了检查一条自动包装流水线的生产情况，随机抽取该流水线上 40 件产品作为样本，称出它们的重量（单位：g），重量的分组区间为 (490，495]，(495，500]，…，(510，515]，由此得到样本的频率分布直方图，如下图所示.

（1）根据频率分布直方图，求重量超过 505 g的产品数量；

（2）在上述抽取的 40 件产品中任取 2 件，设 Y 为重量超过 505 g 的产品数量，求 Y 的分布列；

（3）从该流水线上任取 5 件产品，求恰有 2 件产品的重量超过 505 g 的概率.

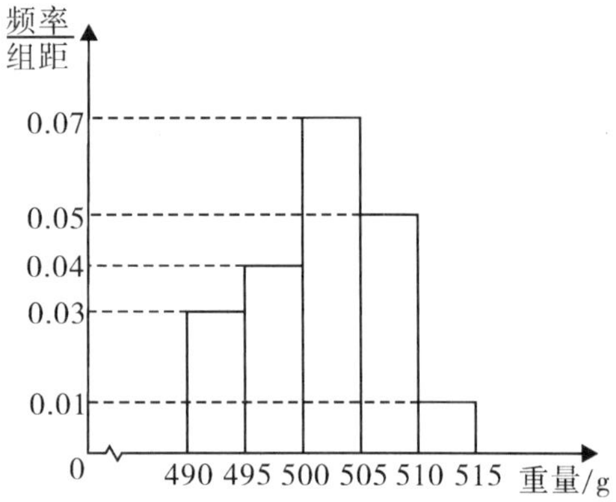

解析

（1）根据频率分布直方图，重量超过 505 g 的频率为 $(0.05+0.01)\times5=0.3$，所以重量超过 505 g 的产品数量为 $40\times0.3=12$（件）.

（2）Y 的可能取值为 0，1，2，且 $P(Y=0)=\frac{C_{28}^2}{C_{40}^2}=\frac{63}{130}$，$P(Y=1)=\frac{C_{28}^1C_{12}^1}{C_{40}^2}=\frac{28}{65}$，$P(Y=2)=\frac{C_{12}^2}{C_{40}^2}=\frac{11}{130}$. 所以 Y 的分布列为：

Y	0	1	2
P	$\frac{63}{130}$	$\frac{28}{65}$	$\frac{11}{130}$

（3）利用样本估计总体，该流水线上产品重量超过 505 g 的概率为 0.3.

令 ξ 为任取的 5 件产品中重量超过 505 g 的产品数量，则 $\xi\sim B(5,0.3)$，

所以恰有 2 件产品的重量超过 505 g 的概率为 $P(\xi=2)=C_5^2\times0.3^2\times0.7^3=0.3087$.

题型 5：正态分布

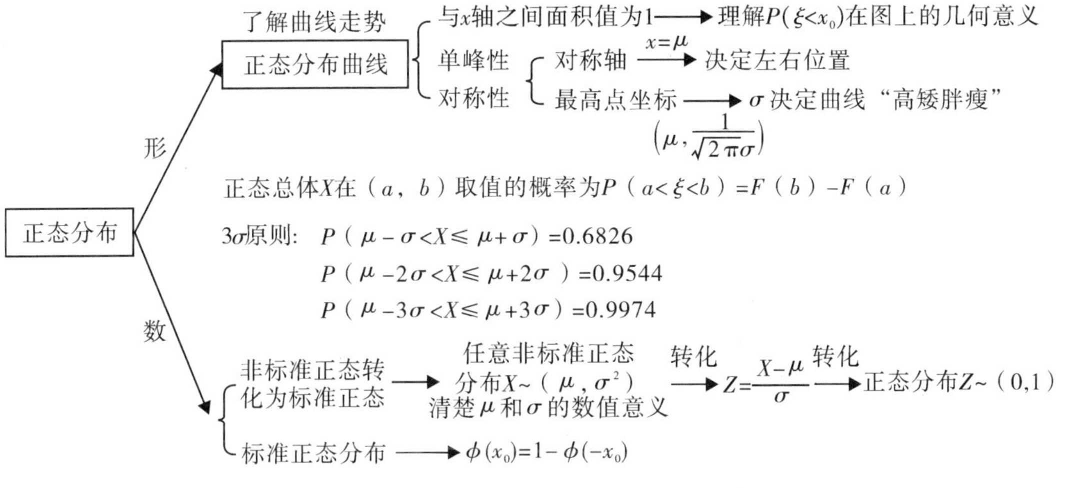

图 5－10　正态分布常考题型及解题思路

【例 15】某个部件由三个元件按下图的方式连接而成，元件 1 或元件 2 正常工作，且元件 3 正常工作，则部件正常工作．设三个电子元件的使用寿命（单位：h）均服从正态分布 $N(1000,50^2)$，且各个元件能否正常工作相互独立，那么该部件的使用寿命超过 1000 h 的概率为________．

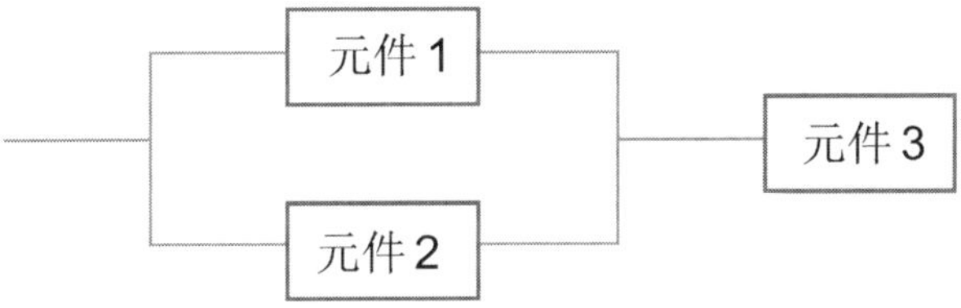

解析

因为三个元件的使用寿命均服从正态分布 $N(1000,50^2)$，所以元件 1、元件 2、元件 3 的使用寿命超过 1000 h 的概率都是$\frac{1}{2}$．设事件 A 为“元件 1、元件 2 至少有一个使用寿命超过 1000 h”，则事件 $\bar{A}$ 为“元件 1 和元件 2 的使用寿命都不超过 1000 h”．

所以 $P(A)=1-P(\bar{A})=1-\left(\frac{1}{2}\right)^2=\frac{3}{4}$．

设事件 B 为“元件 3 的使用寿命超过 1000 h”，则 $P(B)=\frac{1}{2}$．设事件 C 为“该部件的使用寿命超过 1000 h”，则 $C=AB$．

又因为各个元件能否正常工作相互独立，所以 $P(C)=P(AB)=P(A)P(B)=\frac{3}{4}\times\frac{1}{2}=\frac{3}{8}$．

故答案为$\frac{3}{8}$．

【例 16】 已知某批零件的长度误差（单位：mm）服从正态分布 $N(0, 3^2)$，从中随机取一件，其长度误差落在区间（3，6）内的概率为（　　）.

附：若随机变量 ξ 服从正态分布 $N(\mu, \sigma^2)$，则 $P(\mu-\sigma<\xi<\mu+\sigma)=68.26\%$，$P(\mu-2\sigma<\xi<\mu+2\sigma)=95.44\%$.

A. 4.56%　　B. 13.59%　　C. 27.18%　　D. 31.74%

解析

因为 $\xi \sim N(0, 3^2)$，所以 $\mu=0$，$\sigma=3$. 所以

$P(\mu-\sigma<\xi<\mu+\sigma)=P(-3<\xi<3)=0.6826$,

$P(\mu-2\sigma<\xi<\mu+2\sigma)=P(-6<\xi<6)=0.9544$.

所以 $P(0<\xi<3)=\frac{1}{2}P(-3<\xi<3)=0.3413$,

$P(0<\xi<6)=\frac{1}{2}P(-6<\xi<6)=0.4772$.

所以 $P(3<\xi<6)=P(0<\xi<6)-P(0<\xi<3)=0.4772-0.3413=0.1359$.

故选 B.

【例 17】（2021 八省联考）对一个物理量做 n 次测量，并以测量结果的平均值作为该物理量的最后结果. 已知最后结果的误差 $\varepsilon_n \sim N\left(0, \frac{2}{n}\right)$，为使误差 ε_n 在 $(-0.5, 0.5)$ 的概率不小于 0.9545，至少要测量______次［若 $X \sim N(\mu, \sigma^2)$，则 $P(|X-\mu|<2\sigma)=0.9545$］.

解析

根据正态曲线的对称性知，要使误差 ε_n 在 $(-0.5, 0.5)$ 的概率不小于 0.9545，则 $(\mu-2\sigma, \mu+2\sigma)\subseteq(-0.5, 0.5)$.

因为 $\mu=0$，$\sigma=\sqrt{\frac{2}{n}}$，所以 $2\sqrt{\frac{2}{n}}\leqslant 0.5$，解得 $n\geqslant 32$. 所以至少要测量 32 次.

故答案为 32.

【例 18】 为保障全民阅读权利，培养全民阅读习惯，提高全民阅读能力，推动文明城市和文化强市建设，某高校为了解全校学生的阅读情况，随机调查了 200 名学生的每周阅读时间 x（单位：h）并绘制如下频率分布直方图：

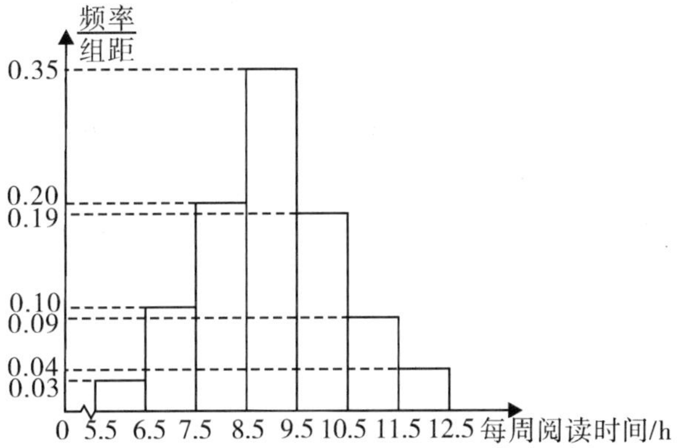

（1）求这 200 名学生每周阅读时间的样本平均数 $\bar{x}$ 和样本方差 s^2（同一组的数据用该组区间中点值代表）；

（2）由直方图可以看出，目前该校学生每周的阅读时间 x 大致服从正态分布 $N(\mu,\ \sigma^2)$，其中 μ 近似为样本平均数 $\bar{x}$，σ^2 近似为样本方差 s^2.

①一般正态分布 $N(\mu,\ \sigma^2)$ 的概率都可以转化为标准正态分布 $N(0,\ 1)$ 的概率进行计算：若 $X\sim N(\mu,\ \sigma^2)$，令 $Y=\dfrac{X-\mu}{\sigma}$，则 $Y\sim N(0,\ 1)$，且 $P(X\leqslant a)=P\left(Y\leqslant\dfrac{a-\mu}{\sigma}\right)$，利用直方图得到的正态分布，求 $P(X\leqslant 10)$；

②从该高校的学生中随机抽取 20 名，记 Z 表示这 20 名学生中每周阅读时间超过10 h 的人数，求 Z 的均值.

参考数据：$\sqrt{178}\approx\dfrac{40}{3}$，若 $Y\sim N(0,\ 1)$，则 $P(Y\leqslant 0.75)=0.7734$.

解析

（1）根据频率分布直方图，阅读时间在区间［5.5，6.5），［6.5，7.5），［7.5，8.5），［8.5，9.5），［9.5，10.5），［10.5，11.5），［11.5，12.5］内的频率分别为 0.03，0.1，0.2，0.35，0.19，0.09，0.04，所以

$\bar{x}=6\times0.03+7\times0.1+8\times0.2+9\times0.35+10\times0.19+11\times0.09+12\times0.04=9$，

$s^2=(6-9)^2\times0.03+(7-9)^2\times0.1+(8-9)^2\times0.2+(9-9)^2\times0.35+(10-9)^2\times0.19+(11-9)^2\times0.09+(12-9)^2\times0.04=1.78$，

所以样本平均数 $\bar{x}$ 和样本方差 s^2 分别为 9，1.78.

（2）①由题意知 $\mu=9$，$\sigma^2=1.78$，则有 $X\sim N(9,\ 1.78)$，

$\sigma=\sqrt{1.78}=\dfrac{\sqrt{178}}{10}\approx\dfrac{4}{3}$，$P(X\leqslant 10)=P\left(Y\leqslant\dfrac{10-9}{\frac{4}{3}}\right)=P(Y\leqslant 0.75)=0.7734$.

②由①知 $P(X>10)=1-P(X\leqslant 10)=0.2266$，可得 $Z\sim B(20,\ 0.2266)$，

所以 Z 的均值 $E(Z)=20\times0.2266=4.532$.

第三类　排列与组合

题型 1：相邻问题与相间问题

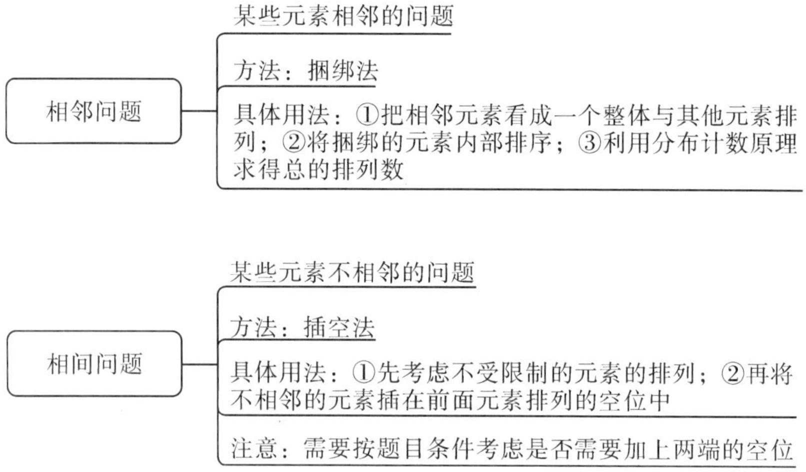

图 5－11　相邻问题与相间问题常考题型及解题思路

【例 1】一排 9 个座位坐了 3 个三口之家，若每家人坐在一起，则有多少种不同的坐法？

解析

要求元素相邻（家人坐一起）—— 捆绑法.

第一步：3 个三口之家，设为 A，B，C，共有A_3^3种排法；

第二步：每个三口之家，各有A_3^3种排法，这里共有 $A_3^3\times A_3^3\times A_3^3$种排法.

故综合以上两步，按分步计数原理，可知共有 $A_3^3\times A_3^3\times A_3^3\times A_3^3=1296$ 种.

【例 2】将 4 个 1 和 2 个 0 随机排成一行，则 2 个 0 不相邻的概率为（　　）.

A. $\dfrac{1}{3}$　　B. $\dfrac{2}{5}$　　C. $\dfrac{2}{3}$　　D. $\dfrac{4}{5}$

解析

要求元素不相邻——插空法.

解法一：

第一步：先考虑不受限制的 4 个 1（这里把 4 个 1 当成不同的 1）的排列，则有A_4^4种排法；

第二步：4 个 1，且两端空位可以放，总共有 5 个空位，则需要把 2 个 0 插空放到 5 个空位中，有A_5^2种排法，此时满足 2 个 0 不相邻的情况有$A_5^2A_4^4=4\times5!$，故 2 个 0 不相邻的概率为$\dfrac{A_5^2A_4^4}{A_6^6}=\dfrac{4\times5!}{6!}=\dfrac{2}{3}$.

解法二：

将 4 个 1 和 2 个 0 随机排成一行，4 个 1 产生 5 个空，

按相邻和不相邻两种情况分：

若 2 个 0 相邻，则有 C_5^1 种排法；

若 2 个 0 不相邻，则有 C_5^2 种排法.

所以 2 个 0 不相邻的概率为$\frac{C_5^2}{C_5^1+C_5^2}=\frac{10}{5+10}=\frac{2}{3}$.

故选 C.

【例 3】（2022 新高考Ⅱ卷）有甲、乙、丙、丁、戊 5 名同学站成一排参加文艺汇演，若甲不站在两端，丙和丁相邻的不同排列方式有（　　）种.

A. 12　　B. 24　　C. 36　　D. 48

解析

5 名同学排序，甲不站在两端，则先不考虑甲；丙和丁相邻，先捆绑成一个整体，有 A_2^2 种排法，再与除甲外的其他两人全排列，三个整体，共 A_3^3 种排法；甲要求不站在两端，则要插空到三个整体中间的两个空中，有 C_2^1 种排法. 因此，不同排列方式有 $A_2^2A_3^3C_2^1=$ 24 种.

故选 B.

题型 2：特殊元素与特殊位置问题

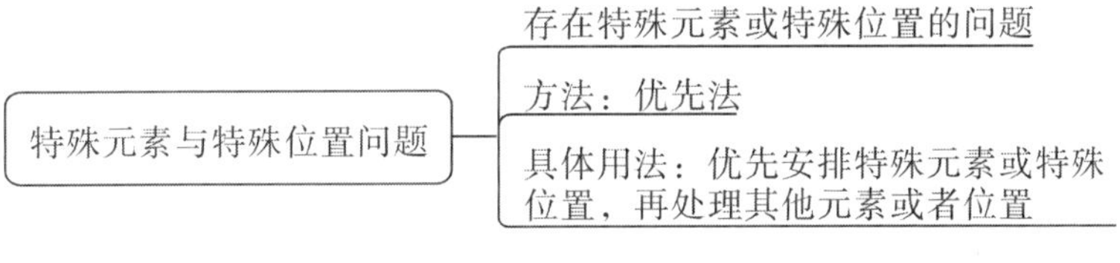

图 5－12　特殊元素与特殊位置问题常考题型及解题思路

【例 4】由 0，1，2，3，4，5 可以组成多少个没有重复数字的五位奇数？

解析

末位和首位都有特殊要求——特殊位置优先安排法.

首位和末位优先安排，以免不符合要求的元素占了这两个位置.

先排末位，从 1，3，5 三个奇数中选其一的排法：$C_3^1=3$ 种；

末位选了一个数字，且 0 不能在首位，再排首位的排法：$C_4^1=4$ 种；

选了两个数字后，还剩 4 个数字，4 选 3 再进行全排列的排法：$4\times3\times2=24$ 种.

因此总共有$C_4^1C_3^1A_4^3=288$ 种.

题型 3：多个相同元素分配问题

【解题思路】

①情形：题目中强调多个相同物体分配给若干个人或者盒子等.

②具体用法：基本题型为多个相同物体分配给若干个个体，每人至少一个，其他的变式可通过借物体补齐或者先分配部分后转化为基本题型，再根据多个相同物体排成一排后计算有多少个间隙，需要分几组，则插入（组数 -1）个隔板.

【例5】（直接加隔板型）9 个相同的苹果分给 5 个人，每人至少 1 个，有______种分法.

解析

多个相同元素分配问题——隔板法.

9 个相同苹果分配，要求每人至少 1 个，因此挡板只能放在 9 个苹果两两之间的空隙中，9 个苹果有 8 个空隙；分给 5 个人，因此需要加 4 块隔板. 故分法总共有 $C_{9-1}^{5-1}=70$ 种.

【例6】12 个相同的苹果分给 3 个人，每个人至少 3 个，有____种分法.

解析

多个相同元素分配问题——隔板法.

12 个相同苹果分配，要求每人至少 3 个，类似例 5 ，可以先给 3 人各 2 个苹果，此时剩下 $12-3\times2=6$ 个苹果需要分配，即本题可转化为：6 个相同苹果分给 3 个人，每个人至少一个，有多少种分法？

同样采用隔板法，5 个空隙，放 2 个隔板分成 3 部分，则分法共有 $C_{6-1}^{3-1}=10$ 种.

【例7】现有 10 个相同的小球要放入 5 个编号不同的盒子中，允许出现空盒，则有多少种不同的放法？

解析

多个相同元素分配问题——隔板法.

10 个相同小球分配，允许出现空盒，即为每个盒子至少 0 个. 为了转化为例 5 题型，使得每盒至少 1 个，可以先借给每个盒子 5 个小球，再还回去，不影响放法种数，如此即可保证每盒至少 1 个，可以 用隔板法.

15 个相同小球放入 5 个编号不同盒子，15 个小球有 14 个空隙可以放隔板，放入 5 个盒子，需要 4 个隔板，因此不同放法有 $C_{10+5-1}^{5-1}=1001$ 种.

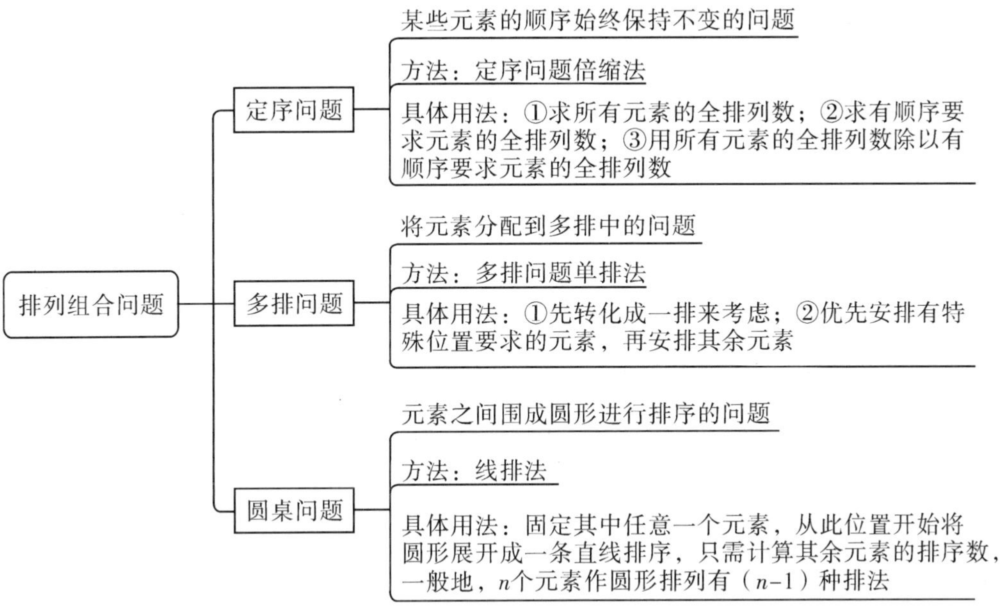

图 5－13　排列组合定序问题、多排问题、圆桌问题常考题型及解题方法

题型 4：定序问题

【例 8】 7 人身高不同，排成一排，中间最高，两侧依次降低，有多少种排法？

解析

占位法：中间最高，两侧依次降低—— 定序问题，只选不排.

中间最高，则将 7 人中身高最高的定下即可，剩下 6 人挑出 3 人，从高到低排序即可，由于顺序定下为从高到低，只需要让选出的 3 人依次占位即可，因此排法共有：

$C_6^3=\dfrac{6\times5\times4}{3\times2\times1}=20$ 种.

题型 5：分组分配问题

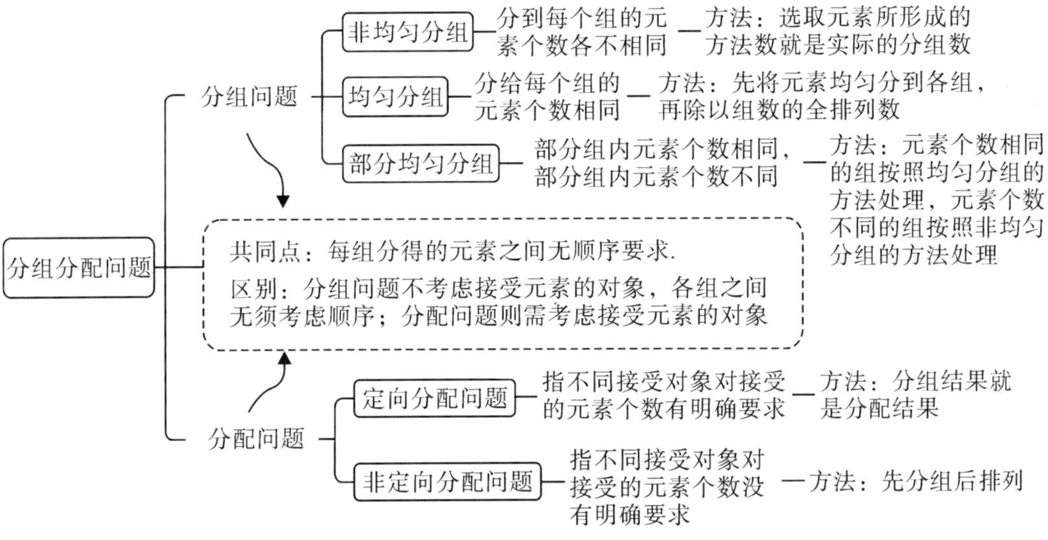

图 5－14　分组分配问题常考题型及解题思路

【例 9】12 本不同的书，平均分给甲、乙、丙 3 人，有多少种分法？

解析

在没有分配对象时分法是$\dfrac{C_{12}^4C_8^4}{A_3^3}$种，要分给甲、乙、丙 3 人，看成是 3 个元素在 3 个位置上做排列，共有$\dfrac{C_{12}^4C_8^4}{A_3^3}\times A_3^3=C_{12}^4C_8^4=34650$种.

【例 10】12 本不同的书，按 1∶2∶3 分成 3 堆，有多少种分法？

解析

先分步计数，第一步，从 12 本书中选出 $12\times\dfrac{1}{1+2+3}=2$ 本书分成一组，有C_{12}^2种分法；第二步，从 10 本书中选出 4 本书，有C_{10}^4种分法；第三步，余下 6 本书为一组．则分法共有：$C_{12}^2C_{10}^4=13860$ 种.

因为是不平均分组，分组不会产生重复，所以不需要考虑重复的情况.

【例 11】12 本不同的书，按 1∶2∶3 分给甲、乙、丙 3 人，有多少种分法？

解析

先分步计数，第一步，从 12 本书中选出 $12\times\dfrac{1}{1+2+3}=2$ 本书分成一组，有C_{12}^2种分法；第二步，从 10 本书中选出 4 本书，有C_{10}^4种分法；第三步，余下 6 本书为一组．则分法共有：$C_{12}^2C_{10}^4=13860$ 种.

要分给甲、乙、丙 3 人，看成是 3 个元素在 3 个位置上做排列，有A_3^3种分法，因此最后分法共有：$C_{12}^2C_{10}^4A_3^3=83160$ 种.

第四类　二项式定理

题型 1：求二项展开式

【例 1】求$\left(3\sqrt{x}+\dfrac{1}{\sqrt{x}}\right)^4$的展开式.

解析

由二项式定理得$\left(3\sqrt{x}+\dfrac{1}{\sqrt{x}}\right)^4=C_4^0(3\sqrt{x})^4+C_4^1(3\sqrt{x})^3\dfrac{1}{\sqrt{x}}+$

$C_4^2(3\sqrt{x})^2\left(\dfrac{1}{\sqrt{x}}\right)^2+C_4^3(3\sqrt{x})^1\left(\dfrac{1}{\sqrt{x}}\right)^3+C_4^4\left(\dfrac{1}{\sqrt{x}}\right)^4=81x^2+108x+54+\dfrac{12}{x}+\dfrac{1}{x^2}$.

题型 2：求展开式的指定项

【例 2】已知等差数列$\{a_n\}$的第 5 项是$\left(x-\dfrac{1}{x}\right)^6$展开式中的常数项，则 $a_2+a_8=$（　　）.

A. 20　　B. -20　　C. 40　　D. -40

解析

由二项式定理可知，$\left(x-\frac{1}{x}\right)^6$ 展开式中的常数项是 $C_6^3x^3\times\left(-\frac{1}{x}\right)^3=-20$，

即 $a_5=-20$，因为$\{a_n\}$是等差数列，所以 $a_2+a_8=2a_5=-40$.

故选 D.

【例 3】 $\left(x+\frac{y^2}{x}\right)(x+y)^5$ 的展开式中 x^3y^3的系数为（　　）.

A. 5　　B. 10　　C. 15　　D. 20

解析

$(x+y)^5$ 展开式的通项公式为 $T_{r+1}=C_5^rx^{5-r}y^r$（$r\in\mathbf{N}$ 且 $r\leqslant 5$），

所以$\left(x+\frac{y^2}{x}\right)$的各项与$(x+y)^5$ 展开式的通项的乘积可表示为：

$xT_{r+1}=xC_5^rx^{5-r}y^r=C_5^rx^{6-r}y^r$ 和$\frac{y^2}{x}T_{r+1}=\frac{y^2}{x}C_5^rx^{5-r}y^r=C_5^rx^{4-r}y^{r+2}$，

在 $xT_{r+1}=C_5^rx^{6-r}y^r$ 中，令 $r=3$，可得 $xT_4=C_5^3x^3y^3$，该项中 x^3y^3 的系数为 10，

在$\frac{y^2}{x}T_{r+1}=C_5^rx^{4-r}y^{r+2}$中，令 $r=1$，可得$\frac{y^2}{x}T_2=C_5^1x^3y^3$，该项中 x^3y^3 的系数为 5，

所以 x^3y^3 的系数为 $10+5=15$.

故选 C.

【例 4】（$1+2x^2$）$(1+x)^4$ 的展开式中 x^3 的系数为（　　）.

A. 12　　B. 16　　C. 20　　D. 24

解析

因为（$1+2x^2$）$(1+x)^4=(1+x)^4+2x^2(1+x)^4$，所以 x^3 的系数为 $C_4^3+2C_4^1=4+8=12$.

故选 A.

【例 5】（2022 新高考Ⅰ卷）$\left(1-\frac{y}{x}\right)(x+y)^8$ 的展开式中 x^2y^6 的系数为______.

解析

因为$\left(1-\frac{y}{x}\right)(x+y)^8=(x+y)^8-\frac{y}{x}(x+y)^8=C_8^rx^{8-r}y^r-C_8^kx^{7-k}y^{k+1}$，

在 $C_8^rx^{8-r}y^r$ 中，令 $r=6$，则 $C_8^6x^2y^6$. 在 $C_8^kx^{7-k}y^{k+1}$中，令 $k=5$，则 $C_8^5x^2y^6$. 所以 x^2y^6 的系数为 $C_8^6-C_8^5=28-56=-28$

题型3：求系数的最大（最小）值

【例6】 在$\left(x-\frac{1}{x}\right)^7$的二项展开式中，系数最大的是第（　　）项.

A. 3　　B. 4　　C. 5　　D. 6

解析

在二项式$\left(x-\frac{1}{x}\right)^7$的展开式中，通项公式为

$T_{r+1}=C_7^r\cdot x^{7-r}\cdot(-1)^r x^{-r}=(-1)^r C_7^r x^{7-2r}$,

故第$r+1$项的系数为$(-1)^r C_7^r$，当$r=0$，2，4，6时，系数为正，

因为$C_7^0<C_7^1=C_7^6<C_7^2<C_7^4$，所以当$r=4$时，系数最大的项数是第5项.

故选C.

【例7】 在$\left(\sqrt{x}-\frac{2}{x^2}\right)^8$的展开式中求系数绝对值的最大项.

解析

$\left(\sqrt{x}-\frac{2}{x^2}\right)^8$展开式为：$\left(\sqrt{x}-\frac{2}{x^2}\right)^8=C_8^r\ (\sqrt{x})^{8-r}\left(-\frac{2}{x^2}\right)^r=(-1)^r C_8^r 2^r x^{4-\frac{5r}{2}}$,

设第$r+1$项系数的绝对值最大，

则$\begin{cases}C_8^r\cdot 2^r\geqslant C_8^{r+1}\cdot 2^{r+1},\\ C_8^r\cdot 2^r\geqslant C_8^{r-1}\cdot 2^{r-1},\end{cases}$所以$\begin{cases}\frac{1}{8-r}\geqslant\frac{2}{r+1},\\ \frac{2}{r}\geqslant\frac{1}{9-r},\end{cases}$解得$5\leqslant r\leqslant 6$.

故系数绝对值最大的项是第6项和第7项.

题型4：求展开式中系数和与差的问题

【例8】（2015高考数学新课标2理科）$(a+x)(1+x)^4$的展开式中x的奇数次幂项的系数之和为32，则$a=$________.

解析

由已知得$(1+x)^4=1+4x+6x^2+4x^3+x^4$，故$(a+x)(1+x)^4$的展开式中$x$的奇数次幂项分别为$4ax$，$4ax^3$，$x$，$6x^3$，$x^5$，其系数之和为$4a+4a+1+6+1=32$，解得$a=3$.

故答案为3.

【例9】 已知多项式$(x+2)(x-1)^4=a_0+a_1x+a_2x^2+a_3x^3+a_4x^4+a_5x^5$，则$a_2=$________，$a_1+a_2+a_3+a_4+a_5=$________.

解析

易知$(x-1)^4=C_T^r x^{T-r}(-1)^r$，则$(x+2)(x-1)^4=x\cdot C_4^r x^{4-r}(-1)^r+2\cdot C_4^k x^{4-k}(-1)^k$,

而 a_2 表示 x^2 的系数，由上式可知含 x^2 的项分别为 $x\cdot C_4^3x^1(-1)^3$，$2\cdot C_4^2x^2(-1)^2$，合并化简为 $x\cdot C_4^3x^1(-1)^3+2\cdot C_4^2x^2(-1)^2=8x^2$，故 $a_2=8$，同理可求得 $a_1+a_2+a_3+a_4+a_5=-2$.

故答案为 8；-2.

第五类　综合问题

题型 1：概率与函数综合问题

【例 1】 某工厂的某种产品成箱包装，每箱 200 件，每一箱产品在交付用户之前要对产品作检验，如检验出不合格品，则更换为合格品，检验时，先从这箱产品中任取 20 件作检验，再根据检验结果决定是否对余下的所有产品作检验. 设取出的每件产品为不合格品的概率都为 p（$0<p<1$），且各件产品是否为不合格品相互独立.

（1）记 20 件产品中恰有 2 件不合格品的概率为 $f(p)$，求 $f(p)$ 的最大值点 p_0.

（2）现对一箱产品检验了 20 件，结果恰有 2 件不合格品，以（1）中确定的 p_0 作为 p 的值. 已知每件产品的检验费用为 2 元，若有不合格品进入用户手中，则工厂要对每件不合格品支付 25 元的赔偿费用.

（i）若不对该箱余下的产品作检验，这一箱产品的检验费用与赔偿费用的和记为 X，求 $E(X)$；

（ii）以检验费用与赔偿费用和的期望值为决策依据，是否该对这箱余下的所有产品作检验?

解析

（1）20 件产品中恰有 2 件不合格品的概率为 $f(p)=C_{20}^2p^2(1-p)^{18}$（$0<p<1$）.

所以 $f'(p)=C_{20}^2[2p(1-p)^{18}-18p^2(1-p)^{17}]=2C_{20}^2p(1-p)^{17}(1-10p)$.

令 $f'(p)=0$，得 $p=0.1$. 当 $p\in(0,0.1)$时，$f'(p)>0$；当 $p\in(0.1,1)$时，$f'(p)<0$.

所以 $f(p)$ 的最大值点 p_0 为 0.1.

（2）（i）设该箱产品的检验费用为 X_1，赔偿费用为 X_2，则 $X=X_1+X_2$. 因为先检验的 20 件产品只产生检验费用，不检验余下的 180 件产品只可能产生赔偿费用，设余下的 180 件产品中的不合格品件数为 Y，则 $X_1=40$，$X_2=25Y$. 所以 $E(X)=E(X_1+X_2)=E(40+25Y)=40+25E(Y)$. 因为 $Y\sim B(180,0.1)$，所以 $E(Y)=180\times0.1=18$，所以 $E(X)=40+25E(Y)=40+25\times18=490$（元）.

（ii）如果对余下的所有产品作检验，则这一箱产品所需要的检验费用与赔偿费用之和为 $Z=200\times2+0=400$，从而 $E(Z)=400$ 元. 由于 $E(Z)=400<E(X)=490$，所以应该对这箱余下的所有产品作检验.

题型 2：概率与数列综合问题

【例 2】 为治疗某种疾病，研制了甲、乙两种新药，希望知道哪种新药更有效，为此进行试验. 试验方案如下：每一轮选取两只白鼠对药效进行对比试验. 对于两只白鼠，随机选一只施以甲药，另一只施以乙药. 一轮的治疗结果得出后，再安排下一轮试验. 当其中一种药治愈的白鼠比另一种药治愈的白鼠多4只时，就停止试验，并认为治愈只数多的药更有效. 为了方便描述问题，约定：对于每轮试验，若施以甲药的白鼠治愈且施以乙药的白鼠未治愈则甲药得1分，乙药得 -1 分；若施以乙药的白鼠治愈且施以甲药的白鼠未治愈则乙药得1分，甲药得 -1 分；若都治愈或都未治愈则两种药均得0分. 甲、乙两种药的治愈率分别记为 α 和 β，一轮试验中甲药的得分记为 X.

（1）求 X 的分布列；

（2）若甲药、乙药在试验开始时都赋予4分，p_i（$i=0, 1, \cdots, 8$）表示"甲药的累计得分为 i 时，最终认为甲药比乙药更有效"的概率，则 $p_0=0$，$p_8=1$，$p_i=ap_{i-1}+bp_i+cp_{i+1}$（$i=1, 2, \cdots, 7$），其中 $a=P(X=-1)$，$b=P(X=0)$，$c=P(X=1)$. 假设 $\alpha=0.5$，$\beta=0.8$.

（i）证明：$\{p_{i+1}-p_i\}$（$i=0, 1, 2, \cdots, 7$）为等比数列；

（ii）求 p_4，并根据 p_4 的值解释这种试验方案的合理性.

解析

（1）依题意得，X 的分布列为：

X	-1	0	1
P	$(1-\alpha)\beta$	$\alpha\beta+(1-\alpha)(1-\beta)$	$\alpha(1-\beta)$

（2）（i）当 $\alpha=0.5$，$\beta=0.8$ 时，$a=P(X=-1)=(1-0.5)\times0.8=0.4$，$b=P(X=0)=0.5\times0.8+(1-0.5)\times(1-0.8)=0.5$，$c=P(X=1)=0.5\times(1-0.8)=0.1$，所以 $p_i=0.4p_{i-1}+0.5p_i+0.1p_{i+1}$，即 $p_{i+1}=5p_i-4p_{i-1}$（$i=0, 1, 2, \cdots, 7$）. 所以 $\dfrac{p_{i+2}-p_{i+1}}{p_{i+1}-p_i}=\dfrac{(5p_{i+1}-4p_i)-p_{i+1}}{p_{i+1}-p_i}=\dfrac{4(p_{i+1}-p_i)}{p_{i+1}-p_i}=4$. 因为 $p_1-p_0=p_1\neq0$，所以 $\{p_{i+1}-p_i\}$（$i=0, 1, 2, \cdots, 7$）是公比为4的等比数列.

（ii）由（i）得，$p_{i+1}-p_i=(p_1-p_0)\cdot4^i$（$i=0, 1, 2, \cdots, 7$）. 由累加法，得 $p_i=p_1\cdot\dfrac{4^i-1}{3}$. 因为 $p_8=1$，所以 $p_1=\dfrac{3}{4^8-1}$，所以 $p_4=\dfrac{3}{4^8-1}\cdot\dfrac{4^4-1}{3}=\dfrac{1}{257}$. 一旦 P_4 发生，意味着甲药比乙药多治愈4只，p_4 是"甲药的累计得分为4时，最终认为甲药比乙药更有效"的概率. 由于甲药的治愈率0.5低于乙药的治愈率0.8，因此 p_4 是做出错误判断的概率，而 $p_4=\dfrac{1}{257}\approx0.0039$，也就是说做出错误判断的概率非常小，说明这种试验方案是合理的.

（二）概率与统计新题型

1. 多选题

【例1】（2021 新高考Ⅱ卷）下列统计量中，能度量样本 x_1，x_2，…，x_n 的离散程度的是（　　）.

A. 样本 x_1，x_2，…，x_n 的标准差　　B. 样本 x_1，x_2，…，x_n 的中位数

C. 样本 x_1，x_2，…，x_n 的极差　　D. 样本 x_1，x_2，…，x_n 的平均数

解析

由样本数据的数字特征含义可知，标准差、极差反映的是数据的离散程度，中位数、平均数反映的是数据的集中趋势.

故选 AC.

【例2】（2021 新高考Ⅰ卷）有一组样本数据 x_1，x_2，…，x_n，由这组数据得到新样本数据 y_1，y_2，…，y_n，其中 $y_i=x_i+c$（$i=1$，2，…，n），c 为非零常数，则（　　）.

A. 两组样本数据的样本平均数相同　　B. 两组样本数据的样本中位数相同

C. 两组样本数据的样本标准差相同　　D. 两组样本数据的样本极差相同

解析

若原样本数据的平均数为 $\bar{x}$，则新样本数据的平均数为 $\bar{x}+c$，因为 c 为非零常数，所以两者不相同，故 A 项不正确；

若原样本数据的中位数为 x_i，则新样本数据的中位数为 x_i+c，因为 c 为非零常数，两者不相同，故 B 项不正确；

若原样本数据的标准差为 s，则新样本数据的标准差也为 s，两者相同，故 C 项正确；

若原样本数据的极差为 x_n-x_1，则新样本数据的标准差也为 x_n-x_1，两者相同，故 D 项正确.

故选 CD.

【例3】抛掷两枚质地均匀的骰子，记“第一枚骰子出现的点数小于 3”为事件 A，“第二枚骰子出现的点数不小于 3”为事件 B，则下列结论中正确的是（　　）.

A. 事件 A 与事件 B 互为对立事件　　B. 事件 A 与事件 B 相互独立

C. $P(B)=2P(A)$　　D. $P(A)+P(B)=1$

解析

依题意，第一枚骰子出现的点数小于 3 与第二枚骰子出现的点数不小于 3 可以同时发生，则事件 A 与事件 B 不互斥，则事件 A 与事件 B 不是对立事件，A 不正确；

根据题意，显然有 $P(A)=\frac{2}{6}=\frac{1}{3}$，$P(B)=\frac{4}{6}=\frac{2}{3}$，

抛掷两枚质地均匀的骰子的试验的所有结果：

	1	2	3	4	5	6
1	(1，1)	(1，2)	(1，3)	(1，4)	(1，5)	(1，6)
2	(2，1)	(2，2)	(2，3)	(2，4)	(2，5)	(2，6)
3	(3，1)	(3，2)	(3，3)	(3，4)	(3，5)	(3，6)
4	(4，1)	(4，2)	(4，3)	(4，4)	(4，5)	(4，6)
5	(5，1)	(5，2)	(5，3)	(5，4)	(5，5)	(5，6)
6	(6，1)	(6，2)	(6，3)	(6，4)	(6，5)	(6，6)

共36个。它们等可能。

事件AB所含的结果有：(1，3)，(1，4)，(1，5)，(1，6)，(2，3)，(2，4)，(2，5)，(2，6)，共8个，则有$P(AB)=\frac{8}{36}=\frac{1}{3}\times\frac{2}{3}=P(A)P(B)$，即事件$A$与事件$B$相互独立，$B$正确；显然$C$，$D$正确。

得到答案B，C，D。

故选BCD.

【例4】 袋中有10个大小相同的球，其中6个黑球，4个白球，现从中任取4个球，记随机变量X为其中白球的个数，随机变量Y为其中黑球的个数，若取出一个白球得2分，取出一个黑球得1分，随机变量Z为取出4个球的总得分，则下列结论中正确的是(　　).

A. $P(|Z-6|\leqslant 1)=\frac{97}{105}$　　B. $E(X)>E(Y)$

C. $D(X)=D(Y)$　　D. $E(Z)=\frac{28}{5}$

解析

对于A，将其进行整理可知，即要求$Z=5$，6，7时的概率.

$P(Z=5)=\frac{C_6^3C_4^1}{C_{10}^4}=\frac{8}{12}$，$P(Z=6)=\frac{C_6^2C_4^2}{C_{10}^4}=\frac{3}{7}$，$P(Z=7)=\frac{C_6^1C_4^3}{C_{10}^4}=\frac{4}{35}$，所以$P(|Z-6|\leqslant 1)=\frac{97}{105}$，故A项正确.

因为$X+Y=4$，$E(X)=4\times\frac{4}{10}=\frac{8}{5}$，$E(Y)=E(4-X)=4-E(X)=\frac{12}{5}$，故B项错误.

$D(Y)=D(4-X)=D(X)$，故C项正确.

$E(Z)=E(2X+Y)=2\times E(X)+E(Y)=\frac{28}{5}$，故D项正确.

故选 ACD.

2. **双空题**

【例 1】（2022 浙江高考）现有 7 张卡片，分别写上数字 1，2，2，3，4，5，6，从这 7 张卡片中随机抽取 3 张，记所抽取卡片上数字的最小值为 ξ，则 $P(\xi=2)=$ ________，$E(\xi)=$ ________.

解析

$$\xi=2\rightarrow P=\frac{C_2^1C_4^2}{C_7^3}+\frac{C_2^2C_4^1}{C_7^3}=\frac{16}{35}.$$

ξ 的分布列为：

ξ	1	2	3	4
P	$\frac{15}{35}$	$\frac{16}{35}$	$\frac{3}{35}$	$\frac{1}{35}$

$$E(\xi)=1\times\frac{15}{35}+2\times\frac{16}{35}+3\times\frac{3}{35}+4\times\frac{1}{35}=\frac{60}{35}=\frac{12}{7}.$$

故答案为：$\frac{16}{35}$；$\frac{12}{7}$.

四、说两道名题

（一）2022 年新高考数学全国Ⅰ卷第 20 题

某医疗团队为研究某地的一种地方性疾病与当地居民的卫生习惯（分为良好和不够良好两类）的关系，在已患该疾病的病例中随机调查了 100 例（称为病例组），同时在未患该疾病的人群中随机调查了 100 人（称为对照组），得到如下数据：

项目	不够良好	良好
病例组	40	60
对照组	10	90

（1）能否有 99% 的把握认为患该疾病群体与未患该疾病群体的卫生习惯有差异？

（2）从该地的人群中任选一人，A 表示事件“选到的人卫生习惯不够良好”，B 表示事件“选到的人患有该疾病”，$\frac{P(B\mid A)}{P(\bar{B}\mid A)}$与$\frac{P(B\mid \bar{A})}{P(\bar{B}\mid \bar{A})}$的比值是卫生习惯不够良好对患该疾病风险程度的一项度量指标，记该指标为 R.

（i）证明：$R=\frac{P(A\mid B)}{P(\bar{A}\mid B)}\cdot\frac{P(\bar{A}\mid \bar{B})}{P(A\mid \bar{B})}$；

（ii）利用该调查数据，给出 $P(A \mid B)$，$P(A \mid \bar{B})$的估计值，并利用（i）的结果给出 R 的估计值.

附：

$$K^2=\frac{n(ad-bc)^2}{(a+b)(c+d)(a+c)(b+d)},$$

1. **说题源题意**

（1）题源.

2022 年新高考数学全国Ⅰ卷第 20 题.

$P(K^2 \geq k)$	0.050	0.010	0.001
K	3.841	6.635	10.828

（2）题意.

题目第（1）问给出了病例组与对照组的个人卫生习惯良好程度的 2×2 列联表，要求学生进行小概率值 $P(K^2>6.635)=0.010$ 的独立性检验.

题目第（2）问定义了卫生习惯不够良好对患该疾病风险程度的一项度量指标 R，运用题目定义及条件概率公式证明其等量关系，运用频率估计概率的方法计算概率估计值，并运用证明的等量关系式计算指标 R 的估计值.

2. **说知识网络**

题目主要考查学生分类变量独立性检验的步骤及检验规则、新定义问题、条件概率公式（贝叶斯公式）的理解及应用（计算及证明）、频率估计概率等知识点.

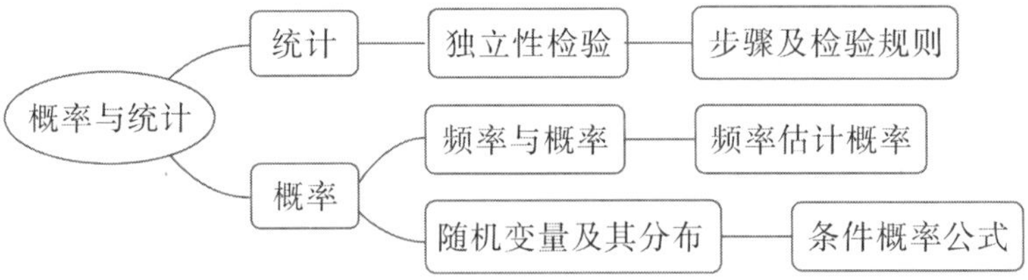

图 5-15 概率与统计 2022 年新高考全国Ⅰ卷第 20 题知识网络

3. **说解题过程**

（1）零假设为 H_0：患该疾病群体与未患该疾病群体的卫生习惯无差异.

根据题目整理得到列联表如下所示：

项目	不够良好	良好	合计
病例组	40	60	100
对照组	10	90	100
合计	50	150	200

根据列联表数据可得 $K^2=\dfrac{200\times(40\times90-60\times10)^2}{100\times100\times150\times50}$，

化简得 $K^2=24$.

由于 $K^2=24>6.635$，

根据小概率值 $P(K^2>6.635)=0.010$ 的独立性检验，我们推断 H_0 不成立，

即认为患该疾病群体与未患该疾病群体的卫生习惯有差异，此推断犯错误的概率不大于0.010.

所以有99%的把握认为患该疾病群体与未患该疾病群体的卫生习惯有差异.

（2）（i）

【解法一】两边到中间.

$$R=\dfrac{\dfrac{P(B\mid A)}{P(\bar{B}\mid A)}}{\dfrac{P(B\mid \bar{A})}{P(\bar{B}\mid \bar{A})}}=\dfrac{P(B\mid A)}{P(\bar{B}\mid A)}\cdot\dfrac{P(\bar{B}\mid \bar{A})}{P(B\mid \bar{A})}=\dfrac{\dfrac{P(AB)}{P(A)}}{\dfrac{P(A\bar{B})}{P(A)}}\cdot\dfrac{\dfrac{P(\bar{A}\bar{B})}{P(\bar{A})}}{\dfrac{P(\bar{A}B)}{P(\bar{A})}}=\dfrac{P(AB)}{P(A\bar{B})}\cdot\dfrac{P(\bar{A}\bar{B})}{P(\bar{A}B)},$$

又 $$\dfrac{P(A\mid B)}{P(\bar{A}\mid B)}\cdot\dfrac{P(\bar{A}\mid \bar{B})}{P(A\mid \bar{B})}=\dfrac{\dfrac{P(AB)}{P(B)}}{\dfrac{P(\bar{A}B)}{P(B)}}\cdot\dfrac{\dfrac{P(\bar{A}\bar{B})}{P(\bar{B})}}{\dfrac{P(A\bar{B})}{P(\bar{B})}}=\dfrac{P(AB)}{P(\bar{A}B)}\cdot\dfrac{P(\bar{A}\bar{B})}{P(A\bar{B})}.$$

所以 $R=\dfrac{P(A\mid B)}{P(\bar{A}\mid B)}\cdot\dfrac{P(\bar{A}\mid \bar{B})}{P(A\mid \bar{B})}$.

【解法二】构造条件概率公式.

$$R=\dfrac{\dfrac{P(B\mid A)}{P(\bar{B}\mid A)}}{\dfrac{P(B\mid \bar{A})}{P(\bar{B}\mid \bar{A})}}=\dfrac{P(B\mid A)}{P(\bar{B}\mid A)}\cdot\dfrac{P(\bar{B}\mid \bar{A})}{P(B\mid \bar{A})}=\dfrac{\dfrac{P(AB)}{P(A)}}{\dfrac{P(A\bar{B})}{P(A)}}\cdot\dfrac{\dfrac{P(\bar{A}\bar{B})}{P(\bar{A})}}{\dfrac{P(\bar{A}B)}{P(\bar{A})}}=\dfrac{P(AB)}{P(A\bar{B})}\cdot\dfrac{P(\bar{A}\bar{B})}{P(\bar{A}B)}$$

$$=\dfrac{\dfrac{P(AB)}{P(B)}}{\dfrac{P(\bar{A}B)}{P(B)}}\cdot\dfrac{\dfrac{P(\bar{A}\bar{B})}{P(\bar{B})}}{\dfrac{P(A\bar{B})}{P(\bar{B})}}=\dfrac{P(A\mid B)}{P(\bar{A}\mid B)}\cdot\dfrac{P(\bar{A}\mid \bar{B})}{P(A\mid \bar{B})}.$$

所以 $R=\dfrac{P(A\mid B)}{P(\bar{A}\mid B)}\cdot\dfrac{P(\bar{A}\mid \bar{B})}{P(A\mid \bar{B})}$.

【解法三】频率估计概率.

$$R=\dfrac{\dfrac{P(B\mid A)}{P(\bar{B}\mid A)}}{\dfrac{P(B\mid \bar{A})}{P(\bar{B}\mid \bar{A})}}=\dfrac{P(B\mid A)}{P(\bar{B}\mid A)}\cdot\dfrac{P(\bar{B}\mid \bar{A})}{P(B\mid \bar{A})}=\dfrac{\dfrac{n(AB)}{n(A)}}{\dfrac{n(A\bar{B})}{n(A)}}\cdot\dfrac{\dfrac{n(\bar{A}\bar{B})}{n(\bar{A})}}{\dfrac{n(\bar{A}B)}{n(\bar{A})}}=\dfrac{n(AB)}{n(A\bar{B})}\cdot\dfrac{n(\bar{A}\bar{B})}{n(\bar{A}B)},$$

又 $$\dfrac{P(A\mid B)}{P(\bar{A}\mid B)}\cdot\dfrac{P(\bar{A}\mid \bar{B})}{P(A\mid \bar{B})}=\dfrac{\dfrac{n(AB)}{n(B)}}{\dfrac{n(\bar{A}B)}{n(B)}}\cdot\dfrac{\dfrac{n(\bar{A}\bar{B})}{n(\bar{B})}}{\dfrac{n(A\bar{B})}{n(\bar{B})}}=\dfrac{n(AB)}{n(\bar{A}B)}\cdot\dfrac{n(\bar{A}\bar{B})}{n(A\bar{B})}.$$

所以 $R=\frac{P(A\mid B)}{P(\bar{A}\mid B)}\cdot\frac{P(\bar{A}\mid\bar{B})}{P(A\mid\bar{B})}$.

【解法四】运用贝叶斯公式.

$$R=\frac{\frac{P(B\mid A)}{P(\bar{B}\mid A)}}{\frac{P(B\mid\bar{A})}{P(\bar{B}\mid\bar{A})}}=\frac{P(B\mid A)}{P(\bar{B}\mid A)}\cdot\frac{P(\bar{B}\mid\bar{A})}{P(B\mid\bar{A})}=\frac{\frac{P(B)P(A\mid B)}{P(A)}}{\frac{P(\bar{B})P(A\mid\bar{B})}{P(A)}}\cdot\frac{\frac{P(\bar{B})P(\bar{A}\mid\bar{B})}{P(\bar{A})}}{\frac{P(B)P(\bar{A}\mid B)}{P(\bar{A})}}$$

$$=\frac{P(A\mid B)}{P(\bar{A}\mid B)}\cdot\frac{P(\bar{A}\mid\bar{B})}{P(A\mid\bar{B})}.$$

所以 $R=\frac{P(A\mid B)}{P(\bar{A}\mid B)}\cdot\frac{P(\bar{A}\mid\bar{B})}{P(A\mid\bar{B})}$.

（2）（ⅱ）

【解法一】

$P(A\mid B)=\frac{P(AB)}{P(B)}=\frac{\frac{40}{200}}{\frac{100}{200}}=\frac{2}{5}$，所以 $P(A\mid B)$ 的估计值为 0.4，

$P(A\mid\bar{B})=\frac{n(A\bar{B})}{n(\bar{B})}=\frac{10}{100}=\frac{1}{10}$，所以 $P(A\mid\bar{B})$ 的估计值 0.1，

$P(\bar{A}\mid B)=\frac{P(\bar{A}B)}{P(B)}=\frac{3}{5}$，$P(\bar{A}\mid\bar{B})=1-P(A\mid\bar{B})=0.9$，

利用（ⅰ）的结果可得 R 的估计值为 $\frac{0.4}{0.6}\times\frac{0.9}{0.1}=6$

【解法二】

由该调查数据得，病例组中卫生习惯不够良好的频率为 $\frac{40}{100}=0.4$，所以 $P(A\mid B)$ 的估计值为 0.4；

对照组中不够良好的频率为 $\frac{10}{100}=0.1$，所以 $P(A\mid\bar{B})$ 的估计值 0.1.

$P(\bar{A}\mid B)=1-P(A\mid B)=0.6$，$P(\bar{A}\mid\bar{B})=1-P(A\mid\bar{B})=0.9$，

利用（i）的结果可得 R 的估计值为 $\frac{0.4}{0.6}\times\frac{0.9}{0.1}=6$.

4. **说易错易误**

（1）抄错或记错公式，不理解公式中符号与 2×2 列联表数据的对应关系，数字计算错误，不理解统计量与临界值比较的意义.

（2）没有掌握独立性检验的基本步骤，无零假设，无结论或结论表达不完整，如：有 99% 的把握.

（3）不理解条件概率的含义，记错条件概率公式.

（4）缺少关键步骤，如证明过程中未写出关于定义指标 R 的等式，证明过程缺少 $\frac{P(AB)}{P(\bar{A}B)}\cdot\frac{P(\bar{A}\bar{B})}{P(A\bar{B})}$这一核心表达式.

（5）对题意或符号表达的事件理解偏差，题目明确要求“利用（i）的结果给出 R 的估计值”，但部分同学用定义或中间过程等式求出 R 的值.

（6）解答结果正确，但无过程或过程错误. 计算概率可以用频率估计概率，但不能用频数估计概率，甚至部分学生认为 $P(A)=40+10=50$.

（7）过程书写规范性不足，包括不将数据代入公式，或代入数据不计算出结果直接比较临界值，计算概率没有过程，符号书写不够规范.

5. **说思想方法**

（1）数学素养.

本题在地方性疾病与卫生习惯相关联的医学前提以及条件概率的背景下，考查学生数学运算、数据分析、逻辑推理等核心素养.

（2）思想方法.

考查了转化与化归、代换思想等，涉及综合法等解题方法.

6. **说教学价值**

（1）知识价值.

题目主要考查学生条件概率公式（贝叶斯公式）的理解及应用（计算及证明），频率估计概率等知识点. 本题较新较活，打破常规，注重数学运算和推理证明；有基础性的问题，也有应用性及创新性的部分. 且本题既涵盖了旧教材中独立性检验的内容，也考查了新教材中加强了的条件概率公式及新增的贝叶斯公式，很好地体现了新旧衔接.

（2）题型价值.

本题的第（1）问属于传统的统计问题，第（2）问的证明属于创新的题型. 从命题的角度看，本题从传统的模型识别与计算为主的问题，转向概率性质公式的理解应用及证明的问题.

（3）教学价值.

本题既有旧教材中独立性检验的内容，也考查了新教材中加强了的条件概率公式及新增的贝叶斯公式，很好地体现了新旧衔接. 题目问法为“能否有 99% 的把握认为患该疾病群体与未患该疾病群体的卫生习惯有差异”，属于旧教材中独立性检验的描述，对学习新教材的学生而言，增加了结论回答的难度. 因此教学过程中，应在重视教材的基础之上，引导学生注重阅读理解，审清题意；同时培养运算能力，并厘清推理证明的基本逻辑。

（二）2020 年高考数学江苏卷第 25 题

甲口袋中装有 2 个黑球和 1 个白球，乙口袋中装有 3 个白球. 现从甲、乙两口袋中各任取一个球交换放入另一口袋，重复 n 次这样的操作，记甲口袋中黑球个数为 X_n，恰有 2 个黑球的概率为 p_n，恰有 1 个黑球的概率为 q_n.

（1）求 p_1，q_1 和 p_2，q_2；

（2）求 $2p_n+q_n$ 与 $2p_{n-1}+q_{n-1}$ 的递推关系式和 X_n 的数学期望 $E(X_n)$（用 n 表示）.

1. 说题源题意

（1）题源.

2020 年高考数学江苏卷第 25 题.

（2）题意.

①在古典概型的背景下，以摸球问题为载体，考查事件前后概率之间的联系，需要学生对事件的所有可能情况仔细分析、准确分类、恰当表征；

②虽然知识载体是传统的“摸球问题”，但不是简单的“放回、不放回”问题，形式新颖，需要学生从概率的基本性质出发，去分析问题、解决问题；

③融合了概率与数列模块，递推数列求通项是本题的一个亮点；

④“概率 + 递推数列”形式是对 2019 年全国Ⅰ卷的高考题的拓展和延伸，同时为 2021 年江苏省回归全国卷作过渡.

2. 说知识网络

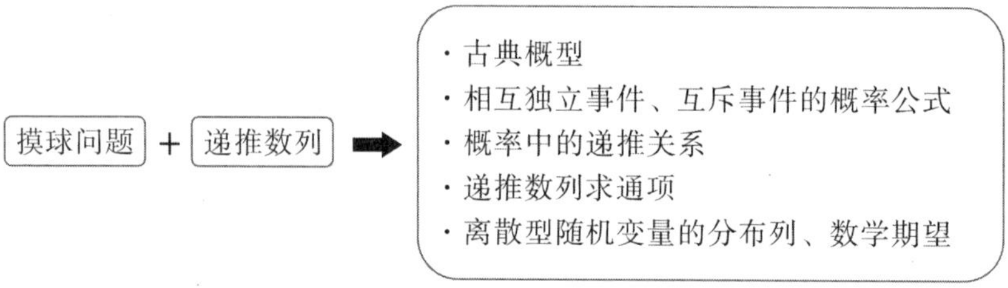

图 5－16　概率与统计板块摸球问题名题知识网络

3. 说解题过程

（1）$p_1=\dfrac{1\times3}{3\times3}=\dfrac{1}{3}$，

$q_1=\dfrac{2\times3}{3\times3}=\dfrac{2}{3}$，

$p_2=p_1\times\dfrac{1\times3}{3\times3}+q_1\times\dfrac{2\times1}{3\times3}=\dfrac{1}{3}\times\dfrac{1}{3}+\dfrac{2}{3}\times\dfrac{2}{9}=\dfrac{7}{27}$，

$q_2=p_1\times\dfrac{2\times3}{3\times3}+q_1\times\dfrac{1\times1+2\times2}{3\times3}=\dfrac{1}{3}\times\dfrac{2}{3}+\dfrac{2}{3}\times\dfrac{5}{9}=\dfrac{16}{27}$.

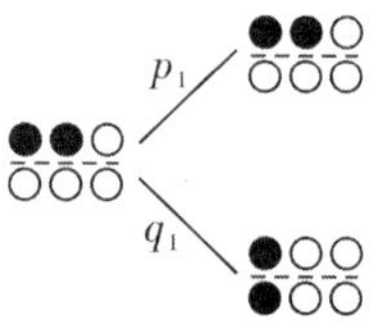

（2）

①求递推关系式，方法如下图所示.

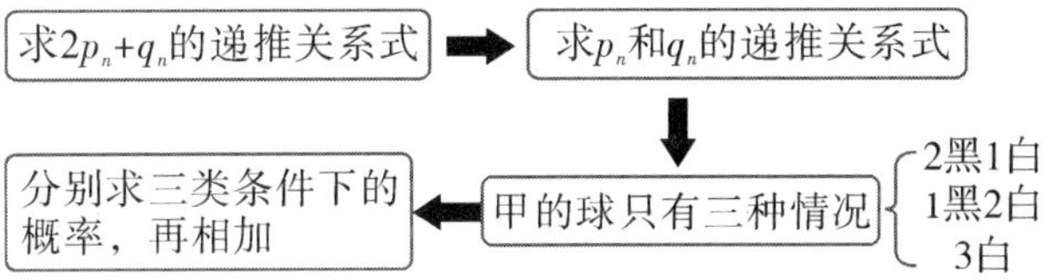

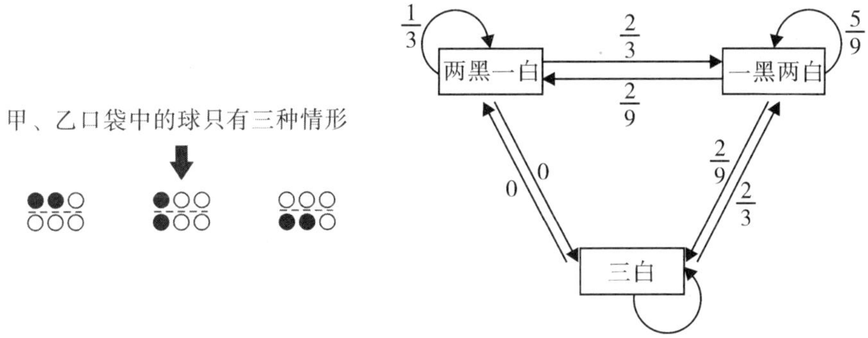

$$p_n=p_{n-1}\cdot\frac{1}{3}+q_{n-1}\cdot\frac{2}{9}+0=\frac{1}{3}p_{n-1}+\frac{2}{9}q_{n-1},$$

$$q_n=p_{n-1}\cdot\frac{2}{3}+q_{n-1}\cdot\frac{5}{9}+(1-p_{n-1}-q_{n-1})\cdot\frac{2}{3}=-\frac{1}{9}q_{n-1}+\frac{2}{3}.$$

②求数学期望.

因为$2p_n+q_n=\frac{1}{3}(2p_{n-1}+q_{n-1})+\frac{2}{3}$，所以$2p_n+q_n-1=\frac{1}{3}(2p_{n-1}+q_{n-1}-1)$，而 $2p_1+q_1-1=\frac{1}{3}$，所以$2p_n+q_n-1=\frac{1}{3^n}\Rightarrow 2p_n+q_n=1+\frac{1}{3^n}$.

$$E(X_n)=2p_n+q_n=1+\frac{1}{3^n}.$$

4. **说易错易误**

（1）无法理解甲、乙两个袋子交换球的过程，不能用合适的方式表征出所有的情况，思路混乱，导致求解失败；

（2）“概率+数列”的考法比较新颖，部分学生有畏惧心理；

（3）事件前后的递推关系概率计算错误；

（4）递推数列求通项的方法没有掌握；

（5）在求期望时没有注意到 $E(X_n)=2p_n+q_n$，没有用整体求解的方法，而是陷入单独求解 p_n 和 q_n 的陷阱中.

5. **说变式变形**

【变式一】记甲口袋中黑球的个数为 2，1，0 的概率分别 p_n，q_n，r_n，求 p_n，q_n，r_n，以及在充分多次交换后，能否猜测甲口袋中黑球的个数最可能是多少？

解析

$$p_n=\frac{1}{2}\left[\frac{1}{3^n}-\frac{1}{15}\left(-\frac{1}{9}\right)^{n-1}+\frac{2}{5}\right];$$

$$q_n=\frac{3}{5}+\frac{1}{15}\left(-\frac{1}{9}\right)^{n-1};$$

$$r_n=\frac{1}{2}\left[\frac{2}{5}-\frac{1}{3^n}-\frac{1}{15}\left(-\frac{1}{9}\right)^{n-1}\right];$$

当 $n\to\infty$ 时，$p_n\to\frac{1}{5}$，$q_n\to\frac{3}{5}$，$r_n\to\frac{1}{5}$.

在充分多次交换后，q_n 的值是 p_n，q_n，r_n 三者中最大的，因此甲口袋中黑球的个数最可能是 1 个.

【变式二】 设初始状态为甲、乙口袋中均装有 3 个球（共 2 个黑球和 4 个白球），交换方式不变，求 $2p_n+q_n$ 与 $2p_{n-1}+q_{n-1}$ 的递推关系式及 $E(X_n)$.

解析

递推关系和数学期望与初始状态无关，保持不变.

$$2p_n+q_n-1=\frac{1}{3}(2p_{n-1}+q_{n-1}-1),$$

$$E(X_n)=2p_n+q_n=1+\frac{1}{3^n}.$$

【变式三】 现有 2 个黑球和 4 个白球，甲、乙的口袋里各装 3 个，记 X 为甲口袋中黑球的个数，求 X 的分布列.

解析

X 的可能取值为 0，1，2，

$$P(X=0)=\frac{C_4^3}{C_6^3}=\frac{1}{5},\quad P(X=1)=\frac{C_2^1C_4^2}{C_6^3}=\frac{3}{5},\quad P(X=2)=\frac{C_4^1}{C_6^3}=\frac{1}{5}.$$

X 的分布列为：

X	0	1	2
P	$\frac{1}{5}$	$\frac{3}{5}$	$\frac{1}{5}$

从第二个状态起，每一个状态只与前一个状态有关，而与之前的其他任何状态无关. 在充分进行多次交换后，最有可能的结果是甲、乙口袋中都是 1 黑 2 白，即黑白球都是均匀分布的. 事实上，充分进行多次交换后，这个事件等价于将 2 个黑球和 4 个白球分别放到甲、乙两口袋里，即这个过程的最终“稳态”是唯一的，不依赖于初始状态球在两口袋中的分布.

【变式四】 甲口袋中装有 3 个黑球，乙口袋中装有 3 个白球. 现从甲、乙两口袋中各任取一个球交换放入另一口袋，重复 n 次这样的操作，记甲口袋中黑球个数为 X_n，X_n 的分布列为：

X_n	0	1	2	3
P	t_n	r_n	q_n	p_n

求关于 $3p_n+2q_n+r_n$ 的递推式，并求 X_n 的数学期望.

解析

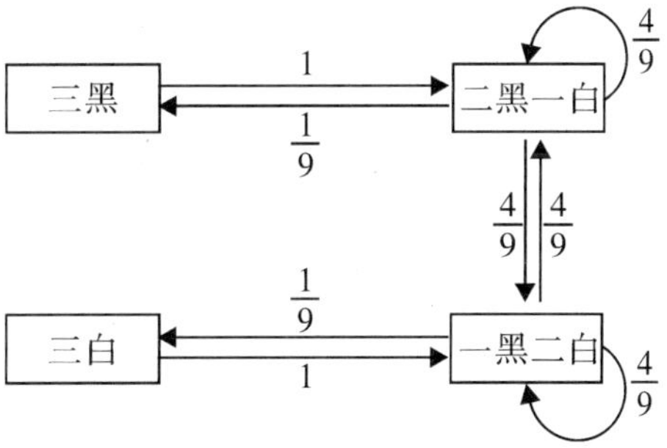

$$\begin{cases} p_n=\dfrac{1}{9}\cdot q_{n-1}, \\ q_n=p_{n-1}+\dfrac{4}{9}q_{n-1}+\dfrac{4}{9}r_{n-1}, \\ r_n=\dfrac{4}{9}q_{n-1}+\dfrac{4}{9}r_{n-1}+t_{n-1}, \\ t_n=\dfrac{1}{9}\cdot r_{n-1}, \end{cases}$$

$$3p_n+2q_n+r_n=\frac{1}{3}(3p_{n-1}+2q_{n-1}+r_{n-1})+1,$$

$$3p_n+2q_n+r_n=\frac{1}{2}\left(\frac{1}{3^n}+3\right),$$

$$E(X_n)=3p_n+2q_n+r_n=\frac{1}{2}\left(\frac{1}{3^n}+3\right).$$

6. **说思想方法**

（1）本题考查的知识点没有超出古典概型的范畴，但形式新颖，关键是要采用适当的方式对复杂事件进行分解和表征（画球的示意图、关系图等），即要使思维可视化.

（2）在处理概率问题时，常用的表征方式有：画树状图法、列表法、画关系图法等.

（3）本题考查了转化与化归、由特殊到一般的数学思想方法，体现了逻辑推理、数学运算的数学核心素养.

7. **说教学价值**

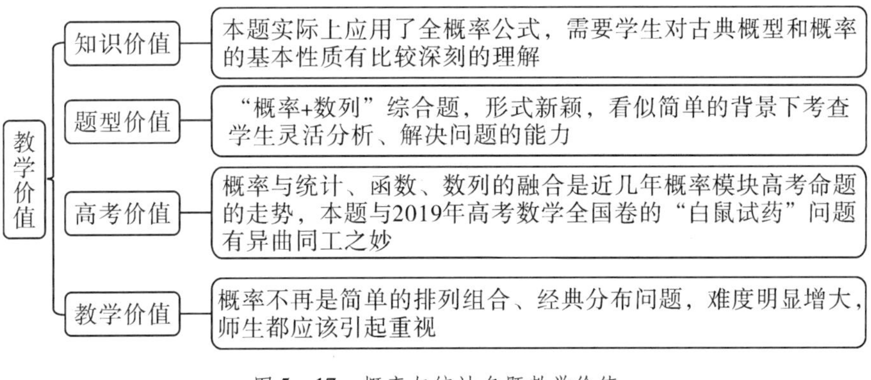

图 5-17　概率与统计名题教学价值

第六章　函数与导数

一、新旧课程标准与新旧教材对比研究

（一）新旧课程标准对比

表 6-1　新旧课程标准关于函数与导数内容的对比

内容	2020 年课程标准	2003 年课程标准
函数		
函数的概念与性质	（1）函数概念. ①在初中用变量之间的依赖关系描述函数的基础上，用集合语言和对应关系刻画函数，建立完整的函数概念，体会集合语言和对应关系在刻画函数概念中的作用. 了解构成函数的要素，能求简单函数的定义域. ②在实际情境中，会根据不同的需要选择恰当的方法（如图象法、列表法、解析法）表示函数，理解函数图象的作用. ③通过具体实例，了解简单的分段函数，并能简单应用. （2）函数性质. ①借助函数图象，会用符号语言表达函数的单调性、最大值、最小值，理解它们的作用和实际意义. ②结合具体函数，了解奇偶性的概念和几何意义. （3）* 函数的形成与发展. 收集、阅读函数的形成与发展的历史资料，撰写小论文，论述函数发展的过程、重要结果、主要人物、关键事件及其对人类文明的贡献	①通过丰富实例，进一步体会函数是描述变量之间的依赖关系的重要数学模型，在此基础上学习用集合与对应的语言来刻画函数，体会对应关系在刻画函数概念中的作用；了解构成函数的要素，会求一些简单函数的定义域和值域；了解映射的概念. ②在实际情境中，会根据不同的需要选择恰当的方法（如图象法、列表法、解析法）表示函数. ③通过具体实例，了解简单的分段函数，并能简单应用. ④通过已学过的函数特别是二次函数，理解函数的单调性、最大（小）值及其几何意义；结合具体函数，了解奇偶性的含义. ⑤学会运用函数图象理解和研究函数的性质

（续表）

内容	2020 年课程标准	2003 年课程标准
函数		
幂函数、指数函数、对数函数	（1）幂函数. 通过具体实例，结合 $y=x$，$y=\frac{1}{x}$，$y=x^2$，$y=\sqrt{x}$，$y=x^3$ 的图象，理解它们的变化规律，了解幂函数. （2）指数函数. ①通过对有理数指数幂 $a^{\frac{m}{n}}$（$a>0$，且 $a\neq1$；m，n 为整数，且 $n>0$）、实数指数幂 a^x（$a>0$，且 $a\neq1$；$x\in\mathbf{R}$）含义的认识，了解指数幂的拓展过程，掌握指数幂的运算性质. ②通过具体实例，了解指数函数的实际意义，理解指数函数的概念. ③能用描点法或借助计算工具画出具体指数函数的图象，探索并理解指数函数的单调性与特殊点. （3）对数函数. ①理解对数的概念和运算性质，知道用换底公式能将一般对数转化成自然对数或常用对数. ②通过具体实例，了解对数函数的概念. 能用描点法或借助计算工具画出具体对数函数的图象，探索并了解对数函数的单调性与特殊点. ③知道对数函数 $y=\log_a x$ 与指数函数 $y=a^x$ 互为反函数（$a>0$，且 $a\neq1$）. ④* 收集、阅读对数概念的形成与发展的历史资料，撰写小论文，论述对数发明的过程以及对数对简化运算的作用	（1）指数函数. ①通过具体实例（如细胞的分裂、考古中所用的碳 14 的衰减、药物在人体内残留量的变化等），了解指数函数模型的实际背景. ②理解指数函数的概念和意义，能借助计算器或计算机画出具体指数函数的图象，探索并理解指数函数的单调性与特殊点. ③在解决简单实际问题的过程中，体会指数函数是一类重要的函数模型. （2）对数函数. ①理解对数的概念及其运算性质，知道用换底公式能将一般对数转化成自然对数或常用对数；通过阅读材料，了解对数的发现历史以及对简化运算的作用. ②通过具体实例，直观了解对数函数模型所刻画的数量关系，初步理解对数函数的概念，体会对数函数是一类重要的函数模型；能借助计算器或计算机画出具体对数函数的图象，探索并了解对数函数的单调性与特殊点. ③知道指数函数 $y=a^x$ 与对数函数 $y=\log_a x$ 互为反函数（$a>0$，且 $a\neq1$）. （3）幂函数. 通过实例，了解幂函数的概念；结合函数 $y=x$，$y=x^2$，$y=x^3$，$y=\frac{1}{x}$，$y=x^{\frac{1}{2}}$ 的图象，了解它们的变化情况
函数应用	（1）二分法与求方程近似解. ①结合学过的函数图象，了解函数的零点与方程的根的联系. ②结合具体连续函数及其图象的特点，了解函数零点存在定理，探索用二分法求方程近似解的思路并会画程序框图，能借助计算工具用二分法求方程近似解，了解用二分法求方程近似解具有一般性.	（1）函数与方程. ①结合二次函数的图象，判断一元二次方程根的存在性及根的个数，从而了解函数的零点与方程根的联系. ②根据具体函数的图象，能够借助计算器用二分法求相应方程的近似解，了解这种方法是求方程近似解的常用方法.

（续表）

内容	2020年课程标准	2003年课程标准
函数		
函数应用	（2）函数与数学模型. ①理解函数模型是描述客观世界中变量关系和规律的重要数学语言和工具. 在实际情境中，会选择合适的函数类型刻画现实问题的变化规律. ②结合现实情境中的具体问题，利用计算工具，比较对数函数、一元一次函数、指数函数增长速度的差异，理解“对数增长”“直线上升”“指数爆炸”等术语的显示含义. ③收集、阅读一些现实生活、生产实际或经济领域中的数学模型，体会人们是如何借助函数刻画实际问题的，感悟数学模型中参数的现实意义	（2）函数模型及其应用. ①利用计算工具，比较指数函数、对数函数以及幂函数增长差异，结合实例体会直线上升、指数爆炸、对数增长等不同函数类型增长的含义. ②收集一些社会生活中普遍使用的函数模型（指数函数、对数函数、幂函数、分段函数）的实例，了解函数模型的广泛应用
一元函数导数及其应用		
导数概念及其意义	①通过实例分析，经历由平均变化率过渡到瞬时变化率的过程，了解导数概念的实际背景，知道导数是关于瞬时变化率的数学表达，体会导数的内涵与思想. ②体会极限思想. ③通过函数图象直观理解导数的几何意义	①通过对大量实例的分析，经历由平均变化率过渡到瞬时变化率的过程，了解导数概念的实际背景，知道瞬时变化率就是导数，体会导数的思想及其内涵. ②通过函数图象直观地理解导数的几何意义
导数的运算	①能根据导数的定义求函数 $y=c$，$y=x$，$y=x^2$，$y=x^3$，$y=\frac{1}{x}$，$y=\sqrt{x}$的导数. ②能利用给出的基本初等函数的导数公式和导数的四则运算法则，求简单函数的导数. 能求简单的复合函数［限于形如$f(ax+b)$］的导数. ③会使用导数公式表	①能根据导数定义求函数 $y=c$，$y=x$，$y=x^2$，$y=\frac{1}{x}$，$y=\sqrt{x}$的导数. ②能利用给出的基本初等函数的导数公式和导数的四则运算法则求简单函数的导数，能求简单的复合函数［仅限于形如$f(ax+b)$］的导数. ③会使用导数公式表
导数在研究函数中的应用	①结合实例，借助几何直观了解函数的单调性与导数的关系；能利用导数研究函数的单调性；对于多项式函数，能求不超过三次的多项式函数的单调区间. ②借助函数的图象，了解函数在某点取得极值的必要条件和充分条件；能利用导数求某些函数的极大值、极小值以及在给定闭区间上不超过三次的多项式函数的最大值、最小值；体会导数与单调性、极值、最大（小）值的关系	①结合实例，借助几何直观探索并了解函数的单调性与导数的关系；能利用导数研究函数的单调性，会求不超过三次的多项式函数的单调区间. ②结合函数的图象，了解函数在某点取得极值的必要条件和充分条件；会利用导数求不超过三次的多项式函数的极大值、极小值，以及闭区间上不超过三次的多项式函数的最大值、最小值；体会导数方法在研究函数性质中的一般性和有效性

（续表）

内容	2020 年课程标准	2003 年课程标准
一元函数导数及其应用		
生活中的优化问题		例如，通过使利润最大、用料最省、效率最高等优化问题，体会导数在解决实际问题中的作用
微积分的创立与发展	收集、阅读对微积分的创立和发展起重大作用的有关资料，包括一些重要历史任务（牛顿、莱布尼茨、柯西、魏尔斯特拉斯等）和事件，采取独立完成或者小组合作的方式，完成一篇有关微积分创立与发展的研究报告	收集有关微积分创立的时代背景和有关人物的资料，并进行交流；体会微积分的建立在人类文化发展中的意义和价值

总的来说，函数和导数贯穿了整个高中数学课程，是每年高考的重点内容. 新课标在教学大纲的基础上进行调整和完善，将函数和导数内容细化，并对教学活动提出了全新的要求.

不同之处：

①函数与导数模块删除了定积分与微积分基本定理，增加了极限思想.

②新课标更加注重创新性，表现在以下几个方面：一是教学内容；二是教学模式；三是教学环境. 因此，教师要更加重视课外延伸，帮助学生养成良好的学习习惯.

（二）新旧教材对比研究

1. 2019 人教 A 版与 2004 人教 A 版教材对比研究

（1）章节编排对比.

表 6-2　2019 人教 A 版与 2004 人教 A 版教材章节编排对比

必修部分		
内容	函数与导数	
教材版本	2019 人教 A 版	2004 人教 A 版
	必修第一册	必修第一册
章节编排	第二章　一元二次函数、方程和不等式 2.3 二次函数与一元二次方程、不等式 第三章　函数的概念与性质 3.1 函数的概念及其表示 3.2 函数的基本性质 3.3 幂函数 3.4 函数的应用（一）	第一章　集合与函数概念 1.2 函数及其表示 1.3 函数的基本性质 第二章　基本初等函数（Ⅰ） 2.1 指数函数 2.2 对数函数 2.3 幂函数

（续表）

必修部分		
内容	函数与导数	
教材版本	2019 人教 A 版	2004 人教 A 版
	必修第一册	必修第一册
章节编排	第四章　指数函数与对数函数 4.1 指数 4.2 指数函数 4.3 对数 4.4 对数函数 4.5 函数的应用（二）	第三章　函数的应用 3.1 函数与方程 3.2 函数模型及其应用
选修部分		
教材版本	2019 人教 A 版	2004 人教 A 版
	选择性必修二	选修 2－2
章节编排	第五章　一元函数的导数及其应用 5.1 导数的概念及其意义 5.2 导数的运算 5.3 导数在研究函数中的应用	第一章　导数及其应用 1.1 变化率与导数 1.2 导数的计算 1.3 导数在研究函数中的应用 1.4 生活中的优化问题举例 1.5 定积分的概念 1.6 微积分基本定理 1.7 定积分的简单应用

从整体看，2019 人教 A 版有较大程度的改动。新教材中“幂函数”位置前移，位于三类函数之首，旨在以学生初中所学函数为基础，更好地过渡衔接，通过学习并类比得出探究函数的一般步骤，更加锻炼学生类比归纳、总结应用的能力。

同时，新教材将“函数的应用”分为两部分，在幂函数后展开“函数的应用（一）”的学习，在指数、对数函数后展开“函数的应用（二）”的学习。这样的结构编排能让学生更好地体会到具体函数在实际问题情境中的运用，对学生应用函数解决问题、深入理解函数的作用等方面均起到促进作用。

2019 人教 A 版教材在选择性必修中将章节标题改为“一元函数的导数及其应用”，突出只研究一元函数，删除了“定积分及微积分的基本定理”相关部分，浓缩为三节内容，并将 2004 人教 A 版教材中的 1.3、1.4 节整合为“5.3 导数在研究函数中的应用”.

（2）情境引入方式对比.

表 6-3 2019 人教 A 版与 2004 人教 A 版教材情景引入方式对比

必修部分		
教材版本	2019 人教 A 版	2004 人教 A 版
函数的概念	节前语明确了函数可以作为一种刻画变量之间关系的数学模型和工具，并以“判断两个函数是否相同”为引子，启发学生思考，由此引出函数概念. 利用高铁运行、工资报酬、空气质量指数、城镇居民恩格尔系数变化状况等与生活有关的实例，抽象出函数的概念	基于学生在初中学过的函数概念，引导学生对具体的实例进行分析、归纳，最后抽象出高中的函数的概念. 旧教材直接从三个实例出发，即炮弹飞行高度、臭氧层空洞面积、城镇居民恩格尔系数变化情况，引导学生思考，让学生找出上述三个实例中的变量之间关系的共同特征，从而引出函数的概念
选修部分		
导数的概念	在引言中讲述了微积分的应用和历史，而导数是微积分的核心内容之一，突出了学习导数的必要性，激发学生学习兴趣和主动性. 接着由“对数增长”速度越来越慢，“指数爆炸”增长速度远超直线增长，引出能否精确定量地刻画变化速度的快慢的问题. 最后由高台跳水运动员的速度变化这一物理问题，以及几何图形的切线问题抛出平均变化率和瞬时变化率的概念，进而引出导数的概念	节前语直接提及变化率，先由“气球膨胀率”和“高台跳水”的问题得到平均变化率，再通过提问如何求高台跳水运动员的瞬时速度，由表格的形式引出瞬时变化率，在介绍了极限概念的基础上引入导数概念

（3）例习题比较.

表 6-4 2019 人教 A 版相比 2004 人教 A 版教材例习题变化

习题类型	例题	练习题	习题
作用	数学思维的示范引领	巩固知识、示范教学	深化理解、拓展知识、学业评价
变化	保留原有例题 56 道 新增 34 道 删减 22 道 新版教材例题相比于旧版教材，与学生的日常生活联系更加紧密，考查的知识点也涉及跨学科	保留原有练习题 69 道 新增 85 道 删减 40 道 新版教材练习题更加注重题目的进阶、分层、综合，更有利于学生综合素质的培养	保留原有习题 135 道 新增 139 道 删减 63 道 原先的 A、B 组变为复习巩固、综合运用、拓广探索三部分，另外在保留原有习题的基础上，完善数据选取以及提问方式，有助于学生更好地求解题目

从数量上看，2019 人教 A 版教材共保留原有习题 135 道，删除部分重复、烦琐、过难、超标的题目 63 道，新增 139 道，有效地提高了例习题的针对性与有效性，例习题编排更加科学、准确，针对性强.

表 6-5 2019 人教 A 版与 2004 人教 A 版教材各类习题数量对比

单位：道

项目	选择题	填空题	简答题	计算题	证明题	探究题	作图题	总计
2019 人教 A 版	13	7	176	58	19	11	13	297
2004 人教 A 版	9	3	167	67	12	9	19	286

在函数与导数板块中，2019 人教 A 版教材例题、习题在“探究、背景、推理与知识含量”四方面要求是明显高于教材的。同时，2019 人教 A 版教材在“运算水平”方面较为突出，说明在必修函数内容中计算题数量较多，对学生能力的要求较高. 习题的编撰更加注重对学生探究能力与知识综合的逻辑推理、数据分析与解决能力的培养.

2. 2019 人教 A 版与 2019 北师大版教材对比研究

（1）章节编排对比.

表 6-6 2019 人教 A 版与 2019 北师大版教材章节编排对比

必修部分		
内容	函数与导数	
教材版本	2019 人教 A 版	2019 北师大版
	必修第一册	必修第一册
章节编排	第二章 一元二次函数、方程和不等式 2.3 二次函数与一元二次方程、不等式 第三章 函数的概念与性质 3.1 函数的概念及其表示 3.2 函数的基本性质 3.3 幂函数 3.4 函数的应用（一） 第四章 指数函数与对数函数 4.1 指数 4.2 指数函数 4.3 对数 4.4 对数函数 4.5 函数的应用（二）	第一章 预备知识 1.4 一元二次函数与一元二次不等式 第二章 函数 2.1 生活中的变量关系 2.2 函数 2.3 函数的单调性和最值 2.4 函数的奇偶性与简单的幂函数 第三章 指数运算与指数函数 3.1 指数幂的拓展 3.2 指数幂的运算性质 3.3 指数函数 第四章 对数运算与对数函数 4.1 对数的概念 4.2 对数的运算 4.3 对数函数 4.4 指数函数、幂函数、对数函数增长的比较 4.5 信息技术支持的函数研究 第五章 函数应用 5.1 方程解的存在性及方程的近似解 5.2 实际问题中的函数模型

（续表）

选修部分		
教材版本	2019 人教 A 版	2019 北师大版
	选择性必修二	选修第二册
章节编排	第五章　一元函数的导数及其应用 5.1 导数的概念及其意义 5.2 导数的运算 5.3 导数在研究函数中的应用	第二章　导数及其应用 2.1 平均变化率与瞬时变化率 2.2 导数的概念及其几何意义 2.3 导数的计算 2.4 导数的四则运算法则 2.5 简单复合函数的求导法则 2.6 用导数研究函数的性质 2.7 导数的应用 2.8 数学探究活动（二）：探究函数性质

2019 北师大版教材设置了“生活中的变量关系”一节，让学生初步感受函数与生活的联系，而 2019 人教 A 版教材则是直接介绍函数的概念，同时在此章节设置了“函数的应用（一）”一节；相同的是两个版本的教材都将幂函数前置.

在编排上，人教版教材开门见山，直接介绍导数的概念及其意义；北师大版教材以“平均变化率与瞬时变化率”作为引入. 另外，北师大版教材还增加了一个数学探究活动，探究函数的性质.

（2）情境引入方式对比.

表 6–7　2019 人教 A 版与 2019 北师大版教材情境引入方式对比

必修部分		
	2019 人教 A 版	2019 北师大版
函数的概念	节前语明确了函数可以作为一种刻画变量之间关系的数学模型和工具，并以“判断两个函数是否相同”为引子，启发学生思考，由此引出函数概念. 利用高铁运行、工资报酬、空气质量指数、城镇居民恩格尔系数变化状况等与生活有关的实例，抽象出函数的概念	先通过加油站储油桶中储油量与储油宽度和高度的关系、高铁运营里程变化、弹簧、气压、绿化、电费等 6 个例子，让学生感知生活中的几对常见的变量. 再通过学生初中学过的一次函数、反比例函数、二次函数，让学生回忆函数的基本特征——对于每一个 x 的取值，都有唯一确定的值与之对应. 最后再结合上一章学过的集合语言，引出函数的集合定义

（续表）

选修部分		
导数的概念	在引言中讲述了微积分的应用和历史，而导数是微积分的核心内容之一，突出了学习导数的必要性，激发学生的学习兴趣和主动性. 接着由“对数增长”速度越来越慢，“指数爆炸”增长速度远超直线增长，引出能否精确定量地刻画变化速度的快慢的问题. 最后由高台跳水运动员的速度变化这一物理问题，以及几何图形的切线问题抛出平均变化率和瞬时变化率的概念，进而引出导数的概念	引言中以实际生活中战斗机飞行速度、降雨强度等变量，让学生感知瞬时变化量，并指出其实为导数的原型. 在学习平均变化率与瞬时变化率一节后，由瞬时变化率自然地引出导数概念

2019 人教 A 版教材引入了数学史，激发学生兴趣，并结合学生刚学过的指对数函数增减速度、物理中运动速度变化率、几何图形中切线等与导数有关的、具体可视化的例子引出导数概念，让学生接受起来更加容易；2019 北师大版教材则使用贴近生活的一些例子，如降雨强度，让学生结合生活实际去理解导数的概念.

（3）例习题比较.

在函数与导数板块，2019 人教 A 版的习题数量大于 2019 北师大版，但 2019 北师大版每课时的习题数量大于 2019 人教 A 版。在综合难度方面，2019 人教 A 版习题的综合难度大于 2019 北师大版，习题注重贴合学生的日常生活，而 2019 北师大版创设纯数学知识背景的习题占比更高，注重对例题进行一定模仿的同时掌握和巩固数学知识。在学科核心素养方面，2019 人教 A 版在直观想象和数学建模上占比高于 2019 北师大版，2019 北师大版在数学运算和数学抽象素养上占比高于 2019 人教 A 版. ①

3. 2019 人教 A 版与 2019 湘教版教材对比研究

（1）章节编排对比.

① 洪梦. 高中数学必修教科书习题比较研究［D］. 天津：天津师范大学，2021.

表 6-8 2019 人教 A 版与 2019 湘教版教材章节编排对比

必修部分		
内容	函数与导数	
教材版本	2019 人教 A 版	2019 湘教版
	必修第一册	必修第一册
章节编排	第二章 一元二次函数、方程和不等式 2.3 二次函数与一元二次方程、不等式 第三章 函数的概念与性质 3.1 函数的概念及其表示 3.2 函数的基本性质 3.3 幂函数 3.4 函数的应用（一） 第四章 指数函数与对数函数 4.1 指数 4.2 指数函数 4.3 对数 4.4 对数函数 4.5 函数的应用（二）	第二章 一元二次函数、方程和不等式 2.2 从函数观点看一元二次方程 第三章 函数的概念与性质 3.1 函数 3.2 函数的基本性质 第四章 幂函数、指数函数和对数函数 4.1 实数指数幂和幂函数 4.2 指数函数 4.3 对数函数 4.4 函数与方程 4.5 函数模型及其应用
选修部分		
教材版本	2019 人教 A 版	2019 湘教版
	选择性必修二	选修第二册
章节编排	第五章 一元函数的导数及其应用 5.1 导数的概念及其意义 5.2 导数的运算 5.3 导数在研究函数中的应用	第一章 导数及其应用 1.1 导数概念及其意义 1.2 导数的运算 1.3 导数在研究函数中的应用

（2）情境引入方式对比.

表 6-9 2019 人教 A 版与 2019 湘教版教材情境引入方式对比

必修部分		
教材版本	2019 人教 A 版	2019 湘教版
函数的概念	节前语明确了函数可以作为一种刻画变量之间关系的数学模型和工具，并以“判断两个函数是否相同”为引子，启发学生思考，由此引出函数概念. 利用高铁运行、工资报酬、空气质量指数、城镇居民恩格尔系数变化状况等与生活有关的实例，抽象出函数的概念	教材先回顾了初中课程中的函数概念，联系有关函数的术语如自变量等等，再给出几个典型的变量与变量之间的确定性对应关系，但着重强调了自变量和因变量的取值范围，自然地对比初中的函数概念，“变量的每一个值”“一个变化过程”，将这些字眼放到具体实例中去体会，从而抽象出高中阶段的函数概念

（续表）

选修部分		
导数的概念	在引言中讲述了微积分的应用和历史，而导数是微积分的核心内容之一，突出了学习导数的必要性，激发学生学习兴趣和主动性. 接着由“对数增长”速度越来越慢，“指数爆炸”增长速度远超直线增长，引出能否精确定量地刻画变化速度的快慢的问题. 最后由高台跳水运动员的速度变化这一物理问题，以及几何图形的切线问题抛出平均变化率和瞬时变化率的概念，进而引出导数的概念	引言讲述了微积分的应用和历史，指出导数是微积分的核心内容之一，突出了学习导数的必要性，激发了学生学习兴趣和主动性. 引入导数这一概念时采用一系列实例，从函数的平均变化率到瞬时变化率，最后得出瞬时变化率就是导数这一结论

两个版本的教材在情境引入方面皆立足于学生已有的学习经验，引入实例皆来源于生活，加强了数学与生活及生产实践的联系，让学生感受到数学是解决实际问题的工具.

人教版教材在概念的引入上注重通过提出更具数学性的问题来引导学生思考，在案例的选择上更能够体现出时代性，问题情境与学生的生活场景更贴近，激发学生学习数学的兴趣，体会到学习数学的意义. 而湘教版是从初中的函数概念入手，对其中的一些字眼进行具体的剖析，衔接上前面章节学习的集合的知识，更加注重知识的系统性、逻辑性和前后的关联性.

（3）例习题比较.

在例习题设置方面，湘教版教材涉及的知识点更广，主要体现在映射、有理数幂的基本不等式、幂运算的基本不等式的推论等等，人教 A 版教材对这些知识点没有单独进行讲解，但是在教材中的例题有所体现. 可以看出，湘教版教材安排更细致、更注重对基础知识的补充，人教 A 版教材更注重对重点知识的编排. ①

（三）文献综述

1. 关于函数与导数教学策略的研究现状

（1）新授课单元教学策略.

① 李文琳. 高中数学新教材中函数部分的比较研究［D］. 桂林：广西师范大学，2022.

表 6-10　关于新授课单元教学策略的主要观点

年份	作者	主要观点
2020	徐秀英	函数与导数所涉及的思想方法包括待定系数法、代入法、反证法、换元法，以及数形结合、转化与化归等最基本的思想，教师应该据此制订相应的教学策略，让学生了解导数的意义．一方面解题过程中要更好地帮助学生了解、熟悉、掌握导数的基本理论和意义，使得学生能够活用这些数学思想，强化他们的实际应用能力；另一方面，培养学生的多向思维，加强函数与导数的训练，可以使教学事半功倍
2020	朱雄周	通过对高考中函数与导数中的考查重点进行分析，提出五点教学建议：①明确导数概念生成过程；②让学生明确导数的作用，注重基础知识的积累；③指导学生用建模思想解决问题，提高他们解决实际问题的能力；④培养学生变式思维的能力；⑤注重函数单调性的判断和曲线切线问题的解决
2021	闫二路、何百惠	以 2021 年全国新高考 I 卷压轴题为例，指出教师在教学过程中首先要明确函数与导数的核心是函数，研究函数性质是主线，确定研究函数的思维方法是重点；其次要明确导数是研究函数性质的工具，利用导数的定量、定性研究突显运算的作用，最终回归问题的本质——函数的性质
2021	徐惠、周龙虎	从新结构、新情境、新方法以及新认识四个层面对近三年的全国卷和不分文理科的 2020 新高考卷（即山东卷）进行分析，提出函数的教学策略：①注重数学基本活动经验的积累与提升，可以选用开放性或主题式教学模式，促进学生积累丰富的数学基本活动经验，实现个人经验的内化与再构；②强调核心数学思想方法的引领作用，立足于函数的图象和性质的基础知识层面，着眼于数形关系的把握及代数运算的优化，致力于培养学生的识图用图能力、逻辑推理能力及运算求解能力
2022	江海华、吴琳琳	从精致化教学的角度，讨论高中导数教学中无穷小量与函数连续、导数概念、原函数与导函数的关系、函数极值、二阶导数等多个关键概念的教学处理．指出在导数概念的教学反思方面，在运用数学思想方法产生解决问题策略的“关节点”上要精致，在数学知识之间的“联结点”上要精致
2022	杨红利	分析了函数与导数教学中存在的问题，指出函数教学的难点包括辐射面广、表现形式多种多样；导数教学的难点包括内容相对抽象、知识点难易程度跨度太大．提出教学的策略包括：理清方法与思想之间的关系，引入可视化变式教学，重视过程教学，通过特色习题加深对抽象概念的理解．提出了函数逻辑推理教学法：正确逻辑法、选位切入法、关注定义域法．提出了导数逻辑推理教学法：数形结合法、存疑法

资料来源：

① 徐秀英．高考函数与导数解答题的研究与思考［J］．科技资讯，2020，18（18）：100＋102．

② 朱雄周．高中数学函数与导数教学策略研究与思考［J］．试题与研究，2020（32）：86－87．

③ 闫二路，何百惠．函数与导数问题的本质：以 2021 年全国新高考 I 卷压轴题为例［J］．中学数学教学，2021（6）：68－71．

④ 徐惠，周龙虎．以“函数与导数”为例谈谈新高考数学命题及教学策略［J］．中学数学，2021（7）：12－16.

⑤ 江海华，吴琳琳．数学概念的精致化教学：谈高中导数教学的几点思考［J］．中学数学月刊，2022（3）：28－32.

⑥ 杨红利．高中数学函数与导数教学中培养学生逻辑推理素养的实践研究［J］．数理化解题研究，2022（3）：35－37.

（2）复习课教学策略.

表 6－11　关于复习课教学策略的主要观点

年份	作者	主要观点
2019	赵如国	在高三复习时，一是要强化学生的认识，提升他们对复习的关注度．具体地讲，学生在复习时要注意以下几个方面的问题：①重视函数的图象和基本性质；②重视函数、方程、不等式等内容相互整合的综合性问题，引导学生通过化归思想、数形结合思想、分类讨论思想等对其进行分析和处理；③重视实际性问题的处理，引导学生充分利用建模思维，从实际问题情境中提炼出数学模型．二是灵活运用各项工具，强化学生对基本概念和性质的理解，教师要指导学生以数形结合思想为基础，深刻把握函数及图象的关系．三是引导学生积极认识导数，明确其在函数问题中的重要作用．四是要结合实际场景，引导学生结合建模思维复习函数与导数．总之，教师要引导学生站在全局的高度，审视高中数学的知识框架和方法特点，有效指导他们完成函数与导数的复习
2020	郭慧敏、苏洪雨	通过对 2020 年高考全国Ⅰ卷中的函数与导数题型进行分析，归纳出函数与导数客观题的类型有函数应用、指对数函数、函数的切线方程，并总结出函数与导数的教学策略：①认真研究新课标，聚焦关注点，准确把握改革的方向；②注重基础知识和基本方法的教学，提升学生的信心；③重视培养学生灵活的数学思维和数学运算能力；④教师要站在高观点的角度进行教学．除此之外，还需要夯实学生的数学阅读能力，助力提升数学建模能力，特别是要提高包括文科生在内的全体学生的能力，这是课程和高考改革中中学数学教学的当务之急
2020	高用	通过对 2020 年高考全国卷压轴题的解法进行分析，认为教师在解题教学中要提高学生解决问题的能力，主要要从学生的猜想能力、化归能力、运算能力和反思能力四个方面进行培养
2022	余树宝、肖婧钰	通过对 2021 年高考全国乙卷导数题的探究剖析得到教学建议：注重概念教学，注重变式训练，注重融会贯通

资料来源：

① 赵如国．浅析函数与导数的高三复习策略［J］．中学数学，2019（23）：24－25.

② 郭慧敏，苏洪雨．2020 年高考全国Ⅰ卷函数及导数试题分析及备考建议［J］．中学数学研究（华南师范大学版），2020（17）：39－43＋9.

③ 高用．2020 年高考全国卷导数压轴题解法分析及复习建议［J］．数学通讯，2020（21）：35－39.

④ 余树宝，肖婧钰．注重回归课本加强融会贯通：2021 年高考全国乙卷导数题的探究剖析与教学思考［J］．中学教研（数学），2022（3）：41－44.

通过知网搜索关键词，发现有关函数与导数的解题研究相对较多，对教学的研究相对较少，同时大多数还是对于某一道或某一类函数题目进行一题多解，对现实的教学帮助不大. 基于上述的研究，我们可以发现，对于函数与导数问题的教学策略主要可以归纳为以下几点：一是注重基本概念和知识的讲解；二是研读教材和新课标，在教学中渗透数学思想，培养学生的核心素养和思维能力.

2. **关于函数与导数解题策略的研究现状**

表 6–12　关于函数与导数解题策略的主要观点

年份	作者	主要观点
2016	高慧明	通过对函数与导数的综合应用命题规律的分析，指出对于利用导数研究不等式问题的主要求解策略：①构造新函数，利用导数研究函数的单调性，求出最值，从而求出参数的取值范围；②利用可分离变量，构造新函数，直接把问题转化为函数的最值问题；③根据恒成立求解参数值或取值范围时，一般涉及分离参数法
2021	黄厚忠、陈桂明	分析了2021年高考函数与导数命题方向，认为针对比较函数大小的问题可以采用特殊值法、比较法、构造函数法、图象法、基本不等式法，总的来说就是“巧构造、比大小”. 针对不等式的证明要“巧转化，证不等”，把不等式的证明问题转化为函数问题，借助导数研究函数的单调性或最值，从而证明不等式. 针对函数的零点问题，则采取“巧取点，定零点”的方式：对于选择题或填空题，可以采用数形结合的方法来求解，突出“形”的作用；对于解答题，尤其是证明题，更注重“数”的推理，需要用零点存在性定理证明函数的零点情况，其中区间中的“点”如何取是关键
2021	张斌	分析了近几年高考题的出题方向的变化发现，函数和导数相结合作为一个出题点的频率越来越高，将函数与导数结合起来出的题目既考查了学生的导数思想和思维方式，也考查了函数的各个性质如单调性、周期性、奇偶性等，提出解题的关键分为以下几种：①与函数图象的切线有关；②与函数不等式的解集有关；③与函数的极值有关. 学生要积累不同的题型，如利用导数求函数曲线的切线、函数的单调性、函数的极值与最值、函数的零点，以及利用函数的导数构造新函数进一步求解不等式等一些综合类题型. 同时指出数形结合思想是解决函数与导数问题的常用方法，分类讨论思想是在解决函数与导数问题时最常见的思想，因此平常要善于总结和归纳
2022	张露梅	指出可以巧妙构造函数，合理运用导数来解决相关问题. 可以由“导”寻“源”，妙解函数不等式，构造函数时往往从四方面着手：一是根据导函数的“形状”变换不等式“形状”；二是选择题中可以根据选项的共性构造恰当的函数；三是构造差函数，妙解不等式；四是巧妙分离，破解不等式恒成立来解决问题
2022	庞志雷	提出高考复习中函数与导数解题能力的培养分为以下四个方面：①培养特殊化思想，提高解题能力；②渗透转化与化归思想，提高解题能力；③加强数形结合的思想，提高解题能力；④培养导数的应用意识，提高解题能力

资料来源：

① 高慧明．集合、简易逻辑、函数与导数复习与备考［J］．广东教育（高中版），2016（9）：15－18.

② 黄厚忠，陈桂明．2021 年高考“函数与导数”专题命题分析［J］．中国数学教育（高中版），2021（7－8）：21－25.

③ 张斌．函数与导数相结合的解题策略［J］．数理化解题研究，2021（28）：52－53.

④ 张露梅．巧妙构造函数　合理运用导数［J］．中学生数理化（高二数学），2022（3）：22－24.

⑤ 庞志雷．略谈高考复习中函数与导数解题能力的培养［J］．中学数学，2022（3）：33－34.

通过知网搜索关键词，发现有关函数与导数的解题研究相对较多，但大多数还是对于某一道或某一类函数题目进行一题多解，对解题策略进行简略的分析和总结．基于上述的研究，我们可以发现，对于函数与导数问题的解题策略主要可以归结为以下几点：第一，注重学生的数学思想的培养；第二，注重结合实际，提高学生解决实际问题的能力；第三，注重培养学生的发散性思维.

3．关于函数与导数错误归因的研究现状

表 6-13　关于函数与导数错误归因的主要观点

类别	描述	教学建议
知识性错误	①导数的集合意义理解不完整，极值、极值点取得极值点时的点混淆不清，取得极值的条件不清楚； ②公式理解不深刻，运算性质记忆不牢，导函数及其图象的性质掌握不透彻	教师重视教学环节，及时把握住概念的本质，揭示概念的内涵和外延
逻辑性错误	①导数的最基本应用能力不足，导数的知识迁移能力差，与导数的应用相关的解题思想方法不熟悉； ②审题准确性差，做题不严谨	加强学生阅读理解能力，从宏观角度分析问题，打破思维定式；在平时教学中注重逻辑性错误的纠正过程
策略性错误	①在函数的具体应用中，选择了错误的解题方法或者即使所选取的解题方法正确，但是解答过程过于烦琐	强化学生对解题的理解，积累解题经验，学会将所学知识运用于解题中
心理性错误	①对导数的应用存在恐惧心理； ②在解题的过程中出现计算错误、粗心大意，以及在函数的应用中，由于题目的难度偏大或者题目较长，产生畏惧、放弃心理	引导学生形成良好的解题习惯，形成正确的解题思路

资料来源：

① 李明．高考导数试题分析及教学策略研究［D］．苏州：苏州大学，2016．
② 王佳丽．高中生函数解题错误及归因的研究［D］．漳州：闽南师范大学，2018．
③ 吴灵梅，唐录义．数学解题中常见的心理性失误案例剖析［J］．中学数学研究，2018（8）：11－14．

基于上述的研究，我们可以发现，关于函数与导数问题的错误归因可以归纳为以下几点：一是对函数与导数的概念了解不够透彻，基本功不够扎实；二是审题不清，不能理解题目的本质；三是对偏难的题目具有畏惧心理，不能坚持做下去；四是对新颖（新结构、新情境、新方法、新认识）的题目受时间、信心等非智力因素的干扰导致，没有尝试求解．教师要针对学生不同的错误选择正确的应对策略．

4．关于函数与导数命题方向的研究现状

表 6-14　关于函数与导数命题方向的研究现状

年份	作者	观点
2016	高慧明	通过对函数与导数的综合应用命题规律的分析，指出考查方向如下：生活中的最优化问题、利用导数解决不等式恒成立与探索性问题、利用导数解证不等式、利用导数研究零点或方程解问题
2018	曾辛金	对 2018 年全国一卷函数与导数试题进行评析，并分析了文理科一卷、二卷、三卷涉及的知识点，总结得出关于函数与导数的知识点常考常新的结论，一般为 3～4 道题，既有选择题和填空题，又有解答题，既有容易题，中档题，也有压轴的难题．小题主要考查函数的性质，函数值的计算，导数的基本概念，大题主要考查导数的几何意义，函数的零点问题，且常与不等式等知识融合在一起，对学生的数学思维要求较高，属于难题
2020	朱雄周	指出高中函数与导数考查范围包括函数的凹凸性问题、函数的拐点问题、函数的类对称性问题
2021	黄厚忠、陈桂明	对 2021 年全国卷函数与导数试题考查情况进行分析，得出试题特点如下：①与往年相比，2021 年高考函数与导数相关试题在题型、题量上基本保持稳定，选择题、填空题、解答题均有考查，一般按“三小一大”的规律分布；②函数与导数内容在每份试卷中所占的分数均在 22～27 分，比重较大，可见函数与导数内容在高中数学中不可忽视的重要地位；③2021 年高考全国卷中均有函数与导数试题作为压轴题，凸显了其区分度高、选拔性强的特点；④数学思想方法蕴含丰富，函数与方程、数形结合、分类讨论、转化与划归等数学思想方法紧密联系，突出对关键能力的考查

资料来源：

① 高慧明. 集合、简易逻辑、函数与导数复习与备考［J］. 广东教育（高中版），2016（9）：15－18.

② 曾辛金. 2018 年全国课标卷命题特点分析与备考建议［J］. 中学数学研究（华南师范大学版），2018（17）：53＋1－10.

③ 朱雄周. 高中数学函数与导数教学策略研究与思考［J］. 试题与研究，2020（32）：86－87.

④ 黄厚忠，陈桂明. 2021 年高考“函数与导数”专题命题分析［J］. 中国数学教育，2021（Z4）：21－25.

⑤ 教育部考试中心. 聚焦核心素养考查关键能力：2021 年高考数学全国卷试题评析［J］. 中国考试，2021（7）：70－76.

2021 年全国各地高考数学试卷在知识内容、思想方法、素养能力考查方面既保持一定的稳定性，又有变化创新. 其命题以课程标准为纲，以数学核心素养为出发点，试题发端于平常，源于教材，在平凡中见不凡，既精巧雅致又综合恢宏. 科学把握必备知识与关键能力的关系，稳中求新，平和中蕴含不平凡，全面体现基础性、综合性、应用性和创新性.

5. **关于函数与导数备考建议的现状**

表 6-15　关于函数与导数备考建议的主要观点

年份	作者	主要观点
2018	李晓波、方德兰	通过对 2018 年全国一卷中函数与导数试题进行评析，并分析了近三年全国卷“函数与导数”的命题特点，提出在高三备考中教师要回归课本，重视基本概念的教学，使学生学会用系统思维进行思考，在解题教学中要注重培养学生分析问题、解决问题的能力，避免题海战术，做到“讲一题，复习一片”的效果，同时要注重学生的计算能力和自主探究能力的培养
2020	高用	通过对 2020 年全国卷的几道导数压轴试题的分析指出，在复习备考时首先要重视基础，回归本质，凸显导数对研究函数问题的工具性作用；其次要深化思想，提升能力. 在重视知识、技能、方法的同时，要领悟数学的思想，经历用数学的思维分析、解决数学问题的过程
2021	王瑜、康碧芳	通过对 2020 年高考函数与导数试题的分析，提出以下备考建议：①以素养为导向，注重关键能力的培养；②提高理性思维，关注数学文化；③适应不分文理，决战新高考
2021	黄厚忠、陈桂明	在对 2021 年高考“函数与导数”专题命题进行分析后得到以下几点备考建议：①强“基”课堂不惜时，教师要舍得花时间在基础知识与基本方法的梳理上，帮助学生扫清知识的盲区，深刻理解知识的内涵；②提“能”课堂不惜时，要给学生提供充分的时间进行阅读、作图、计算，让作图成为学生的习惯，让运算能够进行到底，进而逐步提高学生解决问题的能力

资料来源：

① 李晓波，方德兰. 2018 年高考全国Ⅰ卷“函数与导数”试题分析与备考建议［J］. 中学数学研究（华南师范大学版），2018（17）：33－36.

② 高用. 2020 年高考全国卷导数压轴题解法分析及复习建议［J］. 数学通讯，2020（21）：35－39.

③ 王瑜，康碧芳. 2020 年高考“函数与导数”试题分析与备考建议［J］. 福建中学数学，2021（6）：1－3.

④ 黄厚忠，陈桂明. 2021 年高考“函数与导数”专题解题分析［J］. 中国数学教育（高中版），2021（7－8）：26－33.

通过在知网搜索关键词，发现有关函数与导数的备考策略几乎都是根据当年的高考真题总结出来的. 基于上述的研究，函数与导数板块的备考策略主要可以归纳为以下几点：一是回归课本，回归教材，注重基本知识的复习；二是注重一题多解，通性通法；三是梳理函数与导数的知识框架；四是注意数学思想方法的渗透.

二、知识逻辑图

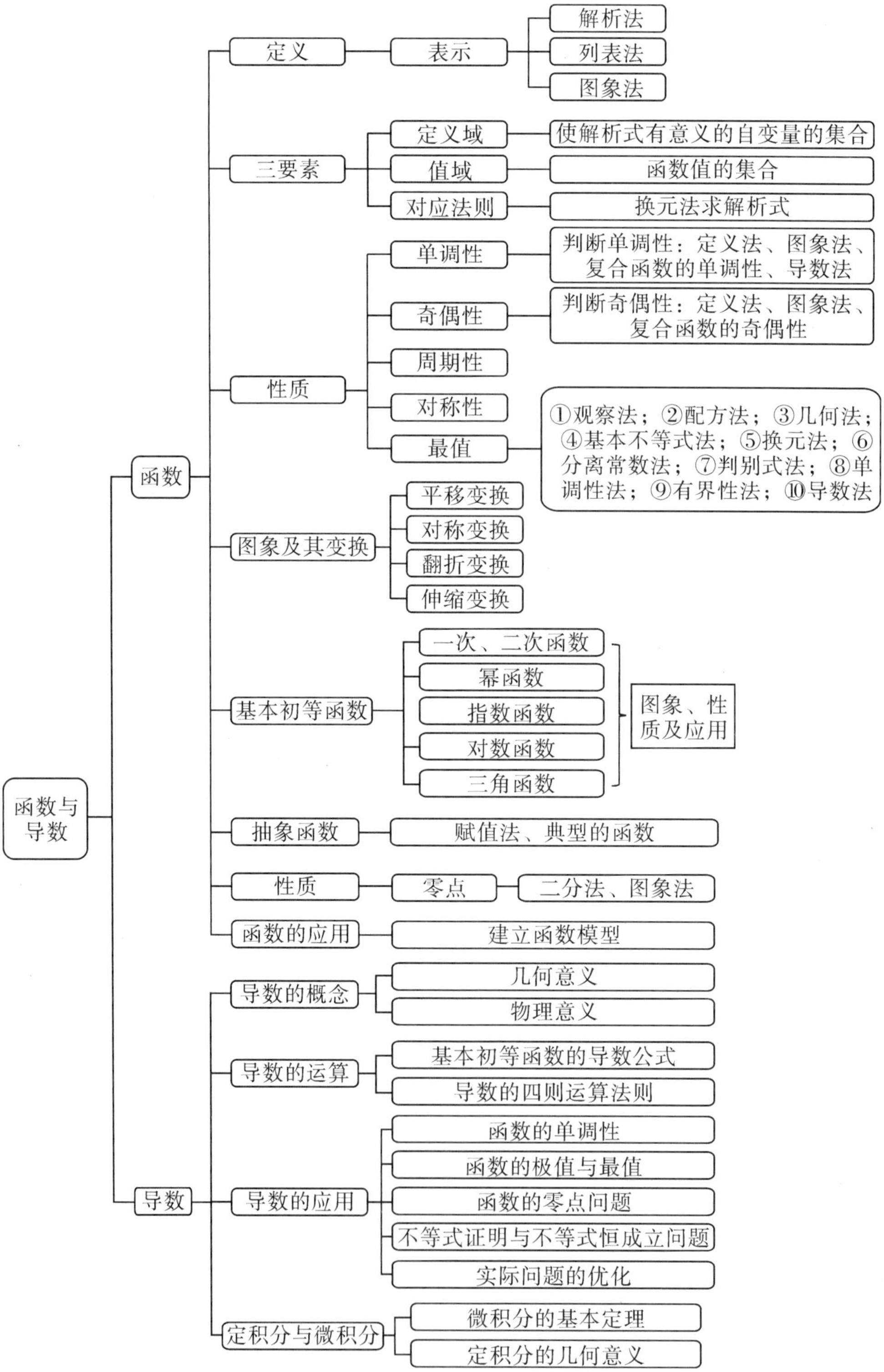

图 6-1　函数与导数板块知识逻辑图

三、典型例题

（一）常考题型

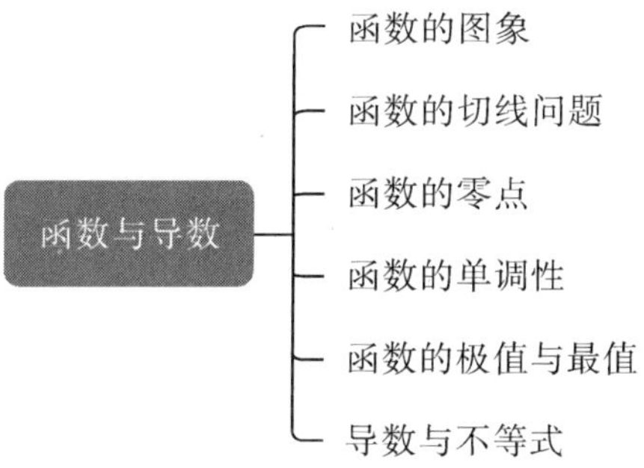

图 6－2　函数与导数常考题型

第一类　函数的图象

本类问题的常考知识点：

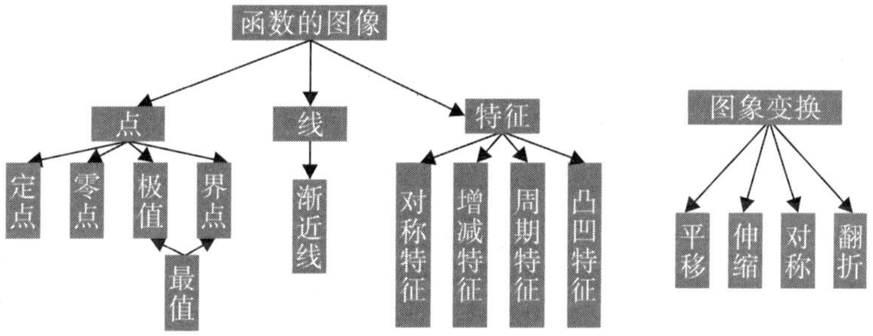

图 6－3　函数的图象常考知识点

（1）平移变换.

①函数 $y=f(x+a)(a>0)$ 的图象是把函数 $y=f(x)$ 的图象沿 x 轴向左平移 a 个单位得到的.

②函数 $y=f(x-a)(a>0)$ 的图象是把函数 $y=f(x)$ 的图象沿 x 轴向右平移 a 个单位得到的.

③函数 $y=f(x)+a(a>0)$ 的图象是把函数 $y=f(x)$ 的图象沿 y 轴向上平移 a 个单位得到的.

④函数 $y=f(x)-a(a>0)$ 的图象是把函数 $y=f(x)$ 的图象沿 y 轴向下平移 a 个单位得到的.

（2）伸缩变换.

①$y=Af(x)(A>0)$ 的图象，可将 $y=f(x)$ 的图象上的每一点的纵坐标伸长$(A>1)$或缩短$(0<A<1)$到原来的 A 倍得到.

②$y=f(\omega x)(\omega>0)$的图象，可将 $y=f(x)$的图象上的每一点的横坐标伸长$(0<\omega<1)$或缩短$(\omega>1)$到原来的$\frac{1}{\omega}$倍得到.

（3）对称变换.

①函数 $y=f(x)$与函数 $y=f(-x)$的图象关于 y 轴对称.

②函数 $y=f(x)$与函数 $y=-f(x)$的图象关于 x 轴对称.

③函数 $y=f(x)$与函数 $y=-f(-x)$的图象关于坐标原点对称.

④若函数 $y=f(x)$关于直线 $x=a$ 对称，则对定义域内任意的 x 都有$f(a-x)=f(a+x)$或$f(x)=f(2a-x)$.

⑤若函数 $y=f(x)$关于点(a,b)对称，则对定义域内任意的 x 都有$f(a-x)=2b-f(a+x)$或$f(x)=2b-f(2a-x)$.

（4）翻折变换.

①$y=|f(x)|$的图象是将 $y=f(x)$的图象保留 x 轴上方的部分不变，将 x 轴下方的部分关于 x 轴对称翻折上来得到的.

②$y=f(|x|)$的图象是将 $y=f(x)$的图象保留 y 轴右边的部分不变，将右边的图象关于 y 轴对称得到函数 $y=f(|x|)$左边的图象，即函数 $y=f(|x|)$是一个偶函数.

题型 1：知式选图

解题方法：排除法、特值法.

解题思路：利用$f(-x)$与$\pm f(x)$的关系，判断 $y=f(x)$的奇偶性，奇函数图象关于原点对称，偶函数图象关于 y 轴对称.

（1）求出一到三个特殊点的值（如零点、端点等）；

（2）对 $y=f(x)$求导，判断函数的单调性；

（3）判断 $x\to0$，$x\to\infty$的极限值（教师可对优秀学生讲解洛必达法则）.

注：一般借助函数的定义域、值域、渐近线、零点、极值点、特殊值点、单调性、对称性等排除错误选项，从而筛选出正确答案.

【例 1】 函数$f(x)=\dfrac{e^x-e^{-x}}{x^2}$的图象大致为（　　）.

A.
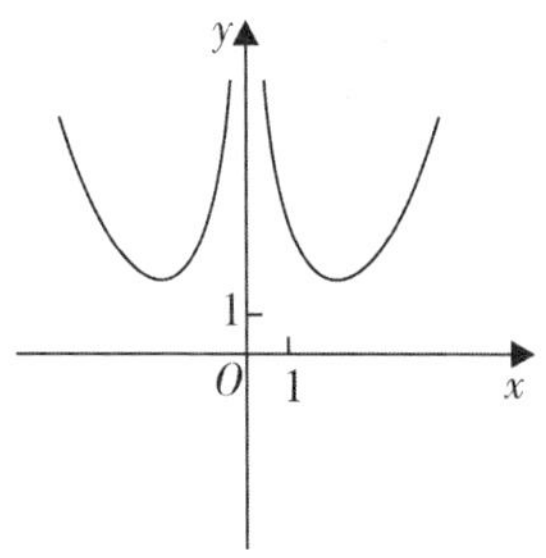

B.
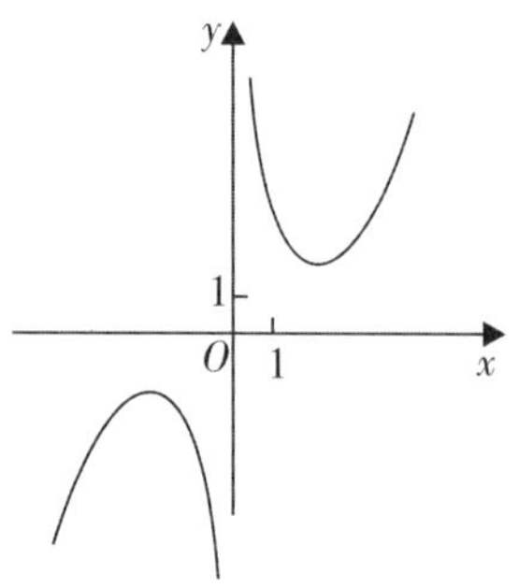

C. 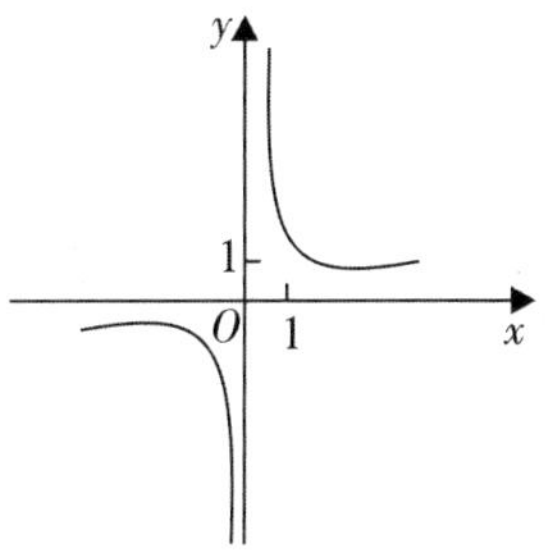

D. 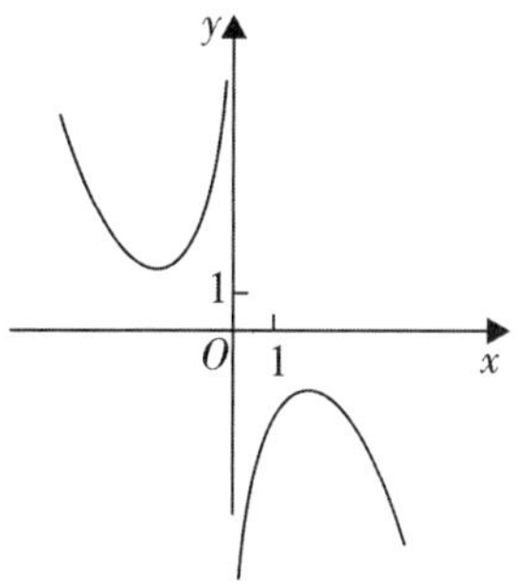

解析

由函数$f(-x)=\frac{e^{-x}-e^{x}}{(-x)^2}=-\frac{e^{x}-e^{-x}}{x^2}=-f(x)$知函数$f(x)$为奇函数，图象关于原点对称，排除A项；当$x=1$时，$f(1)=e-\frac{1}{e}>0$，排除D项；当$x\to+\infty$时，$f(x)\to+\infty$，排除C项. 故选B.

【例2】（2022全国高考甲卷·理科）函数$y=(3^x-3^{-x})\cos x$在区间$\left[-\frac{\pi}{2},\frac{\pi}{2}\right]$的图象大致为（　　）.

A. 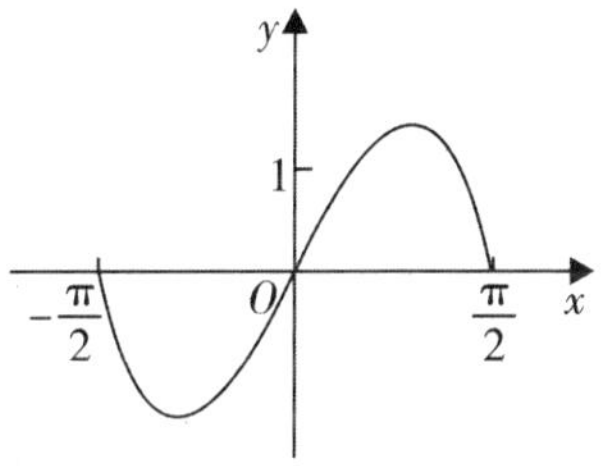

B. 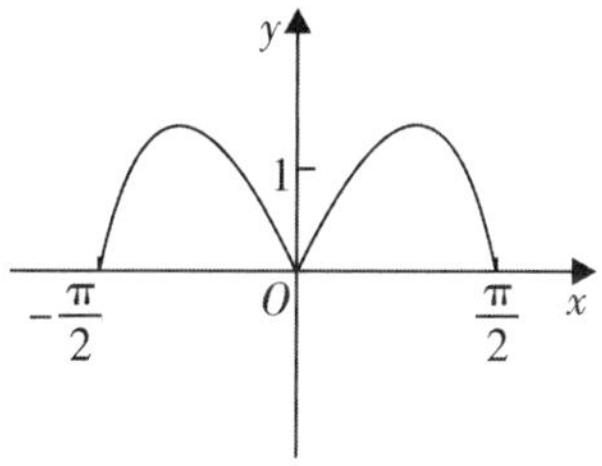

C. 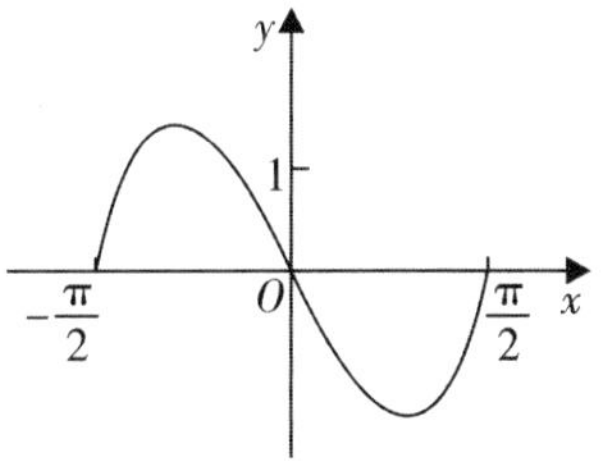

D. 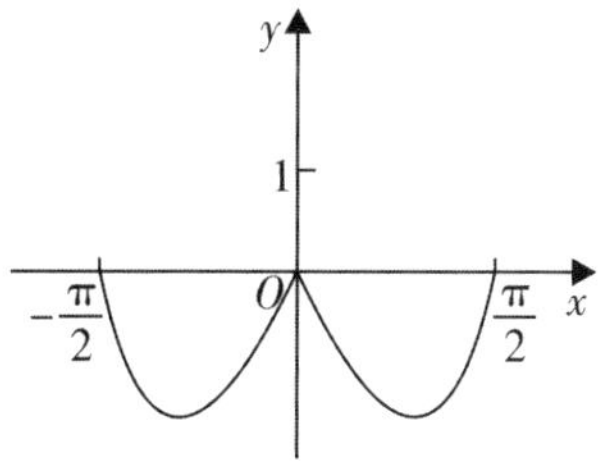

解析

设$f(x)=(3^x-3^{-x})\cos x$，$f(-x)=(3^{-x}-3^x)\cos(-x)=-f(x)$，所以$f(x)$为奇函数，排除选项B、D；令$x=1$，则$f(1)=(3-3^{-1})\cos 1>0$，排除选项C.

故选A.

题型2：知图选式

【例3】（2022全国高考乙卷·文科）如图是下列四个函数中的某个函数在区间［-3，3］的大致图象，则该函数是（　　）.

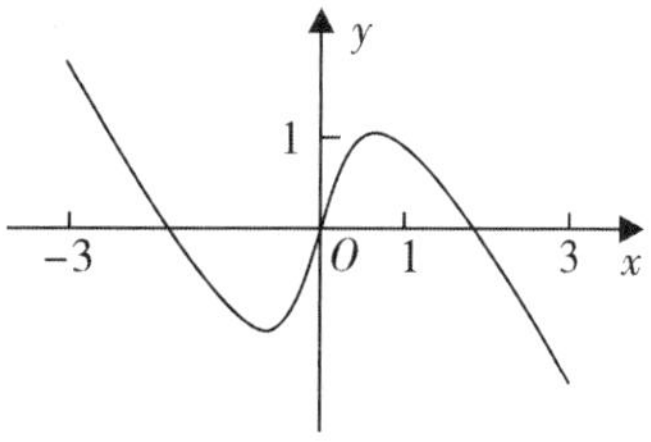

A. $y=\dfrac{-x^3+3x}{x^2+1}$　　B. $y=\dfrac{x^3-x}{x^2+1}$

C. $y=\dfrac{2x\cos x}{x^2+1}$　　D. $y=\dfrac{2\sin x}{x^2+1}$

解析

由函数图象的特征结合函数的性质逐项排除即可得解.

设$f(x)=\dfrac{x^3-x}{x^2+1}$，则$f(1)=0$，故排除 B 项；

设$h(x)=\dfrac{2x\cos x}{x^2+1}$，当$x\in\left(0,\dfrac{\pi}{2}\right)$时，$0<\cos x<1$，

所以$h(x)=\dfrac{2x\cos x}{x^2+1}<\dfrac{2x}{x^2+1}\leqslant 1$，故排除 C 项；

设$g(x)=\dfrac{2\sin x}{x^2+1}$，则$g(3)=\dfrac{2\sin 3}{10}>0$，故排除 D 项.

故选 A.

【例 4】（2022 广州一模）函数$y=f(x)$的大致图象如下图，则$f(x)$的解析式可能是（　　）.

A. $f(x)=\dfrac{x^2e^x}{e^{2x}+1}$

B. $f(x)=\dfrac{e^{2x}+1}{x^2e^x}$

C. $f(x)=\dfrac{x^2e^x}{e^{2x}-1}$

D. $f(x)=\dfrac{e^{2x}-1}{x^2e^x}$

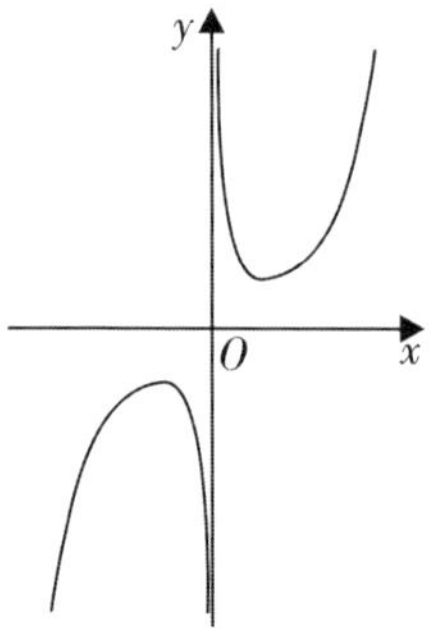

解析

由图象易知函数定义域为$(-\infty,0)\cup(0,+\infty)$且为奇函数. A，B 选项为偶函数排除，C、D 选项满足. C 选项，上下同除e^x，得$f(x)=\dfrac{x^2}{e^x-e^{-x}}$，由于函数$y=e^x-e^{-x}$的图象增长速度远大于函数$y=x^2$的增长速度，所以当$x\to+\infty$时，$f(x)\to 0$，与图象不符，排除.

因此 D 选项正确.

题型 3：用图问题

【例 5】（2021 吉林长春高三二模理科）已知函数$f(x)=\dfrac{2e^x}{e^x-e^{-x}}$与函数$g(x)=-x^3+12x+1$的图象交点分别为$P_1(x_1,y_1)$，$P(x_2,y_2)$，…，$P(x_k,y_k)$，$k\in\mathbf{N}^*$，则$(x_1+x_2$

$+\cdots+x_k)+(y_1+y_2+\cdots+y_k)=(\quad)$.

A. -2　　　　B. 0　　　　C. 2　　　　D. 4

解析

$f(x)=\frac{2e^x}{e^x-e^{-x}}=\frac{e^x+e^{-x}}{e^x-e^{-x}}+1$，因为函数$y=\frac{e^x+e^{-x}}{e^x-e^{-x}}$是奇函数，所以函数$f(x)=\frac{e^x+e^{-x}}{e^x-e^{-x}}+1$关于点（0，1）对称. 因为函数$y=-x^3+12x$是奇函数，所以函数$g(x)=-x^3+12x+1$关于点（0，1）对称. 又$f'(x)=\frac{-4e^{2x}}{(e^{2x}-1)^2}<0$，

所以$f(x)$在$(-\infty,0)$，$(0,+\infty)$上单调递减，由题得$g'(x)=-3(x^2-4)$，

所以函数$g(x)$在$(-\infty,-2)$，$(2,+\infty)$上单调递减，在$(-2,2)$上单调递增，

由图象可知，$f(x)$与$g(x)$的图象有四个交点，且都关于点$(0,1)$对称，

所以$x_1+x_2=0$，$x_3+x_4=0$，$y_1+y_2=2$，$y_3+y_4=2$，所以所求和为4.

故选D.

考点：函数图象中的性质作图法（利用单调性）以及变换作图法（利用对称变换）的综合.

（1）当$y=f(x)$，$y=g(x)$均关于点(a,b)对称，且有n个交点：(x_1,y_1)，(x_2,y_2)，……，(x_n,y_n)，则有：$\sum_{i=1}^{n}x_i=na$，$\sum_{i=1}^{n}y_i=nb$

（2）熟记一些重要函数的图象可以提高我们的解题速度：

解析式	$y=xe^x$	$y\ \frac{x}{e^x}$	$y=\frac{e^x}{x}$
图象	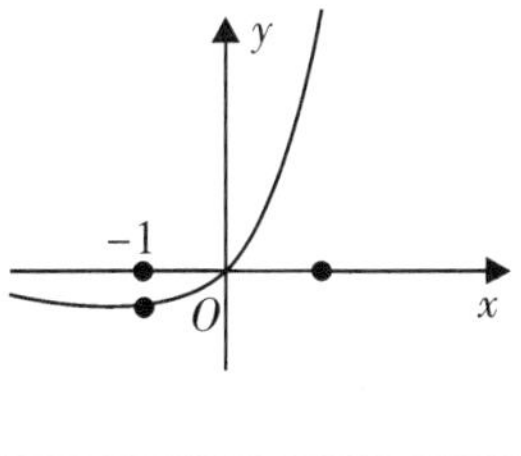	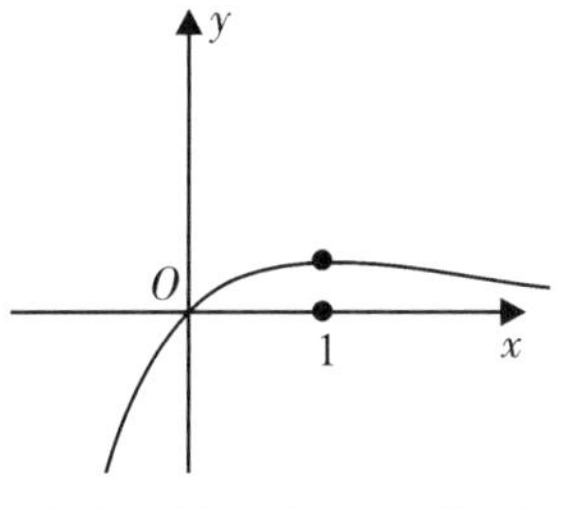	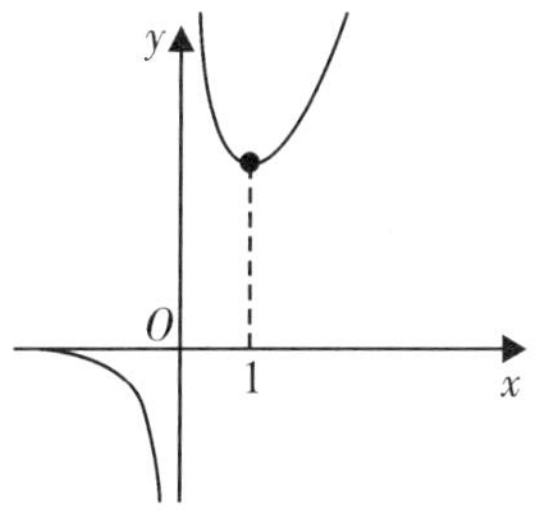
解析式	$y=x\ln x$	$y=\frac{x}{\ln x}$	$y=\frac{\ln x}{x}$

【例6】 已知函数$f(x)=\ln(e^x+e^{-x})+x^2$，则使得$f(2x)>f(x+3)$成立的x的取值范围是______.

解析：

因为函数$f(x)=\ln(e^x+e^{-x})+x^2$，

$f'(x)=\frac{e^x-e^{-x}}{e^x+e^{-x}}+2x$.

当 $x>0$ 时，$f'(x)>0$，$f(x)$ 单调递增，

当 $x<0$ 时，$f'(x)<0$，$f(x)$ 单调递减，

$f(x)=\ln(e^x+e^{-x})+x^2$ 是偶函数，且在 $(0,+\infty)$ 上单调递增，

$f(2x)>f(x+3)$ 等价于 $|2x|>|x+3|$.

两边平方整理得：$x^2-2x-2>0$，解得 $x>3$ 或 $x<-1$，

所以使得 $f(2x)>f(x+3)$ 成立的 x 的取值范围是 $(-\infty,-1)\cup(3,+\infty)$.

【例7】 设函数 $f(x)$ 的定义域为 $\mathbf{R}$，满足 $f(x+1)=2f(x)$，且当 $x\in(0,1]$ 时，$f(x)=x(x-1)$. 若对任意 $x\in(-\infty,m]$，都有 $f(x)\geqslant-\dfrac{8}{9}$，则 m 的取值范围是（　　）.

A. $\left(-\infty,\dfrac{9}{4}\right]$　　B. $\left(-\infty,\dfrac{7}{3}\right]$　　C. $\left(-\infty,\dfrac{5}{2}\right]$　　D. $\left(-\infty,\dfrac{8}{3}\right]$

解析

当 $x\in(0,1]$ 时，$f(x)=x(x-1)$，所以当 $x\in(0,1]$ 时，$f(x)\in\left[-\dfrac{1}{4},0\right]$；

因为 $f(x+1)=2f(x)$，所以当 $x\in(-1,0]$ 时，$x+1\in(0,1]$，$f(x)=\dfrac{1}{2}f(x+1)=\dfrac{1}{2}(x+1)x$，$f(x)\in\left[-\dfrac{1}{8},0\right]$；

当 $x\in(-2,-1]$ 时，$x+1\in(-1,0]$，$f(x)=\dfrac{1}{2}f(x+1)=\dfrac{1}{4}f(x+2)=\dfrac{1}{4}(x+2)(x+1)$，$f(x)\in\left[-\dfrac{1}{16},0\right]$；

……

当 $x\in(1,2]$ 时，$x-1\in(0,1]$，$f(x)=2f(x-1)=2(x-1)(x-2)$，$f(x)\in\left[-\dfrac{1}{2},0\right]$；

当 $x\in(2,3]$ 时，$x-1\in(1,2]$，$f(x)=2f(x-1)=4f(x-2)=4(x-2)(x-3)$，$f(x)\in[-1,0]$.

故 $f(x)$ 的图象如图所示：

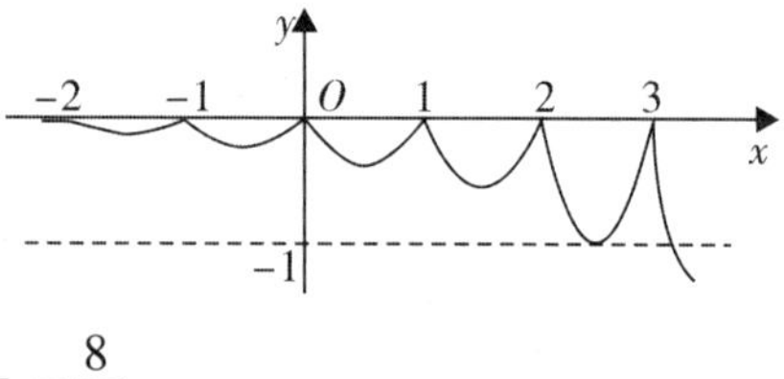

若对任意 $x\in(-\infty,m]$，都有 $f(x)\geqslant-\dfrac{8}{9}$，则有 $m\leqslant3$.

设 $f(m)=-\dfrac{8}{9}$，$m\in(2,3]$，则 $4(m-2)(m-3)=-\dfrac{8}{9}$，

所以 $m=\dfrac{7}{3}$ 或 $m=\dfrac{8}{3}$.

结合图象可知，当 $m\leqslant\dfrac{7}{3}$ 时，符合题意，故选 B.

【例8】（2022 华中师大一附中考前预测卷）已知定义在 D 上的函数 $f(x)$ 满足下列条件：①函数 $f(x)$ 为偶函数；②存在 $x_0>0$，$f(x)$ 在 $[x_0, +\infty)$ 上为单调函数. 则函数 $f(x)$ 可能是（　　）.

A. $f(x)=\dfrac{\ln(x+\sqrt{x^2+1})}{x^2}$　　B. $f(x)=\sin(2\pi x)(2^x-2^{-x})$

C. $f(x)=\log_a|x^3-ax|\ (0<a<1)$　　D. $f(x)=x^2+\ln(e-x)\ln(e+x)$

解析

对于选项 A，定义域为 $\{x|x\neq 0\}$ 关于原点对称，

$$f(-x)=\frac{\ln(-x+\sqrt{x^2+1})}{x^2}=\frac{\ln\dfrac{1}{\sqrt{x^2+1}+x}}{x^2}=-f(x),$$

即 $y=f(x)$ 为奇函数，故 A 项错误.

对于选项 B，定义域为 $\mathbf{R}$，关于原点对称，但令 $f(x)=0$ 得 $x=\dfrac{k}{2}\ (k\in\mathbf{Z})$，显然不能满足条件②，故 B 项错误.

对于选项 C，$f(x)=\log_a|x^3-ax|$，必有 $x^3-ax\neq 0$，则 $x\neq 0$ 且 $x\neq\pm\sqrt{a}$，

即函数的定义域为 $\{x\mid x\neq 0$ 且 $x\neq\pm\sqrt{a}\}$，关于原点对称，

$f(-x)=\log_a|(-x)^3-a(-x)|=\log_a|x^3-ax|=f(x)$，则函数 $y=\log_a|x^3-ax|$ 为偶函数，满足条件①.

设 $g(x)=x^3-ax$，其导数 $g'(x)=3x^2-a$，由 $g'(x)=0$ 得 $x=\pm\dfrac{\sqrt{3a}}{3}$，

令 $h(x)=|g(x)|=|x^3-ax|$，当 $x>\sqrt{a}$ 时，$g'(x)>0$，故 $g(x)$ 为增函数，而 $0<a<1$ 时 $f(x)$ 为减函数，故满足条件②，则 C 项正确.

对于选项 D，定义域为 $(-e, e)$ 不能满足条件②，故 D 项错误.

故选 C.

【例9】（2022 全国高考乙卷·理科）已知函数 $f(x)$，$g(x)$ 的定义域均为 $\mathbf{R}$，且 $f(x)+g(2-x)=5$，$g(x)-f(x-4)=7$. 若 $y=g(x)$ 的图象关于直线 $x=2$ 对称，$g(2)=4$，则 $\sum\limits_{k=1}^{22}f(k)=$（　　）.

A. -21　　B. -22　　C. -23　　D. -24

解析

因为 $y=g(x)$ 的图象关于直线 $x=2$ 对称，所以 $g(2-x)=g(x+2)$，

因为 $g(x)-f(x-4)=7$，所以 $g(x+2)-f(x-2)=7$，即 $g(x+2)=7+f(x-2)$.

因为$f(x)+g(2-x)=5$，所以$f(x)+g(x+2)=5$.

代入得$f(x)+[7+f(x-2)]=5$，即$f(x)+f(x-2)=-2$，

所以$f(3)+f(5)+\cdots+f(21)=(-2)\times 5=-10$，

$f(4)+f(6)+\cdots+f(22)=(-2)\times 5=-10$.

因为$f(x)+g(2-x)=5$，所以$f(0)+g(2)=5$，即$f(0)=1$，所以$f(2)=-2-f(0)=-3$.

因为$g(x)-f(x-4)=7$，所以$g(x+4)-f(x)=7$，

又因为$f(x)+g(2-x)=5$，可得$g(2-x)+g(x+4)=12$，

所以$y=g(x)$的图象关于点$(3,6)$中心对称，因为函数$g(x)$的定义域为$\mathbf{R}$，

所以$g(3)=6$. 因为$f(x)+g(x+2)=5$，所以$f(1)=5-g(3)=-1$. 所以$\sum_{k=1}^{22}f(k)=f(1)+f(2)+[f(3)+f(5)+\cdots+f(21)]+[f(4)+f(6)+\cdots+f(22)]=-1-3-10-10=-24$.

故选 D.

第二类　切线问题

本类问题的常考知识点：

导数的几何意义

函数$y=f(x)$在$x=x_0$处的导数，就是曲线$y=f(x)$在点$P(x_0, f(x_0))$处的切线的斜率.

注：曲线在某点处的切线与经过某点作曲线的切线的区别.

（1）已知$f(x)$在点$P(x_0, f(x_0))$的切线方程为$y-y_0=f'(x_0)(x-x_0)$.

（2）若求曲线过点(a, b)的切线方程，应先设切点坐标为$P(x_0, f(x_0))$，由$y-y_0=f'(x_0)(x-x_0)$过点(a, b)，求得x_0的值，从而求得切线方程，另外，要注意切点既在曲线上又在切线上.

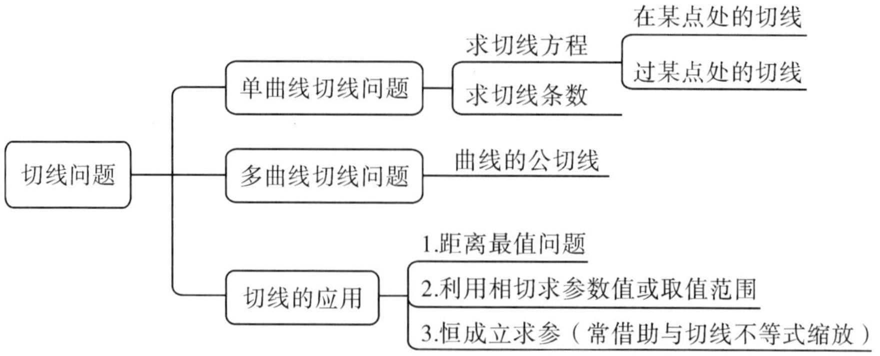

图 6－4　切线问题常考知识点

题型1：单曲线切线问题

【例1】（2021全国高三专题练习理科）已知函数$f(x)$是奇函数，当$x<0$时，$f(x)=\sin x-1$，则函数$f(x)$在$x=\frac{\pi}{2}$处的切线方程为________.

解析

当$x<0$时，$f'(x)=\cos x$，所以$f'\left(-\frac{\pi}{2}\right)=\cos\left(-\frac{\pi}{2}\right)=0$，

因为函数是奇函数，所以对称点处的导数相同，

所以$f'\left(\frac{\pi}{2}\right)=f'\left(-\frac{\pi}{2}\right)=0$，所以切线的斜率为0，

又因为$f\left(\frac{\pi}{2}\right)=-f\left(-\frac{\pi}{2}\right)=-\left[\sin\left(-\frac{\pi}{2}\right)-1\right]=2$，所以切线方程为$y=2$.

故答案为$y=2$.

【例2】（2022新高考Ⅱ卷）写出曲线$y=\ln|x|$过坐标原点的切线方程：________，________.

解析

当$x>0$时，点$(x_1,\ \ln x_1)$$(x_1>0)$上的切线为$y-\ln x_1=\frac{1}{x_1}(x-x_1)$，若该切线经过原点，则$\ln x_1-1=0$，解得$x_1=\mathrm{e}$，此时切线方程为$y=\frac{x}{\mathrm{e}}$.

当$x<0$时，点$(x_2,\ \ln(-x_2))$$(x_2<0)$上的切线为$y-\ln(-x_2)=\frac{1}{x_2}(x-x_2)$，若该切线经过原点，则$\ln(-x_2)-1=0$，解得$x_2=-\mathrm{e}$，此时切线方程为$y=-\frac{x}{e}$.

【例3】已知函数$f(x)=a\mathrm{e}^{x-1}-\ln x+\ln a$. 当$a=\mathrm{e}$时，求曲线$y=f(x)$在点$(1,\ f(1))$处的切线与两坐标轴围成的三角形的面积.

解析

当$a=\mathrm{c}$时，$f(x)=\mathrm{e}^x-\ln x+1$，所以$f'(x)=\mathrm{e}^x-\frac{1}{x}$，所以在点$(1,\ f(1))$处切线的斜率$k=f'(1)=\mathrm{e}-1$. $f(1)=\mathrm{e}+1$.

所以切点坐标为$(1,\ 1+\mathrm{e})$，

所以函数$f(x)$在点$(1,\ f(1))$处的切线方程为$y-\mathrm{e}-1=(\mathrm{e}-1)(x-1)$，即$y=(\mathrm{e}-1)x+2$，

所以切线与坐标轴交点的坐标分别为$(0,\ 2)$，$\left(\frac{-2}{\mathrm{e}-1},\ 0\right)$，所以所求三角形面积为

$\frac{1}{2}\times2\times\left|\frac{-2}{e-1}\right|=\frac{2}{e-1}$.

【例 4】 函数 $f(x)=x^4-2x^3$ 的图象上过点 $(1,f(1))$ 的切线条数最多有（　　）条.

A. 3　　B. 2　　C. 1　　D. 0

解析

由 $f(1)=1^4-2\times1^3=-1$，设过点 $(1,-1)$ 的切线的切点为 (x_0,y_0)，求导可得 $f'(x)=4x^3-6x^2$.

则 $\begin{cases}y_0=x_0^4-2x_0^3,\\ y_0+1=(4x_0^3-6x_0^2)(x_0-1),\end{cases}$ 整理可得 $3x_0^4-8x_0^3+6x_0^2-1=0$.

构造函数 $g(x)=3x^4-8x^3+6x^2-1$，$g'(x)=12x^3-24x^2+12x=12x(x-1)^2$，

令 $g'(x)=0$，可得 $x=0$ 或 $x=1$. 当 x 变化时，$g'(x)$，$g(x)$ 的变化情况如下表：

x	$(-\infty,0)$	0	$(0,1)$	1	$(1,+\infty)$
$g'(x)$	−	0	+	0	+
$g(x)$	↘	极小值	↗	0	↗

所以函数 $g(x)$ 在区间 $(-\infty,0)$ 内为减函数，在区间 $(0,+\infty)$ 内为增函数.

而 $g(x)$ 的极小值为 $g(0)=-1<0$，所以函数 $g(x)$ 在区间 $(-\infty,0)$ 和 $(0,+\infty)$ 内分别有且只有一个零点.

因此函数 $g(x)$ 在定义域上有且只有两个零点，即方程 $3x_0^4-8x_0^3+6x_0^2-1=0$ 有且只有两个不相等的实数根.

所以函数 $f(x)=x^4-2x^3$ 的图象上过点 $(1,f(1))$ 的切线最多有 2 条.

故选 B.

【解题思路】

(1) 一般是设出切点 $(t,f(t))$，由已知条件整理出关于 t 的方程.

(2) 把切线条数问题转化为关于 t 的方程的实数根的个数问题.

(3) 求方程实数根的个数.

题型 2：多曲线切线问题

【例 5】（2022 全国高考甲卷·文科）已知函数 $f(x)=x^3-x$，$g(x)=x^2+a$，曲线 $y=f(x)$ 在点 $(x_1,f(x_1))$ 处的切线也是曲线 $y=g(x)$ 的切线. 若 $x_1=-1$，求 a.

解析

$f'(x)=3x^2-1$，$f'(-1)=2$，$f(-1)=0$，

所以在$(-1, 0)$处的切线方程为$2x-y+2=0$.

又因为曲线$y=f(x)$在点$(x_1, f(x_1))$处的切线也是曲线$y=g(x)$的切线，

$g'(x)=2x=2$，得$x=1$，则该切线与曲线$y=g(x)$的切点为$(1, a+1)$.

点$(1, a+1)$经过l：$2x-y+2=0$，代入得$2-(a+1)+2=0$，$a=3$.

【例6】（2022湖南师大附中一模）已知函数$f(x)=\ln x$，$g(x)=x^2-x+1$.

（1）求函数$h(x)=f(x)-g(x)$的单调区间；

（2）若直线l与函数$f(x)$，$g(x)$的图象都相切，求直线l的条数.

解析

（1）由题设，$h(x)=f(x)-g(x)=\ln x-x^2+x-1$，

则$h'(x)=\dfrac{1}{x}-2x+1=-\dfrac{2x^2-x-1}{x}=-\dfrac{(2x+1)(x-1)}{x}(x>0)$.

当$0<x<1$时，$h'(x)>0$；当$x>1$时，$h'(x)<0$，所以$h(x)$在$(0, 1)$上单调递增，在$(1, +\infty)$上单调递减.

（2）设直线l分别与函数$f(x)$，$g(x)$的图象相切于点$A(x_1, \ln x_1)$，点$B(x_2, x_2^2-x_2+1)$，

则$f'(x_1)=g'(x_2)=k_{AB}$，即$\dfrac{1}{x_1}=2x_2-1=\dfrac{\ln x_1-x_2^2+x_2-1}{x_1-x_2}$.

由$\dfrac{1}{x_1}=\dfrac{\ln x_1-x_2^2+x_2-1}{x_1-x_2}$，得$\dfrac{x_1-x_2}{x_1}=\ln x_1-x_2^2+x_2-1$，

即$1-\dfrac{x_2}{x_1}=\ln x_1-x_2^2+x_2-1$，即$\ln x_1-x_2^2+x_2+\dfrac{x_2}{x_1}-2=0$.

由$\dfrac{1}{x_1}=2x_2-1$，得$x_2=\dfrac{x_1+1}{2x_1}$，代入上式，得$\ln x_1-\left(\dfrac{x_1+1}{2x_1}\right)^2+\dfrac{x_1+1}{2x_1}+\dfrac{x_1+1}{2x_1^2}-2=0$，

即$\ln x_1+\dfrac{(x_1+1)^2}{4x_1^2}-2=0$.

设$F(x)=\ln x+\dfrac{(x+1)^2}{4x^2}-2=\ln x+\dfrac{1}{2x}+\dfrac{1}{4x^2}-\dfrac{7}{4}$，

则$F'(x)=\dfrac{1}{x}-\dfrac{1}{2x^2}-\dfrac{1}{2x^3}=\dfrac{2x^2-x-1}{2x^3}=\dfrac{(2x+1)(x-1)}{2x^3}(x>0)$，

当$0<x<1$时，$F'(x)<0$；当$x>1$时，$F'(x)>0$，所以$F(x)$在$(0, 1)$上单调递减，在$(1, +\infty)$上单调递增.

因为$F(x)_{\min}=F(1)=-1<0$，$F(e^2)=\ln e^2+\dfrac{(1+e^2)^2}{4e^4}-2=\dfrac{(1+e^2)^2}{4e^4}>0$，

则$F(x)$在$(1, +\infty)$上仅有一个零点.

因为 $F(e^{-2})=-2+\frac{e^2}{2}+\frac{e^4}{4}-\frac{7}{4}=\frac{e^2-4}{2}+\frac{e^4-7}{4}>0$，则 $F(x)$ 在 $(0,1)$ 上仅有一个零点.

所以 $F(x)$ 在 $(0,+\infty)$ 上有两个零点，故与函数 $f(x)$，$g(x)$ 的图象都相切的直线 l 有 2 条.

题型 3：切线的应用

【例 7】 已知 P 为 $f(x)=\ln x$ 上一动点，直线 l：$y=x+2$，求 P 到 l 的距离 d 的最小值.

解析

设 P（x_0，y_0），则利用导数可以求出 $f(x)=\ln x$ 在 P 处切线的斜率为 $k=f'(x_0)=\frac{1}{x_0}$，

则有 $\begin{cases}y_0=\ln x_0,\\ \frac{1}{x_0}=1,\end{cases}$ 从而 $x_0=1$，$y_0=0$，所以 $d_{\min}=\frac{3\sqrt{2}}{2}$.

【例 8】（2022 全国高考甲卷 · 文科）已知函数 $f(x)=x^3-x$，$g(x)=x^2+a$，曲线 $y=f(x)$ 在点（x_1，$f(x_1)$）处的切线也是曲线 $y=g(x)$ 的切线. 求 a 的取值范围.

解析

设曲线 $y=f(x)$ 在点（x_1，$f(x_1)$）处的切线与曲线 $y=g(x)$ 相切于（x_2，$g(x_2)$），

则 $\begin{cases}3x_1^2-1=2x_2,\\ \frac{x_2^2+a-x_1^3+x_1}{x_2-x_1}=2x_2,\end{cases}$ 两式结合得 $\frac{9x_1^4-6x_1^2+1+4a-4x_1^3+4x_1}{2(3x_1^2-1-2x_1)}=3x_1^2-1$，

化简得 $a=\frac{9x_1^4-8x_1^3-6x_1^2+1}{4}$.

令 $h(x)=9x^4-8x^3-6x^2+1$，$h'(x)=36x^3-24x^2-12x=12x(3x+1)(x-1)$，

令 $h'(x)=0$ 得 $x=1$，0，$-\frac{1}{3}$.

$h(x)$，$h'(x)$ 的变化如下表：

x	$\left(-\infty,-\frac{1}{3}\right)$	$-\frac{1}{3}$	$\left(-\frac{1}{3},0\right)$	0	$(0,1)$	1	$(1,+\infty)$
$h'(x)$	$-$	0	$+$	0	$-$	0	$+$
$h(x)$	↘	$\frac{20}{27}$	↗	1	↘	-4	↗

所以 $a_{\min}=\frac{1}{4}h(x)_{\min}=-1$，

所以 a 的取值范围是 $[-1,+\infty)$.

【例9】(2022 新高考Ⅰ卷)若曲线 $y=(x+a)\mathrm{e}^x$ 有两条过坐标原点的切线，则 a 的取值范围是______.

解析

易得曲线不过原点，设切点为 $(x_0, (x_0+a)\mathrm{e}^{x_0})$，则切线斜率为 $f'(x_0)=(x_0+a+1)\mathrm{e}^{x_0}$，可得切线方程为 $y-(x_0+a)\mathrm{e}^{x_0}=(x-x_0)(x_0+a+1)\mathrm{e}^{x_0}$，又切线过原点，可得 $-(x_0+a)\mathrm{e}^{x_0}=-x_0(x_0+a+1)\mathrm{e}^{x_0}$，化简得 $x_0^2+ax_0-a=0$，又因为切线有两条，即方程有两个不等实根，由判别式 $\Delta=a^2+4a>0$，得 $a<-4$，或 $a>0$.

【例10】若直线 $y=kx+b$ 是曲线 $y=\ln x+2$ 的切线，也是曲线 $y=\ln(x+1)$ 的切线，则 $b=$________.

解析

对函数 $y=\ln x+2$ 求导得 $y'=\dfrac{1}{x}$，对 $y=\ln(x+1)$ 求导得 $y'=\dfrac{1}{x+1}$，设直线 $y=kx+b$ 与函数 $y=\ln x+2$ 相切于点 $P_1(x_1, y_1)$，与函数 $y=\ln(x+1)$ 相切于点 $P_2(x_2, y_2)$，则 $y_1=\ln x_1+2$，$y_2=\ln(x_2+1)$，则过点 $P_1(x_1, y_1)$ 的切线方程为 $y-(\ln x_1+2)=\dfrac{1}{x_1}(x-x_1)$，过点 $P_2(x_2, y_2)$ 的切线方程为 $y-\ln(x_2+1)=\dfrac{1}{x_2+1}(x-x_2)$.

由题意知，这两条直线表示同一条直线，所以 $\begin{cases}\dfrac{1}{x_1}=\dfrac{1}{x_2+1},\\ \ln x_1+1=\ln(x_2+1)-\dfrac{x_2}{x_2+1},\end{cases}$ 解得 $x_1=\dfrac{1}{2}$，$x_2=-\dfrac{1}{2}$，所以 $b=-1+\ln x_1+2=-\ln 2+1$.

第三类 函数的零点

(1) 关于零点问题的题目主要分为两类：

①直接讨论含参函数的零点个数；

②已知零点个数，求参数的范围.

(2) 从解题方法上来看也常分为两类：

①可以分离变量，转化成两个函数交点的个数问题；

②不能分离变量，讨论函数的单调性与极值，结合零点定理解决问题.

零点问题本质上是研究函数的单调性，在压轴题中通常会综合考查函数与方程思想、转化与化归思想、数形结合思想、分类讨论思想，还会涉及放缩法，难度较大.

(3) 本类问题的常考知识点.

①函数零点的定义.

对于函数 $y=f(x)$，我们把方程 $f(x)=0$ 的根 x 称为函数 $y=f(x)$ 的零点.

方程 $f(x)=0$ 有实根 $\Leftrightarrow$ 函数 $f(x)$ 有零点 $\Leftrightarrow$ 函数 $f(x)$ 的图象与 x 轴有交点. 由此看来，函数的零点、方程的根、两个函数图象的交点这三者能相互转化，从而为解决零点问题提供了总的思路.

②函数零点存在性定理.

设函数 $f(x)$ 在区间 $[a,b]$ 上连续，且 $f(a)\cdot f(b)<0$，那么在区间 (a,b) 上至少存在函数 $f(x)$ 的一个零点，即至少存在一点 $x_0\in(a,b)$，使得 $f(x_0)=0$.

注意：

A. 函数 $f(x)$ 在区间 $[a,b]$ 上连续是使用零点定理的前提条件.

B. 零点存在性定理中的几个“不一定”：

a. 若 $f(a)\cdot f(b)<0$，则 $f(x)$ 在 (a,b) 上的零点不一定只有一个，有可能有多个；

b. 若 $f(a)\cdot f(b)>0$，则 $f(x)$ 在 (a,b) 上不一定有零点，有可能有，也可能没有；

c. 若 $f(x)$ 在区间 $[a,b]$ 有零点，则 $f(a)\cdot f(b)<0$ 不一定成立，也有可能 $f(a)\cdot f(b)\geqslant 0$.

C. 若 $f(x)$ 在 $[a,b]$ 上是单调函数且连续，则 $f(a)f(b)<0\Rightarrow f(x)$ 在 (a,b) 的零点唯一.

③复合函数零点的判断.

已知函数 $y=f(g(x))$，$x\in A$，令 $u=g(x)$，且 $x\in A$ 时 $u=g(x)$ 的值域为 D，则函数 $y=f(g(x))$，$x\in A$ 零点个数的判断基本步骤如下：

a. 判断函数 $f(u)$ 的零点 u_0 是否属于 D，若属于 D 则进行下一步判断，若不属于则舍去；

b. 对于（1）中属于 D 的 u_0，进一步判断 $u_0=g(x)$ 的根 x_0 是否属于 A[即判断函数 $y=u_0$ 和函数 $y=g(x)$ 图象交点的横坐标 x_0 是否属于 A]，若属于 A，则 x_0 即为函数 $y=f(g(x))$，$x\in A$ 的一个零点，若不属于则舍去.

④函数的零点、方程的根、两图象交点之间的联系.

设函数为 $y=f(x)$，则 $f(x)$ 的零点即为满足方程 $f(x)=0$ 的根，若 $f(x)=g(x)-h(x)$，则方程可转变为 $g(x)=h(x)$，方程的根即为函数 $g(x)$ 与函数 $h(x)$ 图象交点的横坐标，其范围和个数可从图象中得到.

由此看来，函数的零点、方程的根、两图象的交点这三者各有特点且能相互转化，在解决有关根的问题以及已知根的个数求参数范围等问题时要将三者灵活转化.

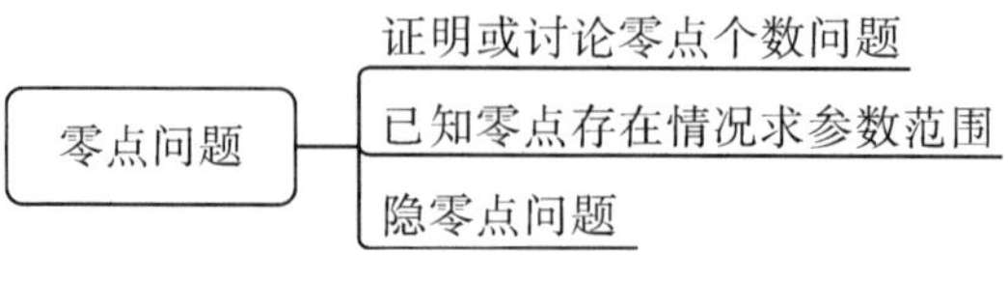

图 6-5 零点问题常考知识点

题型1：证明或讨论零点个数

【例1】 设函数$f(x)=\ln x-ax$，$g(x)=e^x-ax$，其中a为实数，若$g(x)$在$(-1,+\infty)$上是单调增函数，求$f(x)$的零点个数，并证明结论.

解析

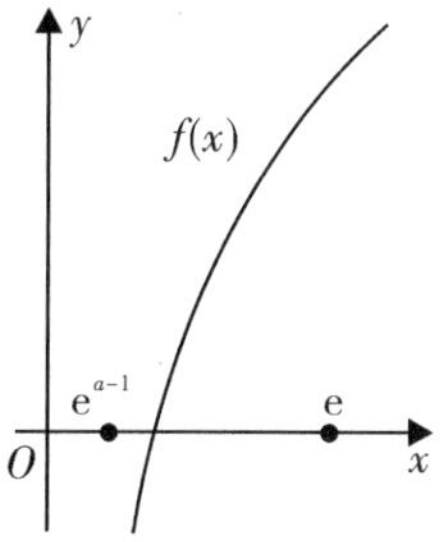

由$g(x)$在$(-1,+\infty)$上单调递增，得$a\leqslant\frac{1}{e}$（过程略）.

①$a\leqslant 0$时，$f'(x)=\frac{1}{x}-a>0$，$f(x)$单调递增，

而$f(e^{a-1})=a(1-e^{a-1})-1<0$，$f(e)=1-ae>0$，且$f(x)$图象不间断，

依据零点定理，$f(x)$有且只有一个零点.

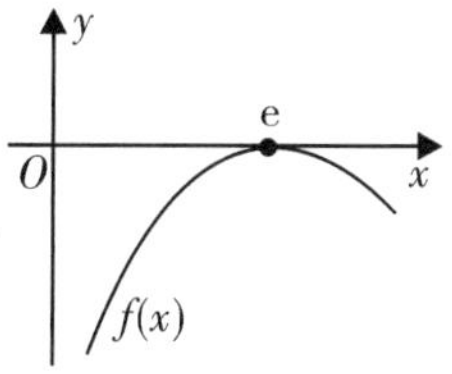

②$a=\frac{1}{e}$时，$f(x)=\ln x-\frac{1}{e}x$. 令$f'(x)=\frac{1}{x}-\frac{1}{e}=0$，$x=e$.

且$x>e$，$f'(x)<0$，$0<x<e$，$f'(x)>0$，

所以$x=e$是$f(x)$的极大值点，也是最大值点，

所以$f(x)\leqslant f(e)=0$，当且仅当$x=e$，$f(x)=0$.

故$f(x)$有唯一零点$x=e$.

③$0<a<\frac{1}{e}$时，令$f'(x)=\frac{1}{x}-a=0$，$x=\frac{1}{a}$. 列表：

x	$\left(0,\frac{1}{a}\right)$	$\frac{1}{a}$	$\left(\frac{1}{a},+\infty\right)$
$f'(x)$	+	0	−
$f(x)$	↗	$f(x)_{\max}$	↘

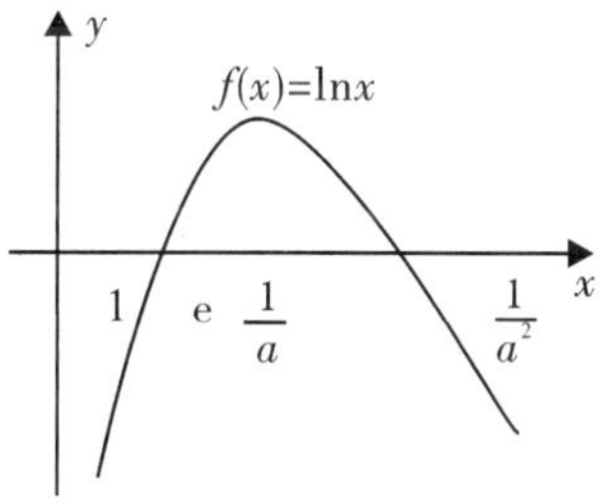

所以$f(x)_{\max}=f\left(\frac{1}{a}\right)=\ln\frac{1}{a}-1>0$.

在$\left(0,\frac{1}{a}\right)$上，$f(1)=-a<0$且$f(x)$单调递增，所以$f(x)$在$\left(0,\frac{1}{a}\right)$有且只有一个零点；

在$\left(\frac{1}{a},+\infty\right)$上，显然$\frac{1}{a^2}>\frac{1}{a}$，又因为$\ln x\leqslant\frac{1}{e}x$，

所以$f\left(\frac{1}{a^2}\right)=2\ln\frac{1}{a}-\frac{1}{a}=2\left(\ln\frac{1}{a}-\frac{1}{2a}\right)\leqslant 2\left(\frac{1}{ea}-\frac{1}{2a}\right)<0$，所以$f(x)$在$\left(\frac{1}{a},+\infty\right)$上有且只有一个零点.

所以$f(x)$在$(0,+\infty)$上有两个零点.

综上所述，当$a\leqslant 0$或$a=\frac{1}{e}$时，$f(x)$有一个零点；当$0<a<\frac{1}{e}$时，$f(x)$有两个零点.

题型2：已知零点存在情况，求参数的取值范围

【例2】（2021 宁夏吴忠高三一模）若函数 $f(x)=m-x^2+2\ln x$ 在 $\left[\frac{1}{e^2},\ e\right]$ 上有两个零点，则实数 m 的取值范围为（　　）.

A. $(1,\ e^2-2]$　　B. $\left[4+\frac{1}{e^4},\ e^2-2\right]$

C. $\left(1,\ 4+\frac{1}{e^4}\right]$　　D. $[1,\ +\infty)$

解析

令 $f(x)=m-x^2+2\ln x=0$，则 $m=x^2-2\ln x$，令 $g(x)=x^2-2\ln x$，则由 $g'(x)=2x-\frac{2}{x}=\frac{2(x-1)(x+1)}{x}$ 知，$g(x)$ 在 $\left[\frac{1}{e^2},\ 1\right]$ 上单调递减，在 $[1,\ e]$ 上单调递增，且 $(g(x))_{\min}=g(1)=1$，$g\left(\frac{1}{e^2}\right)=4+\frac{1}{e^4}$，$g(e)=e^2-2$，因为 $4+\frac{1}{e^4}<5$，$e^2-2>5$，所以 $g\left(\frac{1}{e^2}\right)<g(e)$.

所以若函数 $f(x)$ 在 $\left[\frac{1}{e^2},\ e\right]$ 上有两个零点，则实数 m 的取值范围为 $\left(1,\ 4+\frac{1}{e^4}\right]$.

故选 C.

【例3】（2022 全国高考甲卷·理科）已知函数 $f(x)=\sin\left(\omega x+\frac{\pi}{3}\right)$ 在区间 $(0,\ \pi)$ 上恰有三个极值点，两个零点，则 ω 的取值范围是（　　）.

A. $\left[\frac{5}{3},\ \frac{13}{6}\right)$　　B. $\left[\frac{5}{3},\ \frac{19}{6}\right)$　　C. $\left(\frac{13}{6},\ \frac{8}{3}\right]$　　D. $\left(\frac{13}{6},\ \frac{19}{6}\right]$

解析

设 $\omega x+\frac{\pi}{3}=t$，则 $t\in\left(\frac{\pi}{3},\ \omega\pi+\frac{\pi}{3}\right)$；由函数 $f(x)$ 有两个零点可得 $2\pi<\omega\pi+\frac{\pi}{3}\leqslant 3\pi$，即 $\frac{5}{3}<\omega\leqslant\frac{8}{3}$；又因为有三个极值点，$(\sin t)'=\cos t$，所以 $\frac{5}{2}\pi<\omega\pi+\frac{\pi}{3}\leqslant\frac{7}{2}\pi$，即 $\frac{13}{6}<\omega\leqslant\frac{19}{6}$，综上得 $\frac{13}{6}<\omega\leqslant\frac{8}{3}$.

故选 C.

【例4】 已知 $f(x)=ae^{2x}+(a-2)e^x-x$.

（1）讨论 $f(x)$ 的单调性；

（2）若 $f(x)$ 有两个零点，求 a 的取值范围.

解析

（1）$f'(x)=2ae^{2x}+(a-2)e^x-1=(2e^x+1)(ae^x-1)$，若 $a\leqslant 0$，则 $f'(x)<0$ 恒成立，

所以$f(x)$在$\mathbf{R}$上单调递减；若$a>0$，令$f'(x)=0$，得$e^x=\frac{1}{a}$，$x=\ln\frac{1}{a}$.

当$x<\ln\frac{1}{a}$时，$f'(x)<0$，所以$f(x)$在$\left(-\infty,\ \ln\frac{1}{a}\right)$上单调递减；

当$x>\ln\frac{1}{a}$时，$f'(x)>0$，所以$f(x)$在$\left(\ln\frac{1}{a},\ +\infty\right)$上单调递增.

综上所述，当$a\leqslant0$时，$f(x)$在$\mathbf{R}$上单调递减；当$a>0$时，$f(x)$在$\left(-\infty,\ \ln\frac{1}{a}\right)$上单调递减，在$\left(\ln\frac{1}{a},\ +\infty\right)$上单调递增.

（2）$f(x)$有两个零点，必须满足$f(x)_{\min}<0$，即$a>0$，且$f(x)_{\min}=f\left(\ln\frac{1}{a}\right)=1-\frac{1}{a}-\ln\frac{1}{a}<0$.

构造函数$g(x)=1-x-\ln x$，$x>0$，易得$g'(x)=-1-\frac{1}{x}<0$，所以$g(x)=1-x-\ln x$单调递减. 又因为$g(1)=0$，所以$1-\frac{1}{a}-\ln\frac{1}{a}<0\Rightarrow g\left(\frac{1}{a}\right)<g(1)\Rightarrow\frac{1}{a}>1\Rightarrow0<a<1$.

下面只要证明当$0<a<1$时，$f(x)$有两个零点即可，为此我们先证明当$x>0$时，$x>\ln x$.

事实上，构造函数$h(x)=x-\ln x$，易得$h'(x)=1-\frac{1}{x}$，所以$h(x)_{\min}=h(1)=1$，所以$h(x)>0$，即$x>\ln x$.

当$0<a<1$时，$f(-1)=\frac{a}{e^2}+\frac{a-2}{e}+1=\frac{a+ea+(e^2-2)}{e^2}>0$，

$f\left(\ln\frac{3-a}{a}\right)=a\left(\frac{3}{a}-1\right)^2+(a-2)\left(\frac{3}{a}-1\right)-\ln\left(\frac{3}{a}-1\right)=\frac{3}{a}-1-\ln\left(\frac{3}{a}-1\right)>0$，

其中$-1<\ln\frac{1}{a}$，$\ln\frac{3-a}{a}>\ln\frac{1}{a}$，所以$f(x)$在$\left(-1,\ \ln\frac{1}{a}\right)$和$\left(\ln\frac{1}{a},\ \ln\frac{3-a}{a}\right)$上各有一个零点.

故a的取值范围是$(0,1)$.

【例5】（2022新高考Ⅰ卷）已知函数$f(x)=e^x-ax$和$g(x)=ax-\ln x$有相同的最小值.

（1）求a；

（2）证明：存在直线$y=b$，其与两条曲线$y=f(x)$和$y=g(x)$共有三个不同的交点，并且从左到右的三个交点的横坐标成等差数列.

解析

(1) $f'(x)=e^x-a$，$g'(x)=a-\frac{1}{x}$.

①$a\leqslant 0$ 时，$f'(x)>0$ 恒成立，所以 $f(x)$ 在 $\mathbf{R}$ 上单调递增，即 $f(x)$ 没有最小值，此类情况应舍去.

②$a>0$ 时，$f'(x)$ 在 $(-\infty,\ \ln a)$ 上 <0，在 $(\ln a,\ +\infty)$ 上 >0，

所以 $f(x)$ 在 $(-\infty,\ \ln a)$ 上单调递减，在 $(\ln a,\ +\infty)$ 上单调递增，

所以 $f(x)$ 在 $x=\ln a$ 处有最小值，为 $f(\ln a)=a-\ln a$.

因为 $g'(x)$ 在 $\left(0,\ \frac{1}{a}\right)$ 上 <0，在 $\left(\frac{1}{a},\ +\infty\right)$ 上 >0，

所以 $g(x)$ 在 $\left(0,\ \frac{1}{a}\right)$ 上单调递减，在 $\left(\frac{1}{a},\ +\infty\right)$ 上单调递增，

所以 $g(x)$ 在 $x=\frac{1}{a}$ 处有最小值，为 $g\left(\frac{1}{a}\right)=1+\ln a$.

因为 $f(x)=e^x-ax$ 和 $g(x)=ax-\ln x$ 有相同的最小值，

所以有 $f(\ln a)=a-a\ln a=g\left(\frac{1}{a}\right)=1+\ln a$，即 $a-a\ln a=1+\ln a$，

因为 $a>0$，所以上式等价于 $\ln a-\frac{a-1}{a+1}=0$，

令 $h(x)=\ln x-\frac{x-1}{x+1}\ (x>0)$，

则 $h'(x)=\frac{x^2+1}{x(x+1)^2}>0$ 恒成立，所以 $h(x)$ 在 $(0,\ +\infty)$ 上单调递增，

又因为 $h(1)=0=h(a)$ 且 $a>0$，所以 $a=1$.

(2) 证明：由 (1) 得 $f(x)=e^x-x$，$g(x)=x-\ln x$，

且 $f(x)$ 在 $(-\infty,\ 0)$ 上单调递减，在 $(0,\ +\infty)$ 上单调递增，

$g(x)$ 在 $(0,\ 1)$ 上单调递减，在 $(1,\ +\infty)$ 上单调递增，且 $f(x)_{\min}=g(x)_{\min}=1$.

①当 $b<1$ 时，此时 $f(x)_{\min}=g(x)_{\min}=1>b$，显然 $y=b$ 与两条曲线 $y=f(x)$ 和 $y=g(x)$ 没有交点，不符合题意；

②当 $b=1$ 时，此时 $f(x)_{\min}=g(x)_{\min}=1=b$ 与两条曲线 $y=f(x)$ 和 $y=g(x)$ 共有 2 个交点，交点的横坐标分别为 0 和 1；

③当 $b>1$ 时，首先，证明 $y=b$ 与曲线 $y=f(x)$ 有两个交点，

即证明 $F(x)=f(x)-b$ 有 2 个零点，$F'(x)=f'(x)=e^x-1$，

所以 $F(x)$ 在 $(-\infty,\ 0)$ 上单调递减，在 $(0,\ +\infty)$ 上单调递增，

又因为 $F(-b)=e^{-b}>0$，$F(0)=1-b<0$，$F(b)=e^b-2b>0$

（令 $t(b)=e^{b}-2b$，则 $t'(b)=e^{b}-2>0$，$t(b)>t(1)=e-2>0$），

所以说明 $F(x)=f(x)-b$ 在 $(-\infty,0)$ 上存在且只存在 1 个零点，设为 x_1，在 $(0,+\infty)$ 上存在且存在 1 个零点，设为 x_2.

其次，证明 $y=b$ 与曲线 $y=g(x)$ 有 2 个交点，

即证明 $G(x)=g(x)-b$ 有 2 个零点，$G'(x)=g'(x)=1-\dfrac{1}{x}$，

所以 $G(x)$ 在 $(0,1)$ 上单调递减，在 $(1,+\infty)$ 上单调递增，

又因为 $G(e^{-b})=e^{-b}>0$，$G(0)=1-b<0$，$G(2b)=b-\ln 2b>0$，

所以 $G(x)=g(x)-b$ 在 $(0,1)$ 上存在且只存在 1 个零点，设为 x_3，在 $(1,+\infty)$ 上存在且只存在 1 个零点，设为 x_4.

再次，证明存在 b 使得 $x_2=x_3$.

因为 $F(x_2)=G(x_3)=0$，所以 $b=e^{x_2}-x_2=x_3-\ln x_3$，

若 $x_2=x_3$，则 $e^{x_2}-x_2=x_2-\ln x_2$，即 $e\,x_2-2x_2+\ln x_2=0$，

所以只需证明 $e^{x}-2x+\ln x=0$ 在 $(0,1)$ 上有解即可，

即 $\varphi(x)=e^{x}-2x+\ln x$ 在 $(0,1)$ 上有零点.

因为 $\varphi\left(\dfrac{1}{e^{3}}\right)=e^{\frac{1}{e^{3}}}-\dfrac{2}{e^{3}}-3<0$，$\varphi(1)=e-2>0$，

所以 $\varphi(x)=e^{x}-2x+\ln x$ 在 $(0,1)$ 上存在零点，取一零点为 x_0，令 $x_2=x_3=x_0$ 即可，

此时取 $b=e^{x_0}-x_0$，

则此时存在直线 $y=b$，其与两条曲线 $y=f(x)$ 和 $y=g(x)$ 共有三个不同的交点.

最后，证明 $x_1+x_4=2x_0$，即从左到右的三个交点的横坐标成等差数列.

因为 $F(x_1)=F(x_2)=F(x_0)=0=G(x_3)=G(x_4)=G(x_0)$，

所以 $F(x_1)=G(x_0)=F(\ln x_0)$，

又因为 $F(x)$ 在 $(-\infty,0)$ 上单调递减，$x_1<0$，$0<x_0<1$ 即 $\ln x_0<0$，所以 $x_1=\ln x_0$.

同理，因为 $F(x_0)=G(e^{x_0})=G(x_4)$，

又因为 $G(x)$ 在 $(1,+\infty)$ 上单调递增，$x_0>0$ 即 $e^{x_0}>1$，$x_1>1$，所以 $x_4=e^{x_0}$，

又因为 $e^{x_0}-2x_0+\ln x_0=0$，所以 $x_1+x_4=e^{x_0}+\ln x_0=2x_0$，

即直线 $y=b$ 与两条曲线 $y=f(x)$ 和 $y=g(x)$ 从左到右的三个交点的横坐标成等差数列.

【例 6】（2022 全国高考乙卷·理科）已知函数 $f(x)=\ln(1+x)+axe^{-x}$.

（1）当 $a=1$ 时，求曲线 $y=f(x)$ 在点 $(0,f(0))$ 处的切线方程；

（2）若$f(x)$在区间$(-1,0)$，$(0,+\infty)$各恰有一个零点，求a的取值范围.

解析

（1）$f(x)$的定义域为$(-1,+\infty)$，

当$a=1$时，$f(x)=\ln(1+x)+\dfrac{x}{e^x}$，$f(0)=0$，所以切点为$(0,0)$.

$f'(x)=\dfrac{1}{1+x}+\dfrac{1-x}{e^x}$，$f'(0)=2$，所以切线斜率为2，

所以曲线$y=f(x)$在点$(0,f(0))$处的切线方程为$y=2x$.

（2）$f(x)=\ln(1+x)+\dfrac{ax}{e^x}$，$f'(x)=\dfrac{1}{1+x}+\dfrac{a(1-x)}{e^x}=\dfrac{e^x+a(1-x^2)}{(1+x)e^x}$，

设$g(x)=e^x+a(1-x^2)$，

①若$a>0$，当$x\in(-1,0)$，$g(x)=e^x+a(1-x^2)>0$，即$f'(x)>0$，

所以$f(x)$在$(-1,0)$上单调递增，$f(x)<f(0)=0$，

故$f(x)$在$(-1,0)$上没有零点，不符合题意.

②若$-1\leqslant a\leqslant 0$，当$x\in(0,+\infty)$，则$g'(x)=e^x-2ax>0$，

所以$g(x)$在$(0,+\infty)$上单调递增，所以$g(x)>g(0)=1+a\geqslant 0$，即$f'(x)>0$，

所以$f(x)$在$(0,+\infty)$上单调递增，$f(x)>f(0)=0$，

故$f(x)$在$(0,+\infty)$上没有零点，不符合题意.

③若$a<-1$：

a. 当$x\in(0,+\infty)$，则$g'(x)=e^x-2ax>0$，所以$g(x)$在$(0,+\infty)$上单调递增，

因为$g(0)=1+a<0$，$g(1)=e>0$，则存在$m\in(0,1)$，使得$g(m)=0$，即$f'(m)=0$，

当$x\in(0,m)$，$f'(x)<0$，$f(x)$单调递减，当$x\in(m,+\infty)$，$f'(x)>0$，$f(x)$单调递增，

所以当$x\in(0,m)$，$f(x)<f(0)=0$.

因为当$x\to+\infty$，$f(x)\to+\infty$，所以$f(x)$在$(m,+\infty)$上有唯一零点.

又因为函数$f(x)$在$(0,m)$没有零点，所以$f(x)$在$(0,+\infty)$上有唯一零点.

b. 当$x\in(-1,0)$，$g(x)=e^x+a(1-x^2)$，

设$h(x)=g'(x)=e^x-2ax$，$h'(x)=e^x-2a>0$，所以$g'(x)$在$(-1,0)$单调递增，

因为$g'(-1)=\dfrac{1}{e}+2a<0$，$g'(0)=1>0$，所以存在$n\in(-1,0)$，使得$g'(n)=0$.

当$x\in(-1,n)$，$g'(x)<0$，$g(x)$单调递减；

当$x\in(n,0)$，$g'(x)>0$，$g(x)$单调递增，因此$g(x)<g(0)=1+a<0$.

又因为 $g(-1)=\dfrac{1}{\mathrm{e}}>0$，所以存在 $t\in(-1,\ n)$，使得 $g(t)=0$，即 $f'(t)=0$，

当 $x\in(-1,\ t)$，$f(x)$ 单调递增；当 $x\in(t,\ 0)$，$f(x)$ 单调递减.

有 $x\to-1$，$f(x)\to-\infty$，而 $f(0)=0$，所以当 $x\in(t,\ 0)$，$f(x)>0$，

所以 $f(x)$ 在 $(-1,\ t)$ 上有唯一零点，在 $(t,\ 0)$ 上无零点，

即 $f(x)$ 在 $(-1,\ 0)$ 上有唯一零点，

所以 $a<-1$，符合题意.

故 a 的取值范围为 $(-\infty,\ -1)$.

题型3：隐零点问题

【例7】 已知函数 $f(x)=(x^2-2ax+2)\mathrm{e}^x$.

（1）函数 $f(x)$ 在 $x=0$ 处的切线方程为 $2x+y+b=0$，求 a，b 的值；

（2）当 $a>0$ 时，若曲线 $y=f(x)$ 上存在三条斜率为 k 的切线，求实数 k 的取值范围.

解析

（1）$f(x)=(x^2-2ax+2)\mathrm{e}^x$，$f(0)=2\mathrm{e}^0=2$，则 $2+b=0$，得 $b=-2$.

$f'(x)=(x^2-2ax+2+2x-2a)\mathrm{e}^x=[x^2+(2-2a)x+2-2a]\mathrm{e}^x$，

$f'(0)=2-2a=-2$，求得 $a=2$.

所以 $a=2$，$b=-2$.

（2）$f'(x)=[x^2+(2-2a)x+2-2a]\mathrm{e}^x$，令 $h(x)=f'(x)$，

依题知存在 k 使 $h(x)=k$ 有三个不同的实数根，$h'(x)=(x^2-2ax+2+2x-2a+2x-2a+2)\mathrm{e}^x=[x^2+(4-2a)x+4-4a]\mathrm{e}^x$，

令 $h'(x)=[x^2+(4-2a)x+4-4a]\mathrm{e}^x=0$，求得 $x_1=-2$，$x_2=2a-2$，

由 $a>0$ 知 $x_1<x_2$，则 $h(x)$ 在 $(-\infty,-2)$，$(2a-2,+\infty)$ 上单调递增，在 $(-2,2a-2)$ 上单调递减，

当 $x\to-\infty$ 时，$h(x)\to0$；当 $x\to+\infty$ 时，$h(x)\to+\infty$.

所以 $h(x)$ 的极大值为 $h(-2)=\mathrm{e}^{-2}(2a+2)$，$h(x)$ 的极小值为 $h(2a-2)=\mathrm{e}^{2a-2}(2-2a)$，所以此时 $\mathrm{e}^{2a-2}(2-2a)<k<\mathrm{e}^{-2}(2a+2)$.

【例8】 设函数 $f(x)=\mathrm{e}^{2x}-a\ln x$.

（1）讨论 $f(x)$ 的导函数 $f'(x)$ 的零点的个数；

（2）证明：当 $a>0$ 时，$f(x)\geqslant 2a+a\ln\dfrac{2}{a}$.

解析

（1）$f(x)$ 的定义域为 $(0,\ +\infty)$，$f'(x)=2\mathrm{e}^{2x}-\dfrac{a}{x}$ $(x>0)$.

当 $a\leqslant 0$ 时，$f'(x)>0$，$f'(x)$没有零点；

当 $a>0$ 时，因为 e^{2x} 单调递增，$-\dfrac{a}{x}$ 单调递增，所以 $f'(x)$在$(0,+\infty)$上单调递增；又因为$f'(a)>0$，当 b 满足 $0<b<\dfrac{a}{4}$ 且 $b<\dfrac{1}{4}$ 时，$f'(b)<0$，故当 $a>0$ 时 $f'(x)$存在唯一零点.

（2）由（1）可设$f'(x)$在$(0,+\infty)$上的唯一零点为 x_0，当 $x\in(0,x_0)$时，$f'(x)<0$；当 $x\in(x_0,+\infty)$时，$f'(x)>0$.

故$f(x)$在$(0,x_0)$上单调递减，在$(x_0,+\infty)$上单调递增，所以 $x=x_0$ 时，$f(x)$取得最小值，最小值为$f(x_0)$.

由于 $2e^{2x_0}-\dfrac{a}{x_0}=0$，所以$f(x_0)=\dfrac{a}{2x_0}+2ax_0+a\ln\dfrac{2}{a}\geqslant 2a+a\ln\dfrac{2}{a}$.

故当 $a>0$ 时，$f(x)\geqslant 2a+a\ln\dfrac{2}{a}$.

【例 9】 已知函数$f(x)=e^{x+m}-x^3$，$g(x)=\ln(x+1)+2$.

（1）若曲线 $y=f(x)$在点$(0,f(0))$处的切线斜率为 1，求实数 m 的值；

（2）当 $m\geqslant 1$ 时，证明：$f(x)>g(x)-x^3$.

解析

（1）因为$f(x)=e^{x+m}-x^3$，所以$f'(x)=e^{x+m}-3x^2$.

因为曲线 $y=f(x)$在点$(0,f(0))$处的切线斜率为 1，

所以$f'(0)=e^m=1$，解得 $m=0$.

（2）因为$f(x)=e^{x+m}-x^3$，$g(x)=\ln(x+1)+2$，

所以$f(x)>g(x)-x^3$ 等价于 $e^{x+m}-\ln(x+1)-2>0$.

当 $m\geqslant 1$ 时，$e^{x+m}-\ln(x+1)-2\geqslant e^{x+1}-\ln(x+1)-2$.

要证 $e^{x+m}-\ln(x+1)-2>0$，只需证明 $e^{x+1}-\ln(x+1)-2>0$.

设 $h(x)=e^{x+1}-\ln(x+1)-2$，则 $h'(x)=e^{x+1}-\dfrac{1}{x+1}$.

设 $p(x)=e^{x+1}-\dfrac{1}{x+1}$，则 $p'(x)=e^{x+1}+\dfrac{1}{(x+1)^2}>0$.

所以函数 $p(x)=h'(x)=e^{x+1}-\dfrac{1}{x+1}$在$(-1,+\infty)$上单调递增.

因为 $h'\left(-\dfrac{1}{2}\right)=e^{\frac{1}{2}}-2<0$，$h'(0)=e-1>0$，

所以函数 $h'(x)=e^{x+1}-\dfrac{1}{x+1}$在$(-1,+\infty)$上有唯一零点 x_0，且 $x_0\in\left(-\dfrac{1}{2},0\right)$.

因为 $h'(x_0)=0$，所以 $e^{x_0+1}=\frac{1}{x_0+1}$，即 $\ln(x_0+1)=-(x_0+1)$.

当 $x\in(-1,\ x_0)$时，$h'(x)<0$；当 $x\in(x_0,\ +\infty)$时，$h'(x)>0$.

所以当 $x=x_0$ 时，$h(x)$取得最小值 $h(x_0)$.

所以 $h(x)\geqslant h(x_0)=e^{x_0+1}-\ln(x_0+1)-2=\frac{1}{x_0+1}+(x_0+1)-2>0$.

综上可知，当 $m\geqslant 1$ 时，$f(x)>g(x)-x^3$.

【例 10】（2022 年全国高考甲卷·理科）已知函数 $f(x)=\frac{e^x}{x}-\ln x+x-a$.

（1）若 $f(x)\geqslant 0$，求 a 的取值范围；

（2）证明：若 $f(x)$有两个零点 x_1，x_2，则 $x_1x_2<1$.

解析

（1）$f(x)$的定义域为（0，$+\infty$），$f'(x)=\frac{e^x(x-1)}{x^2}-\frac{1}{x}+1=\frac{(e^x+x)(x-1)}{x^2}$，令 $f'(x)=0\Rightarrow x=1$. 当 $0<x<1$ 时 $f'(x)<0$，$f(x)$单调递减；当 $x>1$ 时 $f'(x)>0$，$f(x)$单调递增. 所以 $f(x)_{\min}=f(1)=e+1-a$，要使得 $f(x)\geqslant 0$ 恒成立，即 $f(x)_{\min}=f(1)=e+1-a\geqslant 0$，即 $e+1\geqslant a$.

故 $a\in(-\infty,\ e+1]$.

（2）由（1）可得，要使 $f(x)$有两个零点，则 $f(x)_{\min}=f(1)=e+1-a<0\Rightarrow e+1<a$. 设 $f(x)$的两个零点分别为 x_1，x_2（$x_1<x_2$），则 $0<x_1<1<x_2$.

要证明 $x_1x_2<1$ 即证明 $1<x_2<\frac{1}{x_1}$，又因为 $f(x)$在（1，$+\infty$）单调递增，即证明 $f(x_2)<f\left(\frac{1}{x_1}\right)\Leftrightarrow f(x_1)<f\left(\frac{1}{x_1}\right)$.

构造函数 $F(x)=f(x)-f\left(\frac{1}{x}\right)(0<x<1)$，$F'(x)=f'(x)+f'\left(\frac{1}{x}\right)\frac{1}{x^2}$ $=\frac{(x-1)(e^x+x-xe^{\frac{1}{x}}-1)}{x^2}$，

由于 $e^x>ex\Rightarrow e^x+x>ex+x=(e+1)x$，又因为函数 $y=xe^{\frac{1}{x}}$在（0，1）上单调递减，

所以 $xe^{\frac{1}{x}}>e\Rightarrow -xe^{\frac{1}{x}}-1<-e-1$，所以 $e^x+x-xe^{\frac{1}{x}}-1<e+1-e-1=0$，当 $0<x<1$，$F'(x)>0\Rightarrow F(x)$在（0，1）上单调递增，而 $F(1)=f(1)-f(1)=0$，所以 $F(x)<0\Rightarrow f(x)<f\left(\frac{1}{x}\right)$得证.

第四类　函数的单调性

本类问题的常考知识点：

（1）函数的单调性与导函数符号的关系.

一般地,函数的单调性与其导数的正负有以下关系:在某个区间(a,b)内,如果$f'(x)>0$,那么函数$y=f(x)$在该区间内单调递增;如果$f'(x)<0$,那么函数$y=f(x)$在该区间内单调递减.

（2）求可导函数$y=f(x)$单调区间的一般步骤.

①确定函数$y=f(x)$的定义域;

②求$f'(x)$;

③讨论导函数的零点是否存在，若$f'(x)\geqslant 0$［或$f'(x)\leqslant 0$］在定义域上恒成立，则在区间上单调递增（或单调递减）;

④当导函数存在多个零点时，以零点分段，讨论各区间符号（一般列表）;

⑤写出函数$y=f(x)$的单调区间.（当有多个单调区间时，中间用“,”隔开或用“和”字隔开）.

（3）已知函数在区间上单调，求参数范围.

已知函数在区间上单调，求其中的参数范围时，要注意单调性与导数的关系的转化:

①如果$f(x)$在区间$[a,b]$单调递增$\Rightarrow f'(x)\geqslant 0$在$x\in[a,b]$上恒成立;

②如果$f(x)$在区间$[a,b]$单调递减$\Rightarrow f'(x)\leqslant 0$在$x\in[a,b]$上恒成立.

（4）已知函数在区间上存在单调区间，求参数范围.

存在单调区间转化为相应不等式在相应区间有解，进而转化为最值.

（5）已知含参函数在区间上不单调，求参数的取值范围.

此类问题转化为导数在区间内存在变号零点，通常用分离变量法求解参变量的范围.

题型1：不含参的函数单调性问题（求导法）

【例1】 已知函数$f(x)=e^x+ax+b$在$x=\ln 2$处的切线方程为$y=x-2\ln 2$，求函数$f(x)$的单调区间.

解析

$f'(x)=e^x+a$，由已知得$f'(\ln 2)=1$，故$a=-1$.

又$f(\ln 2)=-\ln 2$，解得$b=-2$，所以$f(x)=e^x-x-2$，则$f'(x)=e^x-1$.

当$x<0$时，$f'(x)<0$；当$x>0$时，$f'(x)>0$.

所以$f(x)$的单调递增区间为$(0,+\infty)$，单调递减区间为$(-\infty,0)$.

题型2：利用函数的单调性比较大小

【例2】（2022全国高考甲卷·文科）已知$9^m=10$，$a=10^m-11$，$b=8^m-9$，则（　　）.

A. $a>0>b$　　　　B. $a>b>0$

C. $b>a>0$　　　　D. $b>0>a$

解析

由$9^m=10$，可得 $m=\log_9 10\in(1,\ 1.5)$.

根据 a，b 的形式构造函数$f(x)=x^m-x-1$ $(x>1)$，则$f'(x)=mx^{m-1}-1$，

令$f'(x)=0$，解得 $x=m^{\frac{1}{1-m}}$，由 $m=\log_9 10\in(1,\ 1.5)$ 知 $x\in(0,\ 1)$.

$f(x)$ 在 $(1,\ +\infty)$ 上单调递增，所以$f(10)>f(8)$，即 $a>b$，

又因为$f(9)=9^{\log_9 10}-10=0$，所以 $a>0>b$，故选 A.

题型3：含参数函数单调区间的讨论

【例3】（2022 潍坊三模）设函数$f(x)=|\sin x|$，若 $a=f(\ln 2)$，$b=f(\log_{3^{-1}}2)$，$c=f(\sqrt{3})$，则（　　）.

A. $a<b<c$　　B. $b<c<a$　　C. $c<a<b$　　D. $b<a<c$

解析

函数$f(x)$的定义域为$\mathbf{R}$，且$f(-x)=|\sin(-x)|=|-\sin x|=|\sin x|=f(x)$，所以$f(x)$是偶函数. $b=f(\log_{3^{-1}}2)=f(-\log_3 2)=f(\log_3 2)$，$c=f(\sqrt{3})=f(\pi-\sqrt{3})$.

因为$0<\log_3 2<\ln 2<1<\pi-\sqrt{3}<\frac{\pi}{2}$且$f(x)$在$\left(0,\ \frac{\pi}{2}\right)$上单调递增，所以$b<a<c$.

【例4】已知函数$f(x)=\ln x-ax+\frac{1-a}{x}-1$ $(a\in\mathbf{R})$. 当 $a\leqslant\frac{1}{2}$时，讨论$f(x)$的单调性.

解析

因为$f(x)=\ln x-ax+\frac{1-a}{x}-1$，所以$f'(x)=\frac{1}{x}-a+\frac{a-1}{x^2}=-\frac{ax^2-x+1-a}{x^2}$，$x\in(0,\ +\infty)$. 令 $g(x)=ax^2-x+1-a$，$x\in(0,\ +\infty)$.

(1) 当 $a=0$ 时，$g(x)=-x+1$，$x\in(0,\ +\infty)$. 所以当 $x\in(0,\ 1)$ 时，$g(x)>0$，此时$f'(x)<0$，函数$f(x)$单调递减. 当 $x\in(1,\ +\infty)$ 时，$g(x)<0$，此时$f(x)>0$，函数$f'(x)>0$，函数单调递增.

(2) 当 $a\neq0$ 时，令 $f'(x)=0$，即 $ax^2-x+1-a=0$，解得 $x_1=1$，$x_2=\frac{1}{a}-1$.

①当 $a<0$ 时，$\frac{1}{a}-1<0$，$x\in(0,\ 1)$ 时，$g(x)>0$，此时$f'(x)<0$，函数$f(x)$单调递减；$x\in(1,\ +\infty)$ 时，$g(x)<0$，此时$f'(x)>0$，函数$f(x)$单调递增.

②当 $a=\frac{1}{2}$时，$x_1=x_2$，$g(x)\geqslant0$ 恒成立，此时$f'(x)\leqslant0$，函数$f(x)$在 $(0,\ +\infty)$ 上单调递减.

③当 $0<a<\frac{1}{2}$ 时，$\frac{1}{a}-1>1>0$，$x\in(0,1)$ 时，$g(x)>0$，此时 $f'(x)<0$，函数 $f(x)$ 单调递减；$x\in\left(1,\frac{1}{a}-1\right)$ 时，$g(x)<0$，此时 $f'(x)>0$，函数 $f(x)$ 单调递增；$x\in\left(\frac{1}{a}-1,+\infty\right)$ 时，$g(x)>0$，此时 $f'(x)<0$，函数 $f(x)$ 单调递减.

综上所述，当 $a\leqslant 0$ 时，函数 $f(x)$ 在 $(0,1)$ 上单调递减，在 $(1,+\infty)$ 上单调递增；当 $a=\frac{1}{2}$ 时，函数 $f(x)$ 在 $(0,+\infty)$ 上单调递减；当 $0<a<\frac{1}{2}$ 时，函数 $f(x)$ 在 $(0,1)$ 上单调递减，在 $\left(1,\frac{1}{a}-1\right)$ 上单调递增，在 $\left(\frac{1}{a}-1,+\infty\right)$ 上单调递减.

题型 4：已知含参函数在区间上的单调性，求参数的取值范围

【例 5】 若函数 $f(x)=x-\frac{1}{3}\sin 2x+a\sin x$ 在 $(-\infty,+\infty)$ 上单调递增，则 a 的取值范围是（　　）.

A. $[-1,1]$　　B. $\left[-1,\frac{1}{3}\right]$　　C. $\left[-\frac{1}{3},\frac{1}{3}\right]$　　D. $\left[-1,\frac{1}{3}\right]$

解析

因为 $f(x)$ 在 $(-\infty,+\infty)$ 上单调递增，

所以 $f'(x)=1-\frac{2}{3}\cos 2x+a\cos x\geqslant 0$ 对 $x\in(-\infty,+\infty)$ 恒成立，

即 $f'(x)=-\frac{4}{3}\cos^2 x+a\cos x+\frac{5}{3}\geqslant 0$ 对 $x\in(-\infty,+\infty)$ 恒成立.

令 $\cos x=t$，$-1\leqslant t\leqslant 1$，则等价于 $g(t)=-\frac{4}{3}t^2+at+\frac{5}{3}\geqslant 0$ 对 $t\in[-1,1]$ 恒成立，

等价于 $g(-1)\geqslant 0$ 且 $g(1)\geqslant 0$，所以 $-\frac{1}{3}\leqslant a\leqslant\frac{1}{3}$，即 a 的取值范围为 $\left[-\frac{1}{3},\frac{1}{3}\right]$.

故选 C.

【例 6】 设函数 $f(x)=\frac{3x^2+ax}{\mathrm{e}}$ $(a\in\mathbf{R})$. 若 $f(x)$ 在 $[3,+\infty)$ 上为减函数，求 a 的取值范围.

解析

$f'(x)=\frac{-3x^2+(6-a)x+a}{\mathrm{e}^x}$，令 $g(x)=-3x^2+(6-a)x+a$，

令 $g(x)=0$，解得 $x_1=\frac{6-a-\sqrt{a^2+36}}{6}$，$x_2=\frac{6-a+\sqrt{a^2+36}}{6}$.

当 $x<x_1$ 时，$g(x)<0$，即 $f'(x)<0$，故 $f(x)$ 为减函数；

当 $x_1<x<x_2$ 时，$g(x)>0$，即 $f'(x)>0$，故 $f(x)$ 为增函数；

当 $x>x_2$ 时，$g(x)<0$，即 $f'(x)<0$，故 $f(x)$ 为减函数.

由 $f(x)$ 在 $[3,\ +\infty)$ 上为减函数，知 $x_2=\dfrac{6-a+\sqrt{a^2+36}}{6}\leqslant 3$，解得 $a\geqslant -\dfrac{9}{2}$，

故 a 的取值范围为 $\left[-\dfrac{9}{2},\ +\infty\right)$.

题型 5：已知含参数在区间上单调递增（或递减），求参数的取值范围

【例 7】 设函数 $f(x)=\ln x+(x-a)^2$，$a\in\mathbf{R}$，若函数 $f(x)$ 在 $[1,\ 2]$ 上存在单调递增区间，求实数 a 的取值范围.

解析

依题意，$f'(x)=\dfrac{1}{x}+2(x-a)>0$，$x\in[1,\ 2]$ 有解，

转化为不等式 $2a<2x+\dfrac{1}{x}$ 在 $[1,\ 2]$ 上有解，则 $a<\left(x+\dfrac{1}{2x}\right)_{\max}$.

令 $y=x+\dfrac{1}{2x}$，$x\in[1,\ 2]$，$y'=1-\dfrac{1}{2x^2}=\dfrac{2x^2-1}{2x^2}>0$，

所以 $y=x+\dfrac{1}{2x}$ 在 $[1,\ 2]$ 上为增函数，当 $x=2$ 时，y 取最大值为 $\dfrac{9}{4}$，

所以实数 a 的取值范围是 $\left(-\infty,\ \dfrac{9}{4}\right)$.

题型 6：已知含参函数在区间上不单调，求参数的取值范围

【例 8】 若关于 x 的不等式 $x^2+ax-c<0$ 的解集为 $\{x\mid -2<x<1\}$，且函数 $y=ax^3+mx^2+x+\dfrac{c}{2}$ 在区间 $\left(\dfrac{1}{2},\ 1\right)$ 上不是单调函数，则实数 m 的取值范围为（　　）.

A. $(-2,\ -\sqrt{3})$　　B. $[-3,\ -\sqrt{3}]$

C. $(-\infty,\ -2)\cup(\sqrt{3},\ +\infty)$　　D. $(-\infty,\ -2)\cup(-\sqrt{3},\ +\infty)$

解析

由不等式 $x^2+ax-c<0$ 解集为 $\{x\mid -2<x<1\}$，可得 $x^2+ax-c=0$ 的两根为 -2，1，故可求得 $a=1$，$c=2$. 所以由函数 $y=x^3+mx^2+x+1$ 在区间 $\left(\dfrac{1}{2},\ 1\right)$ 上不是单调函数，可知 $y'=3x^2+2mx+1=0$ 在区间 $\left(\dfrac{1}{2},\ 1\right)$ 上有解.

当在 $\left(\dfrac{1}{2},\ 1\right)$ 上有一个解时，有 $\left(\dfrac{3}{4}+m+1\right)(3+2m+1)<0$，或 $\begin{cases}\dfrac{3}{4}+m+1=0,\\ \dfrac{1}{2}<-\dfrac{m}{3}<\dfrac{3}{4},\end{cases}$ 或

$\begin{cases}3+2m+1=0,\\ \dfrac{3}{4}<-\dfrac{m}{3}<1,\end{cases}$ 解得 $-2<m\leqslant-\dfrac{7}{4}$；

当在 $\left(\dfrac{1}{2},\ 1\right)$ 上有两个解时，有 $\begin{cases}\dfrac{1}{2}<-\dfrac{m}{3}<1,\\ \Delta=4m^2-12>0,\\ \dfrac{3}{4}+m+1>0,\\ 3+2m+1>0,\end{cases}$ 解得 $-\dfrac{7}{4}<m<-\sqrt{3}$.

综上可得 $m\in(-2,\ -\sqrt{3})$，故选 A.

第五类　函数的极值与最值

本类题型的常考知识点：

1. 利用导数研究函数的极值

（1）确定函数 $f(x)$ 的定义域，并求出函数 $f(x)$ 的导函数 $f'(x)$；

（2）求导函数的零点；

（3）判断导函数的零点左右两侧导函数值的符号；

（4）利用结论写出极值.

注：有关极值问题要从极值存在的充要条件上考虑，不仅要注意导数为零，同时也要注意导数为零附近两侧导数的变号情况.

2. 求可导函数在闭区间 $[a,\ b]$ 上的最值

（1）计算函数 $f(x)$ 在开区间 $(a,\ b)$ 内的所有驻点（导函数的零点）；

（2）计算函数 $f(x)$ 在驻点和端点的函数值；

（3）比较其大小关系，其中最大的一个为最大值，最小的一个为最小值.

3. 可导函数在开区间上的最值（开区间内只有一个导函数为 0 的点）

若函数在开区间内只有一个驻点，判断该驻点左右两侧的符号，左正右负最大值，左负右正最小值.

题型 1：函数极值的定义

【例 1】 若 $x=-2$ 是函数 $f(x)=(x^2+ax-1)\mathrm{e}^{x-1}$ 的极值点，则 $f(x)=(x^2+ax-1)\mathrm{e}^{x-1}$ 的极小值为（　　）.

A. -1　　B. $-2\mathrm{e}^{-3}$　　C. $5\mathrm{e}^{-3}$　　D. 1

解析

因为 $f'(x)=[x^2+(a+2)x+a-1]\mathrm{e}^{x-1}$，$f'(-2)=0$，

所以 $a=-1$，所以 $f(x)=(x^2-x-1)\mathrm{e}^{x-1}$，$f'(x)=(x^2+x-2)\mathrm{e}^{x-1}$，

令 $f'(x)=0$，解得 $x=-2$ 或 $x=1$.

所以当 $x\in(-\infty,-2)$ 时，$f'(x)>0$，$f(x)$ 单调递增；当 $x\in(-2,1)$ 时，$f'(x)<0$，$f(x)$ 单调递减；当 $x\in(1,+\infty)$ 时，$f'(x)>0$，$f(x)$ 单调递增. 所以 $f(x)$ 在 $x=1$ 处取得极小值，且极小值为 $f(1)=(1-1-1)e^{1-1}=-1$.

故选 A.

【例 2】 已知函数 $f(x)=\sin x-\ln(1+x)$，$f'(x)$ 为 $f(x)$ 的导数，证明：$f'(x)$ 在区间 $\left(-1,\frac{\pi}{2}\right)$ 存在唯一极大值点.

解析

设 $g(x)=f'(x)$，则 $g(x)=\cos x-\frac{1}{1+x}$，$g'(x)=-\sin x+\frac{1}{(1+x)^2}$.

当 $x\in\left(-1,\frac{\pi}{2}\right)$ 时，$g''(x)=-\cos x-\frac{2}{(1+x)^3}<0$，故 $g'(x)$ 单调递减. 而 $g'(0)=1>0$，$g'\left(\frac{\pi}{2}\right)=-1+\frac{1}{\left(1+\frac{\pi}{2}\right)^2}<0$，由零点存在定理可得 $g'(x)$ 在 $\left(0,\frac{\pi}{2}\right)$ 有唯一零点，设为 α，

则当 $x\in(-1,\alpha)$ 时，$g'(x)>0$；当 $x\in\left(\alpha,\frac{\pi}{2}\right)$ 时，$g'(x)<0$.

所以 $g(x)$ 在区间 $(-1,\alpha)$ 上单调递增，在区间 $\left(\alpha,\frac{\pi}{2}\right)$ 上单调递减，故 $g(x)$ 在区间 $\left(-1,\frac{\pi}{2}\right)$ 上存在唯一极大值点，即 $f'(x)$ 在 $\left(-1,\frac{\pi}{2}\right)$ 存在唯一极大值点.

题型 2：含参函数的极值

【例 3】 已知函数 $f(x)=x-1+\frac{a}{e^x}$ $(a\in\mathbf{R})$，讨论函数 $f(x)$ 的极值.

解析

$f'(x)=1-\frac{a}{e^x}=\frac{e^x-a}{e^x}$,

当 $a\leqslant0$ 时，$f'(x)>0$，$f(x)$ 为 $(-\infty,+\infty)$ 上的增函数，此时无极值.

当 $a>0$ 时，由 $f'(x)=0$ 得 $x=\ln a$，当 $x\in(-\infty,\ln a)$ 时，$f'(x)<0$，$f(x)$ 单调递减；当 $x\in(\ln a,+\infty)$ 时，$f'(x)>0$，$f(x)$ 单调递增，此时 $f(x)$ 有极小值 $\ln a$，无极大值.

综上所述，当 $a\leqslant0$ 时，无极值；当 $a>0$ 时，有极小值 $\ln a$，无极大值.

题型 3：已知函数的极值点个数，求参变量的取值范围

【例 4】 已知函数 $f(x)=x(\ln x-ax)$ 有两个极值点，求实数 a 的取值范围.

解析

解法一：根据极值点与导函数的关系可知，这个函数的导函数在定义域内穿过 x 轴两次，即 $f'(x)=\ln x+1-2ax=0$ 有两个不同的正解.

令 $g(x)=\ln x+1-2ax$，则 $g'(x)=\dfrac{1}{x}-2a$，令 $g'(x)=\dfrac{1}{x}-2a=0$ 得 $x=\dfrac{1}{2a}$，又定义域为 $x\in(0,+\infty)$.

当 $a\leqslant 0$ 时，恒有 $g'(x)\geqslant 0$，此时 $g(x)=\ln x+1-2ax$ 在 $x\in(0,+\infty)$ 上单调递增，不可能穿过 x 轴两次，不成立.

当 $a>0$ 时，$g(x)$ 在 $x\in\left(0,\dfrac{1}{2a}\right)$ 上递增，在 $x\in\left(\dfrac{1}{2a},+\infty\right)$ 上递减，且 x 趋近于 0 与 x 趋近于 $+\infty$ 时，$g(x)$ 均趋近于 $-\infty$，故要使 $g(x)$ 有两个不同解，只需 $g\left(\dfrac{1}{2a}\right)>0$ 即可，

故 $\begin{cases}a>0,\\ \ln\dfrac{1}{2a}>0,\end{cases}$ 解得 $a\in\left(0,\dfrac{1}{2}\right)$.

解法二：$f'(x)=\ln x+1-2ax=0$ 有两个不同的正解，即 $y=\ln x$ 与 $y=2ax-1$ 在 $x\in(0,+\infty)$ 有两个不同的交点. 设 $y=\ln x$ 切线的切点为 (x_0,y_0)，则该切点处切线方程是 $y-\ln x_0=\dfrac{1}{x_0}(x-x_0)$，它过点 $(0,-1)$，解得 $x_0=1$，即切线的斜率是 1，故要使它们有两个不同的交点，必须满足 $\begin{cases}2a>0,\\ 2a<1,\end{cases}\Rightarrow 0<a<\dfrac{1}{2}$.

【例 5】（2022 全国高考乙卷·理科）已知 $x=x_1$ 和 $x=x_2$ 分别是函数 $f(x)=2a^x-ex^2$ $(a>0$ 且 $a\neq 1)$ 的极小值点和极大值点. 若 $x_1<x_2$，则 a 的取值范围是__________.

解析

$f'(x)=2\ln a\cdot a^x-2ex$，因为 x_1，x_2 分别是函数 $f(x)=2a^x-ex^2$ 的极小值点和极大值点，所以函数 $f(x)$ 在 $(-\infty,x_1)$ 和 $(x_2,+\infty)$ 上单调递减，在 (x_1,x_2) 上单调递增.

所以当 $x\in(-\infty,x_1)\cup(x_2,+\infty)$ 时，$f'(x)<0$；当 $x\in(x_1,x_2)$ 时，$f'(x)>0$.

当 $a>1$，$x<0$ 时，$2\ln a\cdot a^x>0$，$2ex<0$，则此时 $f'(x)>0$，矛盾；

当 $0<a<1$ 时，方程 $2\ln a\cdot a^x-2ex=0$ 的两个根为 x_1，x_2，即方程 $\ln a\cdot a^x=ex$ 的两个根为 x_1，x_2，即函数 $y=\ln a\cdot a^x$ 与函数 $y=ex$ 的图象有两个不同的交点.

令 $g(x)=\ln a\cdot a^x$，则 $g'(x)=\ln^2 a\cdot a^x$，$0<a<1$.

设过原点且与函数 $y=g(x)$ 的图象相切的直线的切点为 $(x_0,\ln a\cdot a^{x_0})$，

则切线的斜率为 $g'(x_0)=\ln^2 a\cdot a^{x_0}$，切线方程为 $y-\ln a\cdot a^{x_0}=\ln^2 a\cdot a^{x_0}(x-x_0)$，

则有 $-\ln a\cdot a^{x_0}=-x_0\ln^2 a\cdot a^{x_0}$，解得 $x_0=\dfrac{1}{\ln a}$，

则切线的斜率为 $\ln^2 a\cdot a^{\frac{1}{\ln a}}=\mathrm{e}\ln^2 a$.

因为函数 $y=\ln a\cdot a^x$ 与函数 $y=\mathrm{e}x$ 的图象有两个不同的交点，

所以 $\mathrm{e}\ln^2 a<\mathrm{e}$，解得 $\dfrac{1}{\mathrm{e}}<a<\mathrm{e}$，又 $0<a<1$，所以 $\dfrac{1}{\mathrm{e}}<a<1$，

综上所述，a 的取值范围为 $\left(\dfrac{1}{\mathrm{e}},1\right)$.

题型4：极值点的偏移问题

【例6】 已知函数 $f(x)=x-\ln x$，若两相异正实数 x_1，x_2 满足 $f(x_1)=f(x_2)$，

求证：$f'(x_1)+f'(x_2)<0$.

解析

解法一（换元法）：通过换元将不常规的结论变换为常规结论.

令 $a=\dfrac{1}{x_1}>0$，$b=\dfrac{1}{x_2}>0$，即证 $a+b>2$.

因为 $f(x_1)=f(x_2)$，即 $x_1-\ln x_1=x_2-\ln x_2$，$\dfrac{1}{a}+\ln a=\dfrac{1}{b}+\ln b$.

记函数 $g(x)=\dfrac{1}{x}+\ln x$，则 $g(a)=g(b)$，

原问题变换为：已知函数 $g(x)=\dfrac{1}{x}+\ln x$，若两相异正实数 a，b 满足 $g(a)=g(b)$，求证：$a+b>2$.

解法二（加强条件）：试图证明更强的结论 $x_1x_2<1$. 由基本不等式得 $\dfrac{1}{x_1}+\dfrac{1}{x_2}>2\sqrt{\dfrac{1}{x_1x_2}}>2$.

【例7】 已知函数 $f(x)=\dfrac{(x-a)^2}{\ln x}$（其中 a 为常数）.

（1）当 $a=0$ 时，求函数的单调区间；

（2）当 $0<a<1$ 时，设函数 $f(x)$ 的3个极值点为 x_1，x_2，x_3，且 $x_1<x_2<x_3$，证明：$x_1+x_3>\dfrac{2}{\sqrt{\mathrm{e}}}$.

解析

（1）当 $a=0$ 时，$f(x)=\dfrac{x^2}{\ln x}$，$x\in(0,+\infty)$，$f'(x)=\dfrac{2(2\ln x-1)}{\ln^2 x}$，

令 $f'(x)=0$ 可得 $x=\sqrt{\mathrm{e}}$. 列表如下：

x	$(0,1)$	$(1,\sqrt{e})$	$\sqrt{e}$	$(\sqrt{e},+\infty)$
$f'(x)$	−	−	0	+
$f(x)$	↘	↘	$f(x)_{\min}$	↗

单调减区间为 $(0,1)$，$(1,\sqrt{e})$；增区间为 $(\sqrt{e},+\infty)$.

(2) 由题意，$f'(x)=\dfrac{(x-a)\left(2\ln x+\dfrac{a}{x}-1\right)}{\ln^2 x}$，

对于函数 $h(x)=2\ln x+\dfrac{a}{x}-1$，有 $h'(x)=\dfrac{2x-a}{x^2}$，

所以函数 $h(x)$ 在 $\left(0,\dfrac{a}{2}\right)$ 上单调递减，在 $\left(\dfrac{a}{2},+\infty\right)$ 上单调递增；

因为函数 $f(x)$ 有 3 个极值点 $x_1<x_2<x_3$，

从而 $h_{\min}(x)=h\left(\dfrac{a}{2}\right)=2\ln\dfrac{a}{2}+1<0$，所以 $a<\dfrac{2}{\sqrt{e}}$.

当 $0<a<1$ 时，$h(a)=2\ln a<0$，$h(1)=a-1<0$，

所以，函数 $f(x)$ 的递增区间有 (x_1,a) 和 $(x_3,+\infty)$，递减区间有 $(0,x_1)$，$(a,1)$，$(1,x_3)$，

此时，函数 $f(x)$ 有 3 个极值点，且 $x_2=a$；

则当 $0<a<1$ 时，x_1，x_3 是函数 $h(x)=2\ln x+\dfrac{a}{x}-1$ 的两个零点，

即有 $\begin{cases}2\ln x_1+\dfrac{a}{x_1}-1=0,\\ 2\ln x_3+\dfrac{a}{x_3}-1=0,\end{cases}$ 消去 a 有 $2x_1\ln x_1-x_1=2x_3\ln x_3-x_3$.

令 $g(x)=2x\ln x-x$，$g'(x)=2\ln x+1$ 有零点，$x=\dfrac{1}{\sqrt{e}}$，且 $x_1<\dfrac{1}{\sqrt{e}}<x_3$，

所以函数 $g(x)=2x\ln x-x$ 在 $\left(0,\dfrac{1}{\sqrt{e}}\right)$ 上单调递减，在 $\left(\dfrac{1}{\sqrt{e}},+\infty\right)$ 上单调递增.

要证明 $x_1+x_3>\dfrac{2}{\sqrt{e}}\Leftrightarrow x_3>\dfrac{2}{\sqrt{e}}-x_1\Leftrightarrow g(x_3)>g\left(\dfrac{2}{\sqrt{e}}-x_1\right)$，

因为 $g(x_1)=g(x_3)$，即证 $g(x_1)>g\left(\dfrac{2}{\sqrt{e}}-x_1\right)\Leftrightarrow g(x_1)-g\left(\dfrac{2}{\sqrt{e}}-x_1\right)>0$.

构造函数 $F(x)=g(x)-g\left(\dfrac{2}{\sqrt{e}}-x\right)$，因为 $F\left(\dfrac{1}{\sqrt{e}}\right)=0$，

只需要证明 $F(x)$ 在 $x\in\left(0,\dfrac{2}{\sqrt{e}}\right)$ 上单调递减即可.

而 $F'(x)=2\ln x+2\ln\left(\frac{2}{\sqrt{e}}-x\right)+2$，$F''(x)=\dfrac{2\left(\frac{2}{\sqrt{e}}-2x\right)}{x\left(\frac{2}{\sqrt{e}}-x\right)}>0$，所以 $F'(x)$ 在$\left(0,\frac{2}{\sqrt{e}}\right]$上单调递增，所以 $F'(x)\leqslant F'\left(\frac{1}{\sqrt{e}}\right)=0$，则 $F(x)$ 在$\left(0,\frac{1}{\sqrt{e}}\right]$上单调递减，

所以当 $0<a<1$ 时，$x_1+x_3>\frac{2}{\sqrt{e}}$.

题型 5：函数最值的定义

【例 8】（2022 全国高考甲卷·理科）当 $x=1$ 时，函数 $f(x)=a\ln x+\frac{b}{x}$取得最大值 -2，则 $f'(2)=$（　　）.

A. -1　　B. $-\frac{1}{2}$　　C. $\frac{1}{2}$　　D. 1

解析

$f'(x)=\frac{a}{x}-\frac{b}{x^2}$，由条件可得$\begin{cases}f(1)=b=-2,\\f'(1)=a-b=0,\end{cases}$所以 $a=b=-2$，

所以 $f'(x)=\frac{-2}{x}-\frac{-2}{x^2}$，$f'(2)=\frac{-2}{2}+\frac{2}{2^2}=-\frac{1}{2}$.

故选 B.

题型 6：已知函数的最值，求参变量的取值范围

【例 9】若函数 $f(x)=\frac{1}{3}x^3+x^2-2$ 在区间$(a-4,a)$上存在最小值，则 a 的取值范围是（　　）.

A. $(0,4)$　　B. $[0,4)$　　C. $[1,4)$　　D. $(1,4)$

解析

因为 $f(x)=\frac{1}{3}x^3+x^2-2$，所以 $f'(x)=x^2+2x=x(x+2)$.

令 $f'(x)>0$，解得 $x<-2$ 或 $x>0$；令 $f'(x)<0$，解得 $-2<x<0$.

故 $f(x)$的单调递增区间为$(-\infty,-2)$和$(0,+\infty)$，单调递减区间为$(-2,0)$，

所以，函数 $f(x)$在 $x=0$ 处取得极小值.

由于函数 $f(x)$在区间$(a-4,a)$内取得最小值，则$\begin{cases}a-4<0<a,\\f(a-4)\geqslant f(0),\end{cases}$

由 $f(a-4)\geqslant f(0)$可得$\frac{1}{3}(a-4)^3+(a-4)^2-2\geqslant-2$，可得$(a-4)^2(a-1)\geqslant 0$，

即$\begin{cases}a-4<0<a,\\(a-4)^2(a-1)\geqslant 0,\end{cases}$解得$1\leqslant a<4$.

因此，实数 a 的取值范围是$[1, 4)$. 故选 C.

【例 10】 若函数 $f(x)=\log_a(-3x^2+4ax-1)$有最小值，则实数 a 的取值范围是(　　).

A. $\left(\frac{\sqrt{3}}{2}, 1\right)$　　B. $(1, \sqrt{3})$

C. $\left(0, \frac{\sqrt{3}}{2}\right)$　　D. $(\sqrt{3}, +\infty)$

解析

依题意 $a\in(0, 1)\cup(1, +\infty)$，且 $-3x^2+4ax-1>0$，所以 $\Delta=16a^2-12>0$，解得 $a>\frac{\sqrt{3}}{2}$或 $a<-\frac{\sqrt{3}}{2}$，综上可得 $a\in\left(\frac{\sqrt{3}}{2}, 1\right)\cup(1, +\infty)$.

令 $-3x^2+4ax-1=0$ 的根为 x_1，x_2 且 $x_1<x_2$，$u(x)=-3x^2+4ax-1$，$y=\log_a u$，

若 $a\in(1, +\infty)$，则 $y=\log_a u$ 在定义域上单调递增，$u(x)=-3x^2+4ax-1$ 在$\left(x_1, \frac{2a}{3}\right)$上单调递增，在$\left(\frac{2a}{3}, x_2\right)$上单调递减，

根据复合函数的单调性可知，$f(x)=\log_a(-3x^2+4ax-1)$在$\left(x_1, \frac{2a}{3}\right)$上单调递增，在$\left(\frac{2a}{3}, x_2\right)$上单调递减，函数不存在最小值，故舍去；

若 $a\in\left(\frac{\sqrt{3}}{2}, 1\right)$，则 $y=\log_a u$ 在定义域上单调递减，$u(x)=-3x^2+4ax-1$ 在$\left(x_1, \frac{2a}{3}\right)$上单调递增，在$\left(\frac{2a}{3}, x_2\right)$上单调递减，

根据复合函数的单调性可知，$f(x)=\log_a(-3x^2+4ax-1)$在$\left(x_1, \frac{2a}{3}\right)$上单调递减，在$\left(\frac{2a}{3}, x_2\right)$上单调递增，所以函数在 $x=\frac{2a}{3}$处取得最小值，所以 $a\in\left(\frac{\sqrt{3}}{2}, 1\right)$.

故选 A.

第六类　导数与不等式

本类问题的常考知识点：

1. 函数不等式的证明（构造函数法）

(1) 若要证明$f(x)>g(x)$，先构造函数 $h(x)=f(x)-g(x)$，再证明 $h(x)_{\min}>0$；若要证明$f(x)<g(x)$，先构造函数 $h(x)=f(x)-g(x)$，再证明 $h(x)_{\max}<0$.

（2）若要证明 $f(x)\geqslant g(x)$，先证 $f(x)_{\min}\geqslant g(x)_{\max}$.

（3）利用函数单调性证明不等式.

（4）利用常用不等式 $\ln(1+x)<x$ 证明不等式.

2. **已知函数不等式恒成立、能成立，求参数的范围**

（1）恒成立问题.

① $\forall x\in D$，均有 $f(x)>A$ 恒成立，则 $f(x)_{\min}>A$；

② $\forall x\in D$，均有 $f(x)<A$ 恒成立，则 $f(x)_{\max}<A$；

③ $\forall x\in D$，均有 $f(x)>g(x)$ 恒成立，则 $F(x)=f(x)-g(x)>0$，$F(x)_{\min}>0$；

④ $\forall x\in D$，均有 $f(x)<g(x)$ 恒成立，则 $F(x)=f(x)-g(x)<0$，$F(x)_{\max}<0$；

⑤ $\forall x_1\in D$，$\forall x_2\in E$，均有 $f(x_1)>g(x_2)$ 恒成立，则 $f(x)_{\min}>g(x)_{\max}$；

⑥ $\forall x_1\in D$，$\forall x_2\in E$，均有 $f(x_1)<g(x_2)$ 恒成立，则 $f(x)_{\max}<g(x)_{\min}$.

（2）能成立问题.

① $\exists x_0\in D$，使得 $f(x_0)>A$ 成立，则 $f(x)_{\max}>A$；

② $\exists x_0\in D$，使得 $f(x_0)<A$ 成立，则 $f(x)_{\min}<A$；

③ $\exists x_0\in D$，使得 $f(x_0)>g(x_0)$ 成立，设 $F(x)=f(x)-g(x)$，$F(x)_{\max}>0$；

④ $\exists x_0\in D$，使得 $f(x_0)<g(x_0)$ 成立，设 $F(x)=f(x)-g(x)$，$F(x)_{\min}<0$；

⑤ $\exists x_1\in D$，$\exists x_2\in E$，使得 $f(x_1)>g(x_2)$ 成立，则 $f(x)_{\max}>g(x)_{\min}$；

⑥ $\exists x_1\in D$，$\exists x_2\in E$，使得 $f(x_1)<g(x_2)$ 成立，则 $f(x)_{\min}<g(x)_{\max}$.

（3）相等问题.

若 $f(x)$，$g(x)$ 的值域分别为 A，B，则：

① $\forall x_1\in D$，$\exists x_2\in E$，使得 $f(x_1)=g(x_2)$ 成立，则 $A\subseteq B$；

② $\exists x_1\in D$，$\exists x_2\in E$，使得 $f(x_1)=g(x_2)$ 成立，则 $A\cap B\neq\varnothing$.

（4）恒成立与能成立的综合性问题.

① $\forall x_1\in D$，$\exists x_2\in E$，使得 $f(x_1)>g(x_2)$ 成立，则 $f(x)_{\min}>g(x)_{\min}$；

② $\forall x_1\in D$，$\exists x_2\in E$，使得 $f(x_1)<g(x_2)$ 成立，则 $f(x)_{\max}<g(x)_{\max}$.

题型 1：证明不等式

【例 1】 已知函数 $f(x)=(1+x)\mathrm{e}^{-2x}$，当 $x\in[0,1]$ 时，求证：$1-x\leqslant f(x)\leqslant\frac{1}{1+x}$.

解析

要证 $x\in[0,1]$ 时，$(1+x)\mathrm{e}^{-2x}\leqslant\frac{1}{1+x}$，只需证明 $\mathrm{e}^x\geqslant x+1$.

记 $k(x)=\mathrm{e}^x-x-1$，则 $k'(x)=\mathrm{e}^x-1$，

当 $x\in(0,1)$ 时，$k'(x)=\mathrm{e}^x-1>0$，因此，$k(x)$ 在 $(0,1)$ 上是增函数，

故 $k(x)\geqslant k(0)=0$，所以 $f(x)\leqslant\frac{1}{1+x}$，$x\in(0,1)$.

要证 $x\in[0,1]$ 时，$(1+x)e^{-2x}\geqslant 1-x$，

只需证明 $(1+x)e^{-x}\geqslant(1-x)e^{x}$.

记 $h(x)=(1+x)e^{-x}-(1-x)e^{x}$，则 $h'(x)=x(e^{x}-e^{-x})$，

当 $x\in(0,1)$ 时，$h'(x)>0$，

因此，$h(x)$ 在 $[0,1]$ 上是增函数，故 $h(x)\geqslant h(0)=0$，所以 $1-x\leqslant f(x)$，$x\in[0,1]$.

综上所述，$1-x\leqslant f(x)\leqslant\frac{1}{1+x}$，$x\in[0,1]$.

【例2】 已知函数 $f(x)=\frac{1}{2}x^2+\ln x$. 求证：在区间 $(1,+\infty)$ 上，函数 $f(x)$ 的图象在函数 $g(x)=\frac{2}{3}x^3$ 的图象的下方.

解析

设 $F(x)=g(x)-f(x)$，即 $F(x)=\frac{2}{3}x^3-\frac{1}{2}x^2-\ln x$，则 $F'(x)=2x^2-x-\frac{1}{x}=\frac{(x-1)(2x^2+x+1)}{x}$.

当 $x>1$ 时，$F'(x)>0$，所以 $F(x)$ 在 $(1,+\infty)$ 上为增函数，所以 $F(x)>F(1)=\frac{1}{6}>0$. 所以当 $x>1$ 时 $g(x)-f(x)>0$，即 $f(x)<g(x)$. 故在区间 $(1,+\infty)$ 上，函数 $f(x)$ 的图象在函数 $g(x)=\frac{2}{3}x^3$ 的图象的下方.

题型 2：抽象函数不等式

【例3】 定义在 $\mathbf{R}$ 上的函数 $f(x)$ 满足 $f(1)=1$，且对任意 $x\in\mathbf{R}$，都有 $f'(x)<\frac{1}{2}$，解不等式 $f(x^2)>\frac{x^2+1}{2}$.

解析

构造函数 $g(x)=f(x)-\frac{1}{2}x+c$，则 $g'(x)<0$，即 $g(x)$ 在 $\mathbf{R}$ 上为减函数，

且 $g(1)=\frac{1}{2}+c$，$g(x^2)=f(x^2)-\frac{1}{2}x^2+c$，从而不等式 $f(x^2)>\frac{x^2+1}{2}$ 等价于 $g(x^2)>g(1)$，所以 $x^2<1$，$-1<x<1$.

【例4】 设函数 $f'(x)$ 是奇函数 $f(x)$ $(x\in\mathbf{R})$ 的导函数，$f(-1)=0$，当 $x>0$ 时，$xf'(x)-f(x)<0$，则使得 $f(x)>0$ 成立的 x 的取值范围是（　　）.

A. $(-\infty, -1)\cup(0, 1)$　　B. $(-1, 0)\cup(1, +\infty)$

C. $(-\infty, -1)\cup(-1, 0)$　　D. $(0, 1)\cup(1, +\infty)$

解析

设 $g(x)=\frac{f(x)}{x}$ $(x\neq0)$，由于 $f(x)$ 为奇函数，即 $f(-x)=-f(x)$，

则 $g(x)=\frac{f(x)}{x}=\frac{f(-x)}{-x}=g(-x)$，所以 $g(x)$ 为偶函数.

当 $x>0$ 时，$g'(x)=\frac{xf'(x)-f(x)}{x^2}<0$，即 $g(x)$ 在 $(0, +\infty)$ 上单调递减，

所以 $g(x)$ 在 $(-\infty, 0)$ 上单调递增.

因为 $f(-1)=0$，所以 $f(1)=0$，$g(-1)=g(1)=0$，

所以当 $x>0$ 时，要使 $f(x)>0$，则 $g(x)>0$，此时 $x\in(0, 1)$；

当 $x<0$ 时，要使 $f(x)>0$，则 $g(x)<0$，此时 $x\in(-\infty, -1)$.

故选 A.

【例 5】 函数 $f(x)$ 的定义域为 $\left(-\frac{\pi}{2}, \frac{\pi}{2}\right)$，且对定义域内的任意 x 恒有 $f'(x)>f(x)\tan x$，$a=f\left(-\frac{\pi}{3}\right)$，$b=2f(0)$，$c=f\left(\frac{\pi}{3}\right)$，则（　　）.

A. $a<b<c$　　B. $b<c<a$

C. $c<b<a$　　D. $c<a<b$

解析

由任意 $x\in\left(-\frac{\pi}{2}, \frac{\pi}{2}\right)$，$f'(x)>f(x)\tan x$ 得 $\cos xf'(x)-\sin xf(x)>0$.

构造函数 $g(x)=f(x)\cos x$，则 $g'(x)=\cos xf'(x)-\sin xf(x)>0$，故 $g(x)$ 在 $\left(-\frac{\pi}{2}, \frac{\pi}{2}\right)$ 上单调递增.

由 $g\left(-\frac{\pi}{3}\right)<g(0)<g\left(\frac{\pi}{3}\right)$ 得 $\frac{f\left(-\frac{\pi}{3}\right)}{2}<f(0)<\frac{f\left(\frac{\pi}{3}\right)}{2}$，

所以 $f\left(-\frac{\pi}{3}\right)<2f(0)<f\left(\frac{\pi}{3}\right)$.

故选 A.

题型 3：恒成立和存在性问题

1. 单变量恒成立求参数范围问题

(1) 分离参数法.

【解题思路】

能分离变量的先分离变量，且分离后不含参数的函数最值容易求出，直接求最值后解不等式即可求出参数范围.

【例6】 已知函数 $f(x)=e^x+ax^2-x$. 当 $x\geqslant 0$ 时，$f(x)\geqslant \frac{1}{2}x^3+1$，求 a 的取值范围.

解析

由 $f(x)\geqslant \frac{1}{2}x^3+1$ 得，$e^x+ax^2-x\geqslant \frac{1}{2}x^3+1$，其中 $x\geqslant 0$.

①当 $x=0$ 时，不等式为 $1\geqslant 1$，显然成立，符合题意.

②当 $x>0$ 时，分离参数 a 得 $a\geqslant -\dfrac{e^x-\frac{1}{2}x^3-x-1}{x^2}$，

记 $g(x)=-\dfrac{e^x-\frac{1}{2}x^3-x-1}{x^2}$，$g'(x)=-\dfrac{(x-2)\left(e^x-\frac{1}{2}x^2-x-1\right)}{x^3}$，

令 $h(x)=e^x-\frac{1}{2}x^2-x-1(x\geqslant 0)$，则 $h'(x)=e^x-x-1$，$h''(x)=e^x-1\geqslant 0$，

故 $h'(x)$ 单调递增，$h'(x)\geqslant h'(0)=0$，故函数 $h(x)$ 单调递增，$h(x)\geqslant h(0)=0$，

故当 $x\in(0,2)$ 时，$g(x)>0$，$g(x)$ 单调递增；

当 $x\in(2,+\infty)$ 时，$g(x)<0$，$g(x)$ 单调递减.

因此，$g(x)_{\max}=g(2)=\dfrac{7-e^2}{4}$.

综上可得，实数 a 的取值范围是 $\left[\dfrac{7-e^2}{4},+\infty\right)$.

（2）分类讨论法.

【解题思路】

不好分离变量，或者分离变量之后不含参数的函数的最值不能直接求，需要对原来的函数求导，再对参数进行讨论，利用函数的单调性，求函数的最值，从而得到参数范围.

【例7】 已知函数 $f(x)=x+x\ln x$，$g(x)=ax^2-2(a-1)x+a-1$，若 $f(x)\leqslant g(x)$ 对任意 $x\in[1,+\infty)$ 恒成立，求实数 a 的取值范围.

解析

令 $F(x)=g(x)-f(x)=a x^2-2(a-1)x+a-1-x-x\ln x(x\geqslant 1)$，

$F'(x)=2a(x-1)-\ln x$.

（1）当 $a\leqslant 0$ 时，$F'(x)\leqslant 0$，

当且仅当 $x=1$ 时取“ = ”，

$F(x)$ 在 $[1,+\infty)$ 递减，$F(x)\leqslant F(1)=0$，

$f(x)\leqslant g(x)$ 不恒成立.

（2）当 $a>0$ 时，$F''(x)=2a-\frac{1}{x}=\frac{2ax-1}{x}$，

（i）当 $0<a<\frac{1}{2}$ 时，$x\in\left(1,\ \frac{1}{2a}\right)$ 时，$F''(x)<0$，$F'(x)$ 单调递减，

$F'(x)<F'(1)=0$，$F(x)$ 在 $\left(1,\ \frac{1}{2a}\right)$单调递减，

$F(x)<F(1)=0$，$f(x)\leqslant g(x)$不恒成立；

（ii）当 $a\geqslant\frac{1}{2}$ 时，$F''(x)\geqslant0$，$F'(x)$ 在 $[1,\ +\infty)$ 单调递增，

$F'(x)\geqslant F'(1)=0$，$F(x)$ 在 $[1,\ +\infty)$ 单调递增，

$F(x)\geqslant F(1)=0$，$f(x)\leqslant g(x)$ 恒成立.

综上，$a\geqslant\frac{1}{2}$.

（3）指数、对数同构法.

【解题思路】

当遇到指对跨阶混合不等式时，可考虑变换结构，利用同构思想构造函数. 这样往往可以快速解决问题.

熟记关于指对跨阶同构的基础与常见三种模式：

①同构基础：$\ln e^x=x=e^{\ln x}$；$xe^x=e^{\ln x}\cdot e^x=e^{x+\ln x}$；$\frac{e^x}{x}=\frac{e^x}{e^{\ln x}}=e^{x-\ln x}$；$\frac{x}{e^x}=\frac{e^{\ln x}}{e^x}=e^{\ln x-x}$；$x+\ln x=\ln e^x+\ln x=\ln(x\cdot e^x)$；$x-\ln x=\ln e^x-\ln x=\ln\frac{e^x}{x}$.

$$e^x\geqslant x+1\Rightarrow\begin{cases}e^{x-1}\geqslant x\Rightarrow e^x\geqslant ex,\\ xe^x=e^{x+\ln x}\geqslant \ln x+x+1,\\ \frac{e^x}{x}=e^{x-\ln x}\geqslant x-\ln x+1,\\ \frac{x}{e^x}=e^{\ln x-x}\geqslant \ln x-x+1,\\ x^2e^x=e^{x+2\ln x}\geqslant x+2\ln x+1,\\ x^2e^x=e^{x+2\ln x}\geqslant e(x+2\ln x).\end{cases}$$

②指对跨阶同构三种基本模式.

积型：

$$ae^a\leqslant b\ln b\rightarrow\begin{cases}\text{同右：}e^a\ln e^a\leqslant b\ln b\rightarrow f(x)=x\ln x,\\ \text{同左：}ae^a\leqslant(\ln b)e^{\ln b}\rightarrow f(x)=xe^x,\\ \text{取对：}a+\ln a\leqslant\ln b+\ln(\ln b)\rightarrow f(x)=x+\ln x.\end{cases}$$

商型：

$$\frac{e^a}{a}<\frac{b}{\ln b}\to\begin{cases}同右：\dfrac{e^a}{\ln e^a}<\dfrac{b}{\ln b}\to f(x)=\dfrac{e^x}{x},\\ 同左：\dfrac{e^a}{a}<\dfrac{e^{\ln b}}{\ln b}\to f(x)=\dfrac{x}{\ln x},\\ 取对：a-\ln a<\ln b-\ln(\ln b)\to f(x)=x-\ln x.\end{cases}$$

差型：

$$e^a\pm a>b\pm\ln b\to\begin{cases}同左：e^a\pm a>e^{\ln b}\pm\ln b\to f(x)=e^x\pm x,\\ 同右：e^a\pm\ln e^a>b\pm\ln b\to f(x)=x\pm\ln x.\end{cases}$$

【例8】已知函数$f(x)=e^x-a\ln(ax-a)+a(a>0)$，若关于$x$的不等式$f(x)>0$恒成立，求实数$a$的取值范围.

解析

$f(x)=e^x-a\ln(ax-a)+a>0$恒成立，所以$e^x>a\ln(ax-a)-a$，所以$\frac{e^x}{a}>\ln(x-1)+\ln a-1$，所以$e^{x-\ln a}+x-\ln a>\ln(x-1)+x-1$，所以$e^{x-\ln a}+x-\ln a>e^{\ln(x-1)}+\ln(x-1)$.

令$g(x)=e^x+x$，易得$g(x)$在$(1,+\infty)$上单调递增，所以$x-\ln a>\ln(x-1)$，所以$-\ln a>\ln(x-1)-x$，$\ln(x-1)-x\leqslant x-2-x=-2$，所以$-\ln a>-2$，所以$0<a<e^2$. 实数$a$的取值范围为$(0,e^2)$.

（4）端点效应法.

【解题思路】

首先找到不等式成立的一个充分条件，再证明该条件也为必要条件.

常见形式：对任意$x\in(x_0,+\infty)$，$f(x,a)>0$，且$f(x_0,a)=0$恒成立，求a的范围.

①注意到$f(x_0,a)=0$，所以不等式成立的一个充分条件是$f(x,a)$在$(x_0,+\infty)$上为增函数，即$f'(x,a)\geqslant 0$在$(x_0,+\infty)$恒成立，以此求出a的范围D［或者利用$f'(x_0,a)\geqslant 0$求出范围，再证明在该范围$f'(x,a)\geqslant 0$恒成立］即为不等式成立的充分条件；

②证明$a\in D$也是不等式成立的必要条件，通常采用反证法思想，即证当$a\in C_{\mathbf{R}}D$时不符合题意（即不等式不恒成立），此处常常需要虚设零点和使用零点存在性定理.

【例9】设$f(x)=ax^2-a-\ln x$，$g(x)=\frac{1}{x}-\frac{e}{e^x}$若对任意$x\in(1,+\infty)$，不等式$f(x)>g(x)$恒成立，求$a$的范围.

解析

设$F(x)=f(x)-g(x)$，则$F(x)>0$在$(1,+\infty)$上恒成立.

注意到 $F(1)=0$，所以 $F(x)>0$ 在 $(1,+\infty)$ 上恒成立的一个充分条件是 $F(x)$ 在 $(1,+\infty)$ 为增函数，即 $F'(x)\geqslant 0$ 恒成立，$F'(x)=2ax-\frac{1}{x}+\frac{1}{x^2}-\frac{e}{e^x}$，由 $F'(1)=2a-1\geqslant 0$ 得，$a\geqslant\frac{1}{2}$，且当 $a\geqslant\frac{1}{2}$ 时，

$F'(x)=2ax-\frac{1}{x}+\frac{1}{x^2}-\frac{e}{e^x}\geqslant x-\frac{1}{x}+\frac{1}{x^2}-\frac{e}{e^x}=\frac{1}{x}-\frac{e}{e^x}+\frac{(x-1)^2}{x^2}>0$，因为 $e^{x-1}>x$，即不等式成立的一个充分条件为 $a\geqslant\frac{1}{2}$.

再证明 $a\geqslant\frac{1}{2}$ 也是不等式成立的必要条件，若 $a\leqslant 0$，则当 $x>1$ 时，$f(x)=a(x^2-1)-\ln x<0$，$g(x)=\frac{1}{x}-\frac{e}{e^x}>0$，$f(x)<g(x)$，不符合题意.

当 $0<a<\frac{1}{2}$ 时，因为 $x>1$，所以 $f'(x)=2ax-\frac{1}{x}=\frac{2ax^2-1}{x}$，当 $1<x<\frac{1}{\sqrt{2a}}$ 时，$f'(x)<0$，$f(x)$ 单调递减，此时 $f(x)<f(1)=0$；

而当 $x>1$ 时，$g(x)=\frac{1}{x}-\frac{e}{e^x}>0$，所以当 $1<x<\frac{1}{\sqrt{2a}}$ 时，$f(x)<g(x)$，不符合题意.

综上所述，a 的取值范围是 $a\geqslant\frac{1}{2}$.

2. **单变量存在性问题**

【例 10】 设函数 $f(x)=a\ln x+\frac{1-a}{2}x^2-bx\ (a\neq 1)$，曲线 $y=f(x)$ 在点 $(1,f(1))$ 处的斜率为 0.

（1）求 b；

（2）若存在 $x_0\geqslant 1$，使得 $f(x_0)<\frac{a}{a-1}$，求 a 的取值范围.

解析

(1) $f'(x)=\frac{a}{x}+(1-a)x-b$，由题设知 $f'(1)=0$，解得 $b=1$.

(2) $f(x)$ 的定义域为 $(0,+\infty)$，由（1）知 $f(x)=a\ln x+\frac{1-a}{2}x^2-x$，$f'(x)=\frac{a}{x}+(1-a)x-1=\frac{1-a}{x}\left(x-\frac{a}{1-a}\right)(x-1)$.

若 $a\leqslant\frac{1}{2}$，则 $\frac{a}{1-a}\leqslant 1$，故当 $x\in[1,+\infty)$ 时，$f'(x)\geqslant 0$，$f(x)$ 在 $[1,+\infty)$ 上单

调递增.

所以存在 $x_0\geqslant 1$，使得 $f(x_0)<\frac{a}{a-1}$ 的充要条件为 $f(1)<\frac{a}{a-1}$，即 $\frac{1-a}{2}-1<\frac{a}{a-1}$，所以 $-\sqrt{2}-1<a<\sqrt{2}-1$，满足 $a\leqslant\frac{1}{2}$.

所以 $-\sqrt{2}-1<a<\sqrt{2}-1$ 符合题意.

若 $\frac{1}{2}<a<1$，则 $\frac{a}{1-a}>1$，故当 $x\in\left(1,\ \frac{a}{1-a}\right)$ 时，$f'(x)<0$；当 $x\in\left(\frac{a}{1-a},\ +\infty\right)$ 时，$f'(x)>0$. 所以 $f(x)$ 在 $\left(1,\ \frac{a}{1-a}\right)$ 上单调递减，在 $\left(\frac{a}{1-a},\ +\infty\right)$ 上单调递增.

所以存在 $x_0\geqslant 1$，使得 $f(x_0)<\frac{a}{a-1}$ 的充要条件为 $f\left(\frac{a}{1-a}\right)<\frac{a}{a-1}$. 然而 $f\left(\frac{a}{a-1}\right)=a\ln\frac{a}{a-1}+\frac{a^2}{2(1-a)}+\frac{a}{a-1}>\frac{a}{a-1}$，不符合题意，应舍去.

若 $a>1$，$f(1)=\frac{1-a}{2}-1=\frac{-a-1}{2}<\frac{a}{a-1}$ 成立.

综上所述，a 的取值范围是 $(-\sqrt{2}-1,\ \sqrt{2}-1)\cup(1,\ +\infty)$.

3. **双变量存在性与任意性问题求参数范围**

(1) 等式类型.

【解题思路】

理解并熟记常见类型与转化，设 $f(x)$，$g(x)$ 的值域分别为 A，B.

类型一：$\forall x_1\in D$，$\exists x_2\in E$，$f(x_1)=g(x_2)\Leftrightarrow A\subseteq B$.

类型二：$\exists x_1\in D$，$\exists x_2\in E$，$f(x_1)=g(x_2)\Leftrightarrow A\cap B\neq\varnothing$.

【例 11】 已知函数 $f(x)$ 的定义域为 D，若存在实数 a，使得对于任意 $x_1\in D$ 都存在 $x_2\in D$ 满足 $\frac{x_1+f(x_2)}{2}=a$，则称函数 $f(x)$ 为"自均值函数"，其中 a 称为 $f(x)$ 的"自均值数".

(1) 判断函数 $f(x)=2^x$ 是否为"自均值函数"，并说明理由；

(2) 若函数 $g(x)=\sin\left(wx+\frac{\pi}{6}\right)$ $(w>0)$，$x\in[0,\ 1]$ 为"自均值函数"，求 w 的取值范围.

解析

(1) 假定函数 $f(x)=2^x$ 是"自均值函数"，显然 $f(x)=2^x$ 定义域为 $\mathbf{R}$，则存在 $a\in\mathbf{R}$，对于 $\forall x_1\in\mathbf{R}$，$\exists x_2\in\mathbf{R}$ 有 $\frac{x_1+2^{x_2}}{2}=a$，即 $2^{x_2}=2a-x_1$. 依题意，函数 $f(x_2)=2^{x_2}$ 在 $\mathbf{R}$

上的值域应包含 $y=2a-x_1$ 在 $\mathbf{R}$ 上的值域. 然而当 $x_2\in\mathbf{R}$ 时，$f(x_2)$ 的值域是 $(0,+\infty)$，当 $x_1\in\mathbf{R}$ 时，$y=2a-x_1$ 的值域是 $\mathbf{R}$，显然 $(0,+\infty)$ 不包含 $\mathbf{R}$，所以函数 $f(x)=2^x$ 不是“自均值函数”.

（2）依题意，存在 $a\in\mathbf{R}$，对于 $\forall x_1\in[0,1]$，$\exists x_2\in[0,1]$ 有 $\frac{x_1+g(x_2)}{2}=a$，即 $\sin\left(wx_2+\frac{\pi}{6}\right)=2a-x_1$. 当 $x_1\in[0,1]$ 时，$y=2a-x_1$ 的值域是 $[2a-1,2a]$，因此 $g(x_2)=\sin\left(wx_2+\frac{\pi}{6}\right)$ 在 $x_2\in[0,1]$ 的值域包含 $[2a-1,2a]$；当 $x_2\in[0,1]$ 时，而 $w>0$，则 $\frac{\pi}{6}\leqslant wx_2+\frac{\pi}{6}\leqslant w+\frac{\pi}{6}$，若 $w+\frac{\pi}{6}\leqslant\frac{\pi}{2}$，则 $g(x_2)_{\min}=\frac{1}{2}$，$g(x_2)\leqslant 1$，此时 $g(x_2)$ 的值域的区间长度不超过 $\frac{1}{2}$，而区间 $[2a-1,2a]$ 长度为 1，不符合题意.

于是 $w+\frac{\pi}{6}>\frac{\pi}{2}$，$g(x_2)_{\max}=1$，要使 $g(x_2)=\sin\left(wx_2+\frac{\pi}{6}\right)$ 在 $x_2\in[0,1]$ 的最小值 $\leqslant 0$，又 $wx_2+\frac{\pi}{6}\in\left[\frac{\pi}{2},\frac{3\pi}{2}\right]$ 时，$g(x_2)$ 单调递减且 $g(\pi)=0$，从而有 $w+\frac{\pi}{6}\geqslant\pi$，解得 $w\geqslant\frac{5\pi}{6}$，此时取 $a=\frac{1}{2}$，$y=2a-x_1$ 的值域 $[0,1]$ 包含于 $g(x_2)$ 在 $x_2\in[0,1]$ 的值域，所以 w 的取值范围为 $\left[\frac{5\pi}{6},+\infty\right)$.

（2）不等式类型.

①单函数型恒成立和存在性问题.

类型一：对任意 x_1，$x_2\in D$ 均有 $|f(x_1)-f(x_2)|\leqslant M\ (M>0)\Leftrightarrow f(x)_{\max}-f(x)_{\min}\leqslant M$.

【例 12】 函数 $f(x)=x-2\sin x$，对任意 x_1，$x_2\in[0,\pi]$，恒有 $|f(x_1)-f(x_2)|\leqslant M$，求 M 的最小值.

解析

对任意 x_1，$x_2\in[0,\pi]$，恒有 $|f(x_1)-f(x_2)|\leqslant M$，则只需 $M\geqslant f(x)_{\max}-f(x)_{\min}=\frac{2\pi}{3}+\sqrt{3}$.

类型二：对存在 x_1，$x_2\in D$ 有 $|f(x_1)-f(x_2)|\geqslant M\ (M>0)\Leftrightarrow f(x)_{\max}-f(x)_{\min}\geqslant M$.

【例 13】（2021 辽宁高三一模理科）已知 $f(x)=a^x-x\ln a\ (a>0$ 且 $a\neq 1)$，$g(x)=x^2$，设 $h(x)=f(x)+g(x)$，存在 x_1，$x_2\in[-1,1]$，使 $|h(x_1)-h(x_2)|\geqslant \mathrm{e}-1$ 成立. 求实数 a 的取值范围.

解析

由已知 $h(x)=a^x-x\ln a+x^2$，设 $h(x)$ 在 $[-1,1]$ 上的最大值为 M，最小值为 m，依题意 $M-m\geqslant e-1$.

因为 $h'(x)=a^x\ln a-\ln a+2x$，$h'(0)=0$，

又 $h''(x)=a^x(\ln a)^2+2>0$，所以 $h'(x)$ 为增函数.

所以，$x>0$ 时，$h'(x)>0$，$h(x)$ 单调递增；$x<0$ 时，$h'(x)<0$，$h(x)$ 单调递减.

故 $m=h(0)=1$，$M=\max\{h(-1),h(1)\}$.

设 $u(a)=h(1)-h(-1)=a-\dfrac{1}{a}-2\ln a$，$u(1)=0$.

因为 $u'(a)=1+\dfrac{1}{a^2}-\dfrac{2}{a}=\dfrac{(a-1)^2}{a^2}\geqslant 0\ (a>0)$，

所以 $u(a)$ 在 $(0,+\infty)$ 上单调递增，

所以，$a>1$ 时，$u(a)>0$，此时 $M=h(1)$；$0<a<1$ 时，$u(a)<0$，此时 $M=h(-1)$.

当 $a>1$ 时，$M-m=a-\ln a$.

设 $G(a)=a-\ln a\ (a>1)$，所以 $G'(a)=1-\dfrac{1}{a}>0$，所以 $G(a)$ 在 $(1,+\infty)$ 上单调递增.

又 $G(e)=e-1$，所以由 $a-\ln a\geqslant e-1$ 得 $G(a)\geqslant G(e)\Leftrightarrow a\geqslant e$.

当 $0<a<1$ 时，$M-m=\dfrac{1}{a}+\ln a$，$\dfrac{1}{a}>1$，

由 $\dfrac{1}{a}+\ln a\geqslant e-1$，得 $G\left(\dfrac{1}{a}\right)\geqslant G(e)\Leftrightarrow\dfrac{1}{a}\geqslant e\Leftrightarrow 0<a\leqslant\dfrac{1}{e}$.

综上所述，a 的取值范围是 $\left(0,\dfrac{1}{e}\right]\cup[e,+\infty)$.

类型三：对任意 x_1，$x_2\in D$，$x_1\neq x_2$，均有 $\dfrac{f(x_1)-f(x_2)}{x_1-x_2}>k\Leftrightarrow y=f(x)-kx$ 在 D 上单调递增.

【例 14】 设函数 $f(x)=\ln x+\dfrac{m}{x}$，若对任意正实数 x_1，x_2，均有 $\dfrac{f(x_1)-f(x_2)}{x_1-x_2}<1$，求 m 的取值范围.

解析

不妨设 $x_1>x_2$，若有 $\dfrac{f(x_1)-f(x_2)}{x_1-x_2}<1$，则 $f(x_1)-x_1<f(x_2)-x_2$.

设 $h(x)=f(x)-x=\ln x+\dfrac{m}{x}-x\ (x>0)$，则 $h(x)$ 在 $(0,+\infty)$ 上为减函数.

所以 $m\geqslant\dfrac{1}{4}$.

②双函数型恒成立和存在性问题.

类型一：若$\forall x_1 \in D_1$，$\forall x_2 \in D_2$，$f(x_1) > g(x_2)$恒成立$\Leftrightarrow f(x)_{\min} > g(x)_{\max}$.

【解题思路】

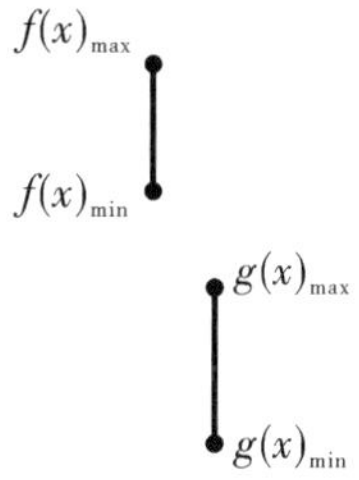

函数$f(x)$的任一函数值均大于$g(x)$的任一函数值，

故只需$f(x)_{\min} > g(x)_{\max}$即可. 几何解释如右图所示.

【例 15】 已知$f(x)=x\ln x$，$g(x)=-x^2+ax+3$，若对$\forall x_1 \in (0,+\infty)$，$\forall x_2 \in [1, \mathrm{e}]$使得$2f(x_1) \geqslant g(x_2)$成立，求实数$a$的取值范围.

解析

要使得$2f(x_1) \geqslant g(x_2)$恒成立，只需$2f(x)_{\min} \geqslant g(x)_{\max}$.

$f'(x)=1+\ln x$，令$f'(x)=0$得$x=\dfrac{1}{\mathrm{e}}$.

当$x \in \left(0, \dfrac{1}{\mathrm{e}}\right)$时，$f'(x)<0$，$f(x)$单调递减；

当$x \in \left(\dfrac{1}{e}, +\infty\right)$时，$f'(x)>0$，$f(x)$单调递增.

从而$f(x)_{\min}=f\left(\dfrac{1}{\mathrm{e}}\right)=-\dfrac{1}{\mathrm{e}}$.

$g(x)$为开口向下的抛物线，其对称轴为$x=\dfrac{a}{2}$.

当$\dfrac{a}{2}<1$即$a<2$时，$g(x)_{\max}=g(1)=a+2$，则只需$a+2 \leqslant -\dfrac{2}{\mathrm{e}}$，$a \leqslant -2-\dfrac{2}{\mathrm{e}}$；

当$1 \leqslant \dfrac{a}{2} \leqslant \mathrm{e}$即$2 \leqslant a \leqslant 2\mathrm{e}$时，$g(x)_{\max}=g\left(\dfrac{a}{2}\right)=\dfrac{a^2}{4}+3$，则只需$\dfrac{a^2}{4}+3 \leqslant -\dfrac{2}{\mathrm{e}}$，此时解集为空集；

当$\dfrac{a}{2}>\mathrm{e}$即$a>2\mathrm{e}$时，$g(x)_{\max}=g(\mathrm{e})=-\mathrm{e}^2+\mathrm{e}a+3$，则只需$-\mathrm{e}^2+\mathrm{e}a+3 \leqslant -\dfrac{2}{\mathrm{e}}$，此时解集为空集.

综上所述，所求a的范围为$a \leqslant -2-\dfrac{2}{\mathrm{e}}$.

类型二：若$\exists x_1 \in D_1$，$\exists x_2 \in D_2$，$f(x_1) > g(x_2)$恒成立$\Leftrightarrow f(x)_{\max} > g(x)_{\min}$.

【解题思路】

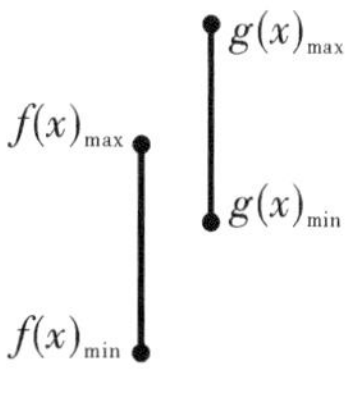

函数$f(x)$的某些函数值大于$g(x)$的某些函数值，只要求有这样的函数值，不要求所有的函数值，故只需$f(x)_{\max} > g(x)_{\min}$即可. 几何解释如右图所示.

【例16】 已知函数 $g(x)=\dfrac{x}{\ln x}$，$f(x)=g(x)-ax$. 若存在 x_1，$x_2\in[\mathrm{e},\mathrm{e}^2]$，使得 $f(x_1)\leqslant f'(x_2)+a$ 成立，求实数 a 的取值范围.

解析

若存在 x_1，$x_2\in[\mathrm{e},\mathrm{e}^2]$，使得 $f(x_1)\leqslant f'(x_2)+a$ 成立，则只需要 $f(x)_{\min}\leqslant[f'(x)+a]_{\max}$ 即可.

$f'(x)=\dfrac{\ln x-1}{(\ln x)^2}-a=-\left(\dfrac{1}{\ln x}-\dfrac{1}{2}\right)^2+\dfrac{1}{4}-a$，所以

$f'(x)_{\max}=f'(\mathrm{e}^2)=\dfrac{1}{4}-a$，$f'(x)_{\min}=f'(\mathrm{e})=-a$.

若 $\dfrac{1}{4}-a\leqslant 0$ 即 $a\geqslant\dfrac{1}{4}$，则 $f'(x)\leqslant 0$，$f(x)$ 在 $[\mathrm{e},\mathrm{e}^2]$ 上单调递减，$f(x)_{\min}=f(\mathrm{e}^2)=\dfrac{\mathrm{e}^2}{2}-a\mathrm{e}^2$，由 $\dfrac{\mathrm{e}^2}{2}-a\mathrm{e}^2\leqslant\dfrac{1}{4}$ 得 $a\geqslant\dfrac{1}{2}-\dfrac{1}{4\mathrm{e}^2}$.

若 $\begin{cases}\dfrac{1}{4}-a>0,\\ -a<0,\end{cases}$ 即 $0<a<\dfrac{1}{4}$，由复合函数单调性可知 $f'(x)$ 在 $[\mathrm{e},\mathrm{e}^2]$ 为增函数，所以存在唯一 $x_0\in(\mathrm{e},\mathrm{e}^2)$，使 $f'(x_0)=0$. 当 $x\in[\mathrm{e},x_0)$，$f'(x)<0$，$f(x)$ 单调递减；当 $x\in(x_0,\mathrm{e}^2]$，$f'(x)>0$，$f(x)$ 单调递增，所以 $f(x)_{\min}=f(x_0)=\dfrac{x_0}{\ln x_0}-ax_0$，$x_0\in(\mathrm{e},\mathrm{e}^2)$.

由 $\dfrac{x_0}{\ln x_0}-ax_0\leqslant\dfrac{1}{4}$ 得 $a\geqslant\dfrac{1}{\ln x_0}-\dfrac{1}{4x_0}$，又 $\dfrac{1}{\ln x_0}-\dfrac{1}{4x_0}>\dfrac{1}{\ln\mathrm{e}^2}-\dfrac{1}{4\mathrm{e}}>\dfrac{1}{2}-\dfrac{1}{4}=\dfrac{1}{4}$，这与 $0<a<\dfrac{1}{4}$ 矛盾.

若 $a\leqslant 0$，则 $f'(x)\geqslant 0$ 在 $[\mathrm{e},\mathrm{e}^2]$ 恒成立，$f(x)$ 单调递增，$f(x)_{\min}=f(\mathrm{e})=\mathrm{e}-a\mathrm{e}$，由 $a-a\mathrm{e}\leqslant\dfrac{1}{4}$ 得 $a\geqslant\dfrac{1}{4(1-\mathrm{e})}$，此时 $\dfrac{1}{4(1-\mathrm{e})}\leqslant a\leqslant 0$.

综上所述，$a\geqslant\dfrac{1}{2}-\dfrac{1}{4\mathrm{e}^2}$ 或 $\dfrac{1}{4(1-\mathrm{e})}\leqslant a\leqslant 0$.

类型三：若 $\forall x_1\in D_1$，$\exists x_2\in D_2$，$f(x_1)>g(x_2)$ 恒成立 $\Leftrightarrow f(x)_{\min}>g(x)_{\min}$.

【解题思路】

函数 $f(x)$ 的任一函数值大于 $g(x)$ 的某些函数值，但并不要求大于 $g(x)$ 所有的函数值. 故只需 $f(x_1)_{\min}>g(x_2)_{\min}$ 即可. 几何解释如右图所示.

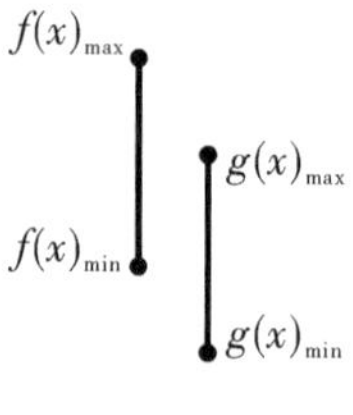

【例 17】已知函数 $f(x)=\dfrac{mx}{x^2+n}$（m，$n\in\mathbf{R}$）在 $x=1$ 取得极值 2. 设函数 $g(x)=\ln x+\dfrac{a}{x}$，若对 $\forall x_1\in[-1,1]$，$\exists x_2\in[1,\mathrm{e}]$，使得 $g(x_2)\leqslant f(x_1)+\dfrac{7}{2}$ 成立，求实数 a 的取值范围.

解析

易知 $f(x)=\dfrac{4x}{x^2+1}$，若对 $\forall x_1\in[-1,1]$，$\exists x_2\in[1,\mathrm{e}]$，使得 $g(x_2)\leqslant f(x_1)+\dfrac{7}{2}$ 成立，则只需 $g(x)_{\min}\leqslant f(x)_{\min}+\dfrac{7}{2}$.

$f'(x)=\dfrac{4(1-x^2)}{(x^2+1)^2}$，当 $x\in[-1,1]$ 时，$f'(x)\geqslant 0$，$f(x)$ 单调递增，$f(x)_{\min}=f(-1)=-2$，$g'(x)=\dfrac{1}{x}-\dfrac{a}{x^2}=\dfrac{x-a}{x^2}$，令 $g'(x)=0$ 得 $x=a$.

若 $a<1$，则当 $x\in[1,\mathrm{e}]$ 时，$g'(x)>0$，$g(x)$ 单调递增，$g(x)_{\min}=g(1)=a$，所以 $a\leqslant -2+\dfrac{7}{2}=\dfrac{3}{2}$，此时 $a<1$；

若 $1\leqslant a\leqslant \mathrm{e}$，则当 $x\in(1,a)$ 时，$g'(x)<0$，$g(x)$ 单调递减，当 $x\in(a,e)$ 时，$g'(x)>0$，$g(x)$ 单调递增，$g(x)_{\min}=g(a)=\ln a+1$，由 $\ln a+1\leqslant\dfrac{3}{2}$ 得 $a\leqslant\sqrt{\mathrm{e}}$，此时 $1\leqslant a\leqslant\sqrt{\mathrm{e}}$；

若 $a>\mathrm{e}$，则当 $x\in(1,\mathrm{e})$ 时，$g'(x)<0$，$g(x)$ 单调递减，$g(x)_{\min}=g(\mathrm{e})=1+\dfrac{a}{\mathrm{e}}$，

由 $1+\dfrac{a}{\mathrm{e}}\leqslant\dfrac{3}{2}$ 得 $a\leqslant\dfrac{\mathrm{e}}{2}$，此时解集为空集.

综上所述，a 的范围是 $a\leqslant\sqrt{\mathrm{e}}$.

类型四：若 $\exists x_1\in D_1$，$\forall x_2\in D_2$，$f(x_1)>g(x_2)$ 恒成立 $\Leftrightarrow f(x)_{\max}>g(x)_{\max}$.

【解题思路】

函数 $f(x)$ 的某些函数值大于 $g(x)$ 的任一函数值，只要求 $f(x)$ 有函数值大于 $g(x)$ 的函数值即可，故只需 $f(x)_{\max}>g(x)_{\max}$ 即可. 几何解释如右图所示.

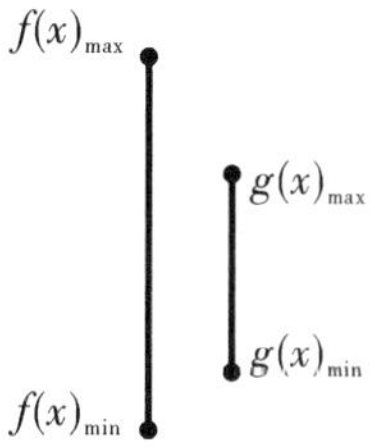

【例 18】已知函数 $f(x)=\ln x-\dfrac{2}{x}$，$g(x)=f(x)+2x-6\ln x$，设 $h(x)=x^2-mx+4$. 若 $\exists x_1\in(0,1)$，对 $\forall x_2\in[1,2]$，总有 $g(x_1)\geqslant h(x_2)$ 成立，求实数 m 的取值范围.

解析

若 $\exists x_1\in(0,1)$，对 $\forall x_2\in[1,2]$，总有 $g(x_1)\geqslant h(x_2)$ 成立，只需 $g(x)_{\max}\geqslant$

$h(x)_{\max}$.

$g'(x)=\frac{1}{x}+\frac{2}{x^2}+2-\frac{6}{x}=\frac{(x-2)(2x-1)}{x^2}$，当 $x\in\left(0,\ \frac{1}{2}\right)$时，$g'(x)>0$，$g(x)$单调递增；当 $x\in\left(\frac{1}{2},\ 1\right)$时，$g'(x)<0$，$g(x)$单调递减. $g(x)_{\max}=g\left(\frac{1}{2}\right)=-3+5\ln 2$.

$h(x)_{\max}=\max\{h(1),\ h(2)\}$，

由$\begin{cases}-3+5\ln 2\geqslant 5-m,\\ -3+5\ln 2\geqslant 8-2m,\end{cases}$得 $m\geqslant 8-5\ln 2$.

（二）新题型

1. 关于函数与导数的双选题

【例1】（2022 广东省普通高等学校模拟押题卷）已知$f(x)=(a^2-1)\mathrm{e}^{x-1}-\frac{1}{2}x^2$，$f\left(\frac{1}{\ln x}\right)>f\left(\frac{1}{x-1}\right)$在$(1,\ +\infty)$上恒成立，则 a 的值可以为（　　）.

A. $-\sqrt{2}$　　B. -1　　C. 1　　D. $\sqrt{2}$

解析

因为 $\ln x<x-1$，$x\in(1,\ +\infty)$，所以 $0<\ln x<x-1$，所以$\frac{1}{\ln x}>\frac{1}{x-1}>0$. 又因为$f\left(\frac{1}{\ln x}\right)>f\left(\frac{1}{x-1}\right)$，所以$f(x)$在$(1,\ +\infty)$上单调递增，即$f'(x)=(a^2-1)\mathrm{e}^{x-1}-x\geqslant 0$ 对任意的 $x\in(1,\ +\infty)$恒成立，即 $a^2-1\geqslant\frac{x}{\mathrm{e}^{x-1}}$对任意的 $x\in(1,\ +\infty)$ 恒成立.

令 $g(x)=\frac{x}{\mathrm{e}^{x-1}}$，$g'(x)=\frac{1-x}{\mathrm{e}^{x-1}}$，当 $x\in(1,\ +\infty)$ 时，$g'(x)<0$，所以 $g(x)<g(1)=1$，所以 $a^2-1\geqslant 1$，解得 $a\geqslant\sqrt{2}$或 $a\leqslant -\sqrt{2}$.

故选 AD.

【例2】在区间 I 上，若函数 $y=f(x)$是减函数，且 $y=xf(x)$是增函数，则称 $y=f(x)$在区间 I 上是“弱减函数”. 则（　　）.

A. $f(x)=\frac{1}{x}$在（0，$+\infty$）上是“弱减函数”

B. $f(x)=\frac{x}{\mathrm{e}^x}$在（1，2）上是“弱减函数”

C. 若$f(x)=\frac{\ln x}{x}$在（m，$+\infty$）上是“弱减函数”，则 $m\geqslant\mathrm{e}$

D. 若$f(x)=\cos x+kx^2$在$\left(0,\ \frac{\pi}{2}\right)$上是“弱减函数”，则$\frac{2}{3\pi}\leqslant k\leqslant\frac{1}{\pi}$

解析

A 项中，$f(x)=\frac{1}{x}$，$y=xf(x)=1$不是增函数，因此$f(x)=\frac{1}{x}$不是“弱减函数”，A 项错误.

B 项中，$f(x)=\frac{x}{e^x}$，$f'(x)=\frac{1-x}{e^x}$，$f(x)$在$(1,\ 2)$上是减函数；$y=xf(x)=g(x)=\frac{x^2}{e^x}$，$g'(x)=\frac{2x-x^2}{e^x}$，$g(x)$在$(1,\ 2)$上是增函数. 因此$f(x)=\frac{x}{e^x}$在$(1,\ 2)$上是“弱减函数”，B 项正确.

C 项中，$f(x)=\frac{\ln x}{x}$，$f'(x)=\frac{1-\ln x}{x^2}$，当$x>e$时，$f'(x)<0$，$f(x)$是减函数；$y=xf(x)=\ln x$在$(0,\ +\infty)$是增函数，所以$f(x)=\frac{\ln x}{x}$在$(e,\ +\infty)$上是“弱减函数”，若$f(x)=\frac{\ln x}{x}$在$(m,\ +\infty)$上是“弱减函数”，则$m\geqslant e$，C 项正确.

D 项中，$f(x)=\cos x+kx^2$，$f'(x)=-\sin x+2kx$，因为$f(x)=\cos x+kx^2$在$\left(0,\ \frac{\pi}{2}\right)$上是减函数，所以$-\sin x+2kx\leqslant 0$在$\left(0,\ \frac{\pi}{2}\right)$上恒成立，即$2k\leqslant\frac{\sin x}{x}$. 令$g(x)=\frac{\sin x}{x}$，$g'(x)=\frac{x\cos x-\sin x}{x^2}$. 再令$h(x)=x\cos x-\sin x$，$h'(x)=-x\sin x$，因为$x\in\left(0,\ \frac{\pi}{2}\right)$时，$h'(x)<0$，所以$h(x)<h(0)=0$，所以$g'(x)<0$，$g(x)$单调递减，从而$g(x)<g(0)=\frac{2}{\pi}$，即$2k\leqslant\frac{\pi}{2}$，解得$k\leqslant\frac{1}{\pi}$. $y=xf(x)=u(x)=x\cos x+kx^3$，$u'(x)=\cos x-x\sin x+3kx^2$，因为$y=xf(x)=u(x)=x\cos x+kx^3$在$\left(0,\ \frac{\pi}{2}\right)$上是增函数，所以$\cos x-x\sin x+3kx^2\geqslant 0$在$\left(0,\ \frac{\pi}{2}\right)$上恒成立，即$3k\geqslant\left(\frac{x\sin x-\cos x}{x^2}\right)_{\max}$，令$\varphi(x)=\frac{x\sin x-\cos x}{x^2}$，$\varphi'(x)=\frac{x^2\cos x+2\cos x}{x^3}$，因为$x\in\left(0,\ \frac{\pi}{2}\right)$时$\varphi'(x)>0$，所以$\varphi(x)<\varphi\left(\frac{\pi}{2}\right)=\frac{2}{\pi}$，$3k\geqslant\frac{2}{\pi}$，解得$k\geqslant\frac{2}{3\pi}$. 所以若$f(x)=\cos x+kx^2$在$\left(0,\ \frac{\pi}{2}\right)$上是“弱减函数”，则$\frac{2}{3\pi}\leqslant k\leqslant\frac{1}{\pi}$，D 项正确.

【例 3】 设函数$f(x)=-x^3$，$g(x)=ax+b$，其中a，b均为实数，下列条件中，使得函数$f(x)$的图象与$g(x)$的图象有且只有一个交点的是（　　）.

A. $a=-3$，$b<-1$　　　　B. $a=-3$，$b=2$

C. $a=-3$，$b>2$　　D. $a=1$，$b=-2$

解析

因为函数$f(x)$的图象与$g(x)$的图象有且只有一个交点，所以方程$f(x)=g(x)$只有一个根，即方程$x^3+ax+b=0$有且仅有一个根，设$h(x)=x^3+ax+b$，即函数$h(x)$只有一个零点.

当$a=-3$时，$h(x)=x^3-3x+b$，$h'(x)=3x^2-3$，此时在$(-\infty,-1)$，$(1,+\infty)$区间上，$h'(x)>0$，$h(x)$单调递增；在$(-1,1)$区间上，$h'(x)<0$，$h(x)$单调递减. 又因为$x\to-\infty$时，$h(x)\to-\infty$；$x\to+\infty$时，$h(x)\to+\infty$，要使函数$h(x)$只有一个零点，需满足$h(x)$的极大值$h(-1)=2+b<0$或极小值$h(1)=-2+b>0$，所以$b<-2$或$b>2$，AB项错误，C项正确.

当$a=1$时，$h(x)=x^3+x+b$，此时$h(x)$单调递增，又因为$x\to-\infty$时，$h(x)\to-\infty$；$x\to+\infty$时，$h(x)\to+\infty$，所以函数$h(x)$只有一个零点，因此当$a=1$时，不论b取何值，函数$h(x)$都只有一个零点，D项正确.

【例4】 关于函数$f(x)=\dfrac{|x\log_2(1-x^2)|}{|x-1|-1}$的性质的描述，正确的是（　　）.

A. $f(x)$的定义域为$(-1,0)\cup(0,1)$

B. $f(x)$有且仅有一个零点

C. $f(x)$的图象关于原点对称

D. $f(x)$的值域为$(-\infty,0)$

解析

依题意可知，$\begin{cases}1-x^2>0,\\|x-1|-1\neq0,\end{cases}$解得$-1<x<1$，$x\neq0$，A项正确.

因为函数$f(x)$的定义域为$(-1,0)\cup(0,1)$，所以$f(x)=\dfrac{|x\log_2(1-x^2)|}{-x}$，令$f(x)=0$得$\log_2(1-x^2)=0$，但注意到$x\neq0$，函数$f(x)$没有零点，B项错误.

因为$f(-x)=\dfrac{|-x\log_2(1-(-x)^2)|}{-(-x)}=-f(x)$，且函数$f(x)$的定义域为$(-1,0)\cup(0,1)$，所以函数$f(x)$为奇函数，图象关于原点对称，C项正确.

由C项正确可知函数$f(x)$的值域应关于原点对称，D项错误.

【例5】 已知函数$F(x)=\dfrac{e^{ax}}{4}+(m+1)x+(m+1)^2$，下列说法正确的有（　　）.

A. 若$m=0$，$a=-1$，则函数$F(x)$有最小值

B. $m=-1$，$a\neq0$，则过原点恰好可以作一条直线与曲线$y=F(x)$相切

C. 若 $a=0$，且对任意 $m\in\mathbf{R}$，$F(x)>0$ 恒成立，则 $0\leqslant x\leqslant 1$

D. 若对任意 $m\in\mathbf{R}$，任意 $x>0$，$F(x)\geqslant 0$ 恒成立，则 a 的最小值是 $\frac{2}{e}$

解析

由 $m=0$，$a=-1$ 得 $F(x)=\frac{e^{-x}}{4}+x+1$，$F'(x)=-\frac{e^{-x}}{4}+1$，在 $(-\infty,-\ln 4)$ 区间上，$F'(x)<0$，$F(x)$ 单调递减；在 $(-\ln 4,+\infty)$ 区间上，$F'(x)>0$，$F(x)$ 单调递增，所以当 $x=-\ln 4$ 时 $F(x)$ 取得最小值，A 项正确.

由 $m=-1$，$a\neq 0$ 得 $F(x)=\frac{e^{ax}}{4}$，设 $y=kx$ 与其相切，切点为 (x_0,y_0)，$k=F'(x_0)=\frac{a}{4}e^{ax_0}$ 且 $kx_0=\frac{1}{4}e^{ax_0}$，$x_0=\frac{1}{a}$，$k=\frac{a}{4}e$，解唯一，B 项正确.

由 $a=0$ 得 $F(x)=(m+1)^2+(m+1)x+\frac{1}{4}$，看作关于 $m+1$ 的二次函数，由任意 $m\in\mathbf{R}$，$F(x)>0$ 恒成立得 $\Delta=x^2-1<0$，$-1<x<1$，C 项错误.

利用上面分析方法得 $\Delta=x^2-e^{ax}\leqslant 0$，所以 $a\geqslant\frac{2\ln x}{x}$ 对任意 $x>0$ 恒成立，记 $f(x)=\frac{2\ln x}{x}$，由 $f'(x)=\frac{2(1-\ln x)}{x^2}>0$ 得 $x\in(0,e)$，所以 $f(x)=\frac{2\ln x}{x}$ 在 $(0,e)$ 上单调递增，在 $(e,+\infty)$ 上单调递减，所以 $f(x)_{\max}=f(e)=\frac{2}{e}$，因此 $a\geqslant\frac{2}{e}$，即 a 的最小值是 $\frac{2}{e}$，D 项正确.

2. **关于函数与导数的双空题**

【例 1】（2022 广东高三综合）已知函数 $f(x)=1+2\log_2(1+x)$，$x\in(-1,+\infty)$.

（1）$\forall x\in(-1,+\infty)$，$f(1+2x)-f(x)=$________.

（2）若 m，n 满足 $f(m-1)+f(n-2)=f(n)-1$，则 $m+n$ 的最小值是________.

解析

（1）由题意可得：

$$\begin{aligned}f(1+2x)-f(x)&=1+2\log_2(1+1+2x)-1-2\log_2(1+x)\\&=1+2\log_2[2(1+x)]-1-2\log_2(1+x)\\&=2\log_2 2+2\log_2(1+x)-2\log_2(1+x)\\&=2.\end{aligned}$$

（2）$f(m-1)=1+2\log_2[1+(m-1)]=1+2\log_2 m$，

$f(n-2)=1+2\log_2[1+(n-2)]=1+2\log_2(n-1)$，

$f(m+1)+f(n-2)=f(n)-1$，

即 $1+2\log_2 m+1+2\log_2(n-1)=2\log_2(1+n)$，

$$\log_2[2m(n-1)]=\log_2(1+n),$$

$$2m(n-1)=n+1,$$

由于 $m>0$，$n>0$，

得 $2m+2n=\dfrac{n+1}{n-1}+2n=3+\dfrac{2}{n-1}+2(n-1)\geqslant 3+2\sqrt{\dfrac{2}{n-1}\times 2(n-1)}=7.$

当且仅当 $n-1=\dfrac{1}{n-1}$，即 $n=2$，$m=\dfrac{3}{2}$，等号成立.

所以得 $(m+n)_{\min}=\dfrac{7}{2}$.

【例 2】 已知函数 $y=|x^2-2x-1|$ 的图象与 $y=m$（$m\in\mathbf{R}$）有四个交点，且这四个交点的横坐标分别为 a，b，c，d（$a<b<c<d$），则 $a+b+c+d=$__________；$2(d-a)+(c-b)$ 的最大值为__________.

解析

$y=|x^2-2x-1|$ 图象如右图所示.

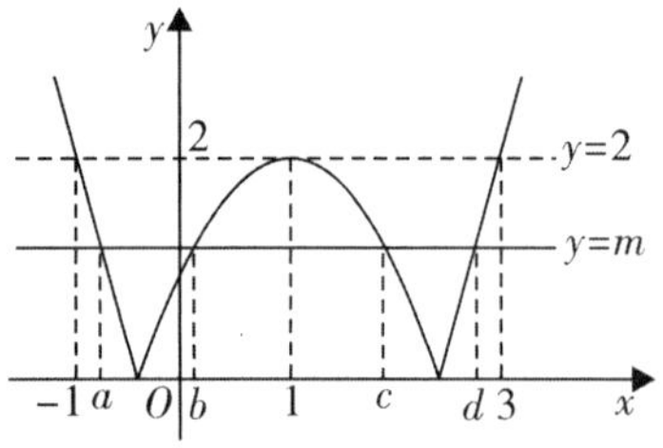

由图知 $0<m<2$，

$x=a$，$x=d$ 是方程 $x^2-2x-1=m$ 的两根，则 $a+d=2$，$ad=-1-m$，

$x=b$，$x=c$ 是方程 $x^2-2x-1=-m$ 的两根，

则 $b+c=2$，$bc=-1+m$，$a+b+c+d=4$.

$d>a\Rightarrow d-a>0$，

所以 $d-a=\sqrt{(d-a)^2}=\sqrt{(d+a)^2-4ad}=2\sqrt{2+m}$；

$c>b\Rightarrow c-b>0$，

所以 $c-b=\sqrt{(c-b)^2}=\sqrt{(c+b)^2-4bc}=2\sqrt{2-m}$.

$2(d-a)+(c-b)=4\sqrt{2+m}+2\sqrt{2-m}$，

令 $f(m)=4\sqrt{2+m}+2\sqrt{2-m}$，$0<m<2$，

则 $f'(m)=\dfrac{\sqrt{8-4m}-\sqrt{2+m}}{\sqrt{2+m}\cdot\sqrt{2-m}}$，

令 $8-4m>2+m$，解得 $0<m<\dfrac{6}{5}$，此时 $f'(m)>0$，$f(m)$ 单调递增；

令 $8-4m<2+m$，解得 $\dfrac{6}{5}<m<2$，此时 $f'(m)<0$，$f(m)$ 单调递减.

所以 $f(m)_{\max}=f\left(\dfrac{6}{5}\right)=4\sqrt{5}$.

【例 3】 若函数 $f(x)$ 的定义域为 $\mathbf{R}$，对任意的 x_1，x_2，当 $x_1-x_2\in D$ 时，都有 $f(x_1)-f(x_2)\in D$，则称 $f(x)$ 是关于 D 关联的. 已知函数 $f(x)$ 是关于 $\{4\}$ 关联的，且当 $x\in[-4,0)$ 时，$f(x)=x^2+6x$，则：

（1）当 $x\in[0,4)$ 时，函数 $f(x)$ 的值域为________；

（2）不等式 $0<f(x)<3$ 的解集为________.

解析

函数 $f(x)$ 是关于 $\{4\}$ 关联的，

所以当 $x_1-x_2=4$ 时，都有 $f(x_1)-f(x_2)=4$，即 $f(x)=f(x-4)+4$.

（1）当 $x\in[0,4)$ 时，$x-4\in[-4,0)$，$f(x)=f(x-4)+4=$

$(x-4)^2+6(x-4)+4=(x-1)^2-5$，

因为 $0\leqslant x<4$，

所以 $-5\leqslant(x-1)^2-5<4$，

故函数的值域为 $[-5,4)$.

（2）因为 $f(x)=f(x-4)+4$，

所以 $f(x-4)=f(x)-4$，

所以当 $x<0$ 时，$f(x)<4-4=0$，

故不等式 $0<f(x)<3$ 在 $(-\infty,0)$ 上无解.

当 $x\in[0,4)$ 时，$f(x)=(x-1)^2-5$，

不等式 $0<f(x)<3$ 可化为 $0<(x-1)^2-5<3$，

解得 $\sqrt{5}+1<x<2\sqrt{2}+1$.

当 $x\in[4,8)$ 时，$f(x)=(x-5)^2-1$，

不等式 $0<f(x)<3$ 可化为 $0<(x-5)^2-1<3$，

解得 $6<x<7$.

当 $x\geqslant 8$ 时，$f(x)\geqslant -1+4=3$，

故不等式 $0<f(x)<3$ 在 $x\geqslant 8$ 上无解.

综上所述，不等式的解集为 $(\sqrt{5}+1,2\sqrt{2}+1)\cup(6,7)$.

【例 4】（2021 届南京六校联合）已知函数 $f(x)=\begin{cases}2^x, & x\leqslant a,\\ x^2, & x>a.\end{cases}$

（1）若 $a=1$，则 $f(x)\leqslant 1$ 的解集为________；

（2）若存在实数 b，使函数 $g(x)=f(x)-b$ 有两个零点，则实数 a 的取值范围是________.

解析

(1) 当 $a=1$ 时，$f(x)=\begin{cases}2^x, & x\leqslant 1,\\ x^2, & x>1,\end{cases}$

则 $f(x)\leqslant 1\Rightarrow\begin{cases}2^x\leqslant 1,\\ x\leqslant 1,\end{cases}$ 或 $\begin{cases}x^2\leqslant 1,\\ x>1,\end{cases}\Rightarrow x\leqslant 0$

即不等式 $f(x)\leqslant 1$ 的解集为 $(-\infty, 0]$.

(2) $a<2$，$2\leqslant a\leqslant 4$，$a>4$ 时两函数 $y=2^x$ $(x\leqslant a)$ 与 $y=x^2$ $(x>a)$ 的图象如图所示：

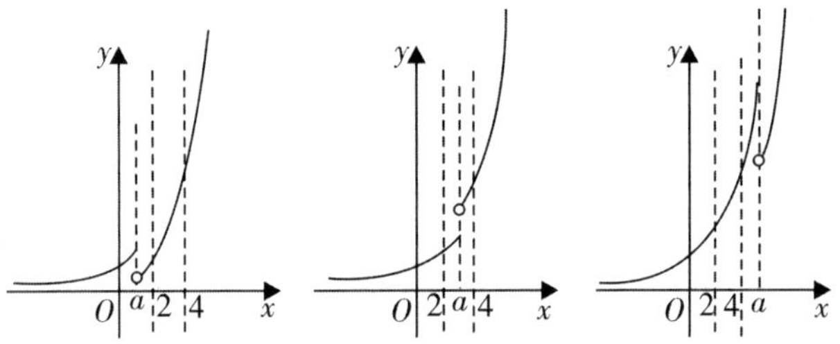

由图知，当 $a\in(-\infty, 2)\cup(4, +\infty)$ 时，存在实数 b 使 $y=f(x)$ 与 $y=b$ 有两个交点，即 $g(x)=f(x)-b$ 函数有两个零点，所以实数 a 的取值范围为 $(-\infty, 2)\cup(4, +\infty)$.

【例 5】 已知函数 $f(x)=\begin{cases}\ln x, & x\geqslant 1,\\ -x^3+x, & x<1,\end{cases}$ 令 $g(x)=f(x)-kx$. 当 $k=-2e^2$ 时，有 $g(x_0)=0$，则 $x_0=$________；若函数 $g(x)$ 恰好有 4 个零点，则实数 k 的值为________.

解析

当 $x<1$ 时，$f(x)=x-x^3$，

$f'(x)=1-3x^2$，令 $f'(x)>0\Rightarrow -\dfrac{\sqrt{3}}{3}<x<\dfrac{\sqrt{3}}{3}$，

故 $f(x)$ 在 $\left(-\infty, -\dfrac{\sqrt{3}}{3}\right)$ 与 $\left(\dfrac{\sqrt{3}}{3}, 1\right)$ 上单调递减，在 $\left(-\dfrac{\sqrt{3}}{3}, \dfrac{\sqrt{3}}{3}\right)$ 上单调递增.

又当 $x\geqslant 1$ 时，$f(x)=\ln x$，此时 $f(x)$ 单调递增.

由此可得函数 $f(x)$ 的图象如图所示：

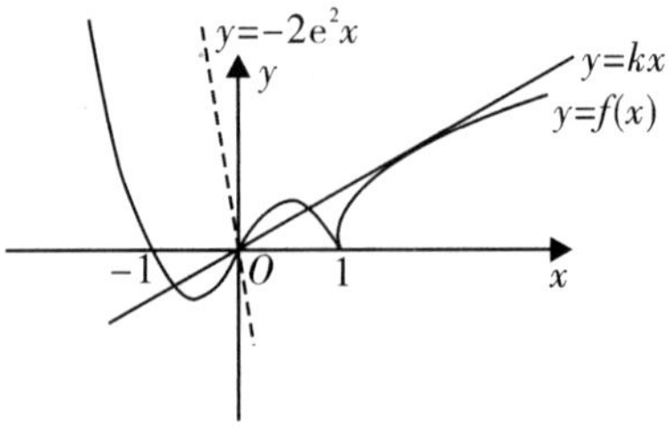

当 $k=-2e^2$ 时，由 $g(x_0)=0$，可得 $f(x_0)=-2e^2x_0$，

即 $-x_0^3+x_0=-2e^2x_0$，$x_0<1$，

解得 $x_0=0$ 或 $x_0=-\sqrt{2e^2+1}$.

又由函数 $g(x)$ 恰好有4个零点，可得函数 $y=f(x)$ 与 $y=kx$ 的图象有4个交点，由图象可知：函数 $y=kx$ 与 $y=\ln x$ 的图象相切，设切点 $(t,\ln t)$，易知切线方程为 $y-\ln t=\frac{1}{t}(x-t)$，即 $y=\frac{1}{t}x-1+\ln t$.

又 $y=kx$ 为切线方程，

所以 $\begin{cases}k=\frac{1}{t},\\-1+\ln t=0,\end{cases}$ 解得 $t=e$，$k=\frac{1}{e}$.

3. **关于函数与导数的结构不良题**

【例1】（2021新高考Ⅱ卷）已知函数 $f(x)=(x-1)e^x-ax^2+b$.

（1）讨论 $f(x)$ 的单调性；

（2）从下面两个条件中选一个，证明：$f(x)$ 有一个零点.

①$\frac{1}{2}<a\leqslant\frac{e^2}{2}$，$b>2a$；②$0<a<\frac{1}{2}$，$b\leqslant 2a$.

解析

（1）$f'(x)=x(e^x-2a)$，

当 $a\leqslant 0$ 时，函数 $f(x)$ 在区间 $(-\infty,0)$ 内单调递减，在区间 $(0,+\infty)$ 内单调递增.

当 $0<a<\frac{1}{2}$ 时，$x\in(-\infty,\ln 2a)\cup(0,+\infty)$ 时，$f'(x)>0$；$x\in(\ln 2a,0)$ 时，$f'(x)<0$，所以 $f(x)$ 在区间 $(\ln 2a,0)$ 内单调递减，在区间 $(-\infty,\ln 2a)$ 和 $(0,+\infty)$ 内单调递增.

当 $a=\frac{1}{2}$ 时，$f'(x)\geqslant 0$，所以 $f(x)$ 在 $\mathbf{R}$ 上单调递增.

当 $a>\frac{1}{2}$ 时，$x\in(-\infty,0)\cup(\ln 2a,+\infty)$ 时，$f'(x)>0$；$x\in(0,\ln 2a)$ 时，$f'(x)<0$，所以函数 $f(x)$ 在区间 $(0,\ln 2a)$ 内单调递减，在区间 $(-\infty,0)$ 和 $(\ln 2a,+\infty)$ 内单调递增.

（2）若选择条件①：因为 $\frac{1}{2}<a\leqslant\frac{e^2}{2}$，$b>2a$，所以 $b>2a>1$，$f(0)=b-1>0$，

$f(\ln(2a))=2a[\ln(2a)-1]-a[\ln(2a)]^2+b>2a[\ln(2a)-1]-a[\ln(2a)]^2+2a=[2-\ln(2a)]a\ln(2a)\geqslant 0$，

所以函数在区间 $(0,+\infty)$ 内没有零点.

取 $m=-\sqrt{\dfrac{b}{a}}$，则 $f(m)=(m-1)e^{m}<0$，而函数在区间 $(-\infty,0)$ 内单调递增，故函数在区间 $(-\infty,0)$ 内有一个零点.

故 $f(x)$ 有一个零点.

若选择条件②：因为 $0<a<\dfrac{1}{2}$，$b\leqslant 2a$，所以 $b\leqslant 2a<1$，$f(0)=b-1<0$，

$f(\ln(2a))=2a[\ln(2a)-1]-a[\ln(2a)]^2+b\leqslant 2a[\ln(2a)-1]-a[\ln(2a)]^2+2a=[2-\ln(2a)]a\ln(2a)<0$，所以函数在区间 $(-\infty,0)$ 内没有零点.

当 $x>1$ 时，$e^{x}>x+1$，此时 $f(x)=(x-1)e^{x}-ax^2+b>(x-1)(x+1)-ax^2+b>\dfrac{1}{2}x^2+b-1$.

取 $n=\sqrt{2-2b}+1$，则 $f(n)>\sqrt{2-2b}+\dfrac{1}{2}>0$，而函数在 $(0,+\infty)$ 内单调递增，故函数在区间 $(0,+\infty)$ 内有一个零点.

故 $f(x)$ 有一个零点.

【例 2】（2020 海淀一模）已知函数 $f(x)=2\cos^2 w_1x+\sin w_2x$.

（1）求 $f(0)$ 的值.

（2）从① $w_1=1$，$w_2=2$；② $w_1=1$，$w_2=1$ 这两个条件中任选一个，将其作为题目的已知条件，求函数 $f(x)$ 在 $\left[-\dfrac{\pi}{2},\dfrac{\pi}{6}\right]$ 上的最小值，并直接写出函数 $f(x)$ 的一个周期.

（注：如果选择两个条件分别解答，按第一个解答积分.）

解析

（1）$f(0)=2\cos^2 0+\sin 0=2$.

（2）方案一：选条件①.

$f(x)=2\cos^2 x+\sin 2x=(\cos 2x+1)+\sin 2x=\sqrt{2}\sin\left(2x+\dfrac{\pi}{4}\right)+1$，

当 $x\in\left[-\dfrac{\pi}{2},\dfrac{\pi}{6}\right]$ 时，$2x+\dfrac{\pi}{4}\in\left[-\dfrac{3\pi}{4},\dfrac{7\pi}{12}\right]$，$-1\leqslant\sin\left(2x+\dfrac{\pi}{4}\right)\leqslant 1$，

所以 $1-\sqrt{2}\leqslant f(x)\leqslant 1+\sqrt{2}$，

当 $2x+\dfrac{\pi}{4}=-\dfrac{\pi}{2}$ 时，即 $x=-\dfrac{3\pi}{8}$，$f(x)$ 取得最小值 $1-\sqrt{2}$，

$f(x)$ 的一个周期为 π.

方案二：选条件②.

$f(x)=2\cos^2 x+\sin x=2(1-\sin^2 x)+\sin x=-2\left(\sin x-\dfrac{1}{4}\right)^2+\dfrac{17}{8}$，

当 $x \in \left[-\frac{\pi}{2}, \frac{\pi}{6}\right]$时，$\sin x \in \left[-1, \frac{1}{2}\right]$，

当 $\sin x = -1$ 时，即 $x = -\frac{\pi}{2}$，$f(x)$取得最小值 -1，

$f(x)$的一个周期为 2π.

四、说两道名题

（一）2022 年新高考全国Ⅰ卷第 22 题

已知函数 $f(x) = e^x - ax$ 和 $g(x) = ax - \ln x$ 有相同的最小值.

（1）求 a；

（2）证明：存在直线 $y = b$，其与两条曲线 $y = f(x)$ 和 $y = g(x)$ 共有三个不同的交点，并且从左到右的三个交点的横坐标成等差数列.

1. 说题源题意

（1）题源.

2022 年新高考全国Ⅰ卷第 22 题.

（2）题意.

已知：两个函数 $f(x) = e^x - ax$ 和 $g(x) = ax - \ln x$ 有相同的最小值.

求解：第（1）问求参数 a；第（2）问寻找直线 $y = b$，其与两条曲线 $y = f(x)$ 和 $y = g(x)$ 共有三个不同的交点的情况；接着证明三个交点的横坐标成等差数列.

本题主要考查学生对基本初等函数求导、极值、最值和零点存在性定理的理解与掌握.

本题所考查知识点常规而综合，是一道函数求最值和交点的问题；相较于以往的高考导数题，本题简约而不简单，起点低、落点高，恰如其分地考查了学生的直观感知水平（能力），对学生思辨能力和数学表达能力的要求更高.

2. 说知识网络

题目在知识方面主要考查求导数、极值、最值和零点问题，同时与数列板块交会，考查等差数列的证明.

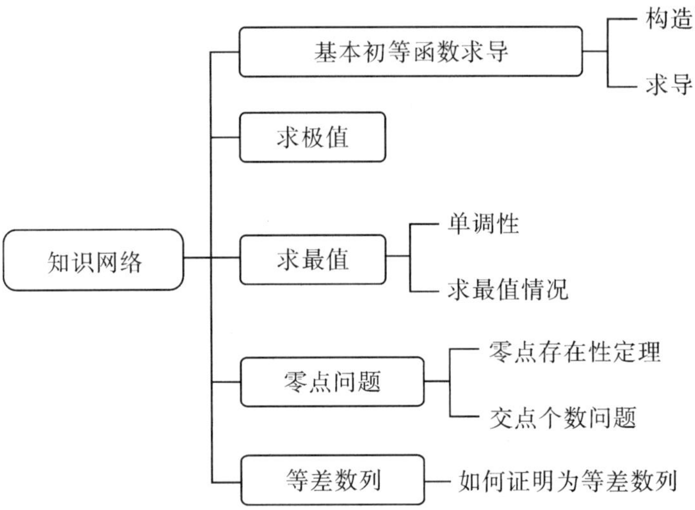

图 6-6 函数与导数名题一知识网络

3. **说解题过程**

解析

(1) $f'(x)=e^x-a$，$g'(x)=a-\frac{1}{x}$.

若 $a\leqslant 0$，$f(x)$没有最小值. 若 $a>0$：

当 $x\in(-\infty,\ \ln a)$ 时，$f'(x)<0$，$f(x)$在 $(-\infty,\ \ln a)$ 上单调递减；

当 $x\in(\ln a,\ +\infty)$ 时，$f'(x)>0$，$f(x)$在 $(\ln a,\ +\infty)$ 上单调递增.

所以 $f(x)$ 的最小值为 $f(\ln a)=a-a\ln a$.

当 $x\in\left(0,\ \frac{1}{a}\right)$时，$g'(x)<0$，$g(x)$在$\left(0,\ \frac{1}{a}\right)$上单调递减；

当 $x\in\left(\frac{1}{a},\ +\infty\right)$时，$g'(x)>0$，$g(x)$在$\left(\frac{1}{a},\ +\infty\right)$上单调递增.

所以 $g(x)$的最小值为 $g\left(\frac{1}{a}\right)=1+\ln a$.

由题设得 $a-a\ln a=1+\ln a$，即 $\ln a+\frac{2}{a+1}-1=0$. 设 $F(x)=\ln x+\frac{2}{x+1}-1$，

则 $F(1)=0$，$F'(x)=\frac{x^2+1}{x(x+1)^2}>0$，故 $F(x)$在 $(0,\ +\infty)$上单调递增，

从而 $F(x)$ 在 $(0,\ +\infty)$ 有唯一零点，

因此 $a=1$.

(2)【**解法一**】

由 (1) 知，$f(x)=e^x-x$，$g(x)=x-\ln x$.

设函数 $G(x)=f(x)-g(x)=e^x+\ln x-2x$，则 $G'(x)=e^x+\frac{1}{x}-2$. 当 $x>0$ 时，

$G'(x)=e^x+\frac{1}{x}-2>1+x+\frac{1}{x}-2>0$，所以 $G(x)$ 在$(0,+\infty)$上单调递增.

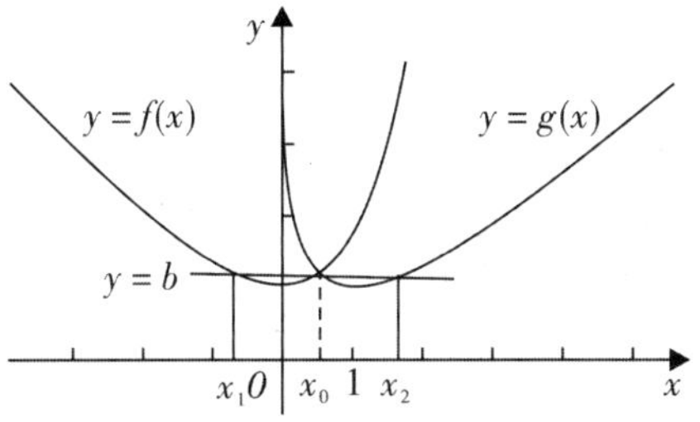

又 $G(e^{-2})=e^{e^{-2}}-2-2e^{-2}<\sqrt{e}-2<0$，$G(1)=e-2>0$，

所以 $G(x)$ 在$(0,+\infty)$恰有一个零点 x_0，且 $x_0\in(e^{-2},1)$.

取 $b=e^{x_0}-x_0$，则 $b=x_0-\ln x_0$.

由（1）知 $b>1$，故 x_0 是函数 $f(x)-b$ 在（0，$+\infty$）的唯一零点；

又 $f(\ln x_0)=b$，故 $\ln x_0$ 是函数 $f(x)-b$ 在（$-\infty$，0）的唯一零点.

同理可得 x_0 是函数 $g(x)-b$ 在（0，1）的唯一零点；e^{x_0}是函数 $g(x)-b$ 在（1，$+\infty$）的唯一零点.

因此直线 $y=b$ 与两条曲线 $y=f(x)$ 和 $y=g(x)$ 从左到右共有三个不同的交点 $(\ln x_0,b)$，(x_0,b)，(e^{x_0},b).

因为 $e^{x_0}+\ln x_0=2x_0$，所以这三个交点的横坐标成等差数列.

【解法二】

由（1）知，当 x 趋于无穷时，$f(x)$，$g(x)$ 均趋于正无穷. 并且 $f(x)=e^x-x$ 在$(-\infty,0)$上单调递减，在$(0,+\infty)$上单调递增，$g(x)=x-\ln x$ 在$(0,1)$上单调递减，在$(1,+\infty)$上单调递增，从而 $y=b$ 与它们最多有 4 个交点. 若 $b\leqslant 1$ 时，$y=b$ 与两条曲线 $y=f(x)$ 及 $y=g(x)$ 至多有两个公共点，不符合题意，从而 $b>1$.

此时 $f(0)=1$，$\lim\limits_{x\to 0^+}g(x)=+\infty$，$g(1)=1<e-1=f(1)$，

且 $f(x)$ 在（0，1）上单调递增，$g(x)$ 在（0，1）上单调递减，因此 $y=f(x)$ 与 $y=g(x)$ 在（0，1）上有唯一交点.

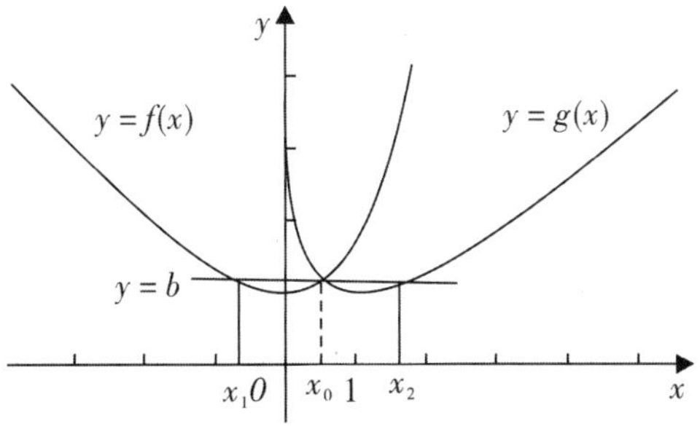

即$\exists x_0\in(0,1)$，使得$f(x_0)=g(x_0)$，取$b=f(x_0)=g(x_0)$满足题意，即$b=e^{x_0}-x_0=x_0-\ln x_0$①，

使得直线$y=b$与曲线$y=f(x)$及$y=g(x)$共有三个公共点，

其横坐标从小到大记为x_1，x_0，x_2，则$x_1<0<x_0<1<x_2$，满足

$$f(x_1)=f(x_0)=g(x_0)=g(x_2)=b.$$

注意到$f(\ln x)=g(x)$，所以有$f(x_1)=g(x_0)=f(\ln x_0)$，而由$x_1<0$，$\ln x_0<0$，$f(x)$在$(-\infty,0)$上单调递减知$x_1=\ln x_0$②.

同理可得$x_0=\ln x_2$，即$x_2=e^{x_0}$③.

因此由①②③得$x_1+x_2=\ln x_0+e^{x_0}=2x_0$.

所以存在直线$y=b$，其与两条曲线$y=f(x)$和$y=g(x)$共有三个不同的交点，并且从左到右的三个交点的横坐标成等差数列.

4. 说易错易误

第（1）问典型错误：

①规范性不足.

求极值时，缺少单调性的论述. 如：直接令$f'(x)=0$得$x=\ln a$，接着默认$f(x)$的最小值为$f(x)_{\min}=f(\ln a)$. 又如：当$a<e^x$时，$f(x)$在$(-\infty,e^x)$单调递减.

②极值与极值点的概念混淆.

本题实际上要求$f(x)_{\min}=g(x)_{\min}$，即$f(\ln a)=g\left(\dfrac{1}{a}\right)$. 而学生求得$f(x)$的极小值点分别为$\ln a$，$\dfrac{1}{a}$，于是直接令$\ln a=\dfrac{1}{a}$，并试图从中解出$a$的值.

③论证不够严密.

由$a-a\ln a=1+\ln a$，直接得到$a=1$，但缺乏对方程解的唯一性的论述.

④不会解指数方程.

令$f'(x)=e^x-a=0$得$x=x_1$，后续运算带着x_1，最终无法解决问题.

⑤逻辑错误.

令$a=1$，直接展开做题.

第（2）问典型错误：

①依赖几何直观，缺乏代数运算.

学生直观得到$f(x)$与$g(x)$有交点x_0，缺乏从代数运算的角度严格论证x_0的存在唯一性.

②缺乏解题目标，做无用的代数变形.

由 $b=e^{x_1}-x_1=e^{x_0}-x_0=x_0-\ln x_0=x_2-\ln x_2$，反复移项最后得到 $x_1+x_2=2x_0$. 事实上，若没有得到 $x_1=\ln x_0$，$x_2=e^{x_0}$是无法推出结论的，也就是说这些学生省略了不可或缺的推理步骤.

③逻辑欠严密.

由 $f(x_1)=f(\ln x_0)$ 直接得到 $x_1=\ln x_0$，缺乏对 $f(x)$ 的单调性进行论述或讨论方程 $f(x)=b$ 解的情况.

5. **说变式变形**

本题主要是源于互为反函数的函数图象关于直线 $y=x$ 对称.

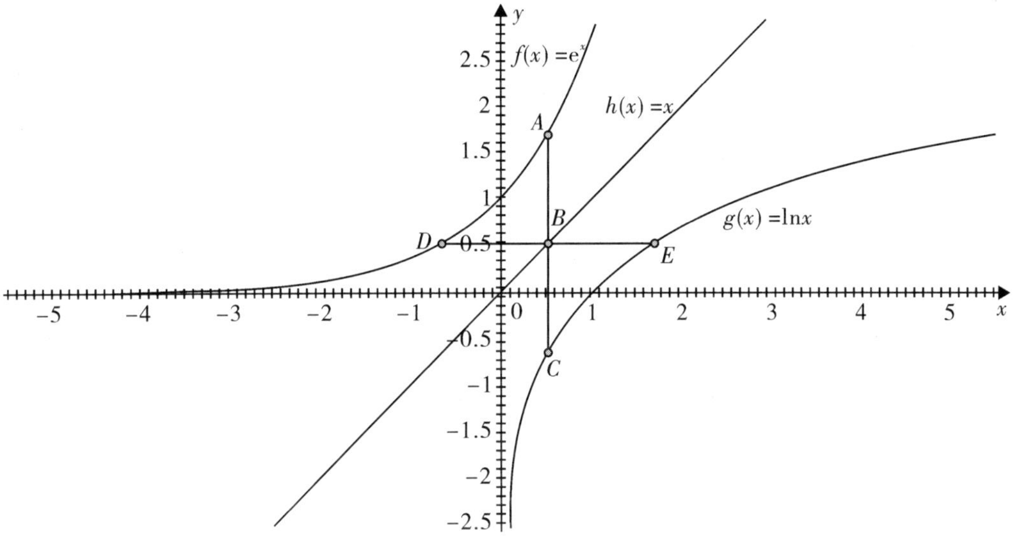

因为点 B 在直线 $h(x)=x$ 上，设 $B(x_0,\ x_0)$，则 $AB=e^{x_0}-x_0$，$BC=x_0-\ln x_0$，此时 $e^{x_D}=x_0$，$\ln x_E=x_0$，即 $x_D=\ln x_0$，$x_E=e^{x_0}$，当 $AB=BC$，即 $e^{x_0}-x_0=x_0-\ln x_0$ 时，$e^{x_0}+\ln x_0=2x_0$，从而 $x_D+x_E=\ln x_0+e^{x_0}=2x_0$.

基于这样的图形直观，可以命制如下的变式：

变式一：已知函数 $f(x)=e^x-x$，$g(x)=x-\ln x$，证明：存在直线 $y=b$，其与两条曲线 $y=f(x)$ 和 $y=g(x)$ 共有四个不同的交点，从左到右的四个交点的横坐标分别为 x_1，x_2，x_3，x_4，且 $x_1+x_4=x_2+x_3$.

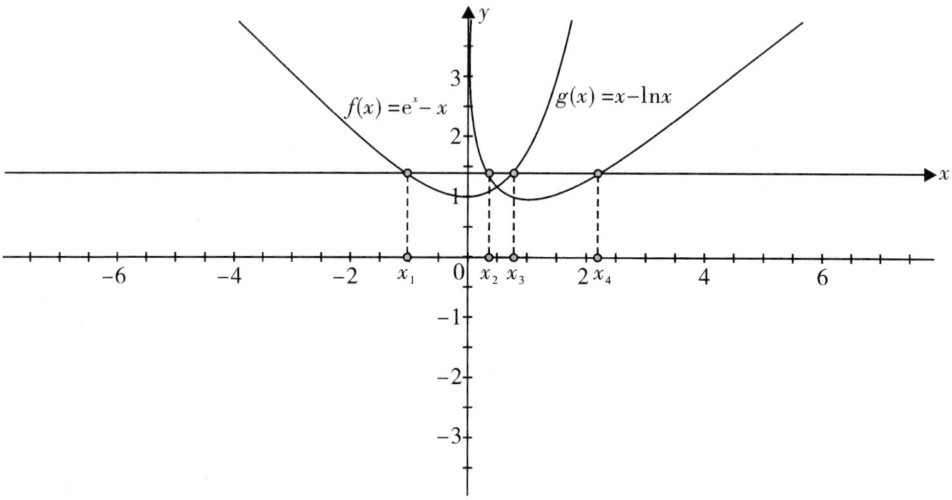

变式二：已知函数 $f(x)=\dfrac{x}{e^x}$，$g(x)=\dfrac{\ln x}{x}$，证明：存在直线 $y=b$，其与两条曲线 $y=f(x)$ 和 $y=g(x)$ 共有三个不同的交点，并且从左到右的三个交点的横坐标成等比数列.

6. **说思想方法**

（1）数学素养.

本类题可以分解为几个最常见的问题：求导、分析单调性、求极值、解超越方程、零点的存在性定理的应用、指数式和对数式的互化，考查学生数学运算、直观想象、逻辑推理等核心素养.

（2）思想方法.

考查转化与化归、函数与方程的思想，涉及分类讨论法、假设法、构造法等解题方法.

7. **说教学价值.**

（1）知识价值.

考查学生对函数导数相关知识的理解和掌握，极值、最值、零点都是最基本的知识点，但是通过综合几个基本知识点，让学生从直观感知入手，通过从逻辑推理体会函数导数题的奥妙.

（2）教学价值.

①返璞归真，演绎推理.

本道压轴题简洁平实，这种回归数学的最基本的演绎说理的导向，值得在常规教学中重视和落实.

②回归定义，加强说理.

此题要证明两个函数有交点，不能仅仅凭借直观说明，而是要构造一个函数模型，应用零点的存在性定理证明. 日常教学中要帮助学生加强利用定义、定理建立数学模型说理的能力.

（二）2020年新高考全国Ⅰ卷第21题

已知函数$f(x)=ae^{x-1}-\ln x+\ln a$.

（1）当$a=e$时，求曲线$y=f(x)$在点$(1,f(1))$处的切线与两坐标轴围成的三角形的面积；

（2）若$f(x)\geqslant 1$，求a的取值范围.

1. 说题源题意

（1）题源.

2020年新高考全国Ⅰ卷第21题.

（2）题意.

已知：函数$f(x)=ae^{x-1}-\ln x+\ln a$，第（1）问知$a=e$，第（2）问知$f(x)\geqslant 1$.

求解：第（1）问求曲线$y=f(x)$在点$(1,f(1))$处的切线与两坐标轴围成的三角形的面积，第（2）问求a的取值范围.

①本题主要考查学生对导数的几何意义以及含参数不等式恒成立问题的理解和掌握；

②第（1）问为基础性问题，考查学生的基础知识和基本能力.

③第（2）问为综合性问题，考查学生分类讨论、转化与化归思想以及数学运算、逻辑推理的素养.

2. 说知识网络

导数是研究函数性质最有效的工具，而函数是高中数学中重要的知识点，函数与导数在高考中占有举足轻重的地位，并且与其他知识点融合性强. 近几年的高考中，关于函数与导数及其应用的考题屡见不鲜且常考常新，能较为全面地考查数学学科核心素养.

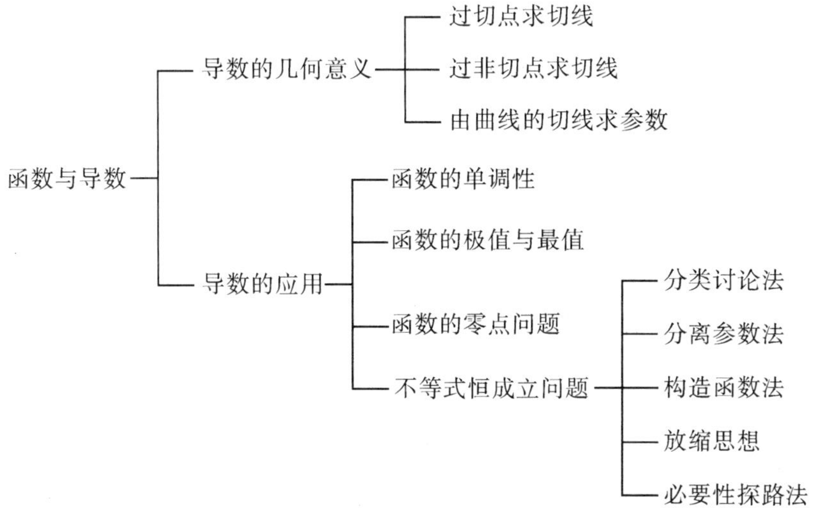

图6-7　函数与导数名题二知识网络

3. 说解题过程

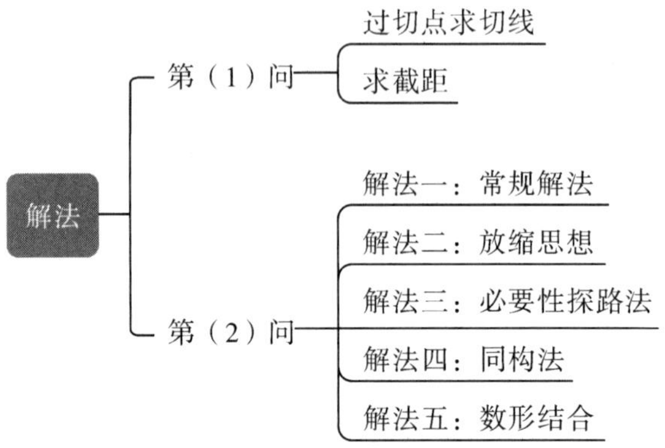

图 6-8　函数与导数名题二的多种解法

解析

（1）当 $a=\mathrm{e}$ 时，$f(x)=\mathrm{e}^x-\ln x+1$，

所以 $f'(x)=\mathrm{e}^x-\dfrac{1}{x}$，

所以 $f'(1)=\mathrm{e}-1$.

因为 $f(1)=\mathrm{e}+1$，

曲线 $y=f(x)$ 在点（1，f（1））处的切线方程为 $y-(\mathrm{e}+1)=(\mathrm{e}-1)(x-1)$，

当 $x=0$ 时，$y=2$；当 $y=0$ 时，$x=\dfrac{-2}{\mathrm{e}-1}$.

曲线 $y=f(x)$ 在点（1，f（1））处的切线方程与两坐标轴围成的三角形面积为：

$S=\dfrac{1}{2}\times 2\times\dfrac{2}{\mathrm{e}-1}=\dfrac{2}{\mathrm{e}-1}$.

(2)

【解法一】 常规解法.

因为 $f(x)=a\mathrm{e}^{x-1}-\ln x+\ln a$，$x>0$，$a>0$，

所以 $f'(x)=a\mathrm{e}^{x-1}-\dfrac{1}{x}$，

因为 $f''(x)=a\mathrm{e}^{x-1}+\dfrac{1}{x^2}>0$，

所以 $f'(x)$ 在（0，$+\infty$）上为增函数.

因为 $y=a\mathrm{e}^{x-1}$ 在（0，$+\infty$）上为增函数，$y=\dfrac{1}{x}$ 在（0，$+\infty$）上为减函数，

所以 $y=a\mathrm{e}^{x-1}$ 与 $y=\dfrac{1}{x}$ 在（0，$+\infty$）上有交点，

所以存在 $x_0\in(0,+\infty)$，使得 $f(x_0)=ae^{x_0-1}-\frac{1}{x_0}=0$，即 $ae^{x_0-1}=\frac{1}{x_0}$，

则 $\ln a+x_0-1=-\ln x_0$，也即 $\ln a=1-x_0-\ln x_0$.

所以当 $x\in(0,x_0)$ 时，$f'(x)<0$，函数 $f(x)$ 单调递减；

当 $x\in(x_0,+\infty)$ 时，$f'(x)>0$，函数 $f(x)$ 单调递增.

所以 $f(x)_{\min}=f(x_0)=ae^{x_0-1}-\ln x_0+\ln a=\frac{1}{x_0}-2\ln x_0+1-x_0\geqslant1$ 恒成立.

所以 $\frac{1}{x_0}-2\ln x_0-x_0\geqslant0$.

令 $g(x)=\frac{1}{x}-2\ln x-x$，

易知 $g(x)$ 在 $(0,+\infty)$ 上单调递减，且 $g(1)=1-0-1=0$，

所以当 $x\in(0,1]$ 时，$g(x)\geqslant0$，即当 $x_0\in(0,1]$ 时，$\frac{1}{x_0}-2\ln x_0-x_0\geqslant0$.

设 $h(x_0)=1-x_0-\ln x_0$，$x_0\in(0,1]$，

$h'(x_0)=-1-\frac{1}{x_0}<0$ 恒成立，

所以 $h(x_0)$ 在 $(0,1]$ 上单调递减，

所以 $h(x_0)\geqslant h(x_0)_{\min}=h(1)=1-1-\ln1=0$，

所以 $\ln a=h(x_0)\geqslant0$，即 $a\geqslant1$.

【解法二】 放缩思想.

由题可知 $x>0$，$a>0$，

当 $0<a<1$ 时，$f(1)=a+\ln a<1$，不成立；

当 $a=1$ 时，$f(x)=e^{x-1}-\ln x\geqslant x-\ln x\geqslant1$ 成立；

当 $a>1$ 时，$f(x)=ae^{x-1}-\ln x+\ln a>e^{x-1}-\ln x\geqslant x-\ln x\geqslant1$ 成立.

综上所述，有 $a\geqslant1$.

【解法三】 必要性探路法.

必要性：由题可知，必有 $f(1)=a+\ln a\geqslant1$，

因为 $g(x)=x+\ln x$ 在 $(0,+\infty)$ 上单调递增，且 $g(1)=1$，

所以 $a\geqslant1$.

充分性：当 $a\geqslant1$ 时，$f(x)=ae^{x-1}-\ln x+\ln a\geqslant1\cdot e^{x-1}-\ln x+\ln1=e^{x-1}-\ln x$，

又因为 $e^{x-1}\geqslant(x-1)+1=x$，$-\ln x\geqslant-(x-1)=-x+1$，

当 $x=1$ 时，上述两个不等式同时取等号（证明略），

所以 $e^{x-1}-\ln x\geqslant1$.

综上所述，a 的取值范围是 $[1,\ +\infty)$.

【解法四】同构法.

要证 $f(x)=a\mathrm{e}^{x-1}-\ln x+\ln a\geqslant 1\Leftrightarrow a\mathrm{e}^{x-1}\geqslant \ln x+1-\ln a=\ln\dfrac{\mathrm{e}x}{a}\Leftrightarrow$

$x\mathrm{e}^{x}\geqslant\dfrac{\mathrm{e}x}{a}\ln\dfrac{\mathrm{e}x}{a}\Leftrightarrow \ln x+x\geqslant \ln\dfrac{\mathrm{e}x}{a}+\ln\left(\ln\dfrac{\mathrm{e}x}{a}\right)$，只需证 $x>\ln\dfrac{\mathrm{e}x}{a}\Leftrightarrow \mathrm{e}^{x}\geqslant\dfrac{\mathrm{e}x}{a}$，即 $\dfrac{a}{\mathrm{e}}\geqslant\dfrac{x}{\mathrm{e}^{x}}$.

构造函数 $g(t)=\ln t+t$，

$g'(t)=\dfrac{1}{t}+1>0$，$g(t)$ 在 $t\in(0,\ +\infty)$ 内单调递增.

令 $p(x)=\dfrac{x}{\mathrm{e}^{x}}$，$p'(x)=\dfrac{1-x}{\mathrm{e}^{x}}$，当 $p'(x)=0$ 时，$x=1$，

所以 $p(x)$ 在 $(0,\ 1)$ 上单调递增，在 $(1,\ +\infty)$ 上单调递减，

所以 $p(x)\leqslant p(1)=\dfrac{1}{\mathrm{e}}$，

所以 $\dfrac{a}{\mathrm{e}}\geqslant\dfrac{1}{\mathrm{e}}$，$a\geqslant 1$.

【解法五】数形结合.

由题可知，$x>0$，$a>0$，

要证 $f(x)=a\mathrm{e}^{x-1}-\ln x+\ln a\geqslant 1$，

即证 $\mathrm{e}^{x+\ln a-1}+\ln a-1\geqslant \ln x$.

令 $\ln a-1=t$，则 $\mathrm{e}^{x+t}+t\geqslant \ln x$，

由于 $y=\mathrm{e}^{x}$ 和 $y=\ln x$ 互为反函数，图象关于 $y=x$ 对称，

$y=\mathrm{e}^{x}$ 在 $(0,\ 1)$ 的切线为 $y=x+1$，$y=\ln x$ 在 $(1,\ 0)$ 处的切线为 $y=x-1$，

要使 $y=\mathrm{e}^{x+t}+t$ 在 $y=\ln x$ 的图象上方，即无交点或只有一个交点，

则 $t\geqslant -1$，即 $\ln a-1\geqslant -1$，$a\geqslant 1$.

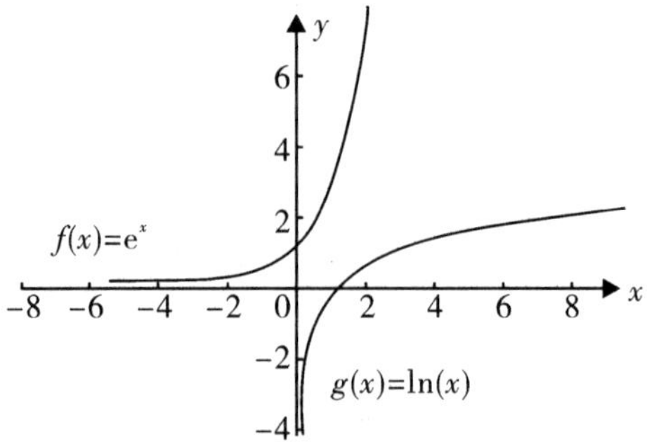

4. 说易错易误

（1）坐标与长度转换不熟练.

求图形面积时易忽略坐标应取绝对值的问题.

(2) 公式记忆及运算求解能力差.

求导公式记忆不清导致求导不准确、运算失误等.

(3) 心理素质不过关.

畏难情绪导致无法坚持做题.

(4) 对函数和导数的概念及其关系理解不透彻.

无法准确将求函数最值与导函数正负联系起来.

(5) 审题不清，不能理解题目蕴含的本质.

分析不出条件$f(x)\geqslant 1$实则要求$f(x)$的最小值大于等于1.

(6) 缺乏基础的解题思想和方法.

对放缩思想、转化与化归思想领悟不到位，不懂设置隐零点等.

5. 说变式变形

(1) 变条件.

①函数解析式变为$f(x)=xe^{x-1}-\ln x-x+\ln a$. 同时问题变为：证明当$f(x)\geqslant 0$时，求$a$的取值范围. 此为同类函数的变形，计算方法与原题基本一致，旨在辅助学生巩固方法.

②交换条件与结论. 第(2)问改为：若$a\geqslant 1$，求证$f(x)\geqslant 1$. 让学生体验正向思维，同时也感受逆向思维，对题目理解更深刻.

(2) 链接高考.

(2020全国高考Ⅰ卷) 已知函数$f(x)=e^x+ax^2-x$.

①当$a=1$时，讨论$f(x)$的单调性；

②当$x\geqslant 0$时，$f(x)\geqslant \frac{1}{2}x^3+1$，求$a$的取值范围.

【分析】

本题涉及参数，可优先考虑最传统的分离参数法.

【详解】

①当$a=1$时，$f(x)=e^x+x^2-x$，$f'(x)=e^x+2x-1$.

故当$x\in(-\infty,0)$时，$f'(x)<0$；当$x\in(0,+\infty)$时，$f'(x)>0$.

所以$f(x)$在$(-\infty,0)$单调递减，在$(0,+\infty)$单调递增.

②当$x\geqslant 0$时，$f(x)\geqslant \frac{1}{2}x^3+1$，即$e^x+ax^2-x\geqslant \frac{1}{2}x^3+1$.

当$x=0$时，无论a取何值，上式恒成立.

当 $x>0$ 时，上式可化为 $a\geqslant\dfrac{\frac{1}{2}x^3+1+x-e^x}{x^2}$.

令 $g(x)=\dfrac{\frac{1}{2}x^3+1+x-e^x}{x^2}$,

则 $g'(x)=\dfrac{\frac{1}{2}x^3-x-2-(x-2)e^x}{x^3}$.

令 $h(x)=\frac{1}{2}x^3-x-2-(x-2)e^x$,

则 $h'(x)=\frac{3}{2}x^2-1-(x-1)e^x$，$h''(x)=3x-xe^x=x(3-e^x)$.

令 $h''(x)=0$，得 $3-e^x=0$，得 $x=\ln 3$.

则在 $(0,\ln 3)$ 上，$h''(x)>0$；在 $(\ln 3,+\infty)$ 上，$h''(x)<0$.

则 $h'(x)$ 在 $(0,\ln 3)$ 上单调递增，在 $(\ln 3,+\infty)$ 上单调递减.

又 $h'(0)=0$，$h'(\ln 3)=\frac{3}{2}(\ln 3)^2-1-3(\ln 3-1)=\frac{3}{2}(\ln 3-1)^2+\frac{1}{2}>0$,

$h'(2)=5-e^2<0$,

所以 $h(x)$ 在 $(0,+\infty)$ 上先增后减.

又 $h(0)=0$，$h(2)=4-2-2=0$,

所以在 $(0,2)$ 上，$h(x)>0$；在 $(2,+\infty)$ 上，$h(x)<0$.

所以 $g(x)$ 在 $(0,2)$ 上单调递增，在 $(2,+\infty)$ 上单调递减.

所以 $g(x)_{\max}=g(2)=\dfrac{4+3-e^2}{4}=\dfrac{7-e^2}{4}$,

所以 $a\geqslant\dfrac{7-e^2}{4}$.

（2017 全国高考Ⅱ卷）设函数 $f(x)=(1-x^2)e^x$.

①讨论 $f(x)$ 的单调性；

②当 $x\geqslant 0$ 时，$f(x)\leqslant ax+1$，求 a 的取值范围.

【分析】

本题参数只出现在第②问，降低了第①问的难度.

【详解】

①$f'(x)=(1-2x-x^2)e^x$.

令 $f'(x)=0$，得 $x=-1-\sqrt{2}$ 或 $x=-1+\sqrt{2}$.

当 $x\in(-\infty,-1-\sqrt{2})$ 时，$f'(x)<0$；

当 $x\in(-1-\sqrt{2},\ -1+\sqrt{2})$ 时，$f'(x)>0$；

当 $x\in(-1+\sqrt{2},\ +\infty)$ 时，$f'(x)<0$.

所以 $f(x)$ 在 $(-\infty,\ -1-\sqrt{2})$，$(-1+\sqrt{2},\ +\infty)$ 上单调递减，在 $(-1-\sqrt{2},\ -1+\sqrt{2})$ 上单调递增.

② $f(x)=(1+x)(1-x)e^x$.

a. 当 $a\geqslant 1$ 时，设函数 $h(x)=(1-x)e^x$，则 $h'(x)=-xe^x<0(x>0)$，

因此 $h(x)$ 在 $[0,\ +\infty)$ 上单调递减.

又 $h(0)=1$，故 $h(x)\leqslant 1$，

所以 $f(x)=(x+1)h(x)\leqslant x+1\leqslant ax+1$.

b. 当 $0<a<1$ 时，设函数 $g(x)=e^x-x-1$，$g'(x)=e^x-1>0(x>0)$，

所以 $g(x)$ 在 $[0,\ +\infty)$ 上单调递增，又 $g(0)=0$，

故 $e^x\geqslant x+1$.

当 $0<x<1$ 时，$f(x)>(1-x)(1+x)^2$，

$(1-x)(1+x)^2-ax-1=x(1-a-x-x^2)$，

取 $x_0=\dfrac{\sqrt{5-4a}-1}{2}$，

则 $x_0\in(0,\ 1)$，$(1-x_0)(1+x_0)^2-ax_0-1=0$，

故 $f(x_0)>ax_0+1$.

c. 当 $a\leqslant 0$ 时，取 $x_0=\dfrac{\sqrt{5}-1}{2}$，

则 $x_0\in(0,\ 1)$，$f(x_0)>(1-x_0)(1+x_0)^2=1\geqslant ax_0+1$.

综上所述，a 的取值范围是 $[1,\ +\infty)$.

6. 说思想方法

（1）核心素养.

本类题在函数背景下考查学生数学抽象、直观想象、逻辑推理、数学运算的核心素养.

（2）思想方法.

考查分类讨论、转化与化归、数形结合等基本思想，解题可用的方法有参数分离法、带参讨论法、放缩法、隐零点消参法等.

7. 说教学价值

（1）知识价值.

立足基础知识，巩固知识体系.

（2）题型价值.

一题多解，培养对策思维；入易出难，发展探究能力.

（3）高考价值.

综合性强，考查多方面知识；区分度高，为选拔人才服务.

（4）教学价值.

注重对基本知识的教学，注重对数学思想的教学，注重对基本方法的教学，站在高观点的角度进行教学.